Mack Thomas
Gesprächsführer zum Neuen Testament

MACK THOMAS

Gesprächs-führer zur Bibel

Einstiegsfragen und Anregungen zu jedem Kapitel des Neuen Testaments

Folgende Anmerkungen finden Sie als Anhang zu diesem Buch:

- Empfehlungen für eine effektive Gruppenarbeit
- Einen Zeitplan für das Studium der biblischen Bücher
- Gebete und Verheißungen aus der Bibel als Hilfe
  und Ermutigung für das Bibelstudium in der Gruppe oder allein

Und als Anhang vom Gesprächsführer zum AT:

- Ein sehr ausführliches Verzeichnis der Themen für persönliches
  und Gruppenbibelstudium anhand der Fragen in beiden Bänden
  (Altes Testament und Neues Testament), des vollständigen
  Gesprächsführers zur Bibel, nach Themen geordnet.

Bibelzitate nach der Revidierten Elberfelder Übersetzung

ISBN 3-89436-150-6

Thomas, Mack:
Gesprächsführer zum Neuen Testament
Titel des amerikanischen Originals:
The Complete Bible Discussion Guide
© 1992 by Questar Publishers, Inc.

© 1997 der deutschen Ausgabe:
Christliche Verlagsgesellschaft, Dillenburg
Übersetzung: Eva Weyandt, Rösrath
Satz: Typographische Werkstatt Stegemann, Dülmen
Umschlaggestaltung: E. Platte, Wuppertal
Druck: Graphischer Großbetrieb Pößneck
Printed in Germany

Inhaltsverzeichnis

Vorwort 7

Fragen, die Sie sich vor der Bearbeitung eines *jeden Kapitels* stellen sollten (Kopiervorlage 1) 10

Fragen, die Sie sich vor der Bearbeitung der *einzelnen Bücher* stellen sollten (Kopiervorlage 2) 11

Fragen und Anregungen zum Gespräch über jedes einzelne Buch des Neuen Testaments:

    Matthäus 13

    Markus 58

    Lukas 89

    Johannes 131

    Apostelgeschichte 172

    Römer 204

    Erster Korinther 237

    Zweiter Korinther 263

    Galater 283

    Epheser 295

    Philipper 311

    Kolosser 325

    Erster Thessalonicher 338

    Zweiter Thessalonicher 350

    Erster Timotheus 358

    Zweiter Timotheus 372

    Titus 383

    Philemon 392

    Hebräer 395

Jakobus	420
Erster Petrus	433
Zweiter Petrus	445
Erster Johannes	453
Zweiter Johannes	469
Dritter Johannes	471
Judas	473
Offenbarung	475
Empfehlungen für größere Effektivität des Gesprächs in Ihrer Bibelgruppe	506
Empfohlener Zeitplan	507
Gebete und Verheißungen aus der Bibel als Hilfe und Ermutigung für Ihre Gruppenarbeit und Ihr persönliches Bibelstudium	509

Vorwort

Der amerikanische Autor Mack Thomas hat diesen Gesprächsführer zur Bibel Howard G. Hendricks gewidmet, der mit seinem Werk »Living by the book« (Bibellesen mit Gewinn) entscheidende Impulse zu einem neuen und gewinnbringenden Bibellesen und -studieren gegeben hat. Dieses Buch steht daher ganz in der Tradition der Anregungen, die Howard Hendricks zum Bibellesen gibt. Man könnte es auch als konsequente Fortführung des hendrick'schen Ansatzes bezeichnen.
Der Leser wird schon beim ersten Durchblättern den Wert dieses Werkes erahnen, den es für sein persönliches Bibellesen haben kann. Ohne selbst große Vorkenntnisse zu besitzen, kann man anhand der Fragen und Anregungen leicht einen Zugang zu den Texten der Bibel finden. Aus den ersten Ergebnissen und Einsichten heraus ergeben sich dann ganz von selbst tiefergehende Fragen und Untersuchungen, die man eigenständig weiterverfolgen kann.
Ziel dieses Werkes ist es, für den Einsteiger im Bibelstudium einen leichten Zugang und eine Gesprächsgrundlage zu bieten. Ein Schwerpunkt bildet dabei die praktische Anwendung des Bibeltextes im persönlichen Leben des einzelnen. Es geht also nicht um den Entwurf einer lückenlosen neutestamentlichen Theologie, sondern um die grundlegende und systematische Begegnung mit dem Neuen Testament, die später je nach Möglichkeit durch andere Lektüre und tiefergehendes Studium noch erweitert werden kann.
Leiter von Gesprächsgruppen, Bibel- und Hauskreisen, Jugendgruppen usw. bekommen mit dem Gesprächsführer ein Werkzeug an die Hand, mit dem sie mühelos ein systematisches und gewinnbringendes Bibellesen initiieren können. Immer wiederkehrende Fragen z. B. zu jedem Kapitel oder bei Beginn eines Buches sind als Kopiervorlagen gestaltet, damit man ohne großen Aufwand ein Arbeitsblatt zur Verfügung stellen kann. Wir empfehlen, sich zu den jeweiligen kapitelbezogenen, individuellen Fragen und Anregungen ebenfalls Arbeitsblätter zu gestalten, damit man schriftlich die Ergebnisse und Einsichten des Gesprächs festhalten kann. Je nach Ermessen kann man auf verschiedene Weise den Einstieg finden, entweder anhand der Standardfragen oder anhand bestimmter ausgewählter Fragen zur Textanalyse (**Was steht im Text?**). Wir empfehlen, bei jedem Treffen Arbeitsphasen einzuplanen, in denen die Teilnehmer individuell am Text arbeiten können und ihre Ergebnisse anschließend in der Gruppe vortragen und diskutieren. Der Gesprächsleiter sollte viel Freiraum zum Austausch geben und selbst dann eingreifen, wenn das Gespräch neue Impulse braucht oder auf einen neuen Gegenstand gerichtet werden sollte. Zur Vorbereitung auf das Gespräch empfehlen wir,

sämtliche Fragen und Anregungen zunächst selbst zu bearbeiten und danach die Vorgehensweise festzulegen. Hilfreich ist es an manchen Stellen, sich selbst zusätzliche Vertiefungsfragen zu überlegen und ggf. ins Gespräch einzubringen. Wir wünschen jedem, der anhand dieses Gesprächsführers das Wort Gottes besser kennenlernen oder andere dazu anleiten will, viel Segen und Gelingen, damit Gottes Wahrheiten im persönlichen Leben besser umgesetzt werden und zu der von Gott beabsichtigten Veränderung führen.

Der Verlag

Dillenburg, im August 1997

ÜBER DEN AUTOR

Mack Thomas fand zum ersten Mal Gefallen daran, die Bibel zu studieren, als er als neugeborener Christ an einem Bibelgesprächskreis der Navigatoren an der Universität von Missouri teilnahm, wo er einen Abschluß im Studiengang Journalismus erwarb. Nach einer dreijährigen beruflichen Tätigkeit als Reporter einer Tageszeitung begann er für verschiedene christliche Verlage zu schreiben und Bücher und Bibelstudienkurse herauszugeben, darunter auch ein Werk von Howard Hendricks, dem Autor von »Bibellesen mit Gewinn«.

KOPIERVORLAGE 1

145 % vergrößern = DIN A 4

FRAGEN, DIE SIE SICH VOR DER BEARBEITUNG EINES *JEDEN* KAPITELS STELLEN SOLLTEN

1. Das Ziel des Bibelstudiums ist, Gott *besser kennenzulernen*. Was sagt dieses Kapitel über das Wesen und die Persönlichkeit Gottes aus?

2. Gott hat mir die Bibel gegeben, damit sie mein Leben verändert. Welche Dinge in bezug auf meine Gewohnheiten oder meinen Charakter fallen mir während der Bearbeitung dieses Kapitels ein, die der Korrektur bedürfen?

3. Welches sind in diesem Kapitel …
   - die Schlüsselverse, Schlüsselsätze, Schlüsselwörter?
   - Die Schlüsselpunkte oder Prinzipien – *und wie wirken sie in meinem Leben?*

4. Erkenne ich in diesem Kapitel …
   - Anweisungen, denen ich gehorchen sollte?
   - Verheißungen, auf die ich mich berufen kann?
   - Wertmaßstäbe, nach denen ich mich richten sollte?

5. Welche Überschrift würde ich diesem Kapitel geben (drei bis sechs Wörter), die mir hilft, seine Aussage zu behalten?

Die beste Vorbereitung für die Bearbeitung der einzelnen Kapitel: *Lesen Sie das Kapitel … lesen Sie es noch einmal … und lesen Sie es noch einmal.*

KOPIERVORLAGE 2

145 % vergrößern = DIN A 4

FRAGEN, DIE SIE SICH VOR DER BEARBEITUNG DER *EINZELNEN BÜCHER* STELLEN SOLLTEN

Wenn Sie das Buch bereits kennen, welches sind Ihre Lieblingsstellen darin?

Wenn Sie nur dieses Buch in der Bibel kennen würden oder zur Verfügung hätten, was würden Sie darin über Gott erfahren?

Welche *Arten* der biblischen Literatur fallen Ihnen bei der Bearbeitung dieses Buches auf? (Vielleicht möchten Sie sich die unterschiedlichen Typen, wie sie nachfolgend aufgelistet sind, noch einmal in Erinnerung rufen.)

- Poesie
- historische oder biographische Erzählung
  (ein Bericht über Personen oder Ereignisse)
- Lehren oder Predigten
- Gesetze oder Bündnisvereinbarungen
- Gleichnisse (Kurzgeschichten und Wortbilder mit einer moralischen Aussage)
- Sprüche (kurze Weisheiten)
- Prophezeiungen (Aussagen von Gott über die Gegenwart oder Zukunft)

1. Welches sind die wichtigsten Unterteilungen dieses Buches?

2. Können Sie herausfinden, *wer* dieses Buch geschrieben hat, *wann* und *für wen* es geschrieben wurde?

3. Können Sie aus dem, was Sie bei der Bearbeitung dieses Buches herausfinden, erkennen, was der Autor erreichen wollte?

4. Welches Kapitel dieses Buches ist Ihrer Meinung nach das Schlüsselkapitel, das Kapitel, das die Bedeutung des gesamten Buches am besten zusammenfaßt, widerspiegelt oder aufschließt?

5. Welche Art von Antworten, Richtlinien und Schlußfolgerungen sind Ihrer Meinung nach in diesem Buch zu finden?

6. Welche Überschrift (vier bis sechs Wörter) würden Sie diesem Buch geben, die den Inhalt und seine Bedeutung am besten zusammenfaßt?

7. Was würde Gott Ihrer Meinung nach antworten, wenn Sie in den Himmel kommen und ihn fragen würden: »Warum hast du dieses Buch der Bibel hinzugefügt?«

Eine Auswahl der Themen, die Sie im Themenindex des »Gesprächsführrers zum Alten Testament« (erscheint 1998) finden:

Vertrauen
Seelsorge
Entscheidungshilfe
Glaube
Familie
Gemeinschaft
Vergebung,
Freundschaft
Heiligkeit
Demut
Integrität

Freude
Gemeindeführung
Liebe
Reife
Gehorsam
Geduld
Frieden
Gebet
Zielrichtung
Buße
Belohnung

Dienst
geistliche Gaben
Kraft
Erfolg
Versuchung
Einheit
Weisheit
Zeugnis
Arbeit
Anbetung

MATTHÄUS

ÜBERBLICK

(Besprechen Sie diese Überblicksfragen sowohl zu Beginn Ihrer Bearbeitung des Matthäusevangeliums als auch nachdem sie alle 28 Kapitel durchgenommen haben. Es könnte sein, daß Ihre Antworten vollkommen anders ausfallen, nachdem Sie sich sehr intensiv mit dem ganzen Buch auseinandergesetzt haben.)

Einstieg: Stellen Sie gemeinsam positive Bilder und Begriffe zusammen, die Ihnen bei den beiden Wörtern *König* und *Königreich* einfallen.

WAS STEHT IM TEXT?

1. Es heißt, daß der *Tod* Christi sich in erster Linie auf die *Strafe* der Sünde bezieht, das *Leben* Christi spricht dagegen mehr von dem Überwinden der *Macht* der Sünde im Alltag. Wenn das stimmt, welche Antworten und Richtlinien erhoffen Sie sich von der Beschäftigung mit dem Leben Jesu im Matthäusevangelium?

2. Gottes *Reich* ist im Matthäusevangelium ein zentraler Begriff. Lesen Sie das Evangelium sorgfältig durch und finden Sie heraus, wo das Wort *Reich* vorkommt (vor allem in den Kapiteln 5, 13 und 18-21). Wie können Sie das Wort, so wie es von Matthäus gebraucht wird, definieren?

3. Um mehr über den Autor dieses Evangeliums, den Apostel Matthäus (auch als Levi bekannt), zu erfahren, lesen Sie Matthäus 9,9-13. Wie würden Sie Matthäus nach dieser Textstelle beschreiben? Welche Veränderungen gingen Ihrer Meinung nach im Leben des Matthäus vor sich, nachdem er beschlossen hatte, Jesus zu folgen?

4. Nehmen Sie sich ein paar Minuten Zeit, um gemeinsam Begebenheiten in diesem Buch zu suchen, bei denen Jesus einen Menschen *geheilt* hat. (Sie könnten die Gruppe aufteilen – die erste Gruppe beginnt am Anfang, die zweite am Schluß).

5. Sehen Sie sich auch auf Seite 11 die Liste mit Fragen an, die Sie sich vor der Bearbeitung der einzelnen Bücher stellen sollten.

DAS WESENTLICHE ERFASSEN

6. Im Matthäusevangelium wird bekanntlich besonderer Wert auf die Darstellung Jesu als *König* gelegt – Jesus als König der Juden und Herrscher des Reiches Gottes. Welche Stellen beschäftigen sich besonders mit diesem Thema?

Für das heutige Leben

7. Ist das Matthäusevangelium auch heute noch relevant in einer Gesellschaft, die keinen König mehr hat, da es Jesus als den König darstellt?
8. Wie können Sie sicherstellen, daß Ihre Beschäftigung mit dem Matthäusevangelium keine rein theoretische und intellektuelle Angelegenheit bleibt, sondern wirklich praktisch wird und für Sie Konsequenzen hat? Was können Sie tun, damit das Gespräch lebendig und interessant bleibt?

Zur Vertiefung

Es heißt, das Matthäusevangelium sei das jüdischste aller vier Evangelien. Woran zeigt sich das, vor allem im Vergleich zu den anderen drei Evangelien?

Matthäus 1

Einstieg: Haben Sie schon einmal in einer besonders schwierigen Situation gesteckt, aus der Sie keinen Ausweg sahen?

Was steht im Text?

1. Suchen Sie sich aus der langen Namensliste in den Versen 2-16 die Namen der Personen heraus, die Sie kennen und berichten Sie die interessantesten Fakten über sie.
2. Zur Erklärung der Zwangslage, in der Joseph sich in den Versen 18-19 befand, lesen Sie 5. Mose 22,22-24.
3. Zur Erklärung des Namens »Immanuel« für Jesus in Vers 23 lesen Sie Jesaja 7,14.
4. Bibelausleger weisen häufig darauf hin, daß der Apostel Matthäus sein Evangelium im wesentlichen für eine jüdische Leserschaft geschrieben hat. Inwiefern ist dies in diesem Kapitel zu erkennen?
5. EINZELHEITEN BEACHTEN – *Versuchen Sie, die folgende Frage zu beantworten, ohne in der Bibel nachzusehen:* Im ersten Teil dieses Kapitels wird der Stammbaum Jesu wiedergegeben. Neben Jesus werden die Namen von zwei außergewöhnlichen biblischen Persönlichkeiten genannt, sowohl in dem Satz, mit dem der Stammbaum beginnt, als auch im Schlußsatz der Aufzählung. Welches sind diese beiden wichtigen Männer? (Die Antwort ist in den Versen 1 und 17 zu finden.)

6. Sehen Sie sich auch auf Seite 10 die Liste mit Fragen an, die Sie sich vor der Bearbeitung der einzelnen Kapitel des Matthäusevangeliums stellen sollten.

DAS WESENTLICHE ERFASSEN

7. Wenn Sie Joseph wären und den Traum gehabt und die Worte aus den Versen 20-21 gehört hätten, welche Gedanken und Fragen hätten Sie bewegt?
8. Warum hat Joseph Maria geheiratet, obwohl es unter den gegebenen Umständen gesellschaftlich und moralisch für ihn nicht angemessen gewesen ist?
9. Wie würden Sie nach dem, was Sie in diesem Kapitel lesen, Josephs Beziehung zu Gott beschreiben?

FÜR DAS HEUTIGE LEBEN

10. In den Versen 18-25 wird von der Jungfrauengeburt gesprochen. Warum ist es so wichtig für uns, diese Tatsache zu wissen und zu glauben?
11. Wie könnte man anhand dieses Kapitels einem Menschen erklären, warum Jesus auf die Erde gekommen ist?

ZUR VERTIEFUNG

Vergleichen Sie den Anfang dieses Evangeliums (Verse 1-17) mit dem Beginn der anderen drei Evangelien (Markus 1,1; Lukas 1,1-4; Johannes 1,1-18). Was können Sie aufgrund dieser Anfangsaussagen zum *Zweck* eines jeden Evangeliums sagen?

MATTHÄUS 2

Einstieg: Von Weihnachten her kennen Sie die Weihnachtsgeschichte sehr gut. Welche Vorstellung haben Sie von den »Weisen« oder den »Magiern« oder »Königen«, wie sie verschiedentlich auch genannt werden?

WAS STEHT IM TEXT?

1. Was wußten die Weisen von Jesus, was hatten sie offensichtlich begriffen?
2. Vergleichen Sie Vers 3 mit Vers 10 und achten Sie auf die unterschiedliche *Haltung*, die diese Verse widerspiegeln. Wie würden Sie die *Gründe* für jede Haltung erklären?

3. Sind Sie nach dem, was wir in den Versen 9-10 lesen, der Meinung, daß die Weisen den Stern, der in Vers 2 erwähnt wird, aus den Augen verloren haben? Oder könnte der Stern in Vers 9 ein anderer Stern gewesen sein als der in Vers 2?
4. Wie könnte man anhand dieses Kapitels einem neubekehrten Christen den Begriff des *Schutzes* Gottes für sein Volk verdeutlichen?
5. Inwiefern zeigen diese ersten beiden Kapitel die *Einzigartigkeit* Jesu, des Königs?
6. EINZELHEITEN BEACHTEN – *Versuchen Sie, die folgende Frage zu beantworten, ohne in der Bibel nachzusehen:* Wie viele Träume werden in diesem Kapitel genannt? (Lesen Sie die Verse 12, 13, 19 und 22.)

DAS WESENTLICHE ERFASSEN

7. Welche Verhaltensmuster erkennen Sie in der Art, wie Joseph auf die unterschiedlichen Lebenssituationen reagiert?
8. Wie würden Sie Josephs grundlegende *Lebenseinstellung* oder *Haltung* beschreiben?
9. Wie würden Sie die grundlegende *Lebenseinstellung* oder *Haltung* des Herodes beschreiben?
10. Inwiefern ist Joseph das Vorbild eines guten Vaters?
11. Sehen Sie sich noch einmal den tragischen Zwischenfall an, von dem uns in den Versen 16-18 berichtet wird. Warum hat Gott das Ihrer Meinung nach zugelassen, und warum ist davon in der Bibel berichtet?

FÜR DAS HEUTIGE LEBEN

12. Welche Richtlinien für *Gehorsam* können Sie am Beispiel Josephs in Matthäus 1 und 2 aufstellen?
13. Welche Richtlinien für die *Abhängigkeit von Gott* können Sie aus diesen beiden Kapiteln ableiten?
14. Was wird in Kapitel 2 in bezug auf die richtige Anbetung Gottes gesagt?

ZUR VERTIEFUNG

Vergleichen Sie die Weihnachtsgeschichte in Matthäus 1 und 2, in deren Mittelpunkt eher *Joseph* und die *Weisen* stehen, mit der Weihnachtsgeschichte aus Lukas 1 und 2, in deren Mittelpunkt eher *Maria* und die *Hirten* stehen. Inwiefern ergänzen sie sich?

MATTHÄUS 3

Einstieg: Sind Sie von Ihrer Persönlichkeit her ein Mensch, der neue Ideen willkommen heißt, oder eher ein Mensch, dem Veränderungen nicht so recht behagen?

WAS STEHT IM TEXT?

1. Inwiefern erfüllt Johannes der Täufer die in Vers 3 erwähnten Prophezeiungen?
2. In Vers 5 wird von Johannes' Popularität gesprochen. Wie erklären Sie sich die Gründe für seine Ausstrahlung?
3. Beschreiben Sie mit eigenen Worten das Bild, das Sie in den Versen 11 und 12 von Jesus bekommen.
4. Was meint Johannes der Täufer in Vers 12 mit den Wörtern *Weizen* und *Spreu*?
5. Inwiefern konnte durch die Taufe Jesu gezeigt werden, daß er bereit war, »alle Gerechtigkeit zu erfüllen«, wie Jesus es selbst in V. 15 ausgedrückt hat?
6. Was erfahren wir in den Versen 16-17 über die Beziehung zwischen Gott, dem Vater, Gott, dem Sohn und Gott, dem Heiligen Geist?
7. Denken Sie sorgfältig über Vers 17 nach. Was an Jesus hat Gott besonders »gefallen«, und warum wollte Gott ihm das sagen?
8. Für wen waren Ihrer Meinung nach die Worte Gottes in Vers 17 bestimmt?
9. Welche Reaktion wird nach dem, was Sie in diesem Kapitel erfahren, von den Menschen in bezug auf die Ankunft des Himmelreiches erwartet?
10. EINZELHEITEN BEACHTEN – *Versuchen Sie, die folgende Frage zu beantworten, ohne in der Bibel nachzusehen: Woher* kam Jesus, als er sich von Johannes im Jordan taufen lassen wollte? (Siehe Vers 13.)

DAS WESENTLICHE ERFASSEN

11. Fassen Sie den wesentlichen Inhalt der Botschaft Johannes des Täufers zusammen.
12. Wie würden Sie den *Ton* der Botschaft des Johannes beschreiben – und wie würden *Sie* auf andere reagieren, die in einem solchen Ton mit Ihnen reden?
13. Was war für Johannes den Täufer Ihrer Meinung nach das wichtigste im Leben?
14. Sehen Sie sich Vers 11 an. Inwiefern tauft Jesus mit dem heiligen Geist und mit Feuer?

15. Was sagt dieses Kapitel über die Taufe aus?
16. Welche Bedeutung hat das Erscheinen des Heiligen Geistes in Form einer *Taube* in Vers 16?

Für das Leben heute

17. In Vers 8 sagte Johannes den Pharisäern und Sadduzäern, sie sollten in ihrem Leben »Frucht« bringen, die der Buße würdig sei. Welche Art von »Frucht« sollte das Ihrer Meinung nach für die Personen in unseren Gemeinden heute sein?
18. Sehen Sie sich noch einmal Vers 11 an. Welches *Feuer* haben Sie in Ihrem Leben schon gesehen?
19. Auch im folgenden Kapitel wird von Jesu Vorbereitung auf seinen Dienst gesprochen. Wenn wir Jesu Beispiel als Vorbild für uns nehmen, welche Art von Vorbereitung würden *wir* Ihrer Meinung nach für einen wirkungsvollen Dienst für Gott brauchen?

Zur Vertiefung

Sehen Sie sich einmal Matthäus 21,32 an, wo Jesus von dem Zweck des Dienstes von Johannes dem Täufer spricht. Inwiefern stimmen die Worte und Taten von Johannes in diesem Kapitel mit der Beschreibung überein, die Jesus später gibt?

Matthäus 4

Einstieg: Welches ist für Sie als Erwachsenen die wertvollste »Vorbereitungszeit« für Ihre Arbeit, einen Dienst oder die Verantwortung für die Familie gewesen, die Sie später übernehmen mußten?

Was steht im Text?

1. Machen Sie einen »Spaziergang« durch die Ereignisse dieses Kapitels: Überlegen Sie, was Sie sehen, hören, riechen oder empfinden würden.
2. Als Hintergrundinformation zu den Antworten, die Jesus auf die Versuchungen des Satans hat (Verse 1-11), lesen Sie 5. Mose 8,3; 6,16 und 6,13.
3. Mit welchen Bibelstellen hat Jesus dem Satan widerstanden?
4. Wie haben die Engel in Vers 11 Jesus gedient?

5. Sehen Sie sich auf einer Karte die Orte an, die in den Versen 24-25 erwähnt sind.
6. Wie läßt sich die Botschaft, die Jesus verkündigte, mit der vergleichen, die Johannes der Täufer verkündigte?
7. EINZELHEITEN BEACHTEN – *Versuchen Sie, die folgenden Fragen zu beantworten, ohne in Ihrer Bibel nachzusehen:* Wie viele Tage und Nächte fastete Jesus in der Wüste, bevor der Teufel ihn versuchte? (Siehe Vers 2.)
8. UND WEITERE EINZELHEITEN – *Eine weitere Frage, die Sie beantworten sollten, ohne in der Bibel nachzusehen:* Welches waren die drei Versuchungen, in die der Teufel Jesus geführt hat? (Siehe Verse 3,5-6 und 8-9.)

DAS WESENTLICHE ERFASSEN

9. Können Sie, nachdem Sie sich die drei Versuchungen Jesu angesehen haben (Verse 3-9), die *Strategie* des Satans erkennen? Was wollte der Teufel, und wie wollte er seine Pläne verwirklichen?
10. Überlegen Sie, was passiert wäre, wenn Jesus den Versuchungen des Teufels nachgegeben hätte.
11. Wenn es Satan gelungen wäre, Jesus unter seine Kontrolle zu bekommen, was wäre Ihrer Meinung nach das Schlimmste, was er Jesus hätte antun können?
12. Wie würden Sie nach dem, was Sie in dem Abschnitt über die Versuchung gelesen haben (Verse 1-11), Jesu Beziehung zu Gott, seinem Vater, beschreiben?
13. Wie würden Sie nach dem, was Sie in den Versen 3-11 lesen, die Persönlichkeit und den Charakter des Teufels beschreiben?
14. Welche Schlußfolgerungen über den *Wert* und die *Verläßlichkeit* der Bibel können Sie aus der Art ziehen, wie Jesus dem Teufel geantwortet hat?
15. Denken Sie an die bildhaften Worte des Verses 16. Können Sie die unterschiedlichen Weisen herausfinden, wie Jesus diese Prophezeiung erfüllt?
16. In Vers 23 lesen wir, daß Jesus das Evangelium verkündete – die gute Nachricht vom Reich Gottes. Wie lautet nach dem, was an anderen Stellen über seine Lehre und seinen Dienst berichtet wird, diese gute Nachricht?
17. Welche der Charaktereigenschaften Jesu fällt Ihnen in diesem Kapitel besonders auf: sein Mitgefühl, seine Macht oder seine Weisheit? (Erklären Sie Ihre Antwort.)
18. Was in diesem Kapitel könnte Ihrer Meinung nach einen Menschen besonders interessieren, der zum ersten Mal von Jesus Christus hört?

Für das Leben heute

19. Lesen Sie noch einmal die drei Arten der Versuchung, die Satan Jesus vorlegte (Verse 2-9). Inwiefern haben Sie ähnliche Versuchungen erlebt?
20. Wenn Sie von der ganzen Bibel nur die drei Antworten kennen würden, die Jesus dem Teufel gegeben hat (Verse 4,7 und 10), welche Hilfe könnte jeder dieser Verse Ihnen in den verschiedenen Versuchungen geben? Sind Sie Versuchungen ausgesetzt, in denen Ihnen die drei Verse Jesu nicht weiterhelfen?
21. Von welcher Art des *Lebens* spricht Jesus in Vers 4? Wie würden Sie einen Menschen heute beschreiben, der jedes Wort Gottes wahrhaftig auslebt?
22. Denken Sie an die Versuchung, die Jesus in den Versen 5-7 überwand. Inwiefern versuchen wir heute manchmal, Gott an die Pläne der Menschen zu binden?
23. Sehen Sie sich noch einmal Vers 7 an und diskutieren Sie die folgende Aussage: Wir können Gott nicht zu etwas »zwingen«, indem wir ihn auf den Prüfstand stellen, aber er freut sich, wenn wir in aufrichtigem Glauben um Zeichen und Hinweise auf seine Führung bitten.
24. Überdenken Sie die Worte Jesu in Vers 10 noch einmal. Wen oder was beten die Menschen heute manchmal statt Gott an?
25. Wie können Sie Vers 16 zu einem Gebet für Ihre Familie, Freunde oder Gemeinde umformulieren?
26. Sehen Sie sich noch einmal Vers 19 an. Was müssen wir von Jesus lernen, um »Menschenfischer« zu werden?
27. Welcher Vers dieses Kapitels ist Ihnen in Ihrer gegenwärtigen Situation besonders wichtig geworden? Warum?

Zur Vertiefung

Dreimal in diesem Kapitel zitiert Jesus das Alte Testament. Sehen Sie sich gemeinsam die folgenden Verse im Matthäusevangelium an, in denen sich Jesus auch auf das Alte Testament bezieht, und überlegen Sie, was sie über die Haltung Jesu den Schriften gegenüber aussagen: Matthäus 8,4; 12,39-42; 19,3-6 und 24,37-39.

Matthäus 5

Einstieg: Wie würden die meisten Menschen heute wahres Glück definieren?

Was steht im Text?

1. Was wird Ihrer Meinung nach einen Neubekehrten am meisten in Erstaunen versetzen, wenn er dieses Kapitel zum ersten Mal liest?
2. Stellen Sie mit Hilfe der folgenden Verse eine Definition des Wortes *glückselig* auf, wie es in den Versen 3-11 in diesem Kapitel verwendet wird: Psalm 94,12-13; 112,1-3; 128,1-4; 144,12-15; Jeremia 17,7-8; Jakobus 1,12; Offenbarung 19,9; 20,6 und 22,14.
3. Wie würden Sie die grundlegende *Lebenseinstellung* oder *Haltung* beschreiben, die Jesus in diesem Kapitel lehrt?
4. Was in diesem Kapitel ist Ihnen unverständlich?
5. In den Versen 6, 10 und 20 wird dem Wort *Gerechtigkeit* große Bedeutung beigemessen. Wie würden Sie dieses Wort definieren?
6. Nehmen Sie an, Sie müßten die Bibel für ein Volk übersetzen, das kein Salz kennt. Wie würden Sie erklären, was Salz ist, damit es die Bedeutung von Vers 13 verstehen kann?
7. Das Kapitel kann ab Vers 21 in sechs Abschnitte eingeteilt werden, die alle ähnlich beginnen. Achten Sie auf dieses Muster, während Sie abwechselnd die ersten beiden Verse eines jeden Abschnitts laut vorlesen: 21-22, 27-28, 31-32, 33-34, 38-39 und 43-44. Kritisiert Jesus in diesen Abschnitten das alttestamentliche Gesetz oder das *Verständnis* der Menschen des alttestamentlichen Gesetzes? (Erklären Sie Ihre Antwort.)
8. Wie würden Sie die Bedeutung von Vers 48 erklären?
9. EINZELHEITEN BEACHTEN – *Versuchen Sie, die folgende Frage zu beantworten, ohne in Ihrer Bibel nachzusehen:* Wie beendet Jesus den Satz: »Glückselig die reinen Herzens sind, denn sie ...« (Siehe Vers 8.)

Das Wesentliche erfassen

10. Welche Absicht verfolgt Jesus damit, daß er uns die in diesem Kapitel aufgeführten Maßstäbe für ein Leben als Christ an die Hand gibt?
11. Geht es in den Versen 3-10 Ihrer Meinung nach eher um *Werte* und *Einstellungen* oder eher um *Taten*? Erklären Sie Ihre Antwort.
12. Erklären Sie anhand der Verse 3-11, was Jesus von seinen Jüngern erwartet.

13. Jesus fordert uns in den Versen 11-12 auf, uns zu freuen, wenn wir verfolgt werden. Was bewirkt eine Verfolgung an Gutem in unserem Leben?
14. Was erfahren wir aus den Versen 13-16 über *unseren Lebenszweck*?
15. In Vers 17 sagt Jesus, er sei gekommen, um die alttestamentlichen Schriften zu erfüllen und nicht, um sie aufzulösen. Inwiefern hat Jesus das Alte Testament erfüllt, und warum ist das so wichtig?
16. Wenn Jesus das Alte Testament nicht aufgehoben hat, bedeutet das, daß es auch für uns heute immer noch gültig ist? Erklären Sie Ihre Antwort.
17. Wie könnte man mit den Versen 23-24 einem Menschen helfen, der von einem anderen Christen beleidigt worden ist?
18. Wie würde Jesus nach dem, was Sie in den Versen 27-30 lesen, den Ausdruck *Reinheit des Geistes* definieren?
19. Wie würde Jesus nach dem, was Sie in diesem Kapitel gelesen haben, die Begriffe *Erfolg* und *letztgültige Bedeutung* definieren?
20. Welche wichtigen Eigenschaften des Wesens Gottes zeigt uns dieses Kapitel?

Für das Leben heute

21. Wenn Sie gebeten würden, die sieben wichtigsten »Merkmale der christlichen Reife« dieses Kapitels aufzuzählen, welches würden Sie als erstes nennen?
22. Welche der in den Versen 3-10 aufgezählten Eigenschaften und Zustände sind für Sie in Ihrem Leben besonders schwer zu ertragen?
23. Welche Hinweise finden Sie in den Versen 17-19 darauf, wie wir die Bibel sehen sollen?
24. Sehen Sie sich die Verse 29-30 noch einmal an. Ist es Ihrer Meinung nach gefährlich, zu drastisch auf Sünde zu reagieren? Wenn das so ist, wie häufig passiert so etwas im Leben der Christen, die Sie kennen?
25. Wie würden Sie mit den Versen 31-32 einem Christen helfen, der über eine Scheidung nachdenkt?

Zur Vertiefung

Lesen Sie noch einmal, was Jesus in Vers 17 gesagt hat, und vergleichen Sie es mit den folgenden Textstellen. Was sagen sie darüber aus, wie Jesus die alttestamentlichen Schriften erfüllt hat: Matthäus 12,39-40; 13,13-15; 13,34-35 und 22,34-40?

Matthäus 6

Einstieg: Um welche Pflichten oder Beziehungen im Leben machen Sie sich die wenigsten Gedanken?

Was steht im Text?

1. Wie würden Sie die grundlegende *Lebenseinstellung* oder *Haltung* beschreiben, die Jesus in diesem Kapitel lehrt?
2. Welche Lehren in diesem Kapitel sind Ihnen besonders schwer verständlich?
3. Bedeutet das Wort *gerecht* in Vers 1 dasselbe wie in Vers 33? (Erklären Sie Ihre Antwort.)
4. Dreimal spricht Jesus in diesem Kapitel von der Belohnung Gottes für die, die ihm gefallen (Verse 4, 6 und 18). Welches ist Ihrer Meinung nach diese Belohnung?
5. Lesen Sie die Verse 5-15 noch einmal. Welche Perspektive möchte uns Jesus hier in bezug auf das Gebet vermitteln?
6. Lesen Sie noch einmal das »Vaterunser« in den Versen 9-13. Versuchen Sie, es vollkommen umzuformulieren, ohne Worte aus dem Originaltext zu verwenden (abgesehen von denen, die drei oder vier Buchstaben haben). Jedes Gruppenmitglied könnte eine Zeile des Gebets umformulieren.
7. Was meint Jesus Ihrer Meinung nach, wenn er im letzten Vers des Kapitels sagt, »der morgige Tag wird für sich selbst sorgen«?
8. EINZELHEITEN BEACHTEN – *Versuchen Sie, die folgende Frage zu beantworten, ohne in Ihrer Bibel nachzusehen:* Wie beendet Jesus den Satz: »Denn wo dein Schatz ist, da …« (Siehe Vers 21.)

Das Wesentliche erfassen

9. Lesen Sie die Verse 4, 6 und 18 und diskutieren Sie die folgende Aussage: Nur das, was wir *im Geheimen* für Gott tun, wird uns eine Belohnung bringen.
10. Denken Sie über die Verse 14 und 15 nach. Warum ist die *Vergebung* für unser Leben so wichtig?
11. Wofür steht Ihrer Meinung nach die Lampe in den Versen 22-23 und wofür steht das Auge?
12. Geht es Jesus in den Versen 22-23 eher um die Erlösung, eher um geistliches Verständnis oder eher um Kampf gegen den Satan? Erklären Sie Ihre Antwort.

13. Wenn Sie gebeten würden, die wichtigsten »Merkmale christlicher Reife« dieses Kapitels aufzuzählen, welches würden Sie als erstes nennen?
14. Was sagt dieses Kapitel über das Wesen Gottes aus?

FÜR DAS LEBEN HEUTE

15. Wie würden Sie auf einer Skala von eins bis zehn (eins = sehr armselig; zehn = sehr erfüllend) die Qualität Ihres »verborgenen Lebens« mit Gott einstufen – die Dinge, die Sie für ihn tun und von denen nur Gott etwas weiß?
16. Wie können Sie mit den Versen 5-15 einem neubekehrten Christen zeigen, wie er beten soll?
17. Denken Sie noch einmal über die Verse 14-15 nach. Wie schwer fällt es Ihnen, anderen zu vergeben? Wie schwer fällt es Ihnen, um Vergebung zu bitten?
18. Welche Schätze würden Sie gern im Himmel sammeln?
19. Ist mit dem »Trachten«, von dem Jesus in Vers 33 spricht, ein lebenslanges Trachten gemeint? Wenn das so ist, wie oft werden wir in unserem Leben auf der Erde wohl Erfolg haben? Werden wir jemals in der Lage sein, mit weniger Trachten auszukommen?
20. Welche Einstellung sollen wir nach dem, was dieses Kapitel aussagt, materiellem Besitz gegenüber einnehmen?
21. Wie würden Sie mit diesem Kapitel einem neubekehrten Christen helfen, der seinen Wert in den Augen Gottes anzweifelt?

ZUR VERTIEFUNG

Vergleichen Sie Vers 34 mit Sprüche 27,1. Welche Prinzipien liegen beiden Versen zugrunde?

MATTHÄUS 7

Einstieg: Haben Sie schon einmal etwas Wertvolles nicht bekommen, weil Sie nicht darum gebeten oder nicht genügend darum gebeten haben?

WAS STEHT IM TEXT?

1. Wie würden Sie die »goldene Regel« (Vers 12) in eigenen Worten ausdrükken?
2. Was meint Jesus in seinem bekannten Gleichnis in den Versen 24-27 mit dem »Felsen«?

3. Wie würden Sie die grundlegende *Lebenseinstellung* oder *Haltung* beschreiben, die Jesus in diesem Kapitel lehrt?
4. Welche Lehren in diesem Kapitel sind Ihnen besonders schwer verständlich?
5. EINZELHEITEN BEACHTEN – *Versuchen Sie, die folgende Frage zu beantworten, ohne in Ihrer Bibel nachzusehen:* Was erstaunte die Menge an der Lehre Jesu? (Siehe Verse 28-29.)

Das Wesentliche erfassen

6. Wenn Sie gebeten würden, die wichtigsten »Merkmale christlicher Reife« dieses Kapitels aufzuzählen, welches würden Sie als erstes nennen?
7. In den Versen 7-8 wird uns gezeigt, wie wir im Vertrauen beten sollen. Welches ist die eigentliche Basis dieses Vertrauens?
8. Sind die Verse 21-23 geschrieben worden, um uns zu verängstigen, zu trösten oder zu einem ganz anderen Zweck? (Erklären Sie Ihre Antwort.)
9. Was sagt dieses Kapitel über das Wesen Gottes aus?

Für das Leben heute

10. Werden wir, wenn wir uns genau nach den Versen 1-2 richten, vor ungerechter Kritik anderer geschützt? Wenn das nicht so ist, was bedeutet dieser Vers dann?
11. Jesus fordert uns auf zu bitten, zu suchen und anzuklopfen (Verse 7-8). Sehen Sie sich gemeinsam die folgenden Verse in diesem Kapitel an und denken Sie sorgfältig über das nach, was Jesus hier sagt. Formulieren Sie dann ein Gebet, das jeder Christ sprechen könnte – oder ein Gebet, das speziell auf Ihre gegenwärtige Situation zugeschnitten ist: Verse 2, 5, 12, 14, 21 und 24.
12. Denken Sie über die Verse 13-14 nach. Was bedeutet »eng« in bezug auf den Lebensweg, für den Sie sich entschieden haben?
13. Lesen Sie die Verse 15-20 noch einmal. Haben Sie schon mal erlebt, daß Sie diese Richtlinien befolgt und falsche christliche Lehre erkannt haben?
14. Denken Sie über das Erstaunen der Volksmenge nach, von dem wir in den Versen 28-29 lesen. Was erstaunt *Sie* an der Lehre Jesu?

Zur Vertiefung

Vergleichen Sie die Aussage der Verse 13-14 über unsere *Sicherheit* mit dem, was die Verse 24-27 über dasselbe Thema aussagen. Inwiefern ergänzen diese Verse einander?

Matthäus 8

Einstieg: Das Stigma, mit dem heute das AIDS-Virus behaftet ist, wird manchmal mit der Art verglichen, wie man in der Vergangenheit mit Leprakranken umging. Wie denken Sie über den Umgang mit AIDS-Kranken?

Was steht im Text?

1. Machen Sie noch einmal gemeinsam einen »Spaziergang« durch die in diesem Kapitel berichteten Ereignisse. Überlegen Sie, was Sie sehen, riechen, hören und empfinden würden.
2. Wie zeigt sich die *Macht* Jesu in diesem Kapitel?
3. Wie zeigt sich das *Wesen* Jesu in diesem Kapitel?
4. Wie zeigt sich der *Zweck des Kommens* Jesu in diesem Kapitel?
5. EINZELHEITEN BEACHTEN – *Versuchen Sie, die folgende Frage zu beantworten, ohne in Ihrer Bibel nachzusehen:* Wird in dem Abschnitt (Verse 22-27), der berichtet, wie Jesus den Sturm auf dem See Genezareth stillte, erwähnt, wer als erster in das Boot steigt? Wenn ja, wer war es?

Das Wesentliche erfassen

6. Was bedeutet es nach dem, was wir in diesem Kapitel lesen, Jesus wirklich »nachzufolgen«?
7. Wie hätten die Jünger bei der in den Versen 23-27 berichteten Begebenheit auf den Sturm reagiert, wenn sie mehr Glauben gehabt hätten? Wie genau *wollte* Jesus, daß sie reagieren?
8. Hätten die Jünger, wenn sie während des Sturmes mehr Vertrauen gehabt hätten, noch größere Lektionen lernen können? Wenn das so ist, welche hätten das sein können?
9. Vergleichen Sie die Macht des Sturmes in Vers 24 mit der Macht der Dämonen in den Versen 28-32.
10. Welche Charaktereigenschaft Jesu fällt Ihnen in diesem Kapitel am meisten ins Auge: sein Mitgefühl, seine Macht oder seine Weisheit? (Erklären Sie Ihre Antwort.)
11. Stellen Sie sich vor, Sie würden an einem Film über dieses Kapitel mitarbeiten. Welche Kulissen, Darsteller, Hintergrundmusik, Lichteffekte, etc., würden Sie einsetzen, um die zentrale Botschaft dieses Kapitels zu übermitteln?

FÜR DAS LEBEN HEUTE

12. In Kolosser 3,1 lesen wir: »Wenn ihr nun mit Christus auferweckt worden seid, so sucht, was droben ist, wo der Christus ist, sitzend zur Rechten Gottes.« Was ist Ihnen persönlich in diesem Kapitel in bezug auf Jesus Christus wichtig geworden, nach dem Sie streben möchten?
13. Sehen Sie sich die Aufforderung Jesu in Vers 22 an. Inwiefern bezieht sich dieser Vers auch auf uns? Inwiefern sollten *wir* »die Toten ihre Toten begraben lassen«?
14. Denken Sie noch einmal über die Verse 23-27 nach, vor allem über die Worte, die Jesus in Vers 26 spricht. Dürfen wir niemals Angst haben? Ist es möglich, Glauben zu haben und trotzdem Angst zu erleben?
15. Welches sind »Stürme« in Ihrem Leben – der »Wind« und die »Wellen«, die Ihnen Angst machen? Haben Sie schon einmal erlebt, daß Jesus Macht darüber hat?

ZUR VERTIEFUNG

In Vers 20 nennt Jesus sich »Sohn des Menschen«. Diesen Begriff verwendet Jesus in den Evangelien sehr häufig, wenn er von sich selbst spricht. Sehen Sie sich einige oder alle Verse im Matthäusevangelium an, in denen Jesus sich so nennt. Sprechen Sie über die Bedeutung dieses Namens: 9,6; 11,19; 12,8; 12,40; 13,41; 16,13; 16,27-28; 17,9; 17,22; 20,28; 24,30; 24,44 und 26,64.

MATTHÄUS 9

Einstieg: Welche Erfahrungen haben Sie mit Menschen gemacht, die auf irgendeine Art körperlich gelähmt sind? Wie wirkt sich ihre Behinderung geistig und emotional auf sie aus?

WAS STEHT IM TEXT?

1. Stellen Sie sich vor, Sie wären Reporter des »Jerusalemer Tageblatts«. Wie würden Sie in wenigen Sätzen beschreiben, was in diesem Kapitel passiert ist?
2. Überdenken Sie die Verse 1-8, vor allem die Reaktion der Menge in Vers 8. Was genau hat diese Menschen an Jesus beeindruckt?
3. Was meint Jesus in Vers 13 mit dem Wort *gerecht*?

4. Sehen Sie sich die Geschichte der beiden Blinden in den Versen 27-30 noch einmal an, die Jesus sehend gemacht hat. Was haben die beiden Ihrer Meinung nach gesagt, als sie plötzlich in der Lage waren, einander zu *sehen* (und auch alles und alle anderen)?
5. Was sagt dieses Kapitel über die *Macht* Jesu aus?
6. EINZELHEITEN BEACHTEN – *Versuchen Sie, die folgende Frage zu beantworten, ohne in Ihrer Bibel nachzusehen:* Im letzten Vers dieses Kapitels nannte Jesus seinen Jüngern eine konkrete Bitte, die sie an Gott richten sollten. Wie lautete diese Bitte?
7. Wie würden Sie aufgrund dessen, was Ihnen durch das Lesen des Matthäusevangeliums bereits klar geworden ist, den »Arbeiter« beschreiben, von dem Jesus in Vers 38 spricht?

Das Wesentliche erfassen

8. Was war nach dem, was Sie in diesem Kapitel lesen, für den Jünger Matthäus das wichtigste im Leben?
9. Was bedeutet es nach dem, was Sie in diesem Kapitel lesen, Jesus wirklich »nachzufolgen«?

Für das Leben heute

10. Sehen Sie sich die Begegnungen Jesu mit beiden Geschlechtern an. In welcher Weise steigert die Nachfolge Jesu Ihren Wert als Mann oder als Frau?
11. Sehen Sie sich noch einmal Vers 8 an. Wie demonstriert Jesus seine Autorität heute, so daß die Menschen ihn erkennen und Gott preisen?
12. Sehen Sie sich die Antwort Jesu an die Jünger des Johannes in Vers 15 an. Ist der Bräutigam noch bei uns? Ist jetzt die Zeit zu feiern oder die Zeit zu fasten?
13. Die Aufforderung in Vers 38 ist geknüpft an Vers 37. In welchem Maß hat das, was Jesus in Vers 37 sagte, heute noch Gültigkeit?

Zur Vertiefung

In Vers 13 zitiert Jesus eine Aussage, die Gott in Hosea 6,6 macht. Er fordert die Pharisäer auf zu lernen, was das bedeutet. Lesen Sie Matthäus 12,7, wo Jesus diesen Vers erneut zitiert. Warum war dieser Vers Jesus damals so wichtig?

Matthäus 10

Einstieg: Erinnern Sie sich zurück an eine Zeit, wo Sie eine neue Stellung angenommen, ein neues Projekt oder einen neuen Auftrag in Angriff genommen haben. Was hat die Angelegenheit so aufregend für Sie gemacht?

Was steht im Text?

1. Stellen Sie sich vor, Sie wären der Jünger Petrus und würden schnell einen Brief an Ihre Familie zu Hause schreiben. Wie würden Sie in wenigen Zeilen die Erfahrungen der Jünger in diesem Kapitel beschreiben?

2. Sehen Sie sich Vers 5 an. Warum hat Jesus die Jünger zu dieser Zeit wohl nur zu den Juden geschickt?

3. Sehen Sie sich in Vers 7 die Botschaft an, die Jesus an seine Jünger richtet. Vergleichen Sie sie mit der Botschaft, die er selbst verkündigte, und der Botschaft, die Johannes der Täufer verkündigte. (Lesen Sie 3,2 und 4,17.)

4. Sehen Sie sich den letzten Teil von Vers 8 an. Was genau haben die Jünger »umsonst« empfangen?

5. Lesen Sie gemeinsam Vers 41. Wie würden Sie einen »Gerechten« beschreiben?

6. EINZELHEITEN BEACHTEN – *Versuchen Sie, die folgende Frage zu beantworten, ohne in Ihrer Bibel nachzusehen:* Im ersten Vers des Kapitels gibt Jesus seinen Jüngern Macht, zwei Dinge zu tun. Welche zwei Dinge?

Das Wesentliche erfassen

7. Was hat Jesus Ihrer Meinung nach mit seiner Aufforderung im letzten Teil von Vers 16 gemeint?

8. Was bedeutet es nach dem, was Sie in diesem Kapitel gelesen haben – oder was *kann* es für einige Personen bedeuten – »Jesus nachzufolgen«?

9. Wenn Sie gebeten würden, die in diesem Kapitel genannten wichtigsten Merkmale christlicher Reife aufzuzählen, welches würden Sie als erstes nennen?

Für das Leben heute

10. Sehen Sie sich in Vers 1 an, welche Autorität Jesus seinen zwölf Jüngern gegeben hat. Haben wir heute dieselbe Autorität?

11. Sehen Sie sich noch einmal den letzten Teil von Vers 8 an. Inwiefern trifft dieses Prinzip auch auf uns heute zu?

12. Sehen Sie sich den letzten Teil von Vers 10 an. Würden Sie sagen, daß dieses Prinzip auch heute noch auf unsere Gemeinden übertragbar ist? Wenn ja, wie läßt es sich durchführen?
13. Sehen Sie sich die Aufforderung im letzten Teil von Vers 16 an. Wie können wir dieses Prinzip heute anwenden?
14. Lesen Sie, was Jesus seinen Jüngern in Vers 22 versprach. Wie schwer fällt es Ihnen, den Haß anderer zu ertragen?
15. Jesus ermutigt uns in Matthäus 7,7 zu bitten, zu suchen und anzuklopfen. Sehen wir uns auf dieser Grundlage die Verse 32, 37, 38 und 39 an. Lassen Sie auf sich einwirken, was Jesus hier sagt. Formulieren Sie ein Gebet, das jeder Christ sprechen kann – oder das konkret auf Ihre gegenwärtige Lebenssituation zutrifft.

Zur Vertiefung

Lesen Sie die prophetischen Worte, die Jesus in den Versen 17-18 zu den Jüngern gesagt hat. Überlegen Sie gemeinsam, wie sich diese Worte in Apostelgeschichte 5,27-41 und Apostelgeschichte 12,1 erfüllt haben. Lesen Sie auch in Apostelgeschichte 26,9-11 das Bekenntnis eines Mannes, der die Christen verfolgt hat.

Matthäus 11

Einstieg: Haben Sie schon einmal etwas erlebt, bei dem Sie den Beweis dafür brauchten, wie *verläßlich* jemand oder etwas ist.

Was steht im Text?

1. Was hat Ihrer Meinung nach die Zweifel an Jesus ausgelöst, denen Johannes der Täufer in Vers 2 Ausdruck verleiht?
2. Wie würden Sie das, was Jesus in Vers 11 sagt, in eigenen Worten ausdrücken?
3. In Vers 14 vergleicht Jesus Johannes den Täufer mit dem Propheten Elia. Um mehr über Elia zu erfahren, lesen Sie Maleachi 3,23; 1. Könige 19,3-19 und 2. Könige 2,11. Lesen Sie auch Matthäus 17,11-13.
4. Würden Sie die Worte Jesu in den Versen 28 und 29 als eine Aufforderung, eine Einladung, eine Bitte – oder alles drei bezeichnen? Erklären Sie Ihre Antwort.

5. Formulieren Sie die Verse 28-30 vollkommen um, ohne die Worte aus dem Originaltext zu verwenden (abgesehen von Wörtern, die vier Buchstaben oder weniger haben).
6. EINZELHEITEN BEACHTEN – *Versuchen Sie, die folgende Frage zu beantworten, ohne in Ihrer Bibel nachzusehen:* In diesem Kapitel macht Jesus seinen Zuhörern ein Angebot. Welches? (Siehe Vers 28.)

DAS WESENTLICHE ERFASSEN

7. Was erfahren wir in diesem Kapitel über den Zusammenhang zwischen dem Dienst Johannes des Täufers und dem Dienst Jesu?
8. Sehen Sie sich den letzten Satz in Vers 19 an, lesen Sie dann gemeinsam Jakobus 3,13. Was sagen diese Verse über Weisheit aus?
9. Lesen Sie sehr genau die Verse 25-27 durch. Was sagen diese Verse aus über a) die Beziehung Jesu zu Gott, b) Gottes Beziehung zu uns und c) unsere Beziehung zu Jesus?
10. Können wir Christen die Ruhe, die Jesus in Vers 28 verspricht, jederzeit in Anspruch nehmen, oder gibt es Phasen, wo Gott nicht möchte, daß wir diese Art von »Ruhe« erleben?
11. Was wird einen Menschen, der zum ersten Mal von Jesus Christus hört, in diesem Kapitel am meisten interessieren, und warum?

FÜR DAS LEBEN HEUTE

12. Wie können Sie mit den Versen 2-6 einem jungen Gläubigen helfen, der anfängt, an Jesus zu zweifeln?
13. Sehen Sie sich an, was Jesus in den Versen 16-18 über seine Generation sagt. Inwiefern treffen diese Verse auch auf unsere heutige Generation zu?
14. Sehen Sie sich in den Versen 20-24 die Gründe für Jesu Urteil über bestimmte Städte an. Inwiefern könnten unsere Städte heute unter dasselbe Urteil fallen?
15. Sehen Sie sich die beiden Arten von Menschen an, die Jesus in seinem Gebet in Vers 25 erwähnt. Inwiefern passen Sie in eine oder beide dieser Kategorien?

ZUR VERTIEFUNG

Vergleichen Sie die Worte Jesu in den Versen 28-30 mit seinen Worten in Johannes 6,37. Welche Haltung oder Attribute Jesu sind in beiden Abschnitten zu erkennen?

Matthäus 12

Einstieg: Haben Sie schon einmal eine Regel oder ein Gesetz »gebeugt« oder gebrochen, um etwas zu tun, was Ihrer Meinung nach richtig und wichtig war?

Was steht im Text?

1. Wie würden Sie in wenigen Stichpunkten das Verhalten der Jünger in der in den Versen 1-8 berichteten Begebenheit beschreiben? Wie würden Sie das Verhalten der Pharisäer beschreiben? Wie würden Sie das Verhalten Jesu in dieser Situation beschreiben?

2. Lesen Sie als Hintergrundinformation zu Vers 2 gemeinsam 2. Mose 34,21.

3. Lesen Sie als Hintergrundinformation zu den Versen 3-4 gemeinsam 1. Samuel 21,1-6 und 5. Mose 23,25. Sehen Sie sich auch die Anweisungen Gottes bezüglich des Brotbackens am Sabbat in 3. Mose 24,5-9 an.

4. Lesen Sie 4. Mose 28,9-10 als Hintergrundinformation zu Vers 5, wo Gott von »Arbeit« (das Opfern) am Sabbat spricht.

5. Wie würden Sie nach dem, was Sie in den Versen 9-14 lesen, in wenigen Stichpunkten das Verhalten der Menschen beschreiben, zu denen Jesus in Vers 11 spricht? Wie würden Sie das Verhalten Jesu beschreiben? Wie würden Sie das Verhalten des Mannes mit der verkrüppelten Hand beschreiben?

6. Welche Bilder fallen Ihnen in dem Zitat aus Jesaja 42 in den Versen 17-21 am meisten ins Auge?

7. Wenn die Verse 17-21 die ersten und einzigen Worte wären, die Sie je vom Messias – dem Sohn Gottes – gehört hätten, wie würden Sie sein Wesen in eigenen Worten beschreiben?

8. Wie würden Sie nach dem, was Sie bisher im Matthäusevangelium gelesen haben, die Haltung der Pharisäer und religiösen Lehrer zu diesem Zeitpunkt dem Dienst Jesu gegenüber beschreiben?

9. EINZELHEITEN BEACHTEN – *Versuchen Sie, die folgende Frage zu beantworten, ohne in Ihrer Bibel nachzusehen:* In diesem Kapitel vergleicht Jesus sich mit zwei bekannten Persönlichkeiten des Alten Testaments, indem er sagt, daß er größer ist als sie. Welche beiden Männer sind dies? (Siehe Verse 41-42.)

DAS WESENTLICHE ERFASSEN

10. In Vers 7 zitiert Jesus eine Aussage, die Gott in Hosea 6,6 macht. Er sagt, daß die Pharisäer die Bedeutung dieser Worte nicht verstanden hätten. Sehen Sie sich dieses Zitat Jesu genau an; was ist damit gemeint?

11. Warum haben die Pharisäer Ihrer Meinung nach das Zitat Jesu nicht verstanden?

12. Jesus sagt in Vers 8, daß er der »Herr des Sabbats« ist. Was versuchte er mit dieser Aussage den Pharisäern klarzumachen?

13. Was sagt Vers 8 über die Einstellung Jesu dem alttestamentlichen Gesetz gegenüber aus?

14. Wie hätte der Mann mit der verdorrten Hand Ihrer Meinung nach die Frage in Vers 10 beantwortet?

15. Diskutieren Sie die folgende Aussage: Die wichtigste Lektion in den Versen 1-14 sowohl für die Pharisäer als auch für die Jünger hatte mit ihrem Verständnis von Jesus zu tun, nicht mit ihrem Verständnis des Sabbat.

16. Warum hat Jesus Ihrer Meinung nach in Vers 16 die Menschenmenge zum Stillschweigen verpflichtet?

17. Welche der folgenden Charaktereigenschaften Jesu fällt Ihnen in diesem Kapitel besonders ins Auge: sein Mitgefühl, seine Macht oder seine Weisheit? (Erklären Sie Ihre Antwort.)

18. Matthäus 12 wird häufig als ein sehr wichtiges Kapitel angesehen, als einen Wendepunkt im Matthäusevangelium. Warum ist das Ihrer Meinung nach so?

FÜR DAS LEBEN HEUTE

19. Wie könnte Vers 6 auf unsere Anbetung Gottes heute übertragen werden?

20. Denken Sie über Vers 7 nach und stellen Sie sich folgende Frage: Was ist mir in meinem Leben als Christ wichtiger (falls Ihnen überhaupt etwas wichtig ist): das Opfern oder das Zeigen von Erbarmen und Mitgefühl?

21. Welchen Stellenwert hat der Sonntag in Ihrem Leben?

ZUR VERTIEFUNG

Beachten Sie, daß der Teufel in den Versen 24-28 sowohl »Satan« als auch »Beelzebub« genannt wird. Im Matthäusevangelium wird sehr viel über den Teufel gesagt. Was erfahren Sie in den folgenden Versen über den Teufel? 4,11; 13,37-39; 16,22-23 und 25,41?

MATTHÄUS 13

Einstieg: Welche Erfahrungen haben Sie mit Landwirtschaft oder Gartenbau gemacht? – Konzentrieren Sie sich dabei auf das, was Sie über die besten Pflanzmethoden gelernt haben.

WAS STEHT IM TEXT?

1. Denken Sie über das Beispiel vom Sämann und den verschiedenen Bodenarten in den Versen 3-9 nach. Inwiefern möchte dieses Gleichnis uns *warnen*? Inwiefern ist es eine *Ermutigung*?
2. Von welcher Art von »Ohren« spricht Jesus in Vers 9?
3. Was sagt Vers 11 über die Entscheidung aus, die Gott trifft?
4. Was sagt der letzte Vers dieses Kapitels über die Macht und den Willen Gottes aus?
5. EINZELHEITEN BEACHTEN – *Versuchen Sie, die folgende Frage zu beantworten, ohne in Ihrer Bibel nachzusehen:* Wofür stehen die Dornen in der Erklärung Jesu des Gleichnisses vom Sämann und den unterschiedlichen Bodensorten, auf die das Saatkorn fällt? (Siehe Vers 22).
6. Sehen Sie sich die Verse 34-35 sorgfältig an. Was war von Grundlegung der Welt an verborgen, bis Jesus mit seinem Dienst begann?

DAS WESENTLICHE ERFASSEN

7. Wenn Sie nur dieses Kapitel der Bibel zur Verfügung hätten, welche biblische Definition für den Begriff *Himmelreich* würden Sie geben?
8. Ist es nach dem, was Sie in den Versen 10-13 lesen, korrekt zu sagen, daß Jesus die Wahrheit vor einigen Personen verborgen hielt?
9. Sehen Sie sich die letzte Hälfte von Vers 15 an. Was sagt dieser Vers darüber aus, was es bedeutet, Gott wirklich zu kennen?
10. Was ist nach dem, was Sie in diesem Kapitel lesen, ein *Gleichnis* und welche Absicht verbirgt sich dahinter?

FÜR DAS LEBEN HEUTE

11. Jesus ermutigt uns in Matthäus 7,7 zu bitten, zu suchen und anzuklopfen. Sehen wir uns auf diesem Hintergrund die Verse 44-46 in diesem Kapitel an. Denken Sie sorgfältig über das nach, was Jesus uns hier lehrt. Formulieren Sie

diesen Abschnitt zu einem Gebet um, das jeder Christ sprechen kann – oder das speziell in Ihre gegenwärtige Lebenssituation paßt.

12. Sehen Sie sich an, was Jesus in Vers 11 zu seinen Jüngern sagt. Hat der Herr auch Ihnen gegeben, was er seinen Jüngern gegeben hat?
13. Wie könnten Sie die letzte Hälfte von Vers 15 zu einem persönlichen Gebet umformulieren?
14. Beschreiben Sie in Übereinstimmung mit dem, was Jesus in Vers 23 sagt, so ausführlich wie möglich, was es für uns bedeutet, »guter Boden« zu sein.
15. Achten Sie darauf, wie das Gleichnis vom Unkraut in den Versen 24-30 später von Jesus in den Versen 36-43 ausgelegt wird. Sollten wir nach dem, was wir hier lesen das »Unkraut« in der heutigen Gemeinde wachsen lassen?
16. Sehen Sie sich die Verse 44-46 an. Haben Sie sich jemals wie einer dieser beiden Männer gefühlt?

Zur Vertiefung

Achten Sie auf den Gebrauch des Wortes *erfüllt* in den Versen 14 und 35. Dies ist ein wichtiges und häufig verwendetes Wort im Matthäusevangelium. Denken Sie über das Prinzip der Erfüllung nach, von dem Jesus in Matthäus 5,17 spricht. Gehen Sie danach die folgenden Textstellen durch, in denen die Worte *erfüllen* oder *erfüllt* vorkommen: 1,21-23; 2,14-15; 3,13-15; 4,13-16; 8,16-17; 12,15-21; 21,1 5 und 26,54-56.

Matthäus 14

Einstieg: Haben Sie schon einmal Schwierigkeiten bekommen, als Sie für das eingetreten sind, was Sie für richtig hielten?

Was steht im Text?

1. Dieses Kapitel konzentriert sich auf drei sehr verschiedene Ereignisse in sehr unterschiedlichen Umfeldern. Machen Sie gemeinsam einen »Spaziergang« durch alle drei Ereignisse und achten Sie dabei auf Einzelheiten. Sprechen Sie über das, was Sie sehen, riechen, hören und fühlen.
2. Richten Sie Ihr Augenmerk in erster Linie auf den Zwischenfall in den Versen 22-33. Stellen Sie sich vor, Sie wären Petrus und würden den anderen später erklären, was passiert ist. Was würden Sie sagen?
3. Wie würden Sie nach dem, was Sie in diesem Kapitel lesen, den Charakter und die Persönlichkeit von König Herodes beschreiben?

4. Was sagen die Verse 13-14 über den Charakter Jesu aus?
5. Wieviel seiner Zeit konnte Jesus nach dem, was Sie bisher im Matthäusevangelium gelesen haben, allein verbringen? Warum hat er sich Zeit dafür genommen?
6. EINZELHEITEN BEACHTEN – *Versuchen Sie, die folgende Frage zu beantworten, ohne in der Bibel nachzusehen:* Wie viele Brote und Fische hatte Jesus, als er die Fünftausend speiste und wie viele Körbe blieben übrig? (Lesen Sie die Verse 19-20.)

Das Wesentliche erfassen

7. Lesen Sie die Verse 16-21. Was wird darin über die *Macht* Jesu gesagt?
8. Lesen Sie die Verse 22-33. Was wird darin über den *Glauben* gesagt?
9. Warum hat Jesus Ihrer Meinung nach Wunder getan? Stützen Sie sich auf das, was Sie in diesem Kapitel gelesen haben.
10. Welche der folgenden Charaktereigenschaften Jesu fällt Ihnen in diesem Kapitel besonders auf: Sein Mitgefühl, seine Macht oder seine Weisheit? (Erklären Sie Ihre Antwort.)

Für das Leben heute

11. Welche Richtlinien für Menschen im Dienst Jesu können Sie durch das Vorbild Jesu in diesem Kapitel aufstellen?
12. Welche Richtlinien für den Umgang mit Leid können Sie durch die Art, wie Jesus die Nachricht vom Tod des Johannes (in den Versen 13-14 und 22-23) aufgenommen hat, für unser heutiges Leben aufstellen?

Zur Vertiefung

Was erfahren wir in Markus 6,20, aus dem Gebet in Apostelgeschichte 4,27 und aus Apostelgeschichte 12,19-23 über diesen König Herodes?

Matthäus 15

Einstieg: Haben Sie schon einmal Schwierigkeiten bekommen, weil Sie versucht haben, gegen Traditionen oder Angewohnheiten anderer anzugehen?

Was steht im Text?

1. Stellen Sie gemeinsam eine Liste aller Menschengruppen zusammen, die in diesem Kapitel vertreten sind. Welches sind Ihrer Meinung nach die hervorstechenden Merkmale jeder einzelnen Gruppe?
2. Stellen Sie sich vor, Sie hätten die in den Versen 1-20 beschriebene Situation miterlebt. Welche Worte Jesu in diesem Abschnitt fallen Ihnen besonders ins Auge?
3. In welchem Tonfall mag Jesus wohl an den verschiedenen Orten gesprochen haben, von denen in diesem Kapitel die Rede ist?
4. Was sagen die Worte Jesu in den Versen 3-6 darüber aus, wie Gott unsere Verantwortung unseren Eltern gegenüber sieht?
5. Lesen Sie die Verse 29-32 noch einmal und beachten Sie, wie lange Jesus an diesem bestimmten Ort gedient hat. Wie sah Ihrer Meinung nach zu jener Zeit ein typischer Tag für ihn aus?
6. EINZELHEITEN BEACHTEN – *Versuchen Sie, die folgende Frage zu beantworten, ohne in Ihrer Bibel nachzusehen:* Als Jesus die Viertausend speiste, wie viele Brote hatte er, und wie viele Körbe mit Resten blieben übrig? (Siehe Verse 34-37.)

Das Wesentliche erfassen

7. Denken Sie über die Verse 16-20 nach und diskutieren Sie die folgende Aussage: Gott ist unser »innerer« Zustand genauso wichtig wie unsere »äußeren« Umstände – ihm sind unsere Gedanken genauso wichtig wie unser Handeln.
8. Lesen Sie noch einmal, was Jesus in den Versen 17-20 über das sagt, was einen Menschen »unrein« macht. Wenn diese Dinge uns unrein machen, was macht uns dann *rein*?
9. Wie vollständig ist Ihrer Meinung nach die Liste der unreinen Handlungsweisen in Vers 19?
10. Denken Sie sorgfältig über die Begebenheit in den Versen 21-28 nach. Was sagt dieser Abschnitt über Jesu Gehorsam seinem Vater gegenüber, aber auch

über Gottes Mitgefühl aus? Stehen diese beiden Eigenschaften hier im Konflikt miteinander?

11. Warum hat Jesus Ihrer Meinung nach in Vers 23 geschwiegen?

Für das Leben heute

12. Lesen Sie die Verse 8-9 noch einmal. Ist damit gesagt, daß wir, wenn wir uns innerlich von Gott weit entfernt fühlen, nicht versuchen sollten, ihn anzubeten?
13. Sehen Sie sich Vers 12 noch einmal an. Inwiefern könnten sich einige Menschen heutzutage durch die Worte Jesu angegriffen fühlen?
14. Treffen die Worte Jesu in Vers 14 auf alle Menschen heute zu?
15. Sehen Sie sich noch einmal an, was Jesus in Vers 28 zu der kanaanitischen Frau gesagt hat. Warum hat Jesus den Glauben der Frau so hervorgehoben?

Zur Vertiefung

Vergleichen Sie die Aufzählung der sündigen Taten und Eigenschaften in Vers 19 mit den Aufzählungen in den folgenden Abschnitten: Römer 1,29-31; 1. Korinther 6,9-10; Galater 5,19-21 und Offenbarung 22,15.

Matthäus 16

Einstieg: Welches ist der wichtigste »Wendepunkt« in Ihrem Leben gewesen?

Was steht im Text?

1. Lesen Sie die Verse 1-4 aufmerksam durch. Warum hat Jesus für die Personen nicht einfach ein oder zwei Wunder getan?
2. Welches ist der »Sauerteig«, von dem Jesus in den Versen 7 und 11-12 spricht, und warum ist er so gefährlich?
3. Wie würden Sie nach dem, was Sie in den letzten Kapiteln gelesen haben, die Haltung der Pharisäer und religiösen Führer Jesus gegenüber zu diesem Zeitpunkt seines Dienstes beschreiben?
4. In Vers 18 wird zum ersten Mal im Neuen Testament das Wort *Gemeinde* gebraucht. Was sagt dieser Vers über die Gemeinde aus?

5. EINZELHEITEN BEACHTEN – *Versuchen Sie, die folgende Frage zu beantworten, ohne in Ihrer Bibel nachzusehen:* Jesus fragte die Jünger: »Was sagen die Menschen, wer der Sohn des Menschen ist?« In ihrer Antwort geben die Jünger drei Namen. Welche drei Namen? (Siehe Vers 14.)

DAS WESENTLICHE ERFASSEN

6. In der zweiten Hälfte dieses Kapitels ist der Dienst Jesu größtenteils auf seine Jünger ausgerichtet. Welche Richtlinien für das ›Jüngerschaftstraining‹ in der heutigen Zeit erkennen Sie in dem, was Jesus seinen Jüngern in den Versen 13-19 sagt?
7. Stellen Sie sich vor, Sie wären Petrus in der letzten Hälfte dieses Kapitels. Welche Gedanken und Fragen mögen Ihnen wohl durch den Kopf gegangen sein, während Sie hören, was Jesus in den Versen 17-19 zu Ihnen sagt?
8. Vergleichen Sie die Worte Jesu in Vers 19 mit Matthäus 18,17-20. Was sagen diese Verse über die Privilegien und die Verantwortung der Gemeinde aus?
9. Was sagen die Verse 24 und 25 über das Selbstwertgefühl aus?
10. Wenn Sie gebeten würden, die wichtigsten »Merkmale christlicher Reife« in diesem Kapitel aufzuzählen, welches würden Sie als erstes nennen?

FÜR DAS LEBEN HEUTE

11. Sehen Sie sich die erste Frage an, die Jesus in Vers 9 stellt. In welcher Hinsicht hätte der Herr recht, wenn er Ihnen diese Frage heute stellen würde?
12. Gibt es den »Sauerteig«, von dem Jesus in den Versen 7 und 11-12 spricht, auch heute noch? Wenn ja, wo?
13. Jesus nennt in Vers 17 die wahre Quelle des Glaubens. Wie hat Gott Ihnen in Ihrem Leben die Wahrheit in bezug auf seinen Sohn »geoffenbart«?
14. Wiederholen Sie in eigenen Worten – und in Verbindung mit unserem heutigen Leben – die drei Dinge, die Jesus uns in Vers 24 zu tun auffordert.
15. In Matthäus 7,7 fordert Jesus uns auf zu bitten, zu suchen und anzuklopfen. Sehen Sie sich auf dieser Grundlage die Verse 24-25 in diesem Kapitel an und denken Sie sorgfältig darüber nach, was Jesus uns hier lehrt. Formulieren Sie ein Gebet, das jeder Christ sprechen könnte – oder ein Gebet, das genau in Ihre gegenwärtige Situation paßt.

ZUR VERTIEFUNG

Vergleichen Sie die Worte Jesu in den Versen 18 und 19 in bezug auf die Gemeinde mit dem, was in Epheser 2,19-22 und 1. Timotheus 3,15 gesagt wird.

MATTHÄUS 17

Einstieg: Welche denkwürdigen Erfahrungen haben Sie beim Bergsteigen gemacht?

WAS STEHT IM TEXT?

1. Wie würden Sie die »Atmosphäre« bei der in den Versen 1-8 berichteten Begebenheit beschreiben?

2. Was wissen Sie von Mose und Elia, das ihre Gegenwart in Vers 3 erklärt?

3. Lesen Sie aufmerksam, was Gott in Vers 5 von Jesus sagt. Beachten Sie die unterschiedlichen Sätze, aus denen dieses Zitat besteht. Welches ist Ihrer Meinung nach die Bedeutung eines jeden einzelnen Satzes?

4. Beachten Sie die Anweisungen Jesu, die er Petrus, Jakobus und Johannes in Vers 9 gibt. Stellen Sie sich vor, Sie wären einer dieser drei Jünger und Jesus wäre bereits auferstanden. Sie können nun allen von dem Erlebnis auf dem Berggipfel erzählen. Wie würden Sie den anderen Jüngern erklären, was an diesem Tag passiert ist?

5. Sollten die Worte Jesu in Vers 17 hart klingen? Warum oder warum nicht?

6. In welcher Beziehung mußte Jesus die Jünger »ertragen« (Vers 17)?

7. Lesen Sie abwechselnd in der Gruppe die Antwort laut vor, die Jesus in Vers 20 gegeben hat und versuchen Sie, den Tonfall nachzuahmen, den Jesus Ihrer Meinung nach gebraucht hat.

8. EINZELHEITEN BEACHTEN – *Versuchen Sie, die folgende Frage zu beantworten, ohne in Ihrer Bibel nachzusehen:* Können Sie alle sechs Männer aufzählen, die bei der zu Beginn des Kapitels beschriebenen Begebenheit auf dem Berg anwesend waren? (Siehe Verse 1-3.)

DAS WESENTLICHE ERFASSEN

9. Welches war von Gottes Standpunkt aus der Zweck der Verklärung Jesu (in den Versen 1-8)?

10. Sehen Sie sich an, was Petrus, Jakobus und Johannes in Vers 6 getan haben. Inwiefern sind Sie der Meinung, daß ihr Handeln uns ein Vorbild für wahre Anbetung ist?

11. Sehen Sie sich an, was Petrus später in 2. Petrus 1,16-18 über seine Erfahrungen in den Versen 1-8 geschrieben hat. Was hat Petrus wichtiges aus der Tatsache gelernt, daß er Zeuge der Verklärung Jesu war?

12. Warum hat Jesus Ihrer Meinung nach den Jüngern (in Vers 9) aufgetragen, niemandem von dem Erlebten zu erzählen?
13. Sehen Sie sich Vers 20 noch einmal an. Warum legt Gott soviel Wert auf den Glauben?
14. Vers 22 ist die zweite Stelle im Matthäusevangelium, wo Jesus seinen Jüngern von seinem bevorstehenden Tod und seiner Auferstehung erzählt. Das erste Mal tat er dies in Matthäus 16,21. Sehen Sie sich in beiden Fällen in den nachfolgenden Versen an, wie die Jünger darauf reagieren. Was haben sie sich Ihrer Meinung nach dabei gedacht?

FÜR DAS LEBEN HEUTE

15. Welche Richtlinien für das ›Jüngerschaftstraining‹ der heutigen Zeit erkennen Sie in dem, was Jesus seine Jünger in den Versen 19-23 lehrt?
16. Lesen Sie den letzten Satz in Vers 20 und berichten Sie von einigen »Unmöglichkeiten«, die Gott in Ihrem Leben oder im Leben eines Ihnen nahestehenden Menschen vollbracht hat.

ZUR VERTIEFUNG

Vergleichen Sie den Bericht der Verklärung Jesu in den Versen 1-8 mit dem Abschnitt über seine Taufe in 3,13-17. Welche Ähnlichkeiten erkennen Sie in beiden Begebenheiten? Und in welchem Zusammenhang stehen sie zueinander?

MATTHÄUS 18

Einstieg: Erzählen Sie von einer Begebenheit, wo ein kleines Kind etwas sehr Lustiges gesagt hat.

WAS STEHT IM TEXT?

1. Auch in diesem Kapitel liegt das Schwergewicht des Dienstes Jesu auf dem Training der Jünger. Welches sind Ihrer Meinung nach in den Versen 1-9 die wichtigsten Prinzipien der Jüngerschaft?
2. Wie würden Sie so knapp wie möglich zusammenfassen, was Jesus in den Versen 8 und 9 lehrt?
3. Wovor genau warnt uns Jesus in Vers 10?
4. Wie würden Sie in dem Gleichnis vom verlorenen Schaf (Verse 10-14) die wichtigsten Prinzipien der Jüngerschaft zusammenfassen?

5. Wie würden Sie die wichtigsten Prinzipien der Jüngerschaft in den Versen 15-20 zusammenfassen?
6. Wie würden Sie die wichtigsten Prinzipien der Jüngerschaft im Gleichnis des unbarmherzigen Knechtes zusammenfassen (Verse 21-35)?
7. Stellen Sie sich vor, Sie würden die in diesem Kapitel beschriebene Situation miterleben. Welche Worte Jesu würden Ihnen besonders ins Auge fallen?
8. EINZELHEITEN BEACHTEN – *Versuchen Sie, die folgende Frage zu beantworten, ohne in Ihrer Bibel nachzusehen:* Im letzten Vers des Kapitels spricht Jesus davon, wie wir unseren Nächsten vergeben sollen. Wie sollen wir vergeben?

DAS WESENTLICHE ERFASSEN

9. Lesen Sie die Worte Jesu in den Versen 3-4 noch einmal und erklären Sie so gut Sie können, was es heißt, »wie Kinder zu werden«.
10. Denken Sie noch einmal an die Aufforderung Jesu in Matthäus 7,7 zu bitten, zu suchen und anzuklopfen. Sehen Sie sich auf diesem Hintergrund die Verse 3-4 in Matthäus 18 an und überlegen Sie, was Jesus uns hier lehrt. Formulieren Sie diesen Abschnitt zu einem Gebet um, das jeder Christ sprechen könnte – oder zu einem Gebet, das auf Ihre gegenwärtige Lebenssituation zugeschnitten ist.
11. Was meint Jesus Ihrer Meinung nach in den Versen 6-7, wenn er von Dingen spricht, die andere veranlassen zu sündigen?
12. Denken Sie über die Verse 19-20 nach und überlegen Sie gemeinsam, was es für Christen bedeutet, »übereinzukommen« in dem, was sie von Gott erbitten.
13. Falls Sie gebeten würden, die wichtigsten »Merkmale christlicher Reife« in diesem Kapitel aufzuzählen, welches würden Sie als erstes nennen?

FÜR DAS LEBEN HEUTE

14. Sehen Sie sich die Frage an, die die Jünger Jesus in Vers 1 stellten. Inwiefern stellen auch wir heute manchmal diese Frage?

ZUR VERTIEFUNG

In Vers 10 gibt uns Jesus eine wichtige Information in bezug auf die Engel. Zur weiteren Information über die Aufgabe der Engel lesen Sie: 1. Mose 16,7; 2. Mose 14,19; Richter 2,1-5; 2. Samuel 24,16; Daniel 6,22 und Offenbarung 20,1-2.

MATTHÄUS 19

Einstieg: Welches ist Ihrer Meinung nach die wichtigste Entscheidung, die Sie innerhalb der vergangenen vierundzwanzig Stunden getroffen haben? In der vergangenen Woche? Im vergangenen Jahr?

WAS STEHT IM TEXT?

1. Als Hintergrundinformation zum Thema Scheidung in den Versen 3-9 lesen Sie gemeinsam 5. Mose 24,1-4. Sehen Sie sich auch Matthäus 5,31-32 an.

2. Von welchem »Wort« spricht Jesus in Vers 11, das er sagt, das aber nicht alle fassen können?

3. Wie würden Sie mit eigenen Worten Vers 14 erklären?

4. EINZELHEITEN BEACHTEN – *Versuchen Sie, die folgende Frage zu beantworten, ohne in Ihrer Bibel nachzusehen:* Als Jesus sagte, ein Mann, der sich von seiner Frau scheiden ließe und eine andere Frau geheiratet hätte, sei des Ehebruchs schuldig, nannte er eine Ausnahme. Welche? (Siehe Vers 9.)

DAS WESENTLICHE ERFASSEN

5. In den Versen 6 und 9 spricht Jesus von der bindenden Dauerhaftigkeit der Ehe, während er in Vers 12 von denen spricht, die um des Reiches Gottes willen ledig bleiben. Wie passen diese beiden Stellen zusammen? Welche grundlegenden Prinzipien scheinen diesem gesamten Abschnitt über die Scheidung, Ehe und das Alleinbleiben zugrunde zu liegen?

6. Sehen Sie sich die letzte Hälfte des Kapitels noch einmal an (von Vers 16 ab) und diskutieren Sie die folgende Frage: Geht es in diesem Abschnitt eher um *Besitz*, um *Beziehungen* oder um beides zugleich?

7. Würden Sie sagen, daß das Hauptgewicht in Vers 21 eher auf dem *Handeln* oder der *Einstellung* oder auf beiden zugleich liegt?

8. Was ist Ihrer Meinung nach die »letztgültige Wahrheit«, die Jesus in der letzten Hälfte des Kapitels zu übermitteln versucht?

9. Was in diesem Kapitel würde Ihrer Meinung nach einen Menschen, der zum ersten Mal von Jesus Christus hört, am meisten interessieren? Warum?

10. Welches ist Ihrer Meinung nach das Schlüsselwort oder der Schlüsselsatz in der Aussage Jesu in Vers 29?

Für das Leben heute

11. Lesen Sie noch einmal, was Jesus in Vers 21 geboten hat. Für wen gilt dieses Gebot auch heute noch?
12. Denken Sie über Vers 22 nach und diskutieren Sie die folgende Aussage: Materieller Besitz bringt meistens mehr Traurigkeit als Glück.
13. Welche Art von Überraschungen warten Ihrer Meinung nach auf uns im Lichte dessen, was Jesus in Vers 30 sagt (auch wenn Jesus uns dies vorausgesagt hat)?

Zur Vertiefung

Sehen Sie sich gemeinsam den ersten Vers an. Dieselbe oder eine ähnliche Aussage steht in 7,28; 11,1; 13,53 und später in 26,1. Bibelausleger verwenden diese Aussagen häufig als die Trennlinien zwischen den sechs Hauptteilen des Matthäusevangeliums. Lesen Sie gemeinsam diese anderen Verse und beachten Sie den Kontext, in dem sie stehen. Welche Hinweise geben sie uns auf die Art, wie Matthäus dieses Buch zusammengestellt hat?

Matthäus 20

Einstieg: Können Sie sich in Ihrem Arbeitsleben an eine Zeit erinnern, wo Sie den Eindruck gehabt haben, unterbezahlt zu sein?

Was steht im Text?

1. Für wen steht Ihrer Meinung nach in dem ersten Gleichnis dieses Kapitels der Besitzer des Weinbergs, für wen stehen die Arbeiter?
2. In den Versen 17-19 spricht Jesus zum dritten Mal im Matthäusevangelium seinen Jüngern gegenüber von seinem Tod und seiner Auferstehung. Wie läßt sich die Wortwahl hier mit den beiden vorherigen Voraussagen in 16,21 und 17,22-23 vergleichen? Welche zusätzliche Information gibt Jesus seinen Jüngern hier?
3. Von welchem »Kelch« spricht Jesus in den Versen 22 und 23?
4. Wie würden Sie die Bedeutung des Wortes »Lösegeld« in Vers 28 erklären?
5. EINZELHEITEN BEACHTEN – *Versuchen Sie, die folgende Frage zu beantworten, ohne in Ihrer Bibel nachzusehen:* Was riefen die beiden blinden Männer in Jericho Jesus am Ende des Kapitels zu? (Siehe Verse 30-31.)

DAS WESENTLICHE ERFASSEN

6. Was sagt das erste Gleichnis in diesem Kapitel (Verse 1-16) über das Wesen Gottes und die Art aus, wie er Dinge handhabt?
7. Geht es Ihrer Meinung nach in diesem ersten Gleichnis eher um *Gericht* und *Belohnung* ... oder eher um *Gnade* und *Errettung*?
8. In Vers 15 spricht der Weinbergbesitzer von seinen legalen »Rechten«. Wie würden Sie die »Rechte« Gottes beschreiben und definieren? Stimmen sie mit dem überein, was für ihn immer *richtig* zu tun ist?
9. In Vers 28 sagt Jesus, er sei gekommen, um sein Leben als *Lösegeld* für uns zu geben. Wenn wir ein Lösegeld brauchen – in welcher Situation befinden wir uns dann?
10. Hatte die Mutter von Jakobus und Johannes unrecht mit ihrer Frage in Vers 21? Warum oder warum nicht?

FÜR DAS LEBEN HEUTE

11. Denken Sie noch einmal an das erste Gleichnis in diesem Kapitel nach. Welche möglichen Überraschungen im Himmel werden in diesem Abschnitt angedeutet?
12. Versuchen wir tatsächlich, der »letzte« zu sein, wie Jesus in Vers 16 sagt? Und wenn ja, was bedeutet das?
13. Überlegen Sie, ob es für uns heute irgendwie gefährlich sein könnte, die Verse 26-27 zu wörtlich zu nehmen.

ZUR VERTIEFUNG

In den Versen 22-23 sprach Jesus über den »Kelch«, den er trinken würde. Dieser Ausdruck wird auch in anderen Schriftstellen verwendet: Jeremia 25,15-16; Hesekiel 23,32-34; Habakuk 2,16 und Offenbarung 14,9-10.

MATTHÄUS 21

Einstieg: Welche Erfahrung haben Sie mit dem Anbau von Obstbäumen oder Weinreben gemacht?

WAS STEHT IM TEXT?

1. Diskutieren Sie auf der Grundlage der Verse 1-11 die folgende Aussage: Der jubelnde Empfang, den Jesus bei seinem Einzug in Jerusalem erhielt, lag ausschließlich darin begründet, daß das Volk mißverstanden hatte, was für ein König er eigentlich war. Dies zeigte sich darin, daß sich die Massen später radikal gegen ihn wandten.
2. Stellen Sie sich vor, Sie wären Reporter des »Jerusalemer Tageblatts«. Wie würden Sie über die Ereignisse dieses Kapitels berichten?
3. Denken Sie an das, was in den Versen 12-17 gesagt und getan wurde. Wie läßt sich diese Begebenheit mit einer vorherigen vergleichen, von der in Johannes 2,13-17 berichtet wird?
4. Als Hintergrundinformation zu den Worten Jesu, daß der Tempel ein »Bethaus« sei, lesen Sie Jesaja 56,7.
5. Beachten Sie in den Versen 45-46, wie die religiösen Führer der Juden auf die Gleichnisse Jesu reagierten (vor allem auf das letzte in diesem Kapitel). Identifizieren Sie ab Vers 33 jede Person oder Menschengruppe in diesem letzten Gleichnis und erklären Sie, für wen sie stehen.
6. EINZELHEITEN BEACHTEN – *Versuchen Sie, die folgende Frage zu beantworten, ohne in Ihrer Bibel nachzusehen:* In diesem Kapitel sagt Jesus seinen Jüngern, sie würden empfangen, worum immer sie im Gebet bitten würden. Welche Voraussetzung hat dieses Versprechen? (Siehe Vers 22.)

DAS WESENTLICHE ERFASSEN

7. Inwiefern kann der Tempel in diesem Kapitel mit dem Feigenbaum verglichen werden, den Jesus verflucht?
8. Welches ist das *Motiv* für Jesu Handeln in den Versen 12-17?
9. Warum hat Jesus den Feigenbaum in Vers 19 verflucht?
10. Diskutieren Sie die folgende Aussage: Die Verse 21-22 in diesem Kapitel zeigen, daß Jesus die Praxis des Zauberns billigt.
11. Gibt Jesus uns in Vers 22 einen »Blankoscheck«? Wenn nicht, warum macht er diese Aussage?

Für das Leben heute

12. Denken Sie an das Gebot in Kolosser 3,1: »Wenn ihr nun mit dem Christus auferweckt worden seid, so sucht, was droben ist, wo der Christus ist, sitzend zur Rechten Gottes.« Was ist Ihnen persönlich an Jesus wichtig geworden, nach dem Sie streben möchten?
13. Denken Sie noch einmal an die Verse 12-17. Sind Sie der Meinung, daß es in Ihrer Gemeinde heute Dinge gibt, die mit den Aktivitäten der Personen vergleichbar sind, die Jesus aus dem Tempel getrieben hat?
14. In den Versen 23-27 geht es um die *Autorität* Christi und die *Autorität* Johannes des Täufers, die beiden von Gott gegeben worden war. Welche Autorität haben *Sie* von Gott?
15. In welchem der beiden Söhne in den Versen 28-32 erkennen Sie sich am ehesten wieder?
16. Vergleichen Sie dieses letzte Gleichnis mit einem anderen interessanten Gleichnis von einem Weinberg in Jesaja 5,1-7. Welche Ähnlichkeiten gibt es, wo liegen die Unterschiede?

Zur Vertiefung

Vergleichen Sie die Eröffnungsszene des Kapitels mit Psalm 45,4. Stimmt es, daß dieser Psalm Jesus zu beschreiben scheint?

Matthäus 22

Einstieg: Haben Sie sich schon einmal durch eine Frage in die Enge getrieben gefühlt?

Was steht im Text?

1. Wie würden Sie mit eigenen Worten die Hauptaussage des Gleichnisses in den Versen 1-14 zusammenfassen? Warum hat Jesus dieses Gleichnis erzählt?
2. In Vers 15 heißt es, daß die Pharisäer Jesus eine Falle gestellt hatten. Welche Falle war das?
3. Ist auch die Frage der Sadduzäer in Vers 23 eine Falle gewesen? Warum oder warum nicht?
4. Als Hintergrundinformation zu Vers 24 lesen Sie 5. Mose 25,5-10.

5. **EINZELHEITEN BEACHTEN** – *Versuchen Sie, die folgende Frage zu beantworten, ohne in Ihrer Bibel nachzusehen:* In dem Gleichnis von dem Hochzeitsfest erzählt Jesus, daß der König seinen Dienern befiehlt, einen bestimmten Mann zu ergreifen und hinauszuwerfen. Warum hat der König so auf diesen Mann reagiert? (Siehe Verse 11-13.)

6. Stellen Sie sich vor, Sie wären ein gläubiger Jude aus Rom und zum ersten Mal übers Meer gekommen, um in Jerusalem das Passahfest zu feiern. Die Ereignisse in Matthäus 21 und 22 sind Ihre ersten Erfahrungen mit Jesus von Nazareth; soweit Sie wissen, hat noch niemand zu Hause in Rom von diesem Mann gehört. Welchen Eindruck würden Sie von Jesus bekommen bei allem, was Sie in den vergangenen Tagen miterlebt haben? (Sehen Sie sich die letzten beiden Kapitel an, um alle diese Ereignisse im Gedächtnis zu haben.)

DAS WESENTLICHE ERFASSEN

7. Wofür stehen in den Versen 11-12 die Hochzeitskleider?
8. Wie wichtig ist die Frage, die Jesus den Pharisäern in den Versen 41-42 stellte?
9. Haben die Pharisäer in Vers 42 die richtige oder falsche Antwort auf die Frage Jesu gegeben? Warum hat Jesus in den folgenden drei Versen so reagiert?
10. Der Jesus, den wir in diesem Evangelium sehen, ist nicht nur ganz Gott, sondern auch ganz Mensch. Inwiefern zeigt sich Jesus in dem bisher bearbeiteten Evangelium als das vollkommene Vorbild der Menschheit?

FÜR DAS LEBEN HEUTE

11. Denken Sie über Vers 21 nach. Welche Dinge in Ihrem Leben gehören Gott und müssen ihm trotzdem immer wieder übereignet werden?
12. Fällt es Ihnen schwer, Gott von ganzem Herzen, ganzer Seele und ganzem Verstand zu lieben?
13. Denken Sie noch einmal daran, wie Jesus uns ermutigt zu bitten, zu suchen und anzuklopfen (in Matthäus 7,7). Sehen Sie sich nun die Verse 37-39 in Matthäus 22 an und denken Sie sorgfältig darüber nach, was Jesus uns hier klarmachen möchte. Formulieren Sie ein Gebet, das jeder Christ sprechen kann – oder ein Gebet, daß auf Ihre gegenwärtige Lebenssituation zugeschnitten ist.

ZUR VERTIEFUNG

Vergleichen Sie die »Hochzeitskleider« in den Versen 11-12 mit den Bildern, die Sie in den folgenden Versen entdecken: Jesaja 61,10; Römer 13,14; Galater 3,27 und Offenbarung 3,4-5 und 19,7-8.

MATTHÄUS 23

Einstieg: Was ist wichtiger für Sie: Dinge nur auf die richtige Weise zu tun, oder richtige Dinge zu tun, auch wenn Sie auf eine falsche Weise getan werden?

Was steht im Text?

1. Sechsmal in diesem Kapitel verwendet Jesus das Wort *Heuchler* für die Pharisäer und Schriftgelehrten. Wie würden Sie dieses Wort definieren?
2. Stellen Sie sich vor, Sie hätten die in diesem Kapitel beschriebene Situation miterlebt. Welche Worte Jesu würden Ihnen besonders ins Auge fallen?
3. Diskutieren Sie die folgende Aussage: In den Versen 8-12 lehrt Jesus, daß Führung längst nicht so wichtig ist wie die Leute manchmal glauben.
4. EINZELHEITEN BEACHTEN – *Versuchen Sie, die folgende Frage zu beantworten, ohne in Ihrer Bibel nachzusehen:* Jesus warf den Pharisäern und Schriftgelehrten vor, die drei wichtigsten Punkte des Gesetzes – der Vorschriften des Gesetzes, die in Gottes Augen das meiste Gewicht haben, zu vernachlässigen. Welche drei Punkte sind dies? (Siehe Vers 23.)

Das Wesentliche erfassen

5. In Vers 12 verspricht Jesus besondere Konsequenzen für die Personen, die sich selbst erhöhen, aber auch für die, die sich selbst erniedrigen. Wann werden diese Konsequenzen Ihrer Meinung nach zum Tragen kommen – vorwiegend in der Ewigkeit oder vorwiegend bereits in diesem Leben?
6. Sehen Sie sich die Worte Jesu in Vers 34 an. Wer ist gemeint, wenn er von »Propheten, Weisen und Schriftgelehrten« spricht?

Für das Leben heute

7. Denken Sie an das, was Jesus in diesem Kapitel über die Pharisäer sagt und ordnen Sie die folgenden drei Dinge nach ihrer Wertigkeit in Gottes Augen: a) was wir sagen, b) was wir wissen und c) was wir tun.
8. Welches ist Ihrer Meinung nach das beste *Heilmittel* für Heuchelei? Wie können Sie am besten gegen Heuchelei *vorbeugen*?
9. Welche Ähnlichkeiten können Sie zwischen einem jüdischen religiösen Führer der damaligen Zeit und einem Leiter (Ältesten) oder einem christlichen Lehrer der heutigen Zeit erkennen? Welche größeren Unterschiede gibt es?

10. Sehen Sie sich die lange Liste von Kritikpunkten in diesem Kapitel an, die Jesus gegen die Schriftgelehrten seiner Zeit vorbringt. Sprechen Sie darüber, welche dieser Punkte die größte Gefahr für die christlichen Führer der heutigen Zeit darstellen.

11. Sehen Sie sich die erste Aussage an, die Jesus in Vers 5 macht. Hat es je eine Zeit gegeben, wo ein solcher Vorwurf zu Recht gegen Sie erhoben werden konnte?

Zur Vertiefung

Sehen Sie sich die beiden Männer an, von denen in Vers 35 gesprochen wird. Schlagen Sie nun 1. Mose 4,1-8 und 2. Chronik 24,17-22 auf, um mehr über sie zu erfahren.

Matthäus 24

Einstieg: Welche Erfahrungen haben Sie mit den Voraussagen von Personen gemacht, die von sich behaupteten, die Zukunft vorhersehen zu können? Wie glaubwürdig waren sie?

Was steht im Text?

1. An wen wendet sich Jesus in diesem Kapitel?
2. Lesen Sie aufmerksam die Verse 1-3. Was genau wollen die Jünger wissen?
3. Welche Fragen kommen Ihnen bei den Worten Jesu in diesem Kapitel?
4. Bibelausleger haben sich sehr intensiv mit diesem Kapitel auseinandergesetzt und sich verschiedentlich die Mühe gemacht, eine Gliederung zu erstellen, um zu verdeutlichen, daß Jesus über die Zeit am Ende dieses gegenwärtigen Zeitalters spricht (wie zum Beispiel in den Versen 4-14), dann über die bevorstehende Zerstörung Jerusalems im ersten Jahrhundert (wie zum Beispiel in den Versen 15-21) und schließlich von seinem zweiten Kommen (wie in den Versen 22-31). Welche Verse in diesem Kapitel sind Ihrer Meinung nach die mit der *eindeutigsten* Aussage und Zeitangabe des Geschehens?
5. Sollen die Jünger nach dem, was Jesus ihnen in den Versen 4-14 sagt, denken, es würde sich um eine *lange* oder eine *kurze* Zeit bis zum Ende des gegenwärtigen Zeitalters handeln?
6. Viele Bibelausleger betrachten Vers 22 als eine der wichtigsten Aussagen in diesem Kapitel. Warum ist das Ihrer Meinung nach so?

7. Was genau meint Jesus in Vers 44 mit der Formulierung »bereit sein«?
8. EINZELHEITEN BEACHTEN – *Versuchen Sie, die folgende Frage zu beantworten, ohne in Ihrer Bibel nachzusehen:* Die meisten Worte in diesem Kapitel werden gewechselt, als Jesus und seine Jünger an einem bestimmten Ort sitzen. Wo befanden sie sich und was wissen Sie von diesem Ort? (Siehe Vers 3.)

DAS WESENTLICHE ERFASSEN

9. Was vermittelt uns dieses Kapitel in bezug auf unsere *Verantwortung*, während wir auf das Ende und auf die Wiederkunft Jesu warten?
10. Vers 14 lenkt unsere Aufmerksamkeit auf die gesamte Welt. Lesen Sie noch einmal die Verse 9-14 und denken Sie dabei an die Christen auf der ganzen Welt. Welche der Vorhersagen dieses Abschnitts erfüllen sich gerade?
11. Wer sind die »Auserwählten« in Vers 22, und was sagt dieser Abschnitt über sie aus?

FÜR DAS LEBEN HEUTE

12. Wie reagieren Sie innerlich auf das, was Sie in diesem Kapitel erfahren. Ist es Vorfreude? Furcht? Verwirrung?
13. Wie empfänglich sind Sie für die Täuschungen, vor denen Jesus in den Versen 4 und 23-26 warnt?
14. Denken Sie über die Verse 9-14 nach und überlegen Sie, welche Auswirkungen zum Beispiel eine Verfolgung auf unsere Evangelisationsbemühungen haben würde. (Lesen Sie auch Apostelgeschichte 8 und 1. Timotheus 2,1-4.)
15. Lesen Sie die Aussage, die Jesus in Vers 36 macht. Welchen Einfluß hätte es auf Ihr Leben, wenn Sie den genauen Tag und die genaue Stunde der Wiederkunft Christi wüßten?
16. Lesen Sie die Verse 42-44 noch einmal. Wie können wir ganz praktisch wach und aufmerksam bleiben und somit den Worten Jesu gehorsam sein?

ZUR VERTIEFUNG

Um mehr über den Ölberg zu erfahren, wo Jesus die meisten seiner Aussagen in diesem Kapitel weitergegeben hat, lesen Sie 2. Samuel 15,30; Sacharja 14,3-4; Lukas 19,29; Lukas 22,39-43; Johannes 8,1; Apostelgeschichte 1,12 und Offenbarung 14,1-5.

MATTHÄUS 25

Einstieg: Welches sind Ihre wichtigsten Gaben und Fähigkeiten?

WAS STEHT IM TEXT?

1. Beachten Sie die Aufteilung dieses Kapitels in drei fast gleiche Teile: Das Gleichnis der zehn Jungfrauen (1-13), das Gleichnis von den Talenten (14-30) und ein letzter Abschnitt über das Endgericht (31-46). Welches ist Ihrer Meinung nach die Hauptaussage eines jeden Abschnitts?

2. Was sagen diese drei Teile zusammengenommen über das *Königtum* Christi aus?

3. An wen wendet sich Jesus in diesem Kapitel? (Gehen Sie an den Anfang von Kapitel 24 zurück, um dies herauszufinden.)

4. Welches falsche Denken oder Handeln möchte Jesus verhindern, indem er den Jüngern das alles sagt?

5. EINZELHEITEN BEACHTEN – *Versuchen Sie, die folgende Frage zu beantworten, ohne in Ihrer Bibel nachzusehen:* In seiner Rede von den Schafen und Böcken erwähnt Jesus sechs verschiedene körperliche Bedürfnisse, auf die seine gerechten Diener bei anderen eingegangen sind. Können Sie alle sechs aufzählen? (Siehe Verse 35-36.)

DAS WESENTLICHE ERFASSEN

6. Falls Sie gebeten würden, die wichtigsten »Merkmale christlicher Reife« in diesem Kapitel aufzuzählen, welches würden Sie als erstes nennen?

7. Wie würden Sie nach dem, was Sie in diesem Kapitel gelesen haben, das Wort *treu* definieren?

FÜR DAS LEBEN HEUTE

8. Diskutieren Sie die folgende Aussage: Wenn wir unsere Gaben von Gott nicht richtig einsetzen, dann besitzen wir sie gar nicht richtig.

9. Wenn das Gleichnis der zehn Jungfrauen ein Bild für unser heutiges Leben wäre, wofür steht dann das Öl?

10. Denken Sie noch einmal an Philipper 4,8, wo wir aufgefordert werden: »Alles, was wahr, alles, was ehrbar, alles, was gerecht, alles, was rein, alles, was liebenswert, alles, was wohllautend ist, wenn es irgendeine Tugend und wenn es irgendein Lob gibt, das erwägt!« Welche Denkanstöße können Sie in die-

sem Kapitel finden, die Ihnen als besonders *wahr, ehrbar, gerecht, rein, liebenswert, wohllautend,* als *Tugend* oder *Lob* ins Auge fallen?
11. Fassen Sie auf der Grundlage dessen, was Sie bereits im Matthäusevangelium gelesen haben, zusammen, was es für die Christen der heutigen Zeit bedeutet, »in die Fußstapfen Jesu« zu treten.
12. In Vers 13 fordert Jesus genau wie im letzten Kapitel (24,42-44) auf, wachsam zu sein. Sicherlich wußte er, wie schwierig diese Wachsamkeit für uns sein kann. Welche Hindernisse kennen Sie in Ihrem eigenen Leben?
13. Wenn Sie an das Gleichnis mit den Talenten denken (Verse 14-30), können Sie aufrichtig sagen, daß Ihre Gaben, die Sie von Gott bekommen haben, wachsen und sich vervielfältigen?

Zur Vertiefung

Vergleichen Sie das Gericht, das in dem Abschnitt über die Schafe und die Böcke (Verse 31-46) erwähnt wird, mit dem in Offenbarung 20,10-15 beschriebenen Gericht. Welche Ähnlichkeiten können Sie erkennen?

Matthäus 26

Einstieg: Was ist Ihnen an der Feier des Abendmahls besonders wichtig?

Was steht im Text?

1. Woran erkennen Sie in diesem Kapitel, daß Jesus würdig und rein ist?
2. Wie würden Sie erklären, was Jesus mit dem Wort *Bund* in Vers 28 meint?
3. Beachten Sie in Vers 38, wie groß das Leid war, das Jesus durchlitt. Wie würden Sie diesen Vers einem Kind erklären?
4. EINZELHEITEN BEACHTEN – *Versuchen Sie, die folgende Frage zu beantworten, ohne in Ihrer Bibel nachzusehen:* Als Petrus nach seiner dreimaligen Verleugnung das Krähen des Hahnes hörte, was tat er? (Siehe Vers 75.)

Das Wesentliche erfassen

5. Die in den Versen 6-13 erwähnte Frau wird in Johannes 12,1-3 als Maria, die Schwester von Lazarus und Martha, identifiziert. Was betrachtete Maria in ihrem Leben als das Wichtigste?

6. Sehen Sie sich die Reaktion der Jünger in Vers 22 an, als Jesus ihnen sagte, einer von ihnen würde ihn verraten. Stellen Sie ihre Reaktion der Reaktion von Judas in Vers 25 gegenüber. Inwiefern unterschied sich die Antwort des Judas, und was sagt dies über seine Einstellung aus?

7. Wie würden Sie nach dem, was Sie in diesem Kapitel lesen, die Beziehung von Simon Petrus zu Jesus beschreiben?

8. Warum gab Jesus in Vers 62 den Hohenpriestern keine Antwort, beantwortete die Frage des Hohenpriesters in Vers 63 jedoch klar und deutlich?

9. Wie würden Sie die Bedeutung dessen, was Jesus in den Versen 26-28 gesagt und getan hat, einem Menschen erklären, der diesen Abschnitt noch nie gelesen hat?

Für das Leben heute

10. Was können wir heute tun, das in Gottes Augen dem, was die Frau mit der Salbe in Vers 7 getan hat, gleichkommen würde? Oder ist es für so etwas zu spät?

11. Sind wir gewissermaßen auch heute noch aufgerufen, mit Jesus zu »wachen« wie die Jünger in Vers 38-41?

12. Sehen Sie sich das Handeln (oder die offensichtliche Untätigkeit) der Jünger in Vers 56 an. Welche Warnung erkennen Sie für uns heute in ihrem Beispiel?

13. Lesen Sie den Schuldspruch des Hohenpriesters in Vers 65 noch einmal. Was wirft man heute Jesus vor?

Zur Vertiefung

Lesen Sie die Ordnungen für die Hohenpriester in 3. Mose 21,10 und vergleichen Sie sie mit dem Verhalten des Hohenpriesters in Vers 65. Welche Meinung hatte der Hohepriester von Jesus und seinen Worten?

Matthäus 27

Einstieg: Haben Sie schon einmal jemanden sterben sehen? Wie war das?

Was steht im Text?

1. Lesen Sie die Verse 1 und 2 laut vor. Gehen Sie dann von Vers 11 an durch die Ereignisse dieses Kapitels, als wären Sie Jesus selbst. Empfinden Sie, was er

empfand, hören Sie, was er hörte, sehen Sie, was er sah. Beschreiben Sie sich gegenseitig Ihre Empfindungen dabei.

2. Dieses Kapitel enthält nur zwei kurze Sätze, die Jesus gesprochen hat. Beschäftigen Sie sich damit und sprechen Sie über ihre Bedeutung für Jesus selbst und für alle Christen.
3. Als Hintergrundinformation zum Schweigen Jesu in den Versen 12 und 14 lesen Sie gemeinsam die Prophezeiung in Jesaja 53,7.
4. Welche Wunder geschehen in der letzten Hälfte dieses Kapitels?
5. EINZELHEITEN BEACHTEN – *Versuchen Sie, die folgende Frage zu beantworten, ohne in Ihrer Bibel nachzusehen:* Nachdem sie Jesus gekreuzigt hatten, befestigten die römischen Soldaten ein Schild über seinem Kopf, auf dem die sogenannte »Anklage« gegen ihn stand. Wie lautete die Aufschrift? (Siehe Vers 37.)

DAS WESENTLICHE ERFASSEN

6. Lesen Sie in Vers 4 nach, wie die Schriftgelehrten auf das Geständnis des Judas reagierten. War ihre Antwort korrekt?
7. Würden Sie sagen, daß die Handlungsweise der Hohenpriester in den Versen 6-8 gut und empfehlenswert war?
8. Was für ein Mann war Pilatus nach dem zu urteilen, wie er sich in den Versen 11-26 darstellt?
9. Sehen Sie sich gemeinsam die Verse 11, 37 und 42 an. Wie würden Sie das *Königtum* Jesu auf der Grundlage dessen beschreiben, was Sie bereits im Matthäusevangelium gelesen haben?
10. Was für ein Mensch war die Frau des Pilatus (siehe Vers 19)?
11. In welchem Zusammenhang steht Ihrer Meinung nach Vers 46 zu dem, was Jesus in Matthäus 26,39 gebetet hat?

FÜR DAS LEBEN HEUTE

12. Niemand versucht heutzutage, uns körperlich zu kreuzigen. Welche Bedeutung hat das *Vorbild* Jesu in diesem Kapitel für unser persönliches Leben?
13. Welche der so bedeutenden Ereignisse und Aussagen in diesem Kapitel vergessen die Christen nur allzu leicht?

ZUR VERTIEFUNG

Zum prophetischen Hintergrund dieses Kapitels lesen Sie gemeinsam Psalm 22. Welche wichtigen Themen dieses Psalms finden ihre Erfüllung in Matthäus 27?

Matthäus 28

Einstieg: Welches ist Ihrer Meinung nach das Wichtigste, das Ihnen während Ihrer Zeit auf der Erde zu tun bleibt?

Was steht im Text?

1. Warum hat Ihrer Meinung nach der Engel in Vers 2 den Stein vom Grab gerollt?

2. Untersuchen Sie in den Versen 5-7 sehr genau die Botschaft des Engels an die Frauen. Welche Bedeutung hatte jeder bestimmte Teil?

3. Lesen Sie die Verse 11-15 noch einmal. Welche Gedanken mögen die Schriftgelehrten gehabt haben, nachdem sie den Bericht der Wachen gehört hatten?

4. Was meinte Jesus Ihrer Meinung nach in Vers 19 mit dem Ausdruck »zu Jüngern machen«?

5. EINZELHEITEN BEACHTEN – *Versuchen Sie, die folgende Frage zu beantworten, ohne in Ihrer Bibel nachzusehen:* Die letzten Worte Jesu in diesem Kapitel sind auch bekannt als der »Missionsbefehl«. Was ist Ihnen davon im Gedächtnis geblieben?

Das Wesentliche erfassen

6. Sehen Sie sich die Verse 18-20, den sogenannten »Missionsbefehl«, genau an. Welches ist Ihre stärkste Empfindung dabei – Hoffnung, Freude, Verantwortungsgefühl oder etwas anderes?

7. Vergleichen Sie die Verse 19-20 mit dem, was Jesus seinen Jüngern in Matthäus 10,5-7 gesagt hat. Nennen Sie so viele Gründe wie möglich für die Abänderung seiner Anweisungen an sie.

8. Warum hat Jesus Ihrer Meinung nach alle drei Personen der Dreieinigkeit in Vers 19 mit eingeschlossen? Was mögen die Apostel gedacht haben, als sie diese Worte hörten?

Für das Leben heute

9. Welches ist für Sie persönlich in dem Missionsbefehl (Verse 18-20) das größte Gebot?

10. Sehen Sie sich noch einmal die letzten Worte Jesu in diesem Buch an. Nennen Sie nun gemeinsam Menschengruppen in Ihrer Gemeinschaft, die vermutlich wenig von dem auferstandenen Herrn Jesus Christus wissen. Wem gleichen

diese Personen? Was tun sie in ihrem Alltag? Wo leben sie? Stellen Sie sich nun vor, Gott würde Sie mit einer kleinen Gruppe dieser Personen zusammenbringen, und bei dieser Begegnung würden sie echtes Interesse daran zeigen, zu begreifen, wer Jesus ist und was er getan hat. Welches sind nach dem, was Sie im Matthäusevangelium gelesen haben, die wichtigsten Dinge, die Sie ihnen weitergeben würden, und welche Worte würden Sie wählen?

ZUR VERTIEFUNG

Analysieren Sie die Bedeutung der Auferstehung Jesu. Denken Sie gemeinsam über dieses Kapitel und die folgenden ergänzenden Bibelstellen nach: Römer 4,25; 1. Korinther 15,17 und Offenbarung 1,18.

MATTHÄUS: DER GESAMTEINDRUCK

(Sprechen Sie noch einmal über die im »Überblick« angegebenen und die unten aufgeführten Fragen.)

11. Lesen Sie gemeinsam die folgenden Bibelstellen und wählen Sie den SCHLÜSSELVERS für das Matthäusevangelium aus – den Vers, der am besten ausdrückt, worum es in diesem Buch geht: 1,1; 3,11-12; 5,17; 16,15-16; 16,19 und 28,18-20.

12. Inwiefern sehen Sie dieses Buch als Brücke zwischen dem Alten und dem Neuen Testament?

13. Von Matthäus wird gesagt, daß er mehr als alle anderen Evangelienschreiber ein fähiger *Lehrer* war. Wie würden Sie seine Lehrfähigkeit bewerten?

14. Inwiefern ist dieses Buch *einzigartig* in der Bibel?

15. In Jakobus 1,23-24 heißt es: »Denn wenn jemand ein Hörer des Wortes ist und nicht ein Täter, der gleicht einem Mann, der sein natürliches Angesicht in einem Spiegel betrachtet. Denn er hat sich selbst betrachtet und ist weggegangen, und er hat sogleich vergessen, wie er beschaffen war.« In welcher Hinsicht ist das Matthäusevangelium für Sie zum »Spiegel« geworden – inwiefern hat es Ihnen gezeigt, was Sie tun können und sollten?

16. Wie wird in diesem Buch deutlich, daß Jesus der König der Juden ist?

17. Was bedeutet das Königtum Christi für Sie persönlich? Inwiefern ist er *Ihr* König?

MARKUS

ÜBERBLICK

(Besprechen Sie diese Überblicksfragen sowohl zu Beginn Ihrer Bearbeitung des Markusevangeliums als auch nachdem Sie alle 16 Kapitel durchgenommen haben. Es könnte sein, daß Ihre Antworten vollkommen anders ausfallen, nachdem Sie sich sehr intensiv mit dem ganzen Evangelium auseinandergesetzt haben.)

Einstieg: Welche Bilder oder Wörter fallen Ihnen ein, wenn Sie an das Wort *Diener* denken?

WAS STEHT IM TEXT?

1. Sehen Sie sich gemeinsam 1. Petrus 2,21 an. Nehmen Sie an, Sie hätten noch keines der Evangelien gelesen, aber jemand hätte Ihnen gesagt, dieser Vers sei eine ausgezeichnete Zusammenfassung dessen, was in der Bibel über Jesus geschrieben ist. Was würden Sie aufgrund dieses Verses vom Markusevangelium erwarten?

2. Falls einer aus der Gruppe eine Bibel besitzt, in der die Worte Jesu rot* gedruckt sind, sehen Sie gemeinsam das Matthäus- und das Markusevangelium durch. Welches dieser Evangelien legt eine größere Betonung auf die Lehren Jesu, welches beschäftigt sich mehr mit seinem Handeln?

3. Um mehr über Markus (auch bekannt als Johannes Markus oder einfach Johannes), den Autor dieses Evangeliums, zu erfahren, lesen Sie Apostelgeschichte 12,25 - 13,5; 13,13; 15,36-40; Kolosser 4,10; 2. Timotheus 4,11; Philemon 24 und 1. Petrus 5,13. Als was für einen Menschen würden Sie Markus aufgrund dieser Verse beschreiben? Welches waren wohl die wichtigsten Ereignisse in seinem Leben?

4. Bibelausleger weisen häufig auf die schnelle Abfolge von Ereignissen hin, die die Erzählweise des Markus kennzeichnet. Sehen Sie das erste Kapitel einmal durch und beachten Sie, wie oft das Wort *sogleich* darin vorkommt.

5. Sehen Sie sich auch auf Seite 11 die Liste der Fragen an, die Sie sich vor der Bearbeitung der einzelnen Bücher stellen sollten.

---

* Bestimmte engl. Bibelausgaben haben die Worte Jesu auf diese Weise hervorgehoben. (Anm. d. dt. Hrsg.)

DAS WESENTLICHE ERFASSEN

6. Vergleichen Sie den Anfang dieses Evangeliums (Markus 1,1) mit dem Anfang der anderen drei Evangelien (Matthäus 1,1-17, Lukas 1,1-4 und Johannes 1,1-18). Was sagt diese unterschiedliche Art des Einstiegs über den *Zweck* eines jeden Evangeliums aus?

7. Sehen Sie gemeinsam dieses Evangelium durch und suchen Sie heraus, wie viele *Wunder* Jesu Sie finden können. Welchen Eindruck von Jesus vermitteln Ihnen diese Wunder?

FÜR DAS LEBEN HEUTE

8. Wie können Sie sicherstellen, daß Ihre Beschäftigung mit dem Markusevangelium keine rein theoretische oder intellektuelle Angelegenheit bleibt, sondern praktisch wird und für Sie Konsequenzen hat? Was können Sie tun, damit das Gespräch lebendig und interessant bleibt?

ZUR VERTIEFUNG

Bibelausleger sprechen vom Markusevangelium häufig als dem Evangelium, das Jesus besonders als den »Diener Gottes« darstellt. Im Markusevangelium kommt das *Dienen* Jesu – er dient sowohl Gott als auch den Menschen – sehr klar zum Ausdruck, aber ebenso wird von seiner Macht und Autorität gesprochen. Wie ist dieser Schwerpunkt im Vergleich zu den anderen Evangelien bei Markus erkennbar?

MARKUS 1

Einstieg: Den ersten Vers in diesem Kapitel könnte man beinahe als Überschrift des gesamten Markusevangeliums bezeichnen. Falls Sie in der Lage wären, einen umfassenden Bericht dessen zu schreiben, was Gott in Ihrem Leben getan hat, welche Überschrift würden Sie wählen?

WAS STEHT IM TEXT?

1. Inwiefern erfüllt Johannes der Täufer die Prophezeiung, von der in den Versen 2-3 gesprochen wird?

2. Lesen Sie die Verse 12-13. Einen ausführlicheren Bericht von der Versuchung Jesu durch Satan finden Sie in Matthäus 4,1-11 und Lukas 4,1-13. Was mag Markus veranlaßt haben, seinen Bericht sehr viel kürzer abzufassen?

3. In Vers 14 lesen wir, daß Jesus das Evangelium verkündigte – die gute Nachricht von Gott. Lesen Sie Vers 15 und denken Sie an das, was Sie an anderen Stellen von Jesu Lehren und Dienst gelesen haben. Welches war diese gute Nachricht, die Jesus predigte?
4. Das Markusevangelium gibt keine Informationen über die Geburt und Kindheit Jesu. Was wird über Jesus berichtet, bevor er in Vers 14 seinen Dienst begann?
5. Was sagt Vers 35 über den Charakter und die Persönlichkeit Jesu aus?
6. EINZELHEITEN BEACHTEN – *Versuchen Sie, die folgende Frage zu beantworten, ohne in Ihrer Bibel nachzusehen:* Wie wird in diesem Kapitel die Kleidung und Nahrung Johannes des Täufers beschrieben? (Siehe Vers 6.)
7. Was erfahren wir in den Versen 10-11 über die Beziehung zwischen Gott, dem Vater, Gott, dem Sohn und Gott, dem heiligen Geist?
8. Sehen Sie sich auch auf Seite 10 die Liste mit Fragen an, die Sie sich während der Bearbeitung der einzelnen Kapitel des Markusevangeliums stellen sollten.

DAS WESENTLICHE ERFASSEN

9. Formulieren Sie den zentralen Inhalt der Botschaft Johannes des Täufers in eigenen Worten.
10. In Vers 5 wird von der Popularität von Johannes gesprochen. Wie erklären Sie sich diese Popularität?
11. Sehen Sie sich gemeinsam Vers 11 an. Was »gefiel« Gott an Jesus, und warum wollte Gott es ihm mitteilen?
12. Welche der folgenden Charaktereigenschaften Jesu fällt Ihnen in diesem Kapitel besonders auf: sein Mitgefühl, seine Macht oder seine Weisheit? (Erklären Sie Ihre Antwort.)
13. Was in diesem Kapitel könnte einen Menschen besonders interessieren, der zum ersten Mal von Jesus Christus hört?

FÜR DAS LEBEN HEUTE

14. Lesen Sie die Verse 16-17 noch einmal. Was ist das Wichtigste, das wir von Jesus lernen sollten, um »Menschenfischer« zu werden?
15. Sehen Sie sich das Erstaunen an, von dem in Vers 22 gesprochen wird. Was erstaunt *Sie* an den Lehren Jesu?
16. Welcher Vers in diesem Kapitel ist Ihnen in Ihrer gegenwärtigen Situation besonders wichtig geworden? Warum?

17. In diesem Kapitel wird deutlich, wie Jesus zu Beginn seines Dienstes auf der Erde immer bekannter wurde. Wie würden Sie den Unterschied definieren zwischen Jesus *bewundern* und ihn *lieben*?

18. Von dem Leben Jesu sagt man, es sei das *aufregendste* überhaupt gewesen. Sind Sie auch dieser Meinung? Warum oder warum nicht? Wie wichtig ist Ihnen persönlich diese Dimension Jesu?

Zur Vertiefung

Vollmacht (in einigen Übersetzungen auch als *Macht* übersetzt) ist ein Schlüsselwort in diesem Evangelium. Beachten Sie, wie es in Verbindung mit Jesus in den Versen 22 und 27 verwendet wird. Sehen Sie sich auch andere Stellen im Markusevangelium an, wo dieses Wort verwendet wird, und beschreiben Sie, was alle diese Stellen über die Vollmacht aussagen, die Jesus *besitzt* und die er *gibt*: 2,8-12; 3,14-15; 6,7-13 und 11,27-33.

Markus 2

Einstieg: Denken Sie an eine Zeit zurück, in der Sie wegen einer Krankheit oder Verletzung ans Bett gefesselt waren. Was ging in dieser Zeit in Ihnen vor?

Was steht im Text?

1. Machen Sie gemeinsam einen »Spaziergang« durch die Ereignisse in diesem Kapitel: Stellen Sie sich vor, was Sie sehen, hören, riechen oder empfinden würden.

2. Lesen Sie die Verse 1-12 und achten Sie besonders auf die Reaktion der Menge in Vers 12. Was genau hat diese Menschen an Jesus so beeindruckt?

3. Was meint Jesus in Vers 17 mit dem Wort »Gerechte«?

4. Wie würden Sie die Jünger in der, in den Versen 23-28 geschilderten Begebenheit in ein oder zwei Worten beschreiben? Wie würden Sie die Pharisäer beschreiben? Wie würden Sie Jesus beschreiben?

5. Als Hintergrundinformation zu Vers 24 lesen Sie 2. Mose 34,21.

6. Als Hintergrundinformation zu den Versen 25-26 lesen Sie 1. Samuel 21,1-6 und 5. Mose 23,25. Sehen Sie sich auch die Anweisungen Gottes zum Backen des Sabbatbrotes in 3. Mose 24,5-9 an.

7. Jesus sagt in Vers 27, daß Gott den Sabbat für den Menschen geschaffen hat, nicht den Menschen für den Sabbat. Welchen Nutzen hat Ihrer Meinung nach der Sabbat für den Menschen? (Vielleicht lesen Sie dazu 2. Mose 20,8-11 und 31,12-17.)
8. LEHRMOMENT: Im Markusevangelium scheint Jesu Lehren häufig durch einen besonderen Umstand oder eine bestimmte Frage initiiert, die seinen Hörern hilft, seine Botschaft besser zu verstehen. Was will Jesus in den Versen 18-22 sagen, und welcher Umstand oder welche Frage bereitet seine Zuhörer darauf vor, ihn zu verstehen?
9. EINZELHEITEN BEACHTEN – *Versuchen Sie, die folgende Frage zu verstehen, ohne in Ihrer Bibel nachzusehen:* In welcher Stadt wird der gelähmte Mann durch das Dach heruntergelassen? (Siehe Vers 1.)

Das Wesentliche erfassen

10. Welche Lektion in bezug auf den *Glauben* können wir den Versen 3-12 entnehmen?
11. Diskutieren Sie die folgende Aussage: In der Lektion für die Pharisäer und die Jünger in den Versen 23-28 geht es um ihr Verständnis von Jesus, nicht um ihr Verständnis des Sabbat.
12. Was sagt Vers 28 über die Beziehung Jesu zum alttestamentlichen Gesetz?
13. Jesus sagt in Vers 28, daß er »auch Herr des Sabbats« sei. Was wollte er mit dieser Aussage den Pharisäern klarmachen?
14. Stellen Sie sich vor, Sie würden dieses Kapitel verfilmen. Welche Kulissen, Darsteller, Hintergrundmusik, Lichteffekte, etc. würden Sie wählen, um die zentrale Botschaft dieses Kapitels zu übermitteln?

Für das Leben heute

15. Sehen Sie sich Vers 12 noch einmal an. Wie zeigt Jesus seine Macht heute, damit die Menschen sie sehen und Gott dafür loben?
16. Sehen Sie sich in den Versen 19-20 Jesu Antwort an die Jünger des Johannes an. Ist der Bräutigam noch immer bei uns? Ist jetzt die Zeit zu feiern oder die Zeit zu fasten?
17. Welchen Stellenwert hat der Sabbat in Ihrem Leben?
18. In Kolosser 3,1 lesen wir: »Wenn ihr nun mit dem Christus auferweckt worden seid, so sucht, was droben ist, wo der Christus ist, sitzend zur Rechten Gottes.« Was ist Ihnen persönlich in diesem Kapitel an Jesus Christus wichtig geworden, nach dem Sie streben möchten?

ZUR VERTIEFUNG

Im Markusevangelium stellt Jesus viele Fragen; sehen Sie sich in diesem Kapitel zum Beispiel die Verse 8-9 und 19 an. Gehen Sie auch die Fragen in der nachfolgenden Liste von Versen im Markusevangelium durch und überlegen Sie, was sie über den Lehrstil Jesu aussagen: 3,4; 3,23; 3,33; 4,13; 4,21; 4,30; 4,40; 8,17-21; 8,27-29; 9,33; 10,18; 10,38; 11,29-30; 12,15-16 und 14,48.

MARKUS 3

Einstieg: Haben Sie Ihre Hand heute für eine besonders ungewöhnliche Bewegung gebraucht?

WAS STEHT IM TEXT?

1. ANSCHAUUNGSLEKTION: Welches ist Ihrer Meinung nach die Hauptaussage Jesu in den Versen 1-6, und welcher Umstand oder welche Frage bereitet seine Zuhörer darauf vor, zu verstehen, was er ihnen sagen will?

2. Wie würden Sie in ein oder zwei Worten die Menschen in Vers 4 beschreiben, zu denen Jesus gesprochen hat? Wie würden Sie Jesus hier beschreiben? Wie würden Sie den Mann mit der verdorrten Hand beschreiben?

3. Wie sahen diese Menschen die Vollmacht Jesu? (Siehe Vers 2.)

4. Sehen Sie sich die in Vers 8 genannten Orte auf einer Karte an. Warum war Jesus in einem so großen Gebiet so bekannt?

5. Stellen Sie sich vor, Sie wären einer der in den Versen 16-18 erwähnten Männer und würden einen Brief an einen Freund schreiben. Wie würden Sie Ihrem Freund die Ereignisse dieses Kapitels schildern?

6. Eine weitere Lektion: Welches ist Ihrer Meinung nach die Hauptaussage in den Versen 20-30, und welcher Umstand oder welche Frage bereitet seine Zuhörer darauf vor zu verstehen, was er sagen will?

7. Wie würden Sie in eigenen Worten erklären, was Jesus in den Versen 34-35 sagen will?

8. Wie würden Sie nach dem, was Sie bisher im Markusevangelium gelesen haben, die Haltung der Pharisäer und Schriftgelehrten Jesus gegenüber beschreiben?

9. EINZELHEITEN BEACHTEN – *Versuchen Sie, die folgende Frage zu beantworten, ohne in Ihrer Bibel nachzusehen:* In diesem Kapitel lesen wir, daß die unreinen Geister zu Boden fielen und schrien, als sie Jesus sahen. Was haben sie geschrien? (Siehe Vers 11.)

DAS WESENTLICHE ERFASSEN

10. Wie würde der Mann mit der verdorrten Hand die Frage in Vers 4 wohl beantwortet haben?
11. Was sagt Vers 5 über die Empfindungen, die Werte und den Charakter Jesu aus?
12. Warum hat Jesus in Vers 12 die Menschen bedroht, über ihn zu schweigen?

FÜR DAS LEBEN HEUTE

13. Lesen Sie noch einmal die Frage, die Jesus in Vers 4 stellt und diskutieren Sie die folgende Aussage: Wenn wir nicht Gutes tun, tun wir Böses; und wenn wir nicht Leben retten, zerstören wir es.
14. Sehen Sie sich in den Versen 14-15 an, was die zwölf Jünger tun und lernen sollten. Sollen wir dasselbe lernen und tun?
15. Lesen Sie die Verse 33-34 und beantworten Sie die folgende Frage: Wie können wir ein stärkeres »Zugehörigkeitsgefühl« zu anderen Christen entwickeln?
16. Welcher Vers in diesem Kapitel ist Ihnen in Ihrer gegenwärtigen Situation besonders wichtig geworden? Warum?

ZUR VERTIEFUNG

Beachten Sie in Vers 5 die Empfindungen oder die menschlichen Gefühle, die Jesus zeigt. Sehen Sie sich auch die folgenden Stellen im Markusevangelium an und sprechen Sie über die *menschliche* oder *emotionale* Seite Jesu, die darin deutlich wird: 4,38; 6,6; 6,34; 7,34; 8,12; 10,14; 10,21; 11,12; 14,34 und 15,34.

MARKUS 4

Einstieg: Was ist Ihnen, wenn jemand etwas für Sie tut, lieber, die *Geschwindigkeit* oder die *Qualität* der Arbeit?

WAS STEHT IM TEXT?

1. Lesen Sie in den Versen 1-25 noch einmal das Gleichnis vom Sämann und den unterschiedlichen Bodensorten. Inwiefern ist dieses Gleichnis für uns eine *Warnung*? Inwiefern ist es eine *Ermutigung*?
2. Was meint Jesus in Vers 9 mit dem Wort »Ohren«?

3. Das Gleichnis von dem wachsenden Samenkorn in den Versen 26-29 ist nur im Markusevangelium zu finden. Was will uns dieses Gleichnis sagen?
4. Was in diesem Kapitel würde einen neubekehrten Christen, der es zum ersten Mal liest, am meisten in Erstaunen versetzen?
5. EINZELHEITEN BEACHTEN – *Versuchen Sie, die folgende Frage zu beantworten, ohne in Ihrer Bibel nachzusehen:* Was sagte Jesus zu den Jüngern, bevor er in das Boot stieg (das später im Sturm beinahe gekentert wäre)? (Siehe Vers 35.)

Das Wesentliche erfassen

6. Wie demonstriert Jesus in diesem Kapitel seine *Macht*?
7. Lesen Sie die Verse 10-12. Ist es korrekt zu sagen, daß Jesus die Wahrheit vor einigen Menschen verbarg?
8. Stellen Sie sich vor, Sie hätten einen Freund, der von Geburt an blind ist. Wie würden Sie diesem Freund die Bedeutung der Verse 21-22 erklären?
9. Sind Sie der Meinung, daß die Jünger anders auf den Sturm reagiert hätten, wenn sie mehr Glauben gehabt hätten? (Lesen Sie die Verse 35-41.) Welche Reaktion hatte Jesus von ihnen erwartet?
10. Hätten die Jünger eine noch größere Lektion lernen müssen, falls sie im Boot während des Sturms wirklich Glauben bewiesen hätten? Wenn ja, welche Lektion hätte das sein können?
11. Was ist ein Gleichnis und welches ist sein Zweck? Beantworten Sie die Frage auf der Grundlage dessen, was Sie in diesem Kapitel gelesen haben.
12. Falls Sie nur dieses Kapitel der Bibel zur Verfügung hätten, welche biblische Definition würden Sie für den Ausdruck *Reich Gottes* wählen?

Für das Leben heute

13. Sehen Sie sich an, was Jesus in Vers 11 zu seinen Jüngern sagt. Hat der Herr auch Ihnen gegeben, was die Jünger bekommen hatten?
14. Beschreiben Sie in Übereinstimmung mit dem, was Jesus in Vers 20 sagt, so umfassend wie möglich, was für uns die Voraussetzung ist, »guter Boden« zu sein.
15. Sehen Sie sich die Verse 24-25 genau an. Welche praktischen Vorschläge können Sie machen für die Umsetzung der Worte Jesu?
16. Denken Sie noch einmal über die Verse 35-41 nach, vor allem die Worte, die Jesus in Vers 40 sagte. Ist es falsch, Angst zu haben? Ist es möglich zu glauben und trotzdem Angst zu haben?

Markusevangelium

17. Welche »Stürme« in Ihrem Leben, welche »Winde« und »Wellen« haben Sie bereits in Furcht und Schrecken versetzt? Wie haben Sie die Macht Gottes über sie erlebt?

Zur Vertiefung

Das *Reich Gottes* ist ein zentraler Begriff im Markusevangelium. Beachten Sie, wie Jesus diesen Ausdruck in den Versen 11, 26 und 30 verwendet. Sehen Sie sich nun gemeinsam einige andere Bibelstellen im Markusevangelium an und sprechen Sie über die folgende Frage: Was ist eigentlich das Reich Gottes und wie genau kommt ein Mensch hinein: 1,15; 9,1; 9,47; 10,14-15; 10,23-25; 12,24 und 14,25?

Markus 5

Einstieg: Haben Sie schon einmal mit einem Menschen gesprochen, der sehr verängstigt oder sehr abstoßend oder sogar beides war?

Was steht im Text?

1. Auf drei unterschiedliche Weisen heilt Jesus in diesem Kapitel sehr unterschiedliche Menschen unter den unterschiedlichsten Umständen. Welche Ähnlichkeiten können Sie trotz dieser Unterschiede in allen drei Situationen erkennen?

2. In Vers 34 sagte Jesus der Frau, ihr Glaube hätte sie geheilt. Spielte der Glaube auch bei den anderen zwei Heilungen in diesem Kapitel eine Rolle?

3. Stellen Sie sich vor, Sie wären Reporter der »Galiläa Gazette«. Wie würden Sie in wenigen Sätzen berichten, was in den Versen 1-20 passiert ist?

4. EINZELHEITEN BEACHTEN – *Versuchen Sie, die folgende Frage zu beantworten, ohne in Ihrer Bibel nachzusehen:* Die Eröffnungsszene dieses Kapitels berichtet von dem von Dämonen besessenen Mann, der in den Gräbern lebte. Womit hat er sich selbst geschnitten? (Siehe Vers 5.)

Das Wesentliche erfassen

5. Welche der folgenden Charaktereigenschaften Jesu fällt Ihnen in diesem Kapitel besonders auf: sein Mitgefühl, seine Macht oder seine Weisheit? (Erklären Sie Ihre Antwort.)

FÜR DAS LEBEN HEUTE

6. Achten Sie auf die Begegnungen, die Jesus in diesem Kapitel mit beiden Geschlechtern hatte. In welcher Weise steigert die Nachfolge Jesu Ihren Wert als Mann oder Frau?

7. Welchen Vers in diesem Kapitel möchte Gott Ihnen besonders ans Herz legen?

ZUR VERTIEFUNG

Sehen Sie sich noch einmal die strikten Anweisungen an, die Jesus im letzten Vers dieses Kapitels gibt. Sprechen Sie über die folgenden anderen Verse im Markusevangelium unter dem Gesichtspunkt der ›Öffentlichkeitsarbeit‹ Jesu und wie seine Einstellung dazu entstanden ist: 1,34; 1,43-45; 3,11-12; 7,36-37; 8,29-30; 9,9; 11,7-11; 12,35-37; 14,60-62 und 15,2.

MARKUS 6

Einstieg: Haben Sie sich schon einmal überwältigt gefühlt von den geistlichen Bedürfnissen einer Menschenmenge?

WAS STEHT IM TEXT?

1. Dieses Kapitel beschreibt einige sehr unterschiedliche Ereignisse, die unter sehr unterschiedlichen Umständen geschahen. Machen Sie gemeinsam einen »Spaziergang« durch die Ereignisse und betrachten Sie aufmerksam, was um Sie herum geschieht. Stellen Sie sich vor, was Sie sehen, hören, riechen und fühlen.

2. ANSCHAUUNGSLEKTION: Welches ist Ihrer Meinung nach die Hauptaussage in den Versen 1-6, und welche Frage oder welcher Umstand bereitet die Zuhörer Jesu darauf vor, zu verstehen, was er sagen möchte?

3. Sehen Sie sich die Botschaft in Vers 12 an, die die Jünger verkündigten. Wie läßt sich diese Botschaft mit der Botschaft vergleichen, die Jesus verkündigte und der Botschaft, die Johannes der Täufer verkündigte? (Gehen Sie zurück zu 1,4 und 1,15.)

4. Wie würden Sie anhand der Verse 14-29 den König Herodes beschreiben?

5. Welches Bild vermitteln Ihnen die Verse 30-34 vom Wesen Jesu?

6. Stellen Sie sich vor, Sie wären ein herumreisender Reporter des »Jerusalemer Tageblatts«. Wie würden Sie in wenigen Sätzen berichten, was in den Versen 30-44 passiert ist?

7. Wieviel Zeit konnte Jesus nach dem, was Sie bisher im Markusevangelium gelesen haben, allein verbringen? Und warum hat er sich Zeit dafür genommen?
8. EINZELHEITEN BEACHTEN – *Versuchen Sie, die folgende Frage zu beantworten, ohne in Ihrer Bibel nachzusehen:* In der Eröffnungsszene dieses Kapitels, in der Jesus seine Heimatstadt Nazareth besucht, wird uns gesagt, daß er durch irgend etwas dort überrascht wurde. Was hat ihn veranlaßt, sich zu »wundern« oder zu »staunen«, wie es in anderen Übersetzungen ausgedrückt ist? (Siehe Vers 6.)

DAS WESENTLICHE ERFASSEN

9. Auf welche Weise zeigt Jesus in diesem Kapitel seine *Macht*?
10. Was sagen die Verse 5-6 über die Macht und den Willen Gottes aus?
11. Lesen Sie die Verse 39-44. Was sagen sie über die *Macht* Jesu?
12. Was ist Ihrer Meinung nach die Ursache für die Verhärtung der Herzen der Jünger, von der in Vers 52 gesprochen wird?
13. Warum hat Jesus Wunder vollbracht?
14. Was in diesem Kapitel könnte Ihrer Meinung nach einen Menschen, der zum ersten Mal von Jesus Christus hört, am meisten interessieren? Warum?

FÜR DAS LEBEN HEUTE

15. Welcher Vers in diesem Kapitel ist Ihnen in Ihrer gegenwärtigen Situation besonders wichtig geworden? Warum?
16. Sehen Sie sich in Vers 7 die Vollmacht an, die Jesus seinen zwölf Jüngern gab. Haben wir heute dieselbe Vollmacht?
17. Falls Sie Lehrer sind oder werden möchten, welche Lehre könnten Sie aus Vers 34 ziehen?
18. Welche Prinzipien können Sie aus dem, was Jesus mit dem Brot und Fisch in den Versen 35-44 für das Volk tat, für sich und Ihren eigenen Dienst herleiten?
19. Welche Richtlinien für Menschen im Dienst für Jesus heute sehen Sie in diesem Kapitel im Vorbild Jesu?
20. Falls Gott dieses Kapitel nur für Sie geschrieben hätte, welche Wörter oder Sätze hätte er Ihrer Meinung nach unterstrichen?

Zur Vertiefung

Sehen Sie sich die Prophezeiung in Hesekiel 34,23-31 und auch in Psalm 23,1 an. In welchem Maß finden Ihrer Meinung nach die alttestamentlichen Stellen ihre Erfüllung in Markus 6,30-44?

Markus 7

Einstieg: Welche Traditionen in Ihrer Familie bedeuten Ihnen am meisten?

Was steht im Text?

1. Stellen Sie gemeinsam eine Liste der unterschiedlichen Menschengruppen in diesem Kapitel zusammen. Welches sind Ihrer Meinung nach die hervorstechenden Merkmale einer jeden einzelnen?
2. Welchen unterschiedlichen Tonfall hat Jesus Ihrer Meinung nach an den verschiedenen Orten gebraucht, an denen dieses Kapitel ihn uns zeigt?
3. Stellen Sie sich vor, Sie hätten die in den Versen 1-23 beschriebene Situation miterlebt. Welche Worte Jesu in diesem Abschnitt hätten Sie am meisten angesprochen?
4. ANSCHAUUNGSLEKTION: Welches ist in den Versen 1-8 die Hauptaussage Jesu, und welche Umstände oder welche Frage bereitet seine Zuhörer darauf vor zu verstehen, was er sagen will?
5. Was sagen die Worte Jesu in den Versen 9-13 darüber aus, wie Gott unsere Verantwortung unseren Eltern gegenüber sieht?
6. Lesen Sie noch einmal, was Jesus in den Versen 20-23 sagt, und sehen Sie sich Jeremia 17,9 an. Würden Sie sagen, daß Jesus hier dieselbe Botschaft wie in dieser alttestamentlichen Schriftstelle verkündigt?
7. Sehen Sie sich den letzten Vers der in den Versen 24-30 beschriebenen Begebenheit an. Welche Fragen oder Gedanken mögen diese Frau auf ihrem Heimweg bewegt haben?
8. Der Bericht in Vers 32-36 von der Heilung eines taubstummen Mannes ist nur im Markusevangelium zu finden. Warum hat Jesus diesen Mann Ihrer Meinung nach beiseite genommen, um ihn zu heilen, wie in Vers 33 berichtet wird?
9. Warum hat Markus Ihrer Meinung nach den »Seufzer« Jesu in Vers 34 erwähnt? (Sehen Sie sich auch Jesu Seufzer in 8,11-12 an und vergleichen Sie die beiden Situationen.)

10. EINZELHEITEN BEACHTEN – *Versuchen Sie, die folgende Frage zu beantworten, ohne in Ihrer Bibel nachzusehen:* Etwa in der Mitte des Kapitels zählt Jesus eine lange Liste böser Dinge auf, die aus dem Herzen eines Menschen kommen. Wie viele davon können Sie nennen? (Siehe Verse 21-22.)

Das Wesentliche erfassen

11. Denken Sie über die Verse 17-23 nach und diskutieren Sie die folgende Aussage: Gott ist unser »innerer« Zustand genauso wichtig wie unsere »äußeren« Umstände – ihm sind unsere Gedanken genauso wichtig wie unser Handeln.

12. Lesen Sie noch einmal, was Jesus in den Versen 18-23 über das sagt, was einen Menschen »unrein« macht. Wenn uns diese Dinge unrein machen, was macht uns *rein*?

13. Wie vollständig ist Ihrer Meinung nach die Liste der unreinen Handlungen in den Versen 21-22?

14. Denken Sie sorgfältig über die Begebenheit in den Versen 24-30 nach. Was sagt dieser Abschnitt über den Gehorsam Jesu seinem Vater gegenüber aus? Was sagt er über Gottes Mitgefühl aus? Stehen diese beiden Eigenschaften hier im Konflikt miteinander?

15. Wie würden Sie nach dem, was Sie in diesem Kapitel erfahren haben, die Art von Frömmigkeit beschreiben, die Gott gefällt?

Für das Leben heute

16. Lesen Sie noch einmal die Verse 6-7. Bedeutet die Tatsache, daß wir uns innerlich vielleicht weit von Gott entfernt fühlen, daß wir nicht versuchen sollten, ihn anzubeten?

17. Inwiefern haben sich unsere Gemeinden heute vielleicht dessen schuldig gemacht, was Jesus in Vers 13 verurteilt?

18. Welcher Vers in diesem Kapitel ist Ihnen in Ihrer gegenwärtigen Situation besonders wichtig geworden? Warum?

19. Wie kann Ihnen Vers 16 helfen, einem gläubigen Freund zu begegnen, der Zweifel daran hat, daß die Bibel tatsächlich Gottes Wort ist?

Zur Vertiefung

Vergleichen Sie die Liste mit den sündigen Taten und Eigenschaften in den Versen 21-22 mit den Aufzählungen, die Sie in den folgenden Versen finden: Römer 1,29-31; 1. Korinther 6,9-10; Galater 5,19-21 und Offenbarung 22,15.

Markus 8

Einstieg: Berichten Sie von denkwürdigen Lektionen, die Sie mehr als einmal haben lernen müssen.

Was steht im Text?

1. Vergleichen Sie die Speisung der Viertausend in den Versen 1-10 mit der ähnlichen Begebenheit in Markus 6,30-44. Wie viele Unterschiede können Sie feststellen?

2. Machen Sie wieder einmal einen »Spaziergang« durch die Ereignisse dieses Kapitels. Sprechen Sie darüber, was Sie sehen, riechen, hören und empfinden.

3. Wie zeigt sich der *Charakter* Jesu in diesem Kapitel?

4. Wie wird der *Zweck des Kommens* Jesu in diese Welt in diesem Kapitel deutlich?

5. Lesen Sie aufmerksam die Verse 11-13. Warum hat Jesus den Personen nicht einfach ein oder zwei Wunder gezeigt?

6. Was genau ist der »Sauerteig«, von dem Jesus in Vers 15 spricht, und warum ist er so gefährlich?

7. Die Geschichte der Heilung des blinden Mannes in Bethsaida in Vers 22-26 ist nur im Markusevangelium berichtet. Fassen Sie gemeinsam als Gruppe die Abfolge der Ereignisse in dieser Begebenheit zusammen und überlegen Sie, warum Jesus dieses Wunder in mehreren Schritten und nicht auf einmal getan hat.

8. Wie würden Sie nach dem, was Sie in Markus 7 und 8 von Jesus gelesen haben, einen typischen Tag in seinem damaligen Leben beschreiben?

9. Wie würden Sie nach dem, was Sie in den letzten Kapiteln des Markusevangeliums gelesen haben, die Einstellung der Pharisäer und Schriftgelehrten Jesus gegenüber zu diesem bestimmten Zeitpunkt seines Dienstes beschreiben?

10. EINZELHEITEN BEACHTEN – *Versuchen Sie, die folgende Frage zu beantworten, ohne in Ihrer Bibel nachzusehen:* In der Stadt Bethsaida wurde ein blinder Mann zu Jesus gebracht, damit er ihn heilt. Jesus nahm den Mann an der Hand und führte ihn zu der Stelle, wo die Heilung stattfinden würde. Wo war das? (Siehe Vers 23.)

DAS WESENTLICHE ERFASSEN

11. Was würde einen neubekehrten Christen, der dieses Kapitel zum ersten Mal liest, am meisten in Erstaunen versetzen?
12. Markus 8 wird häufig als Schlüsselkapitel und Wendepunkt im Markusevangelium gesehen. Warum ist das Ihrer Meinung nach so?
13. Gibt es den »Sauerteig«, von dem Jesus in Vers 15 spricht, auch heute noch?
14. In diesem Kapitel ist der Dienst Jesu größtenteils auf die Jünger ausgerichtet. Welche Richtlinien für das ›Jüngerschaftstraining‹ der heutigen Zeit können Sie dem entnehmen, was Jesus seine Jünger in den Versen 27-38 lehrte?
15. Warum hat Jesus die Warnung in Vers 30 an die Jünger weitergegeben?
16. Lesen Sie in Vers 33 noch einmal die schroffen Worte Jesu an Petrus. Was genau ist Ihrem Verständnis nach »das, was des Menschen ist«, nach dem Petrus trachtete, und was war »das, was Gottes ist«, nach dem er eigentlich trachten sollte?
17. Formulieren Sie in eigenen Worten – und im Kontext unseres heutigen Lebens – die drei Dinge, die Jesus in Vers 34 von uns fordert.
18. Was sagen die Verse 34-37 über Selbstwert aus?
19. Wenn Sie gebeten würden, die wichtigsten »Merkmale christlicher Reife« dieses Kapitels zusammenzufassen, welches würden Sie als erstes nennen?

FÜR DAS LEBEN HEUTE

20. Denken Sie noch einmal an den »Sauerteig« in den Versen 15-21. Ist es für uns heute genauso schwer, diesen Sauerteig zu erkennen, wie damals für die Jünger? Warum oder warum nicht?
21. Sehen Sie sich die Frage an, die Jesus in Vers 21 stellt. Inwiefern hätte Jesus recht, diese Frage auch uns heute zu stellen?
22. Beantworten Sie als Gruppe so ausführlich wie möglich die Frage Jesu in Vers 29 und stellen Sie dabei den Bezug zu unserem heutigen Leben her.
23. Wie könnten Sie anhand der Verse 35-38 einem ungläubigen Freund helfen, der Angst hat, verfolgt zu werden, wenn er Christ wird?
24. Welcher Vers in diesem Kapitel ist Ihnen in Ihrer gegenwärtigen Situation besonders wichtig geworden?

Zur Vertiefung

In Vers 31 nennt Jesus sich »der Sohn des Menschen«. Dies ist der Titel, den Jesus sich selbst sehr häufig in den Evangelien gibt. Sehen Sie sich die folgenden Bibelstellen im Markusevangelium an, in denen sich Jesus so nennt und sprechen Sie über die Bedeutung dieses Namens: 2,10; 2,28; 8,31; 9,12; 10,45; 13,26, 14,41 und 14,62.

Markus 9

Einstieg: Welche Erfahrungen in der Natur oder im Umgang mit Menschen haben Sie gemacht, bei denen Sie das Gefühl hatten, Zeuge der Entfaltung von Macht gewesen zu sein?

Was steht im Text?

1. Wie würden Sie die Atmosphäre der in den Versen 2-13 berichteten Begebenheit beschreiben?

2. Was wissen Sie von Mose und Elia, das die Bedeutung ihrer Anwesenheit auf dem Berg in Vers 4 erklärt?

3. Was mögen Mose und Elia in ihrem, in Vers 4 erwähnten Gespräch mit Jesus wohl *gesagt* haben? (Vielleicht möchten Sie auch Lukas 9,30-31 lesen.)

4. Beschäftigen Sie sich eingehend mit dem, was Gott in Vers 7 von Jesus sagt. Beachten Sie die unterschiedlichen Sätze, aus denen dieses Zitat besteht. Welches ist Ihrer Meinung nach die Bedeutung eines jeden Satzes?

5. Denken Sie eingehend über Vers 1 nach und diskutieren Sie die folgende Aussage: Die Erfahrung der Jünger der Verklärung Jesu auf dem Berg war eine direkte Erfüllung dessen, was Jesus in Vers 1 gesagt hat.

6. Stellen Sie sich vor, Sie wären damals zu biblischer Zeit Privatdetektiv gewesen und von den religiösen Führern in Jerusalem angeheuert worden, Jesus auszuspionieren. Was würden Sie Ihren Auftraggebern über die Ereignisse ab Vers 14 bis zum Ende des Kapitels berichten?

7. Sollten die Worte Jesu in Vers 19 so hart klingen? Warum oder warum nicht?

8. Sehen Sie sich Vers 19 noch einmal an. Inwiefern mußte Jesus die Jünger »ertragen«?

9. Stellen Sie sich vor, Sie hätten die in den Versen 33-37 beschriebene Situation miterlebt. Welche Worte Jesu hätten Sie am meisten getroffen?

10. Was bedeutet es, ein Kind in Jesu Namen »aufzunehmen«, wie er uns in Vers 37 aufträgt?

11. Wie würden Sie das Prinzip, das Jesus in Vers 37 lehrt, so knapp wie möglich zusammenfassen?

12. ANSCHAUUNGSLEKTION: Welches ist Ihrer Meinung nach in den Versen 38-50 die Hauptaussage Jesu, und welche Umstände oder welche Frage bereiten seine Zuhörer darauf vor zu verstehen, was er sagen will?

13. Wie würden Sie so knapp wie möglich das Prinzip zusammenfassen, das Jesus in den Versen 43-48 lehrt?

14. Nehmen Sie an, Sie wären Bibelübersetzer und würden die Bibel für einen entlegenen Stamm auf einem fernen Kontinent übersetzen, der kein Salz kennt. Wie würden Sie erklären, was Salz ist, damit die Eingeborenen die Bedeutung von Vers 50 verstehen?

15. EINZELHEITEN BEACHTEN – *Versuchen Sie, die folgende Frage zu beantworten, ohne in Ihrer Bibel nachzusehen:* Mit welchen Worten beschreibt Jesus in diesem Kapitel die Hölle? (Siehe Verse 43-48.)

Das Wesentliche erfassen

16. Was war von Gott aus gesehen der Zweck der Verklärung Jesu (in den Versen 2-8)?

17. Beachten Sie in Vers 9 Jesu Anweisungen an Petrus, Jakobus und Johannes. Stellen Sie sich vor, Sie wären einer dieser drei Jünger, und Jesus sei von den Toten auferstanden. Sie sind nun frei, anderen von dieser Erfahrung auf dem Berg zu berichten, von der in Markus 9 berichtet wird. Wie würden Sie den anderen Jüngern erklären, was an jenem Tag passierte?

18. Lesen Sie, was Petrus später in 2. Petrus 1,16-18 zu seinen Erfahrungen in den Versen 1-8 schrieb. Was scheint Petrus aus der Tatsache gelernt zu haben, daß er Zeuge der Verklärung Jesu geworden war?

19. Welches ist in der in den Versen 14-29 berichteten Begebenheit die wichtigste Lektion zum Thema *Glauben*?

20. Wenn Sie gebeten würden, die wichtigsten »Merkmale christlicher Reife« dieses Kapitels aufzuzählen, welches würden Sie als erstes nennen?

Für das Leben heute

21. Sehen Sie sich den Streitpunkt in Vers 34 an. Inwiefern ist dies auch für uns heute häufig ein Thema?

22. Lesen Sie Vers 40 und diskutieren Sie die folgende Aussage: Wenn Sie nicht aktiv *gegen* den Herrn und seinen Willen arbeiten, setzen Sie sich *für* ihn ein. (Vielleicht lesen Sie Matthäus 12,30.)
23. Inwiefern fällt es uns nicht schwer, genau das zu tun, wovor Jesus uns in Vers 42 warnt?
24. Wie würden Sie anhand der Verse 43-48 einem ungläubigen Freund antworten, der behauptet, er glaube nicht an ein Leben nach dem Tode?
25. Welche Richtlinien für das ›Jüngerschaftstraining‹ der heutigen Zeit können Sie dem entnehmen, was Jesus seine Jünger in diesem Kapitel lehrte?
26. Wenn Gott dieses Kapitel nur für Sie geschrieben hätte, welche Worte oder Sätze hätte er Ihrer Meinung nach unterstrichen?

Zur Vertiefung

In den Versen 30-32 spricht Jesus zum zweiten Mal im Markusevangelium seinen Jüngern gegenüber von seinem Tod und seiner Auferstehung. Sehen Sie sich auch die erste seiner Vorhersagen in 8,31-32 und eine dritte in 10,32-34 an. Welches ist der Kontext für alle diese Vorhersagen, inwiefern gleichen sie sich und was beabsichtigt Jesus Ihrer Meinung nach damit, daß er seinen Jüngern dies sagt?

Markus 10

Einstieg: Welche Angewohnheiten in der Art und Weise unseres Bibellesens können sehr leicht verhindern, daß die Botschaft des Markusevangeliums in unserem Leben lebendig wird?

Was steht im Text?

1. Stellen Sie sich vor, Sie wären in der damaligen Zeit Privatdetektiv und von den religiösen Führern in Jerusalem angeheuert worden, Jesus nachzuspionieren. Wie würden Sie Ihren letzten Bericht über die Ereignisse dieses Kapitels abfassen?
2. Als Hintergrundinformation zu dem Abschnitt über Scheidung in den Versen 1-12 lesen Sie 5. Mose 24,1-4 und Matthäus 5,31-32.
3. Wie würden Sie Vers 14 in eigenen Worten ausdrücken?
4. Sehen Sie sich die Verse 17-31 (das Gespräch Jesu mit dem reichen Jüngling und dann mit den Jüngern) an und beantworten Sie die folgende Frage: Geht es in diesem Abschnitt eher um *Besitz*, um *Beziehungen* oder um beides?

5. Würden Sie sagen, daß es in Vers 21 eher um *Handeln*, um die *Einstellung* oder um beides geht?
6. ANSCHAUUNGSLEKTION: Welches ist Ihrer Meinung nach in den Versen 35-45 die Hauptaussage Jesu, und welche Umstände oder welche Frage bereiten seine Zuhörer darauf vor zu verstehen, was er sagen will?
7. Von welchem »Kelch« spricht Jesus in den Versen 38 und 39?
8. Wie erklären Sie die Bedeutung des Wortes *Lösegeld* in Vers 45?
9. EINZELHEITEN BEACHTEN – *Versuchen Sie, die folgende Frage zu beantworten, ohne in Ihrer Bibel nachzusehen:* In diesem Kapitel nannte ein Mann Jesus »Guter Lehrer« und fragte Jesus dann, was er tun müsse, um ewiges Leben zu bekommen. Bevor er diese Frage stellte, tat der Mann noch etwas anderes. Was war das? (Siehe Vers 17.)

DAS WESENTLICHE ERFASSEN

10. Welche fundamentalen Prinzipien in bezug auf die Ehe können Sie in den Versen 6-12 erkennen?
11. Welches ist Ihrer Meinung nach die wichtigste Aussage, die Jesus in den Versen 21-30 macht?
12. Denken Sie an die Aussage des Petrus in Vers 28. Was sagt das über die Jünger aus; was über Jesus?
13. Welches ist Ihrer Meinung nach das Schlüsselwort oder der Schlüsselsatz in den Versen 29-30?
14. War es falsch von Jakobus und Johannes, die Frage in Vers 37 zu stellen?
15. Sehen Sie sich die Verse 41-45 an. Wie würde Jesus Ihrer Meinung nach die Worte *dienen* und *Diener* definieren?
16. In Vers 45 sagte Jesus, er sei gekommen, um sein Leben als *Lösegeld* für uns zu geben. Was sagt die Tatsache, daß wir ein Lösegeld brauchen, über uns aus?
17. Falls Sie gebeten würden, die wichtigsten »Merkmale christlicher Reife« in diesem Kapitel aufzuzählen, welches würden Sie als erstes nennen?

FÜR DAS LEBEN HEUTE

18. In Philipper 4,8 heißt es: »Übrigens, Brüder, alles, was wahr, alles, was ehrbar, alles, was gerecht, alles, was rein, alles, was liebenswert, alles, was wohllautend ist, wenn es irgendeine Tugend und wenn es irgendein Lob gibt, das erwägt!« Welche Denkanstöße können Sie in diesem Kapitel finden, die Ihnen als *wahr, ehrbar, gerecht, rein, liebenswert*, als *Tugend* und *Lob* ins Auge fallen?

19. Sehen Sie sich die Verse 11-12 noch einmal an. Wie würden Sie mit diesen Versen einem Christ helfen, der eine Scheidung in Betracht zieht?
20. Lesen Sie, was Jesus in Vers 21 gesagt hat. Für wen, falls überhaupt, hat dieses Gebot auch heute noch Gültigkeit?
21. Lesen Sie Vers 27 und berichten Sie von einigen »Unmöglichkeiten«, die Gott in Ihrem oder dem Leben eines Ihnen nahestehenden Menschen getan hat.
22. Lesen Sie, was Jesus in Vers 31 gesagt hat. Welche Überraschungen erwarten uns (auch wenn Jesus das vorhergesagt hat)?
23. Sollten wir nach dem, was Jesus in Vers 31 sagt, tatsächlich *versuchen*, »letzter« zu sein? Wenn das so ist, was bedeutet das?
24. Wäre es für uns heute falsch, die Frage zu stellen, die Jakobus und Johannes in Vers 37 an Jesus richteten? Warum oder warum nicht?
25. Sehen Sie sich Vers 43 an und überlegen Sie, ob es in Gottes Augen richtig ist, groß in seinem Königreich sein zu wollen? Warum oder warum nicht?
26. Überlegen Sie, ob es für uns heute irgendwie gefährlich sein könnte, die Verse 43-44 zu wörtlich zu nehmen?
27. Welche Richtlinien für das ›Jüngerschaftstraining‹ der heutigen Zeit können Sie dem entnehmen, was Jesus seine Jünger in diesem Kapitel lehrte?
28. Welcher Vers in diesem Kapitel ist Ihnen in Ihrer gegenwärtigen Situation besonders wichtig geworden?

Zur Vertiefung

In Vers 30 fällt das Wort *Verfolgung* besonders ins Auge. Sehen Sie sich die folgenden Verse im Markusevangelium an und überlegen Sie, was sie über den Stellenwert des *Leidens* in unserer Nachfolge aussagen: 8,34; 10,33-35; 10,38-39 und 13,11-13.

Markus 11

Einstieg: Falls Sie erfahren würden, daß Sie nur noch eine Woche zu leben haben, welche Fragen würden Sie sich selbst stellen, die Ihnen helfen könnten, diese letzte Woche sinnvoll zu verbringen?

Was steht im Text?

1. Lesen Sie die Verse 7-10 und diskutieren Sie die folgende Aussage: Der jubelnde Empfang, der Jesus bei seinem Einzug in Jerusalem bereitet wurde, war nur darauf zurückzuführen, daß das Volk nicht richtig verstanden hatte, was für ein König Jesus war. Das zeigt sich darin, daß sich die Massen einige Tage später gegen ihn wandten.
2. Stellen Sie sich vor, Sie wären Reporter des »Jerusalemer Tageblatts«. Wie würden Sie in wenigen Sätzen beschreiben, was in der ersten Hälfte dieses Kapitels geschehen ist?
3. Lesen Sie noch einmal, was in den Versen 12-17 gesagt und getan worden ist. Wie läßt sich diese Begebenheit mit der in Johannes 2,13-17 vergleichen?
4. Als Hintergrundinformation zu den Worten Jesu, daß der Tempel ein »Bethaus« sei (Vers 17), lesen Sie gemeinsam Jesaja 56,7.
5. ANSCHAUUNGSLEKTION: Welches ist in den Versen 20-25 die Hauptaussage Jesu, und welche Umstände oder Frage bereiten seine Zuhörer darauf vor, zu verstehen, was er sagen will?
6. Wie würden Sie in eigenen Worten beschreiben, was Jesus in den Versen 22-24 über den *Glauben* sagt?
7. Was in diesem Kapitel würde Ihrer Meinung nach einen neubekehrten Christen am meisten in Erstaunen versetzen, wenn er es zum ersten Mal liest?
8. Wie zeigt sich der *Charakter* Jesu in diesem Kapitel?
9. Wie wird der *Zweck* des Kommens Jesu in diesem Kapitel zum Ausdruck gebracht?
10. EINZELHEITEN BEACHTEN – *Versuchen Sie, die folgende Frage zu beantworten, ohne in Ihrer Bibel nachzusehen*: In diesem Kapitel lesen wir, wie Jesus die Käufer und Verkäufer aus dem Tempel treibt, wie er die Tische der Geldwechsler und die Verkaufsstände der Taubenverkäufer umwirft. In diesem Bericht ist noch etwas anderes genannt, das Jesus tut, abgesehen davon, daß er den Personen die eigentliche Bedeutung des Tempels klarmacht. Was ist das? (Siehe Vers 16.)

Das Wesentliche erfassen

11. Welche der folgenden Charaktereigenschaften Jesu fällt Ihnen in diesem Kapitel besonders ins Auge: sein Mitgefühl, seine Macht oder seine Weisheit? (Erklären Sie Ihre Antwort.)
12. Sehen Sie sich die Verse 12-14 und 20-25 an. Das Verfluchen des Feigenbaums ist das letzte Wunder, von dem im Markusevangelium berichtet wird.

Wenn Sie an die anderen Wunder denken, von denen Sie in diesem Evangelium gelesen haben, *warum* hat Jesus Wunder getan?

13. Welches ist Ihrer Meinung nach das *Motiv* für das, was Jesus in den Versen 12-17 getan hat?
14. Warum hat Jesus den Feigenbaum in Vers 14 verflucht?
15. Sehen Sie sich die Verse 22-24 noch einmal an. Warum legt Gott soviel Wert auf den Glauben?
16. Erklären Sie, *warum* Sie mit der folgenden Aussage einverstanden oder nicht einverstanden sind: Vers 23 in diesem Kapitel zeigt, daß Jesus die Praxis der Zauberns billigte.
17. Gibt Jesus in Vers 24 einen »Blankoscheck«? Wenn nicht, warum macht er dann diese Aussage?
18. Denken Sie über Vers 25 nach. Warum ist es für uns so wichtig, in unserem Leben *Vergebung* zu praktizieren?
19. Was in diesem Kapitel könnte einen Menschen, der zum ersten Mal von Jesus Christus hört, am meisten interessieren?
20. Der Jesus, den wir in diesem Kapitel kennenlernen, ist nicht nur ganz Gott, sondern auch ganz Mensch. Auf welche Weise zeigt sich Jesus nach dem, was Sie bisher im Markusevangelium gelesen haben, als vollkommenes Vorbild der Menschen?
21. Wie demonstriert Jesus in diesem Kapitel seine *Macht*?
22. Könnte man in diesem Kapitel den Tempel mit dem Feigenbaum vergleichen, den Jesus verfluchte?
23. Stellen Sie sich vor, Sie hätten an diesem Tag eine Feuerbotschaft am Himmel entdeckt. Sie war an Sie adressiert und lautete: *So spricht der Herr: »Lies xxx, denn ich möchte dir damit etwas sagen.«* Auf welchen Vers oder welche Verse dieses Kapitels würde Gott sich sehr wahrscheinlich beziehen?

FÜR DAS LEBEN HEUTE

24. Denken Sie noch einmal über die Verse 12-17 nach. Haben Sie das Gefühl, daß es in unseren Gemeinden heute Aktivitäten gibt, die denen der Personen gleichen, die Jesus aus dem Tempel getrieben hat?
25. Sehen Sie sich Vers 24 an. Wie kann ein Mensch wissen, ob er beim Beten genügend Glauben hat?
26. Denken Sie über Vers 25 nach. Wie schwer fällt es Ihnen, anderen zu vergeben? Wie schwer fällt es Ihnen, um Vergebung zu bitten?

27. In den Versen 27-33 liegt der Schwerpunkt auf der *Vollmacht* Jesu und der *Vollmacht* Johannes des Täufers, die jeweils von Gott kam. Welche Vollmacht haben *Sie* von Gott?

Zur Vertiefung

Vergleichen Sie Vers 24 mit den Gebetsprinzipien in Jakobus 4,3. Inwiefern wirken die Prinzipien beider Bibelstellen zusammen?

Markus 12

Einstieg: Falls Sie diese letzte Woche vor seiner Kreuzigung mit Jesus hätten zusammensein können, welche Frage hätten Sie ihm stellen wollen?

Was steht im Text?

1. Vergleichen Sie das erste Gleichnis dieses Kapitels mit einem anderen interessanten Gleichnis über einen Weinberg in Jesaja 5,1-7. Welche Ähnlichkeiten gibt es, welche Unterschiede?
2. Beachten Sie in Vers 12, wie die religiösen Führer der Juden auf das Gleichnis reagieren, das Jesus zu Beginn dieses Kapitels erzählt. Gehen Sie das Gleichnis noch einmal durch und benennen Sie jede Person oder Menschengruppe und sagen Sie, wen sie repräsentieren.
3. In Vers 13 heißt es, daß die religiösen Führer Jesus eine Falle stellten. Welche Falle war das?
4. Stellen Sie sich vor, Sie wären einer der in Vers 13 genannten Pharisäer oder Herodianer. Welchen Bericht würden Sie den religiösen Führern, die Sie ausgeschickt hatten, von Ihren Beobachtungen geben?
5. Ist die Frage der Sadduzäer in Vers 18 auch eine Falle? Warum oder warum nicht?
6. Als Hintergrundinformation zu Vers 19 lesen Sie 5. Mose 25,5-10.
7. Stellen Sie sich vor, Sie hätten die in den Versen 38-39 geschilderte Situation miterlebt. Welche Worte Jesu hätten Sie besonders angesprochen?
8. Stellen Sie sich vor, Sie wären ein gottesfürchtiger Jude aus Rom und zum ersten Mal über das Meer nach Jerusalem gekommen, um dort das Passahfest zu feiern. Sie lernen Jesus von Nazareth kennen und erleben die in Markus 11 und 12 beschriebenen Ereignisse mit; soweit Sie wissen, hat zu Hause in Rom

noch niemand von diesem Mann gehört. Welchen Eindruck würden Sie aufgrund der Erfahrungen der vergangenen Tage von Jesus bekommen?

9. EINZELHEITEN BEACHTEN – *Versuchen Sie, die folgende Frage zu beantworten, ohne in Ihrer Bibel nachzusehen:* Was legte die arme Witwe in den Opferstock? (Siehe Vers 42.)

DAS WESENTLICHE ERFASSEN

10. Wie wichtig war Ihrer Meinung nach die Frage, die Jesus in den Versen 35-37 stellte?

11. Warum mußte Jesus leiden und sterben? Sehen Sie sich Vers 12 an. Dann lesen Sie 14,1-2; 14,61-64 und 15,9-13. Was sagen diese Verse über die *menschliche* Ursache für das Leiden und Sterben Jesu aus?

12. Denken Sie über den Grund *Gottes* für das Leiden und Sterben seines Sohnes Jesus Christus nach. Lesen Sie die folgenden Verse im Markusevangelium und überlegen Sie, ob Jesus von diesen Gründen wußte: 8,31; 9,30-31; 10,32-34 und 10,45.

13. Wie würde nach dem, was Sie in diesem Kapitel gelesen haben, Jesus die Begriffe *Erfolg* und *letztgültige Bedeutung* definieren?

14. Wie zeigt Jesus in diesem Kapitel seine *Macht*?

15. Wie schätzt Gott nach dem, was Sie in den Versen 41-44 lesen, die Größe unserer Gaben an ihn ein?

FÜR DAS LEBEN HEUTE

16. Denken Sie über Vers 17 nach. Welche Dinge in Ihrem Leben gehören Gott und müssen ihm trotzdem immer wieder übereignet werden?

17. Wenn Sie an Vers 30 denken, mit welchen Bereichen Ihres Herzens, Ihrer Seele oder Ihres Verstandes fällt es Ihnen besonders schwer, Gott zu lieben?

18. Welche Ähnlichkeiten bestehen Ihrer Meinung nach zwischen einem religiösen Führer der Juden der damaligen Zeit und einem Leiter (Ältesten) oder einem anderen christlichen Führer heute? Welche größeren Unterschiede gibt es?

19. Denken Sie noch einmal an das, was Jesus in den Versen 43-44 sagt. Stellen Sie sich vor, er würde Ihre Gaben auf einer Skala von eins bis zehn bewerten, wobei zehn dem Beispiel der armen Witwe gleichkäme und eins mit den Gaben der anderen reichen Personen gleichzusetzen wäre. Wie würde er Ihre Gabe vermutlich einschätzen?

20. Welcher Vers in diesem Kapitel ist Ihnen in Ihrer gegenwärtigen Situation besonders wichtig geworden?

ZUR VERTIEFUNG

Als Jesus (in den Versen 29-31) die beiden wichtigsten Gebote ausspricht, verwendet er in beiden das Wort *Liebe*. Im Markusevangelium wird dieses Wort seltener gebraucht als in den anderen drei Evangelien. Sehen Sie sich die anderen Stellen im Markusevangelium an, und sprechen Sie über den *Begriff* der Liebe, auch wenn das Wort selbst darin nicht vorkommt: 1,40-42; 3,31-35; 6,30-31; 9,38-41 und 14,4-9.

MARKUS 13

Einstieg: Welche Frage in bezug auf die Wiederkunft Christi bewegt Sie sehr stark?

WAS STEHT IM TEXT?

1. An wen wendet sich Jesus in seiner langen Rede?
2. Lesen Sie sehr aufmerksam die Verse 1-4. Was genau wollen die Jünger wissen?
3. Welche Fragen lassen die Worte Jesu in diesem Kapitel bei Ihnen entstehen?
4. EINZELHEITEN BEACHTEN – *Versuchen Sie, die folgende Frage zu beantworten, ohne in Ihrer Bibel nachzusehen:* Das letzte, was Jesus in diesem Kapitel sagt, ist eine sehr kurze Aufforderung, die durchaus als die wichtigste Aussage in diesem Kapitel gewertet werden könnte. In vielen Bibelübersetzungen besteht diese Aufforderung aus nur einem Wort. Welchem?

DAS WESENTLICHE ERFASSEN

5. Möchte Jesus nach dem zu urteilen, was er seinen Jüngern in diesem Kapitel sagt, den Eindruck erwecken, daß es noch *lange* dauert bis zum Ende des Zeitalters, oder *nicht mehr lange* dauert?
6. Wer sind in Vers 20 die »Auserwählten«, und was sagt dieser Vers über sie aus?
7. Viele Bibelausleger betrachten Vers 20 als eine der wichtigsten Aussagen in diesem Kapitel. Warum ist das Ihrer Meinung nach so?

Für das Leben heute

8. Tauschen Sie sich darüber aus, wie Sie innerlich auf das reagieren, was Sie in diesem Kapitel lesen. Empfinden sie Freude? Furcht? Verwirrung?
9. Wie empfänglich sind Sie für die Täuschungen, vor denen Jesus in den Versen 6 und 21-23 warnt?
10. Denken Sie über die Verse 9-13 nach. Welche Auswirkung könnte zum Beispiel Verfolgung auf unsere Evangelisationsbemühungen haben?
11. Sehen Sie sich an, was Jesus seinen Jüngern in Vers 13 verspricht. Wie schwer ist es, den Haß der anderen zu ertragen?
12. Was genau sollen wir von dem Feigenbaum in den Versen 28-29 für unsere heutige Zeit lernen?
13. Lesen Sie die Verse 32-37. Wie können wir ganz praktisch in der heutigen Zeit wachsam bleiben?
14. Sehen Sie sich die Aussage an, die Jesus in Vers 32 macht. Welche Auswirkungen auf Ihr Leben würde es haben, wenn Sie den genauen Tag und die genaue Stunde der Wiederkunft Christi kennen würden?
15. Welche der in diesem Kapitel gemachten Vorhersagen erfüllen sich Ihrer Meinung nach in der heutigen Zeit?
16. Welche *Verantwortung* haben wir nach dem, was wir in diesem Kapitel lesen, während wir auf das Ende und auf die Wiederkunft Jesu warten?
17. Wie würden Sie anhand der Verse 34-37 einem Freund helfen, der Ihrer Meinung nach ein sehr »fauler« Christ ist?
18. Fassen Sie die wichtigsten Prinzipien dieses Kapitels zusammen, die den Christen heute klarmachen, wie sie »den Fußstapfen Jesu folgen« können.

Zur Vertiefung

In Vers 32 spricht Jesus von »diesem Tag«. Sehen Sie sich die folgenden Stellen aus dem Alten Testament an und arbeiten Sie heraus, wie zwei der Propheten Gottes »diesen Tag« beschreiben: Amos 8,3; 8,9-10; 8,13; 9,11; Micha 4,6-7; 5,9-14 und 7,12-13.

MARKUS 14

Einstieg: Haben Sie schon einmal ein besonders teures Geschenk bekommen oder verschenkt?

Was steht im Text?

1. ANSCHAUUNGSLEKTION: Welches ist Ihrer Meinung nach in den Versen 1-9 die Hauptaussage Jesu, und welcher Umstand oder welche Frage bereiten seine Zuhörer darauf vor zu verstehen, was er sagen will?

2. Die in den Versen 3-9 erwähnte Frau wird in Johannes 12 als Maria, die Schwester von Martha und Lazarus, identifiziert. Was war für Maria nach dem, was Sie in diesem Kapitel lesen, das Wichtigste im Leben?

3. Als ergänzende Information zu Judas Ischarioth lesen Sie Matthäus 26,14-16, Lukas 22,47-48 und Johannes 6,70-71; 12,4-6 und 17,12. Welche *Entscheidungen* trifft Judas in diesen Kapiteln?

4. Was meint Jesus in Vers 24 mit dem Wort *Bund*?

5. Beachten Sie in Vers 34, wie groß das Leid war, das Jesus durchlebte. Wie würden Sie diesen Vers einem Kind erklären?

6. Falls Sie Markus fragen könnten: »Warum hast du die Verse 51-52 in dein Evangelium aufgenommen?«, wie würde er Ihrer Meinung nach antworten?

7. Wie zeigt sich in diesem Kapitel der *Charakter* Jesu?

8. Wie wird der *Zweck* des Kommens Jesu deutlich gemacht?

9. Was in diesem Kapitel könnte einen neubekehrten Christen, der es zum ersten Mal liest, am meisten in Erstaunen versetzen?

10. EINZELHEITEN BEACHTEN – *Versuchen Sie, die folgende Frage zu beantworten, ohne in Ihrer Bibel nachzusehen:* Als Jesus seinen Jüngern Brot und Wein gab, nannte er das Brot seinen »Leib« und dann gab er eine längere Beschreibung des Kelches. Wie beschrieb er den Kelch? (Siehe Verse 23-24.)

Das Wesentliche erfassen

11. Wie würden Sie nach dem, was Sie in diesem Kapitel lesen, die Beziehung zwischen Simon Petrus und Jesus beschreiben?

12. Wie würden Sie die Bedeutung dessen, was Jesus in den Versen 22-24 tat und sagte, einem Menschen erklären, der diese Verse noch nie gelesen hat?

13. Lesen Sie Vers 36 und blättern Sie zurück zu Markus 11,24. Verstößt Jesus in seinem Gebet in Gethsemane gegen die Richtlinien, die er seinen Jüngern vorher gegeben hat? Erklären Sie Ihre Antwort.
14. Warum hat Jesus Ihrer Meinung nach auf die Befragung des Hohenpriesters in Vers 60 mit Schweigen geantwortet, die Frage des Hohenpriesters in Vers 61 jedoch klar und ausführlich beantwortet?
15. Wie demonstriert Jesus in diesem Kapitel seine *Macht*?

FÜR DAS LEBEN HEUTE

16. Was können wir tun, das in Gottes Augen dem gleichkommen würde, was die Frau mit der Salbe in Vers 3 getan hat? Oder ist es dafür tatsächlich schon zu spät?
17. Sind auch wir heute wie die Jünger damals aufgerufen »zu wachen« (Verse 34-38)?
18. Sehen Sie sich noch einmal das Handeln (oder Nichtstun) der Jünger in Vers 50 an. Welche Warnung gibt uns heute ihr Beispiel?
19. Lesen Sie in den Versen 63-65 noch einmal den Schuldspruch des Hohenpriesters und der anderen religiösen Führer gegen Jesus. Wie lautet die »Anklage« der Menschen heute gegen Jesus?
20. Welcher Vers in diesem Kapitel ist Ihnen in Ihrer gegenwärtigen Situation besonders wichtig geworden? Warum?
21. In Kolosser 3,1 lesen wir: »Wenn ihr nun mit dem Christus auferweckt worden seid, so sucht, was droben ist, wo der Christus ist, sitzend zur Rechten Gottes.« Was ist Ihnen persönlich in diesem Kapitel an Jesus Christus wichtig geworden, nach dem Sie streben möchten?

ZUR VERTIEFUNG

Sehen Sie sich die anderen Stellen aus den Evangelien an und suchen Sie heraus, über welche Ereignisse in bezug auf die Verurteilung Jesu Markus nicht berichtet: Johannes 18,12-14 und 18,19-24; Lukas 23,6-12.

Markus 15

Einstieg: Haben Sie sich in einer Situation schon einmal sehr allein gefühlt?

Was steht im Text?

1. Versuchen Sie sich so gut wie möglich in die Situation Jesu in diesem Kapitel hineinzuversetzen. Fühlen Sie, was er fühlte, sehen Sie, was er sah, hören Sie, was er hörte. Beschreiben Sie sich gegenseitig die Empfindungen, die Sie dabei haben.

2. Dieses Kapitel gibt nur zwei kurze Sätze Jesu wieder. Untersuchen Sie sie und überlegen Sie, welche Bedeutung sie einmal für Jesus selbst, aber auch für alle Christen haben.

3. Als Hintergrundinformation zum Schweigen Jesu in Vers 5 (siehe auch Vers 61 im letzten Kapitel), lesen Sie die Prophezeiung in Jesaja 53,7.

4. Als was für ein Mensch stellt sich Pilatus in den Versen 2-15 dar?

5. EINZELHEITEN BEACHTEN – *Versuchen Sie, die folgende Frage zu beantworten, ohne in Ihrer Bibel nachzusehen:* Joseph von Arimathia war der Mann, der den Körper Jesu vom Kreuz heruntergenommen und in ein Grab gelegt hat. Markus beschreibt Joseph als angesehenen Ratsherrn und berichtet sogar Einzelheiten über sein geistliches Leben. Was wird über ihn gesagt? (Siehe Vers 43.)

Das Wesentliche erfassen

6. In welchem Zusammenhang steht Ihrer Meinung nach Vers 34 zu dem Gebet Jesu in Markus 14,36?

Für das Leben heute

7. Heutzutage versucht niemand, uns körperlich zu kreuzigen. Was bedeutet aber das Vorbild Jesu in diesem Kapitel für uns ganz persönlich?

8. Welche der wichtigsten Ereignisse und Wahrheiten in diesem Kapitel können die Christen sehr leicht vergessen?

Zur Vertiefung

Für die Jünger Jesu waren seine Verurteilung, Kreuzigung und Beerdigung – und bald darauf seine Auferstehung – traumatische Ereignisse, die sie in ein Wechselbad der Gefühle stürzten und einen großen Einfluß auf sie alle ausübte. Das zeigt sich in der unterschiedlichen Wiedergabe der Ereignisse in den vier Evangelien. Lesen Sie zum Beispiel einmal nach, wie jeder der vier Evangelienschreiber die Zeit von der Ankunft Jesu auf Golgatha bis zu dem Augenblick, in dem er starb, beschreibt. Welche Einzelheiten werden in den einzelnen Evangelien hervorgehoben? Matthäus 27,33-50, Markus 15,22-37, Lukas 23,33-46 und Johannes 19,17-30.

MARKUS 16

Einstieg: Was ist ganz praktisch das wichtigste, das Sie auf der verbleibenden Zeit hier auf Erden noch zu tun haben?

WAS STEHT IM TEXT?

1. Beschäftigen Sie sich eingehend mit jedem einzelnen Teil der Botschaft des Engels an die Frauen in den Versen 6-7. Welches ist die Bedeutung eines jeden Teils?

2. Beispiele für das, wovon Jesus in den Versen 17-18 sprach, finden Sie in der Apostelgeschichte: 3,2-8; 5,15-16; 8,6-7 und 28,3-5.

3. EINZELHEITEN BEACHTEN – *Versuchen Sie, die folgende Frage zu beantworten, ohne in Ihrer Bibel nachzusehen:* Wie hießen die drei Frauen, die Salben zum Grab Jesu brachten? (Siehe Vers 1.)

DAS WESENTLICHE ERFASSEN

4. Was lehrt uns dieses Kapitel in bezug auf den *Glauben* und die *Taufe*?

FÜR DAS LEBEN HEUTE

5. Wie könnten Sie mit Vers 16 einem ungläubigen Freund helfen, der zwar versteht, wie notwendig seine Errettung ist, eine klare Entscheidung für Christus jedoch immer wieder hinauszögert?

6. Sehen Sie sich die Verse 15-16 an. Nennen Sie nun Menschengruppen in Ihrer Umgebung, die Ihrer Meinung nach vermutlich kaum etwas über den lebendigen Herrn Jesus Christus wissen. Wem gleichen diese Menschen? Was tun sie in ihrem täglichen Leben? Wo leben sie? Stellen Sie sich nun vor, Gott hätte sie mit einer kleinen Gruppe dieser Menschen zusammengebracht, und bei dieser Begegnung würden sie aufrichtig verstehen wollen, wer Jesus ist und was er getan hat. Was würden Sie ihnen nach dem, was Sie bisher im Markusevangelium gelesen haben, weitergeben wollen und wie würden Sie es formulieren?

Markusevangelium

Zur Vertiefung

Formulieren Sie in eigenen Worten, welche Bedeutung die Auferstehung Jesu für uns hat, während Sie gemeinsam über dieses Kapitel und über die folgenden ergänzenden Bibelstellen nachdenken: Römer 4,25, 1. Korinther 15,17 und Offenbarung 1,18.

Markus: Der Gesamteindruck

(Sprechen Sie noch einmal über die im »Überblick« angegebenen und die unten aufgeführten Fragen.)

1. Lesen Sie die folgenden Verse und wählen Sie den SCHLÜSSELVERS für das Markusevangelium aus – den Vers, der am besten ausdrückt, worum es in diesem Buch geht: 1,1; 3,35; 8,34 und 10,45.
2. Welche Eigenschaften Jesu werden in diesem Evangelium besonders hervorgehoben?
3. An welchen Stellen des Markusevangeliums fällt Ihnen besonders auf, daß Jesus seinen Worten Taten folgen läßt?
4. Welche Verse dieses Evangeliums vermitteln Ihnen den stärksten Eindruck von der *Macht* Jesu?
5. Von Markus wird gesagt, daß er mehr als alle anderen Evangelienschreiber ein fähiger *Geschichtenerzähler* ist. Wie würden Sie seine Erzählfähigkeiten bewerten?
6. Inwiefern ist dieses Buch *einzigartig* in der Bibel?
7. In Jakobus 1,23-24 wird uns gesagt: »Denn wenn jemand ein Hörer des Wortes ist und nicht ein Täter, der gleicht einem Menschen, der sein natürliches Angesicht in einem Spiegel betrachtet. Denn er hat sich selbst betrachtet und ist weggegangen, und er hat sogleich vergessen, wie er beschaffen war.« Inwiefern ist das Markusevangelium ein »Spiegel« für Sie gewesen, der Ihnen gezeigt hat, was Sie tun können und sollten?

LUKAS

Überblick

(Besprechen Sie diese Überblicksfragen sowohl zu Beginn Ihrer Bearbeitung des Lukasevangeliums als auch nachdem Sie alle 24 Kapitel durchgenommen haben. Es könnte sein, daß Ihre Antworten vollkommen anders ausfallen, nachdem Sie sich sehr intensiv mit dem ganzen Evangelium auseinandergesetzt haben.)

Einstieg: Welche Eigenschaften fallen Ihnen ein, wenn Sie den Ausdruck *vollkommener Mensch* hören?

Was steht im Text?

1. Man sagt, es gebe keinen besseren Weg zur Reife in Christus, als das Leben Christi aufmerksam zu studieren. Wenn das stimmt, welche Antworten, Richtlinien und Lösungen versprechen Sie sich von der Bearbeitung des Lukasevangeliums?

2. Sehen Sie sich gemeinsam die folgenden Bibelstellen an, um mehr über Lukas, den Autor dieses Evangeliums zu erfahren: Kolosser 4,14, 2. Timotheus 4,9-11, Philemon 23-24 und Lukas 1,1-4.

3. Lukas könnte sehr gut ein Heide gewesen sein, und wenn das tatsächlich so war, wäre er der einzige nichtjüdische Autor eines der Bücher der Bibel. Sehen Sie sich die folgenden Berichte an (die nur im Lukasevangelium zu finden sind, nicht in den anderen drei Evangelien) und überlegen Sie, inwiefern sie zeigen, daß Lukas nicht nur die Juden, sondern die Welt im Blick hatte: 2,1; 2,10; 2,27-32; 10,30-37; 13,1-3; 13,28-30; 17,11-19 und 18,8.

4. Sehen Sie sich auch auf Seite 11 die Liste der Fragen an, die Sie sich vor der Bearbeitung der einzelnen Bücher stellen sollten.

Das Wesentliche erfassen

5. Vergleichen Sie den Anfang dieses Evangeliums (Lukas 1,1-4) mit dem Anfang der anderen drei Evangelien (Matthäus 1,1-17; Markus 1,1 und Johannes 1,1-18). Was sagt diese unterschiedliche Art des Einstiegs über den *Zweck* eines jeden Evangeliums aus?

Für das Leben heute

6. Sehen Sie sich die Beschreibung Jesu in Hebräer 12,2-3 an. Welche Ziele und Motivation kann dieser Vers Ihnen für das Studium des Lukasevangeliums geben?
7. Wie können Sie sicherstellen, daß Ihre Beschäftigung mit dem Lukasevangelium keine rein theoretische oder intellektuelle Angelegenheit bleibt, sondern praktisch wird und für Sie Konsequenzen hat? Was können Sie tun, damit das Gespräch lebendig und interessant bleibt?

Zur Vertiefung

Bibelausleger sprechen vom Lukasevangelium häufig als dem Evangelium, das Jesus besonders als den »Menschensohn« darstellt. Im Lukasevangelium wird das *Menschsein* Jesu, aber auch sein Gottsein, besonders deutlich. Wie zeigt sich dieser Schwerpunkt im Vergleich zu den anderen Evangelien bei Lukas?

Lukas 1

Einstieg: Haben Sie in einer Situation schon einmal spontan laut zu singen begonnen, weil Sie so froh waren?

Was steht im Text?

1. Was möchte Lukas, nach seiner Einführung (Vers 1-4) in dieses Evangelium zu urteilen, mit diesem Buch erreichen?
2. Was für ein Mensch scheint Lukas nach dem, was er in den Versen 1-4 sagt, zu sein?
3. Welche Hoffnungen und Erwartungen weckt Lukas mit seinen ersten vier Versen bei uns für den Rest seines Buches?
4. Was für ein Mensch ist nach dem, was Sie in diesem Kapitel lesen, Zacharias, und inwiefern können Sie sich mit ihm identifizieren?
5. Wie würden Sie nach dem, was Sie in diesem Kapitel lesen, Elisabeth beschreiben, und inwiefern können Sie sich mit ihr identifizieren?
6. Wie würden Sie nach dem, was Sie in diesem Kapitel lesen, Maria beschreiben, und inwiefern können Sie sich mit ihr identifizieren?
7. EINZELHEITEN BEACHTEN – *Versuchen Sie, die folgende Frage zu beantworten, ohne in Ihrer Bibel nachzusehen:* In der Einführung spricht Lu-

kas eine Person mit Namen »Theophilus« an. Wie nennt Lukas diesen Mann? (Siehe Vers 3.)

8. Sehen Sie sich auch auf Seite 10 die Liste der Fragen an, die Sie sich während der Bearbeitung eines jeden Kapitels des Lukasevangeliums stellen sollten.

DAS WESENTLICHE ERFASSEN

9. Lesen Sie noch einmal, wie Gabriel den Sohn, den Zacharias und Elisabeth bekommen sollen, beschreibt (Verse 13-17), und beantworten Sie in eigenen Worten die folgende Frage: Welche Absicht Gottes verbarg sich hinter dem Dienst Johannes des Täufers, und warum war dieser Dienst nötig?

10. Der Name *Johannes* bedeutet »der Herr ist gnädig«. Inwiefern würden Sie in Anbetracht dessen, was Johannes der Täufer in seinem Leben vollbringen würde, sagen, daß der ihm von Gott gegebene Name zu ihm paßt?

11. In den Versen 34-35 und in den Ereignissen, die in Kapitel 2 folgen (ebenfalls in Matthäus 1,18-25) erleben wir mit, wie Jesus von einer Jungfrau empfangen und geboren wurde. Warum ist die Jungfrauengeburt eine wichtige biblische Wahrheit für uns, die wir wissen und glauben müssen?

12. Welches sind Ihrer Meinung nach die hervorstechenden Themen im Lobgesang der Maria in den Versen 46-55?

13. Welches ist Ihrer Meinung nach das hervorstechende Thema im Lobgesang des Zacharias in den Versen 67-79?

14. Welche *Entscheidungen* trifft Maria in diesem Kapitel?

15. Wie würden Sie Marias Glauben beschreiben?

16. Stellen Sie sich vor, Sie würden mit dem Stoff dieses Kapitels einen Film produzieren. Welche Kulissen, Darsteller, Hintergrundmusik, Lichteffekte, etc. würden Sie wählen, um die zentrale Botschaft dieses Kapitels zu übermitteln?

17. Wie würden Sie anhand dieses Kapitels einem Menschen erklären, warum Jesus auf die Erde gekommen ist?

FÜR DAS LEBEN HEUTE

18. Lukas richtet dieses Evangelium an »Theophilus«, dessen Name »Freund Gottes« bedeutet. Vielleicht dachte Lukas sogar, daß auch andere, die sich für dieses Buch interessieren, ebenfalls »Freunde Gottes« sein würden. Können Sie diesen Ausdruck auf sich selbst anwenden? Warum oder warum nicht?

Zur Vertiefung

Als der Engel Gabriel dem Zacharias und später der Maria erscheint, sagt er ihnen sofort, sie sollten keine Angst haben (Verse 13 und 30). Beachten Sie, daß der Engel dieselben Worte in 2,10 auch an die Hirten richtet. Sehen Sie sich die folgenden Bibelstellen an, wo der Engel des Herrn etwas Ähnliches sagt. Welche anderen Ähnlichkeiten können Sie in diesen Stellen finden, die sie mit Lukas 2 in Zusammenhang bringen könnten? 1. Mose 15,1; Daniel 10,18-19 und Apostelgeschichte 27,23-24 (siehe auch die Worte Jesu in Offenbarung 1,17-18).

Lukas 2

Einstieg: Wie stellen Sie sich nach all den Weihnachtsfesten, die sie bereits verlebt und an denen Sie die Weihnachtsgeschichte gehört haben, die Hirten vor? Wie die Engel? Maria und Joseph? Das Jesuskind? Die Stadt Bethlehem?

Was steht im Text?

1. Erstellen Sie gemeinsam eine Liste von allen *Personen*, die in diesem Kapitel erwähnt sind. Denken Sie auch an die, die hier *nicht* ausdrücklich erwähnt sind – zum Beispiel der Wirt, die Weisen und Herodes.
2. Was in diesem Kapitel könnte einen neubekehrten Christen, der es zum ersten Mal liest, am meisten in Erstaunen versetzen?
3. Vergleichen Sie Vers 25 mit Vers 26. Worauf wartet Simeon in den einzelnen Versen? Wird hier auf unterschiedliche Weise dasselbe ausgesagt?
4. Sehen Sie sich die Verse 25 und 26 noch einmal an. Wie würden Sie in eigenen Worten den geistlichen Zustand Simeons beschreiben?
5. Falls dieses Kapitel der einzige Teil der Bibel wäre, den Sie zur Verfügung hätten, und Sie keinerlei Einzelheiten über das Leben Jesu als Erwachsener hätten, welches wären Ihre Erwartungen an den erwachsenen Jesus?
6. EINZELHEITEN BEACHTEN – *Versuchen Sie, die folgende Frage zu beantworten, ohne in Ihrer Bibel nachzusehen:* Der Heilige Geist offenbarte Simeon, daß er nicht sterben würde, bis er den Christus des Herrn gesehen habe. Nachdem Simeon Jesus erblickte, betete er und sagte: »Meine Augen haben ... gesehen«. Wie lautet der vollständige Satz? (Siehe Vers 30.)

DAS WESENTLICHE ERFASSEN

7. Wie würden Sie nach dem, was Sie in diesem Kapitel gelesen haben, Marias und Josephs Beziehung zu Gott beschreiben?
8. Warum, glauben Sie, hat Gott ausgerechnet den *Hirten* durch die Engel die Geburt Christi verkündigen lassen?
9. Sehen Sie sich Vers 49 an. Was hat Ihrer Meinung nach der Junge zu jener Zeit von sich selbst und seinem Lebenszweck verstanden?

Für das Leben heute

10. Welche Aspekte der Geschichte der Geburt Christi, wie sie hier beschrieben wird, können bei den Weihnachtsgebräuchen der heutigen Zeit besonders leicht übersehen werden?
11. Denken Sie noch einmal an die Beschreibung des Simeon in den Versen 25 und 26. Inwiefern kann dies ein Vorbild für uns sein?

Zur Vertiefung

Vergleichen Sie die Weihnachtsgeschichte in Lukas 1 und 2 – die sich mehr auf *Maria* und die *Hirten* konzentriert – mit der Weihnachtsgeschichte in Matthäus 1 und 2, in deren Mittelpunkt eher *Joseph* und die *Weisen* stehen. Inwiefern ergänzen sich die beiden Berichte?

Lukas 3

Einstieg: Welches ist Ihr Lieblingsobst?

Was steht im Text?

1. Inwiefern erfüllt Johannes der Täufer die in Vers 4 erwähnte Prophezeiung?
2. Von welcher Art von »Frucht« spricht Johannes in Vers 8?
3. Erklären Sie mit eigenen Worten das Bild von Jesus, das die Verse 16 und 17 Ihnen vermitteln.
4. Was meint Johannes der Täufer in Vers 17 mit *Weizen* und *Spreu*?
5. Stellen Sie sich vor, Sie würden in der Menge stehen und mit eigenen Ohren hören, was Johannes in den Versen 16 und 17 sagt. Sie gehören zu den vielen Juden, die sich auf den kommenden Christus (den Messias) freuen. Welche Erwartungen würden Sie haben, welche Fragen würden Sie bewegen?

6. Lukas bezeichnet in Vers 18 die Botschaft des Johannes als das »Evangelium« oder die »gute Nachricht«. Was an seiner Botschaft ist die gute Nachricht?
7. Was erfahren wir aus den Versen 21-22 über die Beziehung zwischen Gott, dem Vater, Gott, dem Sohn und Gott, dem Heiligen Geist?
8. Denken Sie sorgfältig über Vers 22 nach. Was an Jesus hat Gott gefallen, und warum wollte Gott es ihm mitteilen?
9. Suchen Sie aus der langen Namensliste in den Versen 23-38 alle Personen heraus, die Sie kennen, und berichten Sie kurz, was Sie über sie wissen.
10. EINZELHEITEN BEACHTEN – *Versuchen Sie, die folgende Frage zu beantworten, ohne in Ihrer Bibel nachzusehen*: Was hat Johannes der Täufer den Soldaten aufgetragen? (Siehe Vers 14.)

DAS WESENTLICHE ERFASSEN

11. Welche Prinzipien können Sie aus dem, was Johannes in den Versen 10-14 seinen Zuhörern zu tun aufgetragen hat, aufstellen, die das Leben beschreiben, das Gott von seinem Volk erwartet?
12. Welches war in Ihren eigenen Worten der zentrale Inhalt der Botschaft, die Johannes, der Täufer verkündigte?
13. Wie würden Sie den *Ton* der Botschaft des Johannes beschreiben – und wie würden *Sie* reagieren, wenn jemand so zu Ihnen sprechen würde?
14. Welche Dinge waren nach dem, was Sie in diesem Kapitel erfahren, Johannes dem Täufer ganz besonders wichtig?
15. Sehen Sie sich Vers 17 an. Inwiefern tauft Jesus mit dem Heiligen Geist und Feuer?
16. Was sagt dieses Kapitel über die Taufe aus?
17. Was hat in Vers 22 die Erscheinung des Heiligen Geistes in Form einer *Taube* zu bedeuten?
18. Wenn Sie nur dieses Kapitel der Bibel zur Verfügung hätten, welche biblische Definition würden Sie für das Wort *Buße* geben?

FÜR DAS LEBEN HEUTE

19. In Vers 8 trug Johannes den Pharisäern und Sadduzäern auf, »der Buße würdige Frucht« zu bringen. Was für eine »Frucht« könnte das für die Menschen in unseren heutigen Gemeinden sein?
20. Sehen Sie sich Vers 10 noch einmal an. Falls die Menschenmengen heute aufrichtig fragen würden: »Was sollen wir denn tun?«, wie würde Ihrer Meinung nach ein Bote Gottes antworten?

21. Sehen Sie sich Vers 16 noch einmal an. Welches *Feuer* haben Sie in Ihrem Leben gesehen?
22. Die Vorbereitung Jesu auf seinen Dienst setzt sich auch im folgenden Kapitel fort. Wenn Sie alles überdenken, was Sie bisher im Lukasevangelium gelesen haben, und sich das Beispiel Jesu als Vorbild nehmen, was für eine Vorbereitung brauchen wir Ihrer Meinung nach, um effektiv für Gott tätig zu sein?

Zur Vertiefung

Nur im Lukasevangelium ist erwähnt, daß Jesus *betete*, als der Heilige Geist nach seiner Taufe in Form einer Taube auf ihn kam. Sehen Sie sich die folgenden Bibelstellen im Lukasevangelium an und überlegen Sie, was sie über das Gebetsleben Jesu aussagen: 6,12; 9,18; 9,28-29; 11,1; 22,39-44; 23,34 und 23,46.

Lukas 4

Einstieg: Können Sie sich daran erinnern, einmal wirklich hungrig gewesen zu sein?

Was steht im Text?

1. Als Hintergrundinformation zu den Antworten, die Jesus dem Satan auf seine Versuchungen gab (Verse 1-13), lesen Sie 5. Mose 8,3; 6,16 und 6,13.
2. Wie würden Sie in eigenen Worten die Schriftstellen formulieren, mit denen Jesus dem Satan entgegengetreten ist?
3. Stellen Sie sich vor, Sie wären Reporter des »Nazarether Tageblatts«. Wie würden Sie in wenigen Sätzen beschreiben, was in den Versen 14-30 passiert ist?
4. Sehen Sie sich die in den Versen 28-29 erwähnte Reaktion des Volkes an. Wie würden Sie den Grund für diese Reaktion erklären?
5. EINZELHEITEN BEACHTEN – *Versuchen Sie, die folgende Frage zu beantworten, ohne in Ihrer Bibel nachzusehen:* In der Synagoge von Nazareth stand Jesus auf, und man reichte ihm eine Schriftrolle des Propheten Jesaja. Was tat Jesus unmittelbar, nachdem er einen kurzen Abschnitt gelesen hatte? (Siehe Verse 20-21.)

DAS WESENTLICHE ERFASSEN

6. Denken Sie über die Art nach, wie Jesus mit den Versuchungen des Teufels umging (Vers 1-13). Stellen Sie sich vor, Sie wären bei den Jüngern gewesen, als Jesus ihnen von dieser Begegnung berichtete. Was würde Sie von dem, was Jesus sagte, am meisten beeindruckt haben, und welche Gedanken und Fragen würden Sie bewegt haben?

7. Wie würden Sie, nachdem Sie die drei Versuchungen noch einmal gelesen haben (Verse 3-8), in diesem Abschnitt die *Strategie* des Satans gegen Jesus beschreiben? Welches waren die Pläne Satans, und wie wollte er sie umsetzen?

8. Sprechen Sie bei jeder der drei Versuchungen darüber, was passiert wäre, wenn Jesus sich den Wünschen des Satans gefügt hätte.

9. Was ist das Schlimmste, das Satan Jesus hätte antun können, falls es ihm gelungen wäre, Jesus unter seine Kontrolle zu bekommen?

10. Wie würden Sie nach dem, was Sie in den Versen 1-13 gelesen haben, die Beziehung Jesu zu seinem Vater beschreiben?

11. Wie würden Sie nach dem, was Sie in den Versen 1-13 gelesen haben, den Charakter und die Persönlichkeit Satans beschreiben?

12. Welche Schlußfolgerungen können Sie aus der Art, wie Jesus dem Satan jedes Mal geantwortet hat, über den *Wert* und die *Verläßlichkeit* der Schrift ziehen?

13. Was sagt dieses Kapitel über den *Zweck* des Dienstes Jesu aus?

FÜR DAS LEBEN HEUTE

14. Denken Sie noch einmal an die drei Versuchungen Jesu (Vers 3-11). Inwiefern haben Sie ähnliche Versuchungen erlebt?

15. Wenn Sie nur die drei Antworten, die Jesus dem Satan gab (Verse 4, 8 und 12), als einzige Bibelstellen kennen würden, inwiefern würden sie Ihnen in unterschiedlichen Versuchungen helfen? Gibt es Versuchungen, für die diese drei zitierten Verse keine Hilfe bieten?

16. Von welcher Art *Leben* spricht Jesus in Vers 4?

17. Wie können Sie am Leben Jesu sehen, daß er jedes Wort Gottes *ausgelebt* hat? Wie würden Sie einen Menschen heute beschreiben, der wahrhaftig jedes Wort Gottes auslebt?

18. Lassen Sie die Worte Jesu in Vers 8 in Ihnen nachklingen. Beantworten Sie nun die folgende Frage: Wen oder was beten die Menschen heutzutage manchmal an Stelle Gottes an?

19. Denken Sie über die Versuchung nach, die Jesus in den Versen 9-12 überwand. Inwiefern versuchen auch wir heute manchmal, Gott an menschliche Pläne zu binden?
20. Sehen Sie sich Vers 12 noch einmal an und diskutieren Sie die folgende Aussage: Wir können Gott »in Formen pressen«, indem wir ihn auf den Prüfstein stellen, aber ihn freut, wenn wir in aufrichtigem Glauben um Zeichen und Hinweise für seine Führung bitten.
21. Welcher Vers in diesem Kapitel ist Ihnen in Ihrer gegenwärtigen Situation besonders wichtig geworden? Warum?
22. Sehen Sie sich das in den Versen 32 und 36 erwähnte Erstaunen an. Was erstaunt *Sie* an der Lehre Jesu?

Zur Vertiefung

Vergleichen Sie die drei Ansätze des Satans bei der Versuchung Jesu (Verse 5-12) mit den in 1. Johannes 2,16 genannten drei Formen der Weltliebe. Wie passen sie zueinander?

Lukas 5

Einstieg: Wie könnte Jesus Ihrer Meinung nach ausgesehen haben, als er hier auf der Erde lebte? Wie stellen Sie ihn sich vor?

Was steht im Text?

1. Machen Sie gemeinsam einen »Spaziergang« durch die Ereignisse dieses Kapitels. Stellen Sie sich vor, was Sie sehen, riechen, hören und empfinden.
2. Beschäftigen Sie sich mit den Gemeinsamkeiten der Verse 11 und 28. Was war dieses »alles«, das die Jünger verließen, um Jesus nachzufolgen?
3. Lesen Sie noch einmal die Verse 17-26, vor allem die Reaktion der Menge in Vers 26. Was genau hat diese Menschen an Jesus beeindruckt?
4. Denken Sie noch einmal an die Verse 11-28. Stellen Sie sich vor, Sie steckten in den Sandalen von Simon, Johannes oder Levi. Was genau an Jesus hätte Sie so angezogen, daß Sie all Ihren weltlichen Besitz im Stich gelassen hätten und ihm nachgefolgt wären?
5. Was meint Jesus in Vers 32 mit dem Wort *gerecht*?
6. Wie zeigt sich die *Macht* Jesu in diesem Kapitel?

7. Wie zeigt sich der *Charakter* Jesu in diesem Kapitel?
8. Wie wird in diesem Kapitel der *Zweck des Kommens Jesu* herausgestellt?
9. Was würde Ihrer Meinung nach einen neubekehrten Christen, der dieses Kapitel zum ersten Mal liest, besonders in Erstaunen versetzen?
10. EINZELHEITEN BEACHTEN – *Versuchen Sie, die folgende Frage zu beantworten, ohne in Ihrer Bibel nachzusehen:* In diesem Kapitel werden vier Jünger genannt; welche sind es? (Siehe Verse 8-11 und 27-28.)

DAS WESENTLICHE ERFASSEN

11. Was sagt Vers 16 über den Charakter und die Persönlichkeit Jesu aus?
12. Sehen Sie sich in den Versen 34-35 die Antwort Jesu an die Jünger des Johannes an. Ist der Bräutigam noch unter uns? Ist jetzt die Zeit zu feiern oder die Zeit zu fasten?
13. Welche der folgenden Charaktereigenschaften Jesu fällt Ihnen in diesem Kapitel besonders stark ins Auge: sein Mitgefühl, seine Macht oder seine Weisheit?

FÜR DAS LEBEN HEUTE

14. Sehen Sie sich die Verse 12-13 noch einmal an. Sicherlich hat Jesus, bevor er seine Jünger auswählte, eine ganze Nacht im Gebet verbracht, weil die Auswahl dieser zwölf Männer eine sehr wichtige Angelegenheit war. Welche zukünftigen Entscheidungen könnten in Ihrem Leben genauso wichtig sein wie die Auswahl der zwölf Jünger für Jesus war?
15. Lesen Sie Vers 26. Wie zeigt Jesus seine Macht heute, so daß die Menschen es sehen und Gott preisen?
16. Welcher Vers in diesem Kapitel ist Ihnen in Ihrer gegenwärtigen Situation besonders wichtig geworden?

ZUR VERTIEFUNG

Sehen Sie sich in Vers 8 noch einmal die Worte des Petrus zu Jesus an und vergleichen Sie sie mit Hiob 42,6 und Jesaja 6,5. Was haben alle diese Verse uns zu sagen?

LUKAS 6

Einstieg: Haben Sie schon einmal etwas gemacht oder gebaut, das sehr viel kürzer gehalten hat, als Sie beabsichtigt hatten?

WAS STEHT IM TEXT?

1. Wie würden Sie die Jünger in der in den Versen 1-5 berichteten Begebenheit in zwei oder drei Wörtern beschreiben? Wie würden Sie die Pharisäer beschreiben? Wie würden Sie Jesus beschreiben?
2. Lesen Sie 2. Mose 34,21 als Hintergrundinformation zu Vers 2.
3. Lesen Sie 1. Samuel 21,1-6 und 5. Mose 23,25 als Hintergrundinformation zu den Versen 3-4. Sehen Sie sich auch die Anweisungen Gottes zum Backen des Sabbatbrotes in 3. Mose 24,5-9 an.
4. Lesen Sie die Verse 6-11 und beschreiben Sie mit wenigen Worten Ihren Eindruck von den Pharisäern und Schriftgelehrten. Beschreiben Sie Ihren Eindruck von Jesus. Beschreiben Sie Ihren Eindruck von dem Mann mit der verdorrten Hand.
5. Wie sehen die Pharisäer in Vers 7 die Macht Jesu?
6. Wonach hat Jesus zu Beginn des Verses 10 Ihrer Meinung nach gesucht?
7. Was sagt Vers 12 über den Charakter und die Persönlichkeit Jesu aus?
8. Stellen Sie sich vor, Sie gehörten zu den in den Versen 14-15 erwähnten Männern und würden einen Brief an einen Freund schreiben. Wie würden Sie in wenigen Sätzen Ihrem Freund berichten, was in der ersten Hälfte dieses Kapitels passiert ist?
9. Vergleichen Sie die Aufzählung der zwölf Apostel in Matthäus 10,2-4, Markus 3,16-19, hier in Lukas 6,14-16 und Apostelgeschichte 1,13 miteinander. Welche Unterschiede fallen Ihnen auf? Welche Personen werden in jeder Aufzählung an derselben Stelle genannt?
10. Formulieren Sie anhand der folgenden Verse eine Definition des Wortes *gesegnet* in dem in den Versen 20-22 verwendeten Sinn: Psalm 94,12-13; 112,1-3; 128,1-4; 144,12-15; Jeremia 17,7-8; Jakobus 1,12; Offenbarung 19,9; 20,6 und 22,14.
11. Wie würden Sie die »goldene Regel« (Vers 31) in eigenen Worten formulieren?
12. Was meint Jesus in den Versen 46-49 mit dem »Felsen«?
13. Wie würden Sie die grundlegende *Lebenseinstellung* beschreiben, die Jesus in diesem Kapitel lehrt?

14. EINZELHEITEN BEACHTEN – *Versuchen Sie, die folgende Frage zu beantworten, ohne in Ihrer Bibel nachzusehen:* Jesus sagte zu seinen Jüngern: »Wehe, wenn alle Menschen wohl von euch reden ...« Wie hat er diesen Satz beendet? (Siehe Vers 26.)

Das Wesentliche erfassen

15. Jesus sagte in Vers 5, daß er »Herr des Sabbats« sei. Was wollte er den Pharisäern dadurch klarmachen?
16. Was sagt Vers 5 über Jesu Beziehung zum alttestamentlichen Gesetz aus?
17. Warum hat Jesus Ihrer Meinung nach in Vers 8 zu dem Mann gesagt: »Steh auf und stelle dich in die Mitte«?
18. Wie hätte der Mann mit der verdorrten Hand Ihrer Meinung nach die Frage in Vers 9 beantwortet?
19. Diskutieren Sie die folgende Aussage: In den Versen 1-11 hat die Lektion für die Pharisäer und die Jünger mit ihrem Verständnis von Jesus zu tun, nicht mit ihrem Verständnis des Sabbats.
20. Welche *Absicht* verfolgte Jesus Ihrer Meinung nach, als er von Vers 20 bis zum Ende des Kapitels Wertmaßstäbe für das Leben als Christ weitergab?
21. Geht es Ihrer Meinung nach in den Versen 20-26 eher um *Werte* und *Einstellungen* oder um *Taten*? Erklären Sie Ihre Antwort.
22. Formulieren Sie in eigenen Worten, was Jesus in den Versen 20-23 von seinen Jüngern erwartet.
23. Jesus sagt uns in Vers 23, wir sollten uns freuen, wenn wir verfolgt werden. Was kann eine Verfolgung in unserem Leben an Gutem bewirken?
24. Vergleichen Sie Vers 37 mit den Versen 43-45. Wie erkennen wir »schlechte Früchte«, ohne gegen das zu verstoßen, was Jesus in Vers 37 in bezug auf das Richten und Verurteilen sagt?

Für das Leben heute

25. Falls Sie gebeten würden, die wichtigsten »Merkmale christlicher Reife« dieses Kapitels zusammenzufassen, welches würden Sie als erstes nennen?
26. Welche der Eigenschaften und Umstände in den Versen 20-23 können Sie in Ihrem Leben nur schwer ertragen?
27. Diskutieren Sie die folgende Aussage: Obwohl die Verse 27-36 grundlegende Prinzipien übermitteln, dürfen wir sie bei der Umsetzung in unserem Leben nicht hundertprozentig wörtlich nehmen.

28. Lesen Sie die Frage, die Jesus in Vers 9 stellt. Diskutieren Sie nun die folgende Aussage: Wenn wir nicht Gutes tun, tun wir Böses; wenn wir Leben nicht retten, zerstören wir es.
29. Welche Prinzipien der Verse 39-40 könnten Anwendung finden, wenn Sie Ihre Entscheidungen überprüfen, welcher Gemeinde Sie angehören oder welchen Bibelauslegern Sie zuhören wollen?
30. Welcher Vers in diesem Kapitel ist Ihnen in Ihrer gegenwärtigen Situation besonders wichtig geworden?

Zur Vertiefung

Worauf haben sich diese Männer eingelassen? Denken Sie noch einmal an die Auswahl der zwölf Apostel (Verse 13-16), und sehen Sie sich andere Verse im Lukasevangelium an, in denen diese zwölf Männer erwähnt werden. Überlegen Sie, ob die Jünger zum Zeitpunkt ihrer Erwählung wohl geahnt haben, worauf sie sich einließen: Lukas 9,1-6; 9,10-13; 17,5-6; 18,31-34; 22,14-16 und 24,9-11.

Lukas 7

Einstieg: Sind Sie beim Militär gewesen? Welche interessanten Erfahrungen haben Sie mit dem Entgegennehmen und Ausführen von Befehlen gemacht?

Was steht im Text?

1. Lesen Sie die in den Versen 11-17 berichtete Begebenheit. Erzählen Sie abwechselnd die Geschichte aus unterschiedlichen Perspektiven: erstens aus der Perspektive der Witwe; zweitens aus der Perspektive des jungen Mannes, der tot gewesen ist, und schließlich aus der Perspektive Jesu. Stellen Sie sich vor, was Sie sehen, riechen, hören, etc.
2. Was war Ihrer Meinung nach der Grund für die Zweifel Johannes des Täufers in bezug auf Jesus, die er in den Versen 18-19 zum Ausdruck bringt?
3. Wie würden Sie in eigenen Worten wiederholen, was Jesus in Vers 28 sagte?
4. Sehen Sie sich die Begebenheit an, von der die Verse 36-50 berichten. Erzählen Sie diese Geschichte nun abwechselnd aus drei verschiedenen Perspektiven: erstens aus der Perspektive der Frau, zweitens aus der Perspektive Simons, des Pharisäers, und drittens aus der Perspektive Jesu. Stellen Sie sich vor, was Sie sehen, riechen, hören, etc.

5. EINZELHEITEN BEACHTEN – *Versuchen Sie, die folgende Frage zu beantworten, ohne in Ihrer Bibel nachzusehen:* Wie hieß die Stadt, in der Jesus den Sohn der Witwe von den Toten auferweckte? (Siehe Verse 11-15.)

Das Wesentliche erfassen

6. Was erfahren wir in diesem Kapitel über den Zusammenhang zwischen dem Dienst Johannes des Täufers und dem Dienst Jesu?

7. Sehen Sie sich Vers 35 an und schlagen Sie dann gemeinsam Jakobus 3,13 auf. Was sagen diese beiden Verse über die Weisheit aus?

8. Wie würden Sie mit dem Bericht in den Versen 36-50 einem Nichtchristen helfen, der behauptet, ein zu großer Sünder zu sein, um von Gott angenommen werden zu können?

9. Welche der folgenden Charaktereigenschaften Jesu fällt Ihnen in diesem Kapitel besonders ins Auge: sein Mitgefühl, seine Macht oder seine Weisheit? (Erklären Sie Ihre Antwort.)

Für das Leben heute

10. Beachten Sie die Begegnungen Jesu in diesem Kapitel mit beiden Geschlechtern. In welcher Weise steigert die Nachfolge Jesu Christi Ihren Wert als Mann oder Frau?

11. Wie könnten Sie mit den Versen 18-23 einem neubekehrten Christen helfen, der anfängt, an Jesus zu zweifeln?

12. Sehen Sie sich in den Versen 31-35 die Worte Jesu über seine Generation an. Inwiefern könnten Sie diese Verse auf unsere heutige Generation anwenden?

Zur Vertiefung

Beachten Sie in den Versen 13 und 44-48 die Haltung Jesu zwei Frauen gegenüber. Lukas 7 ist ein gutes Beispiel für die besondere Beachtung, die dieses Evangelium – mehr als die anderen drei Evangelien – den Frauen schenkt. Lesen Sie gemeinsam die folgenden Verse und überlegen Sie, welche Haltung *Lukas* Frauen gegenüber Ihrer Meinung nach vermutlich gehabt hat. Sprechen Sie auch über die Einstellung Jesu Frauen gegenüber: 1,41-42; 2,19; 2,36-37; 8,1-3; 8,47-48; 10,38-42; 11,27-28; 13,10-16; 15,8-9; 23,27-31; 23,48-49; 23,55-56 und 24,1-11.

LUKAS 8

Einstieg: Haben Sie schon einmal einen Sturm miterlebt?

WAS STEHT IM TEXT?

1. Lesen Sie in den Versen 4-15 das Gleichnis vom Sämann und den unterschiedlichen Bodensorten. Inwiefern ist dieses Gleichnis eine *Warnung* für uns? Inwiefern ist es eine *Ermutigung*?
2. Welche Art von »Ohren« meint Jesus in Vers 8?
3. Stellen Sie sich vor, Sie wären Reporter der »Galiläa Gazette«. Wie würden Sie in wenigen Sätzen beschreiben, was sich in den Versen 26-39 ereignet hat?
4. Beachten Sie auch in diesem Kapitel wieder die Begegnungen, die Jesus mit beiden Geschlechtern hatte. Wie würden Sie nach dem, was Sie in diesem Evangelium gelesen haben, erklären, wie Jesus *Männer* und *Frauen* sieht?
5. Was in diesem Kapitel könnte einen neubekehrten Christen, der es zum ersten Mal liest, am meisten in Erstaunen versetzen?
6. EINZELHEITEN BEACHTEN – *Versuchen Sie, die folgende Frage zu beantworten, ohne in Ihrer Bibel nachzusehen:* Was hat Jesus dem Mann, der in den Gräbern lebte, aufgetragen, nachdem er die Dämonen ausgetrieben hatte? (Siehe Verse 38-39.)

DAS WESENTLICHE ERFASSEN

7. Was ist ein *Gleichnis* und was wird damit bezweckt?
8. Ist es nach dem, was Sie in Vers 10 lesen, korrekt zu sagen, daß Jesus die Wahrheit vor einigen Personen verborgen hat?
9. Stellen Sie sich vor, Sie hätten einen Freund, der von klein auf blind ist. Wie würden Sie diesem Freund die Bedeutung der Verse 16-17 erklären?
10. Sind Sie der Meinung, daß die Jünger anders auf den Sturm reagiert hätten, wenn sie mehr Glauben gehabt hätten? (Siehe Verse 22-25.) Welche Reaktion hätte Jesus von ihnen erwartet?
11. Hätten die Jünger im Boot, wenn sie während des Sturms tatsächlich Glauben gehabt hätten, eine noch wichtigere Lektion lernen können? Wenn ja, welche Lektion hätte das sein können?
12. Inwiefern läßt sich die Macht des Sturmes in den Versen 23-24 mit der Macht der Dämonen in den Versen 27-29 vergleichen?

13. Welche der folgenden Charaktereigenschaften Jesu fällt Ihnen in diesem Kapitel besonders ins Auge: sein Mitgefühl, seine Macht oder seine Weisheit? (Erklären Sie Ihre Antwort.)

Für das Leben heute

14. Sehen Sie sich an, was Jesus in Vers 10 zu seinen Jüngern sagt. Hat er auch Ihnen gegeben, was er seinen Jüngern gegeben hat?

15. Falls ein guter Freund Ihnen sagen würde, er mache sich Sorgen darüber, daß Sie vielleicht zu nachlässig leben, wie könnte Vers 14 Ihnen helfen zu beurteilen, ob das tatsächlich so ist?

16. Beschreiben Sie in Übereinstimmung mit Vers 15 so umfassend wie möglich, was für uns die Voraussetzung ist, ein »guter Boden« zu sein.

17. Denken Sie noch einmal über die Verse 22-25 nach, vor allem über die Frage, die Jesus in Vers 25 stellt. Ist es falsch, Angst zu haben? Ist es möglich zu glauben und trotzdem Angst zu erfahren?

18. Welche »Stürme« in Ihrem Leben haben Sie bereits in Angst und Schrecken versetzt? Wie haben Sie erlebt, daß Gott die Macht über sie hat?

19. Welcher Vers in diesem Kapitel ist Ihnen in Ihrer gegenwärtigen Situation besonders wichtig geworden?

Zur Vertiefung

In Vers 12 sind die Strategien des Teufels erwähnt. Sehen Sie sich gemeinsam auch die anderen Verse im Lukasevangelium an und arbeiten Sie heraus, was sie über das Werk und die Macht Satans aussagen: 10,17-18; 11,18; 13,16; 22,3-4 und 22,31-32.

Lukas 9

Einstieg: Wer oder was hat bis zu einem gewissen Maß Autorität über Sie? Stellen Sie gemeinsam eine Liste der verschiedenen Autoritätspersonen zusammen, die Sie in Ihrem Leben anerkennen.

Was steht im Text?

1. Stellen Sie sich vor, Sie wären damals zur biblischen Zeit Privatdetektiv gewesen und von den religiösen Führern der Juden angeheuert worden, Jesus nachzuspionieren. Welchen Bericht würden Sie Ihren Auftraggebern über die Ereignisse der ersten siebzehn Verse dieses Kapitels geben?

2. Wie zeigt sich der *Charakter* Jesu in diesem Kapitel?
3. Wie zeigt sich der *Zweck* des Kommens Jesu in diesem Kapitel?
4. Welche Hinweise geben die Verse 7-9 in bezug auf den Charakter und die Persönlichkeit des Königs Herodes?
5. Welches Bild bekommen Sie in den Versen 10-11 von dem Charakter Jesu?
6. Wie würden Sie die Atmosphäre in der in den Versen 28-36 berichteten Begebenheit beschreiben?
7. Was wissen Sie über Mose und Elia, das die Bedeutung ihrer Anwesenheit in den Versen 30-31 erklärt?
8. Was haben Mose und Elia in ihrem Gespräch mit Jesus in Vers 31 wohl gesagt?
9. Untersuchen Sie sehr aufmerksam, was Gott in Vers 35 über Jesus sagt. Beachten Sie die unterschiedlichen Sätze, aus denen dieses Zitat besteht. Welches ist Ihrer Meinung nach die Bedeutung eines jeden Satzes?
10. Sollten die Worte Jesu in Vers 41 so hart klingen? Warum oder warum nicht?
11. Sehen Sie sich noch einmal Vers 41 an. Inwiefern mußte Jesus die Menschen »ertragen«?
12. Was heißt es, ein Kind in Jesu Namen »aufzunehmen«, wie er uns in Vers 48 aufträgt?
13. Welches Bild von Jesus bekommen Sie durch Vers 51?
14. Vergleichen Sie in den Versen 51-55 das Verhalten der Samariter, der Jünger Jakobus und Johannes und Jesu miteinander. Wie war es um das gegenseitige Verständnis bestellt?
15. EINZELHEITEN BEACHTEN – *Versuchen Sie, die folgende Frage zu beantworten, ohne in Ihrer Bibel nachzusehen:* Ein Mann sagte Jesus, er würde ihm folgen, wohin er ginge. In seiner Antwort erwähnt Jesus zwei Tierarten. Welche? (Siehe Vers 58.)

DAS WESENTLICHE ERFASSEN

16. Wenn Sie gebeten würden, die wichtigsten »Merkmale christlicher Reife« dieses Kapitels zusammenzufassen, welches würden Sie als erstes nennen?
17. Warum hat Jesus Ihrer Meinung nach die Warnung in Vers 21 an die Jünger weitergegeben?
18. Was sagen die Verse 23-25 über das Selbstwertgefühl aus?
19. Sehen Sie sich die Verse 28-36 noch einmal an. Welches war aus Gottes Sicht der Zweck der Verklärung Jesu?

20. Beachten Sie, was Lukas in Vers 36 über Petrus, Jakobus und Johannes sagt. Stellen Sie sich vor, Sie wären einer dieser drei Jünger und Jesus sei bereits von den Toten auferstanden. Wie würden Sie den anderen Jüngern erklären, was Sie an jenem Tag auf dem Berge miterlebt haben?
21. Lesen Sie 2. Petrus 1,16-18, wo Petrus über seine Erfahrungen in den Versen 28-36 berichtet. Was scheint Petrus aus der Tatsache, daß er Zeuge der Verklärung Jesu geworden ist, gelernt zu haben?
22. Wie würden Sie so knapp wie möglich zusammenfassen, was Jesus in Vers 48 lehrt?
23. Was bedeutet es nach dem, was Sie in diesem Kapitel gesehen haben, »Jesus nachzufolgen«?
24. Warum hat Jesus überhaupt Wunder getan?

Für das Leben heute

25. Sehen Sie sich in Vers 1 die Vollmacht an, die Jesus seinen zwölf Jüngern gegeben hat. Haben wir heute dieselbe Vollmacht?
26. In diesem Kapitel ist der Dienst Jesu größtenteils auf die Jünger ausgerichtet. Welche Richtlinien für das ›Jüngerschaftstraining‹ der heutigen Zeit können Sie dem entnehmen, was Jesus seine Jünger in den Versen 18-27 lehrte?
27. Wiederholen Sie in eigenen Worten – und im Kontext unseres heutigen Lebens – die drei Dinge, die Jesus in Vers 23 von uns fordert.
28. Sehen Sie sich den Streit in Vers 46 an. Inwiefern wird dieser Streit heute noch manchmal fortgesetzt?
29. Lesen Sie Vers 50 und diskutieren Sie die folgende Aussage: Wenn man nicht aktiv *gegen* den Herrn und seinen Willen arbeitet, setzt man sich *für* ihn ein. (Vielleicht lesen Sie Matthäus 12,30.)
30. Lesen Sie die Verse 51-56 und vergleichen Sie sie mit dem, was in Markus 10,35-45 berichtet wird. Wie würden Sie die Persönlichkeit von Jakobus und Johannes beschreiben, und inwiefern können Sie sich mit ihnen identifizieren?
31. Sehen Sie sich das Gebot Jesu in Vers 60 an. Inwiefern trifft dieser Vers auch auf uns heute zu? Wie können wir lernen, »die Toten ihre Toten begraben« zu lassen?
32. Sehen Sie sich die Aussage Jesu in Vers 62 an. Sehen auch wir manchmal zurück, während unsere Hände »auf dem Pflug« liegen?
33. Welche Richtlinien für die Menschen im Dienst für Jesus heute können wir dem Beispiel Jesu in diesem Kapitel entnehmen?

34. Welcher Vers in diesem Kapitel ist Ihnen in Ihrer gegenwärtigen Situation besonders wichtig geworden? Warum?

Zur Vertiefung

Vergleichen Sie den Bericht der Verklärung in den Versen 28-36 mit dem Abschnitt über seine Taufe in 3,21-22. Welche Ähnlichkeiten können Sie in beiden Ereignissen erkennen? In welchem Zusammenhang stehen sie zueinander?

Lukas 10

Einstieg: Haben Sie schon einmal eine besonders gefährliche Aufgabe bekommen?

Was steht im Text?

1. Vergleichen Sie in den Versen 1-16 die Anweisungen, die Jesus den siebzig für seinen Feldzug gab, mit den Anweisungen, die er einer kleineren Gruppe – den zwölf Aposteln – in Lukas 9,1-5 gab. Inwiefern gleichen sich diese Anweisungen, und in welcher Hinsicht unterscheiden sie sich voneinander?

2. Wie würden Sie die Strategie Jesu bei seinem Dienst in der damaligen Zeit beschreiben?

3. Wie würden Sie die »Arbeiter« beschreiben, von denen Jesus in Vers 2 spricht?

4. Wie würden Sie in dem Gleichnis in den Versen 30-35 die Haltung einer jeden einzelnen, hier erwähnten Person dem Verwundeten gegenüber beschreiben?

5. Jesus sagt in Vers 42, daß Maria eine gute Wahl getroffen hat. Welche Entscheidungen hatte ihre Schwester Martha bereits getroffen? (Lesen Sie die Verse 38-42.)

6. EINZELHEITEN BEACHTEN – *Versuchen Sie, die folgende Frage zu beantworten, ohne in Ihrer Bibel nachzusehen:* In diesem Kapitel schickt Jesus eine große Anzahl von Jüngern jeweils zu zweit auf eine Reise. Was sagten sie zu Jesus, als sie zurückkamen? (siehe Vers 17)

7. Was in diesem Kapitel könnte einen Menschen am meisten interessieren, der zum ersten Mal von Jesus Christus hört? Warum?

DAS WESENTLICHE ERFASSEN

8. Sehen Sie sich die Verse 21-22 genau an. Was sagt dieser Abschnitt über a) die Beziehung Jesu zu Gott, b) die Beziehung Gottes zu uns und c) unsere Beziehung zu Jesus aus?
9. Welche Prinzipien in bezug auf die *Liebe* können Sie dem Gleichnis in den Versen 30-35 entnehmen?
10. Lesen Sie die Verse 38-42 und diskutieren Sie die folgende Aussage: Martha hat ihr Bestes gegeben, um Jesus zu dienen, doch sein Lob der Maria zeigt uns, daß es wichtigere Dinge gibt, als dem Herrn zu dienen.

FÜR DAS LEBEN HEUTE

11. In welchem Maß hat das, was Jesus in dem ersten Teil von Vers 2 sagt, auch heute noch Gültigkeit?
12. Jesus sagt seinen Jüngern in Vers 3, daß er sie »wie Lämmer mitten unter Wölfe« schickt. Inwiefern trifft dies auch auf seine Diener in der heutigen Zeit zu?
13. In Vers 7 sagt Jesus etwas über den Lohn aus, den seine Arbeiter bekommen. Wie würden Sie dieses Prinzip auf seine Arbeiter heute anwenden?
14. Sehen Sie sich in den Versen 13-15 die Gründe an, die Jesus veranlassen, das Gericht über bestimmte Städte auszurufen. Inwiefern könnten auch einige unserer Städte heute unter dieses Gericht fallen?
15. Sehen Sie sich die zwei Menschengruppen in Jesu Gebet in Vers 21 an. In welcher Hinsicht passen Sie in eine der beiden Kategorien?
16. Lesen Sie die Verse 38-41 und vergleichen Sie sie mit dem, was in Johannes 11,17-40 steht. Wie würden Sie die Persönlichkeit Marias und Marthas beschreiben, und inwiefern können Sie sich mit einer von ihnen identifizieren?
17. In Philipper 4,8 heißt es: »Übrigens, Brüder, alles, was wahr, alles, was ehrbar, alles, was gerecht, alles, was rein, alles, was liebenswert, alles, was wohllautend ist, wenn es irgendeine Tugend und wenn es irgendein Lob gibt, das erwägt!« Welche Denkanstöße können Sie in diesem Kapitel finden, die Ihnen als *wahr, ehrbar, gerecht, rein, liebenswert,* als *Tugend* und *Lob* ins Auge fallen?

ZUR VERTIEFUNG

Mehr als jedes andere Evangelium betont das Lukasevangelium die *Freude* und das *Sich-Freuen*. Beachten Sie die Freude, die die Jünger in Vers 17 erleben, und vor allem die Freude Jesu in Vers 21. Lesen Sie gemeinsam andere Verse aus dem

Lukasevangelium, die von der Freude oder dem Sich-Freuen sprechen, und überlegen Sie, wie auch wir uns freuen können: 1,46-48; 2,10; 6,22-23; 15,3-10; 19,37-38 und 24,50-52.

LUKAS 11

Einstieg: Können Sie sich noch an Ihr erstes Gebet erinnern?

WAS STEHT IM TEXT?

1. Lesen Sie die Verse 1-12. Welche Einstellung sollen wir in bezug auf das Gebet haben?
2. Lesen Sie das »Vaterunser« in den Versen 2-4 und versuchen Sie, es vollkommen umzuformulieren, ohne Wörter des Originals zu verwenden (abgesehen von Wörtern mit drei oder vier Buchstaben). Jeder Teilnehmer könnte eine Zeile des Gebets umformulieren.
3. Will Jesus mit dem Vers 13 sagen, daß wir Gott um den heiligen Geist *bitten* müssen, bevor wir ihn empfangen können? Erklären Sie Ihre Antwort.
4. Stellen Sie sich vor, Sie würden an dem in den Versen 37-53 beschrieben Mahl teilnehmen. Welche Worte Jesu wären Ihnen besonders aufgefallen?
5. Bedeutet das, was Jesus in den Versen 39-52 über die Pharisäer sagt, daß ihm ihre *Taten* oder ihre *Einstellung* nicht gefällt – oder gefällt ihm beides nicht?
6. Was in diesem Kapitel würde Ihrer Meinung nach einen neubekehrten Christen am meisten in Erstaunen versetzen, der es zum ersten Mal liest?
7. EINZELHEITEN BEACHTEN – *Versuchen Sie, die folgende Frage zu beantworten, ohne in Ihrer Bibel nachzusehen:* Was wird Gott uns nach Jesu Worten geben, wenn wir ihn darum bitten? (Siehe Vers 13.)

DAS WESENTLICHE ERFASSEN

8. Die Verse 9-10 fordern uns auf, im Vertrauen zu beten. Welches ist die Grundlage dieses Vertrauens?
9. Was ist Ihrer Meinung nach die Hauptaussage des Gleichnisses Jesu in den Versen 16-22?
10. Wofür stehen die Lampen in den Versen 33-36, und wofür steht das Auge?
11. Geht es Ihrer Meinung nach in den Versen 33-36 eher um die Errettung, eher um das geistliche Verständnis oder eher um den Kampf gegen den Satan? Erklären Sie Ihre Antwort.

12. Mit welchem Adjektiv würden Sie die Pharisäer in den Versen 39-52 beschreiben?
13. Sehen Sie sich die Worte Jesu in Vers 49 an. Wen meint er, wenn er von »Propheten und Aposteln« spricht?

Für das Leben heute

14. Welche Ähnlichkeiten können Sie zwischen einem religiösen Führer der Juden der damaligen Zeit und einem Leiter (Ältesten) oder einem christlichen Führer der heutigen Zeit erkennen? Welche großen Unterschiede gibt es?
15. Wie würden Sie anhand der Verse 1-13 einen neubekehrten Christen das Beten lehren?
16. In den Versen 9-10 fordert Jesus uns auf zu bitten, zu suchen und anzuklopfen. Lesen Sie auf diesem Hintergrund die folgenden Verse in diesem Kapitel und denken Sie sorgfältig über das nach, was Jesus uns hier sagt. Formulieren Sie dann jeden Vers in ein Gebet um, das jeder Christ sprechen könnte, oder in ein Gebet, das besonders auf Ihre gegenwärtige Lebenssituation zugeschnitten ist: Verse 13, 28 und 34.
17. Sehen Sie sich die lange Liste mit Kritikpunkten an, die Jesus an den religiösen Führern seiner Zeit findet (Verse 39-52). Welcher dieser Fehler oder dieses Fehlverhaltens stellt für die christlichen Führer der heutigen Zeit die größte Gefahr dar?
18. Ordnen Sie nach dem, was Sie in den Versen 39-52 lesen, wo Jesus über die Pharisäer spricht, die folgenden drei Dinge nach ihrer Bedeutung in Gottes Augen: a) was wir sagen, b) was wir wissen und c) was wir tun.

Zur Vertiefung

Vergleichen Sie die Verse 5-8 mit dem Gleichnis von dem ungerechten Richter in Lukas 18,1-8. In welchen Punkten ähneln sich diese Abschnitte, in welchen Punkten unterscheiden sie sich? Was sagen diese beiden Bibelstellen über das *Gebet* aus?

Lukas 12

Einstieg: Welche Lektionen haben Sie lernen müssen (vielleicht auf die harte Weise), die Ihnen geholfen haben, bei Entscheidungen nicht nur das Heute im Blick zu haben?

WAS STEHT IM TEXT?

1. Sehen Sie sich die Verse 13-15 genau an und diskutieren Sie die folgende Aussage: Die Antwort Jesu in Vers 14 zeigt uns, daß der Herr uns nicht dafür richten wird, was wir mit unserem Willen oder Besitz tun oder mit dem, was wir durch eine Erbschaft bekommen.

2. Jesus fordert seine Jünger in Vers 22 auf, sich keine Sorgen um ihr Leben zu machen. Welche Gründe werden in den nachfolgenden Versen dafür angegeben?

3. Wovon spricht Jesus Ihrer Meinung nach in den Versen 58 und 59?

4. EINZELHEITEN BEACHTEN – *Versuchen Sie, die folgende Frage zu beantworten, ohne in Ihrer Bibel nachzusehen:* Wie hat Gott den Mann genannt, der zu sich sprach: »Iß, trink, sei fröhlich«? (Siehe Verse 19-20.)

DAS WESENTLICHE ERFASSEN

5. Wie würden Sie in eigenen Worten den »Sauerteig« definieren, von dem Jesus in Vers 1 spricht?

6. Würden Sie sagen, daß der Mann in den Versen 16-19 inneren Frieden hatte? Warum oder warum nicht?

7. Was sagt Vers 32 über das Wesen Gottes aus? Fällt es Ihnen leicht, das zu verstehen und im Gedächtnis zu behalten?

8. Was heißt es nach dem, was Sie in diesem Kapitel gelesen haben, »Jesus nachzufolgen«?

FÜR DAS LEBEN HEUTE

9. Gibt es den »Sauerteig«, den Jesus in Vers 1 beschreibt, auch heute noch? Wenn ja, wo?

10. Denken Sie an das Gleichnis, das Jesus in den Versen 16-21 erzählt. Würden Sie von sich behaupten, daß Sie im Augenblick dabei sind, »größere Scheunen« zu bauen?

11. Wie würden Sie anhand der Verse 16-21 einem ungläubigen Freund helfen, der Angst hat, zuviel in seinem Leben aufgeben zu müssen, um Christ zu werden?

12. Wie würden Sie einen Menschen heute beschreiben, der, wie es in Vers 21 heißt, »reich ist im Blick auf Gott«?

13. Welche Aussage Jesu ist für Sie in dem Abschnitt, der mit Vers 22 beginnt, der stichhaltigste Grund, sich um die allgemeinen Belange des Alltags keine Sorgen zu machen?

14. Ist das »Suchen«, von dem Jesus in Vers 31 spricht, ein lebenslanges Suchen? Wenn ja, wie oft werden wir in unserem Leben hier auf der Erde »finden«? Werden wir im Laufe der Zeit in der Lage sein, immer weniger zu suchen?
15. Wie sollte Ihrer Meinung nach Vers 35 in Ihrem Leben Anwendung finden?
16. Sehen Sie sich die Aussage Jesu in Vers 40 an. Welche Auswirkungen würde es Ihrer Meinung nach auf Ihr Leben haben, wenn Sie den genauen Tag und die genaue Stunde der Wiederkunft Christi wüßten?
17. Sehen Sie sich noch einmal die Verse 54-56 an. Inwiefern könnte Jesus recht damit haben, wenn er *uns* »Heuchler« nennen würde, weil wir die Zeit, in der wir leben, nicht richtig eingeschätzt haben?
18. Was sagt dieses Kapitel über die Einstellung Gottes zu materiellem Besitz?
19. Welcher Vers in diesem Kapitel ist Ihnen in Ihrer gegenwärtigen Situation besonders wichtig geworden? Warum?
20. Jesus fordert uns in Lukas 11,9-10 auf zu bitten, zu suchen und anzuklopfen. Sehen Sie sich die folgenden Verse in Kapitel 12 an und lassen Sie auf sich einwirken, was Jesus uns dort lehrt. Formulieren Sie nun jeden Vers in ein Gebet um, das jeder Christ sprechen könnte – oder das besonders auf Ihre gegenwärtige Lebenssituation zugeschnitten ist: Verse 8, 22, 40, 42 und 49.

ZUR VERTIEFUNG

Vers 33 ist ein gutes Beispiel dafür, wie Lukas (mehr als alle anderen Evangelienschreiber) das besondere Interesse Gottes für die Armen darstellt. Sehen Sie sich an, wie sich dieses Interesse in den folgenden Versen im Lukasevangelium zeigt. Überlegen Sie gemeinsam, welchen Einfluß sie auch auf Ihre eigene Haltung den Armen gegenüber haben sollte: 4,17-18; 6,20; 6,24; 7,22; 11,41; 14,12-14; 16,19-31; 18,22-25 und 21,1-4.

LUKAS 13

Einstieg: Haben Sie schon einmal außen vor einer geschlossenen Tür gestanden, wo Sie sich eigentlich im Innern befinden sollten?

WAS STEHT IM TEXT?

1. Welches ist Ihrer Meinung nach die Hauptaussage des Gleichnisses in den Versen 6-9?

2. Als Hintergrundinformation zu den Versen 6-9 lesen Sie Psalm 1,1-3 und Jeremia 17,7-8. Wie lassen sich diese alttestamentlichen Stellen mit dem Gleichnis Jesu vergleichen?
3. Welches ist die Hauptaussage der beiden kurzen Gleichnisse in den Versen 18-21?
4. Sehen Sie sich noch einmal die Frage an, die Jesus in Vers 23 gestellt wird, und die Antwort, die er in den folgenden Versen gibt. Erklären Sie, ob Sie seine Antwort auf die Frage zu einem »Ja« oder einem »Nein« zusammenfassen würden.
5. Wie würden Sie in eigenen Worten erklären, was Jesus in Vers 33 sagt?
6. EINZELHEITEN BEACHTEN – *Versuchen Sie, die folgende Frage zu beantworten, ohne in Ihrer Bibel nachzusehen:* In diesem Kapitel heilt Jesus am Sabbat eine verkrüppelte Frau. Wie lange war die Frau verkrüppelt gewesen? (Siehe Vers 11.)

DAS WESENTLICHE ERFASSEN

7. Welche der folgenden Charaktereigenschaften Jesu fällt Ihnen in diesem Kapitel besonders ins Auge: sein Mitgefühl, seine Macht oder seine Weisheit? (Erklären Sie Ihre Antwort.)
8. Falls Sie nur dieses Kapitel der Bibel zur Verfügung hätten, welche biblische Definition würden Sie für den Ausdruck *Reich Gottes* geben?

FÜR DAS LEBEN HEUTE

9. Lesen Sie das Gleichnis in den Versen 6-9 und diskutieren Sie, welche der folgenden Aussagen am ehesten auf Sie zutrifft: a) Ich bin ein Christ, der Frucht bringt. b) Ich bin ein Christ, der keine Frucht bringt, werde aber in der Zukunft Frucht bringen. c) Für mich ist es sicherlich zu spät, um in meinem Leben noch Frucht zu bringen.
10. Sehen Sie sich an, wie Jesus die Menschen in Vers 15 nennt. Welches ist Ihrer Meinung nach das beste *Heilmittel* für Heuchelei? Welches ist die beste *Vorsichtsmaßnahme* gegen Heuchelei?
11. Denken Sie an die Verse 23-24. Inwiefern ist die Tür zum Leben, die Sie gewählt haben, »eng«?
12. Wie könnten Sie mit den Versen 24-25 einem ungläubigen Freund helfen, der zwar weiß, daß er errettet werden muß, der seine Entscheidung für Christus jedoch immer wieder hinausschiebt?
13. Welche Überraschungen, von denen in Vers 30 gesprochen wird, warten Ihrer Meinung nach auf uns (auch wenn Jesus uns dies bereits im voraus gesagt hat)?

14. Sollten wir, wenn wir an Vers 30 denken, tatsächlich versuchen, die »letzten« zu sein? Wenn ja, was genau bedeutet das?
15. Welcher Vers in diesem Kapitel ist Ihnen in Ihrer gegenwärtigen Situation besonders wichtig geworden?

Zur Vertiefung

Stellen Sie sich noch einmal die letzte Szene in diesem Kapitel vor, wo Jesus über die Stadt weint, die die von Gott zu ihr gesandten Botschafter verfolgt hat. Lesen Sie gemeinsam 2. Chronik 24,20-21 und Jeremia 26,20-23 und sprechen Sie über diese beiden Beispiele der Sünde Jerusalems gegen die Propheten Gottes.

Lukas 14

Einstieg: Haben Sie schon einmal etwas Denkwürdiges erlebt, als Sie bei einem anderen zum Abendessen eingeladen waren?

Was steht im Text?

1. Wie würden Sie die Hauptaussage des Gleichnisses in den Versen 16-24 zusammenfassen, und in welchem Zusammenhang steht es zu der Frage, die Jesus in Vers 15 gestellt wurde?
2. Nehmen Sie an, Sie wären Bibelübersetzer und würden die Bibel für einen entlegenen Stamm auf einem fernen Kontinent übersetzen. Dieser Stamm hat keinerlei Erfahrung mit Salz. Wie würden Sie erklären, was Salz ist, damit die Eingeborenen die Bedeutung von Vers 34 verstehen?
3. EINZELHEITEN BEACHTEN – *Versuchen Sie, die folgende Frage zu beantworten, ohne in Ihrer Bibel nachzusehen:* Wie antworteten die Pharisäer und Schriftgelehrten auf die Frage Jesu, ob es erlaubt sei, am Sabbat zu heilen? (Siehe Verse 3-4.)

Das Wesentliche erfassen

4. Falls Sie gebeten würden, die wichtigsten »Merkmale christlicher Reife« dieses Kapitels zusammenzufassen, welches würden Sie als erstes nennen?
5. Was bedeutet es nach dem, was Sie in diesem Kapitel gelesen haben, »Jesus nachzufolgen«?

Für das Leben heute

6. Jesus fordert uns in Lukas 11,9-10 auf zu bitten, zu suchen und anzuklopfen. Sehen Sie sich nun die folgenden Verse in Kapitel 14 an und überlegen Sie, was Jesus damit sagen will. Formulieren Sie ein Gebet, das jeder Christ sprechen könnte, oder das auf Ihre gegenwärtige Lebenssituation zugeschnitten ist: Verse 11, 26, 27 und 33.

Zur Vertiefung

Zu Beginn des Kapitels heilt Jesus am Sabbat einen Menschen. Sehen Sie sich in den nachfolgenden Versen weitere Beispiele an, wo Jesus am Sabbat ein Wunder getan hat. Welche Ähnlichkeiten weisen diese Wunder auf, abgesehen davon, daß sie am Sabbat geschahen: 4,31-37 und 4,38-41, 6,6-11 und 13,10-17?

Lukas 15

Einstieg: Haben Sie schon einmal etwas sehr Wertvolles verlegt oder verloren?

Was steht im Text?

1. Inwiefern ähneln sich alle drei Gleichnisse dieses Kapitels?
2. Wie würden Sie die wichtigsten ›Jüngerschaftskonzepte‹ dieser drei Gleichnisse zusammenfassen? Nennen Sie die Prinzipien, die uns helfen, Jesus Tag für Tag *nachzufolgen*.
3. Was in diesem Kapitel könnte einen neubekehrten Christen, der es zum ersten Mal liest, am meisten in Erstaunen versetzen?
4. EINZELHEITEN BEACHTEN – *Versuchen Sie, die folgende Frage zu beantworten, ohne in Ihrer Bibel nachzusehen:* Welche drei Dinge sollten die Diener dem verlorenen Sohn bringen, als er nach Hause zurückkehrte? (Siehe Vers 22.)

Das Wesentliche erfassen

5. Was sagen alle drei Gleichnisse in diesem Kapitel über die Liebe Gottes aus? (Nennen Sie so viele Punkte wie möglich.)
6. Von einigen Bibelauslegern wird Lukas 15 als Schlüsselkapitel im Lukasevangelium gesehen. Warum ist das Ihrer Meinung nach so?

Für das Leben heute

7. Suchen Sie sich einen der folgenden Sätze aus und vervollständigen Sie ihn so umfassend und so genau wie möglich: *Was ich in diesem Kapitel lese und verstehe, ist für mein Leben wichtig, weil …*

   Was ich in diesem Kapitel lese und verstehe, ist für mein Leben im Augenblick NICHT wichtig, weil …

8. Dieses Kapitel wird auch das »Verloren-und-gefunden-Kapitel« genannt. Wie fühlen Sie sich die meiste Zeit Ihres Lebens: *verloren* oder *gefunden*?
9. Wie könnten Sie mit den Gleichnissen dieses Kapitels einem ungläubigen Freund helfen, der von sich behauptet: »Ich suche Gott, aber ich kann ihn nicht finden«?
10. Wie würden Sie mit den Gleichnissen dieses Kapitels einem gläubigen Freund helfen, der sich von einer Sünde überwältigt fühlt, die er oder sie begangen hat?
11. Wie könnten Sie mit der letzten Geschichte dieses Kapitels einem ungläubigen Freund helfen, der das Gefühl hat, er müsse zuerst ein besserer Mensch werden, bevor er Christ werden kann?
12. Welcher Vers in diesem Kapitel ist Ihnen in Ihrer gegenwärtigen Situation besonders wichtig geworden? Warum?

Zur Vertiefung

Inwiefern stimmt die Aussage des Vaters im letzten Vers dieses Kapitels mit dem Bild überein, das in Epheser 2,1-5 und Römer 6,13 gegeben wird?

Lukas 16

Einstieg: Wenn Sie morgen eine Million Mark geschenkt bekämen, was würden Sie mit dem Geld tun?

Was steht im Text?

1. Was meint Jesus Ihrer Meinung nach in Vers 11 mit »Wahrhaftiges«?
2. In Vers 14 spricht Lukas von einer bestimmten Haltung der Pharisäer. Warum hat er diese Aussage Ihrer Meinung nach gemacht, und wie hat sich diese Haltung wohl im täglichen Leben der Pharisäer gezeigt?
3. Denken Sie an die Geschichte von dem reichen Mann und Lazarus, die in Vers 19 beginnt. Sehen Sie sich die vorhergehenden Verse an und versuchen Sie herauszufinden, was Jesus veranlaßt hat, diese Geschichte zu erzählen.

4. Was in diesem Kapitel könnte Ihrer Meinung nach einen Menschen am meisten interessieren, der zum ersten Mal von Jesus Christus hört, und warum?
5. EINZELHEITEN BEACHTEN – *Versuchen Sie, die folgende Frage zu beantworten, ohne in Ihrer Bibel nachzusehen:* Wie viele Brüder hatte der reiche Mann in der Geschichte von dem reichen Mann und dem armen Lazarus? (Siehe Vers 28.)

DAS WESENTLICHE ERFASSEN

6. Jesus spricht in Vers 13 von zwei bestimmten Herren. Was bedeutet es in Ihren Worten, jedem von ihnen zu dienen?
7. Lesen Sie noch einmal die Verse 14-15. Welche Dinge neben dem Geld fallen Ihrer Meinung nach in die Kategorie, die bei den Menschen hoch angesehen, in Gottes Augen jedoch verabscheuungswürdig sind?
8. Was sagt dieses Kapitel über die *Macht* des Geldes aus?
9. Diskutieren Sie die folgende Aussage: Nach dem, was uns dieses Kapitel sagt, ist es besser, so wenig Geld wie möglich zu besitzen.
10. Denken Sie intensiv über die Verse 27-31 nach. Welche Schlußfolgerungen können Sie aus diesem Abschnitt über den *Zweck* und die *Macht* der Schrift und die Reaktion des Menschen darauf ziehen?

FÜR DAS LEBEN HEUTE

11. In Vers 10 spricht Jesus davon, daß wir im Kleinen treu sein sollen, um mit Großem betraut zu werden. Welches sind Ihrer Meinung nach einige dieser »kleinen Dinge«, in denen wir so gern untreu werden?
12. Sehen Sie sich Vers 18 an. Wie würden Sie mit diesem Vers einem Christen helfen, der eine Scheidung in Betracht zieht?
13. Falls ein ungläubiger Freund Ihnen sagen würde, er würde nicht an ein Leben nach dem Tod glauben, welche Antwort würden Sie ihm mit dem Beispiel des reichen Mannes und Lazarus geben?
14. Wie kann ein Christ nach dem, was Sie in diesem Kapitel gelesen haben, sein Geld am besten einsetzen? Nennen Sie drei Beispiele.

ZUR VERTIEFUNG

Vergleichen Sie die folgenden drei Gleichnisse im Lukasevangelium und überlegen Sie, was sie über den *Reichtum* aussagen. Inwiefern gleichen sie sich, welche Unterschiede gibt es: der reiche Narr (12,16-21), das große Fest (14,16-24) und der ungerechte Verwalter (16,1-9)?

LUKAS 17

Einstieg: Das Stigma, das auf den mit dem AIDS-Virus infizierten Menschen lastet, wird häufig verglichen mit der Art, wie man damals mit den Leprakranken umging. Wie sollte man mit AIDS-Kranken umgehen?

WAS STEHT IM TEXT?

1. Formulieren Sie in eigenen Worten, was Vers 2 über die *Wertmaßstäbe* Gottes aussagt.
2. Diskutieren Sie die folgende Aussage: In Vers 4 lehrt Jesus, daß unsere Vergebung keine Grenze haben sollte.
3. Was hat Ihrer Meinung nach die Jünger veranlaßt, die Aussage in Vers 5 zu machen?
4. Beschreiben Sie so vollständig wie möglich das Bild und das Verständnis von Jesus, die Sie Vers 24 entnehmen können.
5. Was bedeutet es nach dem, was Sie in diesem Kapitel gelesen haben, »Gott zu dienen«?
6. EINZELHEITEN BEACHTEN – *Versuchen Sie, die folgende Frage zu beantworten, ohne in Ihrer Bibel nachzusehen:* Jesus sagt, daß die Tage vor seiner Wiederkunft auf die Erde, um Gericht zu halten, den Tagen Noahs vor der Flut und den Tagen Lots vor der Zerstörung Sodoms sehr gleichen werden. Jesus zählt auch einige Dinge auf, die die Menschen während der Tage Noahs und Lots taten. Wie viele fallen Ihnen noch ein? (Siehe Verse 26-29.)

DAS WESENTLICHE ERFASSEN

7. Was meint Jesus, wenn er in den Versen 1-2 von Verführungen spricht – von Dingen, die andere zur Sünde verführen?
8. Sehen Sie sich die Verse 5-6 noch einmal an. Warum legt Gott so großen Wert auf den Glauben?
9. Wenn Sie gebeten würden, die wichtigsten »Merkmale christlicher Reife« dieses Kapitels aufzuzählen, welches würden Sie als erstes nennen?

FÜR DAS LEBEN HEUTE

10. Inwiefern treffen die Verse 1-3 auch auf die christlichen Leiter und Führer heutzutage zu?

11. Sehen Sie sich die Verse 15-19 noch einmal an. Fällt Ihnen ein großer Segen Gottes ein, für den Sie ihm noch nicht genügend gedankt haben?
12. Welcher Vers in diesem Kapitel ist Ihnen in Ihrer gegenwärtigen Situation besonders wichtig geworden? Warum?

Zur Vertiefung

Vergleichen Sie die Verse 7-10 mit dem Gleichnis von den zehn Dienern des Königs in Lukas 19,11-27. Welche Ähnlichkeiten bestehen zwischen diesen beiden Abschnitten, welche Unterschiede gibt es? Was sagen diese beiden Abschnitte über *Dienst* und *Gehorsam* aus?

Lukas 18

Einstieg: Haben Sie schon einmal dem Bitten eines Menschen nachgegeben, nur damit er aufhört, Ihnen in den Ohren zu liegen?

Was steht im Text?

1. Wie zeigt sich in diesem Kapitel das *Wesen* Jesu?
2. Wie zeigt sich in diesem Kapitel der *Zweck des Kommens Jesu*?
3. Was in diesem Kapitel könnte Ihrer Meinung nach einen neubekehrten Christen, der es zum ersten Mal liest, am meisten in Erstaunen versetzen?
4. Sehen Sie sich die Verse 18-30 an (über das Gespräch Jesu mit dem Obersten, und die sich anschließende Diskussion) und besprechen Sie die folgende Frage: Geht es in diesem Abschnitt eher um *Besitz*, um *Beziehungen* oder um beides zugleich?
5. Würden Sie sagen, daß es in Vers 22 eher um *Handeln*, um *Einstellung* oder um beides zugleich geht?
6. In den Versen 31-33 finden wir eine weitere Begebenheit im Lukasevangelium, wo Jesus seinen Tod und seine Auferstehung vorhersagt. Wie läßt sich die Wortwahl hier mit seinen vorherigen Vorhersagen in 9,21-22 und 9,43-45 vergleichen? Welche zusätzliche Information gibt Jesus in der hier genannten Stelle an seine Jünger weiter?
7. EINZELHEITEN BEACHTEN – *Versuchen Sie, die folgende Frage zu beantworten, ohne in Ihrer Bibel nachzusehen:* In seinen Gesprächen mit den beiden Personen in diesem Kapitel richtet Jesus an jeden eine Frage. Was fragte Jesus den Obersten? Und was den blinden Bettler? (Siehe Verse 19 und 41.)

DAS WESENTLICHE ERFASSEN

8. Diskutieren Sie die folgende Aussage: In den Versen 2-8 wird gesagt, daß Gott unsere wiederholten Gebete nur erhört, wenn er es leid wird, sie sich anzuhören.

9. Welcher der beiden Männer in den Versen 10-13 hat Ihrer Meinung nach den größten inneren Frieden erfahren? Erklären Sie Ihre Antwort.

10. Nennen Sie alle Unterschiede zwischen den beiden Männern in den Versen 10-13 – innere und äußere.

11. In Vers 14 spricht Jesus von bestimmten Konsequenzen sowohl für denjenigen, der sich selbst erhöht, als auch für denjenigen, der sich selbst erniedrigt. Wann werden diese Konsequenzen eintreten – in der Ewigkeit oder in diesem Leben?

12. Welche wichtige Wahrheit möchte Jesus in den Versen 22-30 weitergeben?

13. Welches ist Ihrer Meinung nach das Schlüsselwort oder die Schlüsselwörter in der Aussage Jesu in den Versen 29-30?

FÜR DAS LEBEN HEUTE

14. Lesen Sie aufmerksam Vers 1. Für welche wichtigen Dinge haben Sie in der vergangenen Woche gebetet?

15. Wie würden Sie mit den Versen 10-14 einem ungläubigen Freund helfen, der der Meinung ist, er müßte zuerst ein besserer Mensch werden, bevor er Christ werden kann?

16. Wie würden Sie mit denselben Versen (10-14) einem ungläubigen Freund helfen, der der Meinung ist, bereits ein gutes Leben zu führen und Christus nicht zu brauchen?

17. Falls Sie wie der Zöllner in Vers 13 Gott um *Gnade* bitten würden, was genau würden Sie mit diesem Wort meinen?

18. Lesen Sie, was Jesus in Vers 22 geboten hat. Für wen gilt dieses Gebot auch heute noch?

19. Lesen Sie Vers 27 und sprechen Sie über »Unmöglichkeiten«, die Gott in Ihrem oder in dem Leben eines Ihnen nahestehenden Menschen vollbracht hat.

20. Jesus ermutigt uns in Lukas 11,9-10 zu suchen, zu bitten und anzuklopfen. Und in Lukas 18,1-8 fordert er uns wieder auf, in unserem Bitten nicht nachzulassen. Sehen Sie sich nun die folgenden Verse in Kapitel 18 an und überlegen Sie, was Jesus hier sagen will. Formulieren Sie jeden Vers zu einem Gebet um, das jeder Christ sprechen könnte – oder zu einem Gebet, das auf Ihre unmittelbare Lebenssituation zugeschnitten ist: Verse 14, 17, und 27.

Zur Vertiefung

Vergleichen Sie die folgenden beiden Gleichnisse im Lukasevangelium und sprechen Sie darüber, was sie über die *Demut* aussagen. Welche Ähnlichkeiten bestehen, welche Unterschiede gibt es: Das Hochzeitsfest (14,7-11) und der Pharisäer und der Zöllner (18,9-14)?

Lukas 19

Einstieg: Welche Angewohnheiten in der Art, wie wir die Bibel lesen und studieren können sehr leicht verhindern, daß das Lukasevangelium in unseren Herzen und unserem Leben lebendig wird?

Was steht im Text?

1. Stellen Sie sich vor, Sie wären Reporter des »Jerichoer Tagesblatts«. Wie würden Sie in wenigen Sätzen die Ereignisse der ersten Hälfte dieses Kapitels beschreiben?

2. Denken Sie intensiv über Vers 11 nach. Lesen Sie nun noch einmal das Gleichnis, das in den Versen 12-27 folgt. Welches ist die Hauptaussage dieses Gleichnisses?

3. Lesen Sie die Verse 37-38 und diskutieren Sie die folgende Aussage: Der jubelnde Empfang, der Jesus bei seinem Einzug in Jerusalem zuteil wurde, war nur in dem falschen Verständnis der Personen des Königtums Jesu begründet. Das zeigt sich in der Art, wie sich die Massen nur wenige Tage später gegen ihn wenden.

4. Lesen Sie noch einmal, was in den Versen 45-46 gesagt und getan wird. Wie läßt sich diese Begebenheit mit der in Johannes 2,13-17 berichteten vergleichen?

5. Als Hintergrundinformation zu den Worten Jesu, daß der Tempel ein Bethaus sei (Vers 46), lesen Sie gemeinsam Jesaja 56,7.

6. EINZELHEITEN BEACHTEN – *Versuchen Sie, die folgende Frage zu beantworten, ohne in Ihrer Bibel nachzusehen:* Wieviel Geld wollte Zachäus den Armen geben, und wieviel wollte er jedem zurückzahlen, den er betrogen hatte? (Siehe Vers 8.)

Lukasevangelium

Das Wesentliche erfassen

7. Welche der folgenden Charaktereigenschaften Jesu fällt Ihnen in diesem Kapitel besonders auf: sein Mitgefühl, seine Macht oder seine Weisheit? (Erklären Sie Ihre Antwort.)

8. Wie könnten Sie mit Vers 10 einem Nichtchristen helfen, der behauptet, er sei ein zu großer Sünder, um Christ zu werden?

9. Sehen Sie sich das Gleichnis von den Dienern des Königs in den Versen 11-27 noch einmal an. Was sagt es über das *Königtum* Jesu aus?

10. Welchem falschen Denken oder Handeln möchte Jesus durch das Gleichnis in den Versen 11-27 bei den Jüngern vorbeugen?

11. Falls das Volk in Vers 14 ein Bild für die Menschen heute wäre, die Jesus als ihren Herrn und König ablehnen, welches wäre Ihrer Meinung nach der Grund ihres Hasses auf ihn?

12. Wie würden Sie nach dem, was Sie in dem Gleichnis von den zehn Dienern des Königs gelesen haben, das Wort *treu* definieren?

13. Welches ist das *Motiv* für das, was Jesus in den Versen 45-46 tat?

14. Der Jesus, den wir in diesem Evangelium sehen, ist nicht nur ganz Gott, sondern auch ganz Mensch. Inwiefern zeigt sich Jesus nach dem, was Sie bisher im Lukasevangelium gesehen haben, als vollkommenes Beispiel für das Menschsein?

Für das Leben heute

15. Inwiefern können Sie mit dem Gleichnis in den Versen 12-27 im Hinterkopf aufrichtig sagen, daß Sie die Gaben, die Sie von Gott bekommen haben, vervielfältigen?

16. Lesen Sie das Gleichnis von dem König und seinen zehn Dienern und diskutieren Sie die folgende Aussage: Wenn wir die Gaben, die wir von Gott erhalten haben, nicht vervielfältigen, dann haben wir sie nicht richtig.

17. Denken Sie über die Verse 45-46 nach. Haben Sie das Gefühl, daß sich einige Dinge in unseren Gemeinden heute mit den Aktivitäten der Personen vergleichen lassen, die Jesus aus dem Tempel getrieben hat?

Zur Vertiefung

In Vers 10 nennt Jesus sich selbst »Menschensohn«. Dies ist der Name, den Jesus sich in den Evangelien am häufigsten gibt. Sehen Sie sich die folgenden Stellen im Lukasevangelium an und sprechen Sie über die Bedeutung dieses Namens: 5,24; 6,5; 7,34; 9,22; 9,44; 9,58; 12,8; 17,22-30; 21,27; 22,22; 22,48 und 22,69.

LUKAS 20

Einstieg: Haben Sie schon einmal das Gefühl gehabt, daß jemand zu Unrecht Autorität ausgeübt hat?

WAS STEHT IM TEXT?

1. Stellen Sie sich vor, Sie wären ein gläubiger Jude aus Rom und übers Meer gekommen, um zum ersten Mal das Passahfest in Jerusalem zu feiern. In den in Lukas 19 und 20 beschriebenen Begebenheiten lernen Sie Jesus von Nazareth kennen; soweit Sie wissen, hat noch niemand in Rom von diesem Mann gehört. Welchen Eindruck würden Sie nach dem, was Sie in den vergangenen Tagen miterlebt haben, von Jesus bekommen? (Überfliegen Sie die beiden Kapitel noch einmal, um sich alle Ereignisse zu vergegenwärtigen.)

2. Welcher Vers in dem in den Versen 9-16 erzählten Gleichnis sagt am meisten über die Motive und den Charakter der Pharisäer aus?

3. Beachten Sie in Vers 19, wie die religiösen Führer der Juden auf das Gleichnis reagieren, das Jesus in den Versen 9-18 erzählt. Sehen Sie sich das Gleichnis noch einmal an, suchen Sie jede Person oder Menschengruppe heraus und sagen Sie, für wen sie stehen.

4. Als Hintergrundinformation zu Vers 17 lesen Sie Psalm 118,22-24. Inwiefern verleiht diese Stelle aus den Psalmen dieser Situation, in der Jesus sie zitiert, größere Bedeutung?

5. In Vers 20 heißt es, daß die religiösen Führer Jesus eine Falle stellten. Welche Falle war das?

6. Stellen Sie sich vor, Sie wären einer der in Vers 20 erwähnten Spione. Welchen Bericht würden Sie den religiösen Führern, die Sie angeheuert haben, über die Beobachtungen geben, die Sie in diesem Kapitel gemacht haben?

7. Ist die Frage der Sadduzäer in Vers 27 ebenfalls eine Falle? Warum oder warum nicht?

8. Als Hintergrundinformation zu Vers 28 lesen Sie 5. Mose 25,5-10.

9. Stellen Sie sich vor, Sie würden die in den Versen 45-46 beschriebene Situation miterleben. Welche Worte Jesu hätten Sie am meisten angesprochen?

10. EINZELHEITEN BEACHTEN – *Versuchen Sie, die folgende Frage zu beantworten, ohne in Ihrer Bibel nachzusehen:* Welche Gründe hatten die religiösen Führer, auf die Frage Jesu, ob Johannes seine Autorität von dem Himmel oder den Menschen bekommen hätte, keine Antwort zu geben? (Siehe Verse 5-7.)

Das Wesentliche erfassen

11. Vergleichen Sie das Gleichnis in den Versen 9-19 mit einem anderen interessanten Gleichnis über einen Weinberg in Jesaja 5,1-7. Welche Ähnlichkeiten bestehen, welche Unterschiede gibt es?

12. Wie wichtig war Ihrer Meinung nach die Frage, die Jesus in den Versen 41-44 stellte?

Für das Leben heute

13. In den Versen 1-8 geht es um die *Autorität* Jesu und die *Autorität* Johannes des Täufers. Welche Autorität haben *Sie* von Gott?

14. Denken Sie über Vers 25 nach. Welche Dinge in Ihrem Leben gehören Gott und müssen ihm trotzdem immer wieder ausgeliefert werden?

Zur Vertiefung

Denken Sie über das nach, was Jesus in Vers 18 sagt. Inwiefern wird die Bedeutung dieses Verses durch Jesaja 8,13-15 und Lukas 2,34 unterstützt und vertieft?

Lukas 21

Einstieg: Welche wichtigen Fragen haben Sie in bezug auf die Wiederkunft Jesu?

Was steht im Text?

1. Lesen Sie noch einmal aufmerksam die Verse 5-7. Was genau wollten die Jünger wissen?

2. An wen richtet sich Jesus in seiner langen Rede, die in Vers 8 beginnt?

3. Welche Fragen werden durch die Worte Jesu in diesem Kapitel bei Ihnen aufgeworfen?

4. EINZELHEITEN BEACHTEN – *Versuchen Sie, die folgende Frage zu beantworten, ohne in Ihrer Bibel nachzusehen:* Wo hat Jesus nach dem, was uns in diesem Kapitel berichtet wird, die Nächte verbracht? (Siehe Vers 37.)

Das Wesentliche erfassen

5. Wie schätzt Gott nach dem, was Sie in den Versen 1-4 lesen, die Größe unserer Gaben an ihn ein?

6. Welches ist nach dem, was Sie in den Versen 12-19 lesen, der *Zweck* dieser Verfolgung, die die Gläubigen erleben werden?
7. Sollen die Jünger nach dem, was Jesus ihnen in diesem Kapitel sagt, glauben, daß es bis zum Ende des gegenwärtigen Zeitalters *lange* oder *nicht mehr lange* dauert?

Für das Leben heute

8. Sprechen Sie darüber, wie Sie innerlich auf das reagieren, was Sie in diesem Kapitel lesen. Empfinden Sie Vorfreude? Furcht? Verwirrung?
9. Welche der in diesem Kapitel genannten Vorhersagen erfüllen sich Ihrer Meinung nach im Augenblick?
10. Was sagt dieses Kapitel über die *Verantwortung* aus, die wir haben, während wir auf das Ende und auf die Wiederkunft Jesu warten?
11. Wie empfänglich könnten Sie für die Verführungen sein, vor denen Jesus in Vers 8 warnt?
12. Denken Sie über die Verse 12-19 nach. Welche Auswirkungen würden Ihrer Meinung nach eine Verfolgung auf unsere Evangelisationsbemühungen haben?
13. Sehen Sie sich an, was Jesus seinen Jüngern in Vers 17 versprochen hat. Fällt es Ihnen schwer, den Haß der anderen zu ertragen?
14. Lesen Sie die Verse 34-36 noch einmal. Wie können wir heute ganz praktisch den Worten Jesu gehorchend wachsam bleiben?
15. Denken Sie noch einmal über das nach, was Jesus in den Versen 3-4 sagt. Stellen Sie sich vor, er würde Ihre Gaben auf einer Skala von eins bis zehn bewerten, wobei eins dem Beispiel der armen Witwe in diesem Abschnitt und zehn dem Beispiel der anderen reichen Personen gleichkäme. Wie würden Sie Ihrer Meinung nach eingeschätzt?
16. Fassen Sie nach dem, was Sie bisher im Lukasevangelium gelesen haben, zusammen, was es Ihrer Meinung nach bedeutet, heutzutage in den »Fußstapfen Jesu« zu folgen.

Zur Vertiefung

Lesen Sie die Verheißung, die Jesus in Vers 19 macht. Dasselbe griechische Wort, das hier mit »Ausharren« oder in anderen Übersetzungen auch mit »Geduld« übersetzt wird, wird auch in den folgenden Versen verwendet. Schlagen Sie sie gemeinsam auf. Was sagen sie darüber aus, wie man das »Ausharren« praktisch in die Tat umsetzen kann? Lukas 8,15; 2. Korinther 1,6; 1. Thessalonicher 1,3; Hebräer 12,1 und Jakobus 1,3-4.

LUKAS 22

Einstieg: Wenn Sie in der Nacht vor Jesu Tod bei ihm hätten sein können, welche Frage hätten Sie ihm unbedingt stellen wollen?

WAS STEHT IM TEXT?

1. Was in diesem Kapitel würde Ihrer Meinung nach einen neubekehrten Christen, der es zum ersten Mal liest, am meisten in Erstaunen versetzen?
2. Wie würden Sie erklären, was Jesus mit dem Wort *Bund* in Vers 20 meint?
3. Lesen Sie als Hintergrundinformation zu Vers 37 gemeinsam Jesaja 53,11-12 und fassen Sie die Hauptpunkte dieser Prophezeiung in eigenen Worten zusammen.
4. Vers 44 zeigt, wie groß die Not war, die Jesus durchlebte. Wie würden Sie einem Kind diesen Vers erklären?
5. Wie wird in diesem Kapitel deutlich, daß Jesus würdig und rein war?
6. EINZELHEITEN BEACHTEN – *Versuchen Sie, die folgende Frage zu beantworten, ohne in Ihrer Bibel nachzusehen:* Welche Frage stellte Jesus dem Judas, als er mit den Soldaten in den Garten Gethsemane kam? (Siehe Vers 48.)

DAS WESENTLICHE ERFASSEN

7. Wie würden Sie die *Entscheidungen* analysieren, die Petrus in diesem Kapitel trifft?
8. Wie würden Sie nach dem, was Sie in diesem Kapitel gelesen haben, die Beziehung Simon Petrus' zu Jesus beschreiben?
9. Wie würden Sie einem Menschen, der diesen Abschnitt noch nie gelesen hat, die Verse 19-20 erklären?
10. Sehen Sie sich das Thema der Auseinandersetzung in Vers 24 an und vergleichen Sie diesen Vers mit Lukas 9,46. Versuchen Sie sich in die Lage der Jünger zu versetzen und fragen Sie sich, warum dieser Streit wohl wieder entflammt ist.
11. Sehen Sie sich in Vers 40 die Worte Jesu an die Jünger an. Welche Versuchung ist Ihrer Meinung nach hier gemeint?
12. Lesen Sie aufmerksam die Verse 41-44. Inwiefern hat der hier erwähnte Engel Jesus wohl Kraft gegeben?

13. Stellen Sie sich vor, Sie würden dieses Kapitel verfilmen. Beschreiben Sie die Kulissen, die Schauspieler, Hintergrundmusik, Lichteffekte, etc., mit denen Sie versuchen würden, die zentrale Aussage dieses Kapitels zu vermitteln.

Für das Leben heute

14. Überlegen Sie, ob es für uns heute irgendwie gefährlich sein könnte, Vers 26 zu wörtlich anzuwenden.
15. Welcher Vers in diesem Kapitel ist Ihnen in Ihrer gegenwärtigen Situation besonders wichtig geworden?
16. Wie würden Sie anhand dieses Kapitels einem Freund die Liebe Gottes zu uns erklären?

Zur Vertiefung

In Vers 42 sprach Jesus von dem »Kelch«, den er trinken muß. Sprechen Sie gemeinsam über Jeremia 25,15-16; Hesekiel 23,32-34; Habakuk 2,16 und Offenbarung 14,9-10, um zu sehen, wie dieses Wort dort verwendet wird.

Lukas 23

Einstieg: Haben Sie schon einmal schlimme körperliche Schmerzen erlebt?

Was steht im Text?

1. Versuchen Sie, die Ereignisse dieses Kapitels mitzuerleben, als wären Sie Jesus selbst. Empfinden Sie, was er empfunden haben mochte, sehen Sie, was er sah, hören Sie, was er hörte. Beschreiben Sie sich gegenseitig Ihre Empfindungen.
2. Suchen Sie möglichst viele Adjektive, um die folgenden Männer dieses Kapitels zu beschreiben: Pilatus (Verse 3-7 und 12-25), Herodes (7-12), Barabbas (18-19), Simon von Kyrene (26), den ersten Verbrecher (39), den zweiten Verbrecher (40-42), den Hauptmann (47) und schließlich Jesus selbst.
3. Welche wichtigen *Entscheidungen* werden in diesem Kapitel getroffen, und wie würden Sie jede einzelne analysieren?
4. Was meinte Jesus Ihrer Meinung nach mit seinen Worten in Vers 31?
5. Was genau hat Ihrer Meinung nach den Hauptmann zu seinen Worten in Vers 47 veranlaßt?

6. Lesen Sie als Hintergrundinformation zu Joseph, der in den Versen 50-54 erwähnt wird, Johannes 19,38.
7. EINZELHEITEN BEACHTEN – *Versuchen Sie, die folgende Frage zu beantworten, ohne in Ihrer Bibel nachzusehen:* In diesem Kapitel werden zwei Gebete wiedergegeben, die Jesus am Kreuz zu Gott, seinem Vater, sprach. Welches waren die beiden Gebete? (Siehe Verse 34 und 46.)

Das Wesentliche erfassen

8. Welche guten Beispiele gibt uns dieses Kapitel für die häufigsten Aspekte der menschlichen Natur?
9. Was sagt das Beispiel der beiden Verbrecher am Kreuz in den Versen 39-43 über die Errettung aus?

Für das Leben heute

10. Heutzutage wird niemand mehr körperlich gekreuzigt. Was bedeutet das Beispiel Jesu in diesem Kapitel für Ihr persönliches Leben?
11. Welche wichtigen Ereignisse und Erkenntnisse in diesem Kapitel vergessen die Christen Ihrer Meinung nach besonders leicht?

Zur Vertiefung

Am Kreuz spricht Jesus mit dem reuigen Verbrecher neben sich vom »Paradies« (Vers 43). Sehen Sie sich die beiden anderen Schriftstellen an, wo dieses Wort im Neuen Testament verwendet wird, und überlegen Sie gemeinsam, was es bedeutet: 2. Korinther 12,3-4 und Offenbarung 2,7.

Lukas 24

Einstieg: Was ist Ihrer Meinung nach praktisch gesehen die wichtigste Aufgabe für die Zeit, die Sie noch auf dieser Erde leben?

Was steht im Text?

1. Untersuchen Sie jeden Teil der Botschaft des Engels an die Frauen in Vers 5-7.
2. Wie würden Sie den Auferstehungsleib Jesu Christi nach dem, was Sie in diesem Kapitel lesen, beschreiben?

3. **EINZELHEITEN BEACHTEN** – *Versuchen Sie, die folgende Frage zu beantworten, ohne in Ihrer Bibel nachzusehen:* Welche Worte verwandten die beiden Jünger, die (ohne zu bemerken, daß Jesus bei ihnen war) nach Emmaus wanderten, um Jesus dem »Fremden« zu beschreiben, der sie begleitete? (Siehe Verse 19-21.)

DAS WESENTLICHE ERFASSEN

4. Stellen Sie sich vor, Sie wären einer der Jünger, der die Worte Jesu in den Versen 44-49 hört. Welche Gedanken und Fragen würden Sie dabei beschäftigen?
5. Was lehrt dieses Kapitel in bezug auf den *Glauben*?
6. Welche der folgenden Charaktereigenschaften Jesu fällt Ihnen in diesem Kapitel besonders auf: sein Mitgefühl, seine Macht oder seine Weisheit? Erklären Sie Ihre Antwort.
7. Was in diesem Kapitel würde Ihrer Meinung nach einen Menschen am meisten interessieren, der zum ersten Mal von Jesus Christus hört? Warum?

FÜR DAS LEBEN HEUTE

8. Welcher Vers in diesem Kapitel ist Ihnen in Ihrer gegenwärtigen Situation besonders wichtig geworden? Warum?
9. Wie könnten Sie mit diesem Kapitel einem gläubigen Freund helfen, der daran zweifelt, daß die Bibel tatsächlich das Wort Gottes ist?
10. In Vers 47 nennt Jesus zwei Dinge, die in seinem Namen in der ganzen Welt verkündigt werden sollen. Wie wichtig sind diese beiden Dinge? Welchen Stellenwert haben sie in der Kommunikation zwischen Ihrer Gemeinde und Ihrer Umgebung?
11. Sehen Sie sich die Aussage Jesu in Vers 47 noch einmal an. Zählen Sie gemeinsam die Menschengruppen in Ihrer Umgebung auf, die vermutlich nicht viel von dem lebendigen Herrn Jesus Christus wissen. Wem gleichen diese Menschen? Was tun sie in ihrem Alltag? Wo leben sie? Stellen Sie sich nun vor, Gott hätte Sie mit einer kleinen Gruppe dieser Menschen zusammengebracht, und bei dieser Begegnung würden sie aufrichtig verstehen wollen, wer Jesus ist und was er getan hat. Welche wichtigen Dinge aus dem Lukasevangelium würden Sie ihnen weitergeben wollen, und wie würden Sie sie formulieren?
12. In Kolosser 3,1 lesen wir: »Wenn ihr nun mit dem Christus auferweckt worden seid, so sucht, was droben ist, wo der Christus ist, sitzend zur Rechten Gottes.« Was ist Ihnen persönlich in diesem Kapitel an Jesus Christus wichtig geworden, nach dem Sie streben möchten?

ZUR VERTIEFUNG

Analysieren Sie, während Sie über dieses Kapitel und die folgenden Bibelstellen nachdenken, die Bedeutung der Auferstehung Jesu: Römer 4,25; 1. Korinther 15,17 und Offenbarung 1,18.

LUKAS: DER GESAMTEINDRUCK

(Besprechen Sie zu den nachfolgenden noch einmal die im Überblick genannten Fragen.)

1. Lesen Sie die folgenden Verse und wählen Sie den SCHLÜSSELVERS für das Lukasevangelium aus – den Vers, der am besten ausdrückt, worum es in diesem Buch geht: 1,3-4; 2,14; 9,23; 19,10; 22,69 und 24,44.
2. Worauf legt Lukas bei der Darstellung Jesu in diesem Evangelium besonderen Wert?
3. An welchen Stellen dieses Buches hat das *Mitgefühl* Jesu Sie besonders beeindruckt?
4. Von Lukas wird gesagt, daß er mehr als alle anderen Evangelienschreiber ein fähiger *Historiker* ist. Wie würden Sie seine Fähigkeiten auf diesem Gebiet bewerten?
5. Inwiefern ist dieses Buch *einzigartig* in der Bibel?
6. In Jakobus 1,23-24 wird uns gesagt: »Denn wenn jemand ein Hörer des Wortes ist und nicht ein Täter, der gleicht einem Menschen, der sein natürliches Angesicht in einem Spiegel betrachtet. Denn er hat sich selbst betrachtet und ist weggegangen, und er hat sogleich vergessen, wie er beschaffen war.« Inwiefern ist das Lukasevangelium ein »Spiegel« für Sie gewesen, das Ihnen gezeigt hat, was Sie tun können und sollten?

JOHANNES

Überblick

(Besprechen Sie diese Überblicksfragen sowohl zu Beginn Ihrer Bearbeitung des Johannesevangeliums als auch nachdem Sie alle 21 Kapitel durchgenommen haben. Es könnte sein, daß Ihre Antworten vollkommen anders ausfallen, nachdem Sie sich sehr intensiv mit dem ganzen Evangelium auseinandergesetzt haben.)

Einstieg: Haben Sie schon einmal denkwürdige Erfahrungen im Leben gemacht, die Ihnen gezeigt haben, wie wichtig es ist, die Wahrheit zu sagen?

Was steht im Text?

1. Um mehr über den Autor dieses Evangeliums, den Apostel Johannes, zu erfahren, sehen Sie sich gemeinsam Markus 1,19-20; 3,17; 10,35-40 und Lukas 9,52-56 an. Wie würden Sie Johannes nach diesen Stellen beschreiben? Welche Veränderungen sind seinen Freunden vermutlich bei ihm aufgefallen, nachdem er beschlossen hatte, Jesus nachzufolgen?

2. In diesem Evangelium beschreibt sich Johannes als den »Jünger, den Jesus liebte«. Sehen Sie sich zusammen die Stellen an, in denen dieser Ausdruck verwendet wird und sprechen Sie darüber, was sie über die Persönlichkeit des Johannes und über seine Beziehung zu Jesus aussagen: 13,22-25; 19,25-27; 20,1-9; 21,4-8 und 21,19-24.

3. Wie würden Sie die Bedeutung des Wortes *Licht* in Vers 4 einem Menschen erklären, der seit seiner Geburt blind ist?

4. Vergleichen Sie den Anfang dieses Evangeliums (Johannes 1,1-8) mit dem Beginn der anderen drei Evangelien (Matthäus 1,1-17, Markus 1,1 und Lukas 1,1-4). Was sagen diese unterschiedlichen »Einstiegsarten« über den *Zweck* eines jeden Evangeliums aus?

5. Sehen Sie sich auch auf Seite 11 die Liste der Fragen an, die Sie sich vor der Bearbeitung eines jeden Buches stellen sollten.

Das Wesentliche erfassen

6. Das griechische Wort, das normalerweise mit *glauben* übersetzt wird, ist im Johannesevangelium 79mal zu finden – immer als Verb, niemals als Substantiv (der Glaube). Suchen Sie gemeinsam (vielleicht teilen Sie die Gruppe auch

auf und weisen jeder Kleingruppe ein bestimmtes Kapitel zu) sechs Stellen heraus, wo dieses Verb verwendet wird. Was möchte uns Johannes mit diesem Ausdruck klarmachen?

7. Ein weiteres Wort, das Johannes in diesem Evangelium häufig (25mal) verwendet, ist das Wort *Wahrheit*. Suchen Sie gemeinsam (vielleicht teilen Sie die Gruppe auch auf und weisen jeder Kleingruppe ein bestimmtes Kapitel zu) drei Stellen heraus, wo das Wort verwendet wird. Was möchte uns Johannes Ihrer Meinung nach mit diesem Wort *Wahrheit* klarmachen?

Für das Leben heute

8. Sehen Sie sich gemeinsam einen Vers in einem anderen Buch von Johannes an: 1. Johannes 2,6. Welche Ziele und Motivation kann dieser Vers Ihnen vermitteln, wenn Sie sich mit dem Leben Jesu, wie im Johannesevangelium berichtet, beschäftigen?

9. Wie können Sie sicherstellen, daß Ihre Beschäftigung mit dem Johannesevangelium keine rein theoretische und intellektuelle Angelegenheit bleibt, sondern wirklich praktisch wird und für Ihr Leben Konsequenzen hat? Was können Sie tun, damit das Gespräch lebendig und interessant bleibt?

Zur Vertiefung

Bibelausleger stellen das Johannesevangelium häufig als das Evangelium dar, das Jesus vor allem als den »Sohn Gottes« zeigt. Hier wird die *Gottheit* Jesu deutlich, gleichzeitig aber auch sein Menschsein. Wie wird dies auf dem Hintergrund dessen, was Sie über die vier Evangelien wissen, im Johannesevangelium im Vergleich zu den anderen drei Evangelien herausgestellt?

Johannes 1

Einstieg: Beschreiben Sie das schönste Geschenk, das Sie je bekommen haben.

Was steht im Text?

1. Lesen Sie gemeinsam die Verse 1-5 sowohl in Johannes 1 als auch in 1. Mose 1. Inwiefern unterstreichen Ihrer Meinung nach diese Abschnitte jeweils die Bedeutung des anderen?
2. Stellen Sie sich Vers 14 bildlich vor und beschreiben Sie dieses Bild.
3. Sehen Sie sich Vers 14 noch einmal an. Stellen Sie als Gruppe eine Liste mit den Informationen zusammen, die dieser Vers uns über Jesus Christus gibt.

4. Nehmen sie an, Sie würden die Verse 1-18 mit einem ungläubigen Freund lesen. Wie würden Sie Ihrem Freund in eigenen Worten diesen Abschnitt erklären, damit er versteht, wer Jesus ist?

5. Inwiefern erfüllt Johannes der Täufer Ihrer Meinung nach die Prophezeiung, von der in Vers 23 gesprochen wird?

6. Stellen Sie sich vor, Sie wären einer der Juden, die aus Jerusalem gekommen sind, um Johannes den Täufer zu hören. Sie beobachten, wie er die Aufmerksamkeit der anderen auf einen Mann lenkt, der von hinten aus der Menge nach vorn kommt, und Sie hören, wie Johannes diesen Mann »das Lamm Gottes« nennt, »das die Sünde der Welt wegnimmt« (Vers 29). Welche Bilder, Gedanken und Fragen läßt das in Ihnen entstehen?

7. Welches sind Ihrer Meinung nach die wichtigsten Dinge, die Johannes der Täufer seinen Hörern in bezug auf Jesus klarmachen wollte?

8. Inwiefern war der Dienst Johannes des Täufers einzigartig im Vergleich zu allen anderen Propheten der Bibel?

9. Was wollte Johannes der Täufer den Juden in bezug auf seine Identität und seinen Dienst begreiflich machen?

10. Schreiben Sie gemeinsam alles auf, was sie aus den Taten und Worten Jesu in den Versen 35-51 über ihn erfahren.

11. An welches Ereignis aus dem Alten Testament wird durch die Worte Jesu in Vers 51 erinnert? (Siehe 1. Mose 28,12.)

12. Wie könnte dieses Kapitel Ihnen helfen, eine Antwort auf die Frage eines Nichtchristen zu finden: »Woher weißt du, daß es einen Gott gibt?«

13. EINZELHEITEN BEACHTEN – *Versuchen Sie, die folgende Frage zu beantworten, ohne in der Bibel nachzusehen:* Wie heißt der zukünftige Jünger, der in Vers 46 fragte, ob aus Nazareth etwas Gutes kommen könne?

14. Sehen Sie sich auch auf Seite 10 die Liste der Fragen an, die Sie sich vor der Bearbeitung der einzelnen Kapitel des Johannesevangeliums stellen sollten.

DAS WESENTLICHE ERFASSEN

15. Falls Sie mit Krebs im Krankenhaus liegen würden und Ihre Ärzte Ihnen sagten, Sie hätten nur noch wenige Wochen zu leben, welcher Vers dieses Kapitels würde Ihnen am meisten bedeuten?

16. Welche guten Gründe können Sie in diesem Kapitel dafür finden, daß wir uns mit dem Leben Christi beschäftigen sollten?

17. Was sollen die Menschen auf der Erde dem Willen Gottes nach *wissen*?

18. Was sollen die Menschen auf der Erde dem Willen Gottes nach *tun*?

19. Wie sollen die Menschen auf der Erde dem Willen Gottes nach *sein*?
20. Warum nennt Johannes in diesem Kapitel Jesus »das Wort«?
21. Falls Sie nur dieses Kapitel der Bibel zur Verfügung hätten, wie würden Sie die folgenden Wörter biblisch definieren: *Gnade, Wahrheit, Herrlichkeit* und *Licht*.
22. Falls Sie nur dieses Kapitel der Bibel zur Verfügung hätten, wie würden Sie die Persönlichkeit Gottes beschreiben?
23. Wie würden Sie nach dem, was Sie in diesem Kapitel gelesen haben, die Beziehung beschreiben, die Johannes der Täufer zu Gott hatte?
24. Welche Bedeutung sehen Sie in dem Erscheinen des Heiligen Geistes in Form einer *Taube* in den Versen 32-33?
25. Wie geht Jesus in den Versen 35-51 auf die Menschen zu und wie reagiert er auf sie? Was fällt Ihnen daran auf?
26. Falls Sie nur dieses eine Kapitel der Bibel zur Verfügung hätten, wie würden Sie anhand dieses einen Kapitels den Leuten klarmachen, daß Jesus wahrhaftig *Gott* ist?

Für das Leben heute

27. Welche *persönlichen* Geschenke Gottes an *Sie* sind in den Versen 1-18 zu finden?
28. Wie könnten Sie mit dem Vers 12 einem ungläubigen Freund helfen, der Christ werden möchte?
29. Denken Sie über den Dienst Johannes des Täufers nach und berichten Sie von einer Gelegenheit, wo Sie jemanden brauchten, der »den Weg des Herrn« in Ihrem Leben bereitete.
30. Hat Gott Sie schon einmal gebraucht, um im Leben eines anderen »den Weg des Herrn« zu bereiten?
31. Wie könnten Sie jemandem anhand dieses Kapitels erklären, warum Jesus auf die Erde gekommen ist?

Zur Vertiefung

Lesen Sie Johannes 20,30-31, wo Johannes beschreibt, warum er dieses Evangelium geschrieben hat. Wie beginnt er, diese Absicht bereits in Kapitel 1 umzusetzen?

JOHANNES 2

Einstieg: Was gefällt Ihnen an Hochzeiten am meisten? Und was am wenigsten, falls es überhaupt etwas gibt?

WAS STEHT IM TEXT?

1. Nehmen Sie an, Sie wären Gast bei der Hochzeit zu Kana, von der in den Versen 1-12 berichtet wird. Stellen Sie sich die Situation vor. Wie würden Sie beschreiben, was Sie sehen, riechen, hören und empfinden?

2. Was wird Jesus und seinen Jüngern wohl durch den Kopf gegangen sein, als sie beschlossen, an dieser Hochzeit teilzunehmen?

3. Was hat Jesus mit den Worten in Vers 4 gemeint? Von welcher »Zeit« oder »Stunde« spricht er?

4. Was lernen Sie durch die Worte und das Handeln Marias in diesem ersten Teil des Kapitels?

5. Warum war Ihrer Meinung nach der Wein, den Jesus aus dem Wasser gemacht hat, von so guter Qualität?

6. Alle Menschen, die von dem Wunder, das Jesus in Kana getan hat, hörten, reagierten gleich. Wie? (Vers 11 berichtet davon.)

7. Was war *falsch* an dem, was die Geldwechsler und Viehhändler im Tempel taten? (Verse 13-16)

8. Mit welchem Adjektiv würden Sie Jesus, wie er ab Vers 13 bis zum Ende des Kapitels dargestellt wird, beschreiben? Wie würden Sie die Juden in diesem Abschnitt mit einem Adjektiv beschreiben?

9. Johannes schreibt in den Versen 24-25, daß Jesus alles über die Menschen wußte. Fassen Sie zusammen, was Johannes damit meint. *Was genau wußte Jesus über die Menschen?*

10. In den Versen 13-16 wird von einem Zwischenfall berichtet, der sich gegen Ende des Dienstes Jesu auf der Erde wiederholte. Vergleichen Sie diesen Abschnitt im Johannesevangelium mit dem späteren Zwischenfall, von dem in Markus 11,15-18 berichtet wird. Welche Ähnlichkeiten können Sie in den beiden Ereignissen erkennen? Welche Unterschiede?

11. EINZELHEITEN BEACHTEN – *Versuchen Sie, die folgende Frage zu beantworten, ohne in der Bibel nachzusehen:* In Vers 20 sagen die Juden in Jerusalem, wie lange es gedauert habe, ihren Tempel zu bauen. Wie viele Jahre waren es?

DAS WESENTLICHE ERFASSEN

12. In Kapitel 1,18 schreibt Johannes, es sei Jesus, der uns Gott kundmachen würde – Jesus zeigt uns, wie Gott ist. Wie würden Sie Gott nach dem, was Sie in Kapitel 2 gelesen haben, beschreiben?

13. In Vers 11 schreibt Johannes, durch dieses Wunder offenbare oder zeige Jesus seine Herrlichkeit. Was meint Johannes damit?

14. In diesem Wunder hat Jesus etwas *verändert*. Er verwandelte Wasser in Wein. Denken Sie über die anderen Wunder nach, die Jesus getan hat. Was hat er in diesen Wundern verändert?

15. Sehen Sie sich Vers 17 genau an. Inwiefern hilft er zu verstehen, *warum* Jesus in den Versen 15-16 die Händler aus dem Tempel gejagt hat?

16. Sehen Sie sich die Verse 19-21 genau an. Warum hat Jesus Ihrer Meinung nach so auf die Frage der Juden in Vers 18 geantwortet?

17. Welche der folgenden Charaktereigenschaften Jesu fällt Ihnen in diesem Kapitel besonders auf: sein Mitgefühl, seine Macht oder seine Weisheit? (Erklären Sie Ihre Antwort.)

18. Was in diesem Kapitel wird Ihrer Meinung nach ein Mensch besonders interessant finden, der zum ersten Mal von Jesus gehört hat? Warum?

19. Falls Sie nur dieses Kapitel in der Bibel zur Verfügung hätten, wie würden Sie daran einem Menschen klarmachen, daß Jesus wahrhaftig *Gott* ist?

FÜR DAS LEBEN HEUTE

20. Was sagt dieses Kapitel über den *Glauben* aus?

21. Denken Sie noch einmal über die Verse 13-16 nach. Haben Sie das Gefühl, daß es in unseren Gemeinden heute Dinge gibt, die den Aktivitäten der Menschen, die Jesus aus dem Tempel getrieben hat, vergleichbar sind?

22. Überlegen Sie, ob Sie mit der folgenden Aussage einverstanden oder nicht einverstanden sind: Das Handeln Jesu in Johannes 2,15-16 zeigt uns, daß Gewalt zur Erreichung eines gerechten Zieles durchaus zulässig ist.

23. Was können wir aus diesem Kapitel darüber lernen, wie wir Gott anbeten sollen?

ZUR VERTIEFUNG

Sehen Sie sich gemeinsam die Prophezeiung in Maleachi 3,1-3 an. Wie würden Sie diese Prophezeiung mit dem, was Sie bisher im Johannesevangelium gelesen haben, in Einklang bringen?

Johannes 3

Einstieg: Falls Eltern in der Gruppe sind, sollten sie erzählen, was sie bei der Geburt ihres Kindes am nachdrücklichsten beeindruckt hat.

Was steht im Text?

1. Was erfahren wir in diesem Kapitel von dem Mann mit Namen Nikodemus?

2. In Vers 12 verwendet Jesus die Ausdrücke »Irdisches« und »Himmlisches«. Spricht er zu Nikodemus von irdischen Dingen, himmlischen Dingen oder von beidem?

3. Fassen Sie zusammen, was Jesus zu Nikodemus sagte.

4. Welche wichtigen Aussagen macht dieses Kapitel über den Heiligen Geist?

5. Stellen Sie sich vor, wie Nikodemus sich nach den Worten Jesu in den Versen 10-12 vielleicht gefühlt hat. Wie würden Sie diese Gefühle beschreiben?

6. Als Hintergrundinformation zu dem, was in Vers 14 über Mose und die Schlange gesagt wird, lesen Sie 4. Mose 21,4-9. Welche Ähnlichkeiten entdecken Sie in der Situation der Israeliten in diesem Abschnitt und in der Situation der Ungläubigen heute?

7. Stellen Sie sich die Worte aus Vers 18 bildlich vor und beschreiben Sie dieses Bild.

8. Wie würden Sie mit einem Adjektiv Johannes den Täufer beschreiben, wie er in den Versen 22-36 dargestellt wird?

9. Sehen Sie sich die Worte Johannes des Täufers in Vers 27 an. Was genau hatte Johannes aus dem Himmel erhalten?

10. Treffen die Worte von Johannes in Vers 27 auch auf den Mensch Jesus zu? Wenn ja, was hat Gott, der Vater, Jesus gegeben?

11. Lesen Sie noch einmal Vers 18 im ersten Kapitel – wo Johannes sagte, Jesus würde uns Gott kundtun und uns zeigen, wie Gott ist. *Wie ist Gott* nach dem, was Sie in Kapitel 3 lesen?

12. EINZELHEITEN BEACHTEN – *Versuchen Sie, die folgende Frage zu beantworten, ohne in Ihrer Bibel nachzusehen:* Was hat Jesus über den Wind gesagt, als er mit Nikodemus sprach? (Siehe Vers 8.)

DAS WESENTLICHE ERFASSEN

13. Wie würden Sie nach dem, was Sie in den Versen 5-8 lesen, beschreiben, was es heißt, ein *geistlicher* Mensch zu sein?

14. Was hat Jesus gemeint, wenn er in Vers 5 davon spricht, wir müßten aus »Wasser und Geist« geboren werden? (Als Hintergrundinformation lesen Sie eine Schriftstelle aus dem Alten Testament, die sowohl Jesus als auch Nikodemus kannten: Hesekiel 36,25-27.)

15. Viele Menschen betrachten Vers 16 als den Schlüsselvers in der ganzen Bibel. Versuchen Sie, die Aussage dieses Verses so kurz wie möglich zusammenzufassen.

16. Vergleichen Sie die Botschaft in Vers 16 mit Römer 5,8 und 1. Johannes 4,9-10. Warum glauben so viele Menschen in der Welt nicht an diese Botschaft?

17. Schreiben Sie alle Wesenszüge Gottes auf, die in diesem Kapitel angesprochen werden.

18. Wieviel verstand Johannes der Täufer nach dem, was Sie in Kapitel eins und in den Versen 22-36 in Kapitel 3 lesen, von dem, wer Jesus wirklich war?

19. Johannes der Täufer spricht in Vers 29 von seiner Freude. Wie würden Sie diese Freude beschreiben?

20. Was sagen die letzten drei Verse in diesem Kapitel über die Beziehung zwischen den drei Personen der Dreieinigkeit – Vater, Sohn und Heiliger Geist – aus?

21. Falls Sie nur dieses Kapitel in der Bibel zur Verfügung hätten, wie würden sie damit einem anderen klarmachen, daß Jesus wahrhaftig *Gott* ist?

FÜR DAS LEBEN HEUTE

22. Welche Denkweisen können sehr leicht verhindern, daß die Worte Jesu in diesem Kapitel in unseren Leben lebendig werden?

23. Wie könnten Sie anhand der Verse 16-17 einem ungläubigen Freund helfen, der Christ werden möchte?

24. Falls ein Nichtchrist zu Ihnen sagte: »Aber Gott ist zu gut und zu liebevoll, um einen Menschen zur Hölle zu verurteilen«, was würden Sie ihm anhand der Verse 18 und 36 antworten?

25. Sehen Sie sich die Aussage Johannes des Täufers in Vers 27 genauer an. Trifft diese Aussage auch auf Sie zu? Wenn ja, was genau ist Ihnen vom Himmel gegeben worden?

26. Welcher Vers in diesem Kapitel ist Ihnen in Ihrer gegenwärtigen Situation besonders wichtig geworden? Warum?

Zur Vertiefung

Sehen Sie sich Johannes 7,50-51 und 19,39-40 an. Was erfahren Sie in diesen Versen über Nikodemus? (Vielleicht lesen Sie auch Römer 8,5-9, 1. Korinther 12,13 und 2. Korinther 5,5.)

Johannes 4

Einstieg: Erinnern Sie sich an eine unerwartete Begegnung mit einem Fremden, die sehr angenehm verlaufen ist?

Was steht im Text?

1. Machen Sie zusammen einen »Spaziergang« durch die in diesem Kapitel berichteten Begebenheiten: Sprechen Sie über das, was Sie sehen, riechen, hören oder empfinden.
2. Welche *Entscheidungen* trifft die samaritische Frau in diesem Kapitel?
3. Welches ist die »Gabe von Gott«, von der Jesus in Vers 10 spricht?
4. Will Jesus in Vers 10 sagen, daß wir um die Gabe von Gott *bitten* müssen, bevor wir sie bekommen können? Erklären Sie Ihre Antwort.
5. Wie würden Sie einem kleinen Kind Vers 24 erklären?
6. Lesen Sie Vers 30 auf dem Hintergrund dessen, was vorher in diesem Kapitel passiert ist. Welche Gedanken und Fragen mögen diese Samariter wohl bewegt haben, als sie zum Brunnen gegangen sind?
7. Welche wichtigen *Entscheidungen* werden in diesem Kapitel getroffen, und wie würden Sie jede einzelne analysieren?
8. Mit welchem Adjektiv würden Sie Jesus, so wie Sie ihn in diesem Kapitel sehen, beschreiben?
9. Denken Sie noch einmal an Johannes 1,18, wo Johannes sagt, daß Jesus uns Gott kundtun und uns zeigen würde, wie Gott ist. Wie ist Gott nach dem, was Sie in Kapitel 4 lesen?
10. EINZELHEITEN BEACHTEN – *Versuchen Sie, die folgende Frage zu beantworten, ohne in Ihrer Bibel nachzusehen:* Zu welcher Tageszeit fand die Begegnung zwischen Jesus und der samaritischen Frau am Jakobsbrunnen statt? (Siehe Vers 6.)

DAS WESENTLICHE ERFASSEN

11. Was sagen die Verse 46-53 über den *Glauben* aus?
12. Welche der folgenden Charaktereigenschaften Jesu fällt Ihnen in diesem Kapitel am meisten ins Auge: sein Mitgefühl, seine Macht oder seine Weisheit? (Erklären Sie Ihre Antwort.)
13. Was würde Ihrer Meinung nach einen Menschen, der zum ersten Mal von Jesus Christus hört, in diesem Kapitel am meisten interessieren? Warum?
14. Wenn Sie nur dieses eine Kapitel in der Bibel zur Verfügung hätten, wie würden Sie einem anderen Menschen daran klarmachen, daß Jesus wahrhaftig *Gott* ist?
15. Wie würde Jesus nach dem, was Sie in diesem Kapitel gelesen haben, die Ausdrücke *Erfolg* und *letztgültige Bedeutung* definieren?

FÜR DAS LEBEN HEUTE

16. Jesus sagte in Vers 34, seine »Speise« sei, daß er den Willen Gottes tue und sein Werk vollbringe. Warum hat Jesus wohl diese Redewendung gebraucht?
17. Denken Sie, wenn Sie ganz realistisch sind, daß es auch *Ihre* Speise sein sollte, Gottes Willen zu tun und sein Werk zu vollbringen? Warum oder warum nicht?
18. Lesen Sie Vers 34 und nennen Sie einige gute Beispiele für den Willen Gottes und sein Werk für *Sie*.
19. Sehen Sie sich in diesem Kapitel die Begegnungen Jesu mit beiden Geschlechtern an. Inwiefern steigert die Nachfolge Jesu Christi Ihren Wert als Mann oder Frau?
20. In Kolosser 3,1 lesen wir: »Wenn ihr nun mit dem Christus auferweckt worden seid, so sucht, was droben ist, wo der Christus ist, sitzend zur Rechten Gottes.« Was ist Ihnen persönlich in diesem Kapitel an Jesus Christus aufgefallen, wonach Sie streben möchten?
21. Welcher Vers in diesem Kapitel ist Ihnen in Ihrer gegenwärtigen Situation besonders wichtig geworden? Warum?

ZUR VERTIEFUNG

Sehen Sie sich die anderen Stellen in diesem Evangelium an, in denen Jesus davon spricht, den Willen und das Werk Gottes zu tun. Welches einheitliche Muster oder welche vereinheitlichenden Konzepte können Sie erkennen: 6,38; 9,4; 12,49; 14,31; 15,10 und 17,4?

Johannes 5

Einstieg: Welches waren Ihre größten Frustrationen und Ihre größten »Durchbrüche« in der vergangenen Woche?

Was steht im Text?

1. Stellen Sie sich vor, Sie wären Reporter des »Jerusalemer Tageblatts«. Wie würden Sie in wenigen Sätzen beschreiben, was in diesem Kapitel passiert ist?
2. Was wird in diesem Kapitel in bezug auf die Beziehung zwischen der menschlichen und der göttlichen Natur Jesu gesagt?
3. Was hält Jesus nach Vers 39 von den Schriften?
4. Was genau ist die »Ehre«, die nur von Gott kommt, von der Jesus in Vers 44 spricht?
5. Was in diesem Kapitel würde einen neubekehrten Christen, der dieses Kapitel zum ersten Mal liest, besonders in Erstaunen versetzen?
6. Lesen Sie Johannes 1,18 noch einmal. *Wie ist Gott* nach dem, was Sie in Kapitel 5 erfahren?
7. EINZELHEITEN BEACHTEN – *Versuchen Sie, die folgende Frage zu beantworten, ohne in Ihrer Bibel nachzusehen:* Wie viele Jahre war der Mann, den Jesus am Teich geheilt hat, krank gewesen? (Siehe Vers 5.)

Das Wesentliche erfassen

8. Wenn Sie an Krebs erkrankt wären und die Ärzte Ihnen gesagt hätten, Sie hätten nur noch wenige Wochen zu leben, welche Verse in diesem Kapitel könnten Ihnen besonders wichtig werden?
9. Wie könnten Sie anhand des Verses 14 einem Nichtchristen helfen, der an Jesus glauben, sein sündiges Verhalten jedoch nicht aufgeben möchte?
10. Welches sind die *Motive* und die *Strategie* hinter den Worten Jesu in den Versen 31-47?
11. Lesen Sie die Worte Jesu in den Versen 39-40 noch einmal. Was hielt die religiösen Juden davon ab, zu Jesus zu kommen?

Für das Leben heute

12. Wie könnten Sie mit Vers 24 einem Nichtchristen die Bedeutung des Evangeliums erklären?

Johannesevangelium

13. Wie könnten Sie mit demselben Vers einem Menschen helfen, der zwar an Christus glaubt, aber Angst hat, er könnte seine Erlösung und das ewige Leben verlieren, wenn er sündigt.
14. Wie würden Sie mit den Versen 28-29 einem neubekehrten Christen helfen, der wissen möchte, ob die Bibel die Reinkarnation lehrt?
15. Wie würden Sie mit Vers 39 einem neubekehrten Christen helfen, den Wert der Bibel zu verstehen?
16. Wenn Sie nur dieses Kapitel der Bibel zur Verfügung hätten, wie würden Sie damit einem anderen Menschen klarmachen, daß Jesus wahrhaftig *Gott* ist?

ZUR VERTIEFUNG

In Vers 27 nennt Jesus sich selbst »des Menschen Sohn«. Diesen Namen verwendet Jesus sehr oft, wenn er in den Evangelien von sich selbst spricht. Sehen Sie sich einige oder alle der folgenden Stellen im Johannesevangelium an, in denen Jesus sich so nennt und sprechen Sie über die Bedeutung dieses Titels: 1,51; 3,13; 6,27; 6,53; 6,62; 8,28; 9,35; 12,23 und 12,34.

JOHANNES 6

Einstieg: Was gefällt Ihnen an einem Picknick besonders gut? Und was gefällt Ihnen gar nicht daran, falls es etwas gibt?

WAS STEHT IM TEXT?

1. Machen Sie erneut einen »Spaziergang« durch die Ereignisse dieses Kapitels. Stellen Sie sich die Situation vor und sprechen Sie über das, was Sie sehen, riechen, hören und empfinden.
2. Die Themen der Unterhaltung zwischen Jesus und den Juden in den Versen 25-58 sind *Manna* und *Brot*. Inwiefern läßt sich auf der Grundlage dessen, was Sie aus dem Alten Testament über das Manna wissen (als Hintergrundinformation lesen Sie 2. Mose 16,13-15; 16,31 und 4. Mose 11,7-9), das Manna mit dem »wahren Brot vom Himmel« vergleichen, von dem Jesus in Vers 32 spricht? Welche Ähnlichkeiten gibt es, welche Unterschiede?
3. Sehen Sie sich Vers 44 an. Was genau tut Gott, um sein Volk zu sich zu »ziehen«?
4. Lesen Sie Vers 66 im Licht dessen, was vorher in diesem Kapitel passiert ist. Was mag in diesen Jüngern vorgegangen sein, als sie nach Hause gingen und sich ihrer Vergangenheit wieder zuwandten?

5. Wieviel seiner Zeit konnte Jesus nach dem, was Sie bisher in diesem Evangelium gelesen haben, allein verbringen? Warum hat er sich Zeit dafür genommen?
6. Welches sind die wichtigsten *Entscheidungen*, die in diesem Kapitel getroffen werden, und wie würden Sie jede einzelne analysieren?
7. EINZELHEITEN BEACHTEN – *Versuchen Sie, die folgende Frage zu beantworten, ohne in Ihrer Bibel nachzusehen:* Welcher der Jünger erzählte Jesus von dem Jungen, der fünf Brote und zwei Fische hatte? (Siehe Vers 8.)

Das Wesentliche erfassen

8. Falls Sie nur noch wenige Wochen zu leben hätten, welche Verse in diesem Kapitel würden Ihnen besonders wichtig sein?
9. Inwiefern könnten Sie mit Vers 51 einem falschen Lehrer entgegentreten, der behauptet, Jesu Tod sei kein stellvertretendes Opfer für uns gewesen?
10. Inwiefern unterstreichen die Verse 53-56 die Bedeutung von Johannes 1,18?
11. Warum hat Jesus nach dem, was Sie in diesem Kapitel lesen, Wunder getan?
12. Welche der folgenden Charaktereigenschaften Jesu fällt Ihnen in diesem Kapitel besonders auf: sein Mitgefühl, seine Macht oder seine Weisheit? (Erklären Sie Ihre Antwort.)
13. Was in diesem Kapitel könnte einen Menschen, der zum ersten Mal von Jesus Christus hört, besonders interessieren? Warum?
14. Falls Sie nur dieses eine Kapitel in der Bibel zur Verfügung hätten, wie würden Sie damit einem anderen Menschen klarmachen, daß Jesus wahrhaftig *Gott* ist?
15. Was bedeutet es nach dem, was Sie in diesem Kapitel gelesen haben, »Jesus nachzufolgen«?

Für das Leben heute

16. Welche Denkweisen können sehr leicht verhindern, daß die Worte Jesu in diesem Kapitel in Ihrem Leben lebendig werden?
17. Welche Richtlinien für das »Jüngerschaftstraining« der heutigen Zeit erkennen Sie vor allem in der Art, wie Jesus in den Versen 5-13 mit seinen Jüngern arbeitete?
18. Wie könnten Sie anhand der Verse 28-29 einem ungläubigen Freund helfen, der der Meinung ist, er würde ein gutes Leben führen und brauchte nicht an Jesus Christus zu glauben?

19. Wie könnten Sie anhand des Verses 37 einem ungläubigen Freund helfen, der der Meinung ist, er sei zu sündig; Gott könne ihn unmöglich annehmen?
20. Sehen Sie sich noch einmal die Verse 60-61 an. Inwiefern fühlen sich einige Personen heutzutage von den Worten Jesu angegriffen?
21. In welcher Hinsicht, falls überhaupt, stimmen Sie mit dem, was die Personen in Vers 60 sagten, überein?
22. Welcher Vers in diesem Kapitel ist Ihnen in Ihrer gegenwärtigen Situation besonders wichtig geworden? Warum?

Zur Vertiefung

In welchem Zusammenhang steht die Botschaft in den Versen 44 und 65 zu den Worten Jesu in Matthäus 11,28-30?

Johannes 7

Einstieg: Hat es in Ihrem Leben schon einmal eine Situation gegeben, in der andere Familienmitglieder eine Entscheidung, die Sie getroffen, oder Pläne, die Sie geschmiedet haben, nicht verstehen konnten?

Was steht im Text?

1. Was würde einen neubekehrten Christen, der dieses Kapitel zum ersten Mal liest, am meisten in Erstaunen versetzen?
2. Wenn Jesus in Vers 7 von »die Welt« spricht, wen meint er damit?
3. Welche Strategie verfolgte Jesus nach dem, was Sie in den Versen 8, 10 und 14 lesen, zur damaligen Zeit?
4. Beschreiben Sie in eigenen Worten die falschen Vorstellungen in bezug auf Jesus, die in den Versen 12, 15, 20 und 27 deutlich werden. Überlegen Sie, welche dieser falschen Vorstellungen besonders ernst sind und warum.
5. Beschreiben Sie anhand der Verse 12-13 sowohl die Macht der jüdischen Führer als auch den Mut des gemeinen Volkes.
6. Sehen Sie sich die Kontroverse in bezug auf den Sabbat an, von dem Jesus in den Versen 21-24 spricht. Welches Verständnis hatte Jesus vom Sabbat, welches Verständnis hatten die Juden?
7. Wie wir in den folgenden beiden Versen sehen, verstanden die Juden nicht, was Jesus in den Versen 33-34 sagte. Wovon sprach Jesus hier denn?

8. Lesen Sie, wie Johannes in Vers 39 das »lebendige Wasser« definiert, von dem Jesus im vorhergehenden Vers gesprochen hat. Ist dies dasselbe lebendige Wasser, von dem Jesus in Johannes 4,10 mit der Frau am Jakobsbrunnen in Johannes spricht?

9. Diskutieren Sie auf der Grundlage dessen, was Sie in diesem Kapitel gelesen haben, die folgende Aussage: Wie wir in diesem Kapitel gesehen haben, waren das jüdische Volk und die jüdischen Führer generell sehr offen, aber sie konnten nicht so schnell akzeptieren, wer Jesus wirklich war, weil er von sich in so geheimnisvollen Umschreibungen gesprochen hat.

10. Denken Sie noch einmal an die Aussage über Jesus in Johannes 1,18. *Wie ist Gott*, wenn Sie das zugrunde legen, was Sie in Kapitel 7 gelesen haben?

11. EINZELHEITEN BEACHTEN – *Versuchen Sie, die folgende Frage zu beantworten, ohne in der Bibel nachzusehen:* Was hat Jesus in diesem Kapitel über das »lebendige Wasser« gesagt? (Siehe Vers 38.)

DAS WESENTLICHE ERFASSEN

12. Wie würden Sie die *Motive* und *Wertvorstellungen* der Brüder Jesu in den Versen 3-5 beschreiben?

13. Lesen Sie, was Jesus in den Versen 6 und 8 über den richtigen Zeitpunkt sagt, und lesen Sie auch Vers 30 in diesem Kapitel und Vers 20 in Kapitel 8. Wie hat Jesus nach diesen Versen gelebt?

14. Welche wichtigen Dinge erfahren wir in den Versen 37-39 über den Heiligen Geist?

15. Wie könnten Sie mit dem Vers 17 einem Nichtchristen helfen, der nicht so recht weiß, ob Jesus der Sohn Gottes ist?

16. Lesen Sie gemeinsam Vers 32 und danach den Bericht der Tempelwachen in den Versen 45-46. Falls die Pharisäer den Wachen die Gelegenheit gegeben hätten, noch mehr zu sagen, was hätten sie Ihrer Meinung nach über die Worte gesagt, die Jesus gesprochen hat?

17. Falls Sie nur dieses eine Kapitel in der Bibel zur Verfügung hätten, wie könnten Sie damit einem anderen klarmachen, daß Jesus wahrhaftig *Gott* ist?

FÜR DAS LEBEN HEUTE

18. Sehen Sie sich an, was Jesus in Vers 7 sagt und beziehen Sie es auf sich selbst. Inwiefern würde die Welt Grund haben, Sie zu hassen?

19. Inwiefern könnten Sie anhand der Worte Jesu in den Versen 16-18 die Botschaft religiöser Lehrer und Prediger heute bewerten?

20. Rufen Sie sich noch einmal alle sich widersprechenden Dinge, die in diesem Kapitel über Jesus gesagt werden, ins Gedächtnis – Sie werden eine große Auswahl davon in den Versen 12, 20, 26 und 31 finden. In welchem Ausmaß haben auch Sie sich widersprechende Ansichten über Jesus? Welche Erkenntnisse oder Schlußfolgerungen haben Sie in bezug auf ihn gewonnen?

ZUR VERTIEFUNG

In dem größten Teil dieses Kapitels ist der Blick der Juden auf Jesus als *Mensch* gerichtet – lesen Sie zum Beispiel die Verse 12, 15, 25, 27, 35, und 40. Sehen Sie sich auch die folgenden anderen Stellen im Johannesevangelium an und überlegen Sie, was sie über die *Menschlichkeit* und über das *Menschsein* Jesu und sein Beispiel für die Menschen heute aussagen: 2,25; 4,6-7; 4,34; 5,6; 5,30; 6,15; 7,37; 8,29; 9,6; 11,35; 11,38; 11,53-54; 12,44; 13,4-5; 18,4-5; 19,26-27; 19,28-30 und wieder zurück zu 1,14.

JOHANNES 8

Einstieg: Haben Sie schon einmal erlebt, daß die Strafe oder Korrektur, die Sie für ein Verhalten erhielten, sehr viel schwächer ausgefallen ist als Sie erwartet hatten?

WAS STEHT IM TEXT?

1. Mit welchen Adjektiven würden Sie die Juden in diesen ersten Versen des Kapitels beschreiben? Wie würden Sie Jesus in dieser Begebenheit beschreiben? Wie würden Sie die Frau beschreiben?

2. Als Hintergrundinformation zu den Versen 1-6 lesen Sie 3. Mose 20,10 und 5. Mose 22,22-24 und sprechen Sie darüber, wie treu sich die Juden in Johannes 8 an diese Vorschriften des Gesetzes hielten.

3. Vergleichen Sie die Worte Jesu in den Versen 14-18 mit dem, was er in Johannes 5,31-40 gesagt hat. Stimmt die Hauptaussage in beiden Abschnitten überein? Wenn nicht, worin unterscheiden sie sich?

4. Wie würden Sie die *Freiheit* beschreiben, von der Jesus in den Versen 32 und 36 spricht?

5. Als Hintergrundinformation zu den Versen 58-59 lesen Sie 2. Mose 3,14, danach 3. Mose 24,16. Versuchen Sie, sich in die Lage der Juden in diesem Abschnitt zu versetzen. Warum waren sie hier so aufgebracht über das, was Jesus gesagt hat?

6. Welchen Eindruck oder welches Bild hinterläßt dieser Abschnitt bei Ihnen?
7. Welche wichtigen Einzelheiten können in diesem Kapitel sehr leicht übersehen werden?
8. Denken Sie noch einmal an die Aussage über Jesus in Johannes 1,18. *Wie ist Gott* nach dem, was Sie in Kapitel 8 erfahren?
9. EINZELHEITEN BEACHTEN – *Versuchen Sie, die folgende Frage zu beantworten, ohne in Ihrer Bibel nachzusehen:* Zu welcher Tageszeit bringen die Juden die Frau, die beim Ehebruch ertappt wurde, zu Jesus? (Siehe Vers 2).

DAS WESENTLICHE ERFASSEN

10. Welche Gedanken und Fragen mögen die Frau nach der in den Versen 2-11 beschriebenen Begebenheit wohl bewegt haben? Und welche Fragen und Gedanken mögen die Juden wohl bewegt haben, die die Frau zu Jesus brachten?
11. Welche Denkweisen könnten sehr leicht verhindern, daß die Worte Jesu in den Versen 31-32 in unserem Leben lebendig werden?
12. Wie würden Sie die *Freiheit* definieren und beschreiben, von der Jesus in den Versen 31 und 36 spricht?
13. Was an diesem Kapitel könnte einen Menschen, der zum ersten Mal von Jesus Christus hört, am meisten interessieren? Begründen Sie Ihre Aussage.
14. Wenn Sie nur dieses eine Kapitel in der Bibel kennen würden, wie würden Sie daran einem Menschen klarmachen, daß Jesus wahrhaftig *Gott* ist?

FÜR DAS LEBEN HEUTE

15. In Philipper 4,8 wird uns folgendes gesagt: »Übrigens, Brüder, alles, was wahr, alles, was ehrbar, alles, was gerecht, alles, was rein, alles, was liebenswert, alles, was wohllautend ist, wenn es irgendeine Tugend und wenn es irgendein Lob gibt, das erwägt!« Welche Denkanstöße gibt Ihnen dieses Kapitel? Was fällt Ihnen als besonders *wahr* oder *ehrbar, gerecht* oder *rein, liebenswert* oder *wohllautend,* als *Tugend* oder *Lob* ins Auge?
16. Wie könnten Sie mit den Versen 24 und 34 einem ungläubigen Freund helfen, der keine Vorbehalte gegen einen unmoralischen Lebensstil hat?
17. Wie könnten Sie mit Vers 36 einem ungläubigen Freund helfen, der der Meinung ist, er könnte kein Christ werden, weil er nicht die Kraft habe, seinen sündigen Lebenswandel aufzugeben?
18. Sehen Sie sich Vers 47 noch einmal an. Auf welche Weise »spricht« Gott zu uns heute, so daß wir ihn hören können?

19. Wie könnten Sie mit Vers 47 einem ungläubigen Freund helfen, der sagt, er könnte nicht glauben, daß die Bibel tatsächlich Gottes Wort ist?

ZUR VERTIEFUNG

Der Begriff *Zeugnis* oder *Zeuge* ist ein Schlüsselwort nicht nur in diesem Kapitel (wie Sie in den Versen 13-18 sehen), sondern im gesamten Johannesevangelium. Lesen Sie gemeinsam die anderen Verse im Johannesevangelium, in denen dieser Begriff verwendet wird. Überlegen Sie, ob dieser Begriff Ihnen genauso wichtig ist wie Jesus und Johannes: 1,6-8; 1,32-34; 3,11; 3,32; 4,39; 5,31-39; 15,26-27; 18,37; 19,35 und 21,24.

JOHANNES 9

Einstieg: Welches ist die schlimmste Situation, in der Sie sich je befunden haben?

WAS STEHT IM TEXT?

1. Um *wen* geht es in diesem Kapitel Ihrer Meinung nach in der Hauptsache?
2. Wie würden Sie nach dem, was Sie in diesem Kapitel lesen, die Persönlichkeit des blinden Mannes beschreiben?
3. Welche Dinge waren nach dem, was Sie aus diesem Kapitel erfahren, den Pharisäern besonders wichtig?
4. Stellen Sie sich vor, Sie würden zu den Pharisäern in diesem Kapitel gehören und den Mann befragen, der behauptete, von Jesus geheilt worden zu sein. Sehen Sie sich nur die Informationen an, die in den Versen 13-34 weitergegeben werden. Welche *Fakten* gibt es in diesem Fall?
5. Wer sind die Blinden (Vers 39), von denen Jesus spricht, und wer sind die Sehenden?
6. Welches sind die wichtigsten *Entscheidungen*, die in diesem Kapitel getroffen werden, und wie würden Sie jede einzelne analysieren?
7. Denken Sie noch einmal an die Aussage über Jesus in Johannes 1,18. *Wie ist Gott* nach dem, was Sie in Kapitel 9 erfahren?
8. Was in diesem Kapitel würde einen neubekehrten Christen, der es zum ersten Mal liest, am meisten in Erstaunen versetzen?
9. EINZELHEITEN BEACHTEN – *Versuchen Sie, die folgende Frage zu beantworten, ohne in Ihrer Bibel nachzusehen:* Wie hat Jesus den blinden Mann sehend gemacht? (Siehe Verse 6-7.)

DAS WESENTLICHE ERFASSEN

10. Überlegen Sie, ob Sie mit dem, was der ehemals blinde Mann in Vers 31 über Gott sagt, einverstanden oder nicht einverstanden sind.
11. Was halten Sie von dem, was der Mann in Vers 33 über Jesus sagt?
12. Was genau glaubte der Mann Ihrer Meinung nach, als er in Vers 38 sagte: »Ich glaube, Herr …«?
13. Falls Sie unmittelbar nach den Geschehnissen dieses Kapitels mit dem einst blinden Mann gesprochen und ihn gebeten hätten, das Wort *Glauben* zu definieren, was hätte er wohl geantwortet?
14. Stellen Sie sich vor, Sie würden dieses Kapitel verfilmen. Welche Kulissen, Darsteller, Hintergrundmusik, Lichteffekte, etc., würden Sie wählen, um die zentrale Aussage dieses Kapitels zu übermitteln?
15. Welche der folgenden Charaktereigenschaften Jesu fällt Ihnen in diesem Kapitel besonders auf: sein Mitleid, seine Macht oder seine Weisheit?
16. Falls Sie nur dieses eine Kapitel der Bibel zur Verfügung hätten, wie würden Sie damit einem Menschen klarmachen, daß Jesus wahrhaftig *Gott* ist?

FÜR DAS LEBEN HEUTE

17. Sehen Sie sich in Vers 4 an, was Jesus über den Tag und die Nacht sagt. Leben wir in dem Sinne, wie Jesus es gemeint hat, am *Tag* oder in der *Nacht*?
18. Sehen Sie sich in Vers 39 die Aussage Jesu über den Zweck seines Kommens an. In welchem Zusammenhang steht dies zu *Ihrem* Lebenszweck?
19. Sind Sie frei von geistlicher Blindheit? Denken Sie noch einmal sorgfältig über das nach, was Jesus in den letzten drei Versen dieses Kapitels sagt. Dann stellen Sie sich vor, er würde Ihre geistliche Einstellung auf einer Skala von eins bis zehn bewerten, wobei zehn eine vollkommene geistliche Sichtweise wäre, eins jedoch geistlicher Blindheit nahekommen würde. Wie würde Jesus Sie Ihrer Meinung nach einschätzen?

ZUR VERTIEFUNG

Lesen Sie die Worte Jesu in Vers 5, eine der vielen »ich bin« Aussagen in diesem Evangelium. Sehen Sie sich gemeinsam auch die anderen Verse an und stellen Sie eine Liste zusammen von dem, was Jesus nach eigener Aussage ist: 6,35; 8,12; 10,7; 11,25; 14,6 und 15,1.

JOHANNES 10

Einstieg: Welche Bilder fallen Ihnen ein, wenn Sie das Wort *Sicherheit* hören?

WAS STEHT IM TEXT?

1. In diesem Kapitel spricht Jesus viel von Schafen und Hirten. Welche Gedanken und Bilder mögen den Juden nach dem, was Sie vom Alten Testament wissen, gekommen sein, als Jesus sich selbst als »Hirten« bezeichnete? (Als Hintergrundinformation lesen Sie Psalm 23,1-4, Jesaja 40,10-11 und Hesekiel 34,11-16).

2. Jesus sagt in diesem Kapitel, daß er sowohl die Tür für die Schafe (Vers 7) als auch der gute Hirte (Vers 11) ist. Wie passen diese beiden Begriffe zusammen?

3. Wer ist Ihrer Meinung nach mit den »Dieben und Räubern« in Vers 8 gemeint, und wer ist der »Dieb« in Vers 10?

4. Wer sind die »anderen Schafe« in Vers 16?

5. Was in diesem Kapitel könnte einen Menschen, der zum ersten Mal von Jesus Christus hört, am meisten interessieren?

6. Denken Sie noch einmal an die Aussage über Jesus in Johannes 1,18. *Wie ist Gott* nach dem, was Sie aus Kapitel 10 erfahren?

7. EINZELHEITEN BEACHTEN – *Versuchen Sie, die folgende Frage zu beantworten, ohne in Ihrer Bibel nachzusehen:* Das letzte Gespräch Jesu mit den Juden in diesem Kapitel findet im Tempelbezirk in Jerusalem statt. Welche Jahreszeit war es? (Siehe Verse 22-23).

DAS WESENTLICHE ERFASSEN

8. Wenn Sie nur noch wenige Wochen zu leben hätten, welche Verse dieses Kapitels würden für Sie wohl die größte Bedeutung haben?

9. Sehen Sie sich Vers 14 noch einmal an. Nennen Sie einige gute Beispiele dafür, daß er seine Schafe »kennt«, in dem Sinne, wie Jesus diese Aussage hier gebrauchte.

10. Lesen Sie Vers 17 noch einmal und diskutieren Sie die folgende Aussage: Gottes Liebe zu Jesus liegt eher in dem begründet, *was Jesus getan hat* als in dem, *wer er ist.*

11. Wieviel falsches Denken finden Sie in den Ansichten der Juden in den Versen 22-39?

12. Falls Sie nur die Worte Jesu in den Versen 27-30 aus der Bibel zur Verfügung hätten, welche Schlußfolgerungen könnten Sie daraus ziehen a) in bezug auf das, was Jesus ist, b) wie Gott ist und c) wie die Menschen sind?
13. Diskutieren Sie auf der Grundlage dessen, was Jesus in Vers 30 gesagt hat (und was in anderen wichtigen Bibelstellen gesagt wird), die folgende Aussage: Gott, der Vater, und Jesus, sein Sohn, sind in Wesen und Substanz gleich, aber sie sind *nicht* eine Person.
14. Falls Sie nur dieses eine Kapitel der Bibel zur Verfügung hätten, wie würden Sie damit einem Menschen klarmachen, daß Jesus wahrhaftig *Gott* ist?
15. Was bedeutet es nach dem, was Sie in diesem Kapitel gelesen haben, »Jesus nachzufolgen«?

Für das Leben heute

16. Sehen Sie sich noch einmal an, was Jesus in Vers 10 über den Dieb und seine Taten sagt. Inwiefern trifft dies auf die heutige Zeit zu?
17. Wie könnten Sie mit den Versen 15-18 einem falschen Lehrer entgegentreten, der behauptet, Jesus hätte nicht gewußt, daß er von den Juden ermordet werden würde, sondern hätte einen Aufstand gegen die römische Herrschaft geplant?
18. Die abschließenden Worte Jesu in Vers 10 sind auf verschiedene Weise übersetzt worden, zum Beispiel: »Leben in Überfluß haben«, »Leben und volles Genüge haben«, »Leben aus der Fülle«. Nachfolgend drei Fragen, über die Sie nachdenken können: a) In welchem Maß trifft eine solche Beschreibung auf Ihr Leben heute zu? b) In welchem Ausmaß ist es Ihre Erwartung für die Zukunft? c) Mit welchen Beispielen können Sie Ihre Antwort verdeutlichen?
19. Denken Sie noch einmal an die Aussage in Kolosser 3,1: »Wenn ihr nun mit dem Christus auferweckt worden seid, so sucht, was droben ist, wo der Christus ist, sitzend zur Rechten Gottes.« Was ist Ihnen persönlich in diesem Kapitel an Jesus Christus wichtig geworden, nach dem Sie streben möchten?
20. Welcher Vers in diesem Kapitel ist Ihnen in Ihrer gegenwärtigen Situation besonders wichtig geworden? Begründen Sie Ihre Antwort.

Zur Vertiefung

Vom Johannesevangelium wird gesagt, daß es sich von den vier Evangelien am meisten mit den *Prinzipien* in der Lehre Jesu beschäftigt. Inwiefern können Sie nach dem, was Sie bereits gelesen haben, bestätigen, daß Johannes tatsächlich seinen Schwerpunkt auf grundlegende *Prinzipien* legt?

JOHANNES 11

Einstieg: Welche Erfahrung haben Sie in frühester Kindheit mit dem Tod gemacht?

WAS STEHT IM TEXT?

1. Versuchen Sie, mit möglichst vielen Adjektiven die folgenden Personen in diesem Kapitel zu beschreiben: Thomas (Vers 16); Maria (Verse 3, 20 und 29-33); Martha (3,20-28 und 39) Lazarus; Kaiphas (49-52) und Jesus selbst.
2. Wie hat Jesus nach Vers 5 seine Arbeit eingeteilt?
3. Wie würden Sie die Verse 25-26 einem kleinen Kind erklären?
4. Stellen Sie sich vor, Sie wären der Jünger Thomas und würden schnell einen Brief an Ihre Familie oder einen Freund zu Hause schreiben. Wie würden Sie Ihrem Freund beschreiben, was in diesem Kapitel passiert ist?
5. Sehen Sie sich auch in diesem Kapitel die Begegnungen an, die Jesus mit beiden Geschlechtern gehabt hat. Inwiefern steigert nach dem, was Sie bisher in diesem Evangelium gelesen haben, die Nachfolge Jesu Ihren Wert als Mann oder Frau?
6. Was in diesem Kapitel würde Ihrer Meinung nach einen neubekehrten Christen, der es zum ersten Mal liest, am meisten in Erstaunen versetzen?
7. Denken Sie noch einmal an die Aussage über Jesus in Johannes 1,18. *Wie ist Gott* nach dem, was Sie in Kapitel 11 erfahren?
8. EINZELHEITEN BEACHTEN – *Versuchen Sie, die folgende Frage zu beantworten, ohne in Ihrer Bibel nachzusehen:* Wie viele Tage wartete Jesus, bevor er sich zu Martha und Maria auf den Weg machte, nachdem er erfahren hatte, daß Lazarus krank war? (Siehe Vers 6.)

DAS WESENTLICHE ERFASSEN

9. Wenn Sie unmittelbar nach den in diesem Kapitel beschriebenen Ereignissen mit Maria und Martha gesprochen und sie gebeten hätten, das Wort *Glaube* zu definieren, was hätten sie Ihrer Meinung nach geantwortet?
10. Haben Sie bei der Bearbeitung dieses Evangeliums bisher feststellen können, daß Jesus Druck auf die Personen ausübte, an ihn zu glauben? (Erklären Sie Ihre Antwort.)
11. Welche der folgenden Charaktereigenschaften Jesu fällt Ihnen in diesem Kapitel besonders auf: sein Mitgefühl, seine Macht oder seine Weisheit?

12. Was an diesem Kapitel würde Ihrer Meinung nach einen Menschen am meisten interessieren, der zum ersten Mal von Jesus Christus hört? Warum?
13. Falls Sie nur dieses eine Kapitel der Bibel zur Verfügung hätten, wie würden Sie damit einem Menschen klarmachen, daß Jesus wahrhaftig *Gott* ist?

Für das Leben heute

14. Welche Denkweise kann Ihrer Meinung nach sehr leicht verhindern, daß die Worte Jesu in den Versen 25-26 in Ihrem Leben lebendig werden?
15. Lesen Sie Lukas 10,38-42 und vergleichen Sie diese Stelle mit Johannes 11,17-40. Wie würden Sie die Persönlichkeiten Marias und Marthas beschreiben, und inwiefern können Sie sich mit einer von ihnen identifizieren?
16. Welcher Vers in diesem Kapitel ist Ihnen in Ihrer gegenwärtigen Situation besonders wichtig geworden? Begründen Sie Ihre Antwort.

Zur Vertiefung

Beachten Sie, wie Jesus in Vers 41 sein Gebet beginnt. Im Johannesevangelium wird das Wort *Vater* häufiger für Gott verwendet als in allen anderen Evangelien zusammengenommen. Sehen Sie sich andere Kapitel in diesem Buch (vor allem Kapitel 5, 6, 8, 10 und 14 – 17) an, und suchen Sie mehrere Stellen heraus, in denen Jesus Gott so anspricht. Sprechen Sie darüber, welche Erkenntnisse diese Stellen uns über die Vater/Sohn Beziehung vermitteln.

Johannes 12

Einstieg: Berichten Sie, wie Sie gelernt haben (oder noch lernen), geduldig zu sein und auf den richtigen Zeitpunkt für eine wichtige Entscheidung zu warten.

Was steht im Text?

1. Welche Dinge waren Maria nach dem Bericht in den Versen 1-11 im Leben besonders wichtig?
2. Lesen Sie die Verse 12-15 und diskutieren Sie die folgende Aussage: Der jubelnde Empfang, der Jesus bei seinem Einzug in Jerusalem zuteil wurde, ist nur darauf zurückzuführen, daß die Personen mißverstanden hatten, was für ein König er eigentlich war. Das zeigte sich im Laufe der Woche durch das veränderte Verhalten der Massen ihm gegenüber.

3. Lesen Sie noch einmal, was Jesus in den Versen 23 und 27 sagte und vergleichen Sie diese Aussagen mit Johannes 2,4 und 7,6. Was sagen diese Abschnitte über seine Absicht und den Zeitpunkt der Erfüllung seiner Pläne aus?
4. Beschäftigen Sie sich eingehend mit den Worten Jesu in Vers 24. Bedeutet diese Aussage, daß sein Tod der einzige Weg war, den Menschen Leben zu geben?
5. Jesus spricht in Vers 25 von dem Menschen, der sein Leben liebt. Welches der folgenden Wörter ist das beste Synonym für das Wort »liebt« in diesem Vers, wenn man von dem Sinn ausgeht, in dem Jesus dieses Wort hier gebraucht hat: *schützen, genießen* oder *wertschätzen*?
6. In welchem Zusammenhang steht das, was Jesus in Vers 25 sagt, zu dem, was er in Vers 26 sagt?
7. Sehen Sie sich an, was Jesus am Ende von Vers 26 von der Ehre sagt. Um welche Ehre handelt es sich?
8. Was genau ist das »Licht« und die »Dunkelheit«, von der Jesus in den Versen 35-36 spricht?
9. Denken Sie noch einmal an die Aussage über Jesus in Johannes 1,18. *Wie ist Gott*, wenn Sie das zugrunde legen, was Sie in Kapitel 12 gelesen haben?
10. EINZELHEITEN BEACHTEN – *Versuchen Sie, die folgende Frage zu beantworten, ohne in Ihrer Bibel nachzusehen:* In der Mitte dieses Kapitels spricht Gott vom Himmel. Was hat Jesus unmittelbar vorher gebetet, und wie antwortete diese Stimme? (Siehe Vers 28.)

Das Wesentliche erfassen

11. Falls Sie nur noch wenige Wochen zu leben hätten, welche Verse in diesem Kapitel wären Ihnen besonders wichtig?
12. Falls Judas Ischarioth sich wirklich dem unterworfen hätte, was Jesus in den Versen 1-8 gesagt und getan hat, welche Lektion hätte er über den Wert des Geldes lernen können?
13. Beachten Sie, was Johannes in Vers 16 von dem Verständnis der Jünger der Ereignisse dieses Kapitels sagt. Welches sind Ihrer Meinung nach die Hauptgründe, warum sie erst später alles begriffen haben?
14. Trifft das Beispiel, das Jesus in Vers 24 nennt, nur auf ihn zu oder auf jeden?
15. Von den in diesem Kapitel beschriebenen Ereignissen waren es nur noch wenige Tage bis zum Leiden und Sterben Jesu. Können Sie in den nachfolgenden Ereignissen erkennen, daß die Jünger sich an die Worte Jesu aus Vers 26 erinnerten?

16. Lesen Sie die Verse 44-45 und diskutieren Sie die folgende Aussage: Es ist unmöglich, an Jesus zu glauben, ohne gleichzeitig auch an Gott zu glauben.
17. Falls Sie nur dieses eine Kapitel der Bibel zur Verfügung hätten, wie würden Sie daran einem Menschen klarmachen, daß Jesus wahrhaftig *Gott* ist?
18. Der Jesus, den wir in diesem Evangelium kennenlernen, ist nicht nur ganz Gott, sondern auch ganz Mensch. Inwiefern zeigt sich Jesus in diesem Evangelium als Vorbild eines vollkommenen Menschen?

FÜR DAS LEBEN HEUTE

19. Was können wir tun, das in Gottes Augen dem, was Maria in Vers 3 mit der Salbe getan hat, gleichwertig wäre? Oder ist es dazu tatsächlich schon zu spät?
20. Sehen Sie sich die Verse 23 und 27 noch einmal an. Wie bestimmen *Sie* den richtigen Zeitpunkt für eine größere Aufgabe oder Entscheidung in Ihrem Leben?
21. Sehen Sie sich die Aussage Jesu in Vers 26 an und beantworten Sie die beiden Fragen: a) *Wo ist Jesus jetzt?* b) *Was sagt das darüber aus, wo SIE sein sollten?*
22. In den Versen 37-41 geht es um das *Erkennen* – eine Gruppe von Menschen, die nicht erkennen konnte, und ein alttestamentlicher Prophet, der dies konnte. Sehen Sie sich diesen Abschnitt noch einmal an. Inwiefern trifft dies auf Ihr Zeugnis für Christus zu?
23. Sehen Sie sich in Vers 46 an, was Jesus über den Zweck seines Kommens in diese Welt sagt. In welchem Zusammenhang steht dies zu *Ihrem* Lebenszweck?
24. Fassen Sie auf der Basis dessen, was Sie aus dem Johannesevangelium gelernt haben, kurz zusammen, was es Ihrer Meinung nach für einen Christen heute bedeutet, »den Fußstapfen Jesu zu folgen«.
25. Welcher Vers in diesem Kapitel ist Ihnen in Ihrer gegenwärtigen Situation besonders wichtig geworden?

ZUR VERTIEFUNG

Sehen Sie sich noch einmal an, wie *Licht* und *Dunkelheit* in den Versen 35-36 und 46 einander gegenübergestellt werden. Dies ist ein häufiges Thema im Johannesevangelium. Sehen Sie sich die anderen hier aufgeführten Beispiele an und vergleichen Sie sie mit den Licht- und Dunkelheitsversen in Kapitel 12. Sprechen Sie danach darüber, ob Sie das Leben genauso »schwarz-weiß« sehen wie Jesus und Johannes: 1,4-5; 3,19-21 und 8,12.

JOHANNES 13

Einstieg: Haben Sie schon einmal erlebt, daß jemand Ihnen einen Dienst erwiesen hat und Sie der Meinung waren, Sie hätten diesen Dienst nicht verdient?

WAS STEHT IM TEXT?

1. In Vers 1 spricht Johannes von etwas, das Jesus »wußte«. Wie hat Jesus davon erfahren?

2. Sehen Sie sich auch in Vers 3 die drei anderen Dinge an, die Jesus zu dieser Zeit »wußte«. Welche Bedeutung hatte jede dieser Aussagen im Zusammenhang mit Jesus zu jener Zeit?

3. Mit welchen Adjektiven würden Sie die Jünger in diesem Kapitel beschreiben? Und wie würden Sie folgende Personen beschreiben: Petrus, Judas und Jesus?

4. Sehen Sie sich an, was in den Versen 2 und 27 vom Teufel gesagt wird. Lesen Sie auch die Verse 70-71 in Kapitel 6. Welches war die Strategie des Teufels an diesem Punkt in seinem Feldzug gegen Gott?

5. Denken Sie noch einmal an die Aussage über Jesus in Johannes 1,18. *Wie ist Gott*, wenn Sie das zugrunde legen, was Sie in Kapitel 13 gelesen haben?

6. EINZELHEITEN BEACHTEN – *Versuchen Sie, die folgende Frage zu beantworten, ohne in Ihrer Bibel nachzusehen:* Welche drei Dinge tat Jesus, bevor er von dem Mahl aufstand, das er mit seinen Jüngern einnahm, und ihre Füße wusch? (Siehe Verse 4-5).

DAS WESENTLICHE ERFASSEN

7. Lesen Sie noch einmal, was Johannes in Vers 1 über die Liebe Jesu sagt. Diskutieren Sie nun die folgende Aussage: Die Liebe Christi kennt keine Grenzen.

8. Sehen Sie sich an, was Jesus in Vers 7 zu den Jüngern gesagt hat. Was hinderte die Jünger daran, richtig zu verstehen, was zu jener Zeit vorging?

9. Lesen Sie Vers 16 und diskutieren Sie die folgende Aussage: Wenn wir anderen nicht liebevoll dienen, zeigen wir damit, daß wir uns größer und wichtiger fühlen als Jesus selbst.

10. Warum nennt Jesus sein Gebot in Vers 34 ein neues Gebot? In welcher Hinsicht ist es neu?

11. Überdenken Sie, was Jesus in Vers 21 über Judas und in Vers 38 über Petrus sagt. Da Jesus wußte, daß Judas ihn verraten und Petrus ihn verleugnen würde, warum hat er nichts unternommen, um sie daran zu hindern?
12. Einige Kommentatoren waren der Meinung, Judas Ischarioth sei in der Geschichte unrechtmäßig für das verurteilt worden, was er Jesus angetan hat – er hätte einfach in einer unverständlichen, menschlichen Weise auf eine Situation reagiert, in der er größere Erwartungen an Jesus gestellt hatte, als Jesus erfüllen konnte. Wie würden Sie auf diese Behauptung reagieren, wenn Sie sich dieses Kapitel ansehen, vor allem die Verse 2 und 27-30?
13. Wenn Sie gebeten würden, die wichtigsten »Merkmale christlicher Reife« dieses Kapitels aufzuzählen, welches würden Sie als erstes nennen?
14. Falls Sie nur dieses eine Kapitel in der Bibel zur Verfügung hätten, wie würden Sie daran einem Menschen klarmachen, daß Jesus wahrhaftig *Gott* ist?

FÜR DAS LEBEN HEUTE

15. Sehen Sie sich an, was Jesus in Vers 7 sagt. In bezug auf welche Umstände in Ihrem Leben könnte Jesus dieselben Worte sprechen?
16. Sehen Sie sich an, was Jesus in den Versen 14-15 sagt. Erklären Sie in eigenen Worten, was dieses Beispiel Jesu praktisch in Ihrem eigenen Leben bedeutet.
17. Wie gut wird Ihrer Meinung nach dieses Gebot Jesu, einander zu lieben (Verse 34-35), in Ihrer Gemeinde umgesetzt?
18. Wie gut setzen Ihrer Meinung nach die Personen in Ihrer Bibelgruppe dieses Gebot in die Tat um?
19. Welcher Vers in diesem Kapitel ist Ihnen in Ihrer gegenwärtigen Situation besonders wichtig geworden?

ZUR VERTIEFUNG

Im Johannesevangelium wird von Kapitel 13 an bis zum Schluß viel von der *Liebe* gesprochen. Sehen Sie sich gemeinsam die folgenden Schlüsselverse an und formulieren Sie anhand dieser Verse eine neue Definition von *Liebe*: 14,21; 15,13; 16,27 und 17,24.

Johannes 14

Einstieg: Wie stellen Sie sich den Himmel vor?

Was steht im Text?

1. Sehen Sie sich den allerersten Satz in diesem Kapitel an. Weshalb waren die Jünger zu diesem Zeitpunkt betrübt?
2. Wie würden Sie Vers 6 einem kleinen Kind erklären? (Vielleicht sollten Sie auch Vers 5 in Ihre Erklärung miteinbeziehen.)
3. Welche Beispiele würden Sie für die »größeren Dinge« oder »größeren Werke« geben, von denen Jesus in Vers 12 spricht?
4. Was meint Jesus in Vers 13 mit dem Ausdruck »in meinem Namen«?
5. Welches ist »jener Tag«, von dem Jesus in Vers 20 spricht?
6. Welches sind die größten *Versprechen*, die Jesus in diesem Kapitel macht?
7. Denken Sie noch einmal an die Aussage über Jesus in Johannes 1,18. *Wie ist Gott*, wenn Sie das zugrunde legen, was Sie in Kapitel 14 gelesen haben?
8. EINZELHEITEN BEACHTEN – *Versuchen Sie, die folgende Frage zu beantworten, ohne in Ihrer Bibel nachzusehen:* Wie beendete Jesus den folgenden Satz in diesem Kapitel: »Weil ich lebe …?« (Siehe Vers 19.)

Das Wesentliche erfassen

9. Stellen Sie sich vor, Sie wären der Jünger Philippus und hätten mit den anderen Jüngern und Jesus die in Johannes 13 – 18 beschriebene Nacht verlebt. Welche Gedanken und Fragen wären ihnen wohl durch den Kopf gegangen, nachdem Sie in Johannes 14,9 Jesu Antwort auf Ihre Frage gehört hätten?
10. Lesen Sie Vers 6 und beantworten Sie die folgende Frage: *Warum* ist Jesus »der Weg«?
11. Sehen Sie sich in Vers 13 den *Prozeß* der Verherrlichung an, von dem Jesus spricht. Wie würden Sie diesen Vorgang praktisch beschreiben?
12. Sehen Sie sich Vers 26 an. Warum wird Ihrer Meinung nach die dritte Person der Gottheit in der Bibel so oft der *Heilige* Geist genannt anstatt der *mächtige* Geist, der *liebende* Geist oder der *allwissende* Geist?
13. Sehen Sie sich an, was Jesus in Vers 31 sagt. Warum ist es für Jesus so wichtig, daß die Welt von dieser Liebe erfährt?
14. Welche wichtigen Dinge werden in diesem Kapitel über den Heiligen Geist gesagt?

15. Wie läßt sich die Lehre dieses Kapitels in bezug auf den Heiligen Geist mit dem vergleichen, was Sie in Johannes 3 durch die Worte Jesu zu Nikodemus erfahren haben?
16. Wenn Sie gebeten würden, die wichtigsten »Merkmale christlicher Reife« dieses Kapitels aufzuzählen, welches würden Sie als erstes nennen?
17. Falls Sie nur dieses eine Kapitel der Bibel zur Verfügung hätten, wie würden Sie damit einem Menschen klarmachen, daß Jesus wahrhaftig *Gott* ist?

FÜR DAS LEBEN HEUTE

18. Welche Denkweisen können sehr leicht verhindern, daß die Worte Jesu in den Versen 1-3 in unseren Gedanken und Herzen lebendig werden?
19. Wie würden Sie mit Hilfe von Vers 6 die These eines falschen Lehrers widerlegen, der behauptet, Jesus sei nur einer von vielen Wegen, auf denen die Menschen zu Gott kommen können?
20. Würden Sie aus eigener Erfahrung sagen, daß Sie den Heiligen Geist, wie Jesus ihn in den Versen 16-17 beschrieben hat, brauchen?
21. Welches sind die wichtigsten Dinge in diesem Kapitel, die man in bezug auf Jesus glauben sollte?
22. Welcher Vers in diesem Kapitel ist Ihnen in Ihrer gegenwärtigen Situation besonders wichtig geworden? Begründen Sie Ihre Antwort.

ZUR VERTIEFUNG

Vers 6 ist eines der bekanntesten Beispiele dafür, wie der Apostel Johannes das Wort *Leben* in seinem Evangelium verwendet. Johannes wählt dieses Wort mehr als doppelt so oft wie jeder andere neutestamentliche Schreiber. Sehen Sie sich einige der anderen hier aufgeführten Bibelstellen an, in denen Johannes dieses Wort ebenfalls verwandte, und überlegen Sie, wie er dieses Wort wohl definiert hätte: 1,4; 3,36; 5,21; 5,24; 6,33; 6,63; 10,10 und 12,25.

JOHANNES 15

Einstieg: Wie stark ist an diesem Punkt in Ihrem Leben Ihr persönlicher Wunsch, Jesus besser kennenzulernen, verglichen mit anderen Zeiten in der Vergangenheit? Bewerten Sie sich auf einer Skala von eins bis zehn (eins = »viel schwächer als je zuvor«; zehn = »sehr viel stärker als je zuvor«).

Was steht im Text?

1. Von welcher *Frucht* spricht Jesus in den Versen 5, 8 und 16? Handelt es sich in allen diesen Versen um dieselbe Frucht?
2. In den Versen 4-6 spricht Jesus von der absoluten Notwendigkeit, in ihm zu »bleiben«. Hat dieses »Bleiben« mehr mit *Glauben*, mit *Liebe* oder mit *Hoffnung* zu tun?
3. Wie sieht die Verherrlichung Gottes durch unser Fruchtbringen praktisch aus, wie Jesus in Vers 8 sagt?
4. Welches ist die wahre Quelle der Freude, von der Jesus in Vers 11 spricht? Lesen Sie auch die Verse, in die Vers 11 eingebettet ist.
5. Welche großen Versprechen gibt Jesus uns in diesem Kapitel?
6. Denken Sie noch einmal an die Aussage über Jesus in Johannes 1,18. *Wie ist Gott*, wenn Sie das zugrunde legen, was Sie in Kapitel 15 gelesen haben?
7. EINZELHEITEN BEACHTEN – *Versuchen Sie, die folgende Frage zu beantworten, ohne in Ihrer Bibel nachzusehen:* Wie beendete Jesus in diesem Kapitel den folgenden Satz: »Wenn die Welt euch haßt …«? (Siehe Vers 18.)

Das Wesentliche erfassen

8. Wie würden Sie aus dem, was Sie in Vers 15 lesen, die Art von menschlicher *Freundschaft* beschreiben, die Jesus billigen und gutheißen würde?
9. Was hat die *Entscheidung*, die Jesus in Vers 16 getroffen hat, zur Folge?
10. Lesen Sie Vers 19 und diskutieren Sie die folgende Aussage: Ein Mensch gehört entweder ganz Gott oder ganz der Welt; es gibt keinen Mittelweg.
11. Sehen Sie sich in Vers 26 die Worte an, mit denen Jesus den Heiligen Geist beschreibt (beachten Sie dieselben Worte in den Versen 16-17 des vorhergehenden Kapitels). Was wollte Jesus uns durch die Verwendung dieser Worte in bezug auf den Heiligen Geist klarmachen?
12. Wenn Sie gebeten würden, die in diesem Kapitel aufgeführten wichtigsten »Merkmale christlicher Reife« zusammenzustellen, welches würden Sie als erstes nennen?
13. Falls Sie nur dieses eine Kapitel der Bibel zur Verfügung hätten, wie würden Sie damit einem Menschen zu erklären versuchen, daß Jesus wahrhaftig *Gott ist*?

Für das Leben heute

14. Denken Sie noch einmal an das Gebot in Kolosser 3,1: »Wenn ihr nun mit dem Christus auferweckt worden seid, so sucht, was droben ist, wo der Christus ist,

sitzend zur Rechten Gottes«. Was ist Ihnen in diesem Kapitel an Jesus Christus wichtig geworden, nach dem Sie streben möchten?

15. Denken Sie an das Bild in den Versen 1 und 2. Inwiefern hat Gott Sie in Ihrem Leben bereits zurechtgestutzt?
16. Jesus spricht in Vers 11 davon, wie unsere Freude »völlig« oder »vollkommen« werden kann. Wie würden Sie die Freude in Ihrem Leben auf einer Skala von eins bis zehn (eins = vollkommen leer, zehn = völlig oder überfließend) beschreiben?
17. Inwiefern treffen die Worte Jesu zu seinen Jüngern in Vers 16 auch auf die heutige Zeit zu?
18. Welcher Vers in diesem Kapitel ist Ihnen in Ihrer gegenwärtigen Situation besonders wichtig geworden?

Zur Vertiefung

Jesus lehrt uns, daß wir uns auf ihn verlassen *müssen* (Vers 5). Sehen Sie sich gemeinsam die folgenden Verse an und überlegen Sie, wie Jesus selbst uns ein Beispiel dafür gibt durch seine Abhängigkeit von seinem Vater: 5,30; 6,38; 10,37; 12,49-50 und 14,31.

Johannes 16

Einstieg: Welche wichtigen Veränderungen hat es in der Zeit, in der Sie Christ sind, in ihrem Verständnis des Heiligen Geistes gegeben?

Was steht im Text?

1. Auf welche Weise nimmt Jesus in diesem Kapitel die Interessen seiner Jünger wahr?
2. Wie würden Sie in eigenen Worten die Hauptaussagen zusammenfassen, die Jesus in den Versen 7-15 in bezug auf den Heiligen Geist macht?
3. Wer ist gemeint, wenn Jesus in Vers 8 von der »Welt« spricht?
4. Erklären Sie in eigenen Worten, was der Heilige Geist für die Welt tut (Verse 8-11).
5. Erklären Sie in eigenen Worten, was der Heilige Geist für die Jünger Jesu tut (Verse 12-15).

6. Erklären Sie in eigenen Worten, was der Heilige Geist für Jesus selbst tut (Verse 14-15).
7. Beschreiben Sie so vollständig wie möglich die *Freude*, von der Jesus in den Versen 20-24 spricht.
8. Welcher Tag ist mit »jener Tag« in Vers 23 gemeint?
9. Welche großen Versprechen gibt uns Jesus in diesem Kapitel?
10. Was in diesem Kapitel könnte einen neubekehrten Christen, der es zum ersten Mal liest, besonders zum Staunen bringen?
11. Denken Sie noch einmal an die Aussage über Jesus in Johannes 1,18. *Wie ist Gott*, wenn Sie das zugrunde legen, was Sie in Kapitel 16 gelesen haben?
12. EINZELHEITEN BEACHTEN – *Versuchen Sie, die folgende Frage zu beantworten, ohne in Ihrer Bibel nachzusehen:* Welche Namen gibt Jesus dem Heiligen Geist in diesem Kapitel? (Siehe Verse 7, 13 und 15.)

DAS WESENTLICHE ERFASSEN

13. Welches sind Ihrer Meinung nach die wichtigsten Dinge, die uns dieses Kapitel in bezug auf den Heiligen Geist vermittelt?
14. Welches falsche Denken oder Handeln auf Seiten der Jünger könnte Jesus durch das, was er in den Versen 8-11 sagt, zu verhindern versucht haben?
15. Sehen Sie sich in Vers 14 den *Prozeß* der Verherrlichung an, den Jesus beschreibt, wenn er von dem Werk des Heiligen Geistes spricht. Wie würden Sie diesen Prozeß ganz praktisch beschreiben?
16. Lesen Sie die Verse 22-24 und diskutieren Sie die folgende Aussage: Ohne ein lebendiges Gebetsleben ist es unmöglich, in diesem Leben Freude die Fülle zu erfahren.
17. Welches falsche Denken oder Handeln wollte Jesus Ihrer Meinung nach durch das verhindern, was er in Vers 33 sagt?
18. In den Kapiteln 14, 15 und 16 sind Schlüsselverse in bezug auf das Gebet enthalten. Sehen Sie sie sich gemeinsam an und einigen Sie sich auf das wichtigste Gebetsprinzip, das in allen vermittelt wird: 14,13-14; 15,7 und 16,23-24.
19. Falls Sie nur dieses eine Kapitel der Bibel zur Verfügung hätten, wie würden Sie damit einem Menschen klarmachen, daß Jesus wahrhaftig *Gott* ist?

FÜR DAS LEBEN HEUTE

20. Sehen Sie sich an, was Jesus den Jüngern in Vers 13 verspricht. In welchem Maß haben diese Versprechen auch für die Christen heute Gültigkeit?

21. Welche Denkweisen können sehr leicht verhindern, daß die Einladung Jesu in Vers 24 in unserem Leben lebendig wird?
22. Falls Sie gebeten würden, die in diesem Kapitel aufgeführten wichtigsten »Merkmale christlicher Reife« zusammenzustellen, welches würden Sie als erstes nennen?
23. Welcher Vers in diesem Kapitel ist Ihnen in Ihrer gegenwärtigen Situation besonders wichtig geworden? Warum?

Zur Vertiefung

Sehen Sie sich gemeinsam die Großzügigkeit Gottes an, von der Jesus in Vers 23 spricht. Das Johannesevangelium spricht sehr häufig über das *Geben* – vor allem über das, was Gott gibt. Lesen Sie die folgenden Verse und stellen Sie eine Liste der Gaben zusammen, die Gott seinem Sohn Jesus gegeben hat: 5,27; 5,36; 6,39; 10,29; 17,2; 17,9; 17,24 und 18,11.

Johannes 17

Einstieg: Welches ist in Ihrer gegenwärtigen Situation Ihr wichtigstes Anliegen, das Sie im Gebet vor Gott bringen?

Was steht im Text?

1. Jesus spricht in Vers 1 von der »Zeit« oder »Stunde«, die nun gekommen ist. Was bedeutete das für ihn?
2. Was genau ist das »Werk«, von dem Jesus in Vers 4 spricht, und wie verherrlichte er Gott dadurch?
3. Wie oft wird der Begriff *Welt* in diesem Kapitel verwendet? Hat er jeweils dieselbe Bedeutung? Falls nicht, welche unterschiedlichen Bedeutungen hat er?
4. Stellen Sie gemeinsam eine Liste mit den Bitten zusammen, die Jesus in diesem Kapitel äußert. Wenn man sie alle zusammengenommen betrachtet, was offenbaren sie in bezug auf das, was Jesus im tiefsten Innern bewegt?
5. Jesus beginnt sein Gebet in Vers 20 mit der Bitte für diejenigen, die durch das »Wort« der Jünger an ihn glauben werden. Welches ist das Wort?
6. Mit welchem Adjektiv würden Sie Jesus, wie er sich Ihnen in diesem Kapitel zeigt, beschreiben?

7. Denken Sie noch einmal an die Aussage über Jesus in Johannes 1,18. *Wie ist Gott*, wenn Sie das zugrunde legen, was Sie in Kapitel 17 gelesen haben?
8. EINZELHEITEN BEACHTEN – *Versuchen Sie, die folgende Frage zu beantworten, ohne in Ihrer Bibel nachzusehen:* Mit welchen Namen spricht Jesus Gott in diesem Kapitel an? (Siehe Verse 1, 11 und 25).

DAS WESENTLICHE ERFASSEN

9. Welches der folgenden Worte würde Ihrer Meinung nach am besten beschreiben, wie sich die *Welt* uns in diesem Gebet Jesu darstellt: *ein Gefängnis, ein Gebirge, ein Schlachtfeld* oder *ein Pfad*?
10. Mit welcher Empfindung hat Jesus nach dem, was Sie von ihm wissen, wohl die Worte in Vers 5 gesprochen?
11. Falls Sie nur noch wenige Wochen zu leben hätten, welche Verse dieses Kapitels würden Ihnen besonders wichtig sein?
12. Falls Sie nur dieses eine Kapitel der Bibel zur Verfügung hätten, wie würden Sie damit einem Menschen zu erklären versuchen, daß Jesus wahrhaftig *Gott* ist?

FÜR DAS LEBEN HEUTE

13. Was könnte Sie in die Lage versetzen, am Ende Ihres Leben das zu Gott zu sagen, was Jesus in Vers 4 sagt?
14. Sehen Sie sich in den Versen 14 und 22 an, was Jesus seinen Jüngern gegeben hat. Inwiefern hat er auch uns heute diese Dinge gegeben?
15. Welche Richtlinien für das Gebet können Sie diesem Kapitel entnehmen, die uns helfen könnten, häufiger und mit größerer Vollmacht zu beten?
16. Denken Sie noch einmal an Philipper 4,8, wo es heißt: »Alles, was wahr, alles, was ehrbar, alles, was gerecht, alles, was rein, alles, was liebenswert, alles, was wohllautend ist, wenn es irgendeine Tugend und wenn es irgendein Lob gibt, das erwägt.« Was fällt Ihnen in diesem Kapitel als besonders *wahr, ehrbar, gerecht, rein, liebenswert, wohllautend*, als *Tugend* oder *Lob* ins Auge?

ZUR VERTIEFUNG

Sehen Sie sich noch einmal die häufige Verwendung des Wortes *Welt* in diesem Kapitel an. Johannes verwendet dieses Wort sehr viel häufiger als jeder andere neutestamentliche Schreiber. Sehen Sie sich genau an, in welchem Sinn es in jedem der folgenden Verse des Johannesevangeliums gebraucht ist und überlegen Sie, in welcher Hinsicht und in welchem Maß Gott von uns möchte, daß wir von der ganzen Welt »groß denken«: 1,10; 3,17; 8,23; 12,31; 15,19; 16,28 und 16,33.

JOHANNES 18

Einstieg: Glauben Sie, was die Menschen heutzutage sagen? Wie vertrauenswürdig sind sie? Bewerten Sie die Vertrauenswürdigkeit der folgenden Menschengruppen auf einer Skala von eins bis zehn (eins = vollkommen unehrlich, zehn = vollkommen ehrlich): Regierungsführer, Lehrer an öffentlichen Schulen, Wissenschaftler, Journalisten, Autoverkäufer, Werbefachleute, Geschäftsleute und Gemeindemitarbeiter.

WAS STEHT IM TEXT?

1. Stellen Sie sich vor, Sie gehörten zu den Jüngern in dieser Eröffnungsszene im Olivenhain. Was würden Sie über Judas denken, während Sie die beschriebenen Ereignisse miterleben? Über Jesus? Über sich selbst und die anderen Jünger?

2. Warum haben die Soldaten und Pharisäer Ihrer Meinung nach so reagiert, wie in Vers 6 beschrieben ist?

3. Wie definieren Sie den »Kelch«, von dem Jesus in Vers 11 spricht, und warum hat er Ihrer Meinung nach dieses bestimmte Wort gewählt, um auszudrücken, was er meinte?

4. In Vers 36 erklärt Jesus Pilatus, was sein Königreich *nicht* ist. Wie würden Sie die Worte Jesu ergänzen, um zu verdeutlichen, was sein Königreich *ist*?

5. Welches sind die wichtigsten *Entscheidungen*, die in diesem Kapitel getroffen werden, und wie würden Sie jede einzelne analysieren?

6. Denken Sie noch einmal an die Aussage über Jesus in Johannes 1,18. *Wie ist Gott*, wenn Sie das zugrunde legen, was Sie in Kapitel 18 gelesen haben?

7. EINZELHEITEN BEACHTEN – *Versuchen Sie, die folgende Frage zu beantworten, ohne in Ihrer Bibel nachzusehen:* Wohin brachten die Soldaten Jesus, nachdem sie ihn verhaftet und gefesselt hatten? (Siehe Vers 12.)

DAS WESENTLICHE ERFASSEN

8. Diskutieren Sie die folgende Aussage: Das Handeln des Petrus in Vers 10 zeigte, daß er im Grunde genommen mutig und rechtschaffen war.

9. Wenn Sie alles gewußt hätten und im Hof des Hohenpriesters neben Petrus gestanden hätten, was hätten Sie ihm sagen wollen? (Siehe Verse 25-27.)

10. Warum hat Jesus Pilatus Ihrer Meinung nach eine solche Antwort gegeben? (Vers 34.)

11. Wenn Sie nur dieses eine Kapitel in der Bibel zur Verfügung hätten, wie würden Sie damit einem Menschen zu erklären versuchen, daß Jesus wahrhaftig *Gott* ist?

FÜR DAS LEBEN HEUTE

12. Wie würden Sie die Frage des Pilatus in Vers 38 so ausführlich wie möglich beantworten? Was bewirkt diese Definition in Ihrem Leben?

13. Denken Sie an die Aussage Jesu zum Zweck seines Kommens in diese Welt, die er in Vers 37 macht. Inwiefern können Sie sich mit diesem Zweck in Ihrem eigenen Leben identifizieren? In welchem Maß ist dies auch *Ihr* Lebensziel?

14. Sehen Sie sich in Vers 37 genau an, was Jesus über diejenigen sagt, die »aus der Wahrheit« sind oder »auf Seiten der Wahrheit stehen«. Stellen Sie sich vor, Sie würden voll und ganz auf die Stimme Jesu hören. Was würden Sie als ein solcher Mensch tun?

ZUR VERTIEFUNG

Sehen Sie sich noch einmal die Frage des Pilatus in Vers 38 an. Lesen Sie nun die folgenden anderen Verse aus dem Johannesevangelium und überlegen Sie, wie Johannes diese Frage beantworten würde: 1,17; 4,23-24; 7,18; 8,32; 8,44-46; 14,6; 16,13 und 17,17.

JOHANNES 19

Einstieg: An welche große Leistung können Sie sich erinnern, die Ihnen besondere Erfüllung gebracht hat?

WAS STEHT IM TEXT?

1. Versuchen Sie sich vorzustellen, Sie wären Jesus, während Sie die Ereignisse dieses Kapitels an sich vorüberziehen lassen. Versuchen Sie zu fühlen, was er fühlte, zu sehen, was er sah, zu hören, was er hörte. Beschreiben Sie sich gegenseitig Ihre Empfindungen dabei.

2. Sehen Sie sich die folgenden kurzen Abschnitte in den Kapiteln 18 und 19 an und erklären Sie bei jedem, was Pilatus zu tun *versucht* hat: 18,31; 18,38-39; 19,1-4 und 19,14-15.

3. Als Hintergrundinformation zum Schweigen Jesu lesen Sie die Prophezeiung in Jesaja 53,7.

4. Worauf bezieht sich in den drei Worten, die Jesus in Vers 30 gesprochen hat, das »es«?

5. Denken Sie noch einmal an die Aussage über Jesus in Johannes 1,18. *Wie ist Gott*, wenn Sie das zugrunde legen, was Sie in Kapitel 19 gelesen haben?

6. EINZELHEITEN BEACHTEN – *Versuchen Sie, die folgende Frage zu beantworten, ohne in Ihrer Bibel nachzusehen:* Welches sind die letzten Worte Jesu am Kreuz? (Siehe Vers 30.)

DAS WESENTLICHE ERFASSEN

7. Stellen Sie sich vor, Sie wären Pontius Pilatus, der römische Statthalter in Jerusalem, und würden die beschriebenen Ereignisse miterleben. Welche Gedanken und Fragen würden die Angst hervorrufen, von denen in Vers 8 gesprochen wird?

8. Inwiefern ist Ihrer Meinung nach dieses Kapitel eine gute Illustration der menschlichen Natur?

9. Falls Sie nur dieses eine Kapitel der Bibel zur Verfügung hätten, wie würden Sie damit einem Menschen zu erklären versuchen, daß Jesus wahrhaftig *Gott* ist?

FÜR DAS LEBEN HEUTE

10. Niemand versucht heutzutage, uns körperlich zu kreuzigen – aber was bedeutet Jesu *Vorbild* in diesem Kapitel für unser persönliches Leben?

11. Welche von den besonders wichtigen Ereignissen und Aussagen in diesem Kapitel werden von den Christen sehr leicht vergessen?

ZUR VERTIEFUNG

Vergegenwärtigen Sie sich die Ereignisse dieses Kapitels und lesen Sie noch einmal die Worte Jesu in 10,17-18, in denen er seine Bereitschaft erklärt, sein Leben für die Welt zu geben. Lesen Sie danach gemeinsam die folgenden anderen Verse des Johannesevangeliums und zählen Sie auf, was Jesus uns geben *kann* oder uns gegeben *hat*: 4,10; 5,21; 6,27; 6,51; 13,34; 14,27; 17,14 und 17,22.

JOHANNES 20

Einstieg: Was ist ganz praktisch gesehen das Wichtigste, das Sie in der Zeit tun sollten, die Sie noch auf der Erde haben?

WAS STEHT IM TEXT?

1. Welchen besonderen Eindruck macht dieses Kapitel auf Sie oder welches Bild hinterläßt es bei Ihnen?
2. Welches Adjektiv würden Sie Maria Magdalena zuordnen? Mit welchem Adjektiv würden Sie Thomas beschreiben?
3. Wie würden Sie einem Kind die Verse 30-31 erklären?
4. Denken Sie noch einmal an die Aussage über Jesus in Johannes 1,18. *Wie ist Gott*, wenn Sie das zugrunde legen, was Sie in Kapitel 20 gelesen haben?
5. EINZELHEITEN BEACHTEN – *Versuchen Sie, die folgende Frage zu beantworten, ohne in Ihrer Bibel nachzusehen:* Wie nannte Thomas Jesus, nachdem er sich ihm gezeigt hatte? (Siehe Vers 28.)

DAS WESENTLICHE ERFASSEN

6. Welches sind die wichtigsten Lektionen dieses Kapitels über den *Glauben*?
7. Warum sprach Jesus Ihrer Meinung nach in den Versen 19 und 21 zu den Jüngern die Worte: »Friede euch«?
8. Wie könnten Sie anhand der Verse 24-29 einem ungläubigen Freund helfen, der der Meinung ist, er brauche mehr Beweise, bevor er an Christus glauben könne?
9. Wie könnten Sie anhand der Verse 30-31 einem neubekehrten Christen helfen, den Wert der Bibel zu verstehen?
10. Wie umfassend können Sie das »Leben« definieren und beschreiben, von dem Johannes im letzten Satz dieses Kapitels spricht?
11. Falls Sie unmittelbar nach den Ereignissen dieses Kapitels mit dem Jünger Thomas gesprochen und ihn gebeten hätten, das Wort *Glauben* zu definieren, was hätte er Ihrer Meinung nach geantwortet?
12. Falls Sie nur dieses eine Kapitel in der Bibel zur Verfügung hätten, wie würden Sie damit einem Menschen zu erklären versuchen, daß Jesus wahrhaftig *Gott* ist?

Für das Leben heute

13. Sehen Sie sich jede Aussage an, die Jesus in den Versen 21-23 macht. Stellen Sie sich vor, Sie säßen mit den Jüngern in dem verschlossenen Raum, als Jesus erschien. Welche Gedanken und Fragen würden Ihnen durch den Kopf gehen, wenn Sie hörten, was Jesus sagte?
14. Sehen Sie sich noch einmal an, wie Thomas Jesus in Vers 28 genannt hat. Was bedeutet es für Sie persönlich, wenn Sie Jesus so nennen?
15. Inwiefern hat auf dem Hintergrund des Verses 31 die Beschäftigung mit dem Johannesevangelium Ihren Glauben vertieft, auch wenn Sie vielleicht schon lange an Jesus Christus glauben?
16. Denken Sie noch einmal über Vers 31 nach. Zählen Sie gemeinsam Menschengruppen in Ihrer Umgebung auf, die Ihrer Meinung nach nichts von dem Leben Jesu wissen. Wem gleichen diese Menschen? Was tun sie in ihrem täglichen Leben? Wo leben sie? Stellen Sie sich nun vor, Gott hätte Sie mit einer kleinen Gruppe dieser Menschen zusammengebracht, und bei dieser Gelegenheit würden sie echtes Interesse daran zeigen zu verstehen, wer Jesus ist und was er getan hat. Welches sind nach der Beschäftigung mit dem Johannesevangelium die wichtigsten Dinge, die Sie ihnen würden vermitteln wollen, und welche Worte würden Sie wählen?

Zur Vertiefung

Denken Sie über dieses Kapitel und über die folgenden Verse nach und analysieren Sie die Bedeutung der Auferstehung Jesu: Römer 4,25; 1. Korinther 15,17 und Offenbarung 1,18.

Johannes 21

Einstieg: Was ist einem Menschen, den Sie lieben, besonders schwer klarzumachen?

Was steht im Text?

1. Machen Sie gemeinsam einen »Spaziergang« durch die Ereignisse dieses Kapitels. Sprechen Sie über das, was Sie sehen, riechen, hören und fühlen.
2. Mit welchem Adjektiv würden Sie Petrus in diesem Kapitel beschreiben?
3. Wenn Sie den Apostel Johannes fragen könnten, warum er die Verse 20-23 in sein Evangelium mit hineingenommen hat, wie würde er Ihrer Meinung nach antworten?

4. Wie würden Sie nach dem, was Sie in den letzten beiden Kapiteln des Johannesevangeliums gelesen haben, den Auferstehungsleib Christi beschreiben?
5. Falls Sie nur dieses eine Kapitel der Bibel zur Verfügung hätten, wie würden Sie damit einem Menschen klarmachen, daß Jesus wahrhaftig *Gott* ist?
6. EINZELHEITEN BEACHTEN – *Versuchen Sie, die folgende Frage zu beantworten, ohne in Ihrer Bibel nachzusehen:* Welche Jünger sind in diesem Kapitel namentlich erwähnt? (Siehe Vers 2.)

Das Wesentliche erfassen

7. Stellen Sie sich vor, Sie würden dieses Kapitel als Stoff für einen Film verwenden. Welche Kulissen, Darsteller, Hintergrundmusik, Lichteffekte, etc., würden Sie wählen, um die zentrale Botschaft dieses Kapitels zu übermitteln?
8. Welche Veränderungen haben wohl nach seinem Gespräch mit Jesus (V. 15-23) im Herzen des Petrus stattgefunden?
9. Liebte Petrus Jesus Ihrer Meinung nach? (Erklären Sie Ihre Antwort.)
10. Welche der folgenden Charaktereigenschaften Jesu fällt Ihnen in diesem Kapitel besonders auf: sein Mitgefühl, seine Macht oder seine Weisheit?
11. Sehen Sie sich noch einmal Johannes 1,18 an. *Wie ist Gott*, wenn Sie das zugrunde legen, was Sie in Kapitel 21 gelesen haben? Und wie würden Sie nach dem, was Sie im gesamten Johannesevangelium gelesen haben, das Wesen Gottes zusammenfassend beschreiben?
12. Falls Sie unmittelbar nach den Ereignissen dieses Kapitels mit dem Jünger Petrus gesprochen und ihn gebeten hätten zu erklären, was es bedeutet, *Jesus zu lieben*, wie würde er Ihrer Meinung nach geantwortet haben?

Für das Leben heute

13. Nehmen Sie an, Jesus würde Ihnen heute dieselbe Frage stellen wie Petrus in Vers 15: »Liebst du mich mehr als diese?« Worauf würde sich das »diese« beziehen, wenn man davon ausgeht, daß Jesus Ihr Herz genau kennt?
14. Im letzten Vers des Johannesevangeliums schreibt Johannes, daß noch sehr viel mehr über das Leben Jesu auf der Erde geschrieben werden könnte. Über welchen Bereich seines Lebens würden Sie gern noch mehr erfahren?
15. Welcher Vers in diesem Kapitel ist Ihnen in Ihrer gegenwärtigen Situation besonders wichtig geworden?

ZUR VERTIEFUNG

Sehen Sie sich den Anfang dieses Evangeliums noch einmal an (Vers 1 in Kapitel 1): »Im Anfang war das Wort, und das Wort war bei Gott, und das Wort war Gott.« Denken Sie über diese Bezeichnung für Jesus als das »Wort« nach und darüber, was das für uns Menschen praktisch bedeutet. Überlegen Sie, inwiefern die folgenden Verse aus dem Johannesevangelium diesen Begriff verstärken: 3,12; 5,24-25; 5,28-29; 8,14; 8,18; 8,47; 10,24-27; 12,47-50 und 14,10.

JOHANNES: DER GESAMTEINDRUCK

(Besprechen Sie zu den nachfolgenden noch einmal die im Überblick genannten Fragen.)

1. Lesen Sie noch einmal die folgenden Verse und wählen Sie den SCHLÜSSELVERS für das Johannesevangelium – den Vers, der am besten das ausdrückt, worum es in diesem Evangelium geht: 1,11-13; 3,16; 5,24; 10,10; 10,11; 11,25 und 20,30-31.

2. Welche Verse oder Abschnitte im Johannesevangelium weisen am stärksten darauf hin, daß Jesus wiederkommen wird?

3. Von Johannes wird gesagt, daß er, mehr als die Verfasser der anderen Evangelien, ein fähiger *Theologe* war. Wie würden Sie nach dem Lesen seines Evangeliums seine theologischen Fähigkeiten einschätzen?

4. Welches sind Ihrer Meinung nach die häufigsten Themen in Johannes' Darstellung Jesu?

5. In welcher Hinsicht ist Ihrer Meinung nach dieses Buch *einzigartig* in der Bibel?

6. In Jakobus 1,23-24 wird uns gesagt: »Denn wenn jemand ein Hörer des Wortes ist und nicht ein Täter, der gleicht einem Menschen, der sein natürliches Angesicht in einem Spiegel betrachtet. Denn er hat sich selbst betrachtet und ist weggegangen, und er hat sogleich vergessen, wie er beschaffen war.« Inwiefern ist das Johannesevangelium ein »Spiegel« für Sie gewesen, der Ihnen gezeigt hat, was Sie tun können und sollten?

APOSTELGESCHICHTE

Überblick

(Besprechen Sie diese Überblicksfragen sowohl zu Beginn Ihrer Beschäftigung mit der Apostelgeschichte als auch nachdem Sie alle 28 Kapitel durchgenommen haben. Es könnte sein, daß Ihre Antworten vollkommen anders ausfallen, nachdem Sie sich sehr intensiv mit dem ganzen Buch auseinandergesetzt haben.)

Einstieg: Stellen Sie sich dieses Buch als Brücke zwischen den Evangelien auf der einen Seite und den Lehrbüchern (den Briefen) auf der anderen Seite vor. Welches ist der Fluß, den diese Brücke überbrückt? Wie ist das Land auf der Seite der Evangelien beschaffen? Und wie das Land auf der Seite der Briefe?

Was steht im Text?

1. Lesen Sie die folgenden Bibelstellen, um mehr über Lukas, den Schreiber der Apostelgeschichte zu erfahren: Kolosser 4,14; 2. Timotheus 4,9-11; Philemon 23-24 und Lukas 1,1-4.

2. Beachten Sie in den folgenden Kapiteln die Stellung des Pronomens »wir«, was darauf schließen läßt, daß Lukas die beschriebenen Ereignisse mit Paulus gemeinsam miterlebt hat. Welche interessanten Erfahrungen mag Lukas dadurch gemacht haben, daß er mit Paulus zusammen war? Kapitel 16, 20, 21, 27 und 28.

3. Was wissen Sie über die Welt zu der Zeit, als dieses Buch geschrieben wurde?

4. Überfliegen Sie die Apostelgeschichte, bis Sie an einen Vers kommen, der eine Frage in Ihnen aufwirft. Welche Frage ist das?

5. Überfliegen Sie das Buch noch einmal, bis Sie an einen Vers kommen, der Sie zum Lächeln bringt oder das Gefühl der Dankbarkeit oder Freude in Ihnen weckt. Was gefällt Ihnen an diesem bestimmten Vers besonders gut?

6. Stellen Sie gemeinsam eine Liste der Kapitel zusammen, in denen es vor allem um Petrus geht, und eine Liste der Kapitel, in denen es vor allem um Paulus geht. Aber auch die anderen Apostel wirkten gleichzeitig mit Petrus und Paulus. Warum hat Ihrer Meinung nach der Geist Gottes uns ein Buch gegeben, das vorwiegend von diesen beiden Männern berichtet?

7. Was würde am Gesamtbild der biblischen Aussage fehlen, wenn die Apostelgeschichte nicht in der Bibel enthalten wäre?
8. Sehen Sie sich auch auf Seite 11 die Liste der Fragen an, die Sie sich vor der Bearbeitung der einzelnen Bücher stellen sollten.

Das Wesentliche erfassen

9. Welchen Eindruck hatten Sie bisher von der Apostelgeschichte in bezug auf a) ihren Inhalt, b) ihren Schwierigkeitsgrad und c) ihre Bedeutung?
10. Die Apostelgeschichte ist auch »Freigesetzte Kraft«, »Das Buch christlichen Handelns« und »Triebkraft des Evangeliums« überschrieben worden. Welche Antworten, Richtlinien und Lösungen versprechen Sie sich von der Beschäftigung mit diesem Buch?
11. Lesen Sie Lukas 1,3-4, wo Lukas den *Zweck* für sein Evangelium nennt. Vergleichen Sie diese Verse mit den ersten Versen in der Apostelgeschichte, wo keine so direkte Aussage gemacht wird. Falls Lukas eine klare Zweckangabe gemacht hätte, wie hätte sie Ihrer Meinung nach ausgesehen?
12. Diskutieren Sie die folgende Aussage: Die Apostelgeschichte dient als klare Richtlinie für die Gemeinde heute und zu allen Zeiten.

Für das Leben heute

13. Wenn die Apostelgeschichte ein Bericht der Entstehung der Gemeinde Christi und eine verläßliche Richtschnur für die Gemeinde heute ist, dann wird uns dieses Buch unsere eigene Einstellung und unser Engagement für diese Gemeinde zum Bewußtsein bringen. Wie würden Sie in ein oder zwei Sätzen Ihr Engagement für die Gemeinde, den Leib Christi, beschreiben?
14. Wie können Sie sicherstellen, daß Ihre Beschäftigung mit der Apostelgeschichte keine rein theoretische oder intellektuelle Angelegenheit bleibt, sondern praktisch wird und für Sie Konsequenzen hat? Was können Sie tun, damit das Gespräch lebendig und interessant bleibt?

Zur Vertiefung

Denken Sie, während Sie das dynamische, geistgeführte Wachstum der Gemeinde in der Apostelgeschichte verfolgen, an die Gebote Jesu, die die Jünger motiviert haben, daran mitzuwirken. Sehen Sie sich gemeinsam Jesu Worte in den folgenden Bibelstellen an: Matthäus 28,18-20; Markus 16,15 und Lukas 24,45-49.

Apostelgeschichte 1

Einstieg: Stellen Sie sich vor, Sie hätten die in den Versen 6-11 beschriebene Situation miterlebt. Welche Gedanken und Fragen würden sie beschäftigen, nachdem Sie die Worte in Vers 11 gehört hätten?

Was steht im Text?

1. Die Apostelgeschichte ist das Buch des *Handelns*. Welches sind die wichtigsten Aktivitäten in diesem Kapitel?
2. Welche Personen spielen in diesem Kapitel eine wichtige Rolle?
3. Was wissen Sie über die Gruppe von Aposteln in diesem Kapitel?
4. Bibelausleger haben die Worte Jesu in Vers 8 als eine hilfreiche Zusammenfassung des gesamten Buches der Apostelgeschichte bewertet. Wenn das tatsächlich so ist, was hat Lukas dann mit diesem Buch beabsichtigt?
5. Sehen Sie sich auch auf Seite 10 die Liste der Fragen an, die Sie sich während der Bearbeitung der einzelnen Kapitel stellen sollten.
6. Wie würden Sie nach dem, was Sie in diesem Kapitel lesen, den Auferstehungsleib Christi beschreiben?
7. EINZELHEITEN BEACHTEN – *Versuchen Sie, die folgende Frage zu beantworten, ohne in Ihrer Bibel nachzusehen:* Während die Jünger beobachteten, wie Jesus in den Himmel auffuhr, erschienen ihnen zwei weißgekleidete Männer und sprachen mit ihnen. Wie nannten diese Männer die Jünger? (Siehe Vers 11.)

Das Wesentliche erfassen

8. Sehen Sie sich in den folgenden Versen des Johannesevangeliums an, was Jesus gesagt hat, bevor er gekreuzigt wurde; sprechen Sie darüber, wie seine Worte in den Ereignissen dieses Kapitels erfüllt werden: Johannes 6,61-62; 14,2; 14,12 und 16,28.
9. In Vers 1 gebraucht Lukas das Wort *angefangen*. Sein erstes Buch beschäftigt sich mit dem Dienst Jesu auf der Erde. Was könnte dieses Wort in bezug auf die Absicht des Verfassers mit diesem Buch aussagen?
10. Welche *Muster* und *Prinzipien* können Sie im ersten Kapitel für die Anbetung oder Gemeinschaft in der Gemeinde erkennen?

11. Stellen Sie sich die Apostelgeschichte als einen sehr schnell fahrenden Zug vor. Kapitel 1 ist die Lokomotive, die anderen Kapitel die nachfolgenden Waggons. Welches ist nach dem, was Sie im ersten Kapitel lesen, die *Energie*, die die Lokomotive antreibt – die Aussage, das Prinzip oder Thema, das die Lokomotive und den gesamten Zug antreibt?

Für das Leben heute

12. Welche *Muster* und *Prinzipien* für die Führung der Gemeinde heute können Sie im ersten Kapitel erkennen?

Zur Vertiefung

Vers 6 läßt auf ein Fieber der Erwartung unter den Jüngern schließen. Vergleichen Sie diesen Vers mit Daniel 7,27. Auf welches Weltereignis haben sie gewartet?

Apostelgeschichte 2

Einstieg: Welche Angewohnheiten in der Art, wie wir die Bibel lesen und studieren, können uns daran hindern, daß die Apostelgeschichte in unserem Leben lebendig wird?

Was steht im Text?

1. Stellen Sie sich vor, Sie würden die Apostelgeschichte verfilmen. Nennen Sie alle Szenen des zweiten Kapitels. Welche Kulissen würden Sie für die in Kapitel 2 berichteten Ereignisse wählen, welche Hintergrundmusik, Lichteffekte, etc., um die Handlung effektvoll zur Geltung zu bringen?
2. Welche Personen spielen in diesem Kapitel eine wichtige Rolle?
3. Welche wichtigen Einzelheiten dieses Kapitels können sehr leicht übersehen werden?
4. Inwiefern erfüllen sich in diesem Kapitel die Worte Jesu, die er in Matthäus 16,18 über die Gemeinde gesagt hat?
5. EINZELHEITEN BEACHTEN – *Versuchen Sie, die folgende Frage zu beantworten, ohne in Ihrer Bibel nachzusehen:* Zu welcher Tageszeit stand Petrus mit den anderen elf auf und sprach zu der in diesem Kapitel versammelten Menge? (Siehe Vers 15.)

Das Wesentliche erfassen

6. Welches ist für Sie der wichtigste Hinweis darauf, daß Jesus tatsächlich lebt?
7. Wie würden Sie in eigenen Worten den *Sieg* beschreiben, den die Gemeinde in diesem Kapitel durch die Macht des Heiligen Geistes errungen hat?

Für das Leben heute

8. Welche *Muster* und *Prinzipien* erkennen Sie im zweiten Kapitel für die Evangelisation in der Gemeinde heute?
9. Welche *Muster* und *Prinzipien* erkennen Sie in diesem Kapitel für die Anbetung, Gemeinschaft und die Erfüllung der körperlichen Bedürfnisse in der Gemeinde heute?
10. Welches ist nach dem, was Sie in diesem Kapitel lesen, die Basis für die *Einheit* in der Gemeinde heute?
11. VERMÄCHTNIS AN UNS: Welche Gehorsamstat oder -haltung in diesem Kapitel ist für Sie das beste Beispiel für das, was es heißt, Christus durch die Kraft des Heiligen Geistes nachzufolgen?

Zur Vertiefung

Die Verse 46-47 berichten davon, wie die erste Gemeinde von dem Volk gesehen wurde. Inwiefern ist das Beispiel der Gläubigen hier eine Verdeutlichung des Prinzips, das später der Apostel Paulus in Römer 14,17-18 gelehrt hat?

Apostelgeschichte 3

Einstieg: Wenn Sie in den Himmel kommen und den verkrüppelten Bettler treffen, der von Petrus und Johannes geheilt wurde, welche Frage würden Sie ihm stellen?

Was steht im Text?

1. Welche Personen spielen in diesem Kapitel eine wichtige Rolle und was tun sie?
2. Wie würden Sie nach dem, was Sie in der Apostelgeschichte lesen, die geistlichen Gaben des Petrus einschätzen? (Vielleicht lesen Sie hierzu die Aufzählung der geistlichen Gaben in Römer 12, 6-8; 1. Korinther 12,7-11; Epheser 4,11 und 1. Petrus 4,10-11.)

3. EINZELHEITEN BEACHTEN – *Versuchen Sie, die folgende Frage zu beantworten, ohne in Ihrer Bibel nachzusehen:* Wie hieß das Tempeltor, an dem der verkrüppelte Bettler jeden Tag gesessen hat? (Siehe Vers 2.)

DAS WESENTLICHE ERFASSEN

4. Wie würden Sie die Botschaft analysieren, die Petrus in den Versen 12-26 weitergegeben hat? Inwiefern war sie auf seine Zuhörerschaft zugeschnitten, stand aber auch gleichzeitig im Einklang mit seinem Auftrag von Jesus, das Evangelium zu verkünden?

FÜR DAS LEBEN HEUTE

5. Welche Muster und Prinzipien erkennen Sie in Kapitel drei für a) die Evangelisation in der Gemeinde heute und b) die Führung der Gemeinde heute?
6. VERMÄCHTNIS AN UNS: Welche Gehorsamstat oder -haltung in diesem Kapitel ist für Sie das beste Beispiel für das, was es heißt, Christus durch die Kraft des Heiligen Geistes nachzufolgen?

ZUR VERTIEFUNG

Lesen Sie die Vers 17-18 und blättern Sie dann vor zu Apostelgeschichte 13,27. Welche zusätzliche »Spitze« fügt Paulus in bezug auf die geistliche Blindheit der jüdischen Führer ein?

APOSTELGESCHICHTE 4

Einstieg: Falls Sie zu den Gläubigen in dem in den Versen 23-31 beschriebenen Gebetstreffen gehört hätten, was hätten Sie dem hier aufgeführten Gebet hinzugefügt?

WAS STEHT IM TEXT?

1. Welche Personen spielen in diesem Kapitel eine wichtige Rolle?
2. Stellen Sie sich vor, Sie würden die Apostelgeschichte verfilmen. Nennen Sie alle Szenen des vierten Kapitels, die Sie in dem Film verarbeiten würden. Welche Kulissen, Hintergrundmusik, Lichteffekte, etc., würden Sie wählen, um die Handlung effektvoll zur Geltung zu bringen?

3. Die Apostelgeschichte ist nicht nur ein Buch der *Aktionen*, sondern auch der *Reaktionen*. Welche Vorgänge in diesem Kapitel sind Reaktionen, und worauf wird im einzelnen reagiert?
4. EINZELHEITEN BEACHTEN – *Versuchen Sie, die folgende Frage zu beantworten, ohne in Ihrer Bibel nachzusehen:* Wie viele Nächte verbrachten Petrus und Johannes in diesem Kapitel im Gefängnis? (Siehe Vers 3.)

DAS WESENTLICHE ERFASSEN

5. Wie würden Sie in eigenen Worten den *Sieg* beschreiben, den die Gemeinde in diesem Kapitel durch die Kraft des Heiligen Geistes errignt? Inwiefern war er für das Wachstum der Gemeinde strategisch wichtig?

FÜR DAS LEBEN HEUTE

6. Welche *Muster* und *Prinzipien* erkennen Sie in Kapitel 4 für die Evangelisation der Gemeinde heute?
7. Welche *Muster* und *Prinzipien* erkennen Sie in diesem Kapitel für die Anbetung, die Gemeinschaft und die Erfüllung der körperlichen Bedürfnisse in der Gemeinde heute?
8. Welches ist nach dem, was Sie in diesem Kapitel gelesen haben, die Basis für die *Einheit* in der Gemeinde heute?
9. VERMÄCHTNIS AN UNS: Welche Gehorsamstat oder -haltung in diesem Kapitel ist für Sie das beste Beispiel für das, was es heißt, Christus durch die Kraft des Heiligen Geistes nachzufolgen?

ZUR VERTIEFUNG

Vergleichen Sie den Vorwurf des Petrus in den Versen 11-12 mit seiner Lehre in 1. Petrus 2,4-8. Inwiefern ist die Identität Christi als »Eckstein« sowohl eine Ermutigung für die Gläubigen als auch eine Verurteilung jener, die sich weigern zu glauben?

APOSTELGESCHICHTE 5

Einstieg: Stellen Sie sich vor, Sie hätten die in den Versen 12-16 beschriebenen Ereignisse miterlebt. Sprechen Sie über das, was Sie vielleicht sehen, riechen, hören und fühlen.

Was steht im Text?

1. Welche Personen spielen in diesem Kapitel eine wichtige Rolle?
2. Welches sind in diesem Kapitel der Apostelgeschichte die wichtigsten Aktionen?
3. Die Apostelgeschichte ist nicht nur ein Buch der *Aktionen*, sondern auch der *Reaktionen*. Welche Vorgänge in diesem Kapitel sind Reaktionen, und worauf wird reagiert?
4. EINZELHEITEN BEACHTEN – *Versuchen Sie, die folgende Frage zu beantworten, ohne in Ihrer Bibel nachzusehen:* Welcher Ort wird in diesem Kapitel als Versammlungsort der Gläubigen genannt? (Siehe Vers 12.)

Das Wesentliche erfassen

5. Wie würden Sie in eigenen Worten den *Sieg* beschreiben, den die Gemeinde in diesem Kapitel durch die Kraft des Heiligen Geistes errungen hat? Inwiefern war er für das Wachstum der Gemeinde strategisch wichtig?

Für das Leben heute

6. Welche *Muster* und *Prinzipien* erkennen Sie in Kapitel 5 für die Evangelisation der Gemeinde heute?
7. Welche *Muster* und *Prinzipien* erkennen Sie in diesem Kapitel für die Anbetung, die Gemeinschaft und die Erfüllung der körperlichen Bedürfnisse in der Gemeinde heute?
8. VERMÄCHTNIS AN UNS: Welche Gehorsamstat oder -haltung in diesem Kapitel ist für Sie das beste Beispiel für das, was es heißt, Christus durch die Kraft des Heiligen Geistes nachzufolgen?

Zur Vertiefung

Lesen Sie die bemerkenswerten Worte des Pharisäers Gamaliel in den Versen 38-39 und denken Sie dabei an die Erklärung des Paulus in Apostelgeschichte 22,3. Wenn Ihnen klargeworden ist, wer dieser besondere Schüler Gamaliels zu jener Zeit war, was ist an dieser Warnung besonders ironisch?

Apostelgeschichte 6

Einstieg: Beachten Sie die Klagen und Beschwerden, von denen im ersten Vers dieses Kapitels gesprochen wird. Haben auch Sie sich schon einmal in diesem Maß in *Ihrer* Gemeinde beschwert?

Was steht im Text?

1. Welche Personen spielen in diesem Kapitel eine wichtige Rolle?
2. Wie wird Stephanus in diesem Kapitel beschrieben?
3. Die Apostelgeschichte ist ein Buch der Aktionen. Welches sind die wichtigsten *Aktionen* dieses Kapitels?
4. EINZELHEITEN BEACHTEN – *Versuchen Sie, die folgende Frage zu beantworten, ohne in Ihrer Bibel nachzusehen:* Lukas nennt die Namen aller sieben Männer, die gewählt wurden, um den Dienst der Gemeinde an den Witwen zu überwachen. Von einem von ihnen, von Nikolaus, wird sogar gesagt, woher er kam. Wie hieß seine Heimatstadt? (Siehe Vers 5.)

Das Wesentliche erfassen

5. Wie würden Sie in eigenen Worten den *Sieg* beschreiben, den die Gemeinde in diesem Kapitel durch die Kraft des Heiligen Geistes errungen hat? Inwiefern war dieser Sieg für das stetige Wachstum der Gemeinde strategisch wichtig?

Für das Leben heute

6. Welche *Muster* und *Prinzipien* können Sie in Kapitel 6 für die Führung der Gemeinde heute erkennen?
7. Welche *Muster* und *Prinzipien* erkennen Sie in diesem Kapitel für die Erfüllung der körperlichen Bedürfnisse in der Gemeinde heute?
8. Sehen Sie sich noch einmal die Beschreibung des Stephanus in den Versen 5 und 8 an. Wenn ein Christ heute dieselben Eigenschaften hätte, wie würden Sie sie erkennen? Was würde das ganz praktisch im Leben dieser Person bewirken?
9. VERMÄCHTNIS AN UNS: Welche Gehorsamstat oder -haltung in diesem Kapitel ist für Sie das beste Beispiel für das, was es heißt, Christus durch die Kraft des Heiligen Geistes nachzufolgen?

Zur Vertiefung

Denken Sie im Zusammenhang mit der Verheißung Christi in Lukas 21,12-15 über die Beschreibung des Stephanus in den Versen 10 und 15 nach. Welches war die Triebkraft hinter seinem vollmächtigen Zeugnis?

Apostelgeschichte 7

Einstieg: Wenn Sie in den Himmel kommen und Stephanus treffen, welche Frage würden Sie ihm gern stellen?

Was steht im Text?

1. Welche Personen spielen in diesem Kapitel eine wichtige Rolle?
2. Stellen Sie sich vor, Sie würden die Apostelgeschichte verfilmen. Welche Szenen, Kulissen, Hintergrundmusik, Lichteffekte, etc. würden Sie wählen, um die Ereignisse des Kapitels 7 effektvoll darzustellen?
3. EINZELHEITEN BEACHTEN – *Versuchen Sie, die folgende Frage zu beantworten, ohne in Ihrer Bibel nachzusehen:* Sagen Sie bei jedem der Namen aus dem Alten Testament, ob er in der Rede des Stephanus vor dem Sanhedrin vorkommt oder nicht: Noah, Abraham, Isaak, Jakob, Joseph, Mose, Aaron, Josua, Samuel, David, Salomo und Elia. (Siehe Verse 8, 9, 20, 40 und 45-47.)

Das Wesentliche erfassen

4. Wie würden Sie nach dem, was Sie in der Apostelgeschichte lesen, die *geistlichen Gaben* des Stephanus und seine *Beziehung zu Gott* beschreiben?

Für das Leben heute

5. VERMÄCHTNIS AN UNS: Denken Sie noch einmal an das Beispiel des Stephanus in diesem Kapitel. Was an seinem Charakter und seiner Hingabe fordert Sie besonders heraus?

Zur Vertiefung

Die glühende Anklage des Stephanus in Vers 51 könnte seine Zuhörer sehr gut an die Worte Gottes an Israel in Jeremia 4,4 und 24-25 erinnert haben. Lesen Sie die folgenden Stellen aus dem Alten Testament und überlegen Sie, wieso diese Andeutung die jüdischen Führer nur noch wütender gemacht hat.

APOSTELGESCHICHTE 8

Einstieg: Wenn Sie in den Himmel kommen und den Äthiopier treffen, mit dem Philippus gesprochen hat, welche Frage würden Sie ihm stellen?

Was steht im Text?

1. Welche Personen spielen in diesem Kapitel eine wichtige Rolle?
2. Machen Sie einen »Spaziergang« durch die Ereignisse dieses Kapitels. Stellen Sie sich vor, was Sie sehen, riechen, hören und empfinden würden.
3. EINZELHEITEN BEACHTEN – *Versuchen Sie, die folgende Frage zu beantworten, ohne in Ihrer Bibel nachzusehen:* Wer beerdigte Stephanus? (Siehe Vers 2.)

Das Wesentliche erfassen

4. Wie würden Sie in eigenen Worten den *Sieg* beschreiben, den die Gemeinde in diesem Kapitel durch die Kraft des Heiligen Geistes errungen hat? Inwiefern war er für das Wachstum der Gemeinde wichtig?

Für das Leben heute

5. Welche *Muster* und *Prinzipien* erkennen Sie in Kapitel 8 für die Evangelisation der Gemeinde heute?
6. VERMÄCHTNIS AN UNS: Welche Gehorsamstat oder -haltung in diesem Kapitel ist für Sie das beste Beispiel für das, was es heißt, Christus durch die Kraft des Heiligen Geistes nachzufolgen?

Zur Vertiefung

Sehen Sie sich in Vers 3 die Aktivitäten von Saulus, dem Verfolger, an. Schlagen Sie nun die Erinnerungen des Apostels Paulus an diese Zeit in 1. Korinther 15,9-10 auf. Welchen Einfluß hatte der erste »Beruf« des Paulus auf seinen zweiten?

APOSTELGESCHICHTE 9

Einstieg: Wenn Sie in den Himmel kommen und Ananias treffen, welche Frage würden Sie ihm gern stellen?

WAS STEHT IM TEXT?

1. Welche Personen spielen in diesem Kapitel eine wichtige Rolle?
2. Stellen Sie sich vor, Sie würden die Apostelgeschichte verfilmen. Welche Szenen, Kulissen, Hintergrundmusik, Lichteffekte, etc. würden Sie wählen, um die Ereignisse des Kapitels 9 effektvoll darzustellen?
3. Welche wichtigen Einzelheiten dieses Kapitels können sehr leicht übersehen werden?
4. EINZELHEITEN BEACHTEN – *Versuchen Sie, die folgende Frage zu beantworten, ohne in Ihrer Bibel nachzusehen:* Wie nannte Ananias Saulus, als er ihm zum ersten Mal begegnete? (Siehe Vers 17.)

DAS WESENTLICHE ERFASSEN

5. Beachten Sie, was der Herr Jesus Ananias in Vers 16 über Saulus sagte. Warum hat er das Ihrer Meinung nach gesagt?
6. Wie würden Sie in eigenen Worten den *Sieg* beschreiben, den die Gemeinde in diesem Kapitel durch die Kraft des Heiligen Geistes errungen hat? Inwiefern war er für das ununterbrochene Wachstum der Gemeinde strategisch wichtig?

FÜR DAS LEBEN HEUTE

7. VERMÄCHTNIS AN UNS: Welche Gehorsamstat oder -haltung in diesem Kapitel ist für Sie das beste Beispiel für das, was es heißt, Christus durch die Kraft des Heiligen Geistes nachzufolgen?

ZUR VERTIEFUNG

Lesen Sie die Verse 17-18 noch einmal. Inwiefern könnte dieses Erlebnis des Saulus seine spätere Lehre in bezug auf den »natürlichen Menschen« und den »geistlichen Menschen« in 1. Korinther 2,14-15 beeinflußt haben?

APOSTELGESCHICHTE 10

Einstieg: Wenn Sie in den Himmel kommen und Kornelius begegnen, welche Frage würden Sie ihm stellen?

WAS STEHT IM TEXT?

1. Welche Personen spielen in diesem Kapitel eine wichtige Rolle?
2. Machen Sie einen »Spaziergang« durch die Ereignisse dieses Kapitels. Stellen Sie sich vor, was Sie sehen, riechen, hören und empfinden.
3. EINZELHEITEN BEACHTEN – *Versuchen Sie, die folgende Frage zu beantworten, ohne in Ihrer Bibel nachzusehen:* Wie hieß die Militäreinheit, in der Kornelius diente? (Siehe Vers 1.)

DAS WESENTLICHE ERFASSEN

4. Wie würden Sie nach dem, was Sie in diesem Kapitel lesen, die Beziehung des Petrus zu Gott beschreiben?
5. Wie würden Sie nach dem, was Sie in diesem Kapitel lesen, die Beziehung des Kornelius zu Gott beschreiben?

FÜR DAS LEBEN HEUTE

6. Welche *Muster* und *Prinzipien* erkennen Sie in Kapitel 10 für die Evangelisation der Gemeinde heute?
7. VERMÄCHTNIS AN UNS: Welche Gehorsamstat oder -haltung in diesem Kapitel ist für Sie das beste Beispiel für das, was es heißt, Christus durch die Kraft des Heiligen Geistes nachzufolgen?

ZUR VERTIEFUNG

Inwiefern lieferte die Begebenheit in den Versen 44-46 Petrus die unwiderlegbare »Munition« für seine Anhörung vor dem ziemlich skeptischen Jerusalemer Konzil in Apostelgeschichte 11,15-18?

APOSTELGESCHICHTE 11

Einstieg: Beachten Sie die Kritik, die in den Versen 2-3 an Petrus geübt wird. Wann haben Sie zum letzten Mal in *Ihrer* Gemeinde eine so harte Kritik erfahren?

WAS STEHT IM TEXT?

1. Welche Personen spielen in diesem Kapitel eine wichtige Rolle, und was tun sie?
2. EINZELHEITEN BEACHTEN – *Versuchen Sie, die folgende Frage zu beantworten, ohne in Ihrer Bibel nachzusehen:* Wie hieß der römische Eroberer zur Zeit der weltweiten Hungersnot, die der Prophet Agabus vorhersagte? (Siehe Vers 28.)

DAS WESENTLICHE ERFASSEN

3. Wie würden Sie in eigenen Worten den *Sieg* beschreiben, den die Gemeinde in diesem Kapitel durch die Kraft des Heiligen Geistes errungen hat? Inwiefern war er für das ununterbrochene Wachstum der Gemeinde strategisch wichtig?
4. Was beeindruckt Sie an der Beschreibung des Barnabas in den Versen 23-24 am meisten?

FÜR DAS LEBEN HEUTE

5. Welche *Muster* und *Prinzipien* erkennen Sie in Kapitel 11 für die Führung der Gemeinde heute?
6. VERMÄCHTNIS AN UNS: Welche Glaubenstat oder -haltung in diesem Kapitel ist für Sie das beste Beispiel für das, was es heißt, Christus durch die Kraft des Heiligen Geistes nachzufolgen?

ZUR VERTIEFUNG

Nehmen Sie sich einen Augenblick Zeit, um die Weiterentwicklung von Vers 21 bis Vers 29 zu überdenken. Wie kam es dazu, daß der geistliche Dienst der Gemeinde in Jerusalem schließlich ein Dienst an *sich selbst* wurde? Inwiefern geben die Worte des Paulus in 2. Korinther 9,6 eine Erklärung für dieses Phänomen?

APOSTELGESCHICHTE 12

Einstieg: Wenn Sie in den Himmel kommen und dem in Vers 13 erwähnten Dienstmädchen Rhode begegnen, welche Frage würden Sie ihr gern stellen?

WAS STEHT IM TEXT?

1. Welche Personen spielen in diesem Kapitel eine wichtige Rolle?
2. Stellen Sie sich vor, Sie würden die Apostelgeschichte verfilmen. Welche Szenen, Kulissen, Hintergrundmusik, Lichteffekte, etc. würden Sie wählen, um die Ereignisse des Kapitels 12 effektvoll darzustellen?
3. EINZELHEITEN BEACHTEN – *Versuchen Sie, die folgende Frage zu beantworten, ohne in Ihrer Bibel nachzusehen:* Wie hieß der Diener des Königs Herodes, der den Tyrern und Sidoniern half, die Gunst des Herodes zu erlangen? (Siehe Vers 20.)

DAS WESENTLICHE ERFASSEN

4. Wie würden Sie in eigenen Worten den *Sieg* beschreiben, den die Gemeinde in diesem Kapitel durch die Kraft des Heiligen Geistes errungen hat? Inwiefern war er für das ununterbrochene Wachstum der Gemeinde strategisch wichtig?
5. Nehmen Sie an, Sie würden dieses Kapitel mit einem neubekehrten Christen lesen, und er würde Sie fragen: »Warum hat Gott zugelassen, daß Jakobus getötet und Petrus gerettet wurde?« Wie würden Sie antworten?

FÜR DAS LEBEN HEUTE

6. VERMÄCHTNIS AN UNS: Welche Gehorsamstat oder -haltung in diesem Kapitel ist für Sie das beste Beispiel für das, was es heißt, Christus durch die Kraft des Heiligen Geistes nachzufolgen?

ZUR VERTIEFUNG

Mehrere Personen mit Namen Herodes hatten sehr »enge Begegnungen« mit der Person und der Botschaft Jesu Christi. Vergleichen Sie die Erfahrungen von Herodes dem Großen (Matthäus 2,1-8 und 2,16), Herodes Antipas (Markus 6,16-28), Herodes Agrippa I (Apostelgeschichte 12,1-4 und 12,20-23) und Herodes Agrippa II (Apostelgeschichte 25,23 und 26,1-20) miteinander.

APOSTELGESCHICHTE 13

Einstieg: Wenn Sie an dem in Vers 3 beschriebenen Gebetstreffen teilgenommen hätten, welche Bitten für Barnabas und Saulus hätten Sie ausgesprochen?

Was steht im Text?

7. Welche Personen spielen in diesem Kapitel eine wichtige Rolle?
8. Wie würden Sie die *Aktionen* in diesem Kapitel zusammenfassend beschreiben?
9. EINZELHEITEN BEACHTEN – *Versuchen Sie, die folgende Frage zu beantworten, ohne in Ihrer Bibel nachzusehen:* Wie lauten die beiden Namen des Mannes auf Zypern, der auf das Wort des Paulus hin blind wurde?

Das Wesentliche erfassen

10. Wie würden Sie in eigenen Worten den *Sieg* beschreiben, den die Gemeinde in diesem Kapitel durch die Kraft des Heiligen Geistes errungen hat? Inwiefern ist er für das ununterbrochene Wachstum der Gemeinde strategisch wichtig?
11. Denken Sie daran, sich auch auf Seite 10 die Liste der Fragen anzusehen, die Sie sich während der Bearbeitung der einzelnen Kapitel der Apostelgeschichte stellen sollten.

Für das Leben heute

12. Welche *Muster* und *Prinzipien* erkennen Sie in Kapitel 13 für die Evangelisation der Gemeinde heute?
13. Welche *Muster* und *Prinzipien* erkennen Sie in diesem Kapitel für die Führung der Gemeinde heute?
14. VERMÄCHTNIS AN UNS: Welche Gehorsamstat oder -haltung in diesem Kapitel ist für Sie das beste Beispiel für das, was es heißt, Christus durch die Kraft des Heiligen Geistes nachzufolgen?

Zur Vertiefung

Der Neid und die heftige Opposition der jüdischen Führer zeigt sich sowohl in Antiochien in Pisidien (Verse 44-45) als auch später in Ikonium (14,1-2) und immer wieder in der Apostelgeschichte. Sehen Sie sich 1. Thessalonicher 2,14-16 an und lesen Sie, was Paulus von denen hält, die versuchten, das Evangelium den wissensdurstigen Heiden vorzuenthalten.

APOSTELGESCHICHTE 14

Einstieg: Stellen Sie sich vor, Sie hätten die in den Versen 8-18 beschriebene Situation in Lystra miterlebt. Welche Gedanken oder Fragen hätten Sie bewegt, nachdem Sie die Worte von Paulus und Barnabas in den Versen 15-17 gehört hätten?

Was steht im Text?

1. Welche Personen spielen in diesem Kapitel eine wichtige Rolle?
2. Stellen Sie sich vor, Sie würden die Apostelgeschichte verfilmen. Welche Szenen, Kulissen, Hintergrundmusik, Lichteffekte, etc. würden Sie wählen, um die Ereignisse des Kapitels 14 effektvoll darzustellen?
3. Welche wichtigen Einzelheiten in diesem Kapitel können Ihrer Meinung nach sehr leicht übersehen werden?
4. Verfolgen Sie die Reise von Paulus und seinen Gefährten, wie in Apostelgeschichte 13 und 14 berichtet, auf einer Karte eines Bibelatlas, des Mittelmeerraumes oder des römischen Reiches im ersten Jahrhundert n. Chr. Wie viele Kilometer hat Paulus auf dieser Reise ungefähr zurückgelegt?
5. EINZELHEITEN BEACHTEN – *Versuchen Sie, die folgende Frage zu beantworten, ohne in Ihrer Bibel nachzusehen:* Lukas erwähnt einige Juden, die das Volk von Lystra aufstachelten und verantwortlich dafür waren, daß Paulus angegriffen und beinahe getötet wurde. Woher kamen diese Juden? (Siehe Vers 19.)

Das Wesentliche erfassen

6. Sehen Sie sich in der Rede des Paulus vor dem Volk von Lystra in den Versen 15-17 alles an, was er über Gott sagt. Welche Bedeutung hat Ihrer Meinung nach jede einzelne Aussage?
7. Wie würden Sie in eigenen Worten den *Sieg* beschreiben, den die Gemeinde in diesem Kapitel durch die Kraft des Heiligen Geistes errungen hat? Inwiefern war er für das ununterbrochene Wachstum der Gemeinde strategisch wichtig?

Für das Leben heute

8. Welche *Muster* und *Prinzipien* erkennen Sie in Kapitel 14 für die Evangelisation der Gemeinde heute?

9. VERMÄCHTNIS AN UNS: Welche Gehorsamstat oder -haltung in diesem Kapitel ist für Sie das beste Beispiel für das, was es heißt, Christus durch die Kraft des Heiligen Geistes nachzufolgen?

Zur Vertiefung

Lesen Sie im Licht der Worte des Herrn Jesus in Johannes 2,23-24 noch einmal, welche grundlegende Veränderung in der Menge von Lystra (Verse 18-19) vorgegangen ist. Was sagen diese beiden Textstellen über die Natur des Menschen aus?

Apostelgeschichte 15

Einstieg: Wenn Sie im Himmel wären und Barnabas träfen, welche Frage würden Sie ihm stellen?

Was steht im Text?

1. Welche Personen spielen in diesem Kapitel eine wichtige Rolle?
2. Wie würden Sie die *Aktion* in diesem Kapitel zusammenfassen?
3. In den letzten beiden Versen dieses Kapitels bricht Paulus von Antiochien aus zu einer weiteren Missionsreise auf, diesmal zusammen mit Silas. Verfolgen Sie auf einer Karte diese Reise, von der in Apostelgeschichte 15-18 berichtet wird. Wie viele Kilometer legte Paulus ungefähr zurück, nachdem er in Apostelgeschichte 15,40 aufgebrochen war und in Apostelgeschichte 18,22 zurückkehrte?
4. EINZELHEITEN BEACHTEN – *Versuchen Sie, die folgende Frage zu beantworten, ohne in Ihrer Bibel nachzusehen:* Welcher der folgenden Männer ist in diesem Kapitel nicht erwähnt: Paulus, Barnabas, Petrus, Jakobus, Silas, Timotheus oder Johannes Markus? (Siehe Verse 1, 7, 13, 22 und 37.)

Das Wesentliche erfassen

5. Wie würden Sie nach dem, was Sie in Apostelgeschichte 13 – 15 gelesen haben, die *geistlichen Gaben* des Paulus und seine *Beziehung zu Gott* beschreiben?
6. Wie würden Sie in eigenen Worten den *Sieg* beschreiben, den die Gemeinde in diesem Kapitel durch die Kraft des Heiligen Geistes errungen hat? Inwiefern war er für das ununterbrochene Wachstum der Gemeinde strategisch wichtig?

FÜR DAS LEBEN HEUTE

7. Welche *Muster* und *Prinzipien* erkennen Sie in Kapitel 15 für die Führung der Gemeinde heute?

8. VERMÄCHTNIS AN UNS: Welche Gehorsamstat oder -haltung in diesem Kapitel ist für Sie das beste Beispiel für das, was es heißt, Christus durch die Kraft des Heiligen Geistes nachzufolgen?

ZUR VERTIEFUNG

Durch die Entscheidung des Jerusalemer Konzils, die heidnischen Gläubigen von der Beschneidung und dem Gesetz Moses auszunehmen, wurde ein wichtiger Punkt geklärt, der immer wieder zu Unstimmigkeiten geführt hatte. Trotzdem gab es auch weiterhin Uneinigkeit. Vergleichen Sie die Rede des Petrus an die Apostel und Ältesten (Verse 7-21) mit den heftigen Worten des Paulus an die Gemeinde Jahre später (Galater 5,2-11). Welche Ähnlichkeiten und Unterschiede erkennen Sie in diesen beiden Auseinandersetzungen in bezug auf die Errettung durch die Gnade allein?

APOSTELGESCHICHTE 16

Einstieg: Stellen Sie sich vor, Sie wären der neue Helfer des Paulus, Timotheus, am Morgen nach dem Traum des Paulus von dem Mann in Mazedonien, der um Hilfe rief. Welche Gedanken und Fragen würden Sie wohl bewegt haben, während Sie zuhören, wie Paulus Ihnen den Traum erzählt?

WAS STEHT IM TEXT?

1. Welche Personen spielen in diesem Kapitel eine wichtige Rolle?

2. Wie würden Sie die *Aktion* in diesem Kapitel zusammenfassen?

3. Wie würden Sie Vers 31 einem Kind erklären, dem Sie diese biblische Geschichte erzählen und das daraufhin sagt, es möchte sich bekehren?

4. EINZELHEITEN BEACHTEN – *Versuchen Sie, die folgende Frage zu beantworten, ohne in Ihrer Bibel nachzusehen:* Bei einer Sabbatversammlung am Fluß vor den Toren Philippis begegneten Paulus und Silas der Lydia, die ihr Herz der Botschaft von Jesus öffnete. Lydia stammte jedoch nicht aus Philippi. Woher kam sie? (Siehe Vers 14.)

DAS WESENTLICHE ERFASSEN

5. Wie würden Sie in eigenen Worten den *Sieg* beschreiben, den die Gemeinde in diesem Kapitel durch die Kraft des Heiligen Geistes errungen hat? Inwiefern war er für das ununterbrochene Wachstum der Gemeinde strategisch wichtig?

FÜR DAS LEBEN HEUTE

6. Welche *Muster* und *Prinzipien* erkennen Sie in Kapitel 16 für die Evangelisation der Gemeinde heute?

7. VERMÄCHTNIS AN UNS: Welche Gehorsamstat oder -haltung in diesem Kapitel ist für Sie das beste Beispiel für das, was es heißt, Christus durch die Kraft des Heiligen Geistes nachzufolgen?

ZUR VERTIEFUNG

Lesen Sie die Verse 35-39 und vergleichen Sie sie mit Apostelgeschichte 22,22-30 und 25,9-12. Was sagen diese drei Bibelstellen über die Bereitschaft des Paulus aus, innerhalb und durch die bestehenden Strukturen des bürgerlichen Gesetzes zu arbeiten, um sich selbst zu schützen und das Evangelium zu verbreiten?

APOSTELGESCHICHTE 17

Einstieg: Welchen Grund hatten die Juden für ihren Widerstand gegen die Botschaft des Paulus, wie in den Versen 5 und 13 zu lesen ist?

WAS STEHT IM TEXT?

1. Welche Personen spielen in diesem Kapitel eine wichtige Rolle?

2. Machen Sie einen »Spaziergang« durch die Ereignisse dieses Kapitels. Stellen Sie sich vor, was Sie sehen, riechen, hören und fühlen.

3. EINZELHEITEN BEACHTEN – *Versuchen Sie, die folgende Frage zu beantworten, ohne in Ihrer Bibel nachzusehen:* Wie viele Sabbattage lehrte Paulus in der Synagoge in Thessalonich, bis die Bewohner der Stadt sich erhoben? (Siehe Vers 2.)

DAS WESENTLICHE ERFASSEN

4. In Vers 11 beschreibt Lukas die Christen in Beröa als »edler« als die in Thessalonich. Falls Sie dieses Wort noch nie vorher gehört hätten, welche Schlußfolgerungen würden Sie aufgrund dieses Satzes daraus ziehen?

5. Wie würden Sie in eigenen Worten den *Sieg* beschreiben, den die Gemeinde in diesem Kapitel durch die Kraft des Heiligen Geistes errungen hat? Inwiefern war er für das ununterbrochene Wachstum der Gemeinde strategisch wichtig?

FÜR DAS LEBEN HEUTE

6. Welche *Muster* und *Prinzipien* erkennen Sie in Kapitel 17 für die Evangelisation der Gemeinde heute?

7. VERMÄCHTNIS AN UNS: Welche Gehorsamstat oder -haltung in diesem Kapitel ist für Sie das beste Beispiel für das, was es heißt, Christus durch die Kraft des Heiligen Geistes nachzufolgen?

ZUR VERTIEFUNG

Sehen Sie sich in den Versen 16-21 und 32 noch einmal die Begegnung des Paulus mit den griechischen Philosophen an. Welchen Eindruck von dieser Begegnung bekommen Sie durch die Bemerkungen des Paulus an die Gläubigen aus Korinth in 1. Korinther 1,18-25?

APOSTELGESCHICHTE 18

Einstieg: Was für ein Mann war Gallion nach dem, was Sie in den Versen 12-17 lesen?

WAS STEHT IM TEXT?

1. Welche Personen spielen in diesem Kapitel eine wichtige Rolle?

2. Stellen Sie eine ›Aktionsliste‹ zusammen mit allem, was in diesem Kapitel passiert.

3. EINZELHEITEN BEACHTEN – *Versuchen Sie, die folgende Frage zu beantworten, ohne in Ihrer Bibel nachzusehen:* Wie lange blieb Paulus in Korinth und lehrte das Wort Gottes? (Siehe Vers 11.)

Das Wesentliche erfassen

4. Wie würden Sie *in eigenen Worten* erklären, was Paulus als seine Berufung von Gott betrachtete?

5. Wie würden Sie den *Sieg* beschreiben, den die Gemeinde in diesem Kapitel durch die Kraft des Heiligen Geistes errungen hat? Inwiefern war er für das ununterbrochene Wachstum der Gemeinde strategisch wichtig?

6. Welche *Muster* und *Prinzipien* erkennen Sie in Kapitel 18 für die Evangelisation der Gemeinde heute?

7. VERMÄCHTNIS AN UNS: Welche Gehorsamstat oder -haltung in diesem Kapitel ist für Sie das beste Beispiel für das, was es heißt, Christus durch die Kraft des Heiligen Geistes nachzufolgen?

Zur Vertiefung

Apollos platzte mit einer sehr vollmächtigen Botschaft über Jesus Christus in die Vorgänge in Ephesus hinein. Sein Wissen war allerdings nicht sehr umfassend, da er nur die Taufe des Johannes kannte. Lesen Sie die Verse 24-26 zusammen mit Lukas 3,1-18, um eine Vorstellung davon zu bekommen, was Apollos in der Synagoge verkündigt haben mochte.

Apostelgeschichte 19

Einstieg: Sehen Sie sich Vers 17 genau an. Was wäre Ihrer Meinung nach nötig, um dieselbe geistliche Atmosphäre in Ihrer Gemeinschaft zu schaffen?

Was steht im Text?

1. Welche Personen spielen in diesem Kapitel eine wichtige Rolle?

2. Stellen Sie sich vor, Sie würden die Apostelgeschichte verfilmen. Welche Szenen, Kulissen, Hintergrundmusik, Lichteffekte, etc. würden Sie wählen, um die Ereignisse des Kapitels 19 wirkungsvoll darzustellen?

3. EINZELHEITEN BEACHTEN – *Versuchen Sie, die folgende Frage zu beantworten, ohne in Ihrer Bibel nachzusehen:* Wie viele Männer taufte Paulus in der Eröffnungsszene und legte ihnen die Hände auf? (Siehe Vers 7.)

DAS WESENTLICHE ERFASSEN

4. Wie würden Sie den *Sieg* beschreiben, den die Gemeinde in diesem Kapitel durch die Kraft des Heiligen Geistes errungen hat? Inwiefern war er für das ununterbrochene Wachstum der Gemeinde strategisch wichtig?

FÜR DAS LEBEN HEUTE

5. VERMÄCHTNIS AN UNS: Welche Gehorsamstat oder -haltung in diesem Kapitel ist für Sie das beste Beispiel für das, was es heißt, Christus durch die Kraft des Heiligen Geistes nachzufolgen?

ZUR VERTIEFUNG

Ephesus, der Mittelpunkt okkulter Aktivitäten, wurde durch die Begebenheit in den Versen 11-17 in Erstaunen versetzt. Lesen Sie in 5. Mose 18,9-14 Gottes strenges Gebot, sich auf keine Form der Zauberei einzulassen. Überlegen Sie, wie ein Christ auf die modernen okkulten Praktiken unserer Kultur angemessen reagieren kann, und denken Sie dabei an die Reaktion der Gläubigen in Ephesus in Apostelgeschichte 19,18-20.

APOSTELGESCHICHTE 20

Einstieg: Wenn Sie im Himmel wären und Eutychus träfen, welche Frage würden Sie ihm stellen?

WAS STEHT IM TEXT?

1. Welche Personen spielen in diesem Kapitel eine wichtige Rolle?
2. Machen Sie gemeinsam einen »Spaziergang« durch die Ereignisse dieses Kapitels. Stellen Sie sich vor, was Sie sehen, riechen, hören und fühlen.
3. EINZELHEITEN BEACHTEN – *Versuchen Sie, die folgende Frage zu beantworten, ohne in Ihrer Bibel nachzusehen:* Bei der Rede des Paulus vor den Ältesten von Ephesus fordert er sie auf, sich etwas ganz Bestimmtes in Erinnerung zu rufen. Was war das? (Siehe Vers 31.)

DAS WESENTLICHE ERFASSEN

4. Wie würden Sie die grundlegende *Lebenseinstellung* des Paulus definieren, wie er sie in diesem Kapitel auslebt?

5. Wie würden Sie den *Sieg* beschreiben, den die Gemeinde in diesem Kapitel durch die Kraft des Heiligen Geistes errungen hat? Inwiefern war er für das ununterbrochene Wachstum der Gemeinde strategisch wichtig?

Für das Leben heute

6. Welche *Muster* und *Prinzipien* erkennen Sie in Kapitel 20 für die Führung der Gemeinde heute?
7. Stellen Sie sich vor, Sie hätten eine Feuerbotschaft am Himmel gesehen, sie wäre an Sie adressiert gewesen und hätte folgenden Inhalt gehabt: *So spricht der Herr: »Lies Apostelgeschichte 20, denn ich möchte dir dadurch etwas sagen.«* Auf welche Verse würde Gott sich höchstwahrscheinlich beziehen?
8. VERMÄCHTNIS AN UNS: Welche Gehorsamstat oder -haltung in diesem Kapitel ist für Sie das beste Beispiel für das, was es heißt, Christus durch die Kraft des Heiligen Geistes nachzufolgen?

Zur Vertiefung

Lesen Sie in den Versen 18-32 noch einmal die Ermutigungen und Warnungen des Paulus zum Abschied an die Gemeindeältesten in Ephesus. Schlagen Sie nun in Offenbarung 2,1-7 den persönlichen Brief des verherrlichten Jesus an die Gemeinde in Ephesus auf. Was hat die Gemeinde aus den Warnungen des Paulus gelernt – oder nicht gelernt, wenn man bedenkt, daß diese zweite Stelle sehr viel später geschrieben wurde?

Apostelgeschichte 21

Einstieg: Stellen Sie sich vor, Sie hätten die in den Versen 10-14 beschriebene Situation miterlebt. Welche Gedanken oder Fragen würden Sie bewegt haben, nachdem Sie Agabus und Paulus zugehört hätten?

Was steht im Text?

1. Welche Personen spielen in diesem Kapitel eine wichtige Rolle?
2. Wie würden Sie die *Aktion* in diesem Kapitel beschreiben?
3. EINZELHEITEN BEACHTEN – *Versuchen Sie, die folgende Frage zu beantworten, ohne in Ihrer Bibel nachzusehen:* Wie hieß der Prophet, der seine Hände und Füße mit dem Gürtel des Paulus zusammenband? (Siehe Verse 10-11.)

Das Wesentliche erfassen

4. Sehen Sie sich Vers 4 an und sprechen Sie darüber, ob es Ihrer Meinung nach ein Fehler des Paulus war, weiter nach Jerusalem zu ziehen.

Für das Leben heute

5. Inwiefern ist die Erfahrung des Paulus ein Ansporn für Sie, um Gottes Führung in Ihrem Leben zu bitten?
6. VERMÄCHTNIS AN UNS: Welche Gehorsamstat oder -haltung in diesem Kapitel ist für Sie das beste Beispiel für das, was es heißt, Christus durch die Kraft des Heiligen Geistes nachzufolgen?

Zur Vertiefung

Die Gabe der Weissagung hatten sowohl Männer als auch Frauen bekommen. Von den vier Töchtern des Philippus wird gesagt, daß sie weissagten. Vor ihnen haben schon viele andere Frauen geweissagt. Sehen Sie sich die folgenden Bibelstellen an: 2. Mose 15,20; Richter 4,4; 2. Könige 22,14; Nehemia 6,14 und Lukas 2,36-38.

Apostelgeschichte 22

Einstieg: Stellen Sie sich vor, Sie hätten die in diesem Kapitel beschriebene Situation miterlebt. Sprechen Sie über das, was Sie sehen, riechen, hören und empfinden würden.

Was steht im Text?

1. Welche Personen spielen in diesem Kapitel eine wichtige Rolle?
2. Stellen Sie sich vor, Sie wären Reporter des »Jerusalemer Tageblatts«. Welche Überschrift würden Sie dem Bericht über die Vorgänge dieses Kapitels geben?
3. EINZELHEITEN BEACHTEN – *Versuchen Sie, die folgende Frage zu beantworten, ohne in Ihrer Bibel nachzusehen:* Paulus erzählt der Menge in Jerusalem, wie er Jesus auf der Straße nach Damaskus begegnet ist. Er erwähnt zwei Fragen, die er Jesus bei dieser Begegnung gestellt hat. Welche beiden Fragen? (Siehe Verse 8 und 10.)

DAS WESENTLICHE ERFASSEN

4. Beachten Sie, an welcher Stelle Paulus in seinem Zeugnis von der wütenden Menge unterbrochen wurde. Wie würden Sie den Grund für diese Unterbrechung erklären?

FÜR DAS LEBEN HEUTE

5. Welche *Muster* und *Prinzipien* erkennen Sie in Kapitel 22 für die Evangelisation der Gemeinde heute?
6. VERMÄCHTNIS AN UNS: Welche Gehorsamstat oder -haltung in diesem Kapitel ist für Sie das beste Beispiel für das, was es heißt, Christus durch die Kraft des Heiligen Geistes nachzufolgen?

ZUR VERTIEFUNG

In der Bibel wird an keiner Stelle gesagt, ob Paulus dem Herrn Jesus während seines Dienstes als Diener Gottes auf der Erde begegnet ist. Und doch sah Paulus einmal einen Engel, und den auferstandenen, verherrlichten Christus sogar mehrmals. Sehen Sie sich die folgenden Verse an und überlegen Sie, was Paulus durch diese Visionen und Begegnungen gelernt hat: Apostelgeschichte 9,3-7; 18,9-10; 22,17-21; 23,10-11; 26,14-18; 27,21-25 und 2. Korinther 12,1-4.

APOSTELGESCHICHTE 23

Einstieg: Wenn Sie in den Himmel kommen und dem Neffen des Paulus begegnen, welche Frage werden Sie ihm stellen?

WAS STEHT IM TEXT?

1. Welche Personen spielen in diesem Kapitel eine wichtige Rolle?
2. Wie würden Sie die *Aktion* in diesem Kapitel beschreiben?
3. Welche wichtigen Einzelheiten in diesem Kapitel können Ihrer Meinung nach besonders leicht übersehen werden?
4. EINZELHEITEN BEACHTEN – *Versuchen Sie, die folgende Frage zu beantworten, ohne in Ihrer Bibel nachzusehen:* Wie hieß der römische Oberst, der Paulus mit einer berittenen Garde zum Statthalter Felix nach Cäserea schickte? (Siehe Vers 26.)

DAS WESENTLICHE ERFASSEN

5. Wie würden Sie den *Sieg* beschreiben, den die Gemeinde in diesem Kapitel durch die Kraft des Heiligen Geistes errungen hat? Inwiefern war er für das ununterbrochene Wachstum der Gemeinde strategisch wichtig?

FÜR DAS LEBEN HEUTE

6. Was gefällt Ihnen am Beispiel des Paulus in diesem Kapitel am besten?
7. VERMÄCHTNIS AN UNS: Welche Gehorsamstat oder -haltung in diesem Kapitel ist für Sie das beste Beispiel für das, was es heißt, Christus durch die Kraft des Heiligen Geistes nachzufolgen?

ZUR VERTIEFUNG

Inwiefern erklärt 5. Mose 19,15-19 die heftige Auseinandersetzung des Paulus mit Hananias in den Versen 1-3?

APOSTELGESCHICHTE 24

Einstieg: Stellen Sie sich vor, Sie wären Rechtsanwalt in Cäserea und der Statthalter Felix hätte Sie zum Pflichtverteidiger des Paulus für eine weitere Gerichtsverhandlung, die der in diesem Kapitel beschriebenen folgte, bestellt. Welche Fragen hätten Sie Paulus im Zeugenstand gestellt?

WAS STEHT IM TEXT?

1. Welche Personen spielen in diesem Kapitel eine wichtige Rolle?
2. Stellen Sie sich vor, Sie wären Herausgeber des »Cäserea Journals«. Welche Überschrift würden Sie dem Bericht über die in Kapitel 24 beschriebenen Ereignisse geben?
3. EINZELHEITEN BEACHTEN – *Versuchen Sie, die folgende Frage zu beantworten, ohne in Ihrer Bibel nachzusehen:* Wie hieß der Rechtsanwalt, der in der Gerichtsverhandlung vor Felix für die jüdischen Führer sprach? (Siehe Verse 1-2.)

DAS WESENTLICHE ERFASSEN

4. Sehen Sie sich Vers 21 noch einmal an. Warum betonte Paulus in seiner Verteidigungsrede die Auferstehung so stark?

Für das Leben heute

5. Welche *Muster* und *Prinzipien* erkennen Sie in Kapitel 24 für die Evangelisation der Gemeinde heute?

6. Sehen Sie sich an, was Paulus in Vers 16 sagt. Stellen Sie sich vor, Gott würde Sie auf einer Skala von eins bis zehn bewerten, wobei zehn volle Übereinstimmung mit dem Beispiel des Paulus in diesem Vers ist und eins vollkommene Nichtübereinstimmung. Wie würden Sie Ihrer Meinung nach beurteilt werden?

7. VERMÄCHTNIS AN UNS: Welche Gehorsamstat oder -haltung in diesem Kapitel ist für Sie das beste Beispiel für das, was es heißt, Christus durch die Kraft des Heiligen Geistes nachzufolgen?

Zur Vertiefung

Welche Ähnlichkeiten können Sie zwischen der Einstellung des Statthalters Felix dem Gefangenen Paulus gegenüber (Verse 22-27) und der Haltung des Herodes dem Gefangenen Johannes gegenüber in Markus 6,14-20 feststellen?

Apostelgeschichte 25

Einstieg: Stellen Sie sich vor, Sie würden die in den letzten fünf Versen des Kapitels beschriebene Situation miterleben. Sprechen Sie über das, was Sie sehen, riechen, hören und empfinden würden.

Was steht im Text?

1. Welche Personen spielen in diesem Kapitel eine wichtige Rolle?

2. Stellen Sie eine Liste der *Aktionen* dieses Kapitels zusammen.

3. Warum genau mußte Paulus nach dem, was Sie den Worten des Festus in den Versen 24-27 entnehmen, vor König Agrippa erscheinen?

4. EINZELHEITEN BEACHTEN – *Versuchen Sie, die folgende Frage zu beantworten, ohne in Ihrer Bibel nachzusehen:* Warum fragte Festus den Paulus, ob er bereit sei, sich in Jerusalem vor Gericht stellen zu lassen? (Siehe Verse 3 und 9.)

DAS WESENTLICHE ERFASSEN

5. Wie würden Sie den *Sieg* beschreiben, den die Gemeinde in diesem Kapitel durch die Kraft des Heiligen Geistes errungen hat? Inwiefern war er für das ununterbrochene Wachstum der Gemeinde strategisch wichtig?
6. Wie tritt Ihrer Meinung nach die *Ausstrahlung* der Persönlichkeit des Paulus in diesem Kapitel zutage? Worin lag diese Ausstrahlung begründet?

FÜR DAS LEBEN HEUTE

7. Wenn Sie Ihre eigene Ausstrahlung mit der des Paulus vergleichen, wie würden Sie abschneiden? Möchte Gott, daß jeder Mensch dieselbe geistliche Macht hat wie Paulus? Warum oder warum nicht?
8. VERMÄCHTNIS AN UNS: Welche Gehorsamstat oder -haltung in diesem Kapitel ist für Sie das beste Beispiel für das, was es heißt, Christus durch die Kraft des Heiligen Geistes nachzufolgen?

ZUR VERTIEFUNG

Untersuchen Sie die Aussage des Paulus in Vers 8 im Lichte seiner Anweisung an die Gläubigen in Rom in Römer 13,1-7.

APOSTELGESCHICHTE 26

Einstieg: Wie ist das Zeugnis des Paulus in diesem Kapitel aufgebaut? Gliedert er es nach Zeitabschnitten: »bevor ich Christus kennenlernte, wie ich Christus kennenlernte, nachdem ich Christus kennengelernt hatte«, oder ganz anders?

WAS STEHT IM TEXT?

1. Welche Personen spielen in diesem Kapitel eine wichtige Rolle?
2. Welche Frage stellte Paulus König Agrippa in seinem Zeugnis?
3. Stellen Sie sich vor, Sie gehörten zu den Beamten des Königs Agrippa und würden die in diesem Kapitel beschriebene Situation miterleben. Welche Worte des Paulus würden Ihnen besonders auffallen? Warum?
4. EINZELHEITEN BEACHTEN – *Versuchen Sie, die folgende Frage zu beantworten, ohne in Ihrer Bibel nachzusehen:* In seiner Rede vor König

Agrippa erwähnt Paulus, in welcher Sprache Jesus zu ihm auf der Straße nach Damaskus gesprochen hat. Welche Sprache war es? (Siehe Vers 14.)

DAS WESENTLICHE ERFASSEN

5. Was hat Ihrer Meinung nach Festus veranlaßt zu sagen, was er in Vers 24 gesagt hat?

FÜR DAS LEBEN HEUTE

6. Welche *Muster* und *Prinzipien* erkennen Sie in Kapitel 26 für die Evangelisation der Gemeinde heute?
7. VERMÄCHTNIS AN UNS: Welche Gehorsamstat oder -haltung in diesem Kapitel ist für Sie das beste Beispiel für das, was es heißt, Christus durch die Kraft des Heiligen Geistes nachzufolgen?

ZUR VERTIEFUNG

In welcher Hinsicht mögen die Antworten von Agrippa und Festus auf die Botschaft des Paulus (Verse 24-28) eine Verdeutlichung der Worte des Apostels in 1. Korinther 1,22-24 gewesen sein?

APOSTELGESCHICHTE 27

Einstieg: Stellen Sie sich vor, Sie gehörten zu den Seeleuten auf dem Schiff. Welche Gedanken oder Fragen würden Sie bewegt haben, nachdem Sie die Worte des Paulus in den Versen 21-26 gehört hätten?

WAS STEHT IM TEXT?

1. Welche Personen spielen in diesem Kapitel eine wichtige Rolle?
2. Stellen Sie sich vor, Sie würden die Apostelgeschichte verfilmen. Welche Szenen, Kulissen, Hintergrundmusik, Lichteffekte, etc. würden Sie wählen, um die Ereignisse im Kapitel 27 wirkungsvoll darzustellen?
3. EINZELHEITEN BEACHTEN – *Versuchen Sie, die folgende Frage zu beantworten, ohne in Ihrer Bibel nachzusehen:* Wie viele Menschen befanden sich an Bord des Schiffes, das Schiffbruch erlitten hat? (Siehe Vers 37.)

DAS WESENTLICHE ERFASSEN

4. Sehen Sie sich sehr genau Vers 24 an. Welche Ängste mögen Paulus geplagt haben?

FÜR DAS LEBEN HEUTE

5. Welche *Muster* und *Prinzipien* erkennen Sie in Kapitel 27 für die Evangelisation der Gemeinde heute?
6. VERMÄCHTNIS AN UNS: Welche Gehorsamstat oder -haltung in diesem Kapitel ist für Sie das beste Beispiel für das, was es heißt, Christus durch die Kraft des Heiligen Geistes nachzufolgen?

ZUR VERTIEFUNG

Vergleichen Sie die Verse 13-44 mit dem »Sturmlied« in Psalm 107,23-32. Welche Ermutigung können diese beiden Bibelstellen einem Christen sein, der in seinem Leben einen schrecklichen Sturm durchlebt?

APOSTELGESCHICHTE 28

Einstieg: Stellen Sie sich vor, Sie gehörten zu den Römern in Vers 15, die Paulus entgegengingen. Nachdem Sie sich begrüßt und mit Paulus gemeinsam gebetet hätten, würden Sie Paulus fragen: »Paulus, wie war deine Reise?« Wie würde er Ihrer Meinung nach antworten?

WAS STEHT IM TEXT?

1. Welche Personen spielen in diesem Kapitel eine wichtige Rolle?
2. EINZELHEITEN BEACHTEN – *Versuchen Sie, die folgende Frage zu beantworten, ohne in Ihrer Bibel nachzusehen:* Wie lange blieben Paulus und seine Gefährten auf der Insel Malta, bevor sie ihre Reise nach Rom fortsetzten? (Siehe Vers 11.)

DAS WESENTLICHE ERFASSEN

3. Wie würden Sie den *Sieg* beschreiben, den die Gemeinde in diesem Kapitel durch die Kraft des Heiligen Geistes errungen hat? Inwiefern war er für das ununterbrochene Wachstum der Gemeinde strategisch wichtig?

FÜR DAS LEBEN HEUTE

4. Welche *Muster* und *Prinzipien* erkennen Sie in Kapitel 28 für die Evangelisation der Gemeinde heute?
5. VERMÄCHTNIS AN UNS: Welche Gehorsamstat oder -haltung in diesem Kapitel ist für Sie das beste Beispiel für das, was es heißt, Christus durch die Kraft des Heiligen Geistes nachzufolgen?

ZUR VERTIEFUNG

Auf welche Weise ließ Gott den in Römern 1,9-12 ausgesprochenen Wunsch des Paulus (zehn Jahre vor seinem tatsächlichen Besuch) in seinem Dienst unter den Römern in Erfüllung gehen? (Beachten Sie in Apostelgeschichte 28 die Verse 14-15, 23-24 und 30.)

APOSTELGESCHICHTE: DER GESAMTEINDRUCK

(Sprechen Sie noch einmal über die im »Überblick« angegebenen Fragen und bearbeiten Sie die unten aufgeführten.)

1. Lesen Sie gemeinsam die folgenden Verse und wählen Sie den SCHLÜSSELVERS für die Apostelgeschichte – den Vers, der am besten ausdrückt, worum es in diesem Buch geht: 1,8; 2,42-43; 4,32-33; 12,24 und 20,32.
2. Wie zeigt sich in diesem Buch die *Macht* des Heiligen Geistes?
3. Stellen Sie sich vor, Lukas hätte am Ende der Apostelgeschichte den folgenden Satz eingefügt: »Und wenn Sie von diesem geschichtlichen Bericht nur eines in Erinnerung behalten, so sei dies ...« Wie würde Lukas Ihrer Meinung nach den Satz beenden?
4. In Jakobus 1,23-24 wird uns gesagt: »Denn wenn jemand ein Hörer des Wortes ist und nicht ein Täter, der gleicht einem Menschen, der sein natürliches Angesicht in einem Spiegel betrachtet. Denn er hat sich selbst betrachtet und ist weggegangen, und er hat sogleich vergessen, wie er beschaffen war. Inwiefern ist die Apostelgeschichte für Sie ein »Spiegel« gewesen, der Ihnen gezeigt hat, was Sie tun können und sollten?
5. Vielleicht haben Sie beschlossen, einen Punkt, der Ihnen bei der Bearbeitung dieses Buches klargeworden ist, in Ihrem Leben umzusetzen. Sind Sie bereit, dies auch den anderen Mitgliedern Ihrer Gruppe mitzuteilen und so verbindlich zu machen?
6. Wie würden Sie den folgenden Satz als Rat an einen Christen, der im Glauben weiterkommen möchte, vervollständigen? *Beschäftige dich mit der Apostelgeschichte, wenn du mehr erfahren willst in bezug auf ...*

RÖMER

ÜBERBLICK

(Besprechen Sie diese Überblicksfragen sowohl zu Beginn Ihrer Bearbeitung des Römerbriefs als auch nachdem Sie alle 16 Kapitel durchgenommen haben. Es könnte sein, daß Ihre Antworten vollkommen anders ausfallen, nachdem Sie sich sehr intensiv mit dem ganzen Buch auseinandergesetzt haben.)

Einstieg: Was fällt Ihnen ein, wenn Sie an die alte Stadt Rom denken?

WAS STEHT IM TEXT?

1. Lesen Sie die folgenden Stellen in der Apostelgeschichte und überlegen Sie, was diese Verse über die persönliche Bindung des Paulus an Rom aussagen: Apostelgeschichte 19,21; 23,11; 28,14-16 und 28,30-31.

2. Welche Einzelheiten erfahren wir in Römer 15,23-24 über die Beziehung des Paulus zu den Römern?

3. Schlagen Sie die folgenden Stellen im Römerbrief nach und versuchen Sie herauszufinden, ob die Gemeinde in Rom vorwiegend aus Heiden, vorwiegend aus Juden bestand, oder ob der Anteil von Juden und Heiden etwa gleich groß war: 1,13; 2,17; 3,1; 4,1; 7,1; 10,1; 11,13; 11,25-31; 15,5-12 und 15,15-16. (Lesen Sie auch Apostelgeschichte 2,10-11 und beachten Sie, daß Besucher aus Rom unter denen waren, die die erste christliche Predigt von Simon Petrus in Jerusalem hörten, an dem Tag, an dem der Heilige Geist zu Pfingsten ausgegossen wurde.)

4. Was sonst erfahren Sie aus den folgenden Versen über die Gemeinde in Rom: Römer 1,8 und 15,14?

5. Viele Bibelausleger sind der Meinung, daß Paulus den Römerbrief schrieb, während er sich gegen Ende seiner dritten Missionsreise drei Monate in Griechenland aufhielt. Lesen Sie in Apostelgeschichte 20,1-6 die Beschreibung dieses Aufenthalts. Was mag Paulus zu dieser Zeit wohl nach dem, was Sie in diesen Versen lesen, beschäftigt haben?

6. Sehen Sie sich auch auf Seite 11 die Liste der Fragen an, die Sie sich vor der Bearbeitung der einzelnen Bücher stellen sollten.

DAS WESENTLICHE ERFASSEN

7. Welches war bisher Ihr Eindruck vom Römerbrief in bezug auf a) seinen Inhalt, b) seinen Schwierigkeitsgrad und c) seine Bedeutung?

8. Sehen Sie sich gemeinsam die *ersten drei Verse* eines jeden Kapitels an. Welchen Eindruck bekommen Sie von diesem Brief? Welche Erwartungen stellen Sie an die Bearbeitung dieses Briefes?

9. Stellen Sie sich vor, Sie würden diesen Brief des Paulus nach Rom bringen. Unterwegs werden Sie von Räubern überfallen, die Ihnen alle Wertsachen, darunter auch diesen Brief rauben. Der Anführer der Räuber kann nicht lesen, und als Sie ihn bitten, Ihnen diesen Brief zurückzugeben, fragt er: »Warum? Was ist an diesem Brief so wichtig?« Was würden Sie ihm antworten?

FÜR DAS LEBEN HEUTE

10. Wie groß ist in Ihrer gegenwärtigen Situation Ihr Wunsch, sich eingehender mit den großen christlichen Lehren von unserer Errettung zu beschäftigen, die Paulus im Römerbrief weitergibt? Bewerten Sie Ihr Interesse auf einer Skala von eins bis zehn (eins = äußerst gering, zehn = sehr groß).

11. Viele große Segnungen des christlichen Lebens werden im Römerbrief sehr vollmächtig und klar ausgelegt. Unter anderen *Freude, Friede, Hoffnung* und *Sieg*. Bewerten Sie auf einer Skala von eins bis zehn (eins = schwach, zehn = sehr stark) das Maß, in dem Sie jede dieser vier Dinge in Ihrer gegenwärtigen Situation erleben.

12. Wie können Sie sicherstellen, daß Ihre Beschäftigung mit dem Römerbrief keine rein theoretische und intellektuelle Angelegenheit bleibt, sondern praktisch wird und für Sie Konsequenzen hat? Was können Sie tun, damit das Gespräch lebendig und interessant bleibt?

ZUR VERTIEFUNG

Römer 3,10; 3,23; 5,12; 6,23; 5,8; 10,9-10 und 10,13 werden häufig die »römische Straße« zur Erlösung genannt, weil sie uns Hilfestellung geben bei unseren Bemühungen, einen Menschen zu Christus zu führen. Lesen Sie diese Verse und sprechen Sie darüber, wie klar sie das Evangelium weitergeben.

RÖMER 1

Einstieg: Welche drei Dinge sind Ihrer Meinung nach wichtig, um in dieser Welt glücklich zu sein?

WAS STEHT IM TEXT?

1. Beschreiben Sie nach den Versen 1-6 so umfassend wie möglich, wie Paulus sich selbst sieht.

2. Warum möchte Paulus nach Rom kommen? Siehe Verse 8-15.

3. Nachdem Sie (in den Versen 8-15) den Grund für den Wunsch des Paulus, Rom zu besuchen, herausgefunden haben, sind Sie der Meinung, daß er seine Absichten genauso gut durch diesen Brief hätte verwirklichen können? (Erklären Sie Ihre Antwort.)

4. Sehen Sie sich den Abschnitt ab Vers 16 an und erklären Sie in eigenen Worten, *warum* Paulus sich des Evangeliums nicht schämte.

5. In Vers 17 verwendet Paulus das Wort *Gerechtigkeit*. Was wissen Sie über den Gebrauch dieses biblischen Begriffes? Beziehen Sie in Ihre Antwort auch das mit ein, was Sie in diesem Kapitel lesen.

6. Was ist in Vers 18 mit dem »Zorn Gottes« gemeint, der, wie Paulus es ausdrückt, vom Himmel geoffenbart wird?

7. Beschreiben Sie nach dem, was Sie in den Versen 18-20 lesen, in eigenen Worten das, was Gott allen Völkern überall über sich geoffenbart hat.

8. Fassen Sie zusammen, was die Verse 21-32 über das Wesen des Menschen aussagen.

9. Wie vollständig ist Ihrer Meinung nach die Liste der sündigen Handlungsweisen in den Versen 29-31?

10. Der Brief des Paulus an die Römer wird häufig als eine besonders systematische Darlegung der christlichen Lehre in der Bibel betrachtet. Wie würden Sie nun mit diesem Wissen den Hauptpunkt oder die Hauptpunkte dieses Kapitels zusammenfassen, und inwieweit passen sie Ihrer Meinung nach in das hinein, was Sie von der Absicht des Paulus mit diesem Brief wissen?

11. Sehen Sie sich auch auf Seite 10 die Liste der Fragen an, die Sie sich während der Bearbeitung der einzelnen Kapitel des Römerbriefes stellen sollten.

12. EINZELHEITEN BEACHTEN – *Versuchen Sie, die folgende Frage zu beantworten, ohne in Ihrer Bibel nachzusehen:* In diesem Kapitel wird nur eine Person aus dem Alten Testament genannt. Wer ist es? (Siehe Vers 3.)

Das Wesentliche erfassen

13. Welcher Wesenszug Gottes fällt Ihnen in diesem Kapitel am stärksten ins Auge: sein Zorn und seine Heiligkeit oder seine Liebe und sein Erbarmen?
14. Wie würden Sie nach dem, was Sie in diesem Kapitel gelesen haben, die Lebensfreude des Paulus beschreiben?
15. Welchen Eindruck vermittelt dieses Kapitel Ihnen von dem Charakter des Paulus als Mensch?
16. Stellen Sie sich vor, Sie würden Paulus beim Schreiben dieses Kapitels über die Schulter sehen. Was mag er empfunden haben, als er die Verse 18-32 aufschrieb?
17. Aus welchen Gründen hat Paulus Ihrer Meinung nach im letzten Teil dieses Kapitels so viele Sünden aufgeführt, anstatt einfach zu sagen, daß sich die Personen von Gott abgewandt und gesündigt haben?
18. Lesen Sie in 2. Petrus 3,15-16, was der Apostel Petrus über die Paulus-Briefe und ihr großes Thema, die *Geduld Gottes* schreibt. Wie kommt dieses Thema Ihrer Meinung nach in diesem Kapitel zum Tragen?

Für das Leben heute

19. Was bedeutet Vers 6 für Sie ganz praktisch und persönlich?
20. Lesen Sie in Vers 8, was Paulus von dem Glauben der römischen Christen schreibt. Was ist Ihrer Meinung nach die Voraussetzung dafür, daß eine Gemeinde heutzutage wegen ihres Glaubens bekannt wird?
21. Paulus schreibt in den Versen 11-12, was er sich für diese Begegnung mit den Römern wünscht. Wie läßt sich das mit dem vergleichen, was bei *Ihnen* passiert, wenn Sie als Gruppe von Christen mit einem Leiter oder einem Bibelausleger zusammenkommen?
22. Sehen Sie sich in den Versen 11-12 die Einstellung des Paulus zur Gemeinschaft an. Was ist sehr häufig der Grund dafür, daß dies bei den Zusammenkünften der Christen heute eben *nicht* passiert?
23. Paulus spricht in Vers 13 von seiner persönlichen »Frucht« unter den römischen Christen. Welche »Frucht« oder »Ernte« sollten wir unter unseren christlichen Geschwistern heutzutage suchen?
24. Überlegen Sie, wie die Christen heute zeigen können, daß sie genauso empfinden wie Paulus es in Vers 16 ausdrückt.
25. Inwiefern beschreibt Vers 32 genau die Situation der Nichtchristen heute?

ZUR VERTIEFUNG

Stellen Sie gemeinsam eine Definition für *böse* auf, nachdem Sie die Aufzählung der sündigen Taten und Eigenschaften in den Versen 29-31 mit der Aufzählung in den folgenden Bibelstellen verglichen haben: Markus 7,21-22; 1. Korinther 6,9-10; Galater 5,19-21 und Offenbarung 22,15.

RÖMER 2

Einstieg: Welche Aspekte der Realität können die Menschen Ihrer Meinung nach besonders schwer akzeptieren und sich ihnen stellen?

WAS STEHT IM TEXT?

1. Im gesamten Römerbrief können wir feststellen, daß Paulus die tiefe Bedeutung des Evangeliums für uns in Form eines Frage-und-Antwort-Spiels erarbeitet. Überfliegen Sie dieses Kapitel und stellen Sie gemeinsam eine Liste der *Fragen* zusammen, die Paulus stellt.

2. Welche Wörter, Ausdrücke oder Sätze würden Sie gern besser verstehen, nachdem Sie dieses Kapitel gelesen haben?

3. Lesen Sie Matthäus 7,1-5. Welcher Zusammenhang besteht zwischen den Worten Jesu in diesem Abschnitt und dem, was Paulus in den ersten Versen von Römer 2 sagt?

4. Welche Personen gehören Ihrer Meinung nach in die Kategorie, die Paulus in den Versen 7 und 10 beschreibt?

5. Welche Personen gehören Ihrer Meinung nach in die Kategorie, die Paulus in den Versen 8 und 9 beschreibt?

6. Wer genau sind die beiden Arten von Menschen, von denen Paulus in Vers 12 spricht?

7. Rufen Sie sich noch einmal ins Gedächtnis, daß dieser Brief die systematischste Darlegung der christlichen Lehre in der Bibel sein soll. Wie würden Sie mit diesem Wissen die Hauptaussage oder Hauptaussagen dieses Kapitels zusammenfassen, und inwieweit passen sie Ihrer Meinung nach in das hinein, was Paulus mit diesem Brief erreichen wollte?

8. EINZELHEITEN BEACHTEN – *Versuchen Sie, die folgende Frage zu beantworten, ohne in Ihrer Bibel nachzusehen:* Paulus sagt in Vers 4, daß die Reichtümer der Güte Gottes – seine Freundlichkeit, Langmut und Geduld – uns zu einem hinführen sollen. Was ist das?

DAS WESENTLICHE ERFASSEN

9. Welche »Seite« des Wesens Gottes fällt Ihnen in diesem Kapitel am meisten ins Auge – sein Zorn und seine Heiligkeit oder seine Liebe und sein Erbarmen?
10. Kann ein Heide nach der Definition des Paulus in den Versen 28-29 ein wahrer Jude werden?
11. Was können wir Ihrer Meinung nach in den Versen 14-15 über unser natürliches Wesen als Mensch erfahren?

FÜR DAS LEBEN HEUTE

12. Wenn ein ungläubiger Freund Ihnen sagte: »Ich bin nicht sicher, daß es so etwas wie die Sünde gibt«, wie würden Sie ihm anhand von Römer 1 und 2 antworten?
13. Sehen Sie sich in 2. Petrus 3,15-16 an, was Petrus über die Briefe des Paulus und ihr Thema, *die Geduld Gottes*, schreibt. Wie tritt dieses Thema in diesem Kapitel zutage? Und warum ist dieses Thema so wichtig?

ZUR VERTIEFUNG

Lesen Sie noch einmal, was Paulus in den letzten fünf Versen dieses Kapitels über die wahre Beschneidung sagt. Sprechen Sie darüber, welche Bedeutung dieses Thema in der ganzen Bibel hat, nachdem Sie sich die folgenden Verse durchgelesen haben: 5. Mose 10,16 und 30,6; Jeremia 4,3-4 und 1. Mose 17,9-14.

RÖMER 3

Einstieg: Wenn Sie nach einem Schiffbruch mit zwei anderen Überlebenden auf einer einsamen Insel gestrandet wären, welche Eigenschaften würden Sie sich bei den anderen wünschen?

WAS STEHT IM TEXT?

1. Paulus arbeitet im gesamten Römerbrief sehr häufig mit dem Stilmittel von Frage und Antwort. Welches sind die *Fragen*, die er in diesem Kapitel stellt?
2. Welche Wörter, Ausdrücke oder Sätze in diesem Kapitel würden Sie gern besser verstehen?

3. Lesen Sie die Verse 1-2 und blättern Sie vor zu 9,4-5. Fassen Sie in eigenen Worten die Vorteile zusammen, die es bringt, ein Jude zu sein.
4. Fassen Sie zusammen, was die Verse 10-18 über das Wesen des Menschen aussagen.
5. Was genau ist die »Herrlichkeit Gottes«, die die Menschen, wie Paulus in Vers 23 schreibt, nicht erlangen?
6. In Vers 24 schreibt Paulus, daß wir »gerechtfertigt« sind. Was wissen Sie über die Bedeutung dieses biblischen Ausdrucks?
7. *Wie* sind wir nach Vers 24 »gerechtfertigt«?
8. Ein weiteres Schlüsselwort in Vers 24 ist *Erlösung*. Wie würden Sie diesen Ausdruck erklären?
9. Wie würden Sie Vers 24 einem Kind erklären?
10. Was sollen wir nach dem, was in Vers 25 geschrieben steht, in bezug auf Jesus vor allem begreifen?
11. Welche Ähnlichkeiten bestehen nach dem, was Sie bisher im Römerbrief gelesen haben, zwischen Juden und Heiden, welche Unterschiede gibt es?
12. Warum *brauchen* wir nach dem, was wir bisher im Römerbrief gelesen haben, Gerechtigkeit?
13. Vom Römerbrief wird gesagt, daß er die systematischste Darlegung der christlichen Lehre in der Bibel ist. Wie würden Sie nun mit diesem Wissen die Hauptaussage oder -aussagen dieses Kapitels zusammenfassen, und inwieweit passen sie Ihrer Meinung nach in das hinein, was Paulus mit diesem Brief erreichen wollte?
14. EINZELHEITEN BEACHTEN – *Versuchen Sie, die folgende Frage zu beantworten, ohne in Ihrer Bibel nachzusehen:* In der Mitte dieses Kapitels zitiert Paulus eine Reihe alttestamentlicher Stellen, die die Macht der Sünde über alle Menschen verdeutlichen. An einer dieser Stellen wird unser *Schlund* mit etwas verglichen. Womit? (Siehe Vers 13.)

Das Wesentliche erfassen

15. Welche »Seite« des Wesens Gottes fällt in diesem Kapitel am meisten ins Auge – sein Zorn und seine Heiligkeit oder seine Liebe und sein Erbarmen?
16. Welche Menschengruppe betrachtete Paulus nach dem, was Sie in den Kapiteln 2 und 3 des Römerbriefs gelesen haben, im allgemeinen als die schlimmeren Sünder – die Juden oder die Heiden? (Erklären Sie Ihre Antwort.)
17. Erklären Sie nach dem, was Sie in den Versen 21-26 gelesen haben, wie Jesus die Schuld unserer Sünde fortnimmt.

18. Beachten Sie, wie oft das Wort *Glaube* in den Versen 21-30 vorkommt. Wie würde Paulus nach dem, was Sie in diesem Kapitel gelesen haben, dieses Wort definieren?
19. Welches waren die Gründe des Paulus, Vers 31 zu schreiben?
20. In 1,16 beschreibt Paulus das Evangelium als »Gottes Kraft« zu unserem Heil. Inwiefern können Sie diese Kraft in dem, was Paulus in diesem Kapitel lehrt, am Werke sehen?

Für das Leben heute

21. Diskutieren Sie die folgende Aussage: Als Beschreibung der Menschheit so wie wir sie heute kennen, sind die Verse 10-18 vor allem eine Übertreibung mit einem bestimmten Zweck.
22. Falls Sie nur dieses eine Kapitel der Bibel zur Verfügung hätten, wie würden Sie damit einem Menschen zeigen, wie er Christ werden kann?
23. Wie würden Sie mit dem letzten Teil dieses Kapitels einem ungläubigen Freund helfen, der meint, daß er bereits ein guter Mensch ist und und den Glauben an Christus in seinem Leben nicht braucht?
24. Wie würden Sie mit diesem Kapitel einem ungläubigen Freund helfen, der meint, zu sündig zu sein; Gott könne ihn unmöglich annehmen?

Zur Vertiefung

Sehen Sie sich noch einmal an, welchen hohen Stellenwert der Begriff *Glaube* in diesem Kapitel einnimmt. Lesen Sie gemeinsam die folgenden Verse aus anderen Paulusbriefen und überlegen Sie, wie man diesen Begriff aus der Sicht des Paulus am besten in eigenen Worten definieren kann: 1. Korinther 2,4-5; 15,16-17; 2. Korinther 4,13-14; Galater 5,5-6; Epheser 2,8 und 2. Timotheus 4,7.

RÖMER 4

Einstieg: Haben Sie sich schon einmal in einer hoffnungslosen Situation befunden?

Was steht im Text?

1. Welche *Fragen* stellt Paulus in diesem Kapitel?
2. Welche Wörter, Ausdrücke oder Sätze in diesem Kapitel würden Sie gern besser verstehen?

Römerbrief

3. Lesen Sie als Hintergrundinformation zu diesem Kapitel den Bericht über Abraham in 1. Mose 15 und 17 – 18. Wie zeigt sich der Glaube Abrahams in diesen Abschnitten?

4. Achten Sie auf die Beschreibung Gottes, die Paulus am Ende von Vers 17 gibt. Wie würden Sie diese Beschreibung einem Kind erklären?

5. Wie zeigt sich in diesem Kapitel die Persönlichkeit Abrahams und wie würden Sie sie mit der Persönlichkeit des Paulus vergleichen?

6. Der Römerbrief gilt als die systematischste Darlegung der christlichen Lehre in der Bibel. Wie würden Sie nun mit diesem Wissen die Hauptaussage oder -aussagen dieses Kapitels zusammenfassen, und inwieweit passen sie Ihrer Meinung nach in das hinein, was Paulus mit diesem Brief erreichen wollte?

7. EINZELHEITEN BEACHTEN – *Versuchen Sie, die folgende Frage zu beantworten, ohne in Ihrer Bibel nachzusehen:* Nachdem Paulus beschrieben hat, wie Abraham in seinem Glauben gestärkt wurde und Gott die Ehre gab, schreibt er, daß Abraham »der vollen Gewißheit« von etwas Bestimmtem war. Was war das? (Siehe Vers 21.)

Das Wesentliche erfassen

8. Das Wort *Gerechtigkeit* kommt in diesem Kapitel sehr häufig vor, und für viele Bibelausleger ist dies das wichtigste Wort im Römerbrief. Wie würde Paulus nach dem, was Sie in diesem Kapitel gelesen haben, dieses Wort definieren?

9. Wenn Sie nur das Beispiel Abrahams in diesem Kapitel hätten, wie würden Sie das Wort *Glaube* definieren?

10. Rufen Sie sich in Erinnerung, was Sie im Römerbrief bereits über *Gerechtigkeit* und *Glaube* gelesen haben. Wenn Sie die Menschen aus der Perspektive Gottes betrachten würden, welcher Zusammenhang würde Ihrer Meinung nach zwischen *Gerechtigkeit* und *Glaube* bestehen?

11. Sehen Sie sich das Vorbild Abrahams in bezug auf den Glauben an, das Paulus in den Versen 20-21 zusammenfaßt. Welches waren die Hauptgründe, warum Abraham so stark in seinem Glauben werden konnte?

12. Denken Sie an den Vers, in dem Paulus das Evangelium als »Kraft Gottes« zum Heil beschreibt (1,16). Wie entfaltet sich diese Kraft in dem, was Paulus in diesem Kapitel lehrt?

Für das Leben heute

13. Wie könnten Sie mit den Versen 5-8 einem Bruder in Christus weiterhelfen, der Angst hat, sein Heil wegen einer kürzlich begangenen Sünde zu verlieren?

14. In welchen wichtigen Punkten verhalten sich die Christen heute wie Abraham? In welchen wichtigen Punkten unterscheiden sie sich von ihm?
15. In Philipper 4,8 heißt es: »Übrigens, Brüder, alles, was wahr, alles, was ehrbar, alles, was gerecht, alles, was rein, alles, was liebenswert, alles, was wohllautend ist, wenn es irgendeine Tugend und wenn es irgendein Lob gibt, das erwägt!« Welche Denkanstöße können Sie in diesem Kapitel finden, die Ihnen als *wahr, ehrbar, gerecht, rein, liebenswert,* als *Tugend* und *Lob* ins Auge fallen?
16. Denken Sie gemeinsam über die Verse 16-17 nach. Was bedeutet es für Sie *persönlich*, ein Sohn oder eine Tochter Abrahams zu sein?

ZUR VERTIEFUNG

Eine weitere Bibelstelle, die sich mit Abraham beschäftigt, ist Jakobus 2,14-26. Suchen Sie die Hauptaussagen heraus und vergleichen Sie sie mit dem, was Paulus hier in Römer 4 sagt. Stehen die beiden Bibelstellen im *Konflikt* zueinander oder *ergänzen* sie sich?

RÖMER 5

Einstieg: Gibt es einen bestimmten Bereich, in dem Sie innerhalb der nächsten Monate Fortschritte machen wollen?

WAS STEHT IM TEXT?

1. Welche Wörter, Ausdrücke oder Sätze möchten Sie, nachdem Sie sich dieses Kapitel durchgelesen haben, gern besser verstehen?
2. Definieren Sie so umfassend wie möglich, was Paulus meint, wenn er in Vers 1 vom »Frieden mit Gott« spricht.
3. Was genau ist unsere »Hoffnung der Herrlichkeit Gottes«, von der Paulus in Vers 2 spricht, und wie läßt sich diese Bedeutung mit dem vergleichen, was Paulus in 3,23 sagt?
4. Lesen Sie Vers 3. Warum spricht Paulus nun zum ersten Mal in seinem Brief die Tatsache »unserer Trübsal« an?
5. Suchen Sie gemeinsam die beste Umschreibung für das heraus, was Paulus zu Beginn von Vers 3 sagt – a) »Wir freuen uns *trotz* unserer Trübsal«; b) »Wir freuen uns *wegen* unserer Trübsal«; c) »Wir freuen uns *inmitten* unserer Trübsal«.

6. Von welchem *Tod* spricht Paulus in Vers 12?

7. Vergleichen Sie die Verse 12, 15 und 18 miteinander, die von Adam und Jesus und dem sprechen, was sie getan haben. Machen Sie sich aufgrund dieser Verse ein Bild von jeder einzelnen Person, und beschreiben Sie dieses Bild.

8. Was genau ist die »Gabe« von der Paulus in den Versen 15-17 spricht? (Beschreiben Sie sie in eigenen Worten.)

9. Lesen Sie in Vers 17 aufmerksam die unterschiedlichen Satzteile, wo Paulus sagt, daß diejenigen, die Gottes reiche Gnade und die Gabe der Gerechtigkeit empfangen haben, tatsächlich »im Leben herrschen« werden. Beschreiben Sie so umfassend wie möglich, was Paulus damit meint.

10. Der Römerbrief gilt als die systematischste Darlegung der christlichen Lehre in der Bibel. Wie würden Sie nun mit diesem Wissen die Hauptaussage oder -aussagen dieses Kapitels zusammenfassen, und inwieweit passen sie Ihrer Meinung nach in das hinein, was Paulus mit diesem Brief erreichen wollte?

11. EINZELHEITEN BEACHTEN – *Versuchen Sie, die folgende Frage zu beantworten, ohne in Ihrer Bibel nachzusehen:* In Vers 5 spricht Paulus von etwas, das vom Heiligen Geist in unsere Herzen »ausgegossen« worden ist. Was ist das?

Das Wesentliche erfassen

12. Sehen Sie sich in den Versen 3-4 noch einmal die aufeinander aufbauenden Stufen an. Sind auch Sie der Meinung, daß dies der *einzige* Weg zur Hoffnung ist?

13. Wenn Vers 5 der einzige Teil der Bibel wäre, den Sie zur Verfügung hätten, wie könnten Sie anhand dieses Verses erklären, wer der Heilige Geist ist und welches sein Dienst ist?

14. Warum verwendet Gott Ihrer Meinung nach in Vers 10 das Wort *Feinde*?

15. Diskutieren Sie die folgende Aussage: »Obwohl Nichtchristen die Feinde Gottes sind, ist Gott nicht *ihr* Feind.«

16. Paulus erwähnt unser »Rühmen« zuerst in den Versen 2-3, dann wieder in Vers 11. Welche Bedeutung hat dieser Begriff bei Paulus, und warum?

17. Falls Sie nur dieses Kapitel der Bibel zur Verfügung hätten, was würden Sie daraus lernen. Wie wichtig war es, daß Jesus Christus gestorben ist?

18. Welche »Seite« des Wesens Gottes fällt Ihnen in diesem Kapitel am meisten ins Auge – sein Zorn und seine Heiligkeit oder seine Liebe und sein Erbarmen?

19. Wie würden Sie anhand dieses Kapitels zusammenfassen, was Paulus uns an Jesus unbedingt klarmachen möchte?

20. Rufen Sie sich noch einmal in Erinnerung, daß Paulus das Evangelium als »Gottes Kraft« zum Heil beschrieben hat (1,16). Wie entfaltet sich diese Kraft in dem, was Paulus in diesem Kapitel lehrt?

Für das Leben heute

21. In Kolosser 3,1 lesen wir: »Wenn ihr nun mit dem Christus auferweckt worden seid, so sucht, was droben ist, wo der Christus ist, sitzend zur Rechten Gottes.« Was ist Ihnen persönlich in diesem Kapitel an Jesus Christus wichtig geworden, nach dem Sie streben möchten?
22. Lesen Sie noch einmal die Worte des Paulus in Vers 17, wo es um das »Herrschen im Leben« geht. Was kann die Christen heute daran hindern, ein solches Leben zu führen, von dem Paulus spricht?
23. Wieder mit Vers 17 im Hinterkopf, was sind Ihrer Meinung nach die wichtigsten Lebensbereiche, wo Sie siegreich durch Christus »herrschen« sollen?
24. Haben Sie jemals zu den »Feinden Gottes« gehört, wie Paulus es in Vers 10 ausdrückt? Warum oder warum nicht?
25. Falls Sie nur dieses eine Kapitel in der Bibel zur Verfügung hätten, wie würden Sie damit einem Menschen helfen, Christ zu werden?

Zur Vertiefung

Rufen Sie sich in Erinnerung, was Paulus in diesem Kapitel über Adam und Jesus Christus sagt; überlegen Sie gemeinsam, inwiefern dies die Portraits der beiden Männer in den folgenden Bibelstellen erweitert: 1. Mose 2,15-15; 3,1-20; Markus 10,45; 14,22-24 und Johannes 3,16-17.

Römer 6

Einstieg: Welche positiven und negativen Assoziationen haben Sie, wenn Sie das Wort *Lehre* hören?

Was steht im Text?

1. Welche *Fragen* stellt Paulus in diesem Kapitel?
2. Welche Wörter, Ausdrücke oder Sätze in diesem Kapitel würden Sie gern besser verstehen?

3. Wenn Sie nur die Verse 3-4 zur Verfügung hätten, wie würden Sie das Wort *Taufe* erklären?

4. Wie real ist unser Begräbnis und Tod, von denen Paulus in Vers 4 spricht?

5. Paulus sagt in Vers 5, daß wir mit Jesus sowohl in seinem Tod als auch in seiner Auferstehung vereint sind. Überlegen Sie, wie *real* diese Vereinigung mit Jesus in jedem der folgenden Bereiche ist: *physisch, emotional, geistig* und *geistlich*.

6. Der Römerbrief gilt als die systematischste Darlegung der christlichen Lehre in der Bibel. Wie würden Sie nun mit diesem Wissen die Hauptaussage oder -aussagen dieses Kapitels zusammenfassen, und inwieweit passen sie Ihrer Meinung nach in das hinein, was Paulus mit diesem Brief erreichen wollte?

7. EINZELHEITEN BEACHTEN – *Versuchen Sie, die folgende Frage zu beantworten, ohne in Ihrer Bibel nachzusehen:* Paulus sagt, daß alle, die auf Jesus Christus getauft werden, auf seinen … getauft werden. Worauf? (Siehe Vers 3.)

DAS WESENTLICHE ERFASSEN

8. Wie würden Sie nach dem, was Sie im ersten Teil dieses Kapitels gelesen haben, den Zusammenhang zwischen *Taufe* und *Glaube* beschreiben?

9. Stellen Sie sich zwei Christen vor. Der eine hat gelernt, dem Gebot in Vers 11 zu gehorchen, und der andere hat dies nicht gelernt. Welche praktischen Unterschiede können Sie im Leben dieser beiden Menschen erkennen?

10. Sehen Sie sich alle Gebote der Verse 11-13 an. Überlegen Sie, wo Ihrer Meinung nach der Gehorsam diesen Geboten gegenüber beginnt – in Ihren *Gedanken*, in Ihren *Gewohnheiten* oder eher in Ihren *Worten*?

11. Sehen Sie sich die beiden gegensätzlichen Arten von Sklaverei an, von denen Paulus in den Versen 15-18 spricht. Ist es möglich, daß ein Mensch beide Arten von Sklaverei gleichzeitig erlebt? Erklären Sie Ihre Antwort.

12. Was sagt dieses Kapitel über die Macht der Sünde – und sogar über die Taktik des Satans?

13. Paulus spricht in Vers 23 von dem »Lohn der Sünde«. Das Gegenteil bezeichnet er jedoch nicht als »Lohn von Gott«, sondern als »Gabe Gottes«. Überlegen Sie, warum das so ist. (Lesen Sie auch Römer 4,4.)

14. In welchem Maß können Sie in diesem Kapitel beide »Seiten« des Wesens Gottes erkennen – seinen Zorn und seine Heiligkeit auf der einen Seite und seine Liebe und sein Erbarmen auf der anderen Seite? Und welche »Seite« fällt Ihrer Meinung nach besonders deutlich ins Auge?

15. Denken Sie noch einmal an das, was Paulus in 5,17 über das »Herrschen im Leben« sagt. Inwiefern erweitert und erklärt dieses Kapitel Ihrer Meinung nach die Bedeutung dieses Ausdrucks?
16. Lesen Sie noch einmal 2. Petrus 3,15-16 zu dem, was Petrus über die Paulusbriefe und ihr Thema, *der Geduld Gottes*, sagt. Wie kommt dieses Thema Ihrer Meinung nach in diesem Kapitel zum Tragen?
17. Sehen Sie sich alles an, was Paulus in 2. Korinther 5,21 schreibt. Welche Teile dieses Verses sind in dem, was Sie bisher im Römerbrief gelesen haben, noch nicht angesprochen worden? Könnte man sagen, daß dieser Vers eine Zusammenfassung von Römer 1 – 6 ist?
18. Fassen Sie basierend auf diesem Kapitel in Ihren eigenen Worten zusammen, was Paulus uns an Jesus klarmachen möchte.
19. Rufen Sie sich in Erinnerung, daß Paulus das Evangelium als »Gottes Kraft« zum Heil (1,16) beschrieben hat. Wie entfaltet sich diese Kraft in dem, was Paulus in diesem Kapitel lehrt?

FÜR DAS LEBEN HEUTE

20. Sehen Sie sich das neue Leben an, von dem Paulus in Vers 4 spricht. Welches Beispiel gibt es in Ihrem Leben für etwas Neues?
21. Wenn Gott dieses Kapitel nur für Sie geschrieben hätte, welche Worte oder Sätze hätte er Ihrer Meinung nach unterstrichen?
22. Wenn alle in Ihrer Gruppe dieses Kapitel genau verstanden haben und Sie alle die daraus gewonnenen Erkenntnisse in Ihrem Leben umsetzen wollten, welche praktischen Veränderungen würden daraus entstehen?
23. Wenn ein gläubiger Freund Ihnen gegenüber eine immer wieder begangene Sünde bekennen würde und Sie fragte: »Wie kann ich diese Sünde in meinem Leben überwinden?«, welche Hilfe würden Sie ihm aus Römer 6 anbieten?

ZUR VERTIEFUNG

Überdenken Sie den Inhalt dieses Kapitels noch einmal und beantworten Sie möglichst ausführlich die Frage: Was hat Gott gegen unsere Sünde unternommen?

RÖMER 7

Einstieg: Berichten Sie von Ihren größten Frust und Ihrem größten Durchbruch in der vergangenen Woche.

WAS STEHT IM TEXT?

1. Stellen Sie eine Liste der *Fragen* dieses Kapitels zusammen.
2. Welche Wörter, Ausdrücke oder Sätze in diesem Kapitel würden Sie gern besser verstehen?
3. Zu Beginn dieses Kapitels führt Paulus die im vorhergehenden Kapitel bereits angesprochenen Themen weiter aus. In Vers 4 und 6 spricht er vom Tod. Warum ist der Tod aus der Perspektive des Paulus – und auch aus der Perspektive Gottes – so wichtig?
4. Von welcher »Frucht« spricht Paulus Ihrer Meinung nach am Ende von Vers 4?
5. Beachten Sie das Thema, das Paulus in Vers 7 anspricht. Was könnte manche Christen dazu bringen zu sagen, daß das Gesetz tatsächlich sogar Sünde ist?
6. Der Römerbrief gilt als die systematischste Darlegung der christlichen Lehre in der Bibel. Wie würden Sie nun mit diesem Wissen die Hauptaussage oder -aussagen dieses Kapitels zusammenfassen, und inwieweit passen sie Ihrer Meinung nach in das hinein, was Paulus mit diesem Brief erreichen wollte?
7. EINZELHEITEN BEACHTEN – *Versuchen Sie, die folgende Frage zu beantworten, ohne in Ihrer Bibel nachzusehen:* Gegen Ende des Kapitels ruft Paulus aus: »Ich elender Mensch! Wer wird mich retten ...« Wovon? (Siehe Vers 24.)

DAS WESENTLICHE ERFASSEN

8. Falls Sie nur dieses Kapitel der Bibel zur Verfügung hätten, was würden Sie daraus in bezug auf die Bedeutung des Todes Jesu schließen?
9. Bei seinen Ausführungen über die Sünde und das Brechen des Gesetzes Gottes wählt Paulus in den Versen 7-8 das letzte der zehn Gebote als Beispiel. Warum hat er ausgerechnet dieses Gebot gewählt?
10. Sehen Sie sich an, was Paulus am Ende von Vers 13 zur Sünde sagt. Spricht er hier vor allem von der Perspektive Gottes oder der Perspektive der Christen? Erklären Sie Ihre Antwort.
11. Denken Sie über die Erfahrungen nach, die Paulus in den Versen 13-25 beschreibt, und sprechen Sie darüber, was Sie von den verschiedenen Auslegun-

gen dieser Stelle halten: a) diese Erfahrungen machte Paulus, *bevor* er Christ wurde; b) diese Erfahrungen machte Paulus, *nachdem* er Christ wurde; c) diese Erfahrungen sind in erster Linie eine Verdeutlichung dessen, wozu alle Christen verurteilt wären, falls wir nicht die Kraft Christi und die Kraft des Heiligen Geistes hätten, um die Sünde zu überwinden.

12. Stellen Sie sich vor, Sie würden Paulus beim Schreiben dieses Briefes unter der Führung des Heiligen Geistes über die Schulter blicken. Was mochte er wohl beim Schreiben der Verse 14-25 empfunden haben?

13. Würden Sie nach dem, was Sie in diesem Kapitel lesen, sagen, daß wir in unserem Kampf mit der Sünde vor allem gegen *bestimmte Sünden* oder gegen die *sündige Natur* im allgemeinen ankämpfen?

14. Diskutieren Sie die folgende Aussage: Nach dem, was Paulus im Römerbrief lehrt, kann die Sünde durch die nötige Willenskraft überwunden werden.

Für das Leben heute

15. Wenn ein gläubiger Freund Ihnen gegenüber eine immer wieder begangene Sünde bekennen und Sie fragen würde: »Wie kann ich von dieser Sünde in meinem Leben loskommen?«, welche Hilfe könnten Sie ihm aus Römer 7 anbieten?

16. Wie könnte dieses Kapitel im Gespräch mit einem nichtchristlichen Freund von Nutzen sein, der der Meinung ist, der Mensch sei von Natur aus gut?

Zur Vertiefung

Sehen Sie sich gemeinsam an, wie Jesus den Dienst des Heiligen Geistes in Johannes 16,5-11 beschreibt. Wie lassen sich die Worte Jesu mit dem vergleichen, was Paulus in Römer 7 lehrt?

Römer 8

Einstieg: Welche Denkweisen beim Lesen der Bibel können sehr leicht verhindern, daß der Römerbrief in unserem Leben lebendig wird?

Was steht im Text?

1. Welche Wörter, Ausdrücke oder Sätze würden Sie, nachdem Sie das Kapitel gelesen haben, gern besser verstehen?

2. Nachdem Sie in Kapitel 7 gesehen haben, wie mächtig die Sünde sein kann, welche Hilfestellung bekommen Sie in Kapitel 8, um die Macht der Sünde zu brechen?

3. Welches sind die größten *Verheißungen*, die Gott uns in Kapitel 8 gibt?

4. Stellen Sie sich die Verse 5-11 als einen Vergleich von *Vorher* und *Nachher* vor. Welche Bilder sehen Sie auf der »Vorher«-Seite, welche auf der »Nachher«-Seite?

5. In Vers 9 spricht Paulus von dem »Geist Gottes«, der in Ihnen lebt, und im folgenden Vers spricht er davon, daß »Christus« in Ihnen lebt. Überlegen Sie, ob Paulus damit wohl ein und dasselbe meint.

6. In Vers 12 spricht Paulus von einer *Verpflichtung*, die wir haben. Stellen Sie sich vor, diese Verpflichtung würde in der Form einer kurzen vertraglichen Vereinbarung ausgedrückt. Wie sollte dieser Vertrag abgefaßt sein?

7. In Vers 28 spricht Paulus von der *Absicht* Gottes für uns. Beschreiben Sie diese Absicht nach dem, was Sie in diesem Kapitel gelesen haben, so umfassend wie möglich.

8. Wie würden Sie Vers 30 einem Kind erklären?

9. Gehen Sie alle Fragen durch, die Paulus in den Versen 31-35 stellt und überlegen Sie, welches Ihrer Meinung nach die korrekte Antwort darauf ist.

10. Wie würden Sie nach dem, was Sie in diesem Kapitel gelesen haben, die unterschiedlichen Aspekte des Wirkens des Heiligen Geistes in unserem Leben beschreiben?

11. Mit welchen Adjektiven würden Sie das Wesen und die Persönlichkeit des Heiligen Geistes, so wie er sich Ihnen in diesem Kapitel zeigt, beschreiben?

12. Wie würden Sie die Hauptaussage oder -aussagen dieses Kapitels zusammenfassen, und wie passen sie in das hinein, was Paulus mit diesem Brief erreichen wollte?

13. Inwiefern ist das, was Sie in diesen letzten Kapiteln des Römerbriefes gelesen haben, der Schlüssel zu einem Leben in Gerechtigkeit?

14. EINZELHEITEN BEACHTEN – *Versuchen Sie, die folgende Frage zu beantworten, ohne in Ihrer Bibel nachzusehen:* In Vers 18 schreibt Paulus, daß unser Leiden der jetzigen Zeit nicht ins Gewicht fällt gegenüber ... Wie geht der Vers weiter?

Das Wesentliche erfassen

15. Wie sollte ein Christ nach dem, was Sie in den Versen 17-18 lesen, das Leid in seinem Leben sehen?
16. Lesen Sie Vers 17 und diskutieren Sie die folgende Aussage: Christen müssen immer einen bestimmten *Preis* zahlen, wenn sie Jesus Christus in ihrem Alltag nachfolgen wollen.
17. Wie würden Sie nach dem, was Sie von der Bibel wissen, die Herrlichkeit umschreiben, von der Paulus in Vers 18 spricht?
18. Warum dehnt Paulus in Vers 22 Ihrer Meinung nach die Diskussion von Gottes erlöstem Volk auf die ganze Schöpfung aus? Was sagt das darüber aus, welche Einstellung wir unserer irdischen Umgebung gegenüber haben sollten?
19. Die Betonung der Verse 22-25 liegt auf dem Wort *Hoffnung*. Wie würden Sie den Zusammenhang zwischen *Hoffnung* und *Glaube* erklären?
20. In Vers 29 spricht Paulus davon, daß wir dem Bild Christi »gleichförmig« sein werden. Wie genau werden wir nach dem, was Sie an anderer Stelle im Römerbrief oder in der Bibel gelesen haben, Jesus ähnlich sein? Und inwiefern werden wir *nicht* sein wie er?
21. In Vers 31 spricht Paulus davon, daß Gott »für uns« ist. Inwiefern ist Gott »für uns«?
22. Am Ende von Vers 32 verwendet Paulus das Wort »alles«. Sind damit dieselben Dinge gemeint wie mit dem Ausdruck »alle Dinge« in Vers 28? Erklären Sie Ihre Antwort.
23. Welche Hinweise liefert uns dieses Kapitel auf das Wesen Gottes? Wie ist er?
24. Denken Sie noch einmal über das nach, was Paulus in 5,17 über das »Herrschen im Leben« sagt. Inwiefern erweitert und erklärt dieses Kapitel Ihrer Meinung nach die Bedeutung dieses Ausdrucks?
25. Rufen Sie sich in Erinnerung, daß Paulus das Evangelium als eine »Kraft Gottes« zum Heil (1,16) beschrieben hat. Wie entfaltet sich diese Kraft in dem, was Paulus in diesem Kapitel lehrt?
26. Fassen Sie in eigenen Worten zusammen, was Paulus uns in diesem Kapitel in bezug auf Jesus begreiflich machen möchte.
27. Welches sind, nachdem Sie den Römerbrief nun zur Hälfte durchgearbeitet haben, die wichtigsten Lehren dieses Briefes?
28. Wie würden Sie nach dem, was Sie in den ersten acht Kapiteln des Römerbriefes gelesen haben, Gottes souveränen Heilsplan beschreiben?

Für das Leben heute

29. Sehen Sie sich die Freiheit an, von der Paulus in Vers 2 spricht. Wie real ist diese Freiheit an diesem Punkt in Ihrem Leben verglichen mit anderen Phasen in der Vergangenheit? Schätzen Sie sich auf einer Skala von eins bis zehn ein (eins = weniger spürbar als je zuvor; zehn = realer als je zuvor).

30. Wie könnten Sie mit den Versen 5-9 einem Freund helfen, der sich fragt, ob er tatsächlich Christ ist?

31. Was sagt Vers 8 über das Ausmaß der *Veränderung* aus, mit der wir in unserem Leben rechnen können?

32. Welche praktischen Auswirkungen sollte es auf unser Gebetsleben haben, wenn wir die in den Versen 26-27 dargelegten Prinzipien richtig verstanden haben? (Siehe auch Vers 34.)

33. Obwohl Paulus im letzten Teil dieses Kapitels deutlich macht, daß nichts uns von der Liebe Gottes durch Christus trennen kann, fühlen wir uns vielleicht manchmal von dieser Liebe getrennt. Wodurch wird dieses Gefühl verursacht – und welches Heilmittel dagegen gibt es?

34. Wie würden Sie nach allem, was Sie in diesem Kapitel gelesen haben, die *Kooperation* beschreiben, die von den Christen nötig ist, bevor Gott seine Absicht mit uns erfüllen kann?

35. Falls ein gläubiger Freund Ihnen eine immer wieder begangene Sünde bekennen und Sie fragen würde: »Wie kann ich von dieser Sünde frei werden?«, welche Hilfe könnten Sie ihm anhand von Römer 7 und 8 anbieten?

36. Welches sind die in diesem Kapitel dargestellten wichtigsten Tatsachen über *Sie*?

37. Wenn Gott dieses Kapitel nur für Sie geschrieben hätte, welche Wörter oder Sätze hätte er Ihrer Meinung nach unterstrichen?

Zur Vertiefung

Sehen Sie sich noch einmal die erhebenden Worte des Paulus in den letzten drei Versen dieses Kapitels an. Vergleichen Sie sie mit den Worten in 1. Korinther 3,21-23. Welche Ähnlichkeiten gibt es zwischen diesen beiden Stellen, welche Unterschiede?

RÖMER 9

Einstieg: Haben Sie schon einmal ganz unerwartet ein großes Geschenk bekommen?

WAS STEHT IM TEXT?

1. Stellen Sie eine Liste der Fragen zusammen, die Paulus in diesem Kapitel stellt.
2. Welche Wörter, Ausdrücke oder Sätze in diesem Kapitel würden Sie gern besser verstehen?
3. Paulus spricht in Vers 2 von seiner großen Traurigkeit. Welches war der Grund dieser Traurigkeit? War Paulus traurig wegen dem, was Gott getan hat, was das Volk Israel getan hat oder wegen dem, was beide getan haben? Erklären Sie Ihre Antwort.
4. Worauf bezieht sich in Vers 16 das Wort »es«?
5. Wer oder was ist der »Stein des Anstoßes« in den Versen 32-33?
6. Wie würden Sie die Hauptaussage oder -aussagen in diesem Kapitel zusammenfassen, und inwieweit passen sie Ihrer Meinung nach in das hinein, was Paulus mit diesem Brief erreichen wollte?
7. EINZELHEITEN BEACHTEN – *Versuchen Sie, die folgende Frage zu beantworten, ohne in Ihrer Bibel nachzusehen:* In Vers 15 erwähnt Paulus eine bestimmte Person aus dem Alten Testament, zu der Gott die folgenden Worte gesprochen hat: »Ich werde begnadigen, wen ich begnadige und werde mich erbarmen, wessen ich mich erbarme.« Zu wem hat Gott diese Worte gesprochen?

DAS WESENTLICHE ERFASSEN

8. Lesen Sie die Verse 19-21 und diskutieren Sie die folgende Aussage: Selbst wenn wir mit dem Handeln Gottes in unserem Leben nicht einverstanden sind oder es nicht verstehen, sollten wir ihn nie um eine Erklärung bitten.
9. Welche »Seite« des Wesens Gottes fällt Ihrer Meinung nach in diesem Kapitel am stärksten ins Auge – sein Zorn und seine Heiligkeit oder seine Liebe und sein Erbarmen?

Römerbrief

FÜR DAS LEBEN HEUTE

10. Paulus spricht in Vers 32 davon, daß Israel sich am »Stein des Anstoßes« gestoßen hat. Können sich auch die Christen heute daran stoßen? Wenn ja, inwiefern? Wenn nicht, warum nicht?

ZUR VERTIEFUNG

Als Hintergrundinformation zu den Versen 7-18 und dem Thema der souveränen Erwählung Gottes lesen Sie die folgenden Stellen aus dem Alten Testament: 1. Mose 21,8-21; 25,19-34; 2. Mose 9,13-19; 33,12-23 und Maleachi 1,1-5.

RÖMER 10

Einstieg: In welchen Lebenssituationen hat Sie die Geduld Gottes besonders beeindruckt?

WAS STEHT IM TEXT?

1. Stellen Sie eine Liste mit den Fragen zusammen, die Paulus hier stellt.
2. Welche Wörter, Ausdrücke oder Sätze in diesem Kapitel würden Sie gern besser verstehen?
3. Paulus spricht in Vers 3 von einer bestimmten Gerechtigkeit, die von Gott kommt. Was für eine Gerechtigkeit ist das?
4. Inwiefern ist Christus »des Gesetzes Ende«, wie Paulus in Vers 4 sagt?
5. Wie würden Sie die Hauptaussage oder -aussagen in diesem Kapitel zusammenfassen, und inwieweit passen sie Ihrer Meinung nach in das hinein, was Paulus mit diesem Brief erreichen wollte?
6. EINZELHEITEN BEACHTEN – *Versuchen Sie, die folgende Frage zu beantworten, ohne in Ihrer Bibel nachzusehen:* Dieses Kapitel endet mit einem Zitat aus dem Alten Testament, in dem Gott sagt, daß er »den ganzen Tag« seine Hände zu Israel ausgestreckt hat. Er beschreibt das Volk Israel in zwei Adjektiven. Mit welchen? (Siehe Vers 21.)

DAS WESENTLICHE ERFASSEN

7. Paulus spricht in Vers 9 davon, daß wir Jesus als »Herrn« bekennen sollen. Erklären Sie so umfassend wie möglich, was damit gemeint ist und warum das wichtig ist.

8. Falls Sie nur dieses Kapitel der Bibel zur Verfügung hätten, was würden Sie daraus entnehmen in bezug auf a) das Volk Israel, b) auf den Gott Israels?
9. Wie würden Sie nach dem, was Sie in diesem Kapitel gelesen haben, die Leidenschaft des Paulus für das Leben beschreiben?

Für das Leben heute

10. Wie würden Sie anhand der Verse 8-12 einem ungläubigen Freund helfen, der wissen will, wie er Christ werden kann?
11. Welche Motivation zur Evangelisation finden Sie in diesem Kapitel, und wie stark fühlen Sie sich angesprochen?

Zur Vertiefung

In den Versen 6-8 zitiert Paulus aus den Worten Moses in 5. Mose 30,11-20. Lesen Sie diese Bibelstelle und vergleichen Sie sie mit der Botschaft des Paulus.

Römer 11

Einstieg: Wann haben Sie als Kind zum ersten Mal erlebt, wie *groß* Gott ist?

Was steht im Text?

1. Stellen Sie eine Liste mit den *Fragen* zusammen, die Paulus in diesem Kapitel stellt.
2. Welche Wörter, Ausdrücke oder Sätze würden Sie, nachdem Sie dieses Kapitel gelesen haben, gern besser verstehen?
3. Paulus spricht in den Versen 7 und 25 von der »Verstockung« des größten Teils des Volkes Israel. Welchen Grund würden Sie aufgrund Ihrer Beobachtungen in den Kapiteln 9 – 11 dafür angeben?
4. Wie würden Sie in eigenen Worten die Hoffnung für Israel beschreiben, von der Paulus in den Versen 11-24 spricht?
5. Aus welchem Grund nimmt Gott nach dem, was Paulus in den Versen 13-24 an die Heiden schreibt, Heiden in seine erlöste Familie hinein?
6. Wie würden Sie in eigenen Worten den Lobpreis Gottes formulieren, den Paulus in den letzten vier Versen dieses Kapitels ausdrückt?
7. Beachten Sie in Vers 36 die Wortwahl des Paulus, »alle Dinge«. Sind damit dieselben Dinge gemeint wie in 8,28 und 8,32? Erklären Sie Ihre Antwort.

8. Wie würden Sie nach dem, was Sie in diesem Kapitel und bisher im Römerbrief gelesen haben, die Beziehung zwischen Juden und Heiden in der Gemeinde Jesu Christi aus der Perspektive *Gottes* beschreiben?

9. Diskutieren Sie auf der Grundlage dessen, was Sie in den Kapiteln 9 – 11 im Römerbrief gelesen haben, die folgende Aussage: Die Botschaft der Errettung ist im Wesentlichen im Alten wie im Neuen Testament dieselbe, weil sie in dem unveränderlichen Wesen Gottes wurzelt.

10. Wie würden Sie die Hauptaussage oder -aussagen in diesem Kapitel zusammenfassen, und inwieweit passen sie in das hinein, was Paulus mit diesem Brief erreichen wollte?

11. EINZELHEITEN BEACHTEN – *Versuchen Sie, die folgende Frage zu beantworten, ohne in Ihrer Bibel nachzusehen:* In diesem Kapitel wird einem bestimmten Baum – sowohl in wildem wie auch in gepflegtem Zustand – viel Aufmerksamkeit gewidmet. Um welchen Baum handelt es sich? (Siehe Verse 17-24.)

DAS WESENTLICHE ERFASSEN

12. In Vers 20 wird gesagt, wir sollen uns fürchten. Wie würden Sie diese Furcht definieren, und welches ist der Grund für diese Furcht?

13. Warum ist es Ihrer Meinung nach wichtig, daß nichtjüdische Christen verstehen, wovon Paulus in den Kapiteln 9, 10 und 11 spricht?

14. Wie würden Sie nach dem, was Sie in den Kapiteln 9, 10 und 11 gelesen haben, zusammenfassen: a) Israels Vergangenheit; b) Israels Gegenwart und c) Israels Zukunft?

15. In den Versen 20 und 25 spricht Paulus von einer Haltung, die wir meiden sollten. Sie wird verschiedentlich als »Hochmut«, »Arroganz« oder »sich selbst für klug halten« übersetzt. Welche falschen Annahmen oder Informationen können eine solche Haltung sehr leicht hervorrufen?

16. Fassen Sie nach dem, was Paulus in den Versen 28-32 sagt, die Vorteile und Segnungen zusammen, die Juden und Heiden durch den jeweils anderen bekommen.

17. Paulus beschließt seine drei Kapitel lange Auseinandersetzung mit Israel mit dem Lobpreis in den Versen 33-36. Wie können Sie diesen Lobpreis mit der großen Traurigkeit in Einklang bringen, von der Paulus zu Beginn des Kapitels 9 spricht, als er mit seinen Ausführungen über das Volk begann? Inwiefern kann er sowohl Traurigkeit als auch Freude empfinden?

18. In welchem Zusammenhang steht der Inhalt dieses Kapitels zu dem, was Paulus über die wahren Juden in 2,28-29 sagt?

19. Sehen Sie sich in 2. Petrus 3,15-16 an, was Petrus über die Briefe des Paulus und ihr großes Thema, die *Geduld des Herrn*, sagt. Inwiefern kommt dieses Thema in diesem Kapitel zum Tragen?
20. Wie würden Sie nach dem, was Sie in den Kapiteln 9 – 11 im Römerbrief gelesen haben, beschreiben, wie die Juden und Heiden in den souveränen Heilsplan Gottes hineinpassen?

FÜR DAS LEBEN HEUTE

21. In Vers 22 fordert Paulus uns auf, zwei »Seiten« des Wesens Gottes zu betrachten. Dominiert Ihrer Meinung nach eine Seite die andere? Wenn ja, welche? Und warum ist das Ihrer Meinung nach so?
22. Beachten Sie noch einmal in Vers 20 die Aufforderung des Paulus, daß wir uns fürchten sollen. Wie möchte Gott diese Aufforderung ganz praktisch in Ihrem Leben befolgt sehen?

ZUR VERTIEFUNG

Vergleichen Sie das, was Paulus hier über Juden und Heiden sagt mit dem, was er in Epheser 2,11-22 zu diesem Thema sagt. Welche unterschiedliche Gewichtung erkennen Sie in der Stelle aus dem Epheserbrief?

RÖMER 12

Einstieg: Welche grundlegenden Veränderungen haben Sie in Ihrem Denkmuster in den vergangenen fünf Jahren feststellen können?

WAS STEHT IM TEXT?

1. Mit Kapitel 12 beginnt ein neuer Teil des Römerbriefes. Wie würden Sie die wichtigsten Lehren des Briefes bisher zusammenfassen?
2. Inwiefern hilft Ihnen das, was Sie bisher im Römerbrief gelesen haben, zu verstehen, was Paulus in Vers 2 meint, wenn er von der »Erneuerung des Sinnes« spricht?
3. Denken Sie über das nach, was Paulus in 5,17 über das »Herrschen im Leben« sagt. Inwiefern erweitert und erklärt Ihrer Meinung nach dieses Kapitel die Bedeutung dieses Ausdrucks?
4. Der Römerbrief gilt als die systematischste Darlegung der christlichen Lehre in der Bibel. Wie würden Sie nun mit diesem Wissen die Hauptaussage oder

-aussagen dieses Kapitels zusammenfassen, und inwieweit passen sie Ihrer Meinung nach in das hinein, was Paulus mit diesem Brief erreichen wollte?

5. EINZELHEITEN BEACHTEN – *Versuchen Sie, die folgende Frage zu beantworten, ohne in Ihrer Bibel nachzusehen:* In Vers 2 beschreibt Paulus den Willen Gottes mit drei Wörtern. Wie lauten diese Wörter?

DAS WESENTLICHE ERFASSEN

6. Überfliegen Sie in den Versen 9-21 die Liste mit Gebote und überlegen Sie, ob es sich hierbei um eine *Entscheidung* oder eher um ein *Gefühl* handelt.

7. Wenn die ersten elf Kapitel des Römerbriefes in der Vergangenheit irgendwie verloren gegangen wären, welche Auswirkungen hätte dies auf den Inhalt von Kapitel 12 gehabt?

8. In welche der folgenden Kategorien passen die Lehren dieses Kapitels Ihrer Meinung nach am besten hinein: *Pflichten eines Christen, Warnung an Christen, das Vorrecht eines Christen* oder *Prophezeiungen in bezug auf die Zukunft*?

9. Welche Gebote in diesem Kapitel werden von Christen sehr leicht mißachtet?

10. Diskutieren Sie die folgende Aussage: Die Umgestaltung und Erneuerung des Geistes, von der Paulus in Vers 2 spricht, ist etwas, das bei einem gesunden Christen immer schneller voranschreiten sollte.

11. Stellen Sie sich zwei Christen vor. Der eine hat gelernt, dem Gebot in Vers 3 zu gehorchen, der andere hat dies nicht gelernt. Welche Unterschiede werden Sie im Leben dieser beiden Personen erkennen?

FÜR DAS LEBEN HEUTE

12. Welche Erkenntnisse vermitteln Ihnen die Verse 1-2 in bezug auf die Anbetung Gottes?

13. Am Ende von Vers 3 spricht Paulus von dem »Maß des Glaubens«, das Gott jedem von uns gegeben hat. Welches Maß hat Gott Ihnen gegeben?

14. In den Versen 6-8 spricht Paulus von bestimmten geistlichen Gaben. Welche hat Gott Ihnen gegeben?

15. Stellen Sie sich vor, es sind fünf Jahre vergangen und Sie würden die in den Versen 9-21 aufgezählten Gebote genau befolgen. Was genau würden Sie praktisch tun?

16. In Vers 11 fordert Paulus uns auf, dem Herrn mit brennendem Eifer zu dienen. Wie ausgeprägt ist dieser Eifer im Augenblick bei Ihnen verglichen mit anderen Zeiten in der Vergangenheit? Bewerten Sie sich auf einer Skala von eins

bis zehn (eins = sehr viel schwächer als je zuvor, zehn = sehr viel stärker als je zuvor).

17. Lesen Sie Vers 18 noch einmal. Nennen Sie ein Beispiel, wo es *nicht* möglich ist, mit einem Menschen im Frieden zu leben.
18. Auf welchem Gebiet können wir sehr leicht »vom Bösen« überwunden werden, wie wir im letzten Vers dieses Kapitels gewarnt werden?
19. Wenn ein gläubiger Freund Ihnen sagen würde, er hätte die Gemeinde und die anderen Christen satt und würde darüber nachdenken, seine Zeit anders auszufüllen, welche Lehre in Römer 12 könnte Ihnen helfen, die richtige Antwort darauf zu finden?
20. Wenn Gott dieses Kapitel allein für Sie geschrieben hätte, welche Wörter oder Sätze hätte er Ihrer Meinung nach unterstrichen?

Zur Vertiefung

Sehen Sie sich noch einmal an, was Paulus in den Versen 4-8 in bezug auf die Einheit der Christen und die geistlichen Gaben sagt. Lesen Sie, wie Paulus diese Themen in 1. Korinther 12,12-30 erweitert. Welche Hauptpunkte sind in beiden Stellen zu finden?

RÖMER 13

Einstieg: Können Sie sich an einen Zwischenfall erinnern, wo Sie sich gern gegen eine Regierungsautorität aufgelehnt hätten?

Was steht im Text?

1. Sprechen Sie anhand der Verse 1-7 darüber, *warum* wir uns der Regierung unterordnen sollen, und *wie*.
2. Wann wäre es nach dem, was Sie in diesem Kapitel lesen, in Gottes Augen richtig, sich einem Gesetz oder Regierungsbeamten zu widersetzen?
3. Als Paulus in Vers 8 das Thema Liebe angeht, spricht er von einer Schuld oder Verpflichtung. Wann und wie kann diese Schuld schließlich zurückgezahlt werden?
4. Was genau meint Paulus in Vers 12 mit den beiden Wörtern *Nacht* und *Tag*?
5. Wie würden Sie die Hauptaussage oder -aussagen dieses Kapitels zusammenfassen, und inwieweit passen sie Ihrer Meinung nach in das hinein, was Paulus mit diesem Brief erreichen wollte?

6. **EINZELHEITEN BEACHTEN** – *Versuchen Sie, die folgende Frage zu beantworten, ohne in Ihrer Bibel nachzusehen:* Als Beispiele für das alttestamentliche Gesetz, das sich in der Regel: »Du sollst deinen Nächsten lieben wie dich selbst« zusammenfassen läßt, nennt Paulus vier der zehn Gebote. Welche? (Siehe Vers 9.)

DAS WESENTLICHE ERFASSEN

7. Welche realen oder möglichen *Probleme* unter den römischen Christen wollte Paulus Ihrer Meinung nach durch das, was er in den Versen 1-7 sagt, lösen oder vermeiden?

8. Nehmen Sie an, Sie würden in einem anderen Volk leben und gebeten, in einem Komitee mitzuwirken, das eine neue Verfassung für dieses betreffende Volk aufstellt. Welche von den in den Versen 1-7 genannten Prinzipien würden Sie in diese Verfassung einfließen lassen, und wie würde das ganz praktisch aussehen?

9. Beachten Sie die sechs sündigen Handlungsweisen in Vers 13. Welchen Stellenwert haben sie in Ihrer Gemeinschaft?

10. Stellen Sie sich die Worte des Verses 14 bildlich vor. Beschreiben Sie dieses Bild.

11. Welche Gebote in diesem Kapitel werden von Christen sehr leicht mißachtet?

FÜR DAS LEBEN HEUTE

12. In welchem Maß haben die Aussagen, die Paulus in den Versen 11-12 macht, auch heute noch Gültigkeit?

13. Stellen Sie sich vor, es sind fünf Jahre vergangen, und Sie würden tatsächlich die Waffen des Lichts tragen und den in den Versen 12-14 aufgezählten Geboten folgen. Was würden Sie als ein solcher Mensch praktisch tun?

14. Welcher Vers in diesem Kapitel ist Ihnen in Ihrer gegenwärtigen Situation besonders wichtig geworden? Warum?

ZUR VERTIEFUNG

Sehen Sie sich in Vers 14 noch einmal die Aufforderung des Paulus an, den Herrn Jesus Christus anzuziehen. Sprechen Sie über die Richtlinien, die Sie dafür in Galater 3,27; Epheser 4,22 – 5,2 und Kolosser 3,9-17 finden.

RÖMER 14

Einstieg: Welche wichtigen Erfahrungen in Ihrem Leben haben Sie gelehrt, andere Menschen zu akzeptieren?

WAS STEHT IM TEXT?

1. Obwohl Paulus, als er diesen Brief geschrieben hat, die Christen in Rom noch nicht besucht hat, und obwohl er sie zu Beginn seines Briefes sehr lobt (1,8), scheint dieses Kapitel zu zeigen, daß Paulus sich einiger Unzulänglichkeiten in dieser Gemeinde bewußt war. Um welche Unzulänglichkeiten handelt es sich?

2. Viele Bibelausleger sind der Meinung, daß Paulus, wenn er in Vers 1 von den »Schwachen im Glauben« spricht, die jüdischen Christen in Rom meint. Welche Hinweise darauf finden Sie in den ersten sechs Versen dieses Kapitels?

3. Überlegen Sie, ob Paulus mit den Versen 7-8 nur von Christen oder von allen Menschen spricht.

4. Wie würden Sie die Verse 7-8 in eigenen Worten wiedergeben?

5. Wie würden Sie die Hauptaussage oder -aussagen dieses Kapitels zusammenfassen, und inwieweit passen sie Ihrer Meinung nach in das hinein, was Paulus mit diesem Brief erreichen wollte?

6. EINZELHEITEN BEACHTEN – *Versuchen Sie, die folgende Frage zu beantworten, ohne in Ihrer Bibel nachzusehen:* In Vers 9 erwähnt Paulus einen bestimmten Grund, aus dem Christus gestorben und auferstanden ist. Welcher Grund ist das?

DAS WESENTLICHE ERFASSEN

7. Wie würden Sie nach dem, was Sie in diesem Kapitel gelesen haben, den Ausdruck *christliche Freiheit* definieren?

8. Welche der folgenden Eigenschaften werden Ihrer Meinung nach in diesem Kapitel besonders hervorgehoben: Freiheit, Einheit oder Liebe? (Erklären Sie Ihre Antwort.)

9. Stellen Sie sich zwei Christen vor. Der eine hat gelernt, dem Gebot in Vers 19 zu folgen, der andere hat das nicht gelernt. Welche praktischen Unterschiede werden Sie im Leben dieser beiden Menschen erkennen?

Für das Leben heute

10. Welches ist Ihrer Meinung nach ein gutes Beispiel für die »zweifelhaften Fragen«, von denen Paulus in Vers 1 spricht?
11. Paulus spricht in Vers 1 von den »Schwachen im Glauben«. Wie stark ist Ihr Glaube im Augenblick verglichen mit anderen Zeiten in der Vergangenheit? Bewerten Sie sich auf einer Skala von eins bis zehn (eins = sehr viel schwächer als je zuvor, zehn = sehr viel stärker als je zuvor).
12. Sehen Sie sich das Gebot in Vers 13 an. Welche Hindernisse oder Stolpersteine können wir einem Bruder oder Schwester in den Weg legen?
13. Falls der Apostel Paulus heute leben und Ihre Gemeinde besuchen würde, wie würde er Ihrer Meinung nach die Verse 17-18 formulieren, damit sie in Ihre Situation passen?
14. Wenn alle Christen in Ihrer Gemeinde dieses Kapitel richtig verstanden haben und sich bemühen würden, seinen Inhalt in ihrem Leben umzusetzen, welche praktischen Veränderungen würden sich Ihrer Meinung nach daraus ergeben?

Zur Vertiefung

Sehen Sie sich in den Versen 10-12 die Worte des Paulus in bezug auf das kommende Gericht Gottes an. Vergleichen Sie diese Worte mit den folgenden Stellen und überlegen Sie, was sie über das kommende Gericht aussagen: Matthäus 12,36-37; 2. Korinther 5,10, Philipper 2,9-11 und Hebräer 4,12-13.

Römer 15

Einstieg: Sprechen Sie über eine bestimmte persönliche *Stärke*, die Sie bei einem anderen aus der Gruppe bemerkt haben.

Was steht im Text?

1. Würden Sie nach dem, was Sie in den Kapiteln 14 und 15 gelesen haben, sagen, daß derjenige, der stark im Glauben ist, in seinem Leben als Christ *mehr* Freiheit im Glauben hat oder *weniger*? Hat er *mehr* Verantwortung oder *weniger*?
2. Lesen Sie die Worte des Paulus in Vers 4 noch einmal. Wie würden Sie in eigenen Worten den *Zweck* der Bibel formulieren, so wie er hier beschrieben ist?

3. Was meint Paulus mit dem, was er in Vers 23 über seine Arbeit sagt? Was sagt dieser Vers über den Lebenszweck des Paulus aus?

4. Wie würde Paulus Ihrer Meinung nach die Arbeitsbeschreibung für seinen Dienst formuliert haben?

5. Wie würden Sie die Hauptaussage oder -aussagen in diesem Kapitel zusammenfassen, und inwieweit passen sie Ihrer Meinung nach in das hinein, was Paulus mit diesem Brief erreichen wollte?

6. EINZELHEITEN BEACHTEN – *Versuchen Sie, die folgende Frage zu beantworten, ohne in Ihrer Bibel nachzusehen:* Paulus schreibt in diesem Kapitel, daß er auf seinem Weg nach ... vorhat, Rom zu besuchen. Welches war dieses andere Ziel? (Siehe Vers 24.)

DAS WESENTLICHE ERFASSEN

7. Welche realen oder möglichen Probleme unter den römischen Christen wollte Paulus mit dem, was er in den Versen 1-7 sagte, Ihrer Meinung nach lösen oder vermeiden?

8. Welches ist der Schlüssel zur Einheit unter den Christen, von dem Paulus in den Versen 5-6 spricht?

9. Wie würde Paulus nach dem, was Sie den ersten sieben Versen dieses Kapitels entnehmen, unseren höchsten Lebenszweck beschreiben?

10. Wie würden Sie nach dem, was Sie in diesem Kapitel gelesen haben, den Ausdruck *christliche Freiheit* beschreiben?

FÜR DAS LEBEN HEUTE

11. Wenn alle in Ihrer Gemeinde die Verse 5-7 richtig verstanden haben und in ihrem Leben umsetzen wollten, welche Veränderungen würden Ihrer Meinung nach daraus entstehen?

12. Falls die Worte in Vers 14 in einem Brief enthalten wären, der an Ihre Gemeinde gerichtet wäre, wie genau würden sie die Situation treffen? Falls sie an Ihren Hauskreis gerichtet wären, wie genau würden sie die Situation treffen?

13. Welche Richtlinien für christliche Leiter und Prediger heute können Sie diesem Kapitel entnehmen?

14. Wenn ein gläubiger Freund Ihnen sagen würde, er hätte die Gemeinde und die anderen Christen satt und würde überlegen, sich von ihnen zu distanzieren, welche Lehren aus Römer 14 und 15 würden Ihnen helfen, angemessen darauf zu reagieren?

15. Beschreiben Sie aus dem, was Sie in diesem Kapitel lesen, so umfassend wie möglich die Beziehung des Paulus zu Gott.
16. Fassen Sie nach dem, was Sie in den Kapiteln 12 – 15 des Römerbriefes gelesen haben, zusammen, wie die Christen leben sollten.
17. Welcher Vers in diesem Kapitel ist Ihnen in Ihrer gegenwärtigen Situation besonders wichtig geworden? Warum?

Zur Vertiefung

Paulus spricht von »Zeichen und Wundern«, die während seines Dienstes geschehen sind. Beschäftigen Sie sich mit diesen Zeichen und Wundern, von denen in den folgenden Stellen aus der Apostelgeschichte berichtet wird, und sprechen Sie darüber, inwiefern sie dem Paulus eine Ermutigung gewesen sind: Apostelgeschichte 14,8-10; 16,16-18; 16,25-26; 20,7-12 und 28,7-9.

Römer 16

Einstieg: Welche Eigenschaften eines anderen Menschen in Ihrer Gemeinde gefallen Ihnen besonders?

Was steht im Text?

1. Da Paulus die Römer in den Versen 1-2 auffordert, Phöbe im Herrn aufzunehmen, ist es gut möglich, daß sie die Überbringerin dieses Briefes ist. Wenn das so ist, stellen Sie sich vor, Sie wären Phöbe, auf dem Weg nach Rom. Wen von all den Personen, deren Namen in den Versen 3-15 aufgeführt sind, würden Sie besonders gern kennenlernen und sich mit ihm unterhalten?
2. Welche Schlußfolgerungen in bezug auf die Gemeinde in Rom können Sie aus dem ziehen, was Sie in diesem Kapitel lesen?
3. Der »Gajus« in Vers 23 ist vermutlich der Mann aus Korinth, der in 1. Korinther 1,14 erwähnt ist. Wenn Sie diese beiden Verse nebeneinander lesen, was erfahren Sie über diesen Mann und seine Beziehung zu Paulus?
4. Im letzten Teil von Vers 23 erwähnt Paulus einen Mann mit Namen »Erastus«. Er ist vermutlich der Mann, von dem in 2. Timotheus 4,20 und Apostelgeschichte 19,22 die Rede ist. Wenn Sie diese beiden Verse nebeneinander lesen, was erfahren Sie über diesen Mann und seine Beziehung zu Paulus?

5. EINZELHEITEN BEACHTEN – *Versuchen Sie, die folgende Frage zu beantworten, ohne in Ihrer Bibel nachzusehen:* Wie viele *Frauen* nennt Paulus namentlich in diesem Kapitel? (Siehe Verse 1, 3, 6, 7, 12 und 15.)

Das Wesentliche erfassen

6. Welche realen oder möglichen *Probleme* unter den Christen in Rom versuchte Paulus Ihrer Meinung nach durch das, was er in den Versen 17-18 sagt, zu lösen oder zu vermeiden?

7. Sehen Sie sich den ausgesprochenen Wunsch des Paulus für die römischen Christen im letzten Teil von Vers 19 an. Wie würden Sie dies in eigenen Worten ausdrücken?

8. Inwiefern fassen die Verse 25-27 die wichtigsten Themen des Paulus in diesem Brief zusammen?

9. Welche *Erwartungen* stellte Paulus nach dem, was Sie in diesem Brief gelesen haben, an die Christen in Rom?

10. Nehmen Sie an, Paulus hätte diesem Brief noch die Worte hinzugefügt: »Wenn euch nur eines aus diesem Brief in Erinnerung bleibt, so sei dies: ...« Wie würde Paulus diesen Satz beendet haben?

Für das Leben heute

11. Sind Sie darauf vorbereitet, die Art von Personen zu erkennen, vor denen uns Paulus in den Versen 17-18 warnt?

12. Welche *Erwartungen* stellt Gott nach dem, was Sie in diesem Brief gelesen haben, an Sie?

Zur Vertiefung

Lesen Sie die Verse 17-20 noch einmal und vergleichen Sie die Lehre des Paulus hier mit dem Bericht in 1. Mose 3 von dem Sündenfall Adams und Evas.

Römer: Der Gesamteindruck

(Sprechen Sie noch einmal über die im »Überblick« angegebenen Fragen und bearbeiten Sie die unten aufgeführten.)

1. Blättern Sie zurück zu 1,8-15, wo Paulus schreibt, daß er sich wünscht, nach Rom zu kommen, und was er hofft, dort tun zu können. Inwiefern hat Ihrer Meinung nach dieser Brief den Weg für ihn bereitet, sein Vorhaben in die Tat umzusetzen, als er dann endlich nach Rom kommen konnte?

2. Inwiefern ist dieser Brief *einzigartig* in der Bibel?

3. Lesen Sie gemeinsam die folgenden Verse und wählen Sie den SCHLÜSSELVERS für den Römerbrief aus – den Vers, der am besten ausdrückt, worum es in diesem Brief geht: 1,16-17; 3,23-24; 5,1-2; 5,17; 6,23; 8,1-2 und 12,1-2.

4. Welches ist Ihrer Meinung nach das Hauptthema (oder die Hauptthemen) des Römerbriefes?

5. Welchen Abschnitt oder welches Kapitel würde Paulus Ihrer Meinung nach als das wichtigste angesehen haben?

6. In Jakobus 1,23-24 wird uns gesagt: »Denn wenn jemand ein Hörer des Wortes ist und nicht ein Täter, der gleicht einem Menschen, der sein natürliches Angesicht in einem Spiegel betrachtet. Denn er hat sich selbst betrachtet und ist weggegangen, und er hat sogleich vergessen, wie er beschaffen war.« Inwiefern ist der Römerbrief ein »Spiegel« für Sie gewesen, der Ihnen gezeigt hat, was Sie tun können und sollten?

7. Denken Sie an eine persönliche Entscheidung oder ein Problem, das Ihnen während der Bearbeitung des Römerbriefes besonders wichtig geworden ist. Welche Hilfe hat dieses Buch Ihnen in bezug auf dieses Problem oder diese Entscheidung gegeben?

8. Wie würden Sie den folgenden Satz als Rat an einen Christen, der im Glauben weiterkommen möchte, vervollständigen? *Beschäftige dich mit dem Römerbrief, wenn du mehr über ... erfahren möchtest.*

ERSTER KORINTHER

Überblick

(Besprechen Sie diese Überblicksfragen sowohl zu Beginn Ihrer Bearbeitung des ersten Korintherbriefes als auch nachdem Sie alle sechzehn Kapitel durchgenommen haben. Es könnte sein, daß Ihre Antworten vollkommen anders ausfallen, nachdem Sie sich sehr intensiv mit dem ganzen Brief auseinandergesetzt haben.)

Einstieg: Was fällt Ihnen ein, wenn Sie an das alte Griechenland denken?

Was steht im Text?

1. Überfliegen Sie den ersten Korintherbrief, bis Sie an einen Vers kommen, der eine Frage in Ihnen aufwirft. Wie lautet diese Frage?
2. Überfliegen Sie diesen Brief noch einmal, bis Sie an einen Vers kommen, der Sie zum Lächeln bringt oder das Gefühl der Dankbarkeit oder Freude in Ihnen weckt. Was gefällt Ihnen an diesem bestimmten Vers besonders gut?
3. Welches ist das erste *Gebot*, das Paulus in diesem Brief an die Korinther richtet?
4. Wie lautet die erste *Ermutigung*, die Paulus in diesem Brief an die Korinther weitergibt?
5. Was wissen Sie über die Lage und Bedeutung der Stadt Korinth zur Zeit des Paulus?
6. Was wissen Sie über die Welt zur damaligen Zeit, als der Brief geschrieben wurde? Welches waren Ihrer Meinung nach die Hoffnungen, Träume und Probleme der Korinther?
7. Sehen Sie sich die Verse 7,1; 8,1; 12,1 und 16, 1 an. Welche Fragen hatten die Korinther dem Paulus offensichtlich gestellt?
8. Sehen Sie sich auch auf Seite 11 die Liste der Fragen an, die Sie sich vor der Bearbeitung der einzelnen Bücher stellen sollten.

Erster Korintherbrief

Das Wesentliche erfassen

9. Welchen Eindruck hatten Sie bisher vom ersten Korintherbrief in bezug auf a) seinen Inhalt, b) seinen Schwierigkeitsgrad, c) seine Bedeutung?

10. Der erste Korintherbrief ist auch »Der Brief der Gaben«, »Das Buch des Fleisches kontra christlichen Lebensstil«, »Leben durch den Geist Gottes« und »Das Handbuch für die Ordnung in der Gemeinde« überschrieben worden. Welche Antworten und Richtlinien versprechen Sie sich auf diesem Hintergrund von der Bearbeitung des ersten Korintherbriefes?

11. Sehen Sie sich gemeinsam die ersten zwei oder drei Verse jedes Kapitels an. Welchen Eindruck bekommen Sie dadurch von diesem Brief?

12. Stellen Sie sich vor, Sie wären der Überbringer dieses Briefes von Paulus an die Gemeinde in Korinth. Unterwegs werden Sie von Räubern angegriffen und aller Wertsachen beraubt, auch dieses Briefes. Der Anführer der Räuberbande kann nicht lesen. Auf Ihre Bitte, Ihnen den Brief zurückzugeben, fragt er: »Warum? Was ist daran so wichtig?« Wie würden Sie ihm antworten?

Für das Leben heute

13. Wenn Sie an die verschiedenen Situationen denken, die in diesem Buch angesprochen werden, welche Parallelen erkennen Sie darin zu dem, was sich in Ihrer Familie oder Gemeinde oder in Ihrem persönlichen Leben ereignet hat?

14. Wie können Sie sicherstellen, daß Ihre Beschäftigung mit dem ersten Korintherbrief keine rein theoretische oder intellektuelle Angelegenheit bleibt, sondern praktisch wird und für Sie Konsequenzen hat? Was können Sie tun, damit das Gespräch lebendig und interessant bleibt?

Zur Vertiefung

Lesen Sie noch einmal das Lob und die Ermutigung, die Paulus den Korinthern in den Versen 4-9 von Kapitel 1 ausspricht. Sehen Sie sich nun an, wie die anderen Briefe des Paulus beginnen (vor allem Philipper, Kolosser und 1. Thessalonicher) und sprechen Sie darüber, was Sie daraus erkennen können.

1. Korinther 1

Einstieg: Welche Bilder kommen Ihnen in den Sinn, wenn Sie diese beiden Wörter hören: *Weisheit* und *Macht*?

Was steht im Text?

1. Überlegen Sie, auf welche Verse in diesem Kapitel Ihre Aufmerksamkeit sehr wahrscheinlich gelenkt würde, wenn Sie a) gerade Ihren Universitätsabschluß gemacht hätten, b) ein Jude wären, der gerade Christ geworden ist und das Neue Testament zum ersten Mal lesen würde, c) Sprachforscher wären, der die Persönlichkeit des Paulus anhand seiner Schriften untersuchen will, d) überzeugter Atheist wären, der nach Wegen sucht, die Bibel in Mißkredit zu bringen und zu widerlegen, e) eine Person wären, die überlegt, einem Fernsehevangelisten eine größere Spende zu schicken.

2. Sehen Sie sich Vers 10 an und diskutieren Sie die folgende Aussage: Paulus stellt hier zwar ein edles Konzept auf, doch praktisch gesehen ist diese Art von Einheit unter den heutigen Christen nicht auf Dauer zu erreichen.

3. Wenn Paulus die Verse 10-17 selbst der Gruppe vorlesen würde, welches Wort oder welche Wörter würde er Ihrer Meinung nach besonders hervorheben?

4. Wie würden Sie Vers 25 einem kleinen Kind erklären?

5. Stellen Sie sich vor, Sie würden eine Diashow für Ihre Gemeinde vorbereiten. Eine ausdrucksstarke Stimme liest die Verse 18-31 vor, während eine Reihe von Dias auf eine Leinwand projiziert wird. Welche Art von Dias würden Sie wählen, um die Aussage dieses Abschnitts besonders zur Geltung zu bringen?

6. Falls Satan einige Richtlinien und Gebote aufstellen würde, um die Menschen dazu zu bringen, genau das Gegenteil von dem zu tun, was in diesem Kapitel steht, was würde er wohl schreiben?

7. Sehen Sie sich auch auf Seite 10 die Liste mit Fragen an, die Sie sich während der Bearbeitung der einzelnen Kapitel stellen sollten.

8. EINZELHEITEN BEACHTEN – *Versuchen Sie, die folgende Frage zu beantworten, ohne in Ihrer Bibel nachzusehen:* In Vers 12 wendet sich Paulus gegen die Spaltung in der Gemeinde in Korinth. Er erwähnt vier Personen, mit denen sich die verschiedenen Parteien der Korinther identifizieren. Wie heißen diese vier?

Das Wesentliche erfassen

9. Was möchte Paulus uns nach dem, was Sie in diesem Kapitel lesen, an Jesus begreiflich machen?
10. Welche *Erwartungen* können wir nach dem, was wir in diesem Kapitel lesen, zu Recht an Gott stellen?
11. Sehen Sie sich Vers 18 an. Was am Evangelium erscheint einigen Menschen als eine Torheit?
12. Inwiefern erweitert Ihrer Meinung nach Vers 30 die biblische Definition des Wortes *Weisheit*?
13. Stellen Sie sich den ersten Korintherbrief als einen schnell fahrenden Zug vor. Kapitel 1 ist die Lokomotive, die anderen Kapitel die nachfolgenden Waggons. Welches ist nach dem, was Sie in diesem Kapitel 1 lesen, die *Energie*, der Lokomotive – die Aussage oder das Prinzip oder Thema, das die Lokomotive und den gesamten Zug antreibt?

Für das Leben heute

14. In Kolosser 3,1 lesen wir: »Wenn ihr nun mit dem Christus auferweckt worden seid, so sucht, was droben ist, wo der Christus ist, sitzend zur Rechten Gottes.« Was ist Ihnen persönlich in diesem Kapitel an Jesus Christus wichtig geworden, nach dem Sie streben möchten?
15. Wenn Vers 26 in einem Brief an Ihre Bibelgruppe gerichtet wäre, würde er auf Sie zutreffen?
16. Wie kann ein Christ ganz praktisch Vers 31 am besten ausleben?
17. Wenn dieses Kapitel eine Straßenkarte für Ihr Leben wäre, welches wären die sicheren »Straßen«, die man nehmen, welches die unsicheren, gefährlichen Straßen, die man lieber meiden sollte?
18. Wenn Gott dieses Kapitel nur für Sie geschrieben hätte, welche Wörter, Ausdrücke oder Sätze hätte er Ihrer Meinung nach unterstrichen?

Zur Vertiefung

Sehen Sie sich noch einmal das Lob und die Ermutigung an, die Paulus in den Versen 4-9 an die Korinther weitergibt. Lesen Sie nun den Anfang der anderen Paulusbriefe (vor allem Philipper, Kolosser und 1. Thessalonicher) und sprechen Sie über das, was Ihnen auffällt.

1. KORINTHER 2

Einstieg: Was haben Sie schon alles unternommen, um Ihr Gedächtnis zu trainieren?

WAS STEHT IM TEXT?

1. Wenn Sie gebeten würden, alle Verse außer drei wegzustreichen, die den Sinn des Kapitels bestmöglich wiedergeben, welche drei würden Sie wählen?
2. Welche Wörter, Ausdrücke oder Sätze würden Sie, nachdem Sie das Kapitel ganz durchgelesen haben, gern besser verstehen?
3. Was meint Paulus in Vers 12, wenn er von den Dingen spricht, die Gott uns geschenkt hat?
4. Sehen Sie sich den kurzen, letzten Satz dieses Kapitels an. Wie würden Sie ihn erklären?
5. Inwiefern helfen die Worte Jesu in Johannes 3,8, 1. Korinther 2,11-12 zu erklären?
6. EINZELHEITEN BEACHTEN – *Versuchen Sie, die folgende Frage zu beantworten, ohne in Ihrer Bibel nachzusehen:* Paulus lehrt in Vers 10, daß der Geist alles erforscht. Danach nennt Paulus etwas ganz Bestimmtes, das der Geist erforscht. Was ist das?

DAS WESENTLICHE ERFASSEN

7. Stellen Sie sich vor, eine Gruppe bewaffneter Terroristen würde in den Raum stürmen, in dem Sie gerade sitzen, und Sie als Geiseln nehmen. Kurz bevor sie Ihnen Ihre Bibeln fortnehmen, würden sie Ihnen gestatten, noch einen letzten Blick auf das aufgeschlagen vor Ihnen liegende Kapitel zu werfen. Welchen Vers in diesem Kapitel würden Sie sich einprägen wollen, bevor Ihnen Ihre Bibel weggenommen wird? Warum gerade diesen Vers?
8. Was sagen die Verse 10-12 über die Beziehung zwischen unserem *Geist* und unserem *Verstand* aus?
9. Was sagt dieses Kapitel über das Selbstbild eines Christen aus?
10. Wenn Sie nur dieses Kapitel aus der Bibel zur Verfügung hätten, wie würden Sie damit einem Menschen erklären, wie der Heilige Geist ist?

Für das Leben heute

11. In Philipper 4,8 heißt es: »Übrigens, Brüder, alles, was wahr, alles, was ehrbar, alles, was gerecht, alles, was rein, alles, was liebenswert, alles, was wohllautend ist, wenn es irgendeine Tugend und wenn es irgendein Lob gibt, das erwägt!« Welche Denkanstöße können Sie in diesem Kapitel finden, die Ihnen als *wahr, ehrbar, gerecht, rein, liebenswert,* als *Tugend* und *Lob* ins Auge fallen?

12. Wenn ein neubekehrter Christ Sie fragen würde: »Wie kann ich die Bibel besser verstehen?«, wie könnten Sie ihm anhand der Verse 9-14 weiterhelfen?

13. Welche Beispiele aus dem Alltag können Sie für das Prinzip in Vers 14 nennen?

14. Wenn es stimmt, daß man »*wird* wie man *denkt*«, welche wichtigen Gedanken dieses Kapitels würden Sie sich aneignen wollen?

Zur Vertiefung

Lesen Sie die folgenden Stellen, um zu entscheiden, inwiefern sie die Bedeutung von Vers 7 erweitern oder verstärken: Römer 16,25-27 und 1. Petrus 1,10-12.

1. Korinther 3

Einstieg: Welche Fähigkeiten und Charaktereigenschaften erwarten Sie von einem Führer?

Was steht im Text?

1. Wie würden Sie in eigenen Worten das Problem oder Thema erklären, mit dem Paulus sich in diesem Kapitel beschäftigt?

2. Was in diesem Kapitel würde Ihrer Meinung nach einen neubekehrten Christen, der es zum ersten Mal liest, am meisten in Erstaunen versetzen?

3. Welcher der folgenden Personen würde dieses Kapitel Ihrer Meinung nach am meisten zu sagen zu haben: einem Bauarbeiter, einem Architekten oder einem professionellen Vermittler? Warum?

4. Welches sind Ihrer Meinung nach die wichtigsten *Verben* in diesem Kapitel?

5. Stellen Sie sich vor, Sie würden Paulus beim Schreiben dieses Kapitels über die Schulter sehen. Welche Gefühle, Sehnsüchte oder Erinnerungen wird er Ihrer Meinung nach dabei empfunden haben?

6. Was meint Paulus in Vers 18 mit dem Ausdruck »töricht werden«? Wie wird ein Mensch töricht?
7. Wie würden Sie nach dem, was Sie bisher in diesem Brief gelesen haben, die Beziehung des Paulus zu den Korinthern beschreiben?
8. EINZELHEITEN BEACHTEN – *Versuchen Sie, die folgende Frage zu beantworten, ohne in Ihrer Bibel nachzusehen:* Bei seinen Ausführungen darüber, wie wir auf den Grund Jesus Christus bauen können, erwähnt er sechs »Baumaterialien«. Welche sind das? (Siehe Vers 12.)
9. Wie würden Sie, wenn Sie auf die ersten drei Kapitel dieses Briefes zurückblicken, die wichtigsten Prinzipien und Richtlinien für die Einheit der Gemeinde zusammenfassen?

DAS WESENTLICHE ERFASSEN

10. Lesen Sie noch einmal das Gebot, das Paulus am Ende von Vers 10 gibt. Sehen Sie sich dann gemeinsam die damit im Zusammenhang stehende *Belohnung* in Vers 14 an. Welches ist Ihrer Meinung nach diese Belohnung?
11. Denken Sie sorgfältig über das nach, was Paulus in den letzten drei Versen dieses Kapitels sagt. Gibt es etwas von Wert, das *nicht* Ihnen gehört? Wenn ja, was ist das?
12. Was sagt dieses Kapitel über das Selbstbild eines Christen aus?
13. Sind Sie der Meinung, daß Gott über die vielen unterschiedlichen Denominationen in der heutigen Zeit traurig ist? Warum oder warum nicht?

FÜR DAS LEBEN HEUTE

14. Wählen Sie einen der folgenden Sätze aus und vervollständigen Sie ihn so gut Sie können: *Was ich in diesem Kapitel lese, ist wichtig für mein Leben, weil ... Was ich in diesem Kapitel lese, ist im Augenblick NICHT wichtig für mich, weil ...*
15. Wenn Vers 3 in einem Brief an die Christen Ihrer Gemeinde gerichtet wäre, wie genau würde er zutreffen?
16. Sehen Sie sich die Verse 10 und 14 noch einmal an. Womit bauen Sie *Ihr* Leben?
17. Wie empfänglich sind Christen im allgemeinen für die Verführungen, vor denen Paulus uns in Vers 18 warnt?
18. Wenn alle in Ihrer Gruppe die Verse 21-23 genau verstanden haben und in ihrem Leben umsetzen wollten, welche praktischen Veränderungen würden sich Ihrer Meinung nach daraus ergeben?

Zur Vertiefung

Lesen Sie noch einmal die wundervollen Worte des Paulus in den Versen 21-23 und vergleichen Sie sie mit den letzten drei Versen von Römer 8. Welche Ähnlichkeiten bestehen zwischen diesen beiden Stellen, welche Unterschiede gibt es?

1. Korinther 4

Einstieg: Wenn die Regierungen aller Völker zusammenkämen und beschließen würden, Ihnen die ganze Welt zu schenken, was würden Sie mit Ihrer neuen Verantwortung und Ihrem neuen Besitz als erstes tun?

Was steht im Text?

1. Wenn Sie gebeten würden, drei Verse herauszusuchen, die die Bedeutung des Kapitels wiedergeben, welche drei Verse würden Sie auswählen?

2. Wie würden Sie nach dem, was Sie in diesem Kapitel erfahren, die Beziehung des Paulus zu den Korinthern beschreiben? Und wie würden Sie seine Beziehung zu Gott beschreiben?

3. Welche wichtigen Einzelheiten in diesem Kapitel können sehr leicht übersehen werden?

4. EINZELHEITEN BEACHTEN – *Versuchen Sie, die folgende Frage zu beantworten, ohne in Ihrer Bibel nachzusehen:* Gegen Ende des Kapitels sagt Paulus, das Reich Gottes sei keine Angelegenheit der Worte, sondern etwas anderes. Was? (Siehe Vers 20.)

Das Wesentliche erfassen

5. Wenn Sie die Arbeit des Apostels Paulus anhand dieses Kapitels bewerten sollten, was würden Sie ihm sagen?

6. Was sagt dieses Kapitel zum Thema Stolz?

7. Von welcher *Kraft* spricht Paulus nach dem, was Sie bisher in diesem Brief gelesen haben, in den Versen 19-20? Wie zeigt sie sich in unserem Leben?

Für das Leben heute

8. Wie würden Sie persönlich die ersten beiden Fragen in Vers 7 beantworten?

9. Wenn Gott dieses Kapitel ganz persönlich für Sie geschrieben hätte, welche Wörter oder Sätze hätte er Ihrer Meinung nach unterstrichen?

Zur Vertiefung

Lesen Sie noch einmal Vers 16. Schlagen Sie nun gemeinsam die folgenden Stellen nach und sprechen Sie darüber, was sie Ihrer Meinung nach gemeinsam haben und was sie über das Leben und den Charakter des Apostels Paulus aussagen: 1. Korinther 11,1; Philipper 3,17; 4,9; 2. Thessalonicher 3,7-9 und 1. Timotheus 1,16.

1. Korinther 5

Einstieg: Welches war die denkwürdigste Strafe, die Sie als Kind bekommen haben?

Was steht im Text?

1. Erklären Sie in eigenen Worten, mit welchem Problem oder Thema sich Paulus in diesem Kapitel beschäftigt.
2. Wenn Paulus die Verse 1-5 Ihrer Gruppe vorlesen würde, welches Wort oder welche Wörter würde er Ihrer Meinung nach besonders betonen?
3. Stellen Sie sich vor, die Korinther würden den Brief beantworten, die Worte des Paulus in Vers 5 zitieren und ihn dann fragen, wie er diesen Vers meint. Wie würde Paulus diesen Vers wohl erklären?
4. Wie würden Sie Vers 12 einem kleinen Kind erklären?
5. Stellen Sie sich noch einmal vor, Sie würden dem Apostel Paulus beim Schreiben dieses Kapitels über die Schulter sehen. Welche Gefühle, Sehnsüchte oder Erinnerungen wird er sehr wahrscheinlich dabei gehabt haben?
6. EINZELHEITEN BEACHTEN – *Versuchen Sie, die folgende Frage zu beantworten, ohne in Ihrer Bibel nachzusehen:* In diesem Kapitel spricht Paulus von einem Gegensatz: Auf der einen Seite der »alte Sauerteig«, dessen wir uns entledigen sollen; auf der anderen Seite das neue, »ungesäuerte Brot« – Brot ohne Sauerteig – das wir werden sollen. Paulus verdeutlicht die Bedeutung des alten Sauerteigs durch zwei Worte, und wählt zwei andere Worte, um das neue, ungesäuerte Brot zu beschreiben. Können Sie sich an diese vier Wörter erinnern? (Siehe Vers 8.)

Das Wesentliche erfassen

7. In den Versen 2-3 deckt Paulus einen drastischen Unterschied auf in seiner eigenen Haltung der in Vers 1 beschriebenen Situation gegenüber und der

Haltung der Korinther dieser Situation gegenüber. Welches sind Ihrer Meinung nach die *Werte* und *Annahmen*, die sowohl Paulus als auch die Korinther veranlaßte, so zu reagieren, wie sie reagiert haben?

8. Wie genau kann ein Mensch tun, wozu er in Vers 7 aufgefordert wird?
9. Wie können wir nach dem, was wir in diesem Kapitel lesen, Stellung gegen die Sünde beziehen?
10. Welches sind nach dem, was Sie bisher im ersten Korintherbrief gelesen haben, die wichtigsten *Erwartungen*, die Paulus an die Korinther stellt?
11. Wenn Sie nur dieses Kapitel aus der Bibel gelesen hätten, was würden Sie daraus in bezug auf die Reinheit und Heiligkeit Gottes schließen?

FÜR DAS LEBEN HEUTE

12. Lesen Sie noch einmal das Gebot in Vers 11 und sprechen Sie darüber, inwieweit die Christen heute dieser Lehre gehorsam sind.

ZUR VERTIEFUNG

Als Hintergrundinformation zu den Versen 7-8 lesen Sie 2. Mose 12,14-15; 13,6-7 und Jesaja 53,7.

1. KORINTHER 6

Einstieg: Welche Bilder kommen Ihnen in den Sinn, wenn Sie an das Wort *Ehre* denken?

WAS STEHT IM TEXT?

1. Wie würden Sie das Problem oder Thema in eigenen Worten erklären, mit dem Paulus sich in diesem Kapitel beschäftigt?
2. Wenn Satan Richtlinien und Empfehlungen niederschreiben würde, um die Menschen dazu zu bringen, genau das Gegenteil von dem zu tun, was in diesem Kapitel gelehrt wird, wie würde er seine Botschaft Ihrer Meinung nach formulieren?
3. Fassen Sie rückblickend auf die Kapitel 5 und 6 die wichtigsten Prinzipien und Richtlinien in bezug auf die Erhaltung der Reinheit der Gemeinden zusammen.

4. EINZELHEITEN BEACHTEN – *Versuchen Sie, die folgende Frage zu beantworten, ohne in Ihrer Bibel nachzusehen:* In diesem Kapitel verwendet der Apostel Paulus zwei Ausdrücke, um unseren Leib zu beschreiben. Welche? (Siehe Verse 15 und 19.)

Das Wesentliche erfassen

5. Versuchen Sie »zwischen den Zeilen« zu lesen, während Sie über die Worte des Paulus in den Versen 1-8 nachdenken. Welche fundamentalen Prinzipien lehrt Paulus Ihrer Meinung nach hier?

6. In Psalm 119,45 sagt der Psalmist zu Gott: »Und ich werde wandeln in weitem Raum, denn nach deinen Vorschriften habe ich geforscht.« Denken Sie über die »Vorschrift« oder das Gebot zu Beginn des Verses 18 nach. Inwiefern sichert dies einem Christen echte Freiheit zu?

7. Sehen Sie sich die Aufforderung im letzten Vers dieses Kapitels an. Wenn Sie Paulus fragen würden: »Wie genau kann ein Mensch Gott mit seinem Leib verherrlichen?«, wie würde er Ihrer Meinung nach antworten?

8. Wenn Sie gebeten würden, eine Diskussionsfrage zu stellen, die Ihrer Gruppe helfen soll, etwas Bestimmtes in diesem Kapitel zu verstehen, wie würden Sie die Frage formulieren?

Für das Leben heute

9. Wenn die Worte in Vers 8 an Ihre Gemeinde gerichtet wären, wie genau würden sie zutreffen?

10. Wie empfänglich sind Ihrer Meinung nach die Christen im allgemeinen für die Verführungen, vor denen Paulus in den Versen 9-10 warnt?

11. Wenn es stimmt, daß man »*wird* wie man *denkt*«, welche wichtigen Gedanken dieses Kapitels möchten Sie sich zu eigen machen?

12. Welche Parallelen erkennen Sie zwischen der in diesem Kapitel dargestellten Situation und dem, was in Ihrer Familie, Gemeinde oder in Ihrem persönlichen Leben passiert ist oder noch passiert?

Zur Vertiefung

Als Hintergrundinformation zu Vers 2 lesen Sie Matthäus 19,28; Johannes 5,22; 2. Timotheus 2,12; Offenbarung 3,21 und 20,4.

1. KORINTHER 7

Einstieg: Falls Sie verheiratet sind, welches waren die größten Überraschungen, die die Ehe für Sie bereithielt?

WAS STEHT IM TEXT?

1. Wie würden Sie in eigenen Worten das Problem oder Thema erklären, mit dem Paulus sich in diesem Kapitel beschäftigt?

2. Was in diesem Kapitel würde Ihrer Meinung nach einen neubekehrten Christen, der es zum ersten Mal liest, besonders in Erstaunen versetzen?

3. Stellen Sie eine Liste der Prinzipien und Richtlinien auf, die Paulus in diesem Kapitel anbietet in bezug auf: a) ob man heiraten sollte oder nicht, b) wie man leben sollte, wenn man bereits verheiratet ist.

4. Stellen Sie sich vor, die Korinther würden Paulus auf diesen Brief antworten, seine Worte in den Versen 29-31 wiederholen und ihn fragen, was er damit meint. Wie würde Paulus Ihrer Meinung nach antworten?

5. EINZELHEITEN BEACHTEN – *Versuchen Sie, die folgende Frage zu beantworten, ohne in Ihrer Bibel nachzusehen:* Wie beendet Paulus den folgenden Satz: »Denn es ist besser zu heiraten, als …« (Siehe Vers 9.)

DAS WESENTLICHE ERFASSEN

6. Welche der folgenden Aussagen ist Ihrer Meinung nach zutreffend? a) In diesem Kapitel befürwortet Paulus ganz eindeutig die gegenseitige Verpflichtung in der Ehe. b) In diesem Kapitel spricht Paulus die gegenseitige Verpflichtung in der Ehe gar nicht an. c) In diesem Kapitel stellt Paulus Fragen in bezug auf die gegenseitige Verpflichtung in der Ehe.

7. Wenn Sie nur dieses Kapitel der Bibel kennen würden, was würden Sie daraus in bezug auf Gottes Plan für die Ehe schließen?

8. Welche Fragen bleiben Ihnen in bezug auf die Themen, die bisher in diesem Brief angesprochen worden sind, unbeantwortet?

FÜR DAS LEBEN HEUTE

9. Wie würden Sie die Prinzipien dieses Kapitels einem neubekehrten Christen erklären, der eine Ehe in Erwägung zieht?

10. Sehen Sie sich das allgemeine Thema in den Versen 17, 20 und 24 an. Inwiefern bezieht sich diese Lehre Ihrer Meinung nach auf Ihr Leben heute?

Zur Vertiefung

Vergleichen Sie das, was Paulus in diesem Kapitel zur Ehe sagt, mit dem, was in den folgenden Bibelstellen steht, und überlegen Sie, wie diese Aussagen zusammenpassen: Epheser 5,22-33; Kolosser 3,18-19 und 1. Timotheus 3,2; 3,12 und 5,14.

1. Korinther 8

Einstieg: Beschreiben Sie eine Situation in Ihrem Leben, in der Sie sich besonders *frei* gefühlt haben.

Was steht im Text?

1. Wie würden Sie in eigenen Worten das Problem oder Thema beschreiben, mit dem sich Paulus in diesem Kapitel beschäftigt?
2. Wie würde Paulus nach dem, was Sie in diesem Kapitel lesen, die *Freiheit des Christen* definieren?
3. EINZELHEITEN BEACHTEN – *Versuchen Sie, die folgende Frage zu beantworten, ohne in Ihrer Bibel nachzusehen:* Welche kurze Aussage macht Paulus in Vers 3 über den Menschen, der Gott liebt?

Das Wesentliche erfassen

4. Würden Sie sagen, daß Sie beim Lesen und bei der Bearbeitung dieses Kapitels besondere *Geduld* brauchen, um es zu verstehen? Wenn ja, warum?
5. Würden Sie sagen, daß es in Vers 2 eher um *Wissen*, um *Stolz* oder um *geistliches Wachstum* geht? Erklären Sie Ihre Antwort.
6. Wie würden Sie nun, da Sie den 1. Korintherbrief zur Hälfte durchgelesen haben, die wichtigsten Lehren dieses Briefes zusammenfassen?

Für das Leben heute

7. Sehen Sie sich aufmerksam die wichtigsten Lehren dieses Kapitels an. Was ist Ihrer Meinung nach schwerer für einen Christen – dieses Kapitel zu verstehen oder es in die Praxis umzusetzen?
8. Inwiefern fällt es, je älter Sie werden, immer leichter, dem Gebot in Vers 9 zu gehorchen? Inwiefern wird es immer schwieriger?

ZUR VERTIEFUNG

Ist Ihre Sichtweise von Gott groß genug? Sehen Sie sich in Vers 6 die Beschreibungen von Gott und Jesus Christus und ihre Beziehung zu »allen Dingen« noch einmal an. Vergleichen Sie nun diesen Vers mit den folgenden Bibelstellen, in denen es auch um das Thema »alle Dinge« geht, und sprechen Sie darüber, inwiefern diese Stellen unsere Sichtweise von Gott erweitern können: Römer 11,36; Epheser 1,9-10; Kolosser 1,16-17; 1,20; Hebräer 1,3 und Offenbarung 4,11.

1. KORINTHER 9

Einstieg: Können Sie sich erinnern, zugunsten eines höheren Zwecks auf etwas verzichtet zu haben, worauf Sie ein Anrecht gehabt hätten?

WAS STEHT IM TEXT?

1. Welchen Eindruck oder welches Bild hinterläßt dieses Kapitel bei Ihnen?
2. Wenn Sie die Arbeit des Apostels Paulus bewerten sollten, was würden Sie ihm aufgrund dessen, was Sie in diesem Kapitel lesen, sagen?
3. Wie lauten die Antworten auf alle Fragen des Paulus in Vers 1? Können Sie jede der Antworten unterstützen?
4. Wenn Paulus die Verse 19-23 der Gruppe vorlesen würde, welches Wort oder welche Wörter würde er Ihrer Meinung nach besonders betonen?
5. Stellen Sie sich vor, Sie würden Paulus beim Schreiben dieses Kapitels über die Schulter sehen. Welche Gefühle, Sehnsüchte oder Erinnerungen wird er sehr wahrscheinlich gehabt haben, als er die Verse 15-27 schrieb?
6. EINZELHEITEN BEACHTEN – *Versuchen Sie, die folgende Frage zu beantworten, ohne in Ihrer Bibel nachzusehen:* Welches ist nach Paulus seine *Belohnung* dafür, daß er bereitwillig das Evangelium verkündet hat? (Siehe Verse 17-18.)
7. Sehen Sie sich auch auf Seite 10 die Liste der Fragen an, die Sie sich während der Bearbeitung der einzelnen Kapitel des Korintherbriefes stellen sollten.

DAS WESENTLICHE ERFASSEN

8. Stellen Sie sich vor, am Ende dieses Kapitels hätte Paulus hinzugefügt: »Und wenn euch nur eines aus diesem Kapitel in Erinnerung bleibt, so sei das ...« Was würde er Ihrer Meinung nach genannt haben?

9. Sehen Sie sich das Beispiel des Paulus in Vers 19 an. Gibt es Lebensbereiche, in denen dieses Beispiel für einen Christen nicht unbedingt nachahmenswert ist? Wenn ja, welche?

FÜR DAS LEBEN HEUTE

10. Wie sollten Ihrer Meinung nach die Prinzipien und Richtlinien dieses Kapitels auf diejenigen angewendet werden, die im christlichen Dienst stehen?
11. Sehen Sie sich die *Belohnung* an, von der Paulus in den Versen 17-18 spricht. Würde diese Belohnung Sie in Ihrem heutigen Leben zufriedenstellen?
12. Lesen Sie die Verse 24-27 und beachten Sie vor allem Vers 24. Welches sind für Sie ganz persönlich wichtige Faktoren, die bestimmen, ob Sie im Leben ein *Gewinner* sind?

ZUR VERTIEFUNG

Lauft so, daß ihr den Preis gewinnt! Mit dieser Aufforderung in den Versen 24-27 im Hinterkopf sehen Sie sich die folgenden Bibelstellen an, die vom Ausharren sprechen, und überlegen Sie, wie Sie sie in die Praxis umsetzen können: Galater 6,9-10; Epheser 6,10-20; Philipper 3,12-14 und 2. Timotheus 2,1-13.

1. KORINTHER 10

Einstieg: Was fällt Ihnen bei dem Wort *Götzendienst* ein?

WAS STEHT IM TEXT?

1. Welche *Anweisungen* gibt Paulus den Korinthern in diesem Kapitel? Stellen Sie sie als Gruppe zusammen.
2. Welche Wörter, Ausdrücke oder Sätze würden Sie, nachdem Sie dieses Kapitel durchgelesen haben, gern besser verstehen?
3. Sehen Sie sich Vers 12 an und diskutieren Sie die folgende Aussage: Dieser Vers sagt uns, daß es im Leben eines Christen keinen Raum für Sicherheit oder Zufriedenheit in bezug auf unser geistliches Wachstum gibt.
4. Wie würden Sie Vers 13 einem kleinen Kind beschreiben?
5. EINZELHEITEN BEACHTEN – *Versuchen Sie, die folgende Frage zu beantworten, ohne in Ihrer Bibel nachzusehen:* Wie hat Paulus den folgenden Satz vervollständigt? »Ob ihr nun eßt oder trinkt oder sonst etwas tut, ...« (Siehe Vers 31.)

DAS WESENTLICHE ERFASSEN

6. Welche fundamentalen Mißverständnisse in bezug auf Sünde und Versuchung können korrigiert werden, wenn wir das, was Paulus in den Versen 12-13 sagt, richtig verstehen?

7. Jakobus 1,22 sagt uns, daß wir uns selbst betrügen, wenn wir das Wort hören und es nicht in die Praxis umsetzen. Welche selbstbetrügerischen Entschuldigungen oder Erkenntnisse können Christen sehr leicht davon abhalten, Vers 24 in die Tat umzusetzen?

8. Wenn Sie sich dieses Kapitel als Straßenkarte für das Leben eines Christen vorstellen würden, welches sind die sicheren »Straßen«, die man nehmen, welches die unsicheren, gefährlichen Straßen, die wir möglichst meiden sollten?

9. Eine dreiteilige Frage: a) Überlegen Sie, wer von Ihren Bekannten nicht viel in der Bibel liest. b) Suchen Sie einen Vers oder einen kurzen Abschnitt in diesem Kapitel, den diese Person vermutlich langweilig finden wird. c) Überlegen Sie nun, wie Sie diesen Abschnitt so erklären können, daß diese Person sich angesprochen fühlt.

10. Wenn dieses Kapitel eine Antwort auf eine Frage wäre, die mit dem Wort *Warum* … beginnt, wie würde die Frage lauten?

FÜR DAS LEBEN HEUTE

11. Beachten Sie in den Versen 7-10 all die Dinge, vor denen Paulus uns warnt. Suchen Sie sich eines heraus und überlegen Sie, inwiefern die Christen heute in der Gefahr stehen, genau das zu tun.

12. Sehen Sie sich Vers 10 über das »Murren« an. Worüber haben Sie in den vergangenen 24 Stunden gemurrt?

13. Lesen Sie Vers 13 noch einmal. Welches ist im Augenblick Ihre typische Reaktionszeit, bei einer Versuchung den »Fluchtweg« zu finden und zu ergreifen im Vergleich zu früher? Bewerten Sie sich auf einer Skala von eins bis zehn (eins = sehr viel langsamer als je zuvor, zehn = sehr viel schneller als je zuvor).

14. Denken Sie über die Ausführungen des Paulus in den Versen 23-33 nach und stellen Sie eine Liste mit Richtlinien zusammen, die Ihnen ganz persönlich helfen soll zu entscheiden, was richtig und was falsch ist.

15. Wenn alle in Ihrer Gruppe Vers 31 genau verstanden hätten und in ihrem Leben umsetzen wollten, welche praktischen Veränderungen würden sich Ihrer Meinung nach daraus ergeben?

16. Wenn Gott dieses Kapitel nur für *Sie* geschrieben hätte, welche Wörter oder Ausdrücke hätte er Ihrer Meinung nach unterstrichen?

17. Wenn Sie gebeten würden, eine Diskussionsfrage zu stellen, die Ihrer Bibelgruppe helfen soll, einen bestimmten Punkt aus diesem Kapitel auf ihr Leben anzuwenden, wie würden Sie diese Frage formulieren?

Zur Vertiefung

Lesen Sie die folgenden Bibelstellen aus dem Alten Testament und überlegen Sie, wie Sie sie in Einklang bringen können mit dem, was Paulus in den Versen 7-10 sagt: 2. Mose 12,23; 32,5-7; 4. Mose 14,2; 14,36-37; 16,41-50; 21,4-6 und 25,1-9.

1. Korinther 11

Einstieg: Hat das Feiern des Abendmahls eine besondere Bedeutung für Sie?

Was steht im Text?

1. Wenn Sie gebeten würden, von diesem Kapitel alle Verse wegzuschneiden und nur drei stehen zu lassen, die aber die Bedeutung dieses Kapitels wiedergeben würden, welche drei Verse würden Sie stehen lassen?

2. Diskutieren Sie die folgende Aussage: In Vers 1 wird uns gesagt, daß die Werte und Wertmaßstäbe des Apostels Paulus für alle Christen erreichbar sind.

3. Versuchen Sie, »zwischen den Zeilen zu lesen«, während Sie über die Worte des Paulus in den Versen 2-16 nachdenken. Welche fundamentalen Prinzipien sind Ihrer Meinung nach der Hauptinhalt der Lehre des Paulus hier?

4. Wie würden Sie in eigenen Worten die Aussagen des Paulus in den Versen 11-12 erklären?

5. Wenn Satan einige Richtlinien und Gebote aufstellen würde, um Menschen dazu zu bringen, genau das Gegenteil von dem zu tun, was in diesem Kapitel gesagt wird, wie würde er seine Botschaft Ihrer Meinung nach formulieren?

6. Welche wichtigen Einzelheiten in diesem Kapitel können leicht übersehen werden?

7. EINZELHEITEN BEACHTEN – *Versuchen Sie, die folgende Frage zu beantworten, ohne in Ihrer Bibel nachzusehen:* Wie beschreibt Jesus in dem Bericht des Paulus vom letzten Abendmahl den Kelch, als er ihn in die Hand nahm? (Siehe Vers 25.)

DAS WESENTLICHE ERFASSEN

8. Was sagt dieses Kapitel über die Art aus, wie wir Gott anbeten sollen?
9. Wie würden Sie einem Menschen, der diese Stelle noch nie gelesen hat, die Bedeutung dessen erklären, was Jesus in den Versen 23-25 sagte und tat?
10. Wie würden Sie nach dem, was Sie in diesem Kapitel gelesen haben, die Bedeutung des Abendmahls einschätzen?
11. Welche praktischen Fragen sollte sich ein Christ stellen, um die »Selbstprüfung« durchzuführen, von der Paulus in Vers 28 spricht?
12. Wenn Sie nur dieses Kapitel der Bibel zur Verfügung hätten, was würde es Ihnen in bezug auf die Bedeutung des Todes Jesu klarmachen?

FÜR DAS LEBEN HEUTE

13. In Philipper 4,8 heißt es: »Übrigens, Brüder, alles, was wahr, alles, was ehrbar, alles, was gerecht, alles, was rein, alles, was liebenswert, alles, was wohllautend ist, wenn es irgendeine Tugend und wenn es irgendein Lob gibt, das erwägt!« Welche Denkanstöße können Sie in diesem Kapitel finden, die Ihnen als *wahr, ehrbar, gerecht, rein, liebenswert,* als *Tugend* und *Lob* ins Auge fallen?
14. Wenn jemand Vers 17 in einem Brief an *Ihre* Gemeinde schreiben würde, wie zutreffend wäre er?

ZUR VERTIEFUNG

Sehen Sie sich noch einmal die mutige Aussage des Paulus in Vers 1 an. Überlegen Sie, inwiefern die folgenden Bibelstellen das, was Paulus sagt, unterstreichen Galater 4,12; Philipper 3,17; 1. Thessalonicher 1,6 und 2. Thessalonicher 3,7-9.

1. KORINTHER 12

Einstieg: Haben Sie schon einmal eine Verletzung oder eine Krankheit gehabt die dazu geführt hat, daß Sie ein bestimmtes Körperteil nicht gebrauchen konnten?

WAS STEHT IM TEXT?

1. Wenn dieses Kapitel die Antwort auf eine Frage wäre, die mit dem Wort *Wi … beginnen würde, wie könnte die Frage lauten?

2. Wie lautet das einzige Gebot, das Paulus in diesem Kapitel den Korinthern gibt?
3. Was sagt dieses Kapitel in bezug auf den *Zweck* der geistlichen Gaben?
4. Wie würden Sie Vers 12 einem kleinen Kind erklären?
5. Welches sind die »größeren« oder »besten« Gaben, nach denen wir nach dem, was Paulus in Vers 31 sagt, streben sollten?
6. Welche *Erwartungen* können wir nach dem, was dieses Kapitel uns sagt, an Gott stellen?
7. EINZELHEITEN BEACHTEN – *Versuchen Sie, die folgende Frage zu beantworten, ohne in Ihrer Bibel nachzusehen:* Welcher der folgenden Körperteile ist in diesem Kapitel nicht erwähnt: Auge, Ohr, Nase, Mund, Hand, Fuß, Kopf und Schulter? (Siehe Verse 14-21.)

Das Wesentliche erfassen

8. Für welche der folgenden Personen hat dieses Kapitel Ihrer Meinung nach die größte Bedeutung: für den Besitzer eines Geschenkeladens, einen Physiotherapeuten oder einen Fußballtrainer?
9. Denken Sie an das, was Paulus ab Vers 12 über die unterschiedlichen »Teile eines Leibes« sagt und diskutieren Sie die folgende Aussage: »Wenn Paulus in diesem Kapitel von den ›Teilen eines Leibes‹ spricht, bezieht er sich vor allem auf die unterschiedlichen Denominationen, die zu einem etablierten Teil der Christenheit geworden sind.«
10. Wie können Sie anhand dieses Kapitel einem Christen helfen, seine geistlichen Gaben zu entdecken?
11. Wie würden Sie nach dem, was Sie in diesem Kapitel lesen, einen *geistlich gesunden Christen* beschreiben und definieren?
12. Wenn Sie nur dieses Kapitel der Bibel zur Verfügung hätten, welche Schlußfolgerungen würden Sie daraus in bezug darauf ziehen, wie eine Gemeinde sich verhalten und funktionieren sollte?

Für das Leben heute

13. Nehmen Sie an, ein neubekehrter Christ würde Sie fragen: »Woher weiß ich, daß der Heilige Geist in mir wohnt?« Wie würden Sie ihm anhand der Verse 1-11 antworten?
14. Vervollständigen Sie so umfassend wie möglich einen der beiden Sätze: *Was ich in diesem Kapitel gelesen habe, ist wichtig für mein Leben, weil …*

Was ich in diesem Kapitel gelesen habe, ist im Augenblick NICHT wichtig für mich, weil ...

15. Wenn es stimmt, daß man »*wird* wie man *denkt*«, welches sind die wichtigsten Gedanken dieses Kapitels, die Sie sich zu eigen machen möchten?

Zur Vertiefung

Denken Sie an das, was Sie in diesem Kapitel in bezug auf die geistlichen Gaben gelesen haben. Vergleichen Sie die folgenden Bibelstellen und fassen Sie die wichtigsten biblischen Prinzipien zu diesem Thema zusammen: Römer 12,3-8; Epheser 4,3-13 und 1. Petrus 4,10-11.

1. Korinther 13

Einstieg: Wenn Sie die Gelegenheit hätten, auf der Stelle und dauerhaft Vollkommenheit in einem der in den Versen 4-7 dargestellten Aspekte der Liebe zu erlangen, welchen würden Sie wählen?

Was steht im Text?

1. KLEIN, ABER WICHTIG: Sprechen Sie über die Bedeutung der kleinen Wörter *wenn* und *aber* in den Versen 1-3.

2. Versuchen Sie, die Verse 4-7 vollkommen umzuformulieren, ohne die im Original verwendeten Wörter zu benutzen (abgesehen von kurzen Wörtern mit drei oder vier Buchstaben). Vielleicht kann jeder Gruppenteilnehmer einen Satz dieses Abschnitts umformulieren.

3. Paulus spricht in Vers 10 von dem »Kommen« des Vollkommenen. Was meint er damit?

4. Stellen Sie sich vor, Sie würden eine Diashow für Ihre Gemeinde vorbereiten. Eine ausdrucksstarke Stimme liest dieses Kapitel Wort für Wort vor, während eine Reihe von Dias auf eine Leinwand projiziert wird. Welche Dias würden Sie dafür auswählen?

5. Was in diesem Kapitel können Nichtchristen Ihrer Meinung nach nicht sehr gut verstehen?

6. EINZELHEITEN BEACHTEN – *Versuchen Sie, die folgende Frage zu beantworten, ohne in Ihrer Bibel nachzusehen:* Wie beendet Paulus den folgenden Satz: »Als ich ein Mann wurde ...« (Siehe Vers 11.)

DAS WESENTLICHE ERFASSEN

7. In Vers 6 sagt Paulus, die Liebe freue sich nicht über die *Ungerechtigkeit*. Welches sind Ihrer Meinung nach die *Gründe* dafür, daß die Liebe dies nicht tut?

8. Welches ist Ihrer Meinung nach ganz praktisch die größte Motivation für die Menschen, mehr zu lieben?

FÜR DAS LEBEN HEUTE

9. Stellen Sie sich vor, Sie hätten an diesem Tag eine Feuerbotschaft am Himmel gesehen. Sie war an Sie adressiert und hatte folgenden Inhalt: *So spricht der Herr: »Lies 1. Korinther 13, denn ich möchte dir damit etwas sagen.«* Auf welchen Vers oder welche Verse würde Gott sich Ihrer Meinung nach beziehen?

10. Welche Denkweisen könnten sehr leicht verhindern, daß die Worte in diesem Kapitel in Ihrem Leben lebendig werden?

11. Wenn Gott dieses Kapitel nur für Sie geschrieben hätte, welche Wörter oder Ausdrücke hätte er Ihrer Meinung nach unterstrichen?

12. Was in diesem Kapitel wird weggetan werden, was wird bleiben?

13. Wie lange wird Ihrer Meinung nach das, was in Vers 13 aufgezählt wird, bleiben? (Vgl. hierzu Vers 8, 2. Thess. 1,10 und Römer 8,24)

ZUR VERTIEFUNG

Paulus stellt in Vers 13 Glaube, Hoffnung und Liebe in eine Gruppe zusammen. Sehen Sie sich die folgenden Verse an und sprechen Sie über die Unterschiede zwischen Glaube, Hoffnung und Liebe, und inwiefern sie zusammenarbeiten: Galater 5,5-6; Kolosser 1,4-5; 1. Thessalonicher 1,3; 5,8 und Hebräer 10,22-24.

1. KORINTHER 14

Einstieg: Wie sieht Ihrer Meinung nach die ideale Gemeinde aus?

WAS STEHT IM TEXT?

1. Wenn die Kapitel 12 und 13 dieses Briefes in der Vergangenheit irgendwie verloren gegangen wären, welche Auswirkungen würde das auf die Bedeutung von Vers 1 des Kapitels 14 haben?

2. Welche *Anweisungen* gibt Paulus den Korinthern in diesem Kapitel? Zählen Sie sie gemeinsam auf.
3. Wie würden Sie nach dem, was Sie in diesem Kapitel gelesen haben, die neutestamentliche Gabe der *Prophezeiung* definieren?
4. Stellen Sie sich vor, die Korinther hätten Paulus auf diesen Brief geantwortet, seine Worte in Vers 20 zitiert und gefragt, was er damit meinte. Wie hätte Paulus Ihrer Meinung nach diesen Vers erklärt?
5. EINZELHEITEN BEACHTEN – *Versuchen Sie, die folgende Frage zu beantworten, ohne in Ihrer Bibel nachzusehen:* In diesem Kapitel äußert sich Paulus dazu, wie viele Personen bei einer Anbetungsversammlung in Zungen reden sollten und wie viele prophezeien sollten. Welche Zahl gibt er dafür an? (Siehe Verse 26-27.)

DAS WESENTLICHE ERFASSEN

6. Denken Sie an das, was Paulus in diesem Kapitel, vor allem in den Versen 1 und 14 sagt und diskutieren Sie die folgende Aussage: Ein Christ kann jede geistliche Gabe haben, die er sich wünscht.
7. Wie würden Sie als Richtlinie für die Anbetung der Christen Vers 15 in eigenen Worten formulieren?
8. Vergleichen Sie die Verse 12 und 26 miteinander. Welche Schlußfolgerungen können Sie aus diesen Versen in bezug auf den *Zweck* Ihres Engagements in Ihrer Gemeinde ziehen? Würden Sie sagen, daß dies der *wichtigste Grund* für unser Engagement in der Gemeinde ist? Warum oder warum nicht?
9. Beachten Sie zu Beginn von Vers 33, was Paulus über Gott sagt. Wie haben Sie selbst erfahren, daß dieser Vers wahr ist?
10. Sehen Sie sich die Anweisungen in Vers 39 noch einmal an. Sind Sie der Meinung, daß die Christen heute diesen Anweisungen folgen?
11. Nehmen Sie an, Paulus hätte am Ende dieses Kapitels den folgenden Satz hinzugefügt: »Wenn ihr nur eines aus diesem Kapitel in Erinnerung behaltet, so sei das ...« Wie hätte er diesen Satz Ihrer Meinung nach vervollständigt?
12. Wenn Sie nur dieses Kapitel der Bibel kennen würden, wie sollte danach ein Anbetungsgottesdienst in der Gemeinde aussehen?
13. Welches sind nach dem, was Sie in den Kapiteln 12 – 14 des ersten Korintherbriefes gelesen haben, die wichtigsten Prinzipien in bezug auf den Gebrauch unserer geistlichen Gaben?

Für das Leben heute

14. Lassen Sie sich die Lehren dieses Kapitels eine Richtlinie sein und sprechen Sie über die folgende Frage: Wenn der Apostel Paulus Ihre Gemeinde besuchen könnte, wie würde er die Anbetungsgottesdienste dort beurteilen?

15. Denken Sie sorgfältig über die wichtigsten Lehren dieses Kapitels nach. Was fällt Ihrer Meinung nach einem Christen schwerer, den Inhalt dieses Kapitels zu verstehen oder ihn in die Praxis umzusetzen?

Zur Vertiefung

Sehen Sie sich noch einmal das Bild der Anbetung an, das Paulus uns in den Versen 15-17 zeigt, und vergleichen Sie es mit dem, was Sie in den folgenden Bibelstellen lesen: 1. Chronik 16,36; Nehemia 8,6; Psalm 13,6 und 150,6.

1. Korinther 15

Einstieg: Welches sind Ihrer Meinung nach die drei wichtigsten Eigenschaften, die eine Gemeinde haben sollte, um erfolgreich nach außen zu wirken?

Was steht im Text?

1. Diskutieren Sie die folgende Aussage: In diesem Kapitel verspricht Gott ganz eindeutig eine buchstäbliche, körperliche Auferstehung eines jeden Christen.

2. Welche Wörter, Ausdrücke oder Sätze würden Sie, nachdem Sie das ganze Kapitel durchgelesen haben, gern besser verstehen?

3. Überlegen Sie, welche Verse dieses Kapitels sehr wahrscheinlich Ihre Aufmerksamkeit besonders erregen würden, wenn Sie ... a) ein Verbrecher wären, der am folgenden Tag hingerichtet werden soll, b) ein überzeugter Atheist wären, der nach Wegen sucht, die Bibel in Mißkredit zu bringen und zu widerlegen, c) ein erschöpfter Missionar bei einem entlegenen Stamm wären, der sowohl geistlich als auch körperlich ausgelaugt ist, d) eine Person wären, die in einem Mordfall als Geschworene fungiert.

4. Wenn Satan einige Richtlinien und Gebote niederschreiben würde, um die Menschen dazu zu bringen, genau das Gegenteil von dem zu tun, was in diesem Kapitel steht, wie würde er seine Botschaft Ihrer Meinung nach formulieren?

5. Was wird Gott nach dem, was wir in diesem Kapitel lesen, ganz bestimmt tun, wenn wir ihm gehorsam sind?

Erster Korintherbrief

6. KLEIN, ABER WICHTIG: Wie oft taucht das kleine Wort *wenn* in den Versen 12-19 auf? Welche wichtige Bedingung oder Annahme hebt es jedesmal hervor?

7. Wenn Paulus die Verse 50-57 Ihrer Gruppe vorlesen würde, welches Wort oder welche Wörter würde er besonders betonen?

8. Wie umfassend können Sie erklären, was Paulus mit dem »Werk des Herrn« in Vers 58 meint?

9. EINZELHEITEN BEACHTEN – *Versuchen Sie, die folgende Frage zu beantworten, ohne in Ihrer Bibel nachzusehen:* In vier Versen zu Beginn dieses Kapitels erwähnt Paulus sechs Begebenheiten, wo Jesus nach seiner Auferstehung erschienen ist. Welchen Personen ist er erschienen? (Siehe Verse 5-8.)

DAS WESENTLICHE ERFASSEN

10. Warum erinnert Paulus nach dem, was Sie bisher in diesem Brief gelesen haben, die Korinther in Vers 1 an die Botschaft des Evangeliums?

11. Sehen Sie sich in Vers 2 den Nebensatz an, der mit dem Wort *wenn* beginnt. Was bedeutet diese Aussage Ihrer Meinung nach? Ist es möglich, daß jemand »vergeblich« zum Glauben gekommen ist, wie Paulus sagt?

12. Wenn Sie nur dieses Kapitel der Bibel kennen würden, was würden Sie ihm in bezug auf die Kraft Gottes entnehmen?

13. Wenn dieses Kapitel die Antwort auf eine Frage wäre, die mit dem Wort *Was …* beginnt, wie würde die Frage lauten?

FÜR DAS LEBEN HEUTE

14. Wenn Sie nur dieses eine Kapitel in der Bibel zur Verfügung hätten, wie würden Sie damit einem Menschen helfen, der Christ werden möchte?

15. In Kolosser 3,1 lesen wir: »Wenn ihr nun mit dem Christus auferweckt worden seid, so sucht, was droben ist, wo der Christus ist, sitzend zur Rechten Gottes.« Was ist Ihnen persönlich in diesem Kapitel an Jesus Christus wichtig geworden, nach dem Sie streben möchten?

16. Stellen Sie sich vor, Sie wären fünf Jahre älter geworden und würden die Gebote in Vers 58 genau befolgen. Wie würden Sie handeln, was würden Sie tun?

17. Welche Denkweisen können sehr leicht verhindern, daß die Worte in Vers 58 in Ihrem Leben lebendig werden?

Zur Vertiefung

Sehen Sie sich noch einmal die Aussage in Vers 2 an. Vergleichen Sie sie mit den folgenden Bibelstellen: Matthäus 10,22; 24,12-13; Hebräer 3,6 und 3,14.

1. Korinther 16

Einstieg: Haben Sie schon einmal von einer Herausforderung eines über Ihnen stehenden Menschen profitiert?

Was steht im Text?

1. Welche *Anweisungen* gibt Paulus den Korinthern in diesem Kapitel? Stellen Sie eine Liste zusammen.

2. Wie würden Sie nach dem, was Sie in diesem Brief gelesen haben, die Beziehung des Paulus zu den Korinthern beschreiben?

3. EINZELHEITEN BEACHTEN – *Versuchen Sie, die folgende Frage zu beantworten, ohne in Ihrer Bibel nachzusehen:* Paulus sagt in diesem Kapitel, daß er erst an einen bestimmten Ort reisen müsse, bevor er die Korinther wieder besuchen könne. Wohin? (Siehe Vers 5.)

Das Wesentliche erfassen

4. Eine dreiteilige Frage: a) Überlegen Sie, wer von Ihren Bekannten nicht viel in der Bibel liest. b) Suchen Sie sich einen Vers oder einen kurzen Abschnitt in diesem Kapitel heraus, den diese Person vermutlich langweilig finden wird. c) Überlegen Sie nun, wie Sie Ihrem Bekannten diesen Abschnitt so erklären können, daß er ihn anspricht.

5. Welche Prinzipien oder Richtlinien in bezug auf Gemeindeführung und christlichen Gottesdienst können Sie den Versen 15-18 entnehmen?

6. In Vers 24 macht Paulus seine letzte Aussage dieses Briefes. Inwiefern hat Paulus in diesem ganzen Brief seine Liebe zu den Korinthern gezeigt?

Für das Leben heute

7. Denken Sie noch einmal über Vers 13 nach. Stellen Sie sich vor, Gott würde die Stärke und Dauerhaftigkeit Ihres Glaubens auf einer Skala von eins bis zehn bewerten, wobei zehn ganzer Gehorsam den Geboten dieses Verses gegenüber ist und eins die vollkommene Mißachtung dieser Gebote. Wie würde Gott Sie einschätzen?

Erster Korintherbrief

8. Sehen Sie sich Vers 14 an und stellen Sie sich vor, Gott würde nun die Beständigkeit Ihrer Liebe auf einer Skala von eins bis zehn bewerten, wobei zehn ganzer Gehorsam dem Gebot dieses Verses gegenüber ist und eins die vollkommene Mißachtung dieser Gebote. Wie würde Gott Sie einschätzen?

Zur Vertiefung

Zur weiteren Information in bezug auf die Sammlung, die Paulus für das Volk Gottes durchführte (wie in Vers 1 erwähnt), lesen Sie Römer 15,25-29; 2. Korinther 8,1-7 und 9,1-5.

1. Korinther: Der Gesamteindruck

(Sprechen Sie noch einmal über die im Überblick angegebenen Fragen und bearbeiten Sie die unten aufgeführten.)

1. Stellen Sie sich vor, Sie hätten die Gemeinde in Korinth an dem Tag besucht, an dem dieser Brief von Paulus laut vorgelesen wurde. Nach der Gemeindeversammlung wären Sie gemeinsam mit anderen Gläubigen nach Hause gegangen. Unterwegs hätten einige von ihnen die folgenden Fragen gestellt. Wie hätten Sie diese Fragen beantwortet? a) »Wie kann Paulus bei all den Problemen, auf die er uns hingewiesen hat, noch sagen, daß er uns liebt?« b) »Wie um alles in der Welt können wir nur das alles tun, was er in diesem Brief genannt hat?« c) »Dort drüben ist der Fleischmarkt, und dort werden wirklich gute Steaks verkauft, die von dem Fleisch der Opfertiere für die Götzen stammen. Soll ich welche für das Abendessen kaufen oder nicht?«

2. Lesen Sie gemeinsam die folgenden Verse und wählen Sie den SCHLÜSSELVERS für den ersten Korintherbrief – den Vers, der am besten ausdrückt, worum es in diesem Brief geht: 1,10; 2,7-8; 3,10-11; 9,24; 14,1; 14,20 und 15,58.

3. Vielleicht haben Sie beschlossen, einen Punkt, der Ihnen bei der Bearbeitung dieses Briefes klargeworden ist, in Ihrem Leben umzusetzen. Sind Sie bereit, dies auch den anderen Mitgliedern Ihrer Gruppe mitzuteilen und so verbindlich zu machen?

4. Wie würden Sie den folgenden Satz als Rat an einen Christen, der im Glauben weiterkommen möchte, vervollständigen? *Beschäftige dich mit dem ersten Korintherbrief, wenn du mehr erfahren willst in bezug auf ...*

ZWEITER KORINTHER

ÜBERBLICK

(Besprechen Sie diese Überblicksfragen sowohl zu Beginn Ihrer Bearbeitung des zweiten Korintherbriefes als auch nachdem Sie alle dreizehn Kapitel durchgenommen haben. Es könnte sein, daß Ihre Antworten vollkommen anders ausfallen, nachdem Sie sich sehr intensiv mit dem ganzen Brief auseinandergesetzt haben.)

Einstieg: Was fällt Ihnen ein, wenn Sie an einen *Liebesbrief* denken?

Was steht im Text?

1. Welche Schlußfolgerungen würden Sie in bezug auf die Absicht des Apostels Paulus mit diesem Brief aus dem ziehen, was Sie in 1,8 und 13,8-10 lesen?
2. Was wissen Sie über die Lage und Bedeutung der Stadt Korinth zur Zeit des Paulus?
3. Wie sah die Welt damals zur Zeit, als der Brief geschrieben wurde, aus? Welches waren Ihrer Meinung nach die Hoffnungen, Träume und Probleme der Korinther?
4. Blättern Sie den Brief durch, bis Sie an einen Vers kommen, der eine Frage in Ihnen aufwirft. Wie lautet die Frage?
5. Blättern Sie den Brief durch, bis Sie an einen Vers kommen, der Sie zum Lächeln bringt oder das Gefühl der Dankbarkeit oder der Freude in Ihnen weckt. Was gefällt Ihnen an diesem bestimmten Vers besonders gut?
6. Sehen Sie sich auch auf Seite 11 die Liste mit Fragen an, die Sie sich vor der Bearbeitung der einzelnen Bücher stellen sollten.

Das Wesentliche erfassen

7. Welchen Eindruck hatten Sie bisher vom zweiten Korintherbrief in bezug auf a) seinen Inhalt, b) seinen Schwierigkeitsgrad und c) seine Bedeutung?
8. Der zweite Korintherbrief ist auch »Die tiefsten Gedanken eines Predigers«, »Der Ruhm des christlichen Dienstes«, »Das große Privileg, ein Arbeiter Gottes zu sein« und »Die Rechtfertigung der Apostelschaft des Paulus« über-

schrieben worden. Welche Antworten, Richtlinien und Lösungen versprechen Sie sich auf diesem Hintergrund von der Bearbeitung des zweiten Korintherbriefes?

9. Überfliegen Sie die *ersten zwei oder drei Verse* eines jeden Kapitels des zweiten Korintherbriefes. Welchen Eindruck bekommen Sie von diesem flüchtigen Überlesen? Welche Erwartungen haben Sie?

10. Stellen Sie sich vor, Sie würden diesen Brief des Paulus nach Korinth bringen. Unterwegs werden Sie von einer Räuberbande angegriffen, die ihnen alle Ihre Wertsachen, darunter auch diesen Brief, abnimmt. Der Anführer der Räuber kann nicht lesen, und als Sie ihn bitten, Ihnen den Brief zurückzugeben, fragt er: »Warum? Was ist daran so wichtig?« Wie würden Sie ihm antworten?

Für das Leben heute

11. Der zweite Korintherbrief beschäftigt sich in erster Linie mit dem Dienst. Wie würden Sie Ihren Einsatz für Gott und Ihre Fähigkeiten zum gegenwärtigen Zeitpunkt im Vergleich zur Vergangenheit auf einer Skala von eins bis zehn einschätzen (eins = sehr viel schwächer als früher, zehn = sehr viel stärker als früher)?

12. Wie können Sie sicherstellen, daß Ihre Beschäftigung mit dem zweiten Korintherbrief keine rein theoretische oder intellektuelle Angelegenheit bleibt, sondern praktisch wird und für Sie Konsequenzen hat? Was können Sie tun, damit das Gespräch lebendig und interessant bleibt?

Zur Vertiefung

Wie viele Briefe schrieb Paulus an die Korinther? Nehmen Sie die folgenden Bibelstellen zu Hilfe, um eine Antwort darauf zu finden: 1. Korinther 5,9-11; 16,21; 2. Korinther 2,3-9; 7,12 und 13,10.

2. Korinther 1

Einstieg: Gehören Sie zu den Menschen, die sich in der Regel lieber an den ursprünglichen Plan halten, oder zu den Menschen, die gern ganz spontan Änderungen vornehmen?

Was steht im Text?

1. Welche Wörter, Ausdrücke oder Sätze würden Sie, nachdem Sie das Kapitel durchgelesen haben, gern besser verstehen?
2. Was in diesem Kapitel würde einen Christen, der es zum ersten Mal liest, am meisten in Erstaunen versetzen?
3. Überlegen Sie, welche Verse dieses Kapitels sehr wahrscheinlich am meisten Ihre Aufmerksamkeit erregen würden, wenn Sie a) ein entmutigter Missionar wären, der unter einem entlegenen Eingeborenenstamm lebt und sowohl geistlich als auch körperlich ausgebrannt ist, b) ein beliebter, aber sehr unsicherer Entertainer wären, der langsam erkennt, wie leer und unbefriedigend Ruhm sein kann, c) eine junge Mutter wären, deren Mann sie und das Kind im Stich gelassen hat, d) ein Mensch wären, der vor einer großen Entscheidung steht.
4. Wie würden Sie Vers 4 einem kleinen Kind erklären?
5. Welche *Risiken* geht Paulus Ihrer Meinung nach mit dem, was er in diesem Kapitel sagt, ein?
6. Was können wir nach dem, was Sie in diesem Kapitel lesen, zu Recht von Gott *erwarten*?
7. Lesen Sie 13,8-10, wo Paulus den Zweck dieses Briefes und das beschreibt, was er sich für die Korinther wünscht. Wie setzt er diese Absicht in Kapitel 1 um?
8. Sehen Sie sich auch auf Seite 10 die Liste mit den Fragen an, die Sie sich während der Bearbeitung der einzelnen Kapitel stellen sollten.
9. EINZELHEITEN BEACHTEN – *Versuchen Sie, die folgenden Fragen zu beantworten, ohne in Ihrer Bibel nachzusehen:* Paulus erwähnt zwei seiner Helfer, die ihn darin unterstützt haben, den Korinthern das Evangelium zu predigen. Wie hießen diese Männer? (Siehe Vers 19.)

Das Wesentliche erfassen

10. Welches sind nach dem, was Sie in diesem Kapitel lesen, wesentliche Voraussetzungen dafür, einem betrübten Menschen wirklichen Trost zu geben?
11. Lesen Sie die Verse 18-22 und erklären Sie die Einstellung Jesu Christi zu den Verheißungen Gottes an sein Volk. Erklären Sie nun die Beziehung des Heiligen Geistes zu diesen Verheißungen.
12. Stellen Sie sich den zweiten Korintherbrief als einen schnell fahrenden Zug vor. Kapitel 1 ist die Lokomotive, die anderen Kapitel sind die nachfolgenden Waggons. Welches ist nach dem, was Sie im ersten Kapitel lesen, die *Energie* der Lokomotive – die Aussage oder das Prinzip oder Thema, das die Lokomotive und den ganzen Zug antreibt?

FÜR DAS LEBEN HEUTE

13. In Vers 5 beschreibt Paulus einen *Prozeß*. In welchem Maß findet dieser Prozeß gegenwärtig in Ihrem Leben statt?
14. Wenn es stimmt, daß »man *wird*, wie man *denkt*«, welches sind die wichtigsten Gedanken dieses Kapitels, die Sie sich gern aneignen würden?
15. Wenn Gott dieses Kapitel nur für Sie geschrieben hätte, welche Wörter oder Ausdrücke hätte er wohl unterstrichen?

ZUR VERTIEFUNG

In Vers 14 spricht Paulus von dem »Tag des Herrn Jesus«. Lesen Sie gemeinsam die folgenden Bibelstellen, um besser zu verstehen, was an diesem Tag geschehen wird: 1. Korinther 5,5; Philipper 1,6; 1. Thessalonicher 2,19-20 und 5,1-3.

2. KORINTHER 2

Einstieg: Gibt es einen Duft, der Sie sehr stark an eine Erfahrung in der Vergangenheit erinnert?

WAS STEHT IM TEXT?

1. Wenn Sie gebeten würden, alle Verse dieses Kapitels wegzuschneiden bis auf drei, die möglichst den Sinn dieses Kapitels wiedergeben, welche drei Verse würden Sie wählen?
2. Stellen Sie sich vor, Sie wären einer der Korinther und erleben mit, wie der Brief des Paulus zum ersten Mal vorgelesen wird. Während die Verse 5-11 verlesen werden, stößt Ihr Nachbar Sie an und flüstert: »Ich bin neu hier; wovon spricht Paulus da?« Was würden Sie antworten?
3. Stellen Sie sich die Worte von Vers 14 bildlich vor und beschreiben Sie dieses Bild.
4. Wenn Paulus die Verse 14-17 Ihrer Gruppe vorlesen würde, welches Wort oder welche Wörter würde er Ihrer Meinung nach besonders betonen?
5. Sehen Sie sich noch einmal die Worte des Paulus in 13,8-10 an. Wie trägt dieses Kapitel Ihrer Meinung nach dazu bei, die Absicht des Paulus für das Schreiben dieses Briefes und seinen Wunsch für die Korinther zu verwirklichen?

6. EINZELHEITEN BEACHTEN – *Versuchen Sie, die folgende Frage zu beantworten, ohne in Ihrer Bibel nachzusehen:* Während seines Aufenthaltes in Troas wartete Paulus auf die Ankunft eines seiner Helfer, aber er kam nicht. Wie hieß der Mann? (Siehe Vers 13.)

Das Wesentliche erfassen

7. Welche Prinzipien und Richtlinien für Erneuerung können Sie den Versen 5-11 entnehmen?

Für das Leben heute

8. Trifft die Aussage, die Paulus in Vers 14 macht, auch auf Sie zu?

Zur Vertiefung

Lesen Sie noch einmal den Vergleich, den Paulus im letzten Vers dieses Kapitels zwischen sich und anderen zieht. Sehen Sie sich die folgenden Bibelstellen an und überlegen Sie, inwiefern sie die Aussage des Paulus stützen: 1. Korinther 9,7-18 und 2. Korinther 11,7-12.

2. Korinther 3

Einstieg: In welchen Lebensbereichen haben Sie in letzter Zeit größere Selbstsicherheit gewonnen?

Was steht im Text?

1. Paulus spricht in Vers 6 von etwas *Neuem*. Wie würden Sie das Neue erklären?
2. Wie zeigt Paulus in diesem Kapitel, daß er sich nicht brüstet?
3. Welche wichtigen Einzelheiten in diesem Kapitel können leicht übersehen werden?
4. Stellen Sie sich vor, Sie würden Paulus beim Schreiben dieses Kapitels über die Schulter sehen. Welche Gefühle, Sehnsüchte oder Erinnerungen mag er beim Schreiben der Verse 1-6 durchlebt haben?
5. Sehen Sie sich noch einmal die Ausführungen des Paulus in 13,8-10 über die Absicht an, die er mit diesem Brief verfolgt, und seinen Wunsch für die Korinther. Wie trägt dieses Kapitel dazu bei, diese Absicht zu verwirklichen?

6. **EINZELHEITEN BEACHTEN** – *Versuchen Sie, die folgende Frage zu beantworten, ohne in Ihrer Bibel nachzusehen:* Wie vervollständigte Paulus den folgenden Satz? »Denn der Buchstabe _____, der Geist aber _____.« (Siehe Vers 6.)

Das Wesentliche erfassen

7. Von welcher Art von *Freiheit* spricht Paulus Ihrer Meinung nach in Vers 17? Erklären Sie Ihre Antwort so umfassend wie möglich.
8. Beachten Sie in Vers 18, was mit uns nach Ansicht des Paulus geschieht. Wie würden Sie diesen Prozeß erklären?

Für das Leben heute

9. Stellen Sie sich vor, Sie hätten an diesem Tag eine Feuerbotschaft am Himmel entdeckt. Sie wäre an Sie adressiert gewesen und hätte folgenden Inhalt gehabt: *So spricht der Herr:* »*Lies 2. Korinther 3, denn ich möchte dir damit etwas sagen.*« Welche Verse in diesem Kapitel hätte Gott sehr wahrscheinlich damit gemeint?

Zur Vertiefung

Sehen Sie sich noch einmal die bildhafte Sprache des Paulus in Vers 3 an, und lesen Sie gemeinsam die folgenden Bibelstellen aus dem Alten Testament. Überlegen Sie, in welchem Zusammenhang sie mit der Botschaft des Paulus hier stehen: Jeremia 31,33; Hesekiel 11,19-21 und 36,26-27.

2. Korinther 4

Einstieg: Wenn Sie auf einmal blind geworden wären, gäbe es Dinge, deren Anblick Sie am meisten vermissen würden?

Was steht im Text?

1. Wenn Sie nur dieses Kapitel der Bibel gelesen hätten, was würden Sie ihm in bezug auf die Verkündigung des Evangeliums entnehmen?
2. Sehen Sie sich die Verse 3-6 genau an. Was sagen diese Verse über die Strategie *Satans* und die Strategie *Gottes* in ihrem Umgang mit dem Menschen aus?
3. Wie würden Sie Vers 6 einem kleinen Kind erklären?

4. KLEIN, ABER WICHTIG: Das Wort *aber* drückt aus, daß es sich um einen Gegensatz oder Richtungswechsel handelt. Welchen wichtigen Gegensatz oder Richtungswechsel zeigt dieses Wort in Vers 7 an?
5. Wie würden Sie in eigenen Worten den *Prozeß* beschreiben, von dem Paulus in Vers 17 spricht?
6. Wie umfassend können Sie erklären, was Paulus in Vers 18 mit dem »Unsichtbaren« meint?
7. Was wird Gott nach dem, was Sie in diesem Kapitel gelesen haben, ganz bestimmt für uns tun, wenn wir ihm gehorchen?
8. Lesen Sie noch einmal 13,8-10, wo Paulus von der Absicht spricht, die hinter diesem Brief steckt, und von dem, was er sich für die Korinther wünscht. Inwiefern trägt dieses Kapitel dazu bei, diese Absicht zu verwirklichen?
9. EINZELHEITEN BEACHTEN – *Versuchen Sie, die folgende Frage zu beantworten, ohne in Ihrer Bibel nachzusehen:* Wie nennt Paulus den einen, der den Sinn der Ungläubigen verblendet hat? (Siehe Vers 4.)

DAS WESENTLICHE ERFASSEN

10. Welchem der folgenden Personen wird dieses Kapitel vermutlich am meisten zu sagen haben: einem Optiker, einem Gewichtheber oder einem Töpfer?
11. Wenn Sie sich dieses Kapitel als Straßenkarte für das Leben als Christ vorstellen, welche sicheren »Straßen« zeigt dieses Kapitel auf, welches sind die gefährlichen und unsicheren Straßen, die man meiden sollte?
12. Was in diesem Kapitel wird Ihrer Meinung nach für einen Nichtchristen besonders unverständlich sein?
13. Nehmen Sie an, Paulus hätte am Ende dieses Kapitels den Satz hinzugefügt: »Und wenn ihr nur eines von diesem Kapitel behaltet, so sei das ...« Wie hätte er Ihrer Meinung nach den Satz beendet?
14. Wenn Sie gebeten würden, eine Diskussionsfrage zu stellen, damit Ihre Gruppe etwas ganz bestimmtes aus diesem Kapitel versteht, wie würden Sie diese Frage formulieren?
15. Vergleichen Sie Vers 7 in diesem Kapitel mit Vers 7 in Kapitel 4 des *ersten* Korintherbriefes. Inwiefern ergänzen sich diese beiden Verse?

FÜR DAS LEBEN HEUTE

16. Welche Denkweisen können sehr leicht verhindern, daß die Verse 16-18 in Ihrem Leben lebendig werden?

ZUR VERTIEFUNG

Denken Sie über die Worte des Paulus in Vers 6 nach und lesen Sie gemeinsam 1. Mose 1,1-4; Johannes 1,3-4; 8,12 und 1. Johannes 1,5.

2. KORINTHER 5

Einstieg: Welches sind für Sie die drei wichtigsten Komponenten, die eine Gemeinde fähig machen, erfolgreich auf die Gemeinschaft um sie herum einzuwirken?

WAS STEHT IM TEXT?

1. Wie lautet die einzige Anweisung, die Paulus den Korinthern in diesem Kapitel gibt?
2. Stellen Sie sich vor, Sie würden eine Diashow für Ihre Gemeinde vorbereiten. Eine ausdrucksstarke Stimme liest die Verse 1-10 vor, während eine Reihe von Dias auf eine Leinwand projiziert wird. Welche Dias würden Sie auswählen, um den Inhalt dieser Verse besonders zur Geltung zu bringen?
3. Lesen Sie noch einmal 13,8-10, wo Paulus von der Absicht spricht, die er mit diesem Brief hat, und von dem, was er sich für die Korinther wünscht. Inwiefern trägt dieses Kapitel dazu bei, diese Absicht zu verwirklichen?
4. EINZELHEITEN BEACHTEN – *Versuchen Sie, die folgende Frage zu beantworten, ohne in Ihrer Bibel nachzusehen:* Der *kürzeste* Vers in diesem Kapitel gibt uns ein prägnantes Prinzip in bezug auf den Glauben. Wie lautet es? (Siehe Vers 7.)

DAS WESENTLICHE ERFASSEN

5. Welches ist nach dem, was in diesem Kapitel geschrieben steht, die richtige *Motivation* für unseren Dienst?
6. Wenn dieses Kapitel die Antwort auf eine Frage wäre, die mit *Wie ...* beginnt, wie müßte diese Frage lauten?
7. Wenn Sie nur dieses Kapitel der Bibel zur Verfügung hätten, was könnten Sie ihm in bezug auf die Bedeutung des Todes Jesu Christi entnehmen?

Für das Leben heute

8. In Kolosser 3,1 lesen wir: »Wenn ihr nun mit dem Christus auferweckt worden seid, so sucht, was droben ist, wo der Christus ist, sitzend zur Rechten Gottes.« Was ist Ihnen persönlich in diesem Kapitel an Jesus Christus wichtig geworden, nach dem Sie streben möchten?

9. Lesen Sie die Verse 14-21 noch einmal und benennen Sie die Menschengruppen in Ihrer Umgebung, die vermutlich sehr wenig über den lebendigen Herrn Jesus Christus wissen. Wie sind diese Menschen? Was tun sie in ihrem Alltag? Wo leben sie? Stellen Sie sich vor, Gott hätte Sie mit einer kleinen Gruppe dieser Menschen zusammengebracht, und bei dieser Begegnung würden sie echtes Interesse daran zeigen zu erfahren, wer Jesus ist und was er getan hat. Was würden Sie diesen Menschen nach dem, was Sie in diesem Kapitel gelesen haben, sagen?

Zur Vertiefung

Vergleichen Sie das Bild, das Paulus in Vers 4 nennt, mit den folgenden Bibelstellen und überlegen Sie, was das für uns bedeutet: Psalm 69,15; Jesaja 25,7-8; Hosea 13,14 und 1. Korinther 15,53-57.

2. Korinther 6

Einstieg: Haben Sie schon einmal eine körperliche Herausforderung oder eine körperliche Prüfung erlebt?

Was steht im Text?

1. Welche *Anweisungen* gibt Paulus den Korinthern in diesem Kapitel? Stellen Sie eine Liste zusammen.

2. Welche Wörter, Ausdrücke oder Sätze würden Sie, nachdem Sie dieses Kapitel gelesen haben, gern besser verstehen?

3. In den Versen 1 und 16 sagt Paulus den Korinthern, was sie *nicht* tun sollen. Können Sie erklären, was Paulus mit den einzelnen Versen meint?

4. Stellen Sie sich vor, Sie würden Paulus beim Schreiben dieses Kapitels über die Schulter sehen. Welche Gefühle, Sehnsüchte oder Erinnerungen mag er beim Schreiben der Verse 3-13 wohl durchlebt haben?

5. Wenn Paulus die Verse 14-16 der Gruppe laut vorlesen würde, welches Wort oder welche Wörter würde er wohl besonders betonen?
6. Stellen Sie sich Vers 14 bildlich vor und beschreiben Sie dieses Bild.
7. Was können wir nach dem, was Sie in diesem Kapitel gelesen haben, zu Recht von Gott *erwarten*?
8. Wenn Sie die Arbeit des Apostels Paulus bewerten sollten, was würden Sie ihm nach dem sagen, was Sie in diesem Brief in bezug auf seinen Dienst beobachtet haben?
9. Nehmen Sie an, eine Gruppe bewaffneter Terroristen würde in den Raum stürmen, in dem Sie sitzen, und Sie als Geiseln nehmen. Kurz bevor sie Ihnen Ihre Bibeln fortnehmen, gestatten sie Ihnen, noch einen letzten Blick auf das aufgeschlagene Kapitel zu werfen. Welchen Vers würden Sie sich besonders einprägen, bevor Ihnen Ihre Bibel weggenommen wird, und warum ausgerechnet diesen Vers?
10. Lesen Sie noch einmal 13,8-10. Inwiefern trägt dieses Kapitel dazu bei, die Absicht des Paulus zu verwirklichen?
11. EINZELHEITEN BEACHTEN – *Versuchen Sie, die folgende Frage zu beantworten, ohne in Ihrer Bibel nachzusehen:* Zu Beginn dieses Kapitels zitiert Paulus einen Vers aus dem Alten Testament und sagt: »Siehe, jetzt ist der Tag des ...« Wie geht der Vers weiter? (Siehe Vers 2.)

DAS WESENTLICHE ERFASSEN

12. Welches ist nach dem, was Sie in diesem Kapitel und an anderen Stellen in der Bibel lesen, die richtige Definition – sowohl praktisch als auch biblisch – für das Gebot, daß Christen sich von der Welt fernhalten sollten?
13. Welches sind nach dem, was Sie bisher in diesem Brief gelesen haben, die wichtigsten *Erwartungen*, die Paulus an die Korinther stellt?
14. In Psalm 119,45 sagt der Psalmist: »Und ich werde wandeln in weitem Raum, denn nach deinen Vorschriften habe ich geforscht.« Denken Sie über die »Vorschrift« oder das Gebot in Vers 14 nach und überlegen Sie, inwiefern es einem Christen wahre Freiheit anbietet.
15. Welche Fragen bleiben Ihnen in bezug auf die bisher in diesem Brief angesprochenen Themen unbeantwortet?

FÜR DAS LEBEN HEUTE

16. Sehen Sie sich Vers 1 und auch Vers 16 noch einmal an. Inwiefern stehen Christen Ihrer Meinung nach in der Gefahr das zu tun, wovor uns Paulus in jedem der Verse warnt?

17. Vervollständigen Sie einen der Sätze so umfassend wie möglich: *Was ich in diesem Kapitel lese, ist wichtig für mich, weil ...*

    Was ich in diesem Kapitel lese, ist im Augenblick NICHT wichtig für mich, weil ...

Zur Vertiefung

Lesen Sie noch einmal die Aufforderung zur »Absonderung« in Vers 17. Lesen Sie die folgenden Bibelstellen und überlegen Sie, inwiefern sie die Bedeutung dieses Begriffes erweitern und klären: 1. Thessalonicher 5,22; Titus 2,11-15; 1. Petrus 2,12 und 1. Johannes 2,15.

2. Korinther 7

Einstieg: Welche wichtigen Erfahrungen haben Sie in Ihrem Leben in bezug auf das *Leid* gemacht?

Was steht im Text?

1. Von welcher »Verheißung« spricht Paulus in Vers 1?
2. Bedeutet Vers 1 Ihrer Meinung nach, daß wir in diesem Leben vollkommen werden können? Wenn nicht, was sagt er aus?
3. KLEIN, ABER WICHTIG: Wie oft taucht das kleine Wort *sondern* in den Versen 5-14 auf? Welchen wichtigen Gegensatz oder welche wichtige Veränderung stellt es in jedem Vers heraus?
4. Wie würden Sie in eigenen Worten die beiden Prozesse beschreiben, von denen Paulus in Vers 10 spricht?
5. Wie würden Sie nach dem, was Sie bisher in diesem Brief gelesen haben, die Beziehung des Paulus zu den Korinthern beschreiben?
6. Inwiefern trägt dieses Kapitel dazu bei, die in 13,8-10 beschriebene Absicht des Paulus mit diesem Brief zu verwirklichen?
7. EINZELHEITEN BEACHTEN – *Versuchen Sie, die folgende Frage zu beantworten, ohne in Ihrer Bibel nachzusehen:* Titus hat Paulus etwas über die Korinther erzählt, und diese Neuigkeit machte Paulus Freude. Was war es? (Siehe Verse 6-7.)
8. Sehen Sie sich auch auf Seite 10 die Liste der Fragen an, die Sie sich während der Bearbeitung der einzelnen Kapitel stellen sollten.

DAS WESENTLICHE ERFASSEN

9. Eine dreiteilige Frage: a) Überlegen Sie, wer von Ihren Bekannten nicht oft in der Bibel liest. b) Suchen Sie einen Vers oder einen kurzen Abschnitt in diesem Kapitel heraus, den diese Person sehr wahrscheinlich langweilig finden wird. c) Überlegen Sie nun, wie Sie diesem Menschen den betreffenden Vers so erklären könnten, daß er ihn anspricht.

10. Wie würden Sie nun, da Sie den zweiten Korintherbrief zur Hälfte durchgearbeitet haben, die wichtigsten Lektionen dieses Briefes zusammenfassen?

FÜR DAS LEBEN HEUTE

11. Sehen Sie sich alle Anweisungen in Vers 1 an und denken Sie an die Worte Jesu in Johannes 15,5: »Denn getrennt von mir könnt ihr nichts tun.« Stellen Sie sich etwas Gutes in Ihrem Leben vor, das in diesem Bereich passieren könnte, etwas, das tatsächlich nur durch die übernatürliche Kraft des Herrn Jesus Christus geschehen könnte. Was könnte das sein?

12. Lesen Sie die Worte des Paulus in der ersten Hälfte von Vers 4 und auch in Vers 16. Sind Sie der Meinung, daß Jesus selbst dasselbe auch von *Ihrer* Gemeinde sagen könnte? Wenn nicht, was müßte sich ändern, damit er es sagen könnte?

ZUR VERTIEFUNG

Lesen Sie in Vers 1 noch einmal, was Paulus in bezug auf die Heiligkeit sagt. Sprechen Sie darüber, inwiefern dieses Gebot in den folgenden Bibelstellen gestützt und erklärt wird: 1. Thessalonicher 4,3; 4,7; 1. Petrus 1,15-16 und 1. Johannes 3,3.

2. KORINTHER 8

Einstieg: Gibt es in Ihrem Leben etwas, das Sie angefangen, aber nicht beendet haben und das Sie gern zu Ende bringen würden?

WAS STEHT IM TEXT?

1. Wenn Sie gebeten würden, alle Verse wegzuschneiden bis auf drei, die möglichst den Sinn dieses Kapitels wiedergeben, welche drei Verse würden Sie wählen?

2. Paulus schreibt in Vers 5 von den Christen in Mazedonien, die sich selbst dem Herrn gaben. Was meint Paulus damit?

3. KLEIN, ABER WICHTIG: Wie auch in Kapitel 7 spielt das kleine Wort *sondern* eine wichtige Rolle. Wie oft kommt es hier vor? Und welchen wichtigen Gegensatz oder Richtungswechsel stellt es in jedem Vers heraus?
4. Wenn Satan einige Richtlinien und Gebote niederschreiben würde, um die Menschen dazu zu bringen, genau das Gegenteil von dem zu tun, was in diesem Kapitel gelehrt wird, wie würde er seine Botschaft Ihrer Meinung nach formulieren?
5. Was wollte Paulus nach dem, was Sie in diesem Kapitel gelesen haben, an Jesus deutlich machen?
6. Inwiefern trägt dieses Kapitel dazu bei, die in 13,8-10 beschriebene Absicht des Paulus mit diesem Brief zu verwirklichen?
7. EINZELHEITEN BEACHTEN – *Versuchen Sie, die folgende Frage zu beantworten, ohne in Ihrer Bibel nachzusehen:* In Vers 7 sagt Paulus, daß die Korinther in allem »überströmend sind«; dann spricht er fünf bestimmte Bereiche an, auf die das zutrifft. Wie viele dieser fünf Bereiche können Sie nennen?

DAS WESENTLICHE ERFASSEN

8. Paulus ermuntert die Korinther zur Großzügigkeit und Freigebigkeit. Welcher Gegensatz besteht zwischen dem, was Paulus hier sagt, und den Spendenaufrufen der heutigen Zeit?

FÜR DAS LEBEN HEUTE

9. Lesen Sie noch einmal das Lob, das Paulus in Vers 7 der Gemeinde in Korinth ausspricht. Würde das auch auf Ihre Gemeinde zutreffen, wenn dieser Brief an *Ihre* Gemeinde gerichtet wäre?
10. Welche Denkweisen können sehr leicht verhindern, daß die Worte in Vers 9 in Ihrem Leben lebendig bleiben?
11. In Vers 11 fordert Paulus die Korinther auf, zu Ende zu bringen, was sie begonnen haben. Hat auch die Gemeinde heute das Problem, daß sie Dinge anfängt, die sie nicht zu Ende bringt?

ZUR VERTIEFUNG

Sehen Sie sich in Vers 9 das Bild des Paulus an, mit dem er das beschreibt, was Jesus getan hat, als er auf diese Erde kam. Suchen Sie gemeinsam in den folgenden Bibelstellen nach Bildern und Aussagen, die unser Verständnis dieses Wunders der Liebe vertiefen: Johannes 1,1; 1,10-14; Philipper 26-11; 1. Timotheus 3,16; Hebräer 2,14-17 und 1. Johannes 1,1-2.

2. KORINTHER 9

Einstieg: Welches ist Ihrer Meinung nach ganz praktisch die größte Motivation für die Menschen, *großzügiger* zu sein?

WAS STEHT IM TEXT?

1. Welche wichtigen Einzelheiten in diesem Kapitel können sehr leicht übersehen werden?
2. Wie würden Sie in eigenen Worten den *Prozeß* beschreiben, von dem Paulus in den Versen 10-15 spricht?
3. Welche *Erwartungen* können wir nach dem, was Sie in diesem Kapitel lesen, zu Recht an Gott stellen?
4. Welchen der folgenden Personen wird dieses Kapitel Ihrer Meinung nach am meisten zu sagen haben: einem Gärtner, einem Clown oder einem Bankier?
5. EINZELHEITEN BEACHTEN – *Versuchen Sie, die folgende Frage zu beantworten, ohne in Ihrer Bibel nachzusehen:* Paulus erwähnt in diesem Kapitel etwas, das Gott ganz besonders liebt. Was ist das? (Siehe Vers 7.)

DAS WESENTLICHE ERFASSEN

6. Wie würden Sie, wenn Sie über die Kapitel 8 – 9 nachdenken, die wichtigsten Prinzipien und Richtlinien in bezug auf das Geben eines Christen zusammenfassen?
7. In Philipper 4,8 heißt es: »Übrigens, Brüder, alles, was wahr, alles, was ehrbar, alles, was gerecht, alles, was rein, alles, was liebenswert, alles, was wohllautend ist, wenn es irgendeine Tugend und wenn es irgendein Lob gibt, das erwägt!« Welche Denkanstöße können Sie in diesem Kapitel finden, die Ihnen als *wahr, ehrbar, gerecht, rein, liebenswert,* als *Tugend* und *Lob* ins Auge fallen?
8. Warum fällt es Ihrer Meinung nach den Christen heute besonders schwer, den Richtlinien in Vers 7 zu gehorchen?
9. Wenn Sie gebeten würden, eine Diskussionsfrage zu stellen, die Ihrer Gruppe helfen soll, etwas ganz Bestimmtes in diesem Kapitel in ihrem Leben umzusetzen, wie würden Sie diese Frage formulieren?

ZUR VERTIEFUNG

Sehen Sie sich Vers 7 noch einmal an. Inwiefern erweitern und verstärken die Worte Jesu in Markus 12,41-44 die Lehre des Paulus?

2. Korinther 10

Einstieg: Welche Bilder kommen Ihnen in den Sinn, wenn Sie das Wort *prahlen* hören?

Was steht im Text?

1. Wenn Sie die Arbeit des Apostels Paulus bewerten sollten, was würden Sie ihm aufgrund dessen, was Sie in diesem Kapitel in bezug auf seinen Dienst lesen, sagen?
2. Stellen Sie sich Vers 4 bildlich vor und beschreiben Sie dieses Bild.
3. Inwiefern trägt dieses Kapitel dazu bei, die in 13,8-10 beschriebene Absicht des Paulus mit diesem Brief zu verwirklichen?
4. EINZELHEITEN BEACHTEN – *Versuchen Sie, die folgende Frage zu beantworten, ohne in Ihrer Bibel nachzusehen:* Im ersten Vers dieses Kapitels erwähnt Paulus zwei Eigenschaften Christi. Die eine ist Milde. Welche ist die andere?

Das Wesentliche erfassen

5. Wie läßt sich der Ton dieses Kapitels mit dem der vorhergehenden neun Kapitel dieses Briefes vergleichen?
6. Was möchte Paulus mit diesem Teil seines Briefes bei den Korinthern erreichen?

Für das Leben heute

7. Denken Sie noch einmal über das nach, was Paulus in den Versen 3-4 sagt. In welchem Zusammenhang steht dieser Vers zum Engagement von Christen in der Politik?

Zur Vertiefung

Beachten Sie, was Paulus am Ende von Vers 7 über sich selbst schreibt. Lesen Sie die folgenden Bibelstellen, um zu sehen, wie dieser Anspruch untermauert wird – Apostelgeschichte 26,12-18 und Galater 1,11-12.

Zweiter Korintherbrief

2. KORINTHER 11

Einstieg: Was ist Ihrer Meinung nach schwieriger: sich besser darzustellen, als man ist, oder sich schlechter darzustellen, als man ist?

WAS STEHT IM TEXT?

1. Welcher Eindruck bleibt, nachdem Sie dieses Kapitel gelesen haben, bei Ihnen zurück?

2. Was in diesem Kapitel wird einen neubekehrten Christen, der es zum ersten Mal liest, am meisten in Erstaunen versetzen?

3. Welche *Risiken* nimmt Paulus durch das, was er hier sagt, auf sich?

4. KLEIN, ABER WICHTIG: Welcher wichtige Gegensatz oder Richtungswechsel wird durch das kleine Wort *aber* in Vers 3 herausgestellt?

5. Wenn Paulus die Verse 11-14 Ihrer Gruppe vorlesen würde, welches Wort oder welche Wörter würde er Ihrer Meinung nach besonders betonen?

6. Sehen Sie sich noch einmal 13,8-10 an. Inwiefern trägt dieses Kapitel dazu bei, die Absicht des Paulus mit diesem Brief zu verwirklichen?

7. EINZELHEITEN BEACHTEN – *Versuchen Sie, die folgende Frage zu beantworten, ohne in Ihrer Bibel nachzusehen:* Denken Sie an den Bericht des Paulus von seinem Leiden als Apostel. Wie oft hat er neununddreißig Peitschenhiebe bekommen? Wie oft wurde er mit Ruten geschlagen? Wie oft erlitt er Schiffbruch? (Siehe Verse 24-25.)

DAS WESENTLICHE ERFASSEN

8. Paulus spricht in Vers 4 von einem anderen Jesus, einem anderen Geist und einem anderen Evangelium. Wie würden Sie das in eigenen Worten erklären?

9. Brauchen Sie beim Lesen dieses Kapitels besondere *Geduld*, um es zu verstehen? Wenn ja, warum?

10. Nehmen Sie an, am Ende dieses Kapitels hätte Paulus den folgenden Satz hinzugefügt: »Wenn ihr nur eines aus diesem Kapitel in Erinnerung behaltet, so sei das …« Wie hätte er Ihrer Meinung nach diesen Satz vervollständigt?

FÜR DAS LEBEN HEUTE

11. Wie empfänglich sind die Christen heute Ihrer Meinung nach für die Versuchungen, vor denen Paulus in den Versen 3-4 warnt?

12. In welchen Situationen wird es Ihnen besonders leichtfallen, die in den Versen 13-15 beschriebenen Versuchungen zu durchschauen? In welchen Situationen wird es Ihnen besonders schwerfallen?

Zur Vertiefung

Sehen Sie sich das Bild an, das Paulus in Vers 2 von Christus und der Gemeinde gibt. Lesen Sie gemeinsam die folgenden Bibelstellen und achten Sie darauf, wie dieses Bild durch das, was Sie lesen, unterstrichen wird: Matthäus 9,15; Johannes 3,29; 1. Korinther 6,15; Epheser 5,24-32; Offenbarung 19,7-9 und 21,2.

2. Korinther 12

Einstieg: Können Sie sich an eine Zeit in Ihrem Leben erinnern, wo Sie sich körperlich, geistig oder emotional besonders schwach gefühlt haben?

Was steht im Text?

1. Welches Bild oder welchen Eindruck hinterläßt dieses Kapitel bei Ihnen?
2. Welche Wörter, Ausdrücke oder Sätze würden Sie, nachdem Sie dieses Kapitel gelesen haben, gern besser verstehen?
3. Welche *Risiken* nimmt Paulus Ihrer Meinung nach durch das, was er hier sagt, auf sich?
4. Diskutieren Sie die folgende Aussage: In diesem Kapitel offenbart Paulus seine Einstellung und seine Motivation zu seinem Dienst; darum gelten seine Prinzipien und sein persönliches Beispiel nur für Pastoren und Lehrer.
5. Stellen Sie sich die Verse 7-9 bildlich vor und beschreiben Sie dieses Bild.
6. Inwiefern trägt Ihrer Meinung nach dieses Kapitel dazu bei, die in 13,8-10 beschriebene Absicht des Paulus mit diesem Brief zu verwirklichen?
7. EINZELHEITEN BEACHTEN – *Versuchen Sie, die folgende Frage zu beantworten, ohne in Ihrer Bibel nachzusehen:* Wie hat Paulus den folgenden Satz beendet: »Denn wenn ich schwach bin ...« (Siehe Vers 10.)

Das Wesentliche erfassen

8. Wenn dieses Kapitel die Antwort auf eine Frage wäre, die mit dem Wort *Warum ...* beginnen würde, wie müßte die Frage lauten?

Für das Leben heute

9. Angenommen, jemand würde zu Ihnen sagen: »Mir gefällt das, was Jesus lehrt, sehr viel besser als das, was Paulus lehrt, und ich ignoriere einen Großteil dessen, was Paulus lehrt. Aber das ist kein Problem, weil die Briefe des Paulus nicht dieselbe Autorität haben wie die Evangelien.« Wie könnte das, was Sie in diesem Kapitel oder an anderer Stelle im Korintherbrief gelesen haben, Ihnen helfen, eine Antwort darauf zu finden?

10. Wie könnten Sie anhand des Beispiels des Paulus und Gottes Handeln mit ihm in den Versen 7-10 einem jungen Christen helfen, der niedergeschlagen ist über seine eigenen Begrenzungen?

Zur Vertiefung

Sehen Sie sich an, was Paulus in den Versen 9-10 in bezug auf Schwächen und Stärken sagt. Lesen Sie die folgenden Bibelstellen und sprechen Sie über das Bild, das sie uns vom Umgang Gottes mit unseren Schwächen vermitteln: Psalm 18,1-2; 18,32-33; 46,1; 118,14; Epheser 3,16 und Philipper 4,13.

2. Korinther 13

Einstieg: Welches ist die schwierigste Frage, die ein Mensch sich stellen kann?

Was steht im Text?

1. Überlegen Sie, welche Verse in diesem Kapitel Sie besonders ansprechen würden, wenn Sie a) am folgenden Tag in einem Prozeß gegen einen guten Freund aussagen müßten, b) ein überzeugter Atheist wären, der nach Wegen sucht, die Bibel in Mißkredit zu bringen und zu widerlegen, c) vor einer wichtigen Entscheidung stehen würden.

2. Welche *Anweisungen* gibt Paulus den Korinthern in diesem Kapitel? Zählen Sie sie gemeinsam auf.

3. Welches sind die wichtigsten *Verben* in diesem Kapitel?

4. Wenn Satan Richtlinien oder Gebote aufstellen würde, um die Menschen dazu zu bringen, genau das Gegenteil von dem zu tun, was in diesem Kapitel gesagt wird, wie würde er seine Botschaft Ihrer Meinung nach formulieren?

5. Welche praktischen Fragen sollte ein Christ sich stellen, um sich zu »prüfen«, wie Paulus in Vers 5 fordert?

6. Lesen Sie die Verse 8-10. Inwiefern trägt dieses Kapitel dazu bei, die Absicht des Paulus mit diesem Brief zu verwirklichen?
7. Wie würden Sie nach dem, was Sie im zweiten Korintherbrief gelesen haben, die Beziehung des Paulus zu den Korinthern beschreiben?
8. EINZELHEITEN BEACHTEN – *Versuchen Sie, die folgende Frage zu beantworten, ohne in Ihrer Bibel nachzusehen:* Von welchem *Kuß* spricht Paulus am Ende dieses Kapitels? (Siehe Vers 12.)

Das Wesentliche erfassen

9. Welche Anweisungen in Vers 11 können Ihrer Meinung nach von Christen besonders leicht befolgt werden? Welche können besonders leicht ignoriert werden?
10. Paulus beschließt in Vers 14 seinen Brief mit dem Hinweis auf die Dreieinigkeit – Gott in drei Personen. Welches sollte nach dem, was Sie in diesem Vers und an anderer Stelle in der Bibel lesen, unsere *Erfahrung* und unser praktisches Verständnis der Dreieinigkeit sein?

Für das Leben heute

11. Wenn Gott dieses Kapitel nur für Sie geschrieben hätte, welche Wörter oder Sätze hätte er Ihrer Meinung nach unterstrichen?

Zur Vertiefung

Lesen Sie in Vers 14 noch einmal den Hinweis des Paulus auf die Dreieinigkeit. Sehen Sie sich die folgenden Bibelstellen an und sprechen Sie darüber, wie jede einzelne unser richtiges Verständnis dieses fundamentalen Konzepts fördert: Matthäus 3,16-17; 28,18-19; Johannes 14,15-17; 1. Korinther 12,3-6; 2. Thessalonicher 2,13 und 1. Petrus 1,1-2.

2. Korinther: Der Gesamteindruck

(Sprechen Sie noch einmal über die im »Überblick« angegebenen Fragen und bearbeiten Sie die unten aufgeführten.)

1. Nehmen Sie an, Sie hätten an dem Tag, an dem dieser Brief des Paulus vorgelesen wurde, die Gemeinde in Korinth zum ersten Mal besucht. Nach dem Gottesdienst würden Sie mit anderen Gemeindemitgliedern nach Hause gehen. Einige von ihnen würden Ihnen die folgenden Fragen stellen. Wie würden Sie jede einzelne beantworten? a) »Glaubst du, daß Paulus in diesem

Brief zu empfindlich und defensiv gewesen ist?« b) »Wird Paulus mit zunehmendem Alter immer arroganter und prahlerischer?« c) »Glaubst du, daß Paulus noch immer etwas für uns übrig hat?«

2. Lesen Sie gemeinsam die folgenden Verse und wählen Sie den SCHLÜSSELVERS für den zweiten Korintherbrief aus – den Vers, der am besten ausdrückt, worum es in diesem Brief geht: 2,14; 4,5; 5,17; 5,20 oder 12,9.

3. In Jakobus 1,23-24 wird uns gesagt: »Denn wenn jemand ein Hörer des Wortes ist und nicht ein Täter, der gleicht einem Menschen, der sein natürliches Angesicht in einem Spiegel betrachtet. Denn er hat sich selbst betrachtet und ist weggegangen, und er hat sogleich vergessen, wie er beschaffen war.« Inwiefern ist der zweite Korintherbrief ein »Spiegel« für Sie gewesen, der Ihnen gezeigt hat, was Sie tun können und sollen?

4. Vielleicht haben Sie beschlossen, einen Punkt, der Ihnen bei der Bearbeitung dieses Briefes klargeworden ist, in Ihrem Leben umzusetzen. Sind Sie bereit, dies den anderen Mitgliedern Ihrer Gruppe mitzuteilen und so verbindlich zu machen?

5. Wie würden Sie den folgenden Satz als Rat an einen Christen, der im Glauben weiterkommen möchte, vervollständigen? *Beschäftige dich mit dem zweiten Korintherbrief, wenn du mehr erfahrenen willst in bezug auf ...*

GALATER

Überblick

(Besprechen Sie diese Überblicksfragen sowohl zu Beginn Ihrer Bearbeitung des Galaterbriefes als auch nachdem Sie alle sechs Kapitel durchgenommen haben. Es könnte sein, daß Ihre Antworten vollkommen anders ausfallen, nachdem Sie sich sehr intensiv mit dem ganzen Brief auseinandergesetzt haben.)

Einstieg: Welches sind die wichtigsten Arten der Freiheit?

Was steht im Text?

1. Überfliegen Sie den Brief, bis Sie an einen Vers kommen, der eine Frage in Ihnen aufwirft. Wie lautet diese Frage?
2. Überfliegen Sie den Brief noch einmal, bis Sie an einen Vers kommen, der Sie zum Lächeln bringt oder das Gefühl der Dankbarkeit oder der Freude in Ihnen weckt. Was gefällt Ihnen an diesem bestimmten Vers besonders gut?
3. Welche Teile des Briefes finden Sie besonders schwierig?
4. Was wissen Sie darüber, wie die Welt zu der Zeit aussah, als dieser Brief geschrieben wurde? Welches waren Ihrer Meinung nach wohl die typischen Hoffnungen, Träume und Probleme der Galater?
5. Sehen Sie sich auch auf Seite 11 die Liste der Fragen an, die Sie sich vor der Bearbeitung der einzelnen Bücher stellen sollten.

Das Wesentliche erfassen

6. Welchen Eindruck hatten Sie bisher vom Galaterbrief in bezug auf a) seinen Inhalt, b) seinen Schwierigkeitsgrad und c) seine Bedeutung?
7. Der Galaterbrief ist auch »Das Buch von der christlichen Freiheit«, »Unsere Freiheit in Christus« und »Durch Gnade, nicht durch das Gesetz« überschrieben worden. Welche Antworten, Richtlinien und Erkenntnisse versprechen Sie sich auf diesem Hintergrund von der Bearbeitung des Galaterbriefes?
8. Welchen Eindruck von der Persönlichkeit des Paulus bekommen Sie in diesem Brief?

9. Sehen Sie sich gemeinsam die *ersten zwei oder drei Verse* eines jeden Kapitels an. Welchen Eindruck von diesem Buch vermitteln sie? Welche Erwartungen haben Sie?

10. Stellen Sie sich vor, Sie wären der Überbringer dieses Briefes von Paulus an die Gemeinde in Galatien. Unterwegs werden Sie von einer Räuberbande angegriffen, die Ihnen alle Wertsachen, darunter auch diesen Brief wegnimmt. Der Anführer kann nicht lesen, und als Sie ihn bitten, Ihnen diesen Brief zurückzugeben, fragt er: »Warum? Was ist daran so wichtig?« Was würden Sie Ihm antworten?

FÜR DAS LEBEN HEUTE

11. Wenn Sie in den Himmel kommen und der Apostel Paulus Sie fragen würde: »Was hat dir in meinem Brief an die Galater am meisten weitergeholfen?«, was würden Sie ihm gern antworten?

12. Wie würden Sie nach dem, was Sie in diesem Brief lesen, den folgenden Satz vervollständigen: *Gott möchte von mir ...*

13. Wie können Sie sicherstellen, daß Ihre Bearbeitung des Galaterbriefes keine rein theoretische oder intellektuelle Angelegenheit bleibt, sondern praktisch wird und für Sie Konsequenzen hat? Was können Sie tun, damit das Gespräch lebendig und interessant bleibt?

ZUR VERTIEFUNG

Lesen Sie in Apostelgeschichte 16,6, was Lukas vom Besuch des Paulus in Galatien schreibt. Lesen Sie gemeinsam Apostelgeschichte 15 und 16, um zu erfahren, welche Themen und Ereignisse Paulus zu diesem Zeitpunkt seines Lebens wichtig waren.

GALATER 1

Einstieg: Was kann man einem Menschen, den man liebt, nur schlecht sagen?

WAS STEHT IM TEXT?

1. Welches ist der stärkste Eindruck, den dieses Kapitel bei Ihnen hinterläßt?

2. Was in diesem Kapitel würde Ihrer Meinung nach einen neubekehrten Christen, der es zum ersten Mal liest, am meisten in Erstaunen versetzen?

3. Wie oft findet sich das Wort *Gnade* in diesem Kapitel? Welcher Vers in diesem Kapitel gibt Ihrer Meinung nach die beste Definition des Evangeliums (auch wenn nicht direkt vom Evangelium gesprochen wird)?

4. Wieviele Male kommt das Wort »Evangelium« in diesem Kapitel vor? Welcher Vers in diesem Kapitel ist Ihrer Meinung nach die beste Definition von »Evangelium« (auch wenn das Wort »Evangelium« selber in dem Vers nicht vorkommt)?

5. KLEIN, ABER WICHTIG: Das Wort *aber* ist Zeichen für einen Gegensatz oder einen Richtungswechsel. Welchen wichtigen Gegensatz oder Richtungswechsel stellt dieses Wort in Vers 15 heraus?

6. Wie würden Sie nach dem, was Sie bisher in diesem Brief gelesen haben, die Beziehung des Paulus zu den Galatern beschreiben?

7. Sehen Sie sich auch auf Seite 10 die Liste der Fragen an, die Sie sich während der Bearbeitung der einzelnen Kapitel des Galaterbriefes stellen sollten.

8. EINZELHEITEN BEACHTEN – *Versuchen Sie, die folgende Frage zu beantworten, ohne in Ihrer Bibel nachzusehen:* Welcher der folgenden Orte ist in diesem Kapitel *nicht* aufgezählt als Ort, den Paulus besucht hat: Arabien, Damaskus, Jerusalem, Rom oder Syrien? (Siehe Verse 17-18 und 21.)

Das Wesentliche erfassen

9. Stellen Sie sich den Galaterbrief als einen schnell fahrenden Zug vor. Kapitel 1 ist die Lokomotive, die anderen Kapitel sind die nachfolgenden Waggons. Welches ist nach dem, was Sie im ersten Kapitel gelesen haben, die *Energie* der Lokomotive – die Aussage, das Prinzip oder Thema, das die Lokomotive und den gesamten Zug antreibt?

Für das Leben heute

10. Lesen Sie die Verse 11-12. Wenn Christen heutzutage das Evangelium an Nichtchristen weitergeben, wie können sie sicher sein, daß es das Evangelium von Jesus Christus und nicht nur ein Evangelium von Menschen ist?

Zur Vertiefung

Sehen Sie sich noch einmal die Verse 8-9 an und überlegen Sie, inwiefern die folgenden Bibelstellen die Bedeutung dieser Verse erhellen: Römer 9,3 und 1. Korinther 12,2-3 und 16,22.

GALATER 2

Einstieg: Welche Bilder kommen Ihnen in den Sinn, wenn Sie an den Gegensatz zwischen Tod und Leben denken?

WAS STEHT IM TEXT?

1. Nehmen Sie an, schon damals zur Zeit des Neuen Testaments sei der Telegraph erfunden worden, und Paulus hätte beschlossen, den Galatern vorab ein kurzes Telegramm mit dem Inhalt dieses Kapitels zu schicken. Um Geld zu sparen, hätte er beschlossen, nur die drei wichtigsten Verse dieses Kapitels zu übermitteln. Welche drei Verse hätte Paulus Ihrer Meinung nach ausgesucht?

2. Wie würden Sie nach dem, was Sie in diesem Kapitel gelesen haben, die Prioritäten beschreiben, die Paulus in seinem Leben setzte?

3. Wie oft kommt das Wort *Gesetz* in diesem Kapitel vor? Wie würden Sie definieren, was Paulus mit diesem Wort hier meinte?

4. Inwiefern stimmt das, was Sie in diesem Kapitel über Simon Petrus (auch Kephas genannt) gelesen haben, mit dem überein, was Sie bereits in den Evangelien und der Apostelgeschichte über ihn erfahren haben?

5. KLEIN, ABER WICHTIG: Welchen wichtigen Gegensatz oder Richtungswechsel stellt in Vers 20 das kleine Wort *sondern* heraus?

6. Sehen Sie sich Vers 20 noch einmal an. Wie würden Sie in eigenen Worten die Merkmale eines Menschen beschreiben, der das Evangelium richtig versteht und glaubt?

7. EINZELHEITEN BEACHTEN – *Versuchen Sie, die folgende Frage zu beantworten, ohne in Ihrer Bibel nachzusehen:* Welcher Name ist in der folgenden Aufzählung von Paulus nicht genannt worden: Barnabas, Titus, Timotheus, Petrus, Jakobus oder Johannes? (Siehe Verse 1 und 7-9.)

DAS WESENTLICHE ERFASSEN

8. Beachten Sie, wie oft das so wichtige Wort *Glaube* in Vers 16 erscheint. Wie würde Paulus nach dem, was Sie in diesem Kapitel gelesen haben, dieses Wort definieren?

9. Sehen Sie sich die Verse 19-20 an. Was meint Paulus, wenn er vom *Leben* und *Sterben* spricht?

10. Lesen Sie Vers 6 und schlagen Sie 1. Samuel 16,7 auf. Welche Schlußfolgerungen können Sie aus diesen Versen in bezug auf das *Wesen* Gottes und seine *Beurteilung* der Menschen ziehen?

11. Wenn Sie gebeten würden, eine Diskussionsfrage zu stellen, damit Ihre Gruppe etwas ganz Bestimmtes aus diesem Kapitel versteht, wie würden Sie die Frage formulieren?

Für das Leben heute

12. Sehen Sie sich noch einmal das Beispiel des Paulus in Vers 20 an. Welche Denkweisen könnten sehr leicht verhindern, daß dieser Vers in Ihrem Leben lebendig bleibt?
13. Inwiefern wird es mit zunehmendem Alter immer leichter, das auszuleben, was Paulus in Vers 20 durch sein Vorbild und das, was er sagt, lehrt? Inwiefern wird es immer schwieriger?
14. Denken Sie über die in diesem Kapitel dargestellte Situation nach. Welche Parallelen erkennen Sie zu dem, was in Ihrer Gemeinde, Familie oder Ihrem persönlichen Leben passiert ist oder noch passiert?

Zur Vertiefung

Denken Sie an das, was Paulus in diesem Kapitel über das Gesetz sagt. Lesen Sie die folgenden Bibelstellen und überlegen Sie, was sie zu diesem Thema sagen: Römer 7,7-12; 1. Timotheus 1,8-11 und Hebräer 7,11-12.

Galater 3

Einstieg: Welche Bilder oder Synonyme fallen Ihnen zu dem Wort *Gesetz* ein?

Was steht im Text?

1. Stellen Sie sich vor, Sie gehören zu den Galatern und hören, wie dieser Brief zum ersten Mal in der Gemeinde vorgelesen wird. Bei diesem Kapitel tippt Ihnen jemand auf die Schulter und sagt: »Ich bin neu hier; wovon spricht Paulus überhaupt?« Wie würden Sie antworten?
2. Welche Wörter, Ausdrücke oder Sätze würden Sie, nachdem Sie dieses Kapitel durchgelesen haben, gern besser verstehen?
3. Als Hintergrundinformation zu den Versen 6-18 lesen Sie 1. Mose 12,1-8; 13,11-18; 15,1-6; 18,16-19 und 22,9-19, wo von den wichtigsten Ereignissen im Leben Abrahams berichtet wird.

4. Beachten Sie auch in diesem Kapitel wieder das so wichtige Wort *Glaube* und wie oft es in den Versen 22-26 gebraucht wird. Wenn Sie nur dieses Kapitel aus der Bibel zur Verfügung hätten, welche biblische Definition würden Sie für dieses Wort geben?

5. Welches ist nach dem, was Sie in diesem Kapitel lesen, der Zusammenhang zwischen *Gesetz* und *Leben*, wenn man diese Wörter in dem Sinn gebraucht, wie Paulus sie verwandte?

6. Welches ist nach dem, wie Paulus in diesem Kapitel das *Gesetz* beschreibt, das größte Hindernis für die Wirksamkeit des Gesetzes?

7. Welche Fragen in bezug auf die Themen, die bisher in diesem Brief angesprochen worden sind, bleiben noch unbeantwortet?

8. EINZELHEITEN BEACHTEN – *Versuchen Sie, die folgende Frage zu beantworten, ohne in Ihrer Bibel nachzusehen:* Gegen Ende dieses Kapitels sagt Paulus den Christen aus Galatien, sie sollten »einer in Jesus Christus« sein. Er führt drei Beispiele an für menschliche Gegensätze, die durch die Einheit in Christus überwunden wurden. Das erste Paar ist »Jude und Grieche«. Welches sind die anderen beiden Paare? (Siehe Vers 28.)

Das Wesentliche erfassen

9. Nehmen Sie an, am Ende dieses Kapitels hätte Paulus den folgenden Satz eingefügt: »Wenn dir nur eines aus diesem Kapitel in Erinnerung bleibt, so sei dies …« Wie hätte er Ihrer Meinung nach den Satz beendet?

10. Was genau hat die *Schrift* in Vers 22 getan?

11. Wie würden Sie, da Sie nun die Hälfte des Galaterbriefes durchgearbeitet haben, die wichtigsten Lehren dieses Briefes zusammenfassen?

Zur Vertiefung

12. Sehen sie sich die Verse 26-29 an. Was genau bewirkt dies im Selbstbild eines Christen? Was könnte dies in der Beurteilung unter Christen bewirken?

13. Nehmen Sie an, Sie würden mit einem ungläubigen Freund über das Evangelium sprechen, und er würde zu Ihnen sagen: »Was hat der Tod Christi damit zu tun? Konnte Gott die Menschen nicht erretten, ohne daß er jemand an einem Kreuz tötete?« Wie würden Sie das, was Paulus in diesem Kapitel lehrt, in Ihrer Antwort verwenden?

Zur Vertiefung

Lesen Sie gemeinsam die Verse 19-20 und vergleichen Sie sie mit 1. Timotheus 2,5-6 und Apostelgeschichte 7,38 und 7,53.

GALATER 4

Einstieg: Wann empfinden Sie am stärksten, ein Kind Gottes zu sein?

WAS STEHT IM TEXT?

1. Wie lautet die einzige Anweisung, die Paulus den Galatern in diesem Kapitel gibt?

2. Was meint Paulus mit dem Wort *Gesetz,* so, wie er es in diesem Kapitel verwendet?

3. Beschreiben Sie so umfassend wie möglich in eigenen Worten die Vorher- und-nachher-Bilder, die Paulus in den Versen 3-8 verwendet.

4. KLEIN, ABER WICHTIG: Welcher wichtige Gegensatz oder Richtungswechsel wird durch das kleine Wort *aber* in Vers 4 herausgestellt?

5. Von welcher »Wahrheit« spricht Paulus, als er in Vers 16 den Galatern sagt, er hätte Ihnen die Wahrheit gesagt?

6. EINZELHEITEN BEACHTEN – *Versuchen Sie, die folgende Frage zu beantworten, ohne in Ihrer Bibel nachzusehen:* Paulus schreibt, daß Gott uns seinen Geist in unsere Herzen gegeben hat. Paulus spricht auch davon, daß der Geist in uns etwas ausruft. Was ruft er? (Siehe Vers 6.)

DAS WESENTLICHE ERFASSEN

7. Würden Sie sagen, daß Sie besondere *Geduld* beim Lesen und Bearbeiten dieses Kapitels brauchen, um es zu verstehen? Wenn ja, warum?

8. Sehen Sie sich die Verse 8-10 noch einmal an. Werden gesetzliche Regeln und Prinzipien überflüssig, wenn wir Gott wahrhaft erkennen – und von ihm erkannt worden sind?

9. Wenn Sie den Apostel Paulus fragen würden: »Welches ist die schlimmste Form der Sklaverei?«, wie würde er nach dem, was Sie in diesem Kapitel lesen, höchstwahrscheinlich antworten?

10. Welches sind nach dem, was Sie bisher in diesem Brief gelesen haben, die wichtigsten *Erwartungen*, die Paulus an die Galater stellt?

FÜR DAS LEBEN HEUTE

11. Sehen Sie sich Vers 28 noch einmal an. Was bedeutet es für Sie, ein »Kind der Verheißung« zu sein? Wie oft denken Sie so von sich?

ZUR VERTIEFUNG

In Vers 4 verwendet Paulus wieder den Ausdruck »in der Fülle der Zeit«. Überlegen Sie, inwiefern die folgenden Bibelstellen diesen Ausdruck erklären: Markus 1,14-15; Römer 5,6 und Epheser 1,9-10.

GALATER 5

Einstieg: Lesen Sie gemeinsam die Aufzählung der »Frucht des Geistes« in den Versen 22-23. Wenn Sie diese Verse durch ein Gemälde illustrieren wollten und für die hier aufgezählten Eigenschaften eine bestimmte Art von Frucht zeigen wollten, welche Frucht würden Sie jeweils wählen?

WAS STEHT IM TEXT?

1. Auf welche Art von Fragen, Schwierigkeiten oder Zweifel im Leben eines Christen gibt dieses Kapitel Ihrer Meinung nach die beste Antwort?

2. Welche *Anweisungen* gibt Paulus den Galatern in diesem Kapitel? Zählen Sie sie auf.

3. Nehmen Sie an, eine Gruppe bewaffneter Terroristen würde ins Zimmer stürmen und Sie als Geiseln nehmen. Kurz bevor sie Ihnen Ihre Bibeln wegnehmen, gestatten sie Ihnen noch, einen letzten Blick auf das aufgeschlagen vor Ihnen liegende Kapitel zu werfen. Welche Verse in diesem Kapitel würden Sie sich besonders einprägen wollen, bevor Ihnen Ihre Bibel weggenommen wird? Warum ausgerechnet diesen Vers?

4. Wie würden Sie zusammenfassen, was der Galaterbrief in bezug auf *Sklaverei* und *Freiheit* sagt?

5. Worum macht sich Paulus in bezug auf die Galater besondere Gedanken?

6. Wenn Paulus die Verse 13-15 der Gruppe laut vorlesen würde, welches Wort oder welche Wörter würde er Ihrer Meinung nach besonders betonen?

7. KLEIN, ABER WICHTIG: Achten Sie auf das kleine Wort *aber* in den Versen 18 und 22. Welchen wichtigen Gegensatz oder Richtungswechsel stellt dieses Wort in jedem der Verse heraus?

8. EINZELHEITEN BEACHTEN – *Versuchen Sie, die folgende Frage zu beantworten, ohne in Ihrer Bibel nachzusehen:* In Vers 14 faßt Paulus das Gesetz in einem einzigen Gebot zusammen. Wie lautet dieses Gebot?

DAS WESENTLICHE ERFASSEN

9. Oft berauben wir uns der Entdeckung tieferer Erkenntnisse in der Bibel, weil wir einen Abschnitt lesen und sagen: »Das kenne ich bereits.« Bei welcher Aussage in diesem Kapitel kann das einem Christen leicht passieren?

10. Warum muß ein Christ fest stehen und stark sein (Vers 1), um nicht in die Gesetzlichkeit abzurutschen?

11. Wie läßt sich das, was Paulus in den Versen 16-26 in bezug auf den Heiligen Geist sagt, mit dem vergleichen, was er in 4,6 gesagt hat?

12. Wie wird der Heilige Geist mit dem Konflikt mit dem Bösen fertig, von dem Paulus in Vers 17 spricht?

13. Wenn dieses Kapitel die Antwort auf eine Frage wäre, die mit dem Wort *Wie* … beginnen würde, wie würde die Frage lauten?

FÜR DAS LEBEN HEUTE

14. Wie würden Sie nach dem, was Sie in diesem Kapitel gelesen haben, die *Freiheit* beschreiben, die Gott uns für unser Leben zugedacht hat?

15. Was kann uns daran hindern, die Freiheit zu erleben, von der dieser Brief spricht?

16. Sehen Sie sich Vers 13 noch einmal an. Womit sollen wir den anderen dienen?

17. Nehmen Sie an, ein neubekehrter Christ würde Sie fragen: »Woher *weiß* ich, daß der Heilige Geist in mir wohnt?« Wie würden Sie anhand der Verse 22-23 antworten?

18. Können Sie sagen, daß Sie Fortschritte im Ausleben des in Vers 24 Gesagten gemacht haben?

19. Beachten Sie, was wir nach Vers 26 nicht tun sollen. Inwiefern stehen die Christen Ihrer Meinung nach in der Gefahr, genau dies zu tun?

20. Für welche Erkenntnis sind Sie von dem, was Sie in diesem Kapitel gelesen haben, besonders dankbar, weil dies für Sie von persönlicher Bedeutung ist?

21. Wenn Gott dieses Kapitel nur für Sie geschrieben hätte, welche Wörter oder Sätze hätte er Ihrer Meinung nach unterstrichen?

ZUR VERTIEFUNG

Lesen Sie noch einmal die Aufzählung der Frucht des Geistes in den Versen 22-23 und überlegen Sie, inwiefern diese Aufzählung mit der Liste der Eigenschaften und Tugenden in 2. Korinther 6,6; Epheser 5,9 und Kolosser 3,12-15 übereinstimmt.

GALATER 6

Einstieg: Welche Erfahrungen machen Sie besonders müde – geistig oder körperlich – und welche Erfahrungen helfen Ihnen, die Müdigkeit zu überwinden?

WAS STEHT IM TEXT?

1. Beschreiben Sie den Menschen, dem dieses Kapitel Ihrer Meinung nach vermutlich am meisten zu sagen hat. Welche Fragen, Kämpfe oder Sorgen müßte er haben?

2. Was ist das »Gesetz des Christus«, von dem in Vers 2 gesprochen wird?

3. Sehen Sie sich Vers 17 an. Als Hintergrundinformation zu den Narben auf dem Rücken des Paulus lesen Sie Apostelgeschichte 14,19; 16,22-23 und 2. Korinther 11,23-25. Welchen Einfluß mögen diese Erlebnisse des Paulus auf das gehabt haben, was er in diesem Brief geschrieben hat?

4. Welche *Gebote* gibt Paulus den Galatern in diesem Kapitel? Zählen Sie sie auf.

5. Welche wichtigen Einzelheiten in diesem Kapitel können sehr leicht übersehen werden?

6. EINZELHEITEN BEACHTEN – *Versuchen Sie, die folgende Frage zu beantworten, ohne in Ihrer Bibel nachzusehen:* Was werden wir erfüllen, indem wir die Lasten des anderen tragen? (Siehe Vers 2.)

DAS WESENTLICHE ERFASSEN

7. Wie würden Sie in eigenen Worten erklären, was das Kreuz Jesu Christi Paulus bedeutete?

8. Sehen Sie sich die anderen Prinzipien an, die Paulus in Vers 7 nennt. Wie haben Sie die Wahrheit dieser Prinzipien in Ihrem eigenen oder dem Leben anderer erfahren?

FÜR DAS LEBEN HEUTE

9. Wie empfänglich sind Christen heute im allgemeinen für die Verführung, vor der Paulus in Vers 7 warnt?

10. Stellen Sie sich vor, Sie hätten eine Feuerbotschaft am Himmel gesehen. Sie wäre an Sie adressiert gewesen und hätte folgenden Inhalt gehabt: *So spricht der Herr: »Lies Galater 6, denn ich möchte dir damit etwas sagen.«* Welchen Vers oder welche Verse in diesem Kapitel hätte er vermutlich gemeint?

11. In Philipper 4,8 heißt es: »Übrigens, Brüder, alles, was wahr, alles, was ehrbar, alles, was gerecht, alles, was rein, alles, was liebenswert, alles, was wohllautend ist, wenn es irgendeine Tugend und wenn es irgendein Lob gibt, das erwägt!« Welche Denkanstöße können Sie in diesem Kapitel finden, die Ihnen als *wahr, ehrbar, gerecht, rein, liebenswert,* als *Tugend* und *Lob* ins Auge fallen?

12. Wenn Sie mit einem ungläubigen Freund sprechen würden, der sehr ernsthaft über das Evangelium nachdenkt und der Sie fragen würde: »Aber warum tun so viele Christen das Falsche?« – mit welchen Versen aus dem Galaterbrief könnten Sie ihm eine Antwort geben, die ihm auch wirklich weiterhilft?

13. Wenn Sie eine Diskussionsfrage stellen sollten, die Ihrer Gesprächsgruppe helfen soll, etwas Bestimmtes aus diesem Kapitel in ihrem Leben anzuwenden, wie würden Sie diese Frage formulieren?

Zur Vertiefung

Werdet nicht müde! Mit dieser Herausforderung in den Versen 9-10 im Hinterkopf lesen Sie die folgenden Bibelstellen, die von der Ausdauer sprechen. Überlegen Sie Wege, sie in die Praxis umzusetzen: 1. Korinther 9,24-27; Epheser 6,10-20; Philipper 3,12-14 und 2. Timotheus 2,1-13.

Galater: Der Gesamteindruck

(Sprechen Sie noch einmal über die im »Überblick« angegebenen Fragen und bearbeiten Sie die unten aufgeführten.)

1. Stellen Sie sich vor, Sie würden an einer Bürgerversammlung teilnehmen, die von den Schulleitern des Bezirks einberufen worden ist, um die Entfernung der Bibel aus allen Schulbüchereien Ihres Ortes durchzusetzen. Sie machen sich dafür stark, daß die Bibel den Schülern auch weiterhin zugänglich bleibt. Ein anderer Bürger erhebt sich und sagt: »Ich sehe keinen Grund, die Bibel zu behalten. Sie ist doch ein vergessenes Buch. Nicht einmal die Christen wissen so genau, was darin steht. Nehmen wir zum Beispiel den Galaterbrief«, sagt er und wendet sich direkt an Sie. »Sagen Sie mir, worum es im Galaterbrief geht.« Wie würden Sie in dieser Situation antworten?

2. Lesen Sie gemeinsam die folgenden Verse und wählen Sie den SCHLÜSSELVERS für den Galaterbrief aus – den Vers, der am besten ausdrückt, worum es in diesem Brief geht: 2,16; 2,20; 3,13; 3,26; 4,6; 5,1 oder 5,25.

3. Wie würden Sie nach dem, was Sie im Galaterbrief gelesen haben, die Beziehung des Paulus zu Gott beschreiben?

4. Wie würden Sie zusammenfassen, was dieser Brief in bezug auf den *Glauben* aussagt?

5. In Jakobus 1,23-24 wird uns gesagt: »Denn wenn jemand ein Hörer des Wortes ist und nicht ein Täter, der gleicht einem Menschen, der sein natürliches Angesicht in einem Spiegel betrachtet. Denn er hat sich selbst betrachtet und ist weggegangen, und er hat sogleich vergessen, wie er beschaffen war.« Inwiefern ist der Galaterbrief ein »Spiegel« für Sie gewesen, der Ihnen gezeigt hat, was Sie tun können und sollten?

6. Nehmen Sie an, jemand würde Ihnen den Rat geben: »Sei nicht zu ehrgeizig und versuche nicht, zu vieles aus diesem Brief auf einmal in deinem Leben umzusetzen. Suche dir einen Punkt heraus und konzentriere dich darauf.« Was würden Sie wählen?

7. Vielleicht haben Sie beschlossen, etwas in diesem Brief effektiver in Ihrem Leben umzusetzen. Sind Sie bereit, dies auch den anderen Mitgliedern Ihrer Gruppe mitzuteilen und so verbindlich zu machen?

8. Wie würden Sie den folgenden Satz als Rat an einen Christen, der im Glauben weiterkommen möchte, vervollständigen? *Beschäftige dich mit dem Galaterbrief, wenn du mehr erfahren willst in bezug auf ...*

EPHESER

Überblick

(Besprechen Sie diese Überblicksfragen sowohl zu Beginn Ihrer Bearbeitung des Epheserbriefes als auch nachdem Sie alle sechs Kapitel durchgenommen haben. Es könnte sein, daß Ihre Antworten vollkommen anders ausfallen, nachdem Sie sich sehr intensiv mit dem ganzen Brief auseinandergesetzt haben.)

Einstieg: Wenn ein schwerreicher Mann Ihnen versprechen würde, Ihnen abgesehen von Bargeld alles zu schenken, was Sie wollen, was würden Sie sich wünschen?

Was steht im Text?

1. Überfliegen Sie den Brief, bis Sie an einen Vers kommen, der eine Frage in Ihnen aufwirft. Wie lautet diese Frage?
2. Überfliegen Sie diesen Brief noch einmal, bis Sie an einen Vers kommen, der Sie zum Lächeln bringt oder das Gefühl der Dankbarkeit oder Freude in Ihnen weckt. Was gefällt Ihnen an diesem bestimmten Vers besonders gut?
3. Wie oft finden Sie in diesem Brief das Wort *reich* oder *Reichtum*?
4. Wie viele Kapitel dieses Briefes scheinen sich mit dem zu beschäftigen, was *Gott* getan hat? Wie viele beschäftigen sich mit dem, was *wir* als Folge davon tun sollten?
5. Was wissen Sie über die Lage und Bedeutung der Stadt Ephesus zur Zeit des Paulus?
6. Wie sah die Welt zur damaligen Zeit aus, als der Brief geschrieben wurde? Welches waren vermutlich die Hoffnungen, Träume und Sorgen der Epheser?
7. Was erfahren wir in Offenbarung 2,1-7 über die Gemeinde in Ephesus?
8. Sehen Sie sich auch auf Seite 11 die Liste der Fragen an, die Sie sich vor der Bearbeitung der einzelnen Bücher stellen sollten.

Das Wesentliche erfassen

9. Welchen Eindruck hatten Sie bisher vom Epheserbrief in bezug auf a) seinen Inhalt, b) seinen Schwierigkeitsgrad und c) seine Bedeutung?

10. Der Epheserbrief ist auch »Der Brief der Fülle«, »Himmlische Segnungen in Christus«, »Unser Reichtum in Christus« und »Das Buch der Einheit der Gemeinde« überschrieben worden. Welche Antworten, Richtlinien und Lösungen versprechen Sie sich auf diesem Hintergrund von der Bearbeitung dieses Briefes?

11. Sehen Sie sich gemeinsam die ersten *zwei oder drei Verse* eines jeden Kapitels an. Welchen Eindruck von diesem Brief gewinnen Sie durch dieses flüchtige Durchsehen?

12. Stellen Sie sich vor, Sie wären der Überbringer dieses Paulusbriefes an die Gemeinde in Ephesus. Unterwegs werden Sie von einer Räuberbande überfallen und aller Wertsachen beraubt. Auch diesen Brief nimmt man Ihnen weg. Der Anführer der Räuber kann nicht lesen, und als Sie ihn bitten, Ihnen den Brief zurückzugeben, fragt er: »Warum? Wieso ist er so wichtig?« Was würden Sie ihm antworten?

Für das Leben heute

13. Welche Denkweisen können sehr leicht verhindern, daß die Prinzipien, Verheißungen und Gebote dieses Briefes in Ihrem Leben lebendig bleiben?

14. Wenn Sie in den Himmel kommen, mit dem Apostel Paulus sprechen und er Sie fragt: »Was hat dir in meinem Brief an die Epheser am meisten weitergeholfen?«, was würden Sie ihm gern antworten?

15. Wenn jemand Ihnen den Rat geben würde: »Sei nicht zu ehrgeizig und versuche nicht, zu viele Dinge auf einmal in deinem Leben umzusetzen. Konzentriere dich auf eine Sache und mach deine Sache gut.« Was würden Sie wählen?

16. Wie können Sie sicherstellen, daß Ihre Beschäftigung mit dem Epheserbrief keine rein theoretische oder intellektuelle Angelegenheit bleibt, sondern praktisch wird und für Sie Konsequenzen hat? Was können Sie tun, damit das Gespräch lebendig und interessant bleibt?

Zur Vertiefung

Als Hintergrundinformation zu den Erfahrungen des Paulus mit den Ephesern lesen Sie Apostelgeschichte 19 und 20, vor allem 20,17-38. Wie würden Sie die Beziehung des Paulus zu den Ephesern beschreiben?

Epheser 1

Einstieg: Sind Sie schon einmal für eine besondere Position, Mannschaft oder Ehrung ausgewählt worden?

Was steht im Text?

1. Zählen Sie in diesem Kapitel alles auf, für das eine *Entscheidung* oder eine *Absicht* auf Seiten Gottes nötig war.
2. Wie ist nach dem, was Sie in Vers 3 lesen, im Augenblick Ihre Beziehung zum *Himmel*?
3. Sehen Sie sich die Verse 3-14 an. Zählen Sie gemeinsam alles auf, was wir *in Christus* haben.
4. Sehen Sie sich die Verse 3-14 noch einmal an. In welchem dieser Verse geht es vor allem um Gott, den Vater? In welchem um seinen Sohn, Jesus Christus? In welchem vor allem um den Heiligen Geist?
5. Was passiert in diesem Kapitel in der Beziehung zwischen Gott und Jesus Christus?
6. Was können wir nach den Versen 9-10 in der Zukunft erwarten?
7. In Vers 18 verwendet Paulus den Ausdruck »Augen des Herzens«. Was meint er wohl damit, und warum hat er Ihrer Meinung nach ausgerechnet diesen Ausdruck gewählt?
8. Lesen Sie aufmerksam die Verse 19-20 und diskutieren Sie die folgende Aussage: Die Kraft und Energie, die Gott uns jeden Tag schenken will, ist genauso groß wie die Kraft von Gott, aus der heraus Jesus von den Toten auferstanden und in den Himmel aufgefahren ist.
9. Was meint Paulus in Vers 23 mit dem Wort *Fülle*?
10. Sehen Sie sich auch auf Seite 10 die Liste der Fragen an, die Sie sich während der Bearbeitung der einzelnen Kapitel stellen sollten.
11. EINZELHEITEN BEACHTEN – *Versuchen Sie, die folgende Frage zu beantworten, ohne in Ihrer Bibel nachzusehen:* Was erbittet Paulus in seinem Gebet als erstes für die Epheser? (Siehe Vers 17.)

Das Wesentliche erfassen

12. Welches Bild gibt Paulus uns in den Versen 22-23? Beschreiben Sie, wie es für Sie aussieht.

Epheserbrief

13. Sehen Sie sich die Verse 22-23 noch einmal an. Wenn es keine Gemeinde gäbe, welchen »Verlust« würde dies für Jesus Christus bedeuten?
14. Vervollständigen Sie den folgenden Satz: *Gott hat uns errettet, weil ...*
15. Wenn Sie nur dieses eine Kapitel der Bibel zur Verfügung hätten, wie würden Sie damit einem Menschen erklären, wie der Heilige Geist ist?
16. Stellen Sie sich den Epheserbrief als einen schnell fahrenden Zug vor. Kapitel 1 ist die Lokomotive, die anderen Kapitel die nachfolgenden Waggons. Welches ist nach dem, was Sie im ersten Kapitel sehen, die *Energie* der Lokomotive – die Aussage oder das Prinzip oder Thema, das die Lokomotive und den gesamten Zug antreibt?
17. Wenn dieses Kapitel die Antwort auf eine Frage wäre, die mit dem Wort *Warum ...* beginnen würde, wie würde die Frage lauten?
18. Wenn Sie nur dieses eine Kapitel der Bibel kennen würden, was könnten Sie darin in bezug auf das Wesen Gottes erkennen?

FÜR DAS LEBEN HEUTE

19. Wenn es wahr ist, daß man »*wird*, wie man *denkt*«, welche wichtigen Gedanken aus diesem Kapitel möchten Sie sich dann aneignen?
20. Sehen Sie sich in den Versen 16-19 noch einmal das Gebet des Paulus für die Epheser an. Stellen Sie sich vor, Sie würden sich eine Aufzeichnung aller Ihrer Gebete des vergangenen Jahres ansehen. Welche Elemente des Gebetes von Paulus würde Gott gern häufiger in Ihren Gebeten für Sie selbst hören? Welche Elemente würde Gott gern häufiger in Ihren Gebeten für andere hören?
21. In Kolosser 3,1 lesen wir: »Wenn ihr nun mit dem Christus auferweckt worden seid, so sucht, was droben ist, wo der Christus ist, sitzend zur Rechten Gottes.« Was ist Ihnen persönlich in diesem Kapitel an Jesus Christus wichtig geworden, nach dem Sie streben möchten?
22. Achten Sie auf die Verse, in denen Paulus von dem *Willen* Gottes spricht. Nehmen Sie an, ein neubekehrter Christ würde Sie fragen: »Wie kann ich den Willen Gottes für mein Leben erkennen?« Wie könnten Sie ihm anhand dieses Kapitels antworten?
23. Wenn Sie nur zu diesem einen Kapitel der Bibel Zugang hätten, wie könnte es Ihnen helfen, die folgende Frage zu beantworten: *Wie kann ich mein Leben effektiv und grundlegend verbessern?*
24. Was von allem, was Sie in diesem Kapitel gelesen haben, macht Sie besonders *dankbar*, weil es eine persönliche Bedeutung für Sie hat?

Zur Vertiefung

Lesen Sie noch einmal die Verse 3 und 20, wo Paulus von der »Himmelswelt« spricht. Sehen Sie sich auch an, wie dieser Ausdruck in 2,6; 3,10 und 6,12 verwendet wird. Definieren Sie anhand dieser Verse so umfassend wie möglich, was Paulus mit diesem Ausdruck meint.

Epheser 2

Einstieg: Können Sie sich an eine Situation erinnern, in der sich zwei Gruppen feindlich gegenübergestanden haben?

Was steht im Text?

1. Nehmen Sie an, der Telegraph sei schon damals in der Zeit des Neuen Testaments erfunden worden, und Paulus hätte beschlossen, den Ephesern im voraus ein Telegramm mit dem Inhalt dieses Kapitels zu schicken. Um Geld zu sparen, würde er sich auf die drei wichtigsten Verse beschränken. Welche drei Verse würde Paulus Ihrer Meinung nach ausgewählt haben?

2. Welche Wörter, Ausdrücke oder Sätze würden Sie, nachdem Sie das ganze Kapitel durchgelesen haben, gern besser verstehen?

3. Was in diesem Kapitel würde einen neubekehrten Christen, der es zum ersten Mal liest, am meisten in Erstaunen versetzen?

4. Fassen Sie in einem einzigen Satz zusammen, was Gott durch Christus in unserem persönlichen Leben vollbracht hat (siehe Verse 1-10). Fassen Sie danach in einem Satz zusammen, was Gott durch Christus für die Gemeinde getan hat (siehe Verse 11-22).

5. Was passiert in diesem Kapitel in der Beziehung zwischen Gott und Jesus Christus?

6. Stellen Sie sich die Verse 1-10 als Vorher-nachher-Vergleich vor. Welche Bilder sehen Sie auf der »Vorher-Seite«? Welche auf der »Nachher-Seite«?

7. Wie würden Sie die Verse 4-5 einem kleinen Kind erklären?

8. Wie ist nach dem, was Sie in Vers 6 lesen, Ihre augenblickliche Beziehung zum Himmel?

9. Lesen Sie die Verse 8-10 und diskutieren Sie die folgende Aussage: Der Glaube ist nicht etwas, das wir vor unserer Errettung entwickeln müssen, sondern ein Geschenk Gottes, *weil* er uns errettet.

10. Überlegen Sie, welche Verse dieses Kapitels Sie am meisten ansprechen würden, wenn Sie a) gerade aus dem Gefängnis entlassen worden wären, b) ein Verbrecher wären, der am folgenden Tag hingerichtet werden soll, c) ein Jude wären, der gerade Christ geworden ist und das Neue Testament zum ersten Mal liest, d) ein Sprachanalytiker wären, der sich anhand der Schriften des Paulus mit seiner Persönlichkeit auseinandersetzt, e) ein überzeugter Atheist wären, der nach Wegen sucht, die Bibel in Mißkredit zu bringen und zu widerlegen, f) ein Seelsorger wären, der einen Menschen mit Selbstmordtendenzen betreut, g) ein Geschworener in einem Mordprozeß wären, h) ein Mensch wären, der vor einer schwierigen Entscheidung steht.

11. EINZELHEITEN BEACHTEN – *Versuchen Sie, die folgende Frage zu beantworten, ohne in Ihrer Bibel nachzusehen:* Paulus nennt einen ganz bestimmten Bereich des Reichtums Gottes. Welcher Bereich ist das? (Siehe Vers 4.)

DAS WESENTLICHE ERFASSEN

12. Welche *Erwartungen* können wir nach dem, was wir in diesem Kapitel lesen, zu Recht an Gott stellen?

13. Wenn Sie noch kein Christ wären, welche Lehren in bezug auf Christus würden Sie am meisten faszinieren, und warum?

14. Häufig berauben wir uns selbst tieferer Erkenntnisse in der Bibel, weil wir einen Abschnitt sehen und sagen: »Das kenne ich schon.« Bei welcher Aussage in diesem Kapitel kann das einem Christen sehr leicht passieren?

15. Nehmen Sie an, am Ende dieses Kapitels hätte Paulus den Satz hinzugefügt: »Wenn ihr nur eines aus diesem Kapitel behaltet, so sei das ...« Wie würde er Ihrer Meinung nach diesen Satz beendet haben?

16. Erklären Sie so umfassend wie möglich, welche *Reaktion* Gott auf die in Vers 8 erwähnte Gabe erwartet.

17. Lesen Sie Vers 10 noch einmal. *Warum* möchte Gott Ihrer Meinung nach, daß wir das wissen?

18. Stellen Sie sich das Gebäude, das Paulus in den Versen 19-22 beschreibt, bildlich vor. Wie sieht es aus, und was passiert in seinem Innern?

19. Wenn Sie nur dieses eine Kapitel der Bibel zur Verfügung hätten, wie würden Sie damit einem Menschen erklären, wie der Heilige Geist ist?

Für das Leben heute

20. In Philipper 4,8 heißt es: »Übrigens, Brüder, alles, was wahr, alles, was ehrbar, alles, was gerecht, alles, was rein, alles, was liebenswert, alles, was wohllautend ist, wenn es irgendeine Tugend und wenn es irgendein Lob gibt, das erwägt!« Welche Denkanstöße können Sie in diesem Kapitel finden, die Ihnen als *wahr, ehrbar, gerecht, rein, liebenswert,* als *Tugend* und *Lob* ins Auge fallen?
21. Wenn Sie sich nur auf dieses eine Kapitel in der Bibel beziehen könnten, wie würden Sie anhand der Verse 8-10 einem Menschen zeigen, wie er Christ werden kann?
22. Welcher Vers in diesem Kapitel ist Ihnen in Ihrer gegenwärtigen Situation besonders wichtig geworden? Warum?

Zur Vertiefung

Wie soll die Gemeinde *sein* und was soll sie *tun*? Sehen Sie sich, um diese Frage zu beantworten, gemeinsam an, was Paulus in den Versen 19-22 und an den anderen Stellen des Epheserbriefes schreibt: 1,11; 1,22; 3,18-19; 3,21; 4,3; 4,11-13 und 4,16.

Epheser 3

Einstieg: Ist es Ihnen schon einmal passiert, daß Sie etwas Wichtiges wußten, es aber für sich behalten mußten?

Was steht im Text?

1. Welches einzige Gebot gibt Paulus den Ephesern in diesem Kapitel?
2. Welches sind Ihrer Meinung nach die wichtigsten Verben in diesem Kapitel?
3. Wie oft kommt das Wort *Geheimnis* in diesem Kapitel vor? Welches ist dieses Geheimnis, und welche Beziehung hat Paulus dazu?
4. Formulieren Sie aus dem, was Sie in den Versen 1-13 lesen, die Arbeitsbeschreibung des Paulus für seinen Dienst.
5. Wie ist nach dem, was Sie in den Versen 10 lesen, Ihre gegenwärtige Beziehung zum Himmel und dem gesamten geistlichen Universum?
6. Formulieren Sie nach dem, was Sie in den Versen 10-11 und 20-21 lesen, die Arbeitsbeschreibung der *Gemeinde*.

7. Wenn Paulus Ihrer Gruppe sein Gebet in den Versen 14-21 laut vorlesen würde, welches Wort oder welche Wörter würde er wohl besonders betonen?

8. Wie würden Sie die wichtigsten *Ziele* beschreiben, die Gott für die Gemeinde hat?

9. EINZELHEITEN BEACHTEN – *Versuchen Sie, die folgende Frage zu beantworten, ohne in Ihrer Bibel nachzusehen:* Mit welchem Ausdruck beschreibt Paulus die Botschaft von Christus, die er den Heiden verkündigen sollte? (Siehe Vers 8.)

DAS WESENTLICHE ERFASSEN

10. Wenn Sie gebeten würden, eine Diskussionsfrage zu stellen, die Ihrer Gruppe helfen soll, etwas ganz Bestimmtes in diesem Kapitel zu verstehen, wie würden Sie diese Frage formulieren?

11. In Vers 13 spricht Paulus von dem Prozeß seines Leidens, das eine Ehre für die Epheser ist. Wie funktioniert dieser Prozeß?

12. Welche Erkenntnisse vermitteln Ihnen die Verse 20-21 in bezug auf die Anbetung Gottes?

13. Eine dreiteilige Frage: a) Denken Sie an einen Menschen, der nicht viel in der Bibel liest. b) Suchen Sie sich einen Vers oder einen kurzen Abschnitt aus diesem Kapitel heraus, den diese Person vermutlich langweilig finden wird. c) Wie könnten Sie diesen Abschnitt so erklären, daß diese Person sich angesprochen fühlt?

14. Wenn Sie nur dieses Kapitel aus der Bibel zur Verfügung hätten, wie würden Sie damit einem Menschen erklären, wie der Heilige Geist ist?

15. Stellen Sie sich vor, Sie würden Paulus beim Schreiben dieses Kapitels über die Schulter sehen. Welche Gefühle, Sehnsüchte oder Erinnerungen mag er dabei wohl durchlebt haben?

16. Welche Ihrer Fragen bleiben in bezug auf die Themen, die bisher in diesem Brief angesprochen worden sind, unbeantwortet?

17. Welches sind nach dem, was Sie in diesem Brief gelesen haben, die wichtigsten *Erwartungen*, die der Apostel Paulus an die Epheser stellt?

FÜR DAS LEBEN HEUTE

18. Können Sie die Aussage des Paulus in Vers 7 unterstreichen? Ist dies auch ein Bild Ihres Lebens?

19. Beachten Sie Vers 13, wo Paulus sagt, daß sein Leiden oder seine Drangsale die Ehre der Epheser sei. Ist sein Leiden auch *Ihre* Ehre? Überlegen Sie, ob es heute auch noch andere gibt, deren Leiden Ihre Ehre ist.

20. Sehen Sie sich in den Versen 14-19 das zweite Gebet des Paulus für die Epheser an, das in diesem Brief wiedergegeben wird. Stellen Sie sich vor, Sie würden gemeinsam die Aufzeichnung aller Ihrer Gebete des vergangenen Jahres durchsehen. Welche Elemente dieses Gebetes des Paulus würde Gott gern auch in Ihren Gebeten für Sie selbst gern häufiger hören? Welche Elemente würde er in Ihren Gebeten für andere gern häufiger hören?

Zur Vertiefung

Beschäftigen Sie sich noch einmal mit der Verwendung des Wortes *Geheimnis* in diesem Kapitel. Ist dieses Wort auch ein Geheimnis für Sie? Lesen Sie Römer 11,25; 16,25-26, Kolosser 1,25-27 und Offenbarung 10,5-7, um besser zu verstehen, wie dieses Wort in der Bibel verwendet wird.

Epheser 4

Einstieg: Welches war der schlimmste Sturm auf See, an den Sie sich erinnern können?

Was steht im Text?

1. Mit Kapitel 4 beginnt ein neuer Abschnitt im Epheserbrief. Wie würden Sie in nur wenigen Sätzen die wichtigsten Lehren der bisher bearbeiteten Kapitel zusammenfassen?
2. Welche Art von Fragen, Schwierigkeiten oder Zweifel im Alltag eines Christen beantwortet dieses Kapitel Ihrer Meinung nach in erster Linie?
3. Welche *Anweisungen* gibt Paulus den Ephesern in Kapitel 4? Zählen Sie sie auf.
4. Wenn Sie noch nie etwas über das Christentum gehört hätten, wie würden Sie nach dem, was Sie in diesem Kapitel lesen, die wichtigsten Merkmale des christlichen *Lebensstils* zusammenfassen?
5. Warum hat Gott uns nach dem, was Sie in den Versen 1-16 lesen, geistliche Gaben gegeben?
6. Stellen Sie sich Vers 14 bildlich vor und beschreiben Sie dieses Bild.
7. Wie würden Sie die Verse 15-16 einem kleinen Kind erklären?
8. Stellen Sie sich die Verse 13-32 in einem Vorher-und-nachher-Vergleich vor. Schildern Sie so umfassend wie möglich, was Sie sowohl auf der »Vorher-Seite« als auch auf der »Nachher-Seite« sehen.

9. Welches sind nach dem, was Sie in diesem Kapitel lesen, die wichtigsten moralischen Wertmaßstäbe für Christen?
10. EINZELHEITEN BEACHTEN – *Versuchen Sie, die folgende Frage zu beantworten, ohne in Ihrer Bibel nachzusehen:* Paulus zählt in diesem Kapitel eine lange Liste von Dingen auf, von denen es für Christen nur »eins« gibt. Welches der folgenden Elemente ist in der Liste des Paulus *nicht* enthalten? Ein Geist, eine Hoffnung, ein Herr, ein Glaube, eine Liebe, eine Taufe, ein Gott und Vater. (Siehe Verse 4-6.)

Das Wesentliche erfassen

11. Wenn die ersten drei Kapitel des Epheserbriefes in der Vergangenheit irgendwie verlorengegangen wären, welche Auswirkungen hätte dies auf die Bedeutung von Kapitel 4?
12. Wenn Sie sich dieses Kapitel als Straßenkarte für das Leben eines Christen vorstellen, welches sind die sicheren »Straßen«, die man nehmen sollte, welches die unsicheren, gefährlichen Straßen, die man lieber meiden sollte?
13. Was wird Gott nach dem, was Sie in diesem Kapitel lesen, ganz sicher tun, wenn wir ihm gehorchen?
14. In Psalm 119,45 sagt der Psalmist zu Gott: »Und ich werde wandeln in weitem Raum, denn nach deinen Vorschriften habe ich geforscht.« Wenn Sie an die »Vorschriften« oder Gebote in den Versen 1-3 denken, inwieweit geben sie einem Christen wirkliche Freiheit?
15. In Vers 25 verwendet Paulus das Wort *Nächsten*. Meint er damit jeden Menschen? Wenn nicht, was genau meint er damit?
16. In Sprüche 13,13 heißt es: »Wer aber das Gebot fürchtet, dem wird vergolten.« Sehen Sie sich das Gebot in Vers 29 an. Welches ist Ihrer Meinung nach vermutlich die *Belohnung* für das Halten dieses Gebotes?
17. Wenn Sie nur dieses Kapitel der Bibel zur Verfügung hätten, wie würden Sie damit einem Menschen erklären, wie der Heilige Geist ist?

Für das Leben heute

18. Stellen Sie sich vor, Sie hätten eine Feuerbotschaft am Himmel entdeckt. Sie war an Sie adressiert und hätte folgenden Inhalt gehabt: *So spricht der Herr: »Lies Epheser 4, denn ich möchte dir damit etwas sagen.«* Welcher Vers oder welche Verse wären vermutlich damit gemeint?
19. Welches ist ganz praktisch die stärkste Motivation für Christen, mehr *Einheit* mit anderen Christen zu suchen und zu erleben?

20. Stellen Sie sich vor, im Nachbarhaus würden neue Leute einziehen, deren Leben das vollkommene Beispiel für das wäre, von dem Paulus in Vers 2 spricht. Wie würde ihre Beziehung zu *Ihnen* wohl aussehen?
21. Lesen Sie in Vers 17 noch einmal, was Paulus uns aufträgt, *nicht* zu tun. Inwiefern stehen Christen Ihrer Meinung nach besonders in der Gefahr, dies zu tun?
22. Lesen Sie Vers 25 noch einmal. Bei welcher Art von Menschen in Ihrem Leben fällt es Ihnen sehr schwer, ehrlich zu sein?
23. Wenn alle in Ihrer Gemeinde dieses Kapitel genau verstanden haben und in ihrem Leben umsetzen wollten, welche praktischen Veränderungen würden Sie erkennen?
24. Formulieren Sie basierend auf den *Verheißungen* dieses Kapitels, aber auch auf dem *Wesen* Gottes, wie es hier geoffenbart wird, ein Gebet, das jeder Christ sprechen könnte.

Zur Vertiefung

Denken Sie an das, was Sie in den Versen 8-13 in bezug auf die geistlichen Gaben gelesen haben. Vergleichen Sie es mit den folgenden Bibelstellen und fassen Sie zusammen, welches Ihrer Meinung nach die wichtigsten biblischen Prinzipien zu diesem Thema sind: Römer 12,3-8; 1. Korinther 12,1-31 und 1. Petrus 4,10-11.

Epheser 5

Einstieg: Sind Sie schon einmal an einem besonders dunklen Ort gewesen?

Was steht im Text?

1. Beschreiben Sie den Menschen, dem dieses Kapitel vermutlich besonders viel zu sagen haben wird. Welche Fragen, Kämpfe und Sorgen müßte er haben?
2. Nehmen Sie an, eine Gruppe bewaffneter Terroristen würde in den Raum stürmen und Sie als Geiseln nehmen. Kurz bevor sie Ihnen Ihre Bibeln wegnehmen, gestatten sie Ihnen, noch einen letzten Blick auf das aufgeschlagene Kapitel zu werfen. Welche Verse in diesem Kapitel würden Sie sich besonders einprägen, bevor Ihnen Ihre Bibel weggenommen wird? Warum ausgerechnet diesen Vers oder diese Verse?

3. Welche *Anweisungen* gibt Paulus den Ephesern in Kapitel 5? Zählen Sie sie auf.
4. Wenn Sie noch nie etwas vom Christentum gehört hätten, welches wären nach dem, was Sie in diesem Kapitel lesen, Ihrer Meinung nach die wichtigsten Merkmale des christlichen *Lebensstils*?
5. Welches sind nach dem, was Sie in diesem Kapitel lesen, die wichtigsten moralischen Wertmaßstäbe für Christen?
6. Sehen Sie sich noch einmal die Verse 22-23 an. Wie sollte vom Standpunkt Gottes aus eine Ehe aussehen?
7. Welche wichtigen Einzelheiten in diesem Kapitel können sehr leicht übersehen werden?
8. EINZELHEITEN BEACHTEN – *Versuchen Sie, die folgende Frage zu beantworten, ohne in Ihrer Bibel nachzusehen:* Paulus nennt zwei Maßstäbe, wie ein Ehemann seine Frau lieben soll. Welche sind das? (Siehe Verse 25 und 28.)

DAS WESENTLICHE ERFASSEN

9. Wenn Satan einige Richtlinien und Gebote niederschreiben würde, um die Menschen dazu zu bringen, genau das Gegenteil von dem zu tun, was in diesem Kapitel gelehrt wird, wie würde er seine Botschaft formulieren?
10. Welche Anweisungen in diesem Kapitel sind Ihrer Meinung nach für die meisten Christen besonders leicht zu befolgen? Welche sind besonders schwer zu befolgen?
11. Sehen Sie sich die Gebote in den Versen 1-2 an. Wo beginnt Ihrer Meinung nach das Befolgen dieser Gebote – vor allem in Ihrem *Denken*, in Ihren *Angewohnheiten* oder in dem, was Sie *sagen*?
12. In Jakobus 1,22 wird uns gesagt, daß wir uns selbst täuschen, wenn wir das Wort nur hören, ohne es in die Tat umzusetzen. Welche Art von selbsttäuschenden Entschuldigungen können Christen sehr leicht davon abhalten, Epheser 5,3-7 in ihrem Leben umzusetzen?
13. Stellen Sie sich zwei Christen vor; der eine hat gelernt, dem Gebot in den Versen 15-17 zu gehorchen, der andere hat dies nicht gelernt. Welche praktischen Unterschiede werden Sie in der Art erkennen, wie diese beiden Christen leben?
14. Wie genau kann ein Mensch dem Gebot in Vers 17 gehorchen?
15. Am Ende von Vers 18 fordert Paulus uns auf, voll Geistes zu werden. Wenn Sie nur zu diesem einen Kapitel der Bibel Zugang hätten, wie würden Sie beschreiben, was es bedeutet, »voll Geistes« zu werden?

16. Denken Sie sorgfältig über die Verse 18-20 nach. Stellen Sie sich vor, Gott würde Ihr geistliches Leben auf einer Skala von eins bis zehn bewerten, wobei zehn vollkommener Gehorsam den Geboten dieses Abschnitts gegenüber und eins vollkommene Mißachtung der Gebote dieses Abschnitts wäre. Wie würde Ihre Bewertung durch ihn wohl ausfallen?

17. Wie würde Paulus nach dem, was Sie in diesem Kapitel gelesen haben, die Ausdrücke *Erfolg* und *wahre Bedeutung* definieren?

Für das Leben heute

18. Ein Sprichwort lautet: »Einem Menschen ist nichts mehr zuwider als Veränderung.« Welche Erkenntnisse in diesem Kapitel – Erkenntnisse, die einige Veränderungen in Ihrem Leben notwendig machen könnten – rufen Zögern oder Widerstand in Ihnen hervor?

19. Lesen Sie noch einmal die Verse 29-31 und rufen Sie sich die Worte Jesu in Johannes 15,5 in Erinnerung: »Denn getrennt von mir könnt ihr nichts tun.« Stellen Sie sich etwas Gutes in diesem Bereich vor – etwas, das nur durch die übernatürliche Kraft des Herrn Jesus geschehen könnte. Was könnte das sein?

20. Welche praktischen Empfehlungen würden Sie einander in bezug auf die Umsetzung von Vers 4 geben?

21. Sehen Sie sich das Gebot in Vers 20 noch einmal an. Für welche großen Dinge (falls überhaupt) haben Sie Gott in den vergangenen vierundzwanzig Stunden gedankt? Wie entscheiden Sie, was richtig ist zu sagen und was nicht?

22. In Psalm 119,47 heißt es: »Ich habe meine Lust an deinen Geboten, die ich liebe.« Welche Gebote in diesem Kapitel würden Ihnen in Ihrer gegenwärtigen Lebenssituation am ehesten Erfüllung und Freude bringen?

23. Für welche Erkenntnis in diesem Kapitel sind Sie besonders dankbar, weil sie eine persönliche Bedeutung für Sie hat?

Zur Vertiefung

Sehen sie sich das Bild an, das Paulus in den Versen 24-32 von Christus und der Gemeinde zeichnet. Lesen Sie gemeinsam die folgenden Bibelstellen und lassen Sie sich durch das, was Sie lesen, dieses Bild erweitern: Matthäus 9,15; Johannes 3,29; 1. Korinther 6,15; 2. Korinther 11,2; Offenbarung 19,7-9 und 21,2.

Epheser 6

Einstieg: Wenn Sie gebeten würden, in der Geschichte zurückzugehen und ein Soldat in einem bestimmten Krieg zu werden, welchen Krieg würden Sie sich aussuchen?

Was steht im Text?

1. Welche *Gebote* gibt Paulus den Ephesern in Vers 6?
2. Vergleichen Sie das Hauptverb in Vers 1 mit dem Hauptverb in Vers 2. Gibt es einen Unterschied in der Bedeutung dieser beiden Wörter? Wenn ja, welchen Unterschied?
3. Wie würden Sie die Verse 1-3 einem kleinen Kind erklären?
4. In Vers 4 ist ein positives Gebot und ein negatives Gebot enthalten. Inwiefern arbeiten diese beiden in der Erziehung zusammen?
5. Wenn jedes Leben ein Kampf ist, wie würden Sie nach den Versen 10-18 die militärische Strategie beschreiben, die wir für unser Leben aufstellen sollten?
6. Wie würden Sie in eigenen Worten nach Vers 12 unseren Feind beschreiben?
7. Sehen Sie sich Vers 12 noch einmal an. Wie würden Sie Ihre gegenwärtige Beziehung zum Himmel und dem gesamten geistlichen Universum beschreiben?
8. Welches sind nach dem, was Sie in diesem Kapitel lesen, die wichtigsten moralischen Wertmaßstäbe für Christen?
9. Welcher der folgenden Personen wird Ihrer Meinung nach dieses Kapitel am meisten zu sagen haben: einem General, einem professionellen Fußballspieler, einem Waffenhersteller?
10. Wie würden Sie nach dem, was Sie in diesem Brief gelesen haben, die Beziehung des Paulus zu den Ephesern beschreiben?
11. EINZELHEITEN BEACHTEN – *Versuchen Sie, die folgende Frage zu beantworten, ohne in Ihrer Bibel nachzusehen:* Wie beendet Paulus den folgenden Satz, wenn er von unserer geistlichen Waffenrüstung spricht: »Werdet stark im Herrn und ...« (Siehe Vers 10.)

Das Wesentliche erfassen

12. Wenn Sie gebeten würden, die wichtigsten »Merkmale christlicher Reife« dieses Kapitels zusammenzufassen, welches würden Sie als erstes nennen?

13. Was wird Gott nach dem, was Sie in diesem Kapitel gelesen haben, ganz bestimmt tun, wenn wir uns auf ihn verlassen?
14. Lesen Sie Vers 12. *Warum* möchte Gott uns dies Ihrer Meinung nach wissen lassen?
15. Wenn Sie den wesentlichen Inhalt dieses Kapitels in einem kurzen Gebet für Sie selbst oder einen anderen zusammenfassen wollten, wie würden Sie dieses Gebet formulieren?

Für das Leben heute

16. Womit können Sie nach dem, was Sie in diesem Kapitel und an anderen Stellen in der Bibel gelesen haben, rechnen, wenn Sie dem Gebot in Vers 10 *nicht* gehorchen?
17. Wie können Sie mit den Versen 10-18 einem ungläubigen Freund helfen, der befürchtet, zu tief in die Macht der Sünde verstrickt zu sein, um Christ werden zu können.
18. Welches ist Ihrer Meinung nach ein guter *Ausgangspunkt*, um die Verse 10-18 effektiver in Ihrem Leben umzusetzen?
19. Sehen Sie sich Vers 18 noch einmal an. Für welche wichtigen Dinge haben Sie in den vergangenen vierundzwanzig Stunden gedankt?
20. Beachten Sie in den Versen 19-20, wofür die Epheser bitten sollen, wenn sie für Paulus beten. Welche Teile dieses Gebets sollten wir füreinander übernehmen, obwohl wir heute keine Apostel mehr sind?
21. Wenn Sie gebeten würden, eine Diskussionsfrage zu stellen, die Ihrer Gruppe helfen soll, etwas Bestimmtes in diesem Kapitel in ihrem Leben umzusetzen, wie würden Sie die Frage formulieren?
22. Wenn Gott dieses Kapitel nur für Sie geschrieben hätte, welche Wörter oder Ausdrücke hätte er Ihrer Meinung nach unterstrichen?

Zur Vertiefung

Werdet stark! Lesen Sie die Verse 10-20 und schlagen Sie die folgenden Bibelstellen auf, die alle vom Ausharren sprechen. Überlegen Sie, wie Sie diese Verse in Ihrem Leben umsetzen können: 1. Korinther 9,24-27; Galater 6,9-10; Philipper 3,12-14 und 2. Timotheus 2,1-13.

EPHESER: DER GESAMTEINDRUCK

(Sprechen Sie noch einmal über die im »Überblick« angegebenen Fragen und bearbeiten Sie die unten aufgeführten.)

1. Stellen Sie sich vor, Sie würden eine Bürgerversammlung besuchen, die von den Schulleitern des Bezirks einberufen worden ist, um die Entfernung aller Bibeln aus den Schulbibliotheken durchzusetzen. Sie setzen sich dafür ein, daß die Bibel den Schülern zugänglich bleibt. Ein anderer Bürger erhebt sich und sagt: »Ich sehe keinen Grund, die Bibel zu behalten. Sie ist doch sowieso ein vergessenes Buch. Nicht einmal die Christen wissen so genau, was darin steht. Sagen Sie mir doch zum Beispiel«, fährt er fort und wendet sich an Sie, »was im Epheserbrief steht.« Wie würden Sie in dieser Situation reagieren?

2. Lesen Sie gemeinsam die folgenden Verse und wählen Sie den SCHLÜSSELVERS für den Epheserbrief aus – den Vers, der am besten ausdrückt, worum es in diesem Brief geht: 1,3; 1,11; 1,22; 2,21; 3,19; 4,3; 4,4-6; 4,16 oder 4,24.

3. In Jakobus 1,23-24 wird uns gesagt: »Denn wenn jemand ein Hörer des Wortes ist und nicht ein Täter, der gleicht einem Menschen, der sein natürliches Angesicht in einem Spiegel betrachtet. Denn er hat sich selbst betrachtet und ist weggegangen, und er hat sogleich vergessen, wie er beschaffen war.« Inwiefern ist der Epheserbrief ein »Spiegel« für Sie gewesen, der Ihnen gezeigt hat, was Sie tun können und sollten?

4. Vielleicht haben Sie beschlossen, einen Punkt, der Ihnen bei der Bearbeitung dieses Briefes klargeworden ist, in Ihrem Leben umzusetzen. Sind Sie bereit, dies auch den anderen Mitgliedern Ihrer Gruppe mitzuteilen und so verbindlich zu machen?

5. Wie würden Sie den folgenden Satz als Rat an einen Christen, der im Glauben weiterkommen möchte, vervollständigen: *Beschäftige dich mit dem Epheserbrief, wenn du mehr erfahren willst in bezug auf ...*

PHILIPPER

ÜBERBLICK

(Besprechen Sie diese Überblicksfragen sowohl zu Beginn Ihrer Bearbeitung des Philipperbriefes als auch nachdem Sie alle vier Kapitel durchgenommen haben. Es könnte sein, daß Ihre Antworten vollkommen anders ausfallen, nachdem Sie sich sehr intensiv mit dem ganzen Brief auseinandergesetzt haben.)

Einstieg: Welches ist Ihrer Meinung nach der Unterschied (falls es einen gibt) zwischen *Freude* und *Glück*?

WAS STEHT IM TEXT?

1. Was sagt Paulus in 1,12-13 zu seiner Situation und seinem Zustand während des Schreibens dieses Briefes?

2. Was sagt Paulus in 4,10; 4,14 und 4,18 in bezug auf den Anlaß zu diesem Brief an die Christen in Philippi?

3. Was wissen Sie über die Lage und Bedeutung der Stadt Philippi zur Zeit des Paulus?

4. Was wissen Sie darüber, wie die Welt zur damaligen Zeit aussah? Welches waren wohl die Hoffnungen, Träume und Probleme der Philipper?

5. Lesen Sie Apostelgeschichte 16,9-40, um mehr über die Erfahrungen des Paulus mit den Philippern zu erfahren.

6. Überfliegen Sie den Philipperbrief, bis Sie an einen Vers kommen, der eine Frage in Ihnen aufwirft. Wie lautet diese Frage?

7. Überfliegen Sie den Brief noch einmal, bis Sie an einen Vers kommen, der Sie zum Lächeln bringt oder das Gefühl der Dankbarkeit oder Freude in Ihnen weckt. Was gefällt Ihnen an diesem bestimmten Vers besonders gut?

8. Lesen Sie gemeinsam die folgenden Verse aus dem Philipperbrief und überlegen Sie, welches die Quelle wahrer Freude ist: 1,4-5; 1,18-19; 2,2; 3,1 und 4,1.

9. Was in diesem Brief würde ein Mensch, der zum ersten Mal von Gott hört, besonders erfrischend finden?

Philipperbrief

10. Sehen Sie sich auch auf Seite 11 die Liste mit Fragen an, die Sie sich vor der Bearbeitung der einzelnen Bücher stellen sollten.

DAS WESENTLICHE ERFASSEN

11. Welchen Eindruck hatten Sie bisher vom Philipperbrief in bezug auf a) seinen Inhalt, b) seinen Schwierigkeitsgrad und c) seine Bedeutung?
12. Der Philipperbrief ist auch »Der Brief des Paulus von der Freude«, »Die Freude, Christus zu kennen« und »Das Missionsbuch« überschrieben worden. Welche Antworten, Richtlinien und Lösungen versprechen Sie sich auf diesem Hintergrund von der Bearbeitung dieses Briefes?
13. Lesen Sie gemeinsam die ersten *zwei oder drei Verse* eines jeden Kapitels des Philipperbriefes. Welchen Eindruck gewinnen Sie durch dieses flüchtige Durchblättern?
14. Stellen Sie sich vor, Sie wären der Überbringer dieses Briefes des Paulus an die Gemeinde in Philippi. Unterwegs werden Sie von einer Räuberbande überfallen und aller Wertsachen beraubt. Auch dieser Brief wird Ihnen weggenommen. Der Anführer der Räuber kann nicht lesen, und als Sie ihn bitten, Ihnen diesen Brief zurückzugeben, fragt er: »Warum? Was ist daran so wichtig?« Wie würden Sie ihm antworten?

FÜR DAS LEBEN HEUTE

15. Wenn Sie in den Himmel kommen, sich mit dem Apostel Paulus unterhalten und er Sie fragt: »Was hat dir in meinem Brief an die Philipper am meisten geholfen?«, was würden Sie ihm gern antworten?
16. Stellen Sie sich vor, jemand würde Ihnen den Rat geben: »Sei nicht zu ehrgeizig und versuche nicht, zu viele Dinge dieses Briefes auf einmal in deinem Leben umzusetzen. Suche dir eine Sache heraus und konzentriere dich darauf.« Was würden Sie wählen?
17. Wie können Sie sicherstellen, daß Ihre Beschäftigung mit dem Philipperbrief keine rein theoretische oder intellektuelle Angelegenheit bleibt, sondern praktisch wird und für Sie Konsequenzen hat? Was können Sie tun, damit das Gespräch lebendig und interessant bleibt?

Zur Vertiefung

Im ersten Vers dieses Briefes erwähnt Paulus Timotheus. Sehen Sie sich gemeinsam die ersten Verse des ersten Korintherbriefes, des zweiten Korintherbriefes, des Kolosserbriefes, des ersten und zweiten Thessalonicherbriefes und des Briefes an Philemon an (lesen Sie auch Galater 1,1-2). Achten Sie darauf, wie oft Paulus neben seinem eigenen den Namen eines seiner Gefährten nennt. Was sagt dies darüber aus, wie Paulus sich selbst und sein Apostelamt sieht?

Philipper 1

Einstieg: Welche Bilder fallen Ihnen ein, wenn Sie das Wort *Partnerschaft* hören?

Was steht im Text?

1. Sehen Sie sich in Vers 1 an, an wen Paulus diesen Brief richtet. Welchen Grund mag Paulus gehabt haben, die zwei Gruppen der Gemeindeführung besonders anzusprechen?
2. In Vers 11 spricht Paulus von der »Frucht der Gerechtigkeit«. Was meint Paulus wohl damit?
3. Welche Aussagen in diesem Kapitel zeigen ganz klar das *Vertrauen* des Paulus?
4. Wie lautet das einzige *Gebot*, das Paulus den Philippern in Vers 1 gibt?
5. Paulus schreibt in diesem Kapitel von einer besonderen Gabe, eine Gabe, die vielleicht unerwartet und ungewöhnlich ist, und auf den ersten Blick vielleicht sogar ungewollt. Welche Gabe ist das?
6. Was sagen die Verse 27-30 darüber aus, welche Einstellung wir zu unseren Lebensumständen haben sollten?
7. Beschreiben Sie nach dem, was Sie in diesem Kapitel lesen, so umfassend wie möglich die Umstände des Paulus im Gefängnis.
8. Stellen Sie sich vor, der Telegraph sei damals, zur Zeit des Neuen Testaments bereits erfunden gewesen, und Paulus hätte beschlossen, den Philippern vorab ein kurzes Telegramm zu schicken. Um Geld zu sparen, würde er aber nur die drei wichtigsten Verse dieses Kapitels telegraphieren. Welche Verse hätte Paulus Ihrer Meinung nach ausgewählt?
9. Was in diesem Kapitel würde einen neubekehrten Christen, der es zum ersten Mal liest, am meisten in Erstaunen versetzen?

10. Sehen Sie sich auch auf Seite 10 die Liste mit Fragen an, die Sie sich während der Bearbeitung der einzelnen Kapitel stellen sollten.
11. EINZELHEITEN BEACHTEN – *Versuchen Sie, die folgende Frage zu beantworten, ohne in Ihrer Bibel nachzusehen:* Wie führt Paulus den folgenden Satz zu Ende: »Denn das Leben ist für mich Christus …« (Siehe Vers 21.)

DAS WESENTLICHE ERFASSEN

12. Stellen Sie sich vor, Sie würden Paulus beim Schreiben dieses Briefes über die Schulter sehen. Welche Gefühle, Sehnsüchte oder Erinnerungen wird er sehr wahrscheinlich beim Schreiben dieses Kapitels durchlebt haben?
13. Stellen Sie sich vor, Sie gehörten zu den Philippern und würden hören, wie dieser Brief zum ersten Mal in der Gemeinde vorgelesen wird. Bei der ersten Hälfte dieses Kapitels tippt Ihr Nachbar Ihnen auf die Schulter und sagt: »Ich bin neu hier, wer ist dieser Paulus überhaupt?« Was würden Sie antworten?
14. Wie würden Sie hinsichtlich der Beziehung des Paulus zu den Philippern in eigenen Worten erklären, was er in Vers 8 sagt?
15. Lesen Sie Vers 9 und diskutieren Sie die folgende Aussage: Liebe wird von Natur aus immer stärker, und wenn Ihre Liebe nicht wächst, so ist das keine richtige Liebe im biblischen Sinn.
16. Lesen sie Vers 13. Warum möchte Gott uns das Ihrer Meinung nach mitteilen?
17. Sehen Sie sich in Vers 19 an, was Paulus *weiß*. Wie würden Sie den Prozeß beschreiben, durch den er zu diesem Wissen gekommen ist?
18. Nehmen Sie an, am Ende dieses Kapitels hätte Paulus den folgenden Satz hinzugefügt: »Wenn ihr nur eines von diesem Kapitel in Erinnerung behaltet, so sei das …« Wie hätte er Ihrer Meinung nach diesen Satz beendet?
19. Eine dreiteilige Frage: a) Überlegen Sie, wer von Ihren Bekannten nicht viel in der Bibel liest. b) Suchen Sie sich einen Vers oder einen kurzen Abschnitt in diesem Kapitel, den diese Person sicherlich sehr langweilig finden würde. c) Überlegen sie nun, wie Sie diesen Abschnitt so erklären können, daß er diese Person anspricht.
20. Welchen Eindruck vom Gebetsleben des Paulus gewinnen Sie aus diesem Kapitel?
21. Stellen Sie sich den Philipperbrief als einen schnell fahrenden Zug vor. Kapitel 1 ist die Lokomotive, die anderen Kapitel die nachfolgenden Waggons. Welches ist nach dem, was Sie in Kapitel 1 lesen, die *Energie* der Lokomotive – die Aussage, das Prinzip oder Thema, das den gesamten Zug antreibt?

Für das Leben heute

22. Sehen Sie sich Vers 5 noch einmal an, in dem Paulus den Philippern versichert, wie froh er ist über ihre »Teilnahme am Evangelium« oder ihre »Gemeinschaft am Evangelium«. Was meint Paulus Ihrer Meinung nach mit diesem Ausdruck? Und inwiefern würden Sie sagen, daß Sie heute dieselbe Teilnahme oder Gemeinschaft haben?

23. Lesen Sie Vers 6 und definieren Sie so persönlich und umfassend wie möglich das »gute Werk«, das Gott in Ihnen begonnen hat (und am Tag des Herrn Jesus Christus vollenden wird).

24. Sehen Sie sich in den Versen 9-11 noch einmal das Gebet des Paulus für die Philipper an. Stellen Sie sich vor, Sie würden gemeinsam eine Aufzeichnung aller Ihrer Gebete des vergangenen Jahres durchgehen. Welche Elemente des Gebetes von Paulus würde Gott Ihrer Meinung nach häufiger in Ihren Gebeten für Sie selbst hören wollen, welche Elemente würde er häufiger in Ihren Gebeten für andere hören wollen?

25. In welchem Maß könnte Vers 12 eine Aussage über Ihr Leben sein?

26. Konzentrieren Sie sich einen Augenblick auf die grundlegenden Fakten des Evangeliums. Denken Sie an das, *was* Jesus getan hat ... und *wie* er es getan hat ... und *warum* er es getan hat. Denken Sie nun an Vers 27 in diesem Kapitel. Welche Richtlinien werden Ihnen helfen zu entscheiden, ob eine Tat oder ein Gedanke tatsächlich des Evangeliums Christi würdig ist?

27. Wenn Gott dieses Kapitel nur für Sie geschrieben hätte, welche Wörter oder Ausdrücke hätte er Ihrer Meinung nach unterstrichen?

Zur Vertiefung

Paulus spricht in Vers 29 über die Gabe des Leidens um Christi willen. Sehen Sie sich auch die folgenden Bibelstellen an und überlegen Sie, welcher Segen aus Leiden entsteht: Matthäus 5,11-12; Apostelgeschichte 5,40-42; Jakobus 1,2-4 und 1. Petrus 4,12-14.

PHILIPPER 2

Einstieg: Können Sie sich daran erinnern, es einmal so richtig genossen zu haben, den Sternenhimmel zu betrachten?

WAS STEHT IM TEXT?

1. Welche *Gebote* gibt Paulus den Philippern in diesem Kapitel? Zählen Sie sie gemeinsam auf.
2. Nehmen Sie an, eine Gruppe bewaffneter Terroristen würde ins Zimmer stürmen und Sie als Geiseln nehmen. Kurz bevor sie Ihnen Ihre Bibeln wegnehmen, gestatten sie Ihnen, noch einen kurzen Blick auf das aufgeschlagen vor Ihnen liegende Kapitel zu werfen. Welchen Vers würden Sie sich besonders einprägen, bevor Ihnen Ihre Bibel weggenommen wird? Warum ausgerechnet diesen Vers?
3. Versuchen Sie, die Beschreibung Jesu in den Versen 6-11 neu zu formulieren, ohne die Wörter des Originals zu verwenden (abgesehen von kurzen Wörtern und den Namen Gott und Jesus). Vielleicht kann jedes Gruppenmitglied einen Satz umformulieren.
4. Wenn Paulus zu Ihnen käme und die Verse 12-16 laut vorlesen würde, welches Wort oder welche Wörter würde er vermutlich besonders betonen?
5. Wie würden Sie Vers 13 einem kleinen Kind erklären?
6. Stellen Sie sich die Verse 14-16 bildlich vor und beschreiben Sie dieses Bild.
7. Stellen Sie eine Liste zusammen mit allem, was Sie in diesem Kapitel über das Wesen von Timotheus und Epaphroditus erfahren.
8. Welches sind nach dem, was Sie in diesem Kapitel lesen, die wichtigsten moralischen Wertmaßstäbe eines Christen?
9. Wie würden Sie nach dem, was Sie aus diesem Kapitel erfahren haben, echte *Demut* beschreiben?
10. Welche wichtigen Einzelheiten dieses Kapitels können sehr leicht übersehen werden?
11. Beschreiben Sie den Menschen, dem dieses Kapitel Ihrer Meinung nach besonders viel zu sagen haben wird. Welche Fragen, Kämpfe und Probleme müßte er haben?

12. Stellen Sie sich vor, Sie würden eine Diashow für Ihre Gemeinde vorbereiten. Eine ausdrucksstarke Stimme liest die Verse 3-13 vor, und eine Reihe von Dias wird auf eine Leinwand projiziert. Welche Art von Dias würden Sie aussuchen, um den Inhalt dieser Verse besonders zur Geltung zu bringen?

13. EINZELHEITEN BEACHTEN – *Versuchen Sie, die folgende Frage zu beantworten, ohne in Ihrer Bibel nachzusehen:* Paulus erwähnt in diesem Kapitel zwei Mitarbeiter. Wen meint er? (Siehe Verse 19 und 25.)

Das Wesentliche erfassen

14. Was sollen die Philipper nach dem, was Sie in diesem Kapitel lesen, in bezug auf Jesus vor allem begreifen?

15. Wenn Sie sich dieses Kapitel als Straßenkarte für das Leben eines Christen vorstellen, welches sind die sicheren »Straßen« dieses Kapitels, die man gehen sollte? Welches sind die unsicheren, gefährlichen Straßen, die man meiden sollte?

16. Denken Sie intensiv über die Verse 12-13 nach. Was sollen wir tun, und was wird Gott tun?

17. Inwiefern könnte ein Christ Ihrer Meinung nach Vers 12 falsch interpretieren und anwenden?

18. In Jakobus 1,22 wird uns gesagt, daß wir, wenn wir das Wort nur hören, ohne es in die Tat umzusetzen, uns selbst täuschen. Welche selbsttäuschenden Entschuldigungen können einen Christen sehr leicht davon abhalten, tatsächlich auch zu *tun*, was Vers 14 uns zu tun aufträgt?

19. Welche Gefühle, Gedanken oder Fragen mögen den Christen in Philippi wohl durch den Sinn gegangen sein, als sie dieses Kapitel zum ersten Mal hörten?

20. Wenn dieses Kapitel die Antwort auf eine Frage wäre, die mit dem Wort *Wie* … beginnen würde, wie müßte die Frage lauten?

21. Häufig berauben wir uns selbst tieferer Erkenntnisse in der Bibel, weil wir einen Abschnitt sehen und uns sagen: »Den kenne ich schon.« Bei welchem Vers kann das einem Christen in diesem Kapitel sehr leicht passieren?

22. Stellen Sie sich vor, Sie wären noch kein Christ. Welche Aussagen über Jesus Christus würden Sie besonders faszinieren, und warum?

23. Wenn Sie nur dieses Kapitel der Bibel zur Verfügung hätten, was würden Sie daraus in bezug auf die Bedeutung des Todes Christi folgern?

24. Wenn Sie gebeten würden, eine Diskussionsfrage zu stellen, die Ihrer Gruppe helfen soll, etwas ganz Bestimmtes dieses Kapitels besser zu verstehen, wie würden Sie die Frage formulieren?

Für das Leben heute

25. Wenn es stimmt, daß man »*wird* wie man *denkt*«, welche wichtigen Gedanken aus diesem Kapitel möchten Sie sich dann aneignen?
26. Wenn alle in Ihrer Gemeinde dieses Kapitel genau verstanden hätten und in ihrem Leben umsetzen wollten, welche praktischen Veränderungen würden sich daraus ergeben?
27. In Kolosser 3,1 lesen wir: »Wenn ihr nun mit dem Christus auferweckt worden seid, so sucht, was droben ist, wo der Christus ist, sitzend zur Rechten Gottes.« Was ist Ihnen persönlich in diesem Kapitel an Jesus Christus wichtig geworden, nach dem Sie streben möchten?
28. Wie oft bieten die Anweisungen in Vers 3 im Alltag nützliche Hilfe für Ihre unmittelbare Situation?
29. Konzentrieren Sie sich auf Ihre zwei oder drei wichtigsten Verpflichtungen im Leben. Inwiefern könnten die Verse 12-13 Ihnen helfen, diese Verpflichtungen zu erfüllen?
30. Sehen Sie sich das Gebot in Vers 14 an. Worüber haben Sie in den vergangenen vierundzwanzig Stunden gestöhnt oder gemurrt?
31. Sehen Sie sich an, was Paulus in Vers 13 in bezug auf den *Willen* und das *Werk* Gottes sagt. Nehmen Sie an, ein neubekehrter Christ würde Sie fragen: »Wie kann ich den Willen Gottes für mein Leben erkennen?« Wie würden Sie ihm mit diesem Vers weiterhelfen?
32. Lesen Sie die Verse 3-8. Stellen Sie sich vor, Sie wären fünf Jahre älter geworden und durch und durch selbstlos. Was würden Sie als ein solcher Mensch tun?

Zur Vertiefung

Sehen Sie sich in den Versen 6-11 das Bild an, mit dem Paulus beschreibt, was Jesus getan hat, als er auf die Erde gekommen ist. Suchen Sie gemeinsam in den folgenden Bibelstellen nach Wortbildern und Aussagen, die unser Verständnis dieses Wunders der Liebe vertiefen: Johannes 1,1; 1,10-14; 2. Korinther 8,9; 1. Timotheus 3,16; Hebräer 2,14-17 und 1. Johannes 1,1-2.

Philipper 3

Einstieg: Welches ist der schönste Preis, den Sie je gewonnen haben?

Was steht im Text?

1. Was sollen die Philipper nach dem, was Sie in diesem Kapitel lesen, in bezug auf Paulus verstehen?
2. Welche Wörter, Ausdrücke oder Sätze würden Sie, nachdem Sie dieses Kapitel durchgelesen haben, gern besser verstehen?
3. Lesen Sie Vers 1 in diesem Kapitel und überlegen Sie, was darin zur wahren Freude gesagt wird.
4. Sehen Sie sich die Warnung des Paulus in bezug auf die »Hunde« in Vers 2 an. Welcher falschen Handlungsweise oder Lehre haben sich nach dem, was Sie in diesem Kapitel lesen, diese Männer schuldig gemacht?
5. Stellen Sie sich die Verse 4-11 als einen Vorher-nachher-Vergleich vor. Welche Bilder sehen Sie auf der »Vorher-Seite«, welche auf der »Nachher-Seite«?
6. Wie würden Sie mit eigenen Worten den »Preis« erklären, von dem Paulus in Vers 14 spricht?
7. Paulus spricht in Vers 18 von »vielen«, die »Feinde des Kreuzes Christi sind«. Was sind das für Personen?
8. Wie würden Sie die Verse 20-21 einem kleinen Kind erklären?
9. Welche der folgenden Personen würde dieses Kapitel vermutlich besonders gut verstehen: ein Chirurg, ein Sportler oder ein Schiffskapitän?
10. Welche *Gebote* gibt Paulus den Philippern in diesem Kapitel? Zählen Sie sie gemeinsam auf.
11. EINZELHEITEN BEACHTEN – *Versuchen Sie, die folgende Frage zu beantworten, ohne in Ihrer Bibel nachzusehen:* Zu Beginn dieses Kapitels spricht Paulus von einer besonderen Art und Weise, in der wir anbeten. Welche ist das? (Siehe Vers 3.)

Das Wesentliche erfassen

12. Welches sind nach dem, was Sie bisher in diesem Brief gelesen haben, die wichtigsten *Erwartungen*, die Paulus an die Philipper stellt?
13. Was können wir zu Recht von Gott erwarten?

Philipperbrief

14. Wenn Satan einige Richtlinien und Gebote niederschreiben würde, um die Menschen dazu zu bringen, genau das Gegenteil von dem zu tun, was in diesem Kapitel gesagt wird, wie würde er seine Botschaft Ihrer Meinung nach formulieren?

15. Lesen Sie, was Paulus in Vers 12 sagt. An welchem Punkt kann ein Christ aufrichtig sagen: »Ich bin schon vollendet«?

16. Welche Erwartungen können wir nach den Versen 15-21 an Gott stellen?

17. Lesen Sie, was Paulus in den Versen 18-19 sagt. *Warum* möchte Gott, daß wir das wissen?

18. Sehen Sie sich Vers 20 noch einmal an. Welches sind als Himmelsbürger a) Ihre Rechte und Privilegien, b) Ihre Pflichten und Aufgaben?

19. Welche Ihrer Fragen bleiben in bezug auf die Themen, die bisher in diesem Brief angesprochen worden sind, noch unbeantwortet?

Für das Leben heute

20. Wenn Sie nur dieses eine Kapitel der Bibel zur Verfügung hätten, wie würden Sie damit die Frage beantworten: *Wie kann ich mein Leben grundlegend und nachhaltig verbessern?*

21. Stellen Sie sich vor, Sie hätten eine Feuerbotschaft am Himmel gesehen. Sie wäre an Sie adressiert gewesen und hätte folgenden Inhalt gehabt: *So spricht der Herr: »Lies Philipper 3, denn ich möchte dir damit etwas sagen.«* Auf welchen Vers oder welche Verse in diesem Kapitel hätte Gott sich vermutlich bezogen?

22. Was in unserem Leben hindert uns häufig daran, die unübertreffliche Größe der Erkenntnis Christi Jesu zu erkennen, die Paulus in Vers 8 beschreibt?

23. Wenn Sie über Ihr eigenes Leben nachdenken, inwiefern können Sie sagen, daß das, was Paulus in den Versen 12-14 sagt, auch auf Sie zutrifft?

24. Gibt es die Personen, von denen Paulus in den Versen 18-19 spricht, auch heute noch? Wenn ja, wie sollten wir nach dem, was wir aus der Bibel wissen, auf sie reagieren?

25. Inwiefern bietet uns dieses Kapitel Richtlinien für unser Denken, wenn uns klar wird, daß wir niemals so sein können, wie Gott uns haben möchte?

Zur Vertiefung

Jagt dem Preis nach! Mit dieser Aufforderung der Verse 12-14 im Hinterkopf sehen Sie sich die folgenden Bibelstellen an, die von der Ausdauer sprechen und überlegen Sie, wie Sie sie in die Praxis umsetzen können: 1. Korinther 9,24-27; Galater 6,9-10; Epheser 6,10-20 und 2. Timotheus 2,1-13.

PHILIPPER 4

Einstieg: Welche Bilder kommen Ihnen in den Sinn, wenn Sie das Wort *Frieden* hören?

WAS STEHT IM TEXT?

1. Welche großen *Verheißungen* gibt uns Gott in diesem Kapitel?
2. Auf welche Art von Fragen, Schwierigkeiten oder Zweifel im Leben eines Christen geht dieses Kapitel besonders ein?
3. Welche *Gebote* gibt Paulus den Philippern in diesem Kapitel? Zählen Sie sie gemeinsam auf.
4. Welches sind die wichtigsten Verben in diesem Kapitel?
5. Beschreiben Sie nach dem, was Sie in diesem Kapitel lesen, so umfassend wie möglich die Situation des Paulus im Gefängnis. Was tut er mit seiner Zeit und seinen Gedanken?
6. Stellen Sie sich Vers 19 bildlich vor und beschreiben Sie dieses Bild.
7. Wie würden Sie nach dem, was Sie in diesem Kapitel erfahren haben, die Beziehung des Paulus zu den Philippern beschreiben?
8. EINZELHEITEN BEACHTEN – *Versuchen Sie, die folgende Frage zu beantworten, ohne in Ihrer Bibel nachzusehen:* In Vers 8 nennt Paulus acht Dinge, über die wir nachdenken sollen. Drei der Adjektive auf der Liste sind »wahr«, »rein«, und »liebenswert«. Wie viele der fünf anderen Eigenschaften können Sie nennen?

DAS WESENTLICHE ERFASSEN

9. Wenn die ersten drei Kapitel dieses Briefes in der Vergangenheit irgendwie verloren gegangen wären, welche Auswirkungen hätte dies auf die Bedeutung des Kapitels 4 gehabt?
10. Überlegen Sie gemeinsam, welcher Vers in diesem Kapitel für Sie besondere Bedeutung haben würde, wenn Sie a) eine junge Mutter wären, deren Mann sie vor kurzem verlassen hat, b) eine zunehmende Antipathie für ein anderes Mitglied Ihrer Bibelgruppe entwickeln würden, c) wenn Sie Sprachanalytiker wären, der anhand der Schriften des Paulus versucht, mehr über seinen Charakter zu erfahren, d) überzeugter Atheist wären, der nach Wegen sucht, die Bibel in Mißkredit zu bringen und zu widerlegen, e) eine Person wären, die vor einer wichtigen Entscheidung steht.

11. In Sprüche 13,13 heißt es: »Wer aber das Gebot fürchtet, dem wird vergolten.« Sehen Sie sich das Gebot in Vers 3 an. Welches ist Ihrer Meinung nach möglicherweise die *Belohnung* für das Halten dieses Gebotes?
12. Wie kann ein Mensch das Gebot in Vers 4 denn halten?
13. Sehen Sie sich das Gebot in Vers 5 an und überlegen Sie, ob die Christen heute diesem Gebot voll und ganz gehorsam sein können.
14. In Psalm 119,45 sagt der Psalmist zu Gott: »Und ich werde wandeln in weitem Raum, denn nach deinen Vorschriften habe ich geforscht.« Denken Sie über die »Vorschrift« oder das Gebot in Vers 6 nach. Inwiefern kann es einem Christen wirkliche Freiheit bringen?
15. Sehen Sie sich Vers 7 und das Ende von Vers 9 an. Sagen Sie in eigenen Worten, was Gott ganz bestimmt tun wird, wenn wir ihm gehorsam sind.
16. Stellen Sie sich zwei Christen vor. Der eine hat gelernt, das Gebot in Vers 8 zu beachten, der andere hat dies nicht gelernt. Welche praktischen Unterschiede wird es im Leben dieser beiden Menschen geben?
17. Wenn Sie die Arbeit des Apostels Paulus bewerten sollten, was würden Sie basierend auf dem, was Sie in diesem Brief in bezug auf seinen Dienst erfahren, sagen?

Für das Leben heute

18. In Psalm 119,47 wird zu Gott gesagt: »Ich habe meine Lust an deinen Geboten, die ich liebe.« Welche Gebote in diesem Kapitel würden Ihnen in Ihrer gegenwärtigen Lebenssituation am schnellsten Erfüllung und Freude bringen?
19. Sehen Sie sich Vers 4 an und rufen Sie sich in Erinnerung, wo Paulus sich befand, als er diesen Brief schrieb. Überlegen Sie, ob die *Freude*, von der Paulus spricht, in Ihren *Gedanken*, in Ihren *Gefühlen*, in Ihrem *Willen* oder in allen dreien beginnt.
20. Welches ist Ihrer Meinung nach die größte Motivation für die Menschen, sich mehr zu freuen, wenn sie dabei an Vers 4 denken?
21. Denken Sie noch einmal über Vers 4 nach. Wieviel Freude ist im Vergleich zur Vergangenheit in Ihrem Leben, wenn Sie sich auf einer Skala von eins bis zehn bewerten sollten (eins = sehr viel weniger als je zuvor; zehn = sehr viel mehr als je zuvor).
22. Wie oft würden die Gebote in Vers 6 Ihnen in Ihrem Alltag nützliche Richtlinien für Ihre unmittelbare Situation geben?
23. Was können Sie nach dem, was Sie in diesem Kapitel und an anderen Stellen in der Bibel lesen, erwarten, wenn Sie die Gebote in Vers 6 nicht befolgen?

24. Welches sind die wichtigsten Hinderungsgründe für das Befolgen des Gebotes in Vers 8?
25. Lesen Sie noch einmal die Verse 6-8 und rufen Sie sich die Worte Jesu in Johannes 15,5 in Erinnerung: »Denn getrennt von mir könnt ihr nichts tun«. Stellen Sie sich etwas Gutes vor, das als Reaktion auf die Gebote in diesem Abschnitt in Ihrem Leben passieren könnte, etwas, das ganz eindeutig nur durch die übernatürliche Kraft Gottes bewirkt werden könnte. Was könnte das sein?
26. Wenn Sie gebeten würden, eine Diskussionsfrage zu stellen, die Ihrer Bibelgruppe helfen soll, etwas Bestimmtes in diesem Kapitel in ihrem Leben umzusetzen, wie würden Sie die Frage formulieren?
27. Welcher Vers in diesem Kapitel ist Ihnen in Ihrer gegenwärtigen Situation besonders wichtig geworden? Warum?

Zur Vertiefung

Sehen Sie sich Vers 9 noch einmal an. Schlagen Sie die folgenden Bibelstellen nach und überlegen Sie, welche Gemeinsamkeiten sie haben und was sie über das Leben und den Charakter des Apostels Paulus aussagen: 1. Korinther 4,16; 11,1; Philipper 3,17; 2. Thessalonicher 3,7-9 und 1. Timotheus 1,16.

Philipper: Der Gesamteindruck

(Sprechen sie noch einmal über die im »Überblick« angegebenen Fragen und bearbeiten Sie die unten aufgeführten.)

1. Wenn Sie der Gemeinde in Philippi angehörten und beschlossen hätten, Paulus auf seinen Brief zu antworten, wie würde Ihr Brief aussehen – welche Fragen würden Sie stellen, welche Kommentare geben?
2. Stellen Sie sich vor, Sie würden eine Bürgerversammlung besuchen, die von den Schulleitern des Bezirks einberufen worden ist, um die Entfernung aller Bibeln aus den Schulbibliotheken durchzusetzen. Sie setzen sich dafür ein, daß die Bibel den Schülern zugänglich bleibt. Ein anderer Bürger erhebt sich und sagt: »Ich sehe keinen Grund, die Bibel zu behalten. Sie ist doch sowieso ein vergessenes Buch. Nicht einmal die Christen wissen so genau, was darin steht. Sagen Sie mir doch zum Beispiel«, fährt er fort und wendet sich an Sie, »worum es im Philipperbrief geht.« Wie würden Sie in einer solchen Situation antworten?

3. Lesen Sie gemeinsam die folgenden Verse und wählen Sie den SCHLÜSSELVERS für den Philipperbrief aus – den Vers, der am besten ausdrückt, worum es in diesem Brief geht: 1,5; 1,18; 2,2 oder 3,1.

4. Vielleicht haben Sie beschlossen, einen Punkt, der Ihnen bei der Bearbeitung dieses Briefes klargeworden ist, in Ihrem Leben umzusetzen. Sind Sie bereit, dies auch den anderen Mitgliedern Ihrer Gruppe mitzuteilen und so verbindlich zu machen?

5. In Jakobus 1, 23-24 wird uns gesagt: »Denn wenn jemand ein Hörer des Wortes ist und nicht ein Täter, der gleicht einem Menschen, der sein natürliches Angesicht in einem Spiegel betrachtet. Denn er hat sich selbst betrachtet und ist weggegangen, und er hat sogleich vergessen, wie er beschaffen war.« Inwiefern ist der Philipperbrief ein »Spiegel« für Sie gewesen, der Ihnen gezeigt hat, was Sie tun können und sollten?

6. Wie würden Sie den folgenden Satz als Rat an einen Christen vervollständigen: *Beschäftige dich mit dem Philipperbrief, wenn du mehr erfahren willst in bezug auf ...*

KOLOSSER

Überblick

(Besprechen Sie diese Überblicksfragen sowohl zu Beginn Ihrer Bearbeitung des Kolosserbriefes als auch nachdem Sie alle vier Kapitel durchgenommen haben. Es könnte sein, daß Ihre Antworten vollkommen anders ausfallen, nachdem Sie sich sehr intensiv mit dem ganzen Brief auseinandergesetzt haben.)

Einstieg: Welche wichtigen Eigenschaften erwarten Sie von einem Führer?

Was steht im Text?

1. Überfliegen Sie diesen Brief, bis Sie an einen Vers kommen, der eine Frage in Ihnen aufwirft. Wie lautet diese Frage?
2. Überfliegen Sie den Brief noch einmal, bis Sie an einen Vers kommen, der Sie zum Lächeln bringt oder das Gefühl der Dankbarkeit oder der Freude in Ihnen weckt. Was gefällt Ihnen an diesem bestimmten Vers besonders gut?
3. Wie lautet das erste *Gebot*, das Paulus in diesem Brief den Kolossern gibt?
4. Welches ist die erste *Ermutigung*, die Paulus den Kolossern ausspricht?
5. Was wissen Sie darüber, wie die Welt zur damaligen Zeit aussah? Welches waren wohl die Hoffnungen, Träume und Probleme der Kolosser?
6. Was wissen Sie über die Lage und Bedeutung der Stadt Kolossä zur Zeit des Paulus?
7. Sehen Sie sich auch auf Seite 11 die Liste der Fragen an, die Sie sich vor der Bearbeitung der einzelnen Bücher stellen sollten.

Das Wesentliche erfassen

8. Was in diesem Brief könnte einen Menschen, der zum ersten Mal von Jesus Christus hört, besonders interessieren?
9. Welchen Eindruck hatten Sie bisher vom Kolosserbrief in bezug auf a) seinen Inhalt, b) seinen Schwierigkeitsgrad und c) seine Bedeutung?
10. Der Kolosserbrief ist auch »Das Buch des überragenden Christus«, »Die Vollkommenheit Christi«, »Die höchste Herrlichkeit Christi«, »Jesus Christus,

unser vollkommener Führer« überschrieben worden. Welche Antworten, Richtlinien und Lösungen versprechen Sie sich auf diesem Hintergrund von der Bearbeitung dieses Briefes?
11. Lesen Sie gemeinsam die ersten *zwei oder drei Verse* eines jeden Kapitels des Kolosserbriefes. Welchen Eindruck gewinnen Sie bei diesem flüchtigen Durchblättern?
12. Stellen Sie sich vor, Sie wären der Überbringer dieses Briefes des Paulus an die Gemeinde in Kolossä. Unterwegs werden Sie von einer Räuberbande überfallen und aller Wertsachen beraubt. Auch dieser Brief wird Ihnen weggenommen. Der Anführer der Räuber kann nicht lesen, und als Sie ihn bitten, Ihnen diesen Brief zurückzugeben, fragt er: »Warum? Was ist daran so wichtig?« Wie würden Sie ihm antworten?

FÜR DAS LEBEN HEUTE

13. Wenn Sie in den Himmel kommen, sich mit dem Apostel Paulus unterhalten und er Sie fragt: »Was hat dir in meinem Brief an die Kolosser am meisten geholfen?«, was würden Sie ihm gern antworten?
14. Stellen Sie sich vor, jemand würde Ihnen den Rat geben: »Sei nicht zu ehrgeizig und versuche nicht, zu viele Dinge dieses Briefes auf einmal in deinem Leben umzusetzen. Suche dir eine Sache heraus und konzentriere dich darauf.« Was würden Sie wählen?
15. Wie können Sie sicherstellen, daß Ihre Beschäftigung mit dem Kolosserbrief keine rein theoretische Angelegenheit bleibt, sondern praktisch wird und für Sie Konsequenzen hat? Was können Sie tun, damit das Gespräch lebendig und interessant bleibt?

ZUR VERTIEFUNG

Wie hat sich Gott in Jesus geoffenbart? Um diese Frage zu beantworten, lesen Sie Kolosser 1,15; 1,19 und 2,9. Schlagen Sie auch die folgenden Bibelstellen nach und überlegen Sie, inwiefern sie das, was Paulus im Kolosserbrief lehrt, erweitern oder stützen: Johannes 1,1 und 1,18; Hebräer 1,3 und 2. Korinther 4,4.

Kolosser 1

Einstieg: Welche Fragen in bezug auf Jesus haben Sie gehabt, an die Sie sich erinnern können?

Was steht im Text?

1. Welches ist in diesem Kapitel der überzeugendste Hinweis darauf, daß Jesus Gott ist?
2. Beachten Sie, wie positiv Paulus in den Versen 7-8 von Epaphras spricht. Was erfahren Sie in Kolosser 4,12-13 und Philemon 23 sonst noch von diesem Mann?
3. Stellen Sie sich den Vorher-nachher-Vergleich des Paulus in den Versen 13-14 bildlich vor. Welche Bilder sehen Sie auf der »Vorher-Seite«, welche auf der »Nachher-Seite«?
4. Wie würden Sie Vers 15 einem Kind erklären?
5. Wie könnten Sie anhand der Verse 15-20 einem falschen Bibelausleger entgegentreten, der behauptet, alles Körperliche sei böse und nur das Geistliche sei gut?
6. Warum mußte Jesus nach dem, was Sie in Vers 22 lesen, sterben?
7. Wie könnten Sie mit den Versen 15-20 einem falschen Bibelausleger entgegentreten, der behauptet, Jesus könne nicht gleichzeitig Mensch und Gott gewesen sein?
8. Achten Sie auf das Wort *Geheimnis* in Vers 26. In welchem Sinne gebraucht Paulus es hier?
9. Welche Wörter, Ausdrücke oder Sätze würden Sie, nachdem Sie das Kapitel durchgelesen haben, gern besser verstehen?
10. Überlegen Sie, welche Verse in diesem Kapitel Sie besonders ansprechen würden, wenn Sie ... a) ein Mensch wären, der gerade erfahren hat, daß er Krebs hat und sterben wird, b) ein überzeugter Atheist wären, der nach Wegen sucht, die Bibel in Mißkredit zu bringen und zu widerlegen, c) ein bekannter, aber sehr unsicherer Entertainer wären, der allmählich erkennt, wie leer und unbefriedigend Ruhm sein kann, d) ein Astronom wären, der gerade eine fremde und wunderschöne Sternenkonstellation im Weltraum entdeckt hat, e) ein Ehepaar wären, das sich im gegenseitigen Einverständnis für eine gewisse Zeit getrennt hat, nun aber bereit ist, wieder zusammenzuleben, f) ein Mensch wären, der vor einer wichtigen Entscheidung steht.

11. Stellen Sie sich vor, Sie würden eine Diashow für Ihre Gemeinde vorbereiten. Eine ausdrucksstarke Stimme liest die Verse 15-19 vor, während eine Reihe von Dias auf eine Leinwand projiziert wird. Welche Art von Dias würden Sie auswählen, um den Inhalt dieser Verse besonders zur Geltung zu bringen?

12. Sehen Sie sich auch auf Seite 10 die Liste mit Fragen an, die Sie sich während der Bearbeitung der einzelnen Kapitel stellen sollten.

13. EINZELHEITEN BEACHTEN – *Versuchen Sie, die folgende Frage zu beantworten, ohne in Ihrer Bibel nachzusehen:* Paulus spricht von seinem Mitknecht, der das Evangelium den Kolossern gebracht hat. Wie heißt er? (Siehe Vers 7.)

DAS WESENTLICHE ERFASSEN

14. Was möchte Paulus nach dem, was Sie in diesem Brief lesen, den Kolossern an Jesus vor allem begreiflich machen?

15. Sehen Sie sich die Verse 24-29 an. Was möchte Paulus den Kolossern in bezug auf sich selbst begreiflich machen?

16. Sehr oft berauben wir uns selbst der Möglichkeit, Erkenntnisse in der Bibel zu gewinnen, weil wir einen Abschnitt lesen und sagen: »Den kenne ich bereits.« Bei welchen Aussagen in diesem Kapitel kann das sehr leicht geschehen?

17. Formulieren Sie in eigenen Worten, was Gott nach dem, was Sie in den Versen 21-23 lesen, ganz bestimmt tun wird.

18. In Vers 24 spricht Paulus von dem, was er hinsichtlich der Leiden des Christus tut. Wie würden Sie den *Prozeß* erklären, von dem er spricht?

19. Wenn Sie kein Christ wären, welche Lehren in bezug auf Jesus würden Sie in diesem Kapitel wohl besonders faszinieren?

20. Wenn Sie nur dieses Kapitel der Bibel zur Verfügung hätten, was könnten Sie ihm in bezug darauf entnehmen, wie wichtig es war, daß Jesus Christus gestorben ist?

21. Stellen Sie sich den Kolosserbrief als einen schnell fahrenden Zug vor. Kapitel 1 ist die Lokomotive, die anderen Kapitel die nachfolgenden Waggons. Welches ist nach dem, was Sie in Kapitel 1 lesen, die *Energie* der Lokomotive, die Aussage, das Prinzip oder Thema, das den ganzen Zug antreibt?

FÜR DAS LEBEN HEUTE

22. Sehen Sie sich in den Versen 3 und 9-12 noch einmal das Gebet des Paulus für die Kolosser an. Nehmen Sie an, Sie würden mit Gott zusammen die Aufzeichnung aller Ihrer Gebete des vergangenen Jahres durchgehen. Welche Elemente des Gebets des Paulus würde Gott gern häufiger in Ihren Gebeten für Sie selbst enthalten sehen? Welche Elemente würde er gern häufiger in Ihren Gebeten für andere enthalten sehen?

23. Lesen Sie, was Paulus in Vers 9 über den *Willen* Gottes sagt. Nehmen Sie an, ein neubekehrter Christ würde Sie fragen: »Wie kann ich den Willen Gottes für mein Leben erkennen?« Wie würden Sie ihm anhand der Verse 9-14 antworten?

24. Welche Prinzipien oder Richtlinien für Lehrer in der Gemeinde können Sie den Versen 28-29 entnehmen?

25. Wenn Sie über Ihr eigenes Leben nachdenken, können Sie sagen, daß die Worte des Paulus in den Versen 28-29 auch auf Ihr Leben zutreffen?

26. In Kolosser 3,1 lesen wir: »Wenn ihr nun mit dem Christus auferweckt worden seid, so sucht, was droben ist, wo der Christus ist, sitzend zur Rechten Gottes.« Was ist Ihnen persönlich in diesem Kapitel an Jesus Christus wichtig geworden, nach dem Sie streben möchten?

27. In Philipper 4,8 heißt es: »Übrigens, Brüder, alles, was wahr, alles, was ehrbar, alles, was gerecht, alles, was rein, alles, was liebenswert, alles, was wohllautend ist, wenn es irgendeine Tugend und wenn es irgendein Lob gibt, das erwägt!« Welche Denkanstöße können Sie in diesem Kapitel finden, die Ihnen als *wahr, ehrbar, gerecht, rein, liebenswert*, als *Tugend* und *Lob* ins Auge fallen?

28. Welchen Vers in diesem Kapitel möchte Gott Ihnen besonders ans Herz legen?

ZUR VERTIEFUNG

Ist Ihre Sichtweise von Gott groß genug? Lesen Sie in den Versen 16-17 und 19-20 noch einmal die Beschreibung von Jesus Christus und seiner Beziehung zu »allen Dingen«. Vergleichen Sie diese Verse mit den folgenden Bibelstellen, die sich ebenfalls mit dem Thema »alle Dinge« beschäftigen, und überlegen Sie gemeinsam, inwiefern diese Verse unsere Sichtweise erweitern können: 1. Korinther 8,6; Epheser 1,9-10; Hebräer 1,3 und Offenbarung 4,11.

Kolosser 2

Einstieg: Welches ist für Sie die wichtigste *Freiheit*, die Sie haben?

Was steht im Text?

1. Nehmen Sie an, der Telegraph sei damals zur Zeit des Neuen Testaments bereits erfunden gewesen, und Paulus hätte beschlossen, den Kolossern vorab ein kurzes Telegramm zu schicken. Um Geld zu sparen, würde er aber nur die drei wichtigsten Verse dieses Kapitels telegraphieren. Welche Verse hätte Paulus Ihrer Meinung nach ausgewählt?

2. Auf welche Art von Fragen, Schwierigkeiten oder Zweifel im täglichen Leben eines Christen gibt dieses Kapitels eine Antwort?

3. Welche *Gebote* gibt Paulus den Kolossern in diesem Kapitel? Zählen Sie sie gemeinsam auf.

4. Welches sind Ihrer Meinung nach die wichtigsten *Verben* in diesem Kapitel?

5. Was in diesem Kapitel würde einen neubekehrten Christen, der es zum ersten Mal liest, am meisten in Erstaunen versetzen?

6. Paulus nennt in diesem Kapitel ein besonderes Geschenk, das Gott uns gemacht hat. Welches Geschenk? Wie würden Sie es beschreiben?

7. Wie könnten Sie mit den Versen 13-15 einem falschen Lehrer entgegentreten, der behauptet, wir brauchten nicht mit Gott versöhnt zu werden, weil wir von Natur aus gut sind?

8. Überlegen Sie, welche der folgenden Aussagen Ihrer Meinung nach am besten wiedergeben, was Paulus in den Versen 20-23 lehrt: a) Regeln sind vom Übel, und kein Christ sollte sich jemals davon gefangennehmen lassen. b) Negative (verneinende) Regeln sind nicht der richtige Weg für ein neues Leben; sie führen vielleicht in die richtige Richtung, aber sie können nicht dazu beitragen, das Ziel zu erreichen. c) Wenn man sich mit der Religion des Menschen beschäftigt, sieht man nichts als eine Ansammlung von Regeln und Bestimmungen; sieht man auf Christus, zeigt sich alles in einem anderen Licht – man sieht das wirkliche Leben.

9. Für welche der folgenden Personen wird dieses Kapitel die meiste Bedeutung haben – einen Rechtsanwalt, einen Philosophieprofessor oder einen professionellen Schatzsucher?

10. Wie würden Sie nach dem, was Sie bisher in diesem Brief gelesen haben, die Beziehung des Paulus zu den Kolossern beschreiben?

11. EINZELHEITEN BEACHTEN – *Versuchen Sie, die folgende Frage zu beantworten, ohne in Ihrer Bibel nachzusehen:* In dem kürzesten Vers dieses Kapitels sagt Paulus, daß in Christus alle Schätze der ... verborgen sind. Wie lautet der Zusatz? (Siehe Vers 3.)

Das Wesentliche erfassen

12. Würden Sie sagen, daß für das Lesen und Bearbeiten dieses Kapitels besondere *Geduld* erforderlich ist, um es zu verstehen? Wenn ja, warum?

13. Wenn Satan einige Richtlinien und Gebote niederschreiben würde, um die Menschen dazu zu bringen, genau das Gegenteil von dem zu tun, was dieses Kapitel lehrt, wie würde er seine Botschaft formulieren?

14. Wenn dieses Kapitel eine Antwort auf eine Frage wäre, die mit dem Wort *Warum* ... beginnt, wie würde die Frage lauten?

15. Sehen Sie sich Vers 8 genau an und denken Sie an die Natur des Menschen. Wie kann etwas, das so leer ist, den Menschen so attraktiv und befriedigend erscheinen?

16. Erklären Sie nach dem, was Sie in den Versen 9-12 lesen, in eigenen Worten, was wir an uns selbst erkennen sollen.

17. Lesen Sie die Verse 13-15 und stellen Sie sie sich bildlich vor. Sprechen Sie über die Bilder, die Sie sehen.

18. Versuchen Sie, »zwischen den Zeilen zu lesen«, während Sie über die Worte des Paulus in den Versen 16-19 nachdenken. Welche fundamentalen Prinzipien sind Ihrer Meinung nach der Ursprung der Lehre des Paulus hier?

19. Nehmen Sie an, am Ende dieses Kapitels hätte Paulus den Satz hinzugefügt: »Und wenn ihr nur eines aus diesem Kapitel in Erinnerung behaltet, so sei das ...« Wie hätte er Ihrer Meinung nach den Satz beendet?

20. Wenn Sie gebeten würden, eine Diskussionsfrage zu stellen, die Ihrer Gruppe helfen soll, etwas ganz Bestimmtes in diesem Kapitel zu verstehen, wie würden Sie die Frage formulieren?

21. Welche Ihrer Fragen in bezug auf die in diesem Brief bereits angesprochenen Themen bleiben unbeantwortet?

Für das Leben heute

22. Lesen Sie die Verse 6-7 noch einmal und rufen Sie sich die Worte Jesu in Johannes 15,5 in Erinnerung: »Denn getrennt von mir könnt ihr nichts tun«. Stellen Sie sich etwas Gutes vor, das in Ihrem Leben als Reaktion auf die Gebote in diesem Abschnitt passieren könnte, etwas, das ganz eindeutig nur durch die übernatürliche Kraft Gottes bewirkt werden könnte. Was könnte das sein?

23. Beachten Sie den Ausdruck am Ende von Vers 7. Für welche Dinge haben Sie in den vergangenen vierundzwanzig Stunden Gott gedankt?

24. Wie empfänglich sind die Christen heute im allgemeinen für die Verführungen, vor denen Paulus uns in Vers 8 warnt?

25. Wenn Sie nur dieses Kapitel der Bibel zur Verfügung hätten, wie könnten Sie damit die folgende Frage beantworten: *Wie kann ich mein Leben nachhaltig und effektiv verändern?*

26. Für welche Erkenntnis aus diesem Kapitel sind Sie besonders dankbar, weil sie eine persönliche Bedeutung für Sie hat?

Zur Vertiefung

Lesen Sie die Verse 9-10 und überlegen Sie, was die folgenden Bibelstellen in bezug auf unsere *Vollkommenheit* oder *Fülle* aussagen: 2. Korinther 12,9; Epheser 1,22-23; Philipper 3,12 und Hebräer 10,10-14.

Kolosser 3

Einstieg: Man sagt, daß man *wird* wie man *denkt*. Was halten Sie von dieser Aussage?

Was steht im Text?

1. In welchem Zusammenhang stehen die ersten vier Verse dieses Kapitels zu den letzten vier Versen von Kapitel 2?

2. Wenn Paulus Ihrer Gruppe die Verse 1-4 laut vorlesen würde, welches Wort oder welche Wörter würde er Ihrer Meinung nach besonders betonen?

3. Welche *Gebote* gibt Paulus den Kolossern in diesem Kapitel? Zählen Sie sie gemeinsam auf.

4. Was sagen die Verse 1-4 über Jesus aus?

5. Welches sind nach den Versen 9-15 die *Gründe* dafür, Gutes zu *tun* und gut zu *sein*?

6. Wie würden Sie Vers 20 einem kleinen Kind erklären?

7. Welches sind nach dem, was Sie in diesem Kapitel lesen, die wichtigsten moralischen Wertmaßstäbe für Christen?

8. Welche wichtigen Einzelheiten in diesem Kapitel können besonders leicht übersehen werden?

9. **EINZELHEITEN BEACHTEN** – *Versuchen Sie, die folgende Frage zu beantworten, ohne in Ihrer Bibel nachzusehen:* Paulus sagt in Vers 12, daß wir Gottes auserwähltes Volk sind und deshalb fünf Eigenschaften anziehen sollten. Eine davon ist Freundlichkeit. Wie viele der anderen vier können Sie nennen?

Das Wesentliche erfassen

10. Wenn die ersten beiden Kapitel dieses Briefes in der Vergangenheit irgendwie verlorengegangen wären, welche Auswirkungen hätte dies auf die Bedeutung von Kapitel 3 gehabt?

11. Wenn Sie sich dieses Kapitel als eine Straßenkarte für das Leben eines Christen vorstellen, welches sind die sicheren »Straßen«, die man nehmen sollte, welches die unsicheren, gefährlichen Straßen, die man meiden sollte?

12. In Psalm 119,45 sagt der Psalmist zu Gott: »Und ich werde wandeln in weitem Raum, denn nach deinen Vorschriften habe ich geforscht.« Denken Sie an die »Vorschriften« oder Gebote in den Versen 1-2 und überlegen Sie, inwiefern sie einem Christen wahre Freiheit anbieten.

13. Reicht es aus, dem Gebot in Vers 2 einfach nur zu gehorchen, um zustande zu bringen, was Paulus uns in Vers 5 aufträgt? Warum oder warum nicht?

14. Sehen Sie sich die Aufzählung der Sünden in den Versen 5-8 an. Bei welcher von ihnen fällt es besonders schwer, sie als Sünde anzusehen?

15. Welche fundamentalen Prinzipien für eine Beziehung können Sie in den Versen 16-25 (und auch in Vers 1 von Kapitel 4) finden?

16. In Sprüche 13,3 wird uns gesagt: »Wer aber das Gebot fürchtet, dem wird vergolten.« Sehen Sie sich das Gebot in Vers 16 an. Welches ist Ihrer Meinung nach vermutlich die *Belohnung* für das Halten dieses Gebotes?

17. Denken Sie an die für Sie zwei oder drei wichtigsten Verpflichtungen im Leben. Inwiefern kann Vers 17 Ihnen helfen, einer oder allen diesen Verpflichtungen gerecht zu werden?

18. Sehen Sie sich an, was Paulus in Vers 24 von der Belohnung sagt. Wie könnte diese Belohnung aussehen?

19. Welche Erkenntnisse gewinnen Sie aus diesem Kapitel in bezug auf die Anbetung Gottes?

20. Wenn Sie noch kein Christ wären, welche Lehren über Jesus Christus in diesem Kapitel würden Sie am meisten faszinieren und warum?

21. Welches sind nach dem, was Sie bisher in diesem Brief gelesen haben, die wichtigsten *Erwartungen*, die Paulus an die Kolosser stellt?

Für das Leben heute

22. In Psalm 119,47 lesen wir: »Ich habe meine Lust an deinen Geboten, die ich liebe.« Welche Gebote in diesem Kapitel würden Ihnen am ehesten Erfüllung und Freude bringen?
23. Wenn alle Mitglieder Ihrer Gemeinde dieses Kapitel genau verstanden hätten und bereit wären, es in ihrem Leben umzusetzen, welche praktischen Veränderungen würden sich daraus ergeben?
24. Ein Sprichwort lautet: »Das menschliche Herz verabscheut nichts so sehr wie Veränderung.« Welche Erkenntnisse in diesem Kapitel – Erkenntnisse, die einige Veränderungen nötig machen könnten – rufen ein gewisses Maß an Zögern und Widerstand in Ihnen hervor?
25. Sehen Sie sich die Verse 1-4 noch einmal an. Stellen Sie sich vor, Sie wären fünf Jahre älter und ganz auf Christus ausgerichtet. Wie würden Sie sich verhalten, was würden Sie tun?
26. Lesen Sie die Verse 5-10. Wie oft können diese Verse in Ihrem Alltag nützliche und zeitgemäße Richtlinien für Ihre unmittelbare Situation bieten?
27. Denken Sie über die Verse 12-14 nach. Stellen Sie sich vor, Gott würde Sie auf einer Skala von eins bis zehn einschätzen, wobei zehn vollkommener Gehorsam den Geboten dieses Abschnitts gegenüber wäre und eins vollkommene Mißachtung jener Gebote. Wie würde Ihre Bewertung wohl ausfallen?
28. Sehen Sie sich das Ende der Verse 15, 16 und 17 an, um herauszufinden, was diese drei Verse an Gemeinsamkeiten haben. Wofür haben Sie in den vergangenen vierundzwanzig Stunden Gott gedankt?
29. Welches ist ganz praktisch die größte Motivation für die Menschen, *dankbarer* zu sein?
30. Wenn Sie gebeten würden, eine Diskussionsfrage zu stellen, die Ihrer Gruppe helfen soll, etwas ganz Bestimmtes in diesem Kapitel zu verstehen, wie würden Sie die Frage formulieren?
31. Stellen Sie sich vor, Sie hätten eine Feuerbotschaft am Himmel gesehen, sie wäre an Sie adressiert gewesen und hätte folgenden Inhalt gehabt: *So spricht der Herr: »Lies Kolosser 3, denn ich möchte dir damit etwas sagen.«* Welchen Vers oder welche Verse dieses Kapitels würde Gott im Sinn gehabt haben?

Zur Vertiefung

Lesen Sie noch einmal die Aufzählung der Eigenschaften und Tugenden in den Versen 12-14 und überlegen Sie, welcher Zusammenhang zu den folgenden Bibelstellen besteht: 2. Korinther 6,6; Galater 5,22-23 und Epheser 5,9. Was sagen sie darüber aus, wie Sie Gott am besten gefallen können?

KOLOSSER 4

Einstieg: Zu welchen Nahrungsmitteln fügen Sie gern Salz hinzu?

WAS STEHT IM TEXT?

1. Beschreiben Sie den Menschen, dem dieses Kapitel besonders viel zu sagen haben wird. Mit welchen Fragen, Problemen und Sorgen wird er vermutlich zu kämpfen haben?
2. Welches sind die *Gebote*, die Paulus den Kolossern in diesem Kapitel gibt? Zählen Sie sie gemeinsam auf.
3. Wer sind die Außenseiter, von denen Paulus in Vers 5 spricht?
4. In Vers 16 erwähnt Paulus die Gemeinde in Laodicea. Was erfahren Sie in Offenbarung 3,14-22 über diese Gemeinde?
5. Nehmen Sie an, Sie würden die Bibel für einen entlegenen Stamm übersetzen, der keine Ahnung hat, was Salz ist. Wie würden Sie den Begriff Salz erklären, damit dieser Stamm Vers 6 versteht?
6. EINZELHEITEN BEACHTEN – *Versuchen Sie, die folgende Frage zu beantworten, ohne in Ihrer Bibel nachzusehen:* Kurz bevor er den Brief beendet, läßt Paulus einem Mann mit Namen Archippus etwas ausrichten. Können Sie sich erinnern, was das ist? (Siehe Vers 17.)

DAS WESENTLICHE ERFASSEN

7. Eine dreiteilige Frage: a) Überlegen Sie, wer von Ihren Bekannten nicht viel in der Bibel liest. b) Suchen Sie sich einen Vers oder einen kurzen Abschnitt in diesem Kapitel, den diese Person sicherlich sehr langweilig finden wird. c) Überlegen Sie nun, wie Sie diesen Abschnitt erklären können, so daß er diese Person anspricht.

FÜR DAS LEBEN HEUTE

8. Sehen Sie sich in Vers 1 den *Grund* an, aus welchem heraus die Herren ihren Untergebenen gegenüber gerecht sein sollen. In welchen Bereichen in Ihrem Leben ist dies ein bestimmender Faktor für die Art, wie Sie mit anderen umgehen?
9. Sehen Sie sich das Gebot in Vers 2 noch einmal an. Wofür haben Sie in den vergangenen vierundzwanzig Stunden gedankt?

10. Was können Sie nach dem, was Sie in diesem Kapitel und an anderen Stellen in der Bibel lesen, im Leben erwarten, wenn Sie dem Gebot in Vers 2 nicht gehorchen?
11. Lesen Sie in den Versen 3-4 noch einmal, wofür die Kolosser beten sollen, wenn sie für Paulus und seine Gefährten beten. Welche Teile dieses Gebets sind auch für die heutige Zeit angemessen, obwohl wir keine Apostel mehr sind?
12. Wie oft bieten die Gebote in den Versen 5-6 im Alltag nützliche Richtlinien für Ihre unmittelbare Situation?
13. Wenn Gott dieses Kapitel nur für Sie geschrieben hätte, welche Wörter oder Ausdrücke hätte er Ihrer Meinung nach unterstrichen?

Zur Vertiefung

Besitzen Sie die Weisheit, von der Paulus in Vers 5 spricht? Überlegen Sie gemeinsam, was diese Weisheit in den folgenden Versen praktisch bedeutet: Sprüche 10,19; 11,2; 13,20; 19,20; 28,26; Jakobus 3,13 und 3,17.

Kolosser: Der Gesamteindruck

(Sprechen Sie noch einmal über die im »Überblick« angegebenen Fragen und bearbeiten Sie die unten aufgeführten.)

1. Stellen Sie sich vor, Sie würden eine Bürgerversammlung besuchen, die von den Schulleitern des Bezirks einberufen worden ist, um die Entfernung aller Bibeln aus den Schulbibliotheken durchzusetzen. Sie setzen sich dafür ein, daß die Bibel den Schülern zugänglich bleibt. Ein anderer Bürger erhebt sich und sagt: »Ich sehe keinen Grund, die Bibel zu behalten. Sie ist doch sowieso ein vergessenes Buch. Nicht einmal die Christen wissen so genau, was darin steht. Sagen Sie mir doch zum Beispiel«, fährt er fort und wendet sich an Sie, »worum es im Kolosserbrief geht.« Wie würden Sie in einer solchen Situation antworten?
2. Lesen Sie gemeinsam die folgenden Verse und wählen Sie den SCHLÜSSELVERS für den Kolosserbrief aus – den Vers, der am besten ausdrückt, worum es in diesem Brief geht: 1,16; 1,19; 1,21-22; 2,13 oder 2,17.
3. Vielleicht haben Sie beschlossen, einen Punkt, der Ihnen bei der Bearbeitung dieses Briefes klargeworden ist, in Ihrem Leben umzusetzen. Sind Sie bereit, dies auch den anderen Mitgliedern Ihrer Gruppe mitzuteilen und so verbindlich zu machen?

4. Wie würden Sie den folgenden Satz als Rat an einen Christen vervollständigen: *Beschäftige dich mit dem Kolosserbrief, wenn du mehr erfahren willst in bezug auf …*

1. THESSALONICHER

ÜBERBLICK

(Besprechen Sie diese Überblicksfragen sowohl zu Beginn Ihrer Bearbeitung des ersten Thessalonicherbriefes als auch nachdem Sie alle fünf Kapitel durchgenommen haben. Es könnte sein, daß Ihre Antworten vollkommen anders ausfallen, nachdem Sie sich sehr intensiv mit dem ganzen Brief auseinandergesetzt haben.)

Einstieg: Was hat von allem, was Sie bereits über die Wiederkunft Jesu gehört haben, den größten Eindruck auf Sie gemacht?

WAS STEHT IM TEXT?

1. Überfliegen Sie diesen Brief und suchen Sie heraus, wie oft Paulus von der Wiederkunft Christi spricht.

2. Welches ist das erste *Gebot*, das Paulus den Thessalonichern in diesem Brief gibt?

3. Welches ist die erste *Ermutigung*, die er ihnen ausspricht?

4. Sehen Sie sich die ersten zwei oder drei Verse in jedem Kapitel an und Vers 23 im letzten Kapitel. Welches ist das eine, große Thema des Paulus in dem ganzen Brief?

5. Was wissen Sie über die Lage und Bedeutung der Stadt Thessalonich zur Zeit des Paulus?

6. Was wissen Sie darüber, wie die Welt zur damaligen Zeit aussah? Welches waren wohl die Hoffnungen, Träume und Probleme der Thessalonicher?

7. Lesen Sie gemeinsam Apostelgeschichte 17,1-9, um mehr darüber zu erfahren, welche Erlebnisse Paulus in Thessalonich hatte. Wie mögen diese Ereignisse die Einstellung des Paulus den Gläubigen dieser Stadt gegenüber geprägt haben?

8. Überfliegen Sie den ersten Thessalonicherbrief, bis Sie an einen Vers kommen, der eine Frage in Ihnen aufwirft. Wie lautet diese Frage?

9. Überfliegen Sie den Brief noch einmal, bis Sie an einen Vers kommen, der Sie zum Lächeln bringt oder das Gefühl der Dankbarkeit oder Freude in Ihnen weckt. Was gefällt Ihnen an diesem bestimmten Vers besonders gut?
10. Wie oft finden Sie das Wort *Brüder* in diesem Brief?
11. Lesen Sie Vers 27 im letzten Kapitel. Was sagen diese Worte des Paulus über den Zweck und die Bedeutung dieses Briefes aus?
12. Sehen Sie sich auch auf Seite 11 die Fragen an, die Sie sich vor der Bearbeitung der einzelnen Bücher stellen sollten.

Das Wesentliche erfassen

13. Welchen Eindruck hatten Sie bisher vom ersten Thessalonicherbrief in bezug auf a) seinen Inhalt, b) seinen Schwierigkeitsgrad und c) seine Bedeutung?
14. Der erste Thessalonicherbrief ist auch »Die vorbildliche Gemeinde«, »Der Brief der Entrückung«, »Ein Blick auf die Wiederkunft des Herrn« überschrieben worden. Welche Antworten, Richtlinien und Lösungen versprechen Sie sich auf diesem Hintergrund von der Bearbeitung dieses Briefes?

Für das Leben heute

15. Wenn Sie in den Himmel kommen, sich mit dem Apostel Paulus unterhalten und er Sie fragt: »Was hat dir in meinem Brief an die Thessalonicher am meisten geholfen?«, was würden Sie ihm gern antworten?
16. Stellen Sie sich vor, jemand würde Ihnen den Rat geben: »Sei nicht zu ehrgeizig und versuche nicht, zu viele Dinge dieses Briefes auf einmal in deinem Leben umzusetzen. Suche dir eine Sache heraus und konzentriere dich darauf.« Was würden Sie wählen?
17. Wie können Sie sicherstellen, daß Ihre Beschäftigung mit dem ersten Thessalonicherbrief keine rein theoretische oder intellektuelle Angelegenheit bleibt, sondern praktisch wird und für Sie Konsequenzen hat? Was können Sie tun, damit das Gespräch lebendig und interessant bleibt?

Zur Vertiefung

Konzentrieren Sie sich auf die Wiederkunft Christi, während Sie gemeinsam die folgenden Bibelstellen lesen. Wie würden Sie zusammenfassen, was Paulus den Christen in Thessalonich in bezug auf dieses Thema unbedingt begreiflich machen wollte? 1. Thessalonicher 1,10; 2,19; 3,13; 4,13-18; 2. Thessalonicher 1,7-10 und 2,1-2.

1. Thessalonicher 1

Einstieg: Welche ermutigende Erfahrung haben Sie in der vergangenen Woche gemacht?

Was steht im Text?

1. Stellen Sie sich vor, der Telegraph sei damals zur Zeit des Neuen Testaments bereits erfunden gewesen, und Paulus hätte beschlossen, den Thessalonichern vorab ein kurzes Telegramm zu schicken. Um Geld zu sparen, würde er aber nur die drei wichtigsten Verse dieses Kapitels telegraphieren. Welche Verse hätte Paulus Ihrer Meinung nach ausgewählt?

2. Was lehrt Paulus die Thessalonicher in diesem Kapitel in bezug auf Gott? Was lehrt er sie in bezug auf Jesus Christus? Was in bezug auf den Heiligen Geist?

3. Von welcher Art von Kraft spricht Paulus in Vers 5?

4. Sehen Sie sich auch auf Seite 10 die Liste mit Fragen an, die Sie sich während der Bearbeitung der einzelnen Kapitel stellen sollten.

5. EINZELHEITEN BEACHTEN – *Versuchen Sie, die folgende Frage zu beantworten, ohne in Ihrer Bibel nachzusehen:* Im letzten Vers dieses Kapitels sagt Paulus, die Thessalonicher würden etwas Bestimmtes erwarten. Worauf warteten sie?

Das Wesentliche erfassen

6. Wenn Sie von der ganzen Bibel nur die Verse 5 und 6 des ersten Thessalonicherbriefes kennen würden, in denen vom Heiligen Geist gesprochen wird, welche Schlußfolgerungen würden Sie daraus in bezug auf das Werk des Heiligen Geistes ziehen?

7. Wenn Sie gebeten würden, die »wichtigsten Merkmale christlicher Reife« dieses Kapitels zusammenzufassen, welches würden Sie als erstes nennen?

8. Stellen Sie sich den ersten Thessalonicherbrief als einen schnell fahrenden Zug vor. Kapitel 1 ist die Lokomotive, die anderen Kapitel sind die nachfolgenden Waggons. Welches ist nach dem, was Sie in Kapitel 1 lesen, die *Energie* der Lokomotive – die Aussage, das Prinzip oder Thema, das den gesamten Zug antreibt?

9. Welches ist nach dem, was Sie bisher in diesem Brief gelesen haben, der Hauptgrund des Paulus, ihn zu schreiben? Möchte er Ermutigung weitergeben, Verhaltensmaßregeln oder etwas anderes?

10. Als die Christen in Thessalonich den Brief zum ersten Mal gelesen haben, welche Gefühle, Gedanken oder Fragen mögen sie bewegt haben?

Für das Leben heute

11. Sehen Sie sich in den Versen 2-3 noch einmal das Gebet des Paulus für die Christen in Thessalonich an. Stellen Sie sich vor, Sie würden gemeinsam eine Aufzeichnung aller Ihrer Gebete des vergangenen Jahres durchgehen. Welche Elemente des Gebetes von Paulus würde Gott Ihrer Meinung nach gern häufiger in Ihren Gebeten für Sie selbst hören wollen, welche Elemente würde er gern häufiger in Ihren Gebeten für andere hören wollen?
12. Beachten Sie in den Versen 9-10 den Bericht, den Paulus von den Thessalonichern gehört hat. Würden diese Aussagen auch auf *Sie* zutreffen?
13. Welchen Vers in diesem Kapitel möchte Gott Ihnen wohl besonders ans Herz legen?
14. Stellen Sie sich vor, Paulus würde einen Brief an Ihre Gemeinde heute schreiben und sich diesen Brief an die Thessalonicher als Muster nehmen. Wie viele Wörter und Ausdrücke im ersten Kapitel könnten auch in einem solchen Brief an Ihre Gemeinde verwendet werden?

Zur Vertiefung

Was lehrt Paulus die Thessalonicher in bezug auf den Heiligen Geist? Sehen Sie sich die Verse 5-6 noch einmal an und vergleichen Sie sie mit dem, was Paulus in 1. Thessalonicher 4,8; 5,19 und 2. Thessalonicher 2,13 sagt. Wie würden Sie die Perspektive beschreiben, die Paulus der Gemeinde in bezug auf dieses Thema gibt?

1. Thessalonicher 2

Einstieg: Wie würden Sie den idealen Pastor einer Gemeinde beschreiben?

Was steht im Text?

1. Welchen Eindruck haben Sie beim Lesen dieses Kapitels? Welches Bild bleibt Ihnen haften?
2. Welche ausgeprägten Erinnerungen hat Paulus an seine Zeit bei den Thessalonichern?

3. Welches sind die wichtigsten *Verben* in diesem Kapitel?
4. Was in diesem Kapitel könnte einen neubekehrten Christen, der es zum ersten Mal liest, besonders in Erstaunen versetzen?
5. Für welche der folgenden Personen wird dieses Kapitel die größte Bedeutung haben: für eine Mutter mit einem kleinen Kind, für einen Botschafter in einer ausländischen Stadt oder einen Schulbusfahrer?
6. Stellen Sie sich die Verse 19-20 bildlich vor und beschreiben Sie dieses Bild.
7. Wie würden Sie nach dem, was Sie bisher in diesem Brief gelesen haben, die Beziehung des Paulus zu den Thessalonichern beschreiben?
8. EINZELHEITEN BEACHTEN – *Versuchen Sie, die folgende Frage zu beantworten, ohne in Ihrer Bibel nachzusehen:* Paulus bestätigt den Thessalonichern, die Gemeinden an einem anderen Ort nachzuahmen. Welche Gemeinden? (Siehe Vers 14.)

Das Wesentliche erfassen

9. Stellen Sie sich vor, Sie würden Paulus beim Schreiben dieses Briefes über die Schulter sehen. Welche Gefühle, Sehnsüchte oder Erinnerungen wird er sehr wahrscheinlich beim Schreiben dieses Kapitels durchlebt haben?
10. Was sollen die Thessalonicher nach dem, was Sie in diesem Kapitel lesen, in bezug auf den Dienst des Paulus unbedingt verstehen?
11. Wenn Sie die Arbeit des Apostels Paulus bewerten sollten, was würden Sie ihm basierend auf dem, was Sie in diesem Kapitel lesen, sagen?
12. Wenn Sie nur dieses Kapitel aus der Bibel kennen würden, wie könnten Sie damit einem neubekehrten Christen helfen, im Glauben zu wachsen?
13. Eine dreiteilige Frage: a) Überlegen Sie, wer von ihren Bekannten nicht viel in der Bibel liest. b) Suchen Sie sich einen Vers oder einen kurzen Abschnitt in diesem Kapitel, den diese Person sicherlich sehr langweilig finden würde. c) Überlegen Sie nun, wie Sie diesen Abschnitt erklären können, so daß er diese Person anspricht.
14. Wenn Sie gebeten würden, eine Diskussionsfrage zu stellen, die Ihrer Gruppe helfen soll, etwas ganz Bestimmtes in diesem Kapitel zu verstehen, wie würden Sie diese Frage formulieren?
15. Welches ist nach dem, was Sie bisher in diesem Brief gelesen haben, der Hauptgrund des Paulus, ihn zu schreiben? Möchte er Ermutigung weitergeben, Verhaltensmaßregeln oder etwas anderes?

Für das Leben heute

16. Welche Prinzipien oder Richtlinien finden Sie in den Versen 1-12 für christliche Leiter, Lehrer und Prediger heute?
17. Wenn Sie über Ihr Leben nachdenken, können Sie sagen, daß die Aussage des Paulus in Vers 4 auch auf Sie zutrifft? Ist das ein Bild auch für Ihr Leben?
18. Sehen Sie sich die Frage in Vers 19 an. Wie würden Sie diese Frage auf Sie selbst bezogen beantworten?
19. Welcher Vers in diesem Kapitel ist Ihnen in Ihrer gegenwärtigen Situation besonders wichtig geworden? Warum?

Zur Vertiefung

In Vers 19 verwendet Paulus das Wort *Krone*. Freuen Sie sich an der Bildhaftigkeit dieses Ausdrucks, während Sie die folgenden Verse lesen: Sprüche 4,7-9; 14,24; 16,31; Jesaja 62,2-3 und Offenbarung 2,10.

1. Thessalonicher 3

Einstieg: Welches ist die beste Nachricht, die Sie in der vergangenen Woche bekommen haben?

Was steht im Text?

1. Was sagt dieses Kapitel über die Beziehung des Paulus zu den Thessalonichern aus?
2. Wenn dieses Kapitel die Antwort auf eine Frage wäre, die mit dem Wort *Warum* ... beginnen würde, wie würde die Frage lauten?
3. EINZELHEITEN BEACHTEN – *Versuchen Sie, die folgende Frage zu beantworten, ohne in Ihrer Bibel nachzusehen:* Wo befand sich Paulus, als er Timotheus zu den Thessalonichern schickte? (Siehe Vers 1.)

Das Wesentliche erfassen

4. Welches sind die wichtigsten *Erwartungen*, die Paulus an die Thessalonicher stellt?
5. Nehmen Sie an, am Ende des Kapitels hätte Paulus den folgenden Satz hinzugefügt: »Und wenn dir nur eines von diesem Kapitel in Erinnerung bleibt, so sei das ...« Wie hätte er den Satz wohl beendet?

6. Welches ist nach dem, was Sie bisher in diesem Brief gelesen haben, der wichtigste Grund für Paulus, ihn zu schreiben?

Für das Leben heute

7. Beachten Sie in Vers 4 die Erinnerung des Paulus an seine Vorhersage. Wenn jemand *Ihnen* vor einem oder zwei Jahren eine solche Vorhersage gemacht hätte, wäre sie zutreffend gewesen?
8. Sehen Sie sich in den Versen 11-13 das Gebet des Paulus für die Thessalonicher an. Stellen Sie sich vor, Sie würden gemeinsam eine Aufzeichnung aller Ihrer Gebete des vergangenen Jahres durchgehen. Welche Elemente des Gebetes von Paulus würde Gott Ihrer Meinung nach gern häufiger in Ihren Gebeten für Sie selbst hören wollen, welche Elemente würde er gern häufiger in Ihren Gebeten für andere hören wollen?
9. Wenn Gott dieses Kapitel nur für Sie geschrieben hätte, welche Wörter oder Ausdrücke würde er wohl unterstrichen haben?

Zur Vertiefung

Macht Paulus den Thessalonichern die Tatsache deutlich, daß Jesus Gott ist? Sehen Sie sich Vers 11 noch einmal an und vergleichen Sie, was Sie darin lesen, mit dem, was Paulus in 1. Thessalonicher 1,1; 2. Thessalonicher 1,2 und 2,16-17 sagt. Wie würden Sie zusammenfassen, was Paulus der Gemeinde in Thessalonich zu diesem Thema sagt?

1. Thessalonicher 4

Einstieg: An welchen Signalen kann man sehr schnell erkennen, ob man einem anderen gefällt oder nicht?

Was steht im Text?

1. Auf welche Fragen, Schwierigkeiten oder Zweifel im Leben eines Christen gibt dieses Kapitel eine gute Antwort?
2. Welche Wörter, Ausdrücke oder Sätze würden Sie, nachdem Sie dieses Kapitel durchgelesen haben, gern besser verstehen?
3. Welches sind nach dem, was Sie in den Versen 1-8 lesen, die *Gründe* dafür, ein Gott wohlgefälliges Leben zu führen?

4. Welche Erwartungen können wir nach dem, was Sie in den Versen 14-17 lesen, zu Recht an Gott stellen?
5. Wie würden Sie die Verse 16-17 einem kleinen Kind erklären?
6. Nehmen Sie an, eine Gruppe bewaffneter Terroristen würde ins Zimmer stürmen und Sie als Geiseln nehmen. Kurz bevor man Ihnen die Bibel wegnimmt, wird Ihnen gestattet, noch einen Blick auf das aufgeschlagen vor Ihnen liegende Kapitel zu werfen. Welchen Vers in diesem Kapitel würden Sie sich besonders einprägen wollen, bevor man Ihnen Ihre Bibel wegnimmt?
7. Welche wichtigen Details in diesem Kapitel können sehr leicht übersehen werden?
8. EINZELHEITEN BEACHTEN – *Versuchen Sie, die folgende Frage zu beantworten, ohne in Ihrer Bibel nachzusehen:* Paulus schreibt, daß Jesus, wenn er wiederkommen wird, von drei Geräuschen begleitet wird. Welche drei Geräusche sind das? (Siehe Vers 16.)

DAS WESENTLICHE ERFASSEN

9. Häufig berauben wir uns selbst wichtiger Erkenntnisse, weil wir eine Bibelstelle lesen und uns sagen: »Die kenne ich bereits.« Bei welchem Vers in diesem Kapitel kann das sehr leicht geschehen?
10. Was möchte Paulus nach dem, was Sie in diesem Kapitel lesen, den Thessalonichern in bezug auf die Wiederkunft Christi unbedingt klarmachen?
11. Stellen Sie sich zwei Christen vor. Der eine hat gelernt, den Geboten in den Versen 11-12 zu gehorchen, der andere hat das nicht gelernt. Welche praktischen Unterschiede werden Sie in der Art erkennen, wie diese beiden Menschen leben?
12. Am Ende des Kapitels sagt Paulus, daß seine Worte in den Versen 13-17 uns Ermutigung und Trost geben sollen. Warum?
13. Welches ist nach dem, was Sie bisher in diesem Brief gelesen haben, der Hauptgrund für Paulus, ihn zu schreiben?

FÜR DAS LEBEN HEUTE

14. Wenn es stimmt, daß man »*wird* wie man *denkt*«, welche wichtigen Gedanken aus diesem Kapitel möchten Sie sich gern aneignen?
15. Wenn Hoffnung definiert wird als »eifrige und zuversichtliche Erwartung dessen, was Gott verheißen hat«, was in diesem Kapitel erwarten Sie eifrig und zuversichtlich von Gott?

16. Wenn alle Ihre Gemeindemitglieder dieses Kapitel genau verstanden haben und bereit wären, es in ihrem Leben umzusetzen, welche praktischen Veränderungen würden sich daraus ergeben?

17. Könnten Sie die Verse 11-12 als *Absichtserklärung* für Ihr Leben übernehmen?

18. Stellen Sie sich vor, Sie hätten eine Feuerbotschaft am Himmel gesehen. Sie wäre mit folgendem Inhalt an Sie adressiert gewesen: *So spricht der Herr: »Lies 1. Thessalonicher 4, denn ich möchte dir damit etwas sagen.«* Welcher Vers oder welche Verse in diesem Kapitel hätte Gott damit gemeint?

19. In Philipper 4,8 heißt es: »Übrigens, Brüder, alles, was wahr, alles, was ehrbar, alles, was gerecht, alles, was rein, alles, was liebenswert, alles, was wohllautend ist, wenn es irgendeine Tugend und wenn es irgendein Lob gibt, das erwägt!« Welche Denkanstöße können Sie in diesem Kapitel finden, die Ihnen als *wahr, ehrbar, gerecht, rein, liebenswert,* als *Tugend* und *Lob* ins Auge fallen?

Zur Vertiefung

Welches Evangelium lehrte Paulus die Thessalonicher? Sehen Sie sich Vers 14 noch einmal an und vergleichen Sie, was Sie dort lesen, mit dem, was Paulus in 1. Thessalonicher 5,9-10 und 2. Thessalonicher 2,13-14 schreibt. Wie würden Sie zusammenfassen, was Paulus den Thessalonichern zu diesem Thema sagt?

1. Thessalonicher 5

Einstieg: Auf welche Dinge freuen Sie sich in Ihrer gegenwärtigen Lebenssituation am meisten?

Was steht im Text?

1. Beschreiben Sie den Menschen, dem Ihrer Meinung nach dieses Kapitel besonders viel zu sagen haben wird. Welche Fragen und Probleme müßte er haben?

2. Welches ist der »Tag des Herrn«, von dem Paulus in Vers 2 spricht?

3. Welche *Verheißungen* in bezug auf den Tag des Herrn werden in den Versen 2-4 gemacht?

4. Sehen Sie sich noch einmal Vers 4 an. Was muß nach dem, was Sie in diesem Kapitel lesen, im Leben eines Christen passieren, wenn er durch das Kommen des Tages des Herrn nicht überrascht werden soll?
5. Beachten Sie das Gebot des Paulus in Vers 11. Welche Prinzipien und Richtlinien für das Befolgen dieses Gebotes erkennen Sie in diesem ganzen Kapitel?
6. Womit müssen wir nach dem, was wir in diesem Kapitel und an anderen Stellen in der Bibel lesen, in unserem Leben rechnen, wenn wir dem Gebot in Vers 18 *nicht* gehorchen?
7. Welche *Erwartungen* können wir nach den Versen 23-24 zu Recht an Gott stellen?
8. EINZELHEITEN BEACHTEN – *Versuchen Sie, die folgende Frage zu beantworten, ohne in Ihrer Bibel nachzusehen:* Am Ende dieses Kapitels verwendet Paulus einen kurzen Ausdruck, um Gott zu beschreiben. Welcher Ausdruck ist das? (Siehe Vers 23.)

DAS WESENTLICHE ERFASSEN

9. Stellen Sie sich dieses Kapitel als eine Straßenkarte für das Leben eines Christen vor. Welches sind die sicheren »Straßen«, die man nehmen, welches die unsicheren, gefährlichen Straßen, die man lieber meiden sollte?
10. Wenn Satan Richtlinien und Anweisungen niederschreiben würde, um die Menschen dazu zu bringen, genau das Gegenteil von dem zu tun, was in diesem Kapitel gelehrt wird, wie müßte seine Botschaft formuliert sein?
11. Stellen Sie sich vor, die Thessalonicher würden Paulus auf seinen Brief antworten, die Verse 6-8 zitieren und ihn fragen, was er damit gemeint hat. Was würde Paulus Ihrer Meinung nach darauf antworten?
12. In Sprüche 13,13 heißt es: »Wer aber das Gebot fürchtet, dem wird vergolten.« Sehen Sie sich das Gebot in Vers 8 an. Welches ist Ihrer Meinung nach die *Belohnung* für das Halten dieses Gebotes?
13. Versuchen Sie, »zwischen den Zeilen zu lesen«, während Sie über die Verse 19-21 nachdenken. Welche fundamentalen Prinzipien sind Ihrer Meinung nach der Ursprung der Lehre des Paulus hier?
14. Welches sind nach dem, was Sie in diesem Kapitel lesen, die wichtigsten moralischen Wertmaßstäbe für einen Christen?

FÜR DAS LEBEN HEUTE

15. Nehmen Sie an, ein neubekehrter Christ würde Sie fragen: »Wie kann ich den Willen Gottes für mein Leben erkennen?« Wie würden Sie ihm anhand der Kapitel 4 und 5 dieses Briefes antworten?

16. Ein Sprichwort lautet: »Das Herz des Menschen verabscheut nichts so sehr wie Veränderung.« Welche Erkenntnisse aus Kapitel 5 – Erkenntnisse, die Veränderung nach sich ziehen könnten – rufen ein gewisses Maß an Zögern und Widerstand in Ihnen hervor?

17. In Psalm 119,47 heißt es: »Ich habe meine Lust an deinen Geboten, die ich liebe.« Welche Gebote in diesem Kapitel würden Ihnen in Ihrer gegenwärtigen Lebenssituation am schnellsten Erfüllung und Vergnügen bringen?

18. Wie oft könnten die Gebote in den Versen 6-8 Ihnen nützliche Richtlinien für Ihre unmittelbare Situation geben?

19. Stellen Sie sich vor, Sie hätten neue Nachbarn bekommen, deren Leben das vollkommene Beispiel für das wäre, von dem Paulus in Vers 11 spricht. Wie würde die Beziehung der Nachbarn zu Ihnen aussehen? Was würden sie *für* Sie und *mit* Ihnen tun?

20. Wer ist in den Versen 12-13 gemeint, und inwiefern bezieht sich dieser Abschnitt auf uns heute?

21. In Psalm 119,45 sagt der Psalmist: »Und ich werde wandeln in weitem Raum, denn nach deinen Vorschriften habe ich geforscht.« Denken Sie über die »Vorschrift« oder das Gebot in Vers 15 nach und überlegen Sie, inwiefern es einem Christen wahre Freiheit bietet.

22. Sehen Sie sich das Gebot in Vers 16 an. Was hat Ihnen in den vergangenen vierundzwanzig Stunden besondere Freude gemacht?

23. Lesen Sie das Gebot in Vers 17. Um welche wichtigen Dinge haben Sie in den vergangenen vierundzwanzig Stunden gebetet?

24. Sehen Sie sich noch einmal das Gebot in Vers 18 an. Für welche wichtigen Dinge haben Sie in den vergangenen vierundzwanzig Stunden Gott gedankt?

25. Wenn Sie nur zu diesem Kapitel der Bibel Zugang hätten, wie könnten Sie damit die Frage beantworten: *Wie kann ich mein Leben grundlegend und effektiv verbessern?*

26. Wenn Sie gebeten würden, eine Diskussionsfrage zu stellen, die Ihrer Gruppe helfen soll, etwas ganz Bestimmtes in diesem Kapitel zu verstehen, wie würden Sie diese Frage formulieren?

Zur Vertiefung

Wie sollen die Thessalonicher ihre Beziehung zu Christus sehen? Lesen Sie die Verse 9-10 noch einmal und vergleichen Sie sie mit dem, was Paulus in 1. Thessalonicher 1,1 und in 2. Thessalonicher 1,12 und 2,16-17 schreibt. Welche Sichtweise vermittelt Paulus der Gemeinde in Thessalonich in bezug auf dieses Thema?

ERSTER THESSALONICHERBRIEF: DER GESAMTEINDRUCK

(Sprechen Sie noch einmal über die im »Überblick« angegebenen Fragen und bearbeiten Sie die unten aufgeführten.)

1. Wie würden Sie nach dem, was Sie in diesem Brief gelesen haben, unser zukünftiges Schicksal als Christen beschreiben?
2. Lesen Sie gemeinsam die folgenden Verse und wählen Sie den SCHLÜSSELVERS für den ersten Thessalonicherbrief aus – den Vers, der am besten ausdrückt, worum es in diesem Brief geht: 1,9-10; 4,1 oder 4,14.
3. Für welche Erkenntnis aus diesem Brief sind Sie besonders dankbar, weil sie von persönlicher Bedeutung für Sie ist?
4. In Jakobus 1,23-24 wird uns gesagt: »Denn wenn jemand ein Hörer des Wortes ist und nicht ein Täter, der gleicht einem Menschen, der sein natürliches Angesicht in einem Spiegel betrachtet. Denn er hat sich selbst betrachtet und ist weggegangen, und er hat sogleich vergessen, wie er beschaffen war.« Inwiefern ist der erste Thessalonicherbrief ein »Spiegel« für Sie gewesen, der Ihnen gezeigt hat, was Sie tun können und sollten?
5. Vielleicht haben Sie beschlossen, einen Punkt, der Ihnen bei der Bearbeitung dieses Briefes klargeworden ist, in Ihrem Leben umzusetzen. Sind Sie bereit, dies auch den anderen Mitgliedern Ihrer Gruppe mitzuteilen und so verbindlich zu machen?
6. Wie würden Sie den folgenden Satz als Rat an einen Christen vervollständigen: *Beschäftige dich mit dem ersten Thessalonicherbrief, wenn du mehr erfahren willst in bezug auf...*

2. THESSALONICHER

Überblick

(Besprechen Sie diese Überblicksfragen sowohl zu Beginn Ihrer Bearbeitung des zweiten Thessalonicherbriefes als auch nachdem Sie alle drei Kapitel durchgenommen haben. Es könnte sein, daß Ihre Antworten vollkommen anders ausfallen, nachdem Sie sich sehr intensiv mit dem ganzen Brief auseinandergesetzt haben.)

Einstieg: Wobei ist Ihnen das Warten besonders schwergefallen?

Was steht im Text?

1. Welches ist das erste *Gebot*, das Paulus den Thessalonichern in diesem Brief gibt?
2. Welches ist die erste *Ermutigung*, die Paulus den Thessalonichern ausspricht?
3. Was wissen Sie über die Lage und Bedeutung der Stadt Thessalonich zur Zeit des Paulus?
4. Was wissen Sie darüber, wie die Welt zur damaligen Zeit aussah? Welche Hoffnungen, Träume und Probleme mögen die Thessalonicher wohl gehabt haben?
5. Lesen Sie gemeinsam Apostelgeschichte 17,1-9, um mehr über die Erfahrungen des Paulus in Thessalonich zu erfahren. Wie mögen diese Erfahrungen die spätere Einstellung des Paulus zu den Gläubigen in dieser Stadt beeinflußt haben?
6. Überfliegen Sie den zweiten Thessalonicherbrief, bis Sie an einen Vers kommen, der eine Frage in Ihnen aufwirft. Wie lautet diese Frage?
7. Überfliegen Sie den Brief noch einmal, bis Sie an einen Vers kommen, der Sie zum Lächeln bringt oder das Gefühl der Dankbarkeit oder Freude in Ihnen weckt. Was gefällt Ihnen an diesem bestimmten Vers besonders gut?
8. Wie oft kommt das Wort *Brüder* in diesem Brief vor?
9. Sehen Sie sich auch auf Seite 11 die Liste mit Fragen an, die Sie sich während der Bearbeitung der einzelnen Bücher stellen sollten.

DAS WESENTLICHE ERFASSEN

10. Welchen Eindruck hatten Sie bisher vom zweiten Thessalonicherbrief in bezug auf a) seinen Inhalt, b) seinen Schwierigkeitsgrad und c) seine Bedeutung?

11. Der zweite Thessalonicherbrief ist auch »Trost in Verfolgung« und »Mehr zur Wiederkunft Christi« überschrieben worden. Welche Antworten, Richtlinien und Lösungen versprechen Sie sich auf diesem Hintergrund von der Bearbeitung dieses Briefes?

FÜR DAS LEBEN HEUTE

12. Wenn Sie in den Himmel kommen, sich mit dem Apostel Paulus unterhalten und er Sie fragt: »Was hat dir in meinem zweiten Brief an die Thessalonicher am meisten geholfen?«, was würden Sie ihm gern antworten?

13. Stellen Sie sich vor, jemand würde Ihnen den Rat geben: »Sei nicht zu ehrgeizig und versuche nicht, zu viele Dinge dieses Briefes auf einmal in deinem Leben umzusetzen. Suche dir eine Sache heraus und konzentriere dich darauf.« Was würden Sie wählen?

14. Wie können Sie sicherstellen, daß Ihre Beschäftigung mit dem zweiten Thessalonicherbrief keine rein theoretische oder intellektuelle Angelegenheit bleibt, sondern praktisch wird und für Sie Konsequenzen hat? Was können Sie tun, damit das Gespräch lebendig und interessant bleibt?

ZUR VERTIEFUNG

Haben wir richtig verstanden, was auf diejenigen wartet, die nicht an Christus glauben und sich nicht auf seine Wiederkunft freuen? Lesen Sie gemeinsam 2. Thessalonicher 1,6-10 und vergleichen Sie das, was Sie dort lesen mit den folgenden Versen: Matthäus 8,11-12; Johannes 3,18; 3,36; Römer 2,8 und 2. Petrus 3,7.

2. THESSALONICHER 1

Einstieg: Welche Bilder fallen Ihnen ein, wenn Sie an das Wort *Gerichtstag* denken?

WAS STEHT IM TEXT?

1. Welchen besonderen Eindruck oder welches Bild hinterläßt dieses Kapitel bei Ihnen?
2. Aus welchen Gründen müssen die Thessalonicher ermutigt werden?
3. Welches sind die wichtigsten *Verben* in diesem Kapitel?
4. Welche *Erwartungen* können wir nach dem, was Sie in den Versen 5-10 lesen, zu Recht an Gott stellen?
5. Wie würden Sie die Verse 8-9 einem kleinen Kind erklären?
6. Sehen Sie sich auch auf Seite 10 die Liste der Fragen an, die Sie sich während der Bearbeitung der einzelnen Kapitel stellen sollten.
7. EINZELHEITEN BEACHTEN – *Versuchen Sie, die folgende Frage zu beantworten, ohne in Ihrer Bibel nachzusehen:* Worum bittet Paulus Gott in seinem Gebet für die Thessalonicher als erstes? (Siehe Vers 11.)

DAS WESENTLICHE ERFASSEN

8. Wenn Sie noch kein Christ wären, welche Lehren dieses Kapitels in bezug auf Jesus würden Sie besonders faszinieren, und warum?
9. Eine dreiteilige Frage: a) Überlegen Sie, wer von Ihren Bekannten nicht viel in der Bibel liest. b) Suchen Sie sich einen Vers oder einen kurzen Abschnitt in diesem Kapitel, den diese Person sicherlich sehr langweilig finden würde. c) Überlegen Sie nun, wie Sie diesen Abschnitt so erklären können, daß er diese Person anspricht.
10. Lesen Sie noch einmal, was Paulus in den Versen 8-9 sagt. *Warum* möchte Gott, daß wir das wissen?
11. Welches ist nach dem, was Sie bisher in diesem Brief gelesen haben, der Hauptgrund des Paulus, ihn zu schreiben?

Für das Leben heute

12. Sehen Sie sich in den Versen 11-12 noch einmal das Gebet des Paulus für die Philipper an. Stellen Sie sich vor, Sie würden gemeinsam eine Aufzeichnung aller Ihrer Gebete des vergangenen Jahres durchgehen. Welche Elemente des Gebetes von Paulus würde Gott Ihrer Meinung nach gern häufiger in Ihren Gebeten für Sie selbst hören wollen, welche Elemente würde er gern häufiger in Ihren Gebeten für andere hören wollen?

13. In Philipper 4,8 heißt es: »Übrigens, Brüder, alles, was wahr, alles, was ehrbar, alles, was gerecht, alles, was rein, alles, was liebenswert, alles, was wohllautend ist, wenn es irgendeine Tugend und wenn es irgendein Lob gibt, das erwägt!« Welche Denkanstöße können Sie in diesem Kapitel finden, die Ihnen als *wahr, ehrbar, gerecht, rein, liebenswert,* als *Tugend* und *Lob* ins Auge fallen?

14. Für welche Erkenntnis in diesem Kapitel sind Sie besonders *dankbar*, weil sie von persönlicher Bedeutung für Sie ist?

Zur Vertiefung

Was sagt Paulus den Thessalonichern in bezug auf Gottes Gericht über die Sünde? Lesen Sie die Verse 5-10 und vergleichen Sie sie mit dem, was Paulus in 1. Thessalonicher 1,10 und 2,16 sagt. Welche Perspektive gibt Paulus der Gemeinde in Thessalonich in bezug auf dieses Thema?

2. Thessalonicher 2

Einstieg: Welches ist der schlimmste Bösewicht in einem Film oder Buch, den Sie je kennengelernt haben?

Was steht im Text?

1. Welche *Gebote* gibt Paulus den Thessalonichern in diesem Kapitel?
2. Welche Wörter, Ausdrücke oder Sätze würden Sie, nachdem Sie das Kapitel durchgelesen haben, gern besser verstehen?
3. Welches Mißverständnis in bezug auf die Wiederkunft des Herrn Jesus versuchte Paulus in den Versen 1-12 zu korrigieren, und wie hat er es versucht?
4. Wenn dieses Kapitel die Antwort auf eine Frage wäre, die mit dem Wort *Wann* … beginnen würde, wie müßte die Frage lauten?

5. Lesen Sie in den Versen 3-10 nach, wie Paulus einen bestimmten Mann beschreibt. Was sollen die Thessalonicher an diesem Mann vor allem verstehen?
6. Welche wichtigen Schlußfolgerungen können Sie aus den Versen 10-12 in bezug auf die Ungläubigen ziehen?
7. Was sagen die Verse 13-17 darüber aus, was wir *sein* und was wir als Christen *haben* sollten?
8. Wenn Paulus die Verse 13-17 Ihrer Gruppe laut vorlesen würde, welches Wort oder welche Wörter würde er Ihrer Meinung nach besonders betonen?
9. Wie würden Sie nach dem, was Sie bisher in diesem Brief gelesen haben, die Beziehung des Paulus zu den Thessalonichern beschreiben?
10. EINZELHEITEN BEACHTEN – *Versuchen Sie, die folgende Frage zu beantworten, ohne in Ihrer Bibel nachzusehen:* Wenn Paulus von denen spricht, die »verloren gehen«, erwähnt er etwas, das sie weder lieben noch glauben. Was ist das? (Siehe Verse 10 und 12.)

Das Wesentliche erfassen

11. Um wen geht es in diesem Kapitel in der Hauptsache?
12. Oft berauben wir uns selbst tieferer Erkenntnisse in der Bibel, weil wir uns einen Abschnitt ansehen und uns sagen: »Den kenne ich bereits.« Bei welchen Aussagen in diesem Kapitel könnte das einem Christen sehr leicht passieren?
13. Ist für die Bearbeitung dieses Kapitels Ihrer Meinung nach besondere *Geduld* erforderlich, um es zu verstehen? Wenn ja, warum?
14. Wenn Sie gebeten würden, eine Diskussionsfrage zu stellen, die Ihrer Gruppe helfen soll, etwas ganz Bestimmtes in diesem Kapitel zu verstehen, wie würden Sie diese Frage formulieren?

Für das Leben heute

15. Sehen Sie sich in den Versen 16-17 noch einmal das Gebet des Paulus für die Thessalonicher an. Stellen Sie sich vor, Gott würde mit Ihnen zusammen eine Aufzeichnung aller Ihrer Gebete des vergangenen Jahres durchgehen. Welche Elemente des Gebetes von Paulus würde Gott Ihrer Meinung nach gern häufiger in Ihren Gebeten für Sie selbst hören wollen, welche Elemente würde er gern häufiger in Ihren Gebeten für andere hören wollen?
16. Welchen Vers in diesem Kapitel sollen Sie wohl von Gott aus gesehen in erster Linie verstehen?

Zur Vertiefung

Lesen Sie in den Versen 13-16 noch einmal den Hinweis des Paulus auf die Personen der Dreieinigkeit. Lesen Sie die folgenden Bibelstellen und überlegen Sie, was sie über die Dreieinigkeit aussagen: Matthäus 3,16-17; 28,18-19; Johannes 14,15-18; 1. Korinther 12,3-6; 2. Korinther 13,14 und 1. Petrus 1,1-2.

2. Thessalonicher 3

Einstieg: Welches ist die schwerste Arbeit, die Sie je verrichtet haben?

Was steht im Text?

1. Beschreiben Sie die Personen, die von der Bearbeitung dieses Kapitels am meisten haben werden. Welche Fragen, Sorgen und Probleme werden sie haben?

2. Nehmen Sie an, eine Gruppe bewaffneter Terroristen würde ins Zimmer stürmen und Sie als Geiseln nehmen. Kurz bevor Ihnen die Bibeln weggenommen werden, gestattet man Ihnen, noch einen letzten Blick auf das aufgeschlagen vor Ihnen liegende Kapitel zu werfen. Welchen Vers würden Sie sich besonders einprägen, bevor man Ihnen die Bibel fortnimmt?

3. Was in diesem Kapitel versetzt einen neubekehrten Christen, der es zum ersten Mal liest, besonders in Erstaunen?

4. Welche *Gebote* gibt Paulus den Thessalonichern in diesem Kapitel?

5. Wie würden Sie Vers 3 einem kleinen Kind erklären?

6. Sehen Sie sich die Worte des Paulus in Vers 5 an. Wie würden Sie dieses Gebet in eigenen Worten ausdrücken?

7. Wenn Sie Paulus fragen könnten: »Warum hast du den Vers 17 in diesem Brief geschrieben?«, wie würde er Ihrer Meinung nach antworten?

8. Welche wichtigen Einzelheiten in diesem Kapitel können sehr leicht übersehen werden?

9. EINZELHEITEN BEACHTEN – *Versuchen Sie, die folgende Frage zu beantworten, ohne in Ihrer Bibel nachzusehen:* Was erbittet Paulus am Ende seines Briefes für die Thessalonicher? (Siehe Vers 16.)

DAS WESENTLICHE ERFASSEN

10. Wenn Satan einige Richtlinien und Gebote niederschreiben würde, um die Menschen dazu zu bringen, genau das Gegenteil von dem zu tun, was in diesem Kapitel gelehrt wird, wie würde er seine Botschaft wohl formulieren?

11. Denken Sie aufmerksam über das nach, was Paulus in den Versen 6-13 in bezug auf Faulheit sagt. Wie würden Sie anhand dieses Kapitels den Unterschied zwischen der Sünde der Faulheit auf der einen Seite und dem angemessenen Genießen von Freizeit und Erholung auf der anderen Seite erklären?

12. In Sprüche 13,13 heißt es: »Wer aber das Gebot fürchtet, dem wird vergolten.« Sehen Sie sich auch das Gebot in Vers 29 an. Welches ist Ihrer Meinung nach vermutlich die *Belohnung* für das Halten dieses Gebotes?

13. Versuchen Sie, »zwischen den Zeilen« zu lesen, während Sie über die Worte des Paulus in den Versen 14-15 nachdenken. Welche fundamentalen Prinzipien sind Ihrer Meinung nach der Ursprung der Lehre des Paulus hier?

14. Welches sind nach dem, was Sie in diesem Brief gelesen haben, die wichtigsten *Erwartungen*, die Paulus an die Thessalonicher stellt?

FÜR DAS LEBEN HEUTE

15. Sehen Sie sich in den Versen 1-2 noch einmal an, wofür die Thessalonicher beten sollen. Welche Teile dieses Gebetes können auch wir heute füreinander sprechen, obwohl wir keine Apostel sind?

16. Denken Sie an die Warnung des Paulus vor der Faulheit in den Versen 6-13. Wie groß ist dieses Problem heutzutage unter Christen, und welche Formen nimmt es an?

17. Wie oft bietet das Gebot in Vers 13 nützliche Richtlinien für Ihre unmittelbare Situation?

18. Wenn Sie gebeten würden, eine Diskussionsfrage zu stellen, die Ihrer Gruppe helfen soll, etwas ganz Bestimmtes in diesem Kapitel zu verstehen, wie würden Sie die Frage formulieren?

19. Welcher Vers in diesem Kapitel ist Ihnen in Ihrer gegenwärtigen Situation besonders wichtig geworden? Warum?

ZUR VERTIEFUNG

Sehen Sie sich die Verse 7 und 9 noch einmal an. Schlagen Sie nun die folgenden Bibelstellen auf und überlegen Sie, was alle gemein haben und was sie in bezug auf das Leben und den Charakter des Apostels Paulus aussagen: 1. Korinther 4,16; 11,1; Philipper 3,17; 4,9 und 1. Timotheus 1,16.

2. THESSALONICHER: DER GESAMTEINDRUCK

(Sprechen Sie noch einmal über die im »Überblick« angegebenen Fragen und bearbeiten Sie die unten aufgeführten.)

1. Überlegen Sie, welche der folgenden Aussagen den Inhalt dieses Briefes wiedergibt: a) Da der Tag des Herrn kommt, sollten wir das, was Gott uns zu tun aufträgt, gut und fleißig erledigen. b) Da Christus jeden Augenblick wiederkommen kann, ist es an der Zeit, sich zu entspannen und das Leben zu genießen. c) Die Welt wird immer besser und besser, und wenn sie schließlich vollkommen ist, wird Christus wiederkommen.
2. Wie würden Sie nach dem, was Sie in diesem Brief gelesen haben, das zukünftige Schicksal der Christen beschreiben?
3. Lesen Sie gemeinsam die folgenden Verse und wählen Sie den SCHLÜSSELVERS für den zweiten Thessalonicherbrief aus – den Vers, der am besten ausdrückt, worum es in diesem Brief geht: 2,13; 2,15 oder 3,5.
4. Nehmen Sie an, am Ende dieses Briefes hätte Paulus geschrieben:»Und wenn ihr nur eines aus diesem Brief behaltet, so sei das ...« Wie hätte Paulus den Satz wohl beendet?
5. In Jakobus 1,23-24 wird uns gesagt: »Denn wenn jemand ein Hörer des Wortes ist und nicht ein Täter, der gleicht einem Menschen, der sein natürliches Angesicht in einem Spiegel betrachtet. Denn er hat sich selbst betrachtet und ist weggegangen, und er hat sogleich vergessen, wie er beschaffen war.« Inwiefern ist der zweite Thessalonicherbrief ein »Spiegel« für Sie gewesen, der Ihnen gezeigt hat, was Sie tun können und sollten?
6. Für welche der Wahrheiten in diesem Buch sind Sie am meisten dankbar, und welche ist für Sie persönlich am wichtigsten?
7. Vielleicht haben Sie beschlossen, einen Punkt, der Ihnen bei der Bearbeitung dieses Briefes klargeworden ist, in Ihrem Leben umzusetzen. Sind Sie bereit, dies auch den anderen Mitgliedern Ihrer Gruppe mitzuteilen und so verbindlich zu machen?
8. Wie würden Sie den folgenden Satz als Rat an einen Christen vervollständigen: *Beschäftige dich mit dem Epheserbrief, wenn du mehr erfahren willst in bezug auf ...?*

1. TIMOTHEUS

Überblick

(Besprechen Sie diese Überblicksfragen sowohl zu Beginn Ihrer Bearbeitung des ersten Timotheusbriefes als auch nachdem Sie alle sechs Kapitel durchgenommen haben. Es könnte sein, daß Ihre Antworten vollkommen anders ausfallen, nachdem Sie sich sehr intensiv mit dem ganzen Brief auseinandergesetzt haben.)

Einstieg: Welches ist Ihre Lieblingsarbeit?

Was steht im Text?

1. Lesen Sie 3,14-15, wo Paulus dem Timotheus den Zweck dieses Briefes mitteilt. Welche Erwartungen hat Paulus auf diesem Hintergrund für die *Gemeinde* und für die *Führer* der Gemeinde?
2. Lesen Sie Philipper 2,19-23. Überlegen Sie, was Sie aus dieser Stelle über den Charakter des Timotheus und darüber erfahren, was Paulus von ihm hält.
3. Lesen Sie auch Apostelgeschichte 16,1-5; 2. Timotheus 1,5-6 und 3,14-15. Fassen Sie zusammen, was Sie dort über den Hintergrund und Dienst des Timotheus erfahren.
4. Was genau war Timotheus' Position? War er Apostel? War er Ältester oder Aufseher? Um diese Frage zu beantworten, lesen Sie die folgenden Bibelstellen und achten Sie dabei besonders darauf, wie Paulus ihn beschreibt: Römer 16,21; 1. Korinther 4,16-17; 2. Korinther 1,1 und Philipper 1,1.
5. Überfliegen Sie den ersten Timotheusbrief, bis Sie an einen Vers kommen, der eine Frage in Ihnen aufwirft. Wie lautet diese Frage?
6. Überfliegen Sie den Brief noch einmal, bis Sie an einen Vers kommen, der Sie zum Lächeln bringt oder das Gefühl der Dankbarkeit oder Freude in Ihnen weckt. Was gefällt Ihnen an diesem bestimmten Vers besonders gut?
7. Welches ist das erste *Gebot*, das Paulus dem Timotheus in diesem Brief gibt?
8. Welches ist die erste *Ermutigung* an Timotheus in diesem Brief?
9. Wie oft kommen die Worte *gottesfürchtig* oder *Gottesfurcht* in diesem Brief vor?

10. Sehen Sie sich auch auf Seite 11 die Liste mit Fragen an, die Sie sich vor der Bearbeitung der einzelnen Bücher stellen sollten.

DAS WESENTLICHE ERFASSEN

11. Welchen Eindruck hatten Sie bisher vom ersten Timotheusbrief in bezug auf a) seinen Inhalt, b) seinen Schwierigkeitsgrad und c) seine Bedeutung?

12. Der erste Timotheusbrief ist auch »Das Handbuch der Gemeindeverwaltung und Disziplin«, »Direktiven für Gemeindeordnung«, »Die Sorge für das Volk Gottes« und »Hilfe für Gemeindeführer« überschrieben worden. Welche Antworten, Richtlinien und Lösungen versprechen Sie sich auf diesem Hintergrund von der Bearbeitung dieses Briefes?

13. Wie würden Sie nach dem, was Sie in diesem Brief lesen, die Beziehung des Paulus zu Timotheus beschreiben?

14. Stellen Sie sich vor, Sie wären der Überbringer dieses Briefes an Timotheus. Unterwegs werden Sie von einer Räuberbande überfallen und aller Wertsachen beraubt. Auch dieser Brief wird Ihnen weggenommen. Der Anführer der Räuber kann nicht lesen, und als Sie ihn bitten, Ihnen diesen Brief zurückzugeben, fragt er: »Warum? Was ist daran so wichtig?« Wie würden Sie ihm antworten?

FÜR DAS LEBEN HEUTE

15. Wenn Sie in den Himmel kommen, sich mit dem Apostel Paulus unterhalten und er Sie fragt: »Was hat dir in meinem Brief an Timotheus am meisten geholfen?«, wie würden Sie ihm gern antworten?

16. Stellen Sie sich vor, jemand würde Ihnen den Rat geben: »Sei nicht zu ehrgeizig und versuche nicht, zu viele Dinge dieses Briefes auf einmal in deinem Leben umzusetzen. Suche dir eine Sache heraus und konzentriere dich darauf.« Was würden Sie wählen?

17. Welche Denkweisen können sehr leicht verhindern, daß die Prinzipien, Verheißungen und Gebote in Ihren Gedanken lebendig bleiben?

18. Wie können Sie sicherstellen, daß Ihre Beschäftigung mit dem ersten Timotheusbrief keine rein theoretische oder intellektuelle Angelegenheit bleibt, sondern praktisch wird und für Sie Konsequenzen hat? Was können Sie tun, damit das Gespräch lebendig und interessant bleibt?

Zur Vertiefung

Um mehr über die Erfahrungen des Timotheus in seinem Dienst zu erfahren, lesen Sie die folgenden Verse und überlegen Sie, wie Timotheus die jeweilige Situation wohl gesehen haben mag: Apostelgeschichte 17,14-15; 18,5; 19,21-22; 20,1-6; 1. Korinther 16,10-11; 2. Korinther 1,19; Philipper 1,1; 1. Thessalonicher 3,2-6 und Hebräer 13,23.

1. Timotheus 1

Einstieg: Wenn Sie einen Auftrag bekommen, möchten Sie dann jedes Details erklärt bekommen oder ist es Ihnen lieber, auf sich gestellt zu entdecken und zu improvisieren?

Was steht im Text?

1. Lesen Sie noch einmal 3,14-15, wo Paulus den Zweck dieses Briefes beschreibt. Wie beginnt er, diese Absicht in Kapitel 1 umzusetzen?
2. Wenn Sie Timotheus wären und diesen Brief von Paulus bekämen, inwiefern hätte dieser Brief Ihnen in bezug auf Ihre Aufgabe weitergeholfen?
3. Wenn Paulus in diesem Kapitel von sich selbst spricht, was möchte er Timotheus damit deutlich machen?
4. Wie würden Sie nach Vers 17 die Beziehung des Paulus zu Gott beschreiben?
5. Was soll Timotheus nach den Versen 18-19 in bezug auf sich selbst verstehen?
6. Stellen Sie sich vor, der Telegraph sei damals zur Zeit des Neuen Testaments bereits erfunden gewesen, und Paulus hätte beschlossen, dem Timotheus vorab ein kurzes Telegramm zu schicken. Um Geld zu sparen, würde er aber nur die drei wichtigsten Verse dieses Kapitels telegraphieren. Welche Verse hätte Paulus Ihrer Meinung nach ausgewählt?
7. Was in diesem Kapitel würde einen neubekehrten Christen, der es zum ersten Mal liest, am meisten in Erstaunen versetzen?
8. Welches ist Ihrer Meinung nach das wichtigste Wort oder der wichtigste Ausdruck in diesem Kapitel?
9. Sehen Sie sich auch auf Seite 10 die Liste mit Fragen an, die Sie sich während der Bearbeitung des ersten Timotheusbriefes stellen sollten.

10. EINZELHEITEN BEACHTEN – *Versuchen Sie, die folgende Frage zu beantworten, ohne in Ihrer Bibel nachzusehen:* Paulus verwendet drei Ausdrücke, um zu beschreiben, wie er war, bevor er Christus kennenlernte. Der erste ist »Lästerer«. Welches sind die anderen beiden? (Siehe Vers 13.)

DAS WESENTLICHE ERFASSEN

11. Lesen Sie Vers 5 noch einmal. Wie würden Sie in eigenen Worten den Zusammenhang zwischen Liebe und Reinheit, Ernsthaftigkeit und Glaube beschreiben?
12. Wenn Sie Vers 5 als Richtlinie für die Überprüfung von etwas übernehmen wollten, was könnten Sie damit überprüfen?
13. Stellen Sie sich vor, Sie würden Paulus beim Schreiben dieses Briefes über die Schulter sehen. Welche Gefühle, Sehnsüchte oder Erinnerungen wird er sehr wahrscheinlich beim Schreiben der Verse 12-17 durchlebt haben?
14. Welche *Erwartungen* stellt Paulus nach dem, was Sie in diesem Kapitel lesen, an Timotheus?
15. Stellen Sie sich den ersten Timotheusbrief als einen schnell fahrenden Zug vor. Kapitel 1 ist die Lokomotive, die anderen Kapitel die nachfolgenden Waggons. Welches ist nach dem, was Sie in Kapitel 1 lesen, die *Energie* der Lokomotive – die Aussage, das Prinzip oder Thema, das den ganzen Zug antreibt?

FÜR DAS LEBEN HEUTE

16. Wenn es stimmt, daß man »*wird* wie man *denkt*«, welches sind die wichtigsten Gedanken dieses Kapitels, die Sie sich gern aneignen würden?
17. Nehmen Sie an, ein neubekehrter Christ würde Sie fragen: »Warum zeigt sich der Herr Jesus mir nicht in Person und spricht zu mir, wie er es bei Paulus tat?« Wie könnten Sie ihm anhand von Vers 16 antworten?
18. Welchen Vers möchte Gott Ihnen Ihrer Meinung nach besonders ans Herz legen?

ZUR VERTIEFUNG

Sehen Sie sich noch einmal Vers 16 an. Schlagen Sie nun die folgenden Bibelstellen auf und überlegen Sie, was sie alle gemein haben und über das Leben und den Charakter des Apostels Paulus aussagen: 1. Korinther 4,16; 11,1; Philipper 3,17; 4,9 und 2. Thessalonicher 3,7-9.

1. Timotheus 2

Einstieg: Wann bedeutet Ihnen das Gebet in der Gruppe besonders viel?

Was steht im Text?

1. Was sagt dieses Kapitel über die Persönlichkeit Gottes aus?
2. Welches sind Ihrer Meinung nach die wichtigsten *Verben* in diesem Kapitel?
3. Was sagt Paulus in diesem Kapitel über das *Gebet*?
4. Lesen Sie noch einmal 3,14-15, wo Paulus über seine Absicht mit diesem Brief schreibt. Inwiefern trägt dieses Kapitel dazu bei, diese Absicht zu verwirklichen?
5. Wenn Sie Timotheus wären und diesen Brief von Paulus bekommen hätten, was hätte Ihnen dieses zweite Kapitel in bezug auf Ihre Aufgabe klargemacht?
6. EINZELHEITEN BEACHTEN – *Versuchen Sie, die folgende Frage zu beantworten, ohne in Ihrer Bibel nachzusehen:* Wie beendet Paulus die folgende Aussage: »Denn einer ist Gott …« (Siehe Vers 5.)

Das Wesentliche erfassen

7. Welche Erkenntnisse vermittelt dieses Kapitel Ihnen in bezug auf die Anbetung Gottes?
8. Sehen Sie sich an, was Paulus in Vers 4 über den Wunsch Gottes sagt, und diskutieren Sie die folgende Aussage: Da an anderen Bibelstellen deutlich wird, daß nicht alle Menschen in den Himmel kommen, muß es etwas geben, das sich Gott *mehr* wünscht, als daß alle gerettet werden.
9. Versuchen Sie, »zwischen den Zeilen zu lesen«, wenn Sie über die Worte des Paulus in diesem Kapitel nachdenken. Welche fundamentalen Prinzipien sind Ihrer Meinung nach der Ursprung für die Lehre des Paulus hier?
10. In Sprüche 13,13 heißt es: »Wer aber das Gebot fürchtet, dem wird vergolten.« Welches ist Ihrer Meinung nach vermutlich die *Belohnung* der Christen für das Halten der Gebote in diesem Kapitel?
11. Lesen Sie die Aussage des Paulus in Vers 5 noch einmal. *Warum* ist es aus Gottes Sicht wichtig, daß wir das wissen?
12. Wenn Sie gebeten würden, eine Diskussionsfrage zu stellen, die Ihrer Gruppe helfen soll, etwas ganz Bestimmtes in diesem Kapitel zu verstehen, wie würden Sie die Frage formulieren?

FÜR DAS LEBEN HEUTE

13. Überdenken Sie die wichtigsten Lehren dieses Kapitels. Was fällt uns Ihrer Meinung nach schwerer – zu verstehen, was in diesem Kapitel gesagt ist oder es in die Tat umzusetzen?
14. Welche Antwort würden Sie einem Menschen geben, der Ihnen die Verse 3-4 vorlesen und dann sagen würde: »Dieser Vers sagt doch ganz deutlich, daß alle Menschen in den Himmel kommen werden«?
15. Wenn Gott dieses Kapitel nur für Sie geschrieben hätte, welche Wörter oder Ausdrücke hätte er wohl unterstrichen?

ZUR VERTIEFUNG

Werden alle Menschen errettet? Sehen Sie sich in Vers 4 noch einmal an, was Paulus über den Wunsch Gottes sagt. Lesen Sie nun die folgenden Bibelstellen und fassen Sie zusammen, was sie aussagen: 2. Petrus 3,8-9; 1. Petrus 1,1-2; Hebräer 10,26-29 und Matthäus 25,41-46.

1. TIMOTHEUS 3

Einstieg: Nehmen Sie an, ein Besucher, der zum ersten Mal in Ihre Gemeinde kommt, würde sagen: »Diese Gemeinde muß wirklich gute Führer haben.« Welche Beobachtungen würden einen Besucher veranlassen, eine solche Bemerkung zu machen?

WAS STEHT IM TEXT?

1. Welche Wörter, Ausdrücke oder Sätze würden Sie, nachdem Sie das Kapitel durchgelesen haben, gern besser verstehen?
2. Sehen Sie sich in den Versen 2-13 genau an, was für Gemeindeführer gefordert ist. Welche dieser Forderungen hängen mehr mit der *Fähigkeit* zusammen, welche mehr mit dem Charakter, welche mit keinem von beidem?
3. Welches ist nach dem, was Sie in Vers 5 lesen, die grundlegende Verantwortung eines Menschen, der »Aufseher« geworden ist?
4. Sehen sie sich noch einmal die Verse 14-15 an. Inwiefern trägt dieses Kapitel dazu bei, die Absicht des Paulus mit diesem Brief zu verwirklichen?
5. Wenn Sie Timotheus wären und diesen Brief von Paulus bekommen hätten, was hätte Ihnen dieses dritte Kapitel in bezug auf Ihre Aufgabe klargemacht?

6. EINZELHEITEN BEACHTEN – *Versuchen Sie, die folgende Frage zu beantworten, ohne in Ihrer Bibel nachzusehen:* Am Ende dieses Kapitels spricht Paulus von der »Gemeinde des lebendigen Gottes«. Was sagt er sonst noch von der Gemeinde? (Siehe Vers 15.)

DAS WESENTLICHE ERFASSEN

7. Wenn Sie nur dieses Kapitel aus der Bibel kennen würden, was würden Sie ihm in bezug auf Gemeindeführung entnehmen?

8. Lesen Sie noch einmal alle Kriterien für Gemeindeführer und überlegen Sie, warum jedes einzelne Kriterium wichtig ist. Stellen Sie sich bei jedem die Frage: Was könnte in einer Gemeinde passieren, wenn die Gemeindeführer in diesem Bereich schwach wären?

FÜR DAS LEBEN HEUTE

9. Denken Sie sorgfältig über die Aussage des Paulus in Vers 1 nach. Wie sehr wünschen Sie sich, dem Leitungskreis Ihrer Gemeinde anzugehören? Schätzen Sie sich auf einer Skala von eins bis zehn ein (eins = überhaupt nicht, zehn = sehr stark).

10. Welche der in diesem Kapitel erwähnten Führungseigenschaften sind in der Gemeindeführung von heute dringend von Nöten?

11. Für welche Erkenntnis aus diesem Kapitel sind Sie besonders *dankbar*, weil sie von persönlicher Bedeutung für Sie ist?

ZUR VERTIEFUNG

Sehen Sie sich in Vers 16 die Beschreibung dessen an, was Jesus getan hat, als er auf die Erde kam. Suchen Sie in den folgenden Bibelstellen nach Wortbildern und Aussagen, die unser Verständnis dieses Wunders der Liebe vertiefen: Johannes 1,1; 1,10-14; 2. Korinther 8,9; Philipper 2,6-11; Hebräer 2,14-17 und 1. Johannes 1,1-2.

1. TIMOTHEUS 4

Einstieg: Welche Bilder fallen Ihnen ein, wenn Sie an diese Wörter denken: *Training, Disziplin, Kondition*?

WAS STEHT IM TEXT?

1. Welche Fragen fallen Ihnen ein, während Sie sich in dieses Kapitel einlesen?
2. Blättern Sie zurück zu 3,14-15, wo Paulus beschreibt, welche Absicht er mit diesem Brief verfolgt. Inwiefern trägt Kapitel 4 dazu bei, diese Absicht zu verwirklichen?
3. Wenn Sie Timotheus wären und diesen Brief von Paulus bekommen hätten, was hätte Ihnen dieses vierte Kapitel in bezug auf Ihre Aufgabe klargemacht?
4. Stellen Sie sich vor, eine Gruppe bewaffneter Terroristen würde ins Zimmer stürmen und Sie als Geiseln nehmen. Kurz bevor man Ihnen Ihre Bibel wegnimmt, gestattet man Ihnen, noch einen Blick auf das aufgeschlagen vor Ihnen liegende Kapitel zu werfen. Welchen Vers würden Sie sich besonders einprägen, bevor Ihnen Ihre Bibel weggenommen wird?
5. Welche *Gebote* gibt Paulus Timotheus in diesem Kapitel? Zählen Sie sie gemeinsam auf.
6. Welche wichtigen Details in diesem Kapitel können sehr leicht übersehen werden?
7. EINZELHEITEN BEACHTEN – *Versuchen Sie, die folgende Frage zu beantworten, ohne in Ihrer Bibel nachzusehen:* Paulus nennt eine Reihe von Dingen, in denen Timotheus den Gläubigen ein Beispiel sein sollte. Wie viele davon können Sie nennen? (Siehe Vers 12.)

DAS WESENTLICHE ERFASSEN

8. Wie würden Sie nach dem, was Sie bisher in diesem Brief gelesen haben, das *Leben* beschreiben, das Timotheus nach dem Willen Gottes führen soll?
9. Wenn Satan einige Richtlinien und Gebote niederschreiben würde, um Timotheus dazu zu bringen, genau das Gegenteil von dem zu tun, was in diesem Kapitel gesagt wird, wie würde er seine Botschaft wohl formulieren?
10. Beachten Sie, was Paulus in den Versen 3 und 4 über unsere Dankbarkeit Gott gegenüber sagt. Warum ist das aus Gottes Sicht so wichtig?

11. In Vers 16 fordert Paulus den Timotheus auf, auf zwei Dinge »achtzuhaben«. Wenn wir davon ausgehen, daß die Reihenfolge, in der er diese beiden Dinge nennt, wichtig ist, warum ist sie wichtig?

12. Wenn Sie nur dieses eine Kapitel der Bibel zur Verfügung hätten, wie würden Sie anhand dessen den Unterschied zwischen einem falschen und einem wahrhaftigen Lehrer erklären?

13. Wenn Sie Timotheus wären und diesen Brief gerade erst bekommen hätten, welche Gedanken, Gefühle und Fragen würden Sie wohl gehabt haben, nachdem Sie die Verse 11-16 gelesen hätten?

14. Stellen Sie sich zwei junge christliche Führer vor; der eine hat gelernt, den Geboten in den Versen 12-16 zu gehorchen, der andere hat dies nicht gelernt. Welche praktischen Unterschiede wird es in der Art geben, wie diese beiden Personen leben und arbeiten?

15. Welche von den Fragen, die Sie in den Bereichen hatten, die in diesem Kapitel angesprochen wurden, sind für Sie unbeantwortet geblieben?

Für das Leben heute

16. Gibt es solche Personen, von denen Paulus in den Versen 1-3 spricht, auch heute noch? Wenn ja, wie sollten wir nach dem, was Sie in der Bibel lesen, auf sie reagieren?

17. In den Versen 7-8 spricht Paulus von der »leiblichen Übung« zur Gottseligkeit. Wenn Sie auf der Basis dieses Briefes ein geistliches »Trainingsprogramm« erstellen müßten, wie würde das aussehen?

18. Sehen Sie sich noch einmal die Dankbarkeit an, von der in den Versen 3-4 gesprochen wird. Wofür haben Sie in den vergangenen vierundzwanzig Stunden Gott gedankt?

19. Welchen Vers in diesem Kapitel möchte Gott Ihnen Ihrer Meinung nach besonders ans Herz legen?

Zur Vertiefung

Lesen Sie noch einmal den Anfang dieses Kapitels. Wenn der Geist etwas so ausdrücklich gesagt hat – wie aufmerksam haben wir zugehört und verstanden? Sehen Sie sich gemeinsam die folgenden Bibelstellen an und überlegen Sie, inwiefern sie das, was Paulus hier sagt, stützen: Matthäus 24,9-12; Markus 13,22 und Apostelgeschichte 20,29-31.

1. Timotheus 5

Einstieg: Welches sind Ihrer Meinung nach die wichtigsten Dinge, die, abgesehen von den körperlichen Veränderungen, bei einem Menschen vor sich gehen, wenn er älter wird?

Was steht im Text?

1. Blättern Sie noch einmal zurück zu 3,14-15, wo Paulus den Zweck für seinen Brief nennt. Inwiefern trägt dieses Kapitel dazu bei, diese Absicht zu verwirklichen?
2. Wenn Sie Timotheus wären und diesen Brief von Paulus bekommen hätten, was hätte Ihnen dieses fünfte Kapitel zu sagen gehabt?
3. Welcher der folgenden Personen werden die Verse 3-16 am meisten zu sagen haben: einer Frau, die seit mehreren Jahren verwitwet ist oder einer Frau, deren Mann vor einem Monat gestorben ist?
4. Versuchen Sie »zwischen den Zeilen zu lesen«, während Sie über die Worte des Paulus in diesem Kapitel nachdenken. Welche fundamentalen Prinzipien sind Ihrer Meinung nach die Ursache seiner Lehren?
5. Wie würden Sie die Richtlinien in bezug auf Gemeindeführung in den Versen 17-20 in eigenen Worten zusammenfassen?
6. Wenn Sie Paulus fragen könnten: »Warum hast du den Vers 23 in diesen Brief hineingenommen?«, wie würde er Ihrer Meinung nach antworten?
7. EINZELHEITEN BEACHTEN – *Versuchen Sie, die folgende Frage zu beantworten, ohne in Ihrer Bibel nachzusehen:* Paulus sagt in diesem Kapitel etwas über Wasser und Wein. Was genau sagt er? (Siehe Vers 23.)

Das Wesentliche erfassen

8. Eine dreiteilige Frage: a) Überlegen Sie, wer von Ihren Bekannten nicht viel in der Bibel liest. b) Suchen Sie sich einen Vers oder einen kurzen Abschnitt in diesem Kapitel, den diese Person sicherlich sehr langweilig finden würde. c) Überlegen Sie nun, wie Sie diesen Abschnitt erklären können, so daß er diese Person anspricht.

FÜR DAS LEBEN HEUTE

9. Wenn alle Mitglieder Ihrer Gemeinde dieses Kapitel verstanden haben und in Ihrem Leben umsetzen wollten, welche praktischen Veränderungen würden sich daraus ergeben?

10. Suchen Sie sich einen der folgenden Sätze heraus und beenden Sie ihn so umfassend wie möglich: *Was ich in diesem Kapitel lese, ist wichtig für mein Leben, weil …*

    Was ich in diesem Kapitel lese, ist NICHT wichtig für mein Leben, weil …

ZUR VERTIEFUNG

Wie sollte die Gemeinde bedürftigen Menschen helfen? Lesen Sie noch einmal die Prinzipien, die in diesem Kapitel für die Hilfe an die Witwen angegeben sind, und vergleichen Sie sie mit dem, was Sie in den folgenden Bibelstellen lesen: Apostelgeschichte 2,44-47; 6,1-6; 1. Korinther 16,1-4 und 2. Korinther 8,13-15.

1. TIMOTHEUS 6

Einstieg: Welche Bilder kommen Ihnen in den Sinn, wenn Sie an das Wort *Zufriedenheit* denken?

WAS STEHT IM TEXT?

1. Welche *Gebote* gibt Paulus dem Timotheus in diesem Kapitel? Zählen Sie sie gemeinsam auf.

2. Wie würden Sie in eigenen Worten wiedergeben, was Paulus in diesem Kapitel über die *Gottseligkeit* sagt?

3. Wie würden Sie in eigenen Worten wiedergeben, was Paulus in diesem Kapitel über den *Reichtum* sagt?

4. Beachten Sie das Wort *Kampf* in Vers 12. In welchem Sinn wird dieses Wort hier gebraucht?

5. Welchen Eindruck bekommen Sie beim Lesen dieses Kapitels?

6. Auf welche Fragen, Schwierigkeiten oder Zweifel im Leben eines Christen gibt dieses Kapitel eine gute Antwort?

7. Überlegen Sie, welche Verse in diesem Kapitel Ihre Aufmerksamkeit besonders auf sich ziehen würden, wenn Sie a) Geschworener in einem Unterschla-

gungsprozeß wären, b) Geschäftsinhaber, der einen seiner Angestellten beim Stehlen ertappt hätte, c) ein Mensch, der vor einer schwierigen Entscheidung steht, d) ein Firmeninhaber, der an diesem Tag von seinem Buchhalter erfahren hat, daß sein Guthaben nun die Zwei-Millionen-Mark-Grenze überschritten hat.

8. Lesen Sie noch einmal 3,14-15, wo Paulus über seine Absicht mit diesem Brief spricht. Inwiefern trägt dieses Kapitel dazu bei, diese Absicht zu verwirklichen?

9. Wenn dieses Kapitel die Antwort auf eine Frage wäre, die mit dem Wort *Wie* … beginnen würde, wie müßte die Frage lauten?

10. EINZELHEITEN BEACHTEN – *Versuchen Sie, die folgende Frage zu beantworten, ohne in Ihrer Bibel nachzusehen:* Paulus spricht von etwas, das zu »großem Gewinn« führt. Was ist das? (Siehe Vers 6.)

Das Wesentliche erfassen

11. Häufig hindern wir uns selbst daran, tiefere Erkenntnisse aus der Bibel zu gewinnen, weil wir einen Abschnitt lesen und uns sagen: »Den kenne ich schon.« Bei welcher Aussage in diesem Kapitel kann dies sehr leicht geschehen?

12. Wenn Sie sich dieses Kapitel als Straßenkarte für das Leben eines Christen vorstellen, welches sind die sicheren »Straßen«, die man wählen, welches die unsicheren, gefährlichen Straßen, die man lieber meiden sollte?

13. Wenn Satan einige Richtlinien und Gebote niederschreiben würde, um Timotheus dazu zu bringen, genau das Gegenteil von dem zu tun, was in diesem Kapitel gelehrt wird, wie müßte er seine Botschaft formulieren?

14. In Psalm 119,45 sagt der Psalmist: »Und ich werde wandeln in weitem Raum, denn nach deinen Vorschriften habe ich geforscht.« Denken Sie über die »Vorschriften« oder die Gebote in den Versen 11-12 nach und überlegen Sie, inwiefern sie einem Christen wahre Freiheit bieten.

15. Lesen Sie Vers 17. Wie können reiche Menschen ganz praktisch zeigen, daß sie ihr Vertrauen und ihre Hoffnung auf Gott setzen und nicht auf ihr Geld?

16. In Jakobus 1,22 wird uns gesagt, daß wir uns selbst täuschen, wenn wir das Wort hören, ohne es in die Tat umzusetzen. Welche selbsttäuschenden Entschuldigungen können Christen sehr leicht davon abhalten, die Verse 17-18 tatsächlich in die Tat umzusetzen?

Für das Leben heute

17. Wenn Sie nur zu diesem Kapitel Zugang hätten, wie würden Sie damit die Frage beantworten: *Wie kann ich mein Leben grundlegend und effektiv verbessern?*
18. Stellen Sie sich vor, Sie hätten eine Feuerbotschaft am Himmel gesehen. Sie wäre mit folgendem Inhalt an Sie adressiert gewesen: *So spricht der Herr: »Lies 1. Timotheus 6, denn ich möchte dir damit etwas sagen.«* Welcher Vers oder welche Verse aus diesem Kapitel wären damit vermutlich gemeint gewesen?
19. In Philipper 4,8 heißt es: »Übrigens, Brüder, alles, was wahr, alles, was ehrbar, alles, was gerecht, alles, was rein, alles, was liebenswert, alles, was wohllautend ist, wenn es irgendeine Tugend und wenn es irgendein Lob gibt, das erwägt!« Welche Denkanstöße können Sie in diesem Kapitel finden, die Ihnen als *wahr, ehrbar, gerecht, rein, liebenswert,* als *Tugend* und *Lob* ins Auge fallen?
20. Was kann ein Christ nach dem, was Sie in diesem Kapitel gelesen haben, im Leben erwarten, wenn er dem Gebot in Vers 18 *nicht* gehorcht?
21. Wenn Sie gebeten würden, eine Diskussionsfrage zu stellen, die Ihrer Gruppe helfen soll, etwas ganz Bestimmtes in diesem Kapitel zu verstehen, wie würden Sie diese Frage formulieren?

Zur Vertiefung

Lesen Sie die Verse 3-5 und schlagen Sie gemeinsam die folgenden Bibelstellen auf. Überlegen Sie, inwiefern sie die Lehre des Paulus erweitern oder stützen: 1. Timotheus 1,2; 2. Timotheus 2,14-17; 2,23-26 und Titus 1,10-16.

1. Timotheus: Der Gesamteindruck

(Sprechen Sie noch einmal über die im Überblick angegebenen Fragen und bearbeiten Sie die unten aufgeführten.)

1. Wenn Sie Timotheus wären und nach dem Erhalt des Briefes an Paulus zurückschreiben würden, was würden Sie schreiben – welche Fragen, Kommentare, positive Kritik, etc.?
2. Wenn Sie die Arbeit des Apostels Paulus bewerten sollten, was würden Sie ihm aufgrund dessen, was Sie in diesem Brief gelesen haben, sagen?
3. Lesen Sie gemeinsam die folgenden Verse und wählen Sie den SCHLÜSSELVERS für den ersten Timotheusbrief aus – den Vers, der am besten ausdrückt, worum es in diesem Brief geht: 3,14-15; 3,16; 4,12 oder 6,11-12.

4. Nehmen Sie an, am Ende von Kapitel 6 hätte Paulus den folgenden Satz hinzugefügt: »Timotheus, wenn dir nur eines aus diesem Brief in Erinnerung bleibt, so sei das …« Wie hätte Paulus den Satz Ihrer Meinung nach beendet?
5. In Jakobus 1,23-24 wird uns gesagt: »Denn wenn jemand ein Hörer des Wortes ist und nicht ein Täter, der gleicht einem Menschen, der sein natürliches Angesicht in einem Spiegel betrachtet. Denn er hat sich selbst betrachtet und ist weggegangen, und er hat sogleich vergessen, wie er beschaffen war.« Inwiefern ist der erste Timotheusbrief ein »Spiegel« für Sie gewesen, der Ihnen gezeigt hat, was Sie tun können und sollten?
6. Vielleicht haben Sie beschlossen, einen Punkt, der Ihnen bei der Bearbeitung dieses Briefes klargeworden ist, in Ihrem Leben umzusetzen. Sind Sie bereit, dies auch den anderen Mitgliedern Ihrer Gruppe mitzuteilen und so verbindlich zu machen?
7. Wie würden Sie den folgenden Satz als Rat an einen Christen vervollständigen? *Beschäftige dich mit dem ersten Timotheusbrief, wenn du mehr erfahren willst in bezug auf …*

2. TIMOTHEUS

ÜBERBLICK

(Besprechen Sie diese Überblicksfragen sowohl zu Beginn Ihrer Bearbeitung des zweiten Timotheusbriefes als auch nachdem Sie alle vier Kapitel durchgenommen haben. Es könnte sein, daß Ihre Antworten vollkommen anders ausfallen, nachdem Sie sich sehr intensiv mit dem ganzen Brief auseinandergesetzt haben.)

Einstieg: Denken Sie an einen Menschen, der Ihnen sehr wichtig war, aber nicht mehr am Leben ist. Welches gute Beispiel hat er Ihnen gegeben?

WAS STEHT IM TEXT?

1. Was erfahren Sie in 1,5-6 und 3,14-15 über das geistliche Erbe des Timotheus?

2. Lesen Sie Philipper 2,19-23. Überlegen Sie gemeinsam, was diese Bibelstelle über den Charakter des Timotheus und die Einstellung des Paulus zu Timotheus aussagt.

3. Lesen Sie auch Apostelgeschichte 16,1-5 und fassen Sie zusammen, was Sie dort über den Hintergrund und Dienst des Timotheus erfahren.

4. Welches genau ist die Stellung des Timotheus? War er Apostel? War er ein Ältester oder Aufseher? Um eine Antwort zu finden, lesen Sie die folgenden Bibelstellen und achten Sie darauf, wie Paulus ihn beschreibt: Römer 16,21; 1. Korinther 4,16-17; 2. Korinther 1,1 und Philipper 1,1.

5. Überfliegen Sie den zweiten Timotheusbrief, bis Sie an einen Vers kommen, der eine Frage in Ihnen aufwirft. Wie lautet diese Frage?

6. Überfliegen Sie den Brief noch einmal, bis Sie an einen Vers kommen, der Sie zum Lächeln bringt oder das Gefühl der Dankbarkeit oder Freude in Ihnen weckt. Was gefällt Ihnen an diesem bestimmten Vers besonders gut?

7. Sehen Sie sich auch auf Seite 11 die Liste der Fragen an, die Sie sich vor der Bearbeitung der einzelnen Bücher stellen sollten.

Das Wesentliche erfassen

8. Welchen Eindruck hatten Sie bisher vom zweiten Timotheusbrief in bezug auf a) seinen Inhalt, b) seinen Schwierigkeitsgrad und c) seine Bedeutung?

9. Der zweite Timotheusbrief ist auch »Die letzte Botschaft des Paulus«, »Ein guter Soldat Jesu Christi sein« und »Der ersterbende Siegesschrei« überschrieben worden. Welche Antworten, Richtlinien und Lösungen erwarten Sie sich auf diesem Hintergrund von der Bearbeitung dieses Briefes?

10. Wie würden Sie den *Ton* dieses Briefes mit einem Adjektiv beschreiben?

11. Wie würden Sie nach dem, was Sie in diesem Brief lesen, die Beziehung des Paulus zu Timotheus beschreiben?

12. Stellen Sie sich vor, Sie wären der Überbringer dieses Briefes von Paulus an Timotheus. Unterwegs werden Sie von einer Räuberbande überfallen und aller Wertsachen beraubt. Auch dieser Brief wird Ihnen weggenommen. Der Anführer der Räuber kann nicht lesen, und als Sie ihn bitten, Ihnen diesen Brief zurückzugeben, fragt er: »Warum? Was ist daran so wichtig? Wie würden Sie ihm antworten?

Für das Leben heute

13. Wenn Sie in den Himmel kommen, sich mit dem Apostel Paulus unterhalten und er Sie fragt: »Was hat dir in meinem zweiten Brief an Timotheus am meisten geholfen?«, was würden Sie ihm gern antworten?

14. Welche Denkweisen können sehr leicht verhindern, daß die Prinzipien, Verheißungen und Gebote dieses Briefes in Ihren Gedanken lebendig bleiben?

15. Wie können Sie sicherstellen, daß Ihre Beschäftigung mit dem zweiten Timotheusbrief keine rein theoretische oder intellektuelle Angelegenheit bleibt, sondern praktisch wird und für Sie Konsequenzen hat? Was können Sie tun, damit das Gespräch lebendig und interessant bleibt?

Zur Vertiefung

Um mehr über den Dienst und die Erfahrungen des Timotheus zu erfahren, lesen Sie die folgenden Bibelstellen und überlegen Sie, wie Timotheus die einzelnen Situationen wohl gesehen haben mochte: Apostelgeschichte 17,14-15; 18,5; 19,21-22; 20,1-6; 1. Korinther 16,10-11; 2. Korinther 1,19; Philipper 1,1; 1. Thessalonicher 3,2-6 und Hebräer 13,23.

2. TIMOTHEUS 1

Einstieg: Welches sind typische Augenblicke in Ihrem Leben, in denen Sie ein Wort der Ermutigung von einem anderen Menschen besonders zu schätzen wissen?

WAS STEHT IM TEXT?

1. Wenn Sie Timotheus wären und diesen Brief von Paulus, ihrem treuen Freund, Führer und geistlichen Vater, bekommen hätten, welche Gefühle, Gedanken und Fragen würden Sie wohl nach dem Lesen des ersten Kapitels bewegt haben?

2. Welche *Gebote* gibt Paulus dem Timotheus in diesem Kapitel?

3. Was soll Timotheus nach dem, was Sie in diesem Kapitel lesen, in bezug auf sich selbst verstehen?

4. In Vers 14 spricht Paulus in den unterschiedlichen Übersetzungen von dem »anvertrauten Gut«, dem »Schatz« oder dem »Guten«, das Timotheus anvertraut war. Welches ist dieser Schatz?

5. Wenn Sie Paulus fragen könnten: »Warum hast du die Verse 16-18 in diesem Brief geschrieben?«, wie würde er Ihrer Meinung nach antworten?

6. Was sagt dieses Kapitel über a) die Wünsche und Zuneigungen des Paulus, b) die Prioritäten im Leben des Paulus aus?

7. Welches ist Ihrer Meinung nach das wichtigste Wort oder der wichtigste Ausdruck in diesem Kapitel?

8. Sehen Sie sich auch auf Seite 10 die Liste der Fragen an, die Sie sich während der Bearbeitung der einzelnen Kapitel des zweiten Timotheusbriefes stellen sollten.

9. EINZELHEITEN BEACHTEN – *Versuchen Sie, die folgende Frage zu beantworten, ohne in Ihrer Bibel nachzusehen:* Paulus erbittet Gottes Gnade für einen Mann mit Namen Onesiphorus wegen des Dienstes, den er Paulus erwiesen hat. In welchen zwei Städten hat dieser Mann Paulus geholfen? (Siehe Verse 16-18.)

DAS WESENTLICHE ERFASSEN

10. Wenn Satan einige Richtlinien und Gebote niederschreiben würde, um Timotheus dazu zu bringen, genau das Gegenteil von dem zu tun, was in diesem Kapitel gelehrt wird, wie würde er seine Botschaft formulieren?

11. Was genau hat Timotheus wohl getan, um dem Gebot des Paulus in Vers 6 zu gehorchen?
12. Stellen Sie sich vor, Sie würden Paulus beim Schreiben dieses Briefes über die Schulter sehen. Welche Gefühle, Sehnsüchte oder Erinnerungen wird er sehr wahrscheinlich beim Schreiben der Verse 8-12 durchlebt haben?
13. Am Ende von Vers 12 sagt Paulus etwas, wovon er überzeugt ist. Wie würden Sie den Prozeß beschreiben, durch den er zu dieser Überzeugung gekommen ist?
14. Die Sprache des Paulus in 4,6-8 läßt darauf schließen, daß er dem Tode nahe ist. Was soll Timotheus nach dem, was Sie in Kapitel 1 lesen, von Paulus besonders in Erinnerung behalten?
15. Stellen Sie sich den zweiten Timotheusbrief als einen schnell fahrenden Zug vor. Kapitel 1 ist die Lokomotive, die anderen Kapitel sind die nachfolgenden Waggons. Welches ist nach dem, was Sie in Kapitel 1 lesen, die *Energie* der Lokomotive – die Aussage, das Prinzip oder Thema, das den gesamten Zug antreibt?
16. Wenn Sie die Arbeit des Apostels Paulus bewerten sollten, was würden Sie ihm nach dem, was Sie in diesem Kapitel sehen, sagen?
17. Eine dreiteilige Frage: a) Überlegen Sie, wer von Ihren Bekannten nicht viel in der Bibel liest. b) Suchen Sie sich einen Vers oder einen kurzen Abschnitt in diesem Kapitel, den diese Person sicherlich sehr langweilig finden würde. c) Überlegen Sie nun, wie Sie diesen Abschnitt so erklären können, daß er diese Person anspricht.

FÜR DAS LEBEN HEUTE

18. Sehen Sie sich in Vers 6 das Gebot des Paulus an Timotheus an. Wenn Ihr geistliches Leben eine Erneuerung brauchte, was würden Sie tun?
19. Konzentrieren Sie sich auf die Ihrer Meinung nach zwei oder drei wichtigsten Pflichten im Leben. Wie könnte Vers 7 Ihnen helfen, diese Pflichten wahrzunehmen?
20. Sehen Sie sich in Vers 14 noch einmal die Worte des Paulus über das »anvertraute Gut« an, das Timotheus bewahren soll. Was in *Ihrem* Leben könnte so beschrieben werden?
21. Wenn es stimmt, daß man »*wird*, wie man *denkt*«, welche wichtigen Gedanken aus diesem Kapitel möchten Sie sich aneignen?
22. Stellen Sie sich vor, jemand würde Ihnen den Rat geben: »Sei nicht zu ehrgeizig und versuche nicht, zu viele Dinge dieses Briefes auf einmal in deinem Leben umzusetzen. Suche dir eine Sache heraus und konzentriere dich darauf.« Was würden Sie wählen?

Zur Vertiefung

Sehen Sie sich in Vers 10 noch einmal die Aussage des Paulus an zu dem, was Jesus getan hat. Inwiefern hat Jesus »den Tod zunichte gemacht« oder »zerstört«, wie es in diesem Vers heißt? Lesen Sie die folgenden Bibelstellen und beantworten Sie diese Frage: Römer 6,8-10; 1. Korinther 15,24-26; 15,54-57; 1. Johannes 3,8 und Offenbarung 20,14.

2. Timotheus 2

Einstieg: Welche Bilder fallen Ihnen ein, wenn Sie das Wort *durchhalten* hören?

Was steht im Text?

1. Wenn Sie Timotheus wären und diesen Brief von Paulus bekommen hätten, welche Gefühle, Gedanken und Fragen würden Sie wohl gehabt haben, nachdem Sie dieses zweite Kapitel gelesen hätten?
2. Wie würde ein Soldat wohl die Verse 3-4 verstehen?
3. Wie würde ein Sportler Vers 5 verstehen?
4. Wie würde ein Landwirt Vers 6 verstehen?
5. Wie würden Sie die Verse 20-21 in eigenen Worten erklären?
6. Was sagt dieses Kapitel aus in bezug auf a) die Wünsche und Neigungen des Paulus, b) über seine Prioritäten im Leben?
7. Stellen Sie sich vor, der Telegraph sei damals zur Zeit des Neuen Testaments bereits erfunden gewesen, und Paulus hätte beschlossen, dem Timotheus vorab ein kurzes Telegramm zu schicken. Um Geld zu sparen, würde er aber nur die drei wichtigsten Verse dieses Kapitels telegraphieren. Welche Verse hätte Paulus Ihrer Meinung nach ausgewählt?
8. Wenn Sie nur diesen Brief der Bibel kennen würden, was würden Sie aus ihm darüber erfahren, *wer Jesus ist* und was es bedeutet, *ihm zu folgen*?
9. Was in diesem Kapitel würde Ihrer Meinung nach einen neubekehrten Christen, der es zum ersten Mal liest, am meisten in Erstaunen versetzen?
10. Auf welche Fragen, Schwierigkeiten oder Zweifel im Alltag eines Christen gibt dieses Kapitel in erster Linie Antwort?
11. Welche *Gebote* gibt Paulus Timotheus in diesem Kapitel? Zählen Sie sie gemeinsam auf.

12. Welche wichtigen Einzelheiten in diesem Kapitel können besonders leicht übersehen werden?
13. Im letzten Vers dieses Kapitels bezieht sich Paulus auf den Willen des Teufels. Was ist nach dem, was Sie in diesem Kapitel und an anderer Stelle in der Bibel lesen, der Wille Satans?
14. EINZELHEITEN BEACHTEN – *Versuchen Sie, die folgende Frage zu beantworten, ohne in Ihrer Bibel nachzusehen:* Paulus ermahnt Timotheus in diesem Kapitel, etwas ganz Bestimmtes in Erinnerung zu behalten. Was meint er? (Siehe Vers 8.)

DAS WESENTLICHE ERFASSEN

15. Wenn Sie sich dieses Kapitel als Straßenkarte für das Leben eines Christen vorstellen, welches sind die sicheren »Straßen«, die man wählen, welches die unsicheren, gefährlichen Straßen, die man lieber meiden sollte?
16. Häufig bringen wir uns selbst um die Entdeckung tieferer Wahrheiten in der Bibel, weil wir einen Abschnitt sehen und sagen: »Den kenne ich bereits.« Bei welchem Vers in diesem Kapitel kann das sehr leicht passieren?
17. Wenn dieses Kapitel Ihre einzige Informationsquelle wäre, wie würden Sie nach dem, was Sie darin lesen, die Eigenschaften einer Person beschreiben, die sich im christlichen Dienst engagiert? Was sollte diese Person tun?
18. Stellen Sie sich zwei junge christliche Führer vor. Der eine hat gelernt, den Geboten in den Versen 2-7 zu gehorchen, der andere hat dies nicht gelernt. Welche praktischen Unterschiede werden Sie im Leben und Handeln dieser beiden Menschen erkennen?
19. In Sprüche 13,13 heißt es: »Wer aber das Gebot fürchtet, dem wird vergolten.« Sehen Sie sich das Gebot in Vers 15 an. Welches ist Ihrer Meinung nach vermutlich die *Belohnung* für das Halten dieses Gebotes?
20. Stellen Sie sich vor, Sie würden aus Vers 16 ein Lied komponieren. Welchen Titel würden Sie diesem Lied geben?
21. In Vers 19 spricht Paulus von dem »festen Grund«. Ein fester Grund wofür?
22. Wenn Sie gebeten würden, eine Diskussionsfrage zu stellen, die Ihrer Gruppe helfen soll, etwas ganz Bestimmtes in diesem Kapitel zu verstehen, wie würden Sie diese Frage formulieren?

FÜR DAS LEBEN HEUTE

23. Wie kann ein Mensch ganz praktisch die Richtlinien in Vers 15 in seinem Leben umsetzen?
24. Lesen Sie die Verse 20-21. Überlegen Sie, welches für Sie die zwei oder drei wichtigsten Pflichten im Leben sind und wie Vers 21 Ihnen helfen kann, diese Pflichten wahrzunehmen.
25. Wie oft kann das Gebot in Vers 22 im Alltag nützliche Richtlinien für Ihre unmittelbare Situation bieten?
26. Wenn Sie nur dieses Kapitel zur Verfügung hätten, wie könnten Sie damit die Frage beantworten: *Wie kann ich mein Leben grundlegend und effektiv verbessern?*
27. In Kolosser 3,1 lesen wir: »Wenn ihr nun mit dem Christus auferweckt worden seid, so sucht, was droben ist, wo der Christus ist, sitzend zur Rechten Gottes.« Was ist Ihnen persönlich in diesem Kapitel an Jesus Christus wichtig geworden, nach dem Sie streben möchten?
28. Für welche Erkenntnis aus diesem Kapitel sind Sie besonders *dankbar*, weil sie von persönlicher Bedeutung für Sie ist?

ZUR VERTIEFUNG

Sei stark! Halte durch! Sehen Sie sich mit dieser Aufforderung der Verse 1-13 im Hinterkopf die folgenden Bibelstellen an, in denen ebenfalls vom Durchhalten gesprochen wird, und überlegen Sie, wie Sie sie in die Praxis umsetzen können: 1. Korinther 9,24-27; Galater 6,9-10; Epheser 6,10-20 und Philipper 3,12-14.

2. TIMOTHEUS 3

Einstieg: Wann haben Sie zum ersten Mal durch die Bibel etwas gelernt?

WAS STEHT IM TEXT?

1. Welches Bild oder welchen Eindruck hinterläßt dieses Kapitel bei Ihnen?
2. Welche Wörter, Ausdrücke oder Sätze würden Sie, nachdem Sie dieses Kapitel durchgelesen haben, gern besser verstehen?
3. Wenn Sie Timotheus wären und diesen Brief von Paulus bekommen hätten, welche Gefühle, Gedanken und Fragen würden Sie wohl nach dem Lesen dieses dritten Kapitels gehabt haben?

4. Welches sind die wichtigsten *Verben* in diesem Kapitel?
5. Welche *Gebote* gibt Paulus dem Timotheus in diesem Kapitel? Zählen Sie sie gemeinsam auf.
6. Was sagt dieses Kapitel über a) die Wünsche und Neigungen des Paulus, b) seine Prioritäten im Leben aus?
7. Rufen Sie sich die Worte des Paulus in 4,6-8 in Erinnerung, wo er von seinem bevorstehenden Tod spricht. Was soll Timotheus nach dem, was Sie in Kapitel 3 lesen, von Paulus vor allem in Erinnerung behalten?
8. EINZELHEITEN BEACHTEN – *Versuchen Sie, die folgende Frage zu beantworten, ohne in Ihrer Bibel nachzusehen:* Paulus sagt, daß eine bestimmte Gruppe von Menschen verfolgt werden wird. Wie beschreibt er diese Menschen? (Siehe Vers 12.)

Das Wesentliche erfassen

9. Wenn dieses Kapitel Ihre einzige Informationsquelle wäre, wie würden Sie nach dem, was Sie darin lesen, die Eigenschaften einer Person beschreiben, die sich im christlichen Dienst engagiert? Was sollte diese Person tun?
10. Nach dem, was Sie in diesem Kapitel gelesen haben, was *erwartet* Paulus von Timotheus?
11. Lesen Sie gemeinsam 2. Petrus 1,20-21 und vergleichen Sie diese Stelle mit 2. Timotheus 3,16. Beantworten Sie anhand dieser beiden Stellen die folgende Frage: Wenn wir sagen, die Bibel sei *inspiriert*, was meinen wir damit?

Für das Leben heute

12. Lesen Sie die Beschreibung in den Versen 1-5. Gibt es auch heute noch Menschen, auf die diese Beschreibung paßt? Wenn ja, bedeuten die Worte des Paulus am Ende von Vers 5, daß wir uns ihnen nicht widersetzen sollten? (Erklären Sie Ihre Antwort.)
13. Lesen Sie am Ende von Vers 16 die Aufzählung der vier Dinge, für die die Bibel nützlich ist. Welches dieser vier Dinge hat in Ihrem Leben den größten Wert oder die größte Bedeutung?
14. Welchen Vers in diesem Kapitel möchte Gott Ihnen wohl besonders ans Herz legen?

Zur Vertiefung

Ist Verfolgung eine garantierte Verheißung von Gott? Lesen Sie Vers 12 noch einmal und vergleichen Sie ihn mit dem, was Sie in den folgenden Bibelstellen lesen: Matthäus 10,22; Apostelgeschichte 14,21-22; Philipper 1,29 und 1. Petrus 4,12-14.

2. Timotheus 4

Einstieg: Was soll einmal über Ihre Beerdigung gesagt werden?

Was steht im Text?

1. Mit welchen Adjektiv würden Sie den *Ton* dieses Kapitel beschreiben?
2. Wenn Sie Timotheus wären und diesen Brief von Paulus bekommen hätten, welche Gefühle, Gedanken und Fragen würden Sie beim Lesen dieses letzten Kapitels gehabt haben?
3. Was sagt dieses Kapitel über a) die Wünsche und Neigungen des Paulus und b) seine Prioritäten im Leben aus?
4. Welchen Eindruck oder welches Bild hinterläßt dieses Kapitel bei Ihnen?
5. Beschreiben Sie den Menschen, dem dieses Kapitel vermutlich am meisten zu sagen haben wird. Welches müßten seine Fragen und Probleme sein?
6. Stellen Sie sich vor, eine Gruppe bewaffneter Terroristen würde ins Zimmer stürmen und Sie als Geiseln nehmen. Kurz bevor man Ihnen Ihre Bibel wegnimmt, gestattet man Ihnen, noch einen letzten Blick auf das aufgeschlagen vor Ihnen liegende Kapitel zu werfen. Welchen Vers würden Sie sich besonders einprägen, bevor man Ihnen Ihre Bibel fortnimmt? Warum ausgerechnet diesen Vers?
7. Welche *Gebote* gibt Paulus dem Timotheus in diesem Kapitel? Zählen Sie sie gemeinsam auf.
8. EINZELHEITEN BEACHTEN – *Versuchen Sie, die folgende Frage zu beantworten, ohne in Ihrer Bibel nachzusehen:* Paulus sagt, daß beim Schreiben dieses Briefes nur einer seiner Freunde und Mitarbeiter bei ihm ist. Wer? (Siehe Vers 11.)

Das Wesentliche erfassen

9. Mit welchem Adjektiv würden Sie Paulus beschreiben, so wie er sich Ihnen in diesem Kapitel zeigt?
10. Welches ist Ihrer Meinung nach das stärkste Motiv des Paulus in diesem Kapitel?
11. Wenn Satan einige Richtlinien und Gebote niederschreiben würde, um Timotheus dazu zu bringen, genau das Gegenteil von dem zu tun, was dieses Kapitel lehrt, wie würde seine Botschaft Ihrer Meinung nach formuliert sein?

12. Stellen Sie sich zwei junge, christliche Führer vor. Der eine hat gelernt, den Geboten in den Versen 2-5 zu gehorchen, der andere hat das nicht gelernt. Welche praktischen Unterschiede wird es im Leben und Arbeiten dieser beiden Menschen geben?
13. Wie würde nach dem, was Sie in diesem Kapitel lesen, Paulus die Ausdrücke *Erfolg* und *wahre Bedeutung* definieren?
14. Wenn dieses Kapitel die Antwort auf eine Frage wäre, die mit dem Wort *Wie* … beginnen würde, wie müßte die Frage lauten?

FÜR DAS LEBEN HEUTE

15. In Philipper 4,8 heißt es: »Übrigens, Brüder, alles, was wahr, alles, was ehrbar, alles, was gerecht, alles, was rein, alles, was liebenswert, alles, was wohllautend ist, wenn es irgendeine Tugend und wenn es irgendein Lob gibt, das erwägt!« Welche Denkanstöße können Sie in diesem Kapitel finden, die Ihnen als *wahr, ehrbar, gerecht, rein, liebenswert,* als *Tugend* und *Lob* ins Auge fallen?
16. Stellen Sie sich vor, Sie hätten eine Feuerbotschaft am Himmel gesehen. Sie wäre an Sie adressiert gewesen und hätte folgenden Inhalt gehabt: *So spricht der Herr:* »*Lies 2. Timotheus 4, denn ich möchte dir damit etwas sagen.*« Welcher Vers oder welche Verse in diesem Kapitel wären vermutlich damit gemeint gewesen?
17. Wenn Sie gebeten würden, eine Diskussionsfrage zu stellen, die Ihrer Gruppe helfen soll, etwas ganz Bestimmtes in diesem Kapitel zu verstehen, wie würden Sie die Frage formulieren?

ZUR VERTIEFUNG

Den »Siegeskranz der Gerechtigkeit«, von dem Paulus in Vers 8 spricht, ist eine von drei Kronen, mit denen Gott seine treuen Diener belohnen wird. Sehen Sie sich die anderen beiden Kronen in Jakobus 1,12 und 1. Petrus 5,4 an.

2. Timotheus: Der Gesamteindruck

(Sprechen Sie noch einmal über die im Überblick angegebenen Fragen und bearbeiten Sie die unten aufgeführten.)

1. Wenn Sie Timotheus wären und Paulus auf seinen Brief antworten wollten, was würden Sie ihm schreiben – welche Fragen, Kommentare, positive Kritik, etc.?
2. Lesen Sie die folgenden Verse und wählen Sie den SCHLÜSSELVERS für den zweiten Timotheusbrief aus – den Vers, der am besten ausdrückt, worum es in diesem Brief geht: 1,8; 2,15; 3,14 oder 4,2.
3. Nehmen Sie an, am Ende dieses Briefes hätte Paulus den Satz hinzugefügt: »Timotheus, wenn dir nur eines aus diesem Brief in Erinnerung bleibt, so sei das …« Wie hätte Paulus den Satz wohl beendet?
4. In Jakobus 1,23-24 wird uns gesagt: »Denn wenn jemand ein Hörer des Wortes ist und nicht ein Täter, der gleicht einem Menschen, der sein natürliches Angesicht in einem Spiegel betrachtet. Denn er hat sich selbst betrachtet und ist weggegangen, und er hat sogleich vergessen, wie er beschaffen war.« Inwiefern ist der zweite Timotheusbrief ein »Spiegel« für Sie gewesen, der Ihnen gezeigt hat, was Sie tun können und sollten?
5. Vielleicht haben Sie beschlossen, einen Punkt, der Ihnen bei der Bearbeitung dieses Briefes klargeworden ist, in Ihrem Leben umzusetzen. Sind Sie bereit, dies auch den anderen Mitgliedern Ihrer Gruppe mitzuteilen und so verbindlich zu machen?
6. Wie würden Sie den folgenden Satz als Rat an einen Christen vervollständigen? *Beschäftige dich mit dem zweiten Timotheusbrief, wenn du mehr erfahren willst in bezug auf …*

TITUS

ÜBERBLICK

(Besprechen Sie diese Überblicksfragen sowohl zu Beginn Ihrer Bearbeitung des Titusbriefes als auch nachdem Sie alle drei Kapitel durchgenommen haben. Es könnte sein, daß Ihre Antworten vollkommen anders ausfallen, nachdem Sie sich sehr intensiv mit dem ganzen Brief auseinandergesetzt haben.)

Einstieg: Wie möchten Sie gern genannt werden, und warum: ein guter Mensch, ein Mensch, der Gutes tut, ein Mensch, der sich gut amüsiert?

WAS STEHT IM TEXT?

1. Was möchte Paulus nach dem, was Sie in 1,5 und 2,15 lesen, mit diesem Brief an Titus erreichen?
2. Überfliegen Sie den Titusbrief, bis Sie an einen Vers kommen, der eine Frage in Ihnen aufwirft. Wie lautet diese Frage?
3. Überfliegen Sie den Brief noch einmal, bis Sie an einen Vers kommen, der Sie zum Lächeln bringt oder das Gefühl der Dankbarkeit oder Freude in Ihnen weckt. Was gefällt Ihnen an diesem bestimmten Vers besonders gut?
4. Tragen Sie zusammen, was Sie aus den folgenden Bibelstellen über Titus erfahren: 2. Korinther 2,13; 7,6-7; 7,13-15; 8,16-17; 8,23 und Galater 2,1-3.
5. In diesem kurzen Brief verwendet Paulus häufig einen Ausdruck, der in unseren unterschiedlichen Bibelübersetzungen als »Gutes tun« oder »gute Werke tun« übersetzt wird. Lesen Sie die verschiedenen Stellen, in denen dieser Ausdruck im Titusbrief verwendet wird und überlegen Sie, wie Sie in eigenen Worten ausdrücken würden, was Paulus hier meint: 2,7; 2,14; 3,1; 3,8 und 3,14.
6. Sehen Sie sich auch auf Seite 11 die Liste mit den Fragen an, die Sie sich vor der Bearbeitung der einzelnen Bücher stellen sollten.

Das Wesentliche erfassen

7. Welchen Eindruck hatten Sie bisher vom Titusbrief in bezug auf a) seinen Inhalt, b) seinen Schwierigkeitsgrad und c) seine Bedeutung?

8. Der Titusbrief ist auch »Die Ordnung des Hauses Gottes« und »Gottes Volk ist aufgerufen, Volk Gottes zu sein« überschrieben worden. Welche Antworten, Richtlinien und Lösungen versprechen Sie sich auf diesem Hintergrund von der Bearbeitung dieses Briefes?

9. Wie würden Sie nach dem, was Sie in diesem Brief lesen, die Beziehung des Paulus zu Titus beschreiben?

10. Stellen Sie sich vor, Sie wären der Überbringer dieses Briefes des Paulus an Titus. Unterwegs werden Sie von einer Räuberbande überfallen und aller Wertsachen beraubt. Auch dieser Brief wird Ihnen weggenommen. Der Anführer der Räuber kann nicht lesen, und als Sie Ihn bitten, Ihnen diesen Brief zurückzugeben, fragt er: »Warum? Was ist daran so wichtig?« Wie würden Sie ihm antworten?

Für das Leben heute

11. Stellen Sie sich vor, jemand würde Ihnen den Rat geben: »Sei nicht zu ehrgeizig und versuche nicht, zu viele Dinge aus diesem Brief auf einmal in deinem Leben umzusetzen. Suche dir eine Sache heraus und konzentriere dich darauf.« Was würden Sie wählen?

12. Wenn Sie in den Himmel kommen, sich mit dem Apostel Paulus unterhalten und er Sie fragt: »Was hat dir in meinem Brief an Titus am meisten geholfen?«, was würden Sie ihm gern antworten?

13. Welche Denkweisen können sehr leicht verhindern, daß die Prinzipien, Verheißungen und Gebote in diesem Brief in Ihrem Leben lebendig bleiben?

14. Wie können Sie sicherstellen, daß Ihre Beschäftigung mit dem Titusbrief keine rein theoretische oder intellektuelle Angelegenheit bleibt, sondern praktisch wird und für Sie Konsequenzen hat? Was können Sie tun, damit das Gespräch lebendig und interessant bleibt?

Zur Vertiefung

Die Briefe des Paulus an seine jungen Helfer Titus und Timotheus sind als die »pastoralen« Briefe bekannt. Was war dem alternden Apostel besonders wichtig, das er an seine Nachfolger weitergeben wollte? Lesen Sie die folgenden Bibelstellen und suchen Sie heraus, welche wichtigen Themen in beiden Briefen angesprochen werden: Titus 1,6-7 und 1. Timotheus 3,2-3; Titus 2,7-8 und 1. Timotheus 4,12; Titus 2,1 und 2. Timotheus 1,13; Titus 3,9 und 2. Timotheus 2,16.

Titus 1

Einstieg: Welches sind die wichtigsten Voraussetzungen für eine gesunde Gemeinde?

Was steht im Text?

1. Sehen Sie sich in den Versen 6-9 die Anforderungen für Gemeindeführer an. Welche dieser Anforderungen haben mehr mit den *Fähigkeiten*, welche mehr mit dem *Charakter* zu tun, welche mit keinem von beidem?
2. Lesen Sie in Vers 10, was Paulus über die »Aufsässigen« sagt. Welches sind die Hauptaussagen, die er im Folgenden über diese Menschen macht?
3. Stellen Sie sich vor, der Telegraph sei damals zur Zeit des Neuen Testaments bereits erfunden gewesen, und Paulus hätte beschlossen, Titus vorab ein kurzes Telegramm zu schicken. Um Geld zu sparen, würde er aber nur die drei wichtigsten Verse dieses Kapitels telegraphieren. Welche Verse hätte Paulus Ihrer Meinung nach ausgewählt?
4. Was in diesem Kapitel würde einen neubekehrten Christen, der es zum ersten Mal liest, am meisten in Erstaunen versetzen?
5. Sehen Sie sich auch auf Seite 10 die Liste der Fragen an, die Sie sich während der Bearbeitung des Titusbriefes stellen sollten.
6. EINZELHEITEN BEACHTEN – *Versuchen Sie, die folgende Frage zu beantworten, ohne in Ihrer Bibel nachzusehen:* Paulus zitiert ein Sprichwort über die Leute von Kreta. Welche drei Dinge werden darin über die Kreter gesagt? (Siehe Vers 12.)

Das Wesentliche erfassen

7. Eine dreiteilige Frage: a) Überlegen Sie, wer von Ihren Bekannten nicht viel in der Bibel liest. b) Suchen Sie sich einen Vers oder einen kurzen Abschnitt in diesem Kapitel, den diese Person sicherlich sehr langweilig finden würde. c) Überlegen Sie nun, wie Sie diesen Abschnitt so erklären können, daß er diese Person anspricht.
8. Stellen Sie sich vor, Titus würde auf den Brief des Paulus antworten, seine Worte in Vers 15 zitieren und ihn fragen, was er damit gemeint hat. Wie würde Paulus diesen Vers Ihrer Meinung nach erklären?
9. Welche *Erwartungen* stellt Paulus nach dem, was Sie in diesem Kapitel lesen, an Titus?

Für das Leben heute

10. Welche von den in den Versen 6-9 genannten Führungsqualitäten sind in der Führung der Gemeinden von heute besonders dringend von Nöten?
11. Welchen Vers aus diesem Kapitel möchte Gott Ihnen Ihrer Meinung nach besonders ans Herz legen?

Zur Vertiefung

Lesen Sie Vers 15 noch einmal. Meint Paulus hier, daß es so etwas wie Unreinheit für die Christen nicht gibt? Lesen Sie gemeinsam die folgenden Bibelstellen, um diese Frage zu beantworten: 1. Timotheus 4,3-5 und Matthäus 15,16-20.

Titus 2

Einstieg: Welche Eigenschaften gefallen Ihnen an einem guten Lehrer besonders?

Was steht im Text?

1. Welche *Gebote* gibt Paulus dem Titus in diesem Kapitel?
2. Wie würden Sie zusammenfassen, was dieses Kapitel über die richtige Lehre eines christlichen Lehrers sagt?
3. Auf welche Fragen, Schwierigkeiten oder Zweifel im Alltag eines Christen gibt dieses Kapitel eine gute Antwort?
4. Wenn Sie nur diesen einen Brief aus der Bibel kennen würden, was würden Sie ihm in bezug auf den richtigen Umgang der Christen untereinander entnehmen?
5. Stellen Sie sich vor, eine Gruppe bewaffneter Terroristen würde ins Zimmer stürmen und Sie als Geiseln nehmen. Bevor man Ihnen Ihre Bibel wegnimmt, wird Ihnen gestattet, noch einen letzten Blick auf das aufgeschlagen vor Ihnen liegende Kapitel zu werfen. Welchen Vers würden Sie sich besonders einprägen, bevor Ihnen Ihre Bibel weggenommen wird?
6. Welches sind die wichtigsten *Verben* in diesem Kapitel?
7. Welche wichtigen Einzelheiten in diesem Kapitel können sehr leicht übersehen werden?

8. Für welchen der folgenden beiden Menschen würde dieses Kapitel sehr wahrscheinlich die größte Bedeutung haben: einen jungen Mitarbeiter in seiner Gemeinde oder einen älteren Leiter mit vielen Jahren Erfahrung in Gemeindearbeit?
9. Welches ist Ihrer Meinung nach das wichtigste Wort oder der wichtigste Ausdruck in diesem Kapitel?
10. EINZELHEITEN BEACHTEN – *Versuchen Sie, die folgende Frage zu beantworten, ohne in Ihrer Bibel nachzusehen:* Paulus nennt vor allem eine Eigenschaft, die Titus die jungen Männer lehren soll. Welche ist das? (Siehe Vers 6.)

DAS WESENTLICHE ERFASSEN

11. Sehr oft nehmen wir uns selbst die Möglichkeit, in der Bibel tiefere Erkenntnisse zu gewinnen, weil wir einen Abschnitt lesen und uns sagen: »Den kenne ich bereits.« Bei welchen Versen in diesem Kapitel kann das einem Christen sehr leicht passieren?
12. Wenn Satan einige Richtlinien und Gebote niederschreiben würde, um Titus dazu zu bringen, genau das Gegenteil von dem zu tun, was in diesem Kapitel gelehrt wird, wie würde er seine Botschaft wohl formulieren?
13. Sehen Sie sich in den Versen 1-10 die Dinge an, die Titus an unterschiedliche Gruppen weitergeben soll. Wenn man sie als Ganzes nimmt, würden Sie sagen, daß es dabei mehr um die innere Einstellung, um äußeres Handeln oder um eine gleichmäßige Mischung aus beidem geht?
14. Lesen Sie in den Versen 7-8 noch einmal die Richtlinien für gute Lehre. Wie würden Sie jedes dieser Kriterien in eigenen Worten erklären?
15. Wenn Sie noch kein Christ wären, welche Lehre in diesem Kapitel würde Sie besonders faszinieren, und warum?
16. Wenn Sie gebeten würden, eine Diskussionsfrage zu stellen, die Ihrer Gruppe helfen soll, etwas ganz Bestimmtes in diesem Kapitel zu verstehen, wie würden Sie die Frage formulieren?

FÜR DAS LEBEN HEUTE

17. Sehen Sie sich noch einmal Vers 1 an. Nehmen Sie an, Sie würden einem Prediger oder Lehrer zuhören, und er sagte etwas, das Sie für fragwürdig halten. Wie würden Sie es anstellen, herauszufinden, ob seine Botschaft »gesunde Lehre« ist oder nicht?

18. Beachten Sie in den Versen 2-6 die vier Kategorien von Personen, an die Titus seine Instruktionen weitergeben soll. Wie wichtig sind die Instruktionen für die Kategorie, zu der Sie gehören, für Ihr Leben?
19. Lesen Sie noch einmal Vers 12 und rufen Sie sich die Worte Jesu in Johannes 15,5 in Erinnerung: »Denn getrennt von mir könnt ihr nichts tun.« Stellen Sie sich etwas Gutes vor, das in Ihrem Leben passieren könnte, etwas, das nur durch die übernatürliche Kraft Gottes geschehen könnte. Was könnte das sein?
20. Wenn alle Mitglieder Ihrer Gemeinde dieses Kapitel genau verstanden haben und es in ihrem Leben umsetzen wollten, welche praktischen Veränderungen würden sich daraus ergeben?
21. Wenn Sie nur dieses eine Kapitel der Bibel zur Verfügung hätten, wie könnten Sie damit die Frage beantworten: *Wie kann ich mein Leben grundlegend und effektiv verändern?*
22. Stellen Sie sich vor, Sie hätten eine Feuerbotschaft am Himmel gesehen. Sie wäre an Sie adressiert gewesen und hätte folgenden Inhalt gehabt: *So spricht der Herr:* »*Lies Titus 2, denn ich möchte dir damit etwas sagen.*« Welchen Vers oder welche Verse hätte Gott damit gemeint?
23. Nehmen Sie an, ein neubekehrter Christ würde Sie fragen: »Wie kann ich den Willen Gottes für mein Leben erkennen?« Wie könnten Sie ihm mit diesem Kapitel eine Antwort geben, die ihm weiterhilft?
24. In Kolosser 3,1 lesen wir: »Wenn ihr nun mit dem Christus auferweckt worden seid, so sucht, was droben ist, wo der Christus ist, sitzend zur Rechten Gottes.« Was ist Ihnen persönlich in diesem Kapitel an Jesus Christus wichtig geworden, nach dem Sie streben möchten?

Zur Vertiefung

Lesen Sie Vers 1 noch einmal und schlagen Sie die folgenden Bibelstellen auf, um zu erfahren, wie Sie »gesunde Lehre« erkennen können: Johannes 14,26; 1. Timotheus 1,10-11; 6,3 und 2. Timotheus 1,13-14.

Titus 3

Einstieg: Welche Eigenschaften eines anderen Menschen könnten Sie sehr schnell dazu bringen, diese Person für einen *guten* Menschen zu halten?

Was steht im Text?

1. Welche *Gebote* gibt Paulus dem Titus in diesem Kapitel?
2. Wie würden Sie zusammenfassen, was dieses Kapitel über die richtige Lehre christlicher Lehrer sagt?
3. Wie viele wichtige *Gründe* können Sie nach dem, was Sie in diesem Kapitel lesen, dafür aufzählen, daß Christen ihr Leben Gott anvertrauen?
4. Welche Wörter, Ausdrücke oder Sätze würden Sie, nachdem Sie dieses Kapitel durchgelesen haben, gern besser verstehen?
5. Versuchen Sie »zwischen den Zeilen zu lesen«, während Sie über die Worte des Paulus in den Versen 10-11 nachdenken. Welche fundamentalen Prinzipien sind die Quelle der Lehre des Paulus hier?
6. Wenn Sie Paulus fragen könnten, warum er Vers 14 in seinen Brief aufgenommen hat, was würde er Ihnen wohl antworten?
7. Wenn dieses Kapitel die Antwort auf eine Frage wäre, die mit dem Wort *Warum …* beginnen würde, wie müßte die Frage lauten?
8. EINZELHEITEN BEACHTEN – *Versuchen Sie, die folgende Frage zu beantworten, ohne in Ihrer Bibel nachzusehen:* Nachdem Paulus von der Güte und Gnade Gottes durch Jesus Christus gesprochen hat, sagt Paulus, er wollte Titus diese Dinge lehren, damit die Menschen, die Gott vertrauen, sich davor hüten, etwas ganz Bestimmtes zu tun. Wovor sollen sie sich hüten? (Siehe Vers 8.)

Das Wesentliche erfassen

9. Wie würden Sie nach dem, was Sie in diesem Kapitel lesen, das *Leben* beschreiben, das das Volk Gottes nach seinem Willen führen soll?
10. Wenn Satan einige Richtlinien und Gebote niederschreiben würde, um Titus dazu zu bringen, genau das Gegenteil von dem zu tun, was dieses Kapitel lehrt, wie würde er Ihrer Meinung nach seine Botschaft formulieren?

11. In Jakobus 1,22 wird uns gesagt, daß wir uns selbst täuschen, wenn wir das Wort nur hören und es nicht tun. Welche selbsttäuschenden Entschuldigungen können Christen sehr leicht davon abhalten, das, was in den Versen 1-2 gelehrt wird, auch wirklich zu tun?

12. In Psalm 119,45 sagt der Psalmist: »Und ich werde wandeln in weitem Raum, denn nach deinen Vorschriften habe ich geforscht.« Denken Sie über die »Vorschrift« oder das Gebot in Vers 14 nach und überlegen Sie, inwiefern es einem Christen wahre Freiheit bietet.

Für das Leben heute

13. Welche *Wünsche* hat Gott nach dem, was Sie in diesem Kapitel lesen, für Sie? Und welche *Erwartungen* stellt er an Sie?

14. Denken Sie sorgfältig über die Verse 1-2 nach. Stellen Sie sich vor, Gott würde Sie auf einer Skala von eins bis zehn bewerten, wobei eins vollkommener Gehorsam den Geboten dieses Abschnitts gegenüber wäre und zehn vollkommene Mißachtung dieser Gebote. Wie würde Gott Sie Ihrer Meinung nach einschätzen?

15. Was können Sie nach dem, was Sie in diesem Kapitel und an anderer Stelle in der Bibel lesen, im Leben erwarten, wenn Sie dem Gebot in Vers 9 *nicht* gehorchen?

16. Wenn es stimmt, daß man »*wird* wie man *denkt*«, welche wichtigen Gedanken aus diesem Kapitel würden Sie sich gern aneignen?

17. Wenn Sie gebeten würden, eine Diskussionsfrage zu stellen, die Ihrer Gruppe helfen soll, etwas ganz Bestimmtes in diesem Kapitel zu verstehen, wie würden Sie die Frage formulieren?

18. Wenn Gott dieses Kapitel nur für Sie geschrieben hätte, welche Wörter oder Ausdrücke hätte er wohl unterstrichen?

Zur Vertiefung

Wie sollte man mit törichten Streitfragen umgehen? Lesen Sie in den Versen 9-10 noch einmal, was Paulus dazu sagt, und schlagen Sie dann die folgenden Bibelstellen auf: 1. Timotheus 1,4; 6,3-5; 2. Timotheus 2,14-17; 2,23-26 und Titus 1,10-16.

TITUS: DER GESAMTEINDRUCK

(Sprechen Sie noch einmal über die im »Überblick« angegebenen Fragen und bearbeiten Sie die unten aufgeführten.)

1. Wenn Sie Titus wären und Paulus auf seinen Brief antworten wollten, was würden Sie ihm schreiben – welche Fragen, Kommentare, positive Kritik, etc.?

2. Wenn Sie die Arbeit des Apostels Paulus aufgrund dessen, was Sie in diesem Brief gelesen haben, bewerten sollten, was würden Sie ihm sagen?

3. Wenn Sie sich den Titusbrief als Straßenkarte für das Leben eines Christen vorstellen, welches sind die sicheren »Straßen«, die man nehmen, welches die unsicheren, gefährlichen Straßen, die man lieber meiden sollte?

4. Stellen Sie sich vor, Sie würden eine Bürgerversammlung besuchen, die von den Schulleitern des Bezirks einberufen worden ist, um die Entfernung aller Bibeln aus den Schulbibliotheken durchzusetzen. Sie machen sich dafür stark, daß die Bibel den Schülern zugänglich bleibt. Ein anderer Bürger erhebt sich und sagt: »Ich sehe keinen Grund, die Bibel zu behalten. Sie ist doch sowieso ein vergessenes Buch. Nicht einmal die Christen wissen so genau, was darin steht. Sagen Sie mir doch zum Beispiel«, fährt er fort und wendet sich an Sie, »worum es im Titusbrief geht.« Wie würden Sie in einer solchen Situation antworten?

5. Lesen Sie gemeinsam die folgenden Verse und wählen Sie den SCHLÜSSELVERS für den Titusbrief aus – den Vers, der am besten ausdrückt, worum es in diesem Brief geht: 1,5; 2,11-12; 3,1 oder 3,5.

6. Nehmen Sie an, am Ende dieses Briefes hätte Paulus den Satz hinzugefügt: »Titus, wenn du nur eines aus diesem Brief in Erinnerung behältst, so sei das …« Wie hätte Paulus den Satz wohl beendet?

7. In Jakobus 1,23-24 wird uns gesagt: »Denn wenn jemand ein Hörer des Wortes ist und nicht ein Täter, der gleicht einem Menschen, der sein natürliches Angesicht in einem Spiegel betrachtet. Denn er hat sich selbst betrachtet und ist weggegangen, und er hat sogleich vergessen, wie er beschaffen war.« Inwiefern ist der Titusbrief ein Spiegel für Sie gewesen, der Ihnen gezeigt hat, was Sie tun können und sollten?

8. Vielleicht haben Sie beschlossen, einen Punkt, der Ihnen bei der Bearbeitung dieses Briefes klargeworden ist, in Ihrem Leben umzusetzen. Sind Sie bereit, dies auch den anderen Mitgliedern Ihrer Gruppe mitzuteilen und so verbindlich zu machen?

9. Wie würden Sie den folgenden Satz als Rat an einen Christen, der im Glauben weiterkommen möchte, vervollständigen? *Beschäftige dich mit dem Titusbrief, wenn du mehr erfahren willst in bezug auf …*

PHILEMON

Einstieg: Stellen Sie sich vor, Sie wären zur damaligen Zeit Sklave gewesen. Was in Ihrem Leben wäre besonders schwer zu ertragen gewesen?

Was steht im Text?

1. Welchen Eindruck oder welches Bild bleibt nach dem Lesen dieses Briefes bei Ihnen zurück?

2. Überfliegen Sie diesen Brief, bis Sie an einen Vers kommen, der eine Frage in Ihnen aufwirft. Wie lautet diese Frage?

3. Überfliegen Sie den Brief noch einmal, bis Sie an einen Vers kommen, der Sie zum Lächeln bringt oder das Gefühl der Dankbarkeit oder Freude in Ihnen weckt. Was gefällt Ihnen an diesem bestimmten Vers besonders gut?

4. Welche Gefühle mögen Paulus, Onesimus und Philemon in der in diesem Kapitel beschriebenen Situation füreinander empfunden haben?

5. Überlegen Sie, welche Verse in diesem Kapitel Ihre Aufmerksamkeit auf sich ziehen würden, wenn Sie a) gerade aus dem Gefängnis entlassen worden wären, b) Geschäftsinhaber wären, der gerade einen seiner Angestellten beim Stehlen ertappt hat, c) ein Ehepaar wären, das sich in gemeinsamem Einverständnis für eine Weile getrennt hat, nun aber bereit ist, wieder zusammenzukommen.

6. Sehen Sie sich auch auf Seite 10 und 11 die Liste mit Fragen an, die Sie sich vor der Bearbeitung der einzelnen Bücher und während der Bearbeitung der einzelnen Kapitel stellen sollten.

7. EINZELHEITEN BEACHTEN – *Versuchen Sie, die folgende Frage zu beantworten, ohne in Ihrer Bibel nachzusehen:* Wie nennt Paulus den Philemon im ersten Vers?

8. Wenn Sie Philemon wären und den Brief gerade zum ersten Mal gelesen hätten, welche Gedanken und Fragen würden Ihnen durch den Sinn gehen?

DAS WESENTLICHE ERFASSEN

9. Der Brief an Philemon ist auch »Die ursprüngliche Emanzipationserklärung«, »Gelebte christliche Gemeinschaft« und »Die Geschichte einer Sklavenbefreiung« überschrieben worden. Welche Antworten, Richtlinien und Lösungen erwarten Sie sich auf diesem Hintergrund von der Bearbeitung dieses Briefes?

10. Warum hat Paulus den Onesimus nicht gebeten, seine Freiheit zu genießen und sich von Philemon einfach fernzuhalten?

11. Wenn Sie nur diesen Brief der Bibel kennen würden, was würden Sie daraus in bezug auf die Persönlichkeit des Paulus schließen?

12. Wenn Sie gebeten würden, eine Diskussionsfrage zu stellen, die Ihrer Gruppe helfen soll, etwas ganz Bestimmtes in diesem Kapitel zu verstehen, wie würden Sie die Frage formulieren? (Und wie würden Sie die Frage beantworten?)

13. Wenn Sie Paulus fragen könnten: »Warum hast du Vers 19 in deinen Brief aufgenommen?«, wie würde er Ihrer Meinung nach antworten?

14. In dem, was Paulus für Onesimus getan hat, sehen viele Bibelausleger ein Bild für das, was Jesus für uns tut. Lesen Sie diesen Brief durch und überlegen Sie, welche Parallelen es gibt.

15. Spricht sich dieser Brief Ihrer Meinung nach für die Sklaverei aus? Warum oder warum nicht?

16. Nehmen Sie an, am Ende dieses Briefes an Philemon hätte Paulus den folgenden Satz hinzugefügt: »Onesimus, wenn dir nur eines aus diesem Brief in Erinnerung bleibt, so sei das ...« Wie hätte Paulus den Satz wohl beendet?

FÜR DAS LEBEN HEUTE

17. Überlegen Sie, welche Richtlinien und Prinzipien für die Christen heute Sie diesem Brief für jeden der folgenden Bereiche entnehmen können: a) Einheit unter Christen, b) Demut, c) Einfühlsamkeit, d) Großzügigkeit, e) Vergebungsbereitschaft.

18. Gibt es in Ihrem Leben Menschen, zu denen Sie die Worte des Verses 7 sagen könnten?

19. Vielleicht haben Sie beschlossen, einen Punkt, der Ihnen bei der Bearbeitung dieses Briefes klargeworden ist, in Ihrem Leben umzusetzen. Sind Sie bereit, dies auch den anderen Mitgliedern Ihrer Gruppe mitzuteilen und so verbindlich zu machen?

20. Wie würden Sie den folgenden Satz als Rat an einen Christen, der im Glauben weiterkommen möchte, vervollständigen: *Beschäftige dich mit dem Brief an Philemon, wenn du mehr erfahren willst in bezug auf ...*

ZUR VERTIEFUNG

Wie lassen sich die Anweisungen des Paulus in diesem Brief mit seinen allgemeinen Anweisungen an Sklaven und Herren in den folgenden Versen miteinander vergleichen: 1. Korinther 7,20-24; Epheser 6,5-9 und Kolosser 3,22 - 4,1?

HEBRÄER

Überblick

(Besprechen Sie diese Überblicksfragen sowohl zu Beginn Ihrer Bearbeitung des Hebräerbriefes als auch nachdem Sie alle dreizehn Kapitel durchgenommen haben. Es könnte sein, daß Ihre Antworten vollkommen anders ausfallen, nachdem Sie sich sehr intensiv mit dem ganzen Brief auseinandergesetzt haben.)

Einstieg: Warum ist es Ihrer Meinung nach praktisch gesehen ganz wichtig, die Bedeutung des Todes Christi am Kreuz genau verstanden zu haben?

Was steht im Text?

1. Überfliegen Sie den Hebräerbrief, bis Sie an einen Vers kommen, der eine Frage in Ihnen aufwirft. Wie lautet diese Frage?
2. Überfliegen Sie den Brief noch einmal, bis Sie an einen Vers kommen, der Sie zum Lächeln bringt oder das Gefühl der Dankbarkeit oder Freude in Ihnen weckt. Was gefällt Ihnen an diesem bestimmten Vers besonders gut?
3. Wenn der Hebräerbrief nicht in der Bibel enthalten wäre, was würde dann im Gesamtbild der Botschaft der Bibel fehlen?
4. Stellen Sie sich vor, Sie würden eine Bürgerversammlung besuchen, die von den Schulleitern des Bezirks einberufen worden ist, um die Entfernung aller Bibeln aus den Schulbibliotheken durchzusetzen. Sie machen sich dafür stark, daß die Bibel den Schülern zugänglich bleibt. Ein anderer Bürger erhebt sich und sagt: »Ich sehe keinen Grund, die Bibel zu behalten. Sie ist doch sowieso ein vergessenes Buch. Nicht einmal die Christen wissen so genau, was darin steht. Sagen Sie mir doch zum Beispiel«, fährt er fort und wendet sich an Sie, »worum es im Hebräerbrief geht.« Wie würden Sie in einer solchen Situation antworten?
5. Wie beschreibt der Autor dieses Buch in Hebräer 13,22?
6. Welche Schlußfolgerungen können Sie aus Hebräer 2,3 in bezug auf den Autor dieses Briefes (der im Text nicht genannt ist) und den Ursprung seiner Lehre in diesem Buch ziehen?

7. Immer wieder ist Paulus als möglicher Autor dieses anonymen Briefes vorschlagen worden. Unter anderem werden auch Barnabas und Apollos als mögliche Autoren genannt. Tragen Sie zusammen, was Sie in den folgenden Bibelstellen über diese beiden Männer erfahren: Apostelgeschichte 4,36-37; 11,22-26 und 13,1-4 (Barnabas) und Apostelgeschichte 18,24-28 (Apollos).
8. Sehen Sie sich auf Seite 11 auch die Liste mit Fragen an, die Sie sich vor der Bearbeitung der einzelnen Bücher stellen sollten.

DAS WESENTLICHE ERFASSEN

9. Lesen Sie die folgenden Verse sehr aufmerksam und überlegen Sie, was der Autor des Hebräerbriefes uns am *Leiden* Jesu in erster Linie begreiflich machen möchte: 2,18; 5,7-8 und 12,2.
10. Welchen Eindruck hatten Sie bisher vom Hebräerbrief in bezug auf a) seinen Inhalt, b) seinen Schwierigkeitsgrad und c) seine Bedeutung?
11. Der Hebräerbrief ist auch »Das Buch von Schatten und Substanz«, »Die Überlegenheit Christi«, »Das Buch der besseren Dinge« und »Das herrliche Schicksal des Menschen« überschrieben worden. Welche Antworten, Richtlinien und Lösungen versprechen Sie sich auf diesem Hintergrund von der Bearbeitung dieses Briefes?

FÜR DAS LEBEN HEUTE

12. AUF JESUS AUSGERICHTET: Sehen Sie sich die Gebote in 3,1 und 12,2 an. Welches sind für die Christen heute die schlimmsten Hindernisse, ihre Gedanken auf Christus ausgerichtet zu behalten?
13. Wie können Sie sicherstellen, daß Ihre Beschäftigung mit dem Hebräerbrief keine rein theoretische oder intellektuelle Angelegenheit bleibt, sondern praktisch wird und für Sie Konsequenzen hat? Was können Sie tun, damit das Gespräch lebendig und interessant bleibt?
14. Stellen Sie sich vor, Sie kommen in den Himmel und erfahren, wer der Autor dieses Briefes ist. Sie unterhalten sich mit ihm, und er fragt Sie: »Übrigens, was hat dir in meinem Brief am meisten geholfen?« Was würden Sie ihm gern antworten?

ZUR VERTIEFUNG

Der Autor dieses Briefes beginnt ein Gebot oder eine Ermutigung häufig mit den Worten »Laßt uns ...« Lesen Sie gemeinsam die folgenden Verse und überlegen Sie, was sie darüber aussagen, wie unser Leben sein sollte: 4,1; 4,11; 4,16; 6,1; 10,22-25; 12,1-2 und 13,15.

HEBRÄER 1

Einstieg: Was fällt Ihnen ein, wenn Sie an *Engel* denken?

WAS STEHT IM TEXT?

1. Was möchte uns der Autor zu Beginn dieses Briefes in bezug auf Jesus besonders klarmachen?

2. Welche der Aussagen über Jesus in den Versen 2-3 bedeutet Ihnen am meisten und warum?

3. Der Hebräerbrief ist ein Buch der *Vergleiche*. Erklären Sie in eigenen Worten den Vergleich in Vers 4.

4. AUF JESUS AUSGERICHTET: Denken Sie noch einmal an die Gebote in 3,1 und 12,2. Lesen Sie die Verse 8-9 in diesem Kapitel. Was sagen sie eigentlich über Jesus aus, und warum ist diese Botschaft so wichtig?

5. *Warum* ist Jesus größer als die Engel? Fassen Sie die Hauptaussagen dieses Kapitels zur Überlegenheit Jesu im Vergleich zu den Engeln zusammen.

6. Sehen Sie sich auch die Liste mit Fragen an, die Sie sich während der Bearbeitung eines Kapitels stellen sollten.

7. EINZELHEITEN BEACHTEN – *Versuchen Sie, die folgende Frage zu beantworten, ohne in Ihrer Bibel nachzusehen:* Der letzte Vers in diesem Kapitel spricht von Menschen, die etwas erben werden. Was werden sie erben?

DAS WESENTLICHE ERFASSEN

8. Wenn Sie beschlossen hätten, eine Liste mit den »Namen und Titeln« Jesu in der Bibel zu erstellen, welche Namen und Titel würden Sie aus den Versen 2-5 hinzufügen?

9. Wenn Sie gebeten würden, alle Verse bis auf drei wegzuschneiden, die aber die Bedeutung dieses Kapitels möglichst wiedergeben, welche drei Verse würden Sie auswählen?

10. Wenn es die alttestamentlichen Schriften nicht geben und somit im Neuen Testament nicht zitiert werden könnten, welche Verse dieses Kapitels würden verschwinden?

11. Wenn Sie von der ganzen Bibel nur dieses Kapitel kennen würden, was würden Sie ihm in bezug auf die Engel entnehmen?

Hebräerbrief

12. Stellen Sie sich den Hebräerbrief als einen schnell fahrenden Zug vor. Kapitel 1 ist die Lokomotive, die anderen Kapitel sind die nachfolgenden Waggons. Welches ist nach dem, was Sie im ersten Kapitel lesen, die *Energie* der Lokomotive – die Aussage, das Prinzip oder Thema, das den ganzen Zug antreibt?

FÜR DAS LEBEN HEUTE

13. Wenn ein ungläubiger Freund zu Ihnen sagen würde: »Ich verstehe nicht so ganz, wie der Mensch Jesus gleichzeitig auch Gott sein kann«, wie würden Sie ihm anhand dieses Kapitels darauf antworten?

14. In Kolosser 3,1 lesen wir: »Wenn ihr nun mit dem Christus auferweckt worden seid, so sucht, was droben ist, wo der Christus ist, sitzend zur Rechten Gottes.« Was ist Ihnen persönlich in diesem Kapitel an Jesus Christus wichtig geworden, nach dem Sie streben möchten?

15. Welchen Vers in diesem Kapitel möchte Gott Ihnen besonders ans Herz legen?

ZUR VERTIEFUNG

Vergleichen Sie die Verse 1-3 mit den Eröffnungsversen des vierten Evangeliums (Johannes 1,1-5 und 1,14-18). Welche Ähnlichkeiten erkennen Sie in der Art, wie diese beiden Schreiber den Sohn Gottes darstellen?

HEBRÄER 2

Einstieg: Stellen Sie sich vor, Sie wären im Himmel, und Sie und ein Engel würden sich gleichzeitig einer Tür nähern. Wer von ihnen müßte nach den Regeln der Höflichkeit dem anderen den Vortritt lassen?

WAS STEHT IM TEXT?

1. Wie würden Sie in eigenen Worten die *Warnung* in den Versen 1-3 zusammenfassen?

2. AUF JESUS AUSGERICHTET: Denken Sie noch einmal an die Gebote in 3,1 und 12,2. Lesen Sie die Verse 9-18 in diesem Kapitel. Was sagen diese Verse eigentlich über Jesus aus, und warum ist ihre Botschaft so wichtig?

3. Was hat nach dem, was Sie in diesem Kapitel lesen, *Gott* für *Jesus* getan, und was hat *Jesus* für *uns* getan?

4. Welches sind nach den Versen 11-18 die wichtigsten Fakten in bezug darauf, wer *Sie* sind?
5. Stellen Sie sich die Verse 14-15 bildlich vor und beschreiben Sie dieses Bild.
6. Lesen Sie die Verse 14-18 noch einmal und zählen Sie so viele Dinge wie möglich auf, die Sie mit Jesus gemein haben.
7. EINZELHEITEN BEACHTEN – *Versuchen Sie, die folgende Frage zu beantworten, ohne in Ihrer Bibel nachzusehen:* Im ersten Vers sagt uns der Autor des Hebräerbriefes, warum wir aufmerksamer auf das achten sollen, was wir gehört haben. Was ist dieser Grund?

DAS WESENTLICHE ERFASSEN

8. In Vers 3 spricht der Autor von unserer »großen Errettung«. Was genau ist daran so »groß«? Lesen Sie gemeinsam Epheser 1,19 und 2,4.
9. Wenn Sie eine Liste mit »Namen und Titeln Jesu in der Bibel« führen würden, welche Namen und Titel würden Sie aus den Versen 10-11 und 17 hinzufügen?
10. Was möchte uns der Autor des Hebräerbriefes nach dem, was Sie in diesem Kapitel lesen, an unserer Beziehung zu Christus vor allem begreiflich machen?
11. Wenn Sie noch kein Christ wären, welche Aussage in bezug auf Jesus würde Sie in diesem Kapitel besonders faszinieren, und warum?
12. Stellen Sie sich vor, eine Gruppe bewaffneter Terroristen würde ins Zimmer stürmen und Sie als Geiseln nehmen. Bevor man Ihnen Ihre Bibel wegnimmt, gestattet man Ihnen, noch einen letzten Blick auf das aufgeschlagen vor Ihnen liegende Kapitel zu werfen. Welchen Vers in diesem Kapitel würden Sie sich besonders einprägen wollen, bevor man Ihnen Ihre Bibel wegnimmt? Warum ausgerechnet diesen Vers?

FÜR DAS LEBEN HEUTE

13. Wie empfänglich sind die Christen heute für das, wovor der Autor des Hebräerbriefes in den Versen 1-3 warnt?
14. Suchen Sie sich einen der folgenden Sätze aus und vervollständigen Sie ihn so umfassend wie möglich: *Was ich in diesem Kapitel lese, ist wichtig für mein Leben, weil ...*

Was ich in diesem Kapitel lese, ist im Augenblick NICHT wichtig für mein Leben, weil ...

15. Wenn es stimmt, daß man »*wird* wie man *denkt*«, welche Gedanken aus diesem Kapitel würden Sie sich gern aneignen?

16. Wenn Gott dieses Kapitel nur für Sie geschrieben hätte, welche Wörter, Ausdrücke oder Sätze hätte er wohl unterstrichen?

ZUR VERTIEFUNG

Nachdem der Autor sich sehr ausführlich über die Gottheit Christi ausgelassen hat, beschäftigt er sich in den Versen 14-18 mit seinem Menschsein. Suchen Sie gemeinsam in den folgenden Bibelstellen nach Wortbildern und Aussagen, die unser Verständnis dieses Wunders der Liebe vertiefen: Johannes 1,1; 1,10-14; 2. Korinther 8,9; Philipper 2,6-11; 1. Timotheus 3,16 und 1. Johannes 1,1-2.

HEBRÄER 3

Einstieg: Woran denken Sie, wenn Sie den Ausdruck *verhärtetes Herz* hören?

WAS STEHT IM TEXT?

1. Welchen Eindruck oder welches Bild hinterläßt dieses Kapitel bei Ihnen?

2. Was in diesem Kapitel würde einen neubekehrten Christen, der es zum ersten Mal liest, am meisten in Erstaunen versetzen?

3. Welches ist das erste *Gebot,* das in diesem Kapitel gegeben wird?

4. Wie verwendet der Autor das Wort *Haus* in den Versen 2-6? Wie sollen wir es verstehen?

5. Fassen Sie in eigenen Worten die Warnung in Vers 12 zusammen.

6. KLEIN, ABER WICHTIG: Das Wort *aber* signalisiert einen Gegensatz oder einen Richtungswechsel. Welchen wichtigen Gegensatz oder Richtungswechsel stellt dieses Wort in Vers 13 heraus?

7. Welches sind die wichtigsten *Verben* in diesem Kapitel?

8. Wenn es die alttestamentlichen Schriften nicht geben würde und von daher hier nicht zitiert werden könnten, welche Verse in diesem Kapitel würden verschwinden?

9. *Warum* ist Jesus größer als Mose? Fassen Sie die Hauptaussagen in diesem Kapitel in bezug auf die Überlegenheit Jesu über Mose zusammen.

10. EINZELHEITEN BEACHTEN – *Versuchen Sie, die folgende Frage zu beantworten, ohne in Ihrer Bibel nachzusehen:* In diesem Kapitel wird von einem Eid gesprochen, den Gott in seinem Zorn getan hat. Welcher Eid war das? (Siehe Vers 11.)

DAS WESENTLICHE ERFASSEN

11. Wie genau kann ein Mensch dem in Vers 1 gegebenen Gebot gehorchen?
12. Wenn Sie eine Liste mit »Titeln und Namen« Jesu führen würden, welche Namen und Titel würden Sie aus den Versen 1 und 6 hinzufügen können?
13. Wenn Sie nur dieses Kapitel aus der Bibel kennen würden, welche Schlußfolgerungen würden Sie daraus in bezug auf Mose ziehen?
14. Nehmen Sie an, am Ende dieses Kapitels hätte der Autor den folgenden Satz hinzugefügt: »Und wenn dir nur eines von diesem Kapitel in Erinnerung bleibt, so sei das ...« Wie hätte er den Satz vervollständigt?
15. Wenn Sie gebeten würden, eine Diskussionsfrage zu stellen, die Ihrer Gruppe helfen soll, etwas ganz Bestimmtes in diesem Kapitel zu verstehen, wie würden Sie die Frage formulieren?
16. Was wird Gott ganz bestimmt tun, wenn wir ihm gehorchen?

FÜR DAS LEBEN HEUTE

17. Überdenken Sie sorgfältig die wichtigsten Aussagen dieses Kapitels. Was ist Ihrer Meinung nach schwieriger für einen Christen – zu verstehen, was in diesem Kapitel gesagt wird, oder es in die Praxis umzusetzen?
18. Wie empfänglich sind die Christen heute Ihrer Meinung nach für das, wovor in Vers 12 gewarnt wird?
19. Sehen Sie sich Vers 13 noch einmal an. Welches sind die größten Täuschungen der Sünde heute ... a) in unserer Welt, b) in Ihrer Gemeinde, c) in Ihrer Familie?
20. Überlegen Sie, wie Sie nach dem, was Sie in diesem Kapitel lesen, den folgenden Satz vervollständigen würden: *Was Gott eigentlich von uns möchte, ist ...*
21. Welcher Vers in diesem Kapitel ist Ihnen in Ihrer gegenwärtigen Situation besonders wichtig geworden?

ZUR VERTIEFUNG

Blättern Sie vor zu 10,24-25 und lesen Sie diese Verse zusammen mit den Versen 12-13 in diesem Kapitel. Überlegen Sie mögliche Gründe, warum der Autor eine so starke Betonung auf die gegenseitige Ermutigung gelegt hat.

HEBRÄER 4

Einstieg: Denken Sie an die Worte aus dem Schöpfungsbericht im ersten Buch Mose: »Und Gott ruhte am siebten Tag von all seinem Werk, das er gemacht hatte.« Was fällt Ihnen ein, wenn Sie hören, daß Gott ausruhte?

WAS STEHT IM TEXT?

1. Welche Wörter, Ausdrücke oder Sätze würden Sie, nachdem Sie das Kapitel durchgelesen haben, gern besser verstehen?

2. Wie würden Sie in eigenen Worten die *Warnung* in den Versen 1-2 zusammenfassen?

3. KLEIN, ABER WICHTIG: Beachten Sie das »kleine« Wort *aber* in Vers 2 und finden Sie heraus, welchen wichtigen Gegensatz oder Richtungswechsel es in diesem Vers herausstellt.

4. Wie würden Sie in eigenen Worten die *Ruhe* beschreiben, von der der Autor in diesem Kapitel spricht?

5. AUF JESUS AUSGERICHTET: Denken Sie noch einmal an die Gebote in 3,1 und 12,2. Lesen Sie Vers 15 in diesem Kapitel. Was sagen diese Worte *eigentlich* über Jesus aus, und warum ist diese Botschaft so wichtig?

6. Wie würden Sie Vers 16 einem kleinen Kind erklären?

7. Was möchte der Autor uns im Hinblick auf die Verse 12-13 an Gott und seinem Wort vor allem begreiflich machen?

8. Welche *Erwartungen* können wir nach Vers 16 zu Recht an Gott stellen?

9. Wenn die alttestamentlichen Schriften nicht existieren würden und von daher hier nicht zitiert werden könnten, welche Verse dieses Kapitels würden wegfallen?

10. EINZELHEITEN BEACHTEN – *Versuchen Sie, die folgende Frage zu beantworten, ohne in Ihrer Bibel nachzusehen:* Der Autor des Hebräerbriefes sagt, daß das Wort Gottes »schärfer« ist als etwas ganz Bestimmtes. Schärfer als was? (Siehe Vers 12.)

DAS WESENTLICHE ERFASSEN

11. Stellen Sie sich vor, Sie würden eine Diashow für Ihre Gemeinde vorbereiten. Eine ausdrucksstarke Stimme liest die Verse 9-16 vor, während eine Reihe von Dias auf die Leinwand projiziert wird. Welche Art von Dias würden Sie aussuchen, um den Inhalt dieser Verse besonders zur Geltung zu bringen?

12. Wenn Sie gebeten würden, alle Verse außer drei wegzuschneiden, die aber den Sinn dieses Kapitels so gut wie möglich wiedergeben, welche drei Verse würden Sie stehen lassen?
13. Eine dreiteilige Frage: a) Überlegen Sie, wer von Ihren Bekannten nicht viel in der Bibel liest. b) Suchen Sie nun einen Vers oder einen kurzen Abschnitt in diesem Kapitel, den diese Person sicherlich sehr langweilig finden würde. c) Überlegen Sie, wie Sie diesen Abschnitt so erklären können, daß er diese Person anspricht.
14. Wenn dieses Kapitel die Antwort auf eine Frage wäre, die mit dem Wort *Wie* ... beginnen würde, wie müßte die Frage lauten?

Für das Leben heute

15. Welche Teile dieses Kapitels sind für die meisten Christen heute vermutlich sehr leicht zu verstehen?
16. Wie empfänglich sind Ihrer Meinung nach Christen heute im allgemeinen für das, wovor der Autor des Hebräerbriefes in den Versen 1-2 warnt?
17. Denken Sie noch einmal über die Aufforderung am Ende von Vers 14 nach. Stellen Sie sich vor, Gott würde Sie auf einer Skala von eins bis zehn bewerten, wobei zehn vollkommener Gehorsam dieser Aufforderung gegenüber ist, eins vollkommene Mißachtung dieser Aufforderung. Wie würden Sie wohl eingeschätzt werden?
18. Sehen Sie sich die Aufforderung in Vers 16 noch einmal an. Für welche wichtigen Dinge haben Sie in den vergangenen vierundzwanzig Stunden die Hilfe Gottes erbeten?
19. In Philipper 4,8 heißt es: »Übrigens, Brüder, alles, was wahr, alles, was ehrbar, alles, was gerecht, alles, was rein, alles, was liebenswert, alles, was wohllautend ist, wenn es irgendeine Tugend und wenn es irgendein Lob gibt, das erwägt!« Welche Denkanstöße können Sie in diesem Kapitel finden, die Ihnen als *wahr, ehrbar, gerecht, rein, liebenswert,* als *Tugend* und *Lob* ins Auge fallen?
20. Für welche Erkenntnis sind Sie von allem, was Sie in diesem Kapitel lesen, besonders *dankbar*, weil sie von persönlicher Bedeutung für Sie ist?

Zur Vertiefung

Lesen Sie neben Vers 12 auch Jeremia 23,29. Beschreiben Sie in eigenen Worten, inwiefern das Wort Gottes wie ein Feuer, ein Fels und ein Schwert ist.

Hebräer 5

Einstieg: Lesen Sie Vers 7 in diesem Kapitel und stellen Sie sich vor, wie Jesus betet. Was sehen Sie, was hören und fühlen Sie?

Was steht im Text?

1. Welche Wörter, Ausdrücke und Sätze würden Sie, nachdem Sie dieses Kapitel durchgelesen haben, gern besser verstehen?

2. AUF JESUS AUSGERICHTET: Denken Sie noch einmal an die Gebote in 3,1 und 12,2. Lesen Sie die Verse 7-10 in diesem Kapitel. Was sagen diese Worte *eigentlich* über Jesus aus, und warum ist diese Botschaft so wichtig?

3. KLEIN, ABER WICHTIG: Welchen wichtigen Gegensatz oder Richtungswechsel stellt das kleine Wort *aber* in Vers 14 heraus?

4. Als Hintergrundinformation zu dem in diesem Kapitel erwähnten »Melchisedek« lesen Sie 1. Mose 14,17-20 und Psalm 110,4. Was ist ganz klar in bezug auf diesen Mann, was ist geheimnisvoll an ihm?

5. Wenn es die alttestamentlichen Schriften nicht geben würde und von daher hier nicht zitiert werden könnten, welche Verse in diesem Kapitel würden wegfallen?

6. EINZELHEITEN BEACHTEN – *Versuchen Sie, die folgende Frage zu beantworten, ohne in Ihrer Bibel nachzusehen:* Welche beiden Männer aus dem Alten Testament werden in diesem Kapitel erwähnt? (Siehe Verse 4 und 6.)

Das Wesentliche erfassen

7. Wenn Sie eine Liste mit »Namen und Titeln Jesu« führen würden, welche Namen und Titel würden aus den Versen 9-10 hinzugefügt werden?

8. Sehen Sie sich in Vers 11 den Grund an, den der Autor dafür angibt, warum manche geistliche Lehre »schwer zu erklären« ist. Welches ist nach dem, was Sie im Folgenden lesen, die Lösung für dieses Problem?

9. Sehen Sie sich in den Versen 11-14 jedes der folgenden Wörter an: *Zeit, lehren* und *gut*. Überlegen Sie, welches das wichtigste Wort in diesem Abschnitt ist und erklären Sie, warum Sie dieser Meinung sind.

Für das Leben heute

10. Welche Teile dieses Kapitels sind für die meisten Christen heute besonders leicht zu verstehen?

11. Denken Sie über die Bedeutung der Verse 11-14 nach. Bereitet dieser Abschnitt Ihnen *Unbehagen* oder gibt er Ihnen *Ermutigung* – oder beides?

12. Welchen Vers aus diesem Kapitel möchte Gott Ihnen Ihrer Meinung nach besonders ans Herz legen?

Zur Vertiefung

Lesen Sie die Verse 11-14 zusammen mit den Worten des Paulus an die Gläubigen in Korinth in 1. Korinther 3,1-4. Welche Gründe geben die beiden Autoren dafür an, die Empfänger der Briefe als »Baby-Christen« zu betrachten?

Hebräer 6

Einstieg: Welche Angewohnheiten in der Art, wie wir die Bibel lesen, können sehr leicht verhindern, daß der Hebräerbrief in unserem Leben lebendig wird?

Was steht im Text?

1. Welchen Eindruck oder welches Bild hinterläßt dieses Kapitel bei Ihnen?

2. Welche Wörter, Ausdrücke oder Sätze würden Sie, nachdem Sie dieses Kapitel gelesen haben, gern besser verstehen?

3. Was bietet Gott uns in diesem Kapitel an oder was verspricht er uns?

4. Was in den schwierigen Versen 4-6 ist leicht zu verstehen?

5. Der Hebräerbrief ist ein Buch mit vielen *Vergleichen*. Erklären Sie im Kontext dieses Kapitels den Vergleich in Vers 9.

6. Von wem spricht der Autor in Vers 12? Wen sollen wir »nachahmen«, wem »folgen«?

7. Welche wichtigen Einzelheiten in diesem Kapitel können sehr leicht übersehen werden?

8. AUGENMERK AUF DETAILS RICHTEN – *Versuchen Sie, die folgende Frage zu beantworten, ohne in Ihrer Bibel nachzusehen:* Was ist in diesem Kapitel der »Anker für unsere Seelen«? (Siehe Vers 19.)

DAS WESENTLICHE ERFASSEN

9. Stellen Sie sich die Verse 7-8 bildlich vor. Wie würden Sie dieses Gleichnis erklären?

10. Nehmen Sie an, am Ende dieses Kapitels hätte der Autor den folgenden Satz eingefügt: »Und wenn dir nur eines aus diesem Kapitel in Erinnerung bleibt, so sei das …« Wie würde er den Satz beendet haben?

11. Was wird Gott ganz bestimmt tun, wenn wir ihm gehorchen?

FÜR DAS LEBEN HEUTE

12. Wenn die Verse 11-12 in einem Brief an Ihre Gemeinde stehen würden, wären sie zutreffend?

13. Sehen Sie sich noch einmal Vers 12 an, wo wir aufgefordert werden, nicht »träge« oder »faul« zu werden. Welches ist die verführerischste Form der Faulheit in Ihrem Leben?

14. Überlegen Sie, wie Sie auf der Basis dieses Kapitels den folgenden Satz vervollständigen würden: *Was Gott eigentlich von mir möchte, ist …*

15. Wenn Gott dieses Kapitel nur für Sie geschrieben hätte, welche Wörter oder Ausdrücke hätte er wohl unterstrichen?

ZUR VERTIEFUNG

In den Versen 7-8 verwendet der Autor ein Wortbild für bekennende Christen, die wie unfruchtbares Land in der Gefahr stehen, verschmäht zu werden. Welche Ähnlichkeiten hierzu erkennen Sie in dem Bild, mit dem Gott das Volk Israel in Jesaja 5,1-7 warnt?

HEBRÄER 7

Einstieg: Wenn Sie das Leben Abrahams verfilmen würden und dabei auch die Szene aus dem ersten Buch Mose wählen würden, in der Abraham Melchisedek trifft, was für einen Personentyp würden Sie für die Rolle des Melchisedek auswählen?

WAS STEHT IM TEXT?

1. Welche Wörter, Ausdrücke oder Sätze würden Sie, nachdem Sie dieses Kapitel durchgelesen haben, gern besser verstehen?

2. **KLEIN, ABER WICHTIG:** Welchen wichtigen Gegensatz oder Richtungswechsel stellt das kleine Wort *aber* in Vers 24 heraus?
3. **AUF JESUS AUSGERICHTET:** Denken Sie noch einmal an die Gebote in 3,1 und 12,2. Lesen Sie die Verse 24-28 in diesem Kapitel. Was sagen sie *eigentlich* über Jesus aus, und warum ist diese Botschaft so wichtig?
4. Schlagen Sie noch einmal 1. Mose 14,17-20 und Psalm 110,4 auf, um sich den alttestamentlichen Bericht über König Melchisedek in Erinnerung zu rufen. Was können Sie von ihm lernen?
5. Wenn die alttestamentlichen Schriften nicht existieren würden und somit hier nicht zitiert werden könnten, welche Verse in diesem Kapitel würden wegfallen?
6. **EINZELHEITEN BEACHTEN** – *Versuchen Sie, die folgende Frage zu beantworten, ohne in Ihrer Bibel nachzusehen:* Welches der folgenden Paare aus dem Alten Testament ist in diesem Kapitel *nicht* erwähnt? Abraham und Melchisedek; Levi und Juda; Mose und Aaron; David und Salomo. (Siehe Verse 1, 9, 11 und 14.)
7. Sehen Sie sich auch auf Seite 10 die Liste mit Fragen an, die Sie sich während der Bearbeitung der einzelnen Kapitel des Hebräerbriefes stellen sollten.

DAS WESENTLICHE ERFASSEN

8. Würden Sie sagen, daß Sie für die Bearbeitung dieses Kapitels besondere *Geduld* brauchen, um es zu verstehen? Wenn ja, warum?
9. Wenn Sie gebeten würden, alle Verse wegzuschneiden bis auf drei, die aber den Sinn dieses Kapitels wiedergeben, welche drei Verse würden Sie stehen lassen?
10. Da Sie den Hebräerbrief nun zur Hälfte durchgearbeitet haben, wie würden Sie die wichtigsten Lektionen dieses Briefes zusammenfassen?

FÜR DAS LEBEN HEUTE

11. Welche Teile dieses Kapitels sind für die meisten Christen heute leicht zu verstehen?
12. Welchen Vers in diesem Kapitel möchte Gott Ihnen möglicherweise besonders ans Herz legen?

ZUR VERTIEFUNG

Lesen Sie Vers 25 und dazu Hebräer 9,24; Römer 8,34; 1. Timotheus 2,5 und 1. Johannes 2,1. Inwiefern tragen die einzelnen Bibelstellen zu Ihrem Verständnis dessen bei, was Jesus Christus *in der Gegenwart* für die tut, die an ihn glauben?

HEBRÄER 8

Einstieg: Stellen Sie sich vor, Sie würden ganz plötzlich in die Zeit des Alten Testaments zurückversetzt und den Priestern bei den Opferungen in der Stiftshütte oder dem Tempel zusehen. Was würden Sie dabei wahrnehmen oder empfinden?

WAS STEHT IM TEXT?

1. Welche Wörter, Ausdrücke oder Sätze würden Sie, nachdem Sie dieses Kapitel durchgelesen haben, gern besser verstehen?

2. Was sollen wir nach dem, was Sie in diesem Kapitel lesen, an dem »neuen Bund« vor allem begreifen?

3. AUF JESUS AUSGERICHTET: Denken Sie noch einmal an die Gebote in 3,1 und 12,2. Lesen Sie die Verse 1-2 in diesem Kapitel. Was sagen sie *eigentlich* über Jesus aus, und warum ist diese Botschaft so wichtig?

4. Der Hebräerbrief ist ein Buch der *Vergleiche*. Erklären Sie im Zusammenhang mit dem, was Sie in diesem Kapitel lesen, in eigenen Worten den Vergleich in Vers 6.

5. Wenn die alttestamentlichen Schriften nicht existieren würden, welche Verse in diesem Kapitel würden verschwinden?

6. EINZELHEITEN BEACHTEN – *Versuchen Sie, die folgende Frage zu beantworten, ohne in Ihrer Bibel nachzusehen:* Wie wird Gott im ersten Vers dieses Kapitels beschrieben?

DAS WESENTLICHE ERFASSEN

7. Würden Sie sagen, daß Sie, um dieses Kapitel zu verstehen, besondere *Geduld* brauchen? Wenn ja, warum?

8. Wenn Sie gebeten würden, eine Diskussionsfrage zu stellen, die Ihrer Gruppe helfen soll, etwas ganz Bestimmtes in diesem Kapitel zu verstehen, wie würden Sie die Frage formulieren?

FÜR DAS LEBEN HEUTE

9. Nehmen Sie an, Sie würden mit einem der Teilnehmer Ihrer Bibelgruppe essen gehen, und er würde Ihnen sagen: »Der Hebräerbrief mag für die Hebräer ganz in Ordnung gewesen sein. Aber ganz offensichtlich ist er an die Juden gerichtet, die diese ganze Geschichte mit dem Tempel, der Priesterschaft und

dem allen verstanden haben, und ich glaube nicht, daß er für uns heute noch von Bedeutung ist.« Welche Antwort würden Sie dieser Person geben?

10. Wenn Gott dieses Kapitel nur für Sie geschrieben hätte, welche Wörter oder Sätze hätte er wohl unterstrichen?

ZUR VERTIEFUNG

Inwiefern erweitert Philipper 2,12-13 Ihr Verständnis des in Vers 10 beschriebenen Neuen Bundes?

HEBRÄER 9

Einstieg: Was wissen Sie aus dem Alten Testament über die Anordnung des Tempels und die verschiedenen Opferungen, die dort vorgenommen wurden?

WAS STEHT IM TEXT?

1. Welche Wörter, Ausdrücke oder Sätze würden Sie, nachdem Sie dieses Kapitel durchgelesen haben, gern besser verstehen?

2. Wie oft kommt das Wort *einmal* in diesem Kapitel vor, und worauf bezieht es sich jeweils?

3. AUF JESUS AUSGERICHTET: Denken Sie noch einmal an die Gebote in 3,1 und 12,2. Lesen Sie die Verse 11-12, 14-15 und 24-28. Was sagen sie *eigentlich* über Jesus aus, und warum ist diese Botschaft so wichtig?

4. KLEIN, ABER WICHTIG: Welchen wichtigen Gegensatz oder Richtungswechsel stellt das kleine Wort *sondern* in Vers 12 heraus?

5. Welche Erwartungen können wir nach Vers 14 zu Recht an Gott stellen?

6. Welcher *Vergleich* wird in Vers 23 gemacht? Erklären Sie ihn im Kontext des ganzen Kapitels.

7. Suchen Sie in den Versen 24-28 die Dinge, die nur *einmal* geschehen sind oder nur *einmal* geschehen werden.

8. Welche Fragen in bezug auf die Themen, die bisher in diesem Brief angesprochen worden sind, bleiben für Sie unbeantwortet?

9. EINZELHEITEN BEACHTEN – *Versuchen Sie, die folgende Frage zu beantworten, ohne in Ihrer Bibel nachzusehen:* Welche drei Dinge befanden sich in der ursprünglichen Stiftshütte in der Bundeslade? (Siehe Vers 4.)

DAS WESENTLICHE ERFASSEN

10. Würden Sie sagen, daß Sie besondere *Geduld* brauchen, um dieses Kapitel zu verstehen? Wenn ja, warum?
11. Nehmen Sie an, am Ende dieses Kapitels hätte der Autor den folgenden Satz hinzugefügt: »Und wenn dir nur eines aus diesem Kapitel in Erinnerung bleibt, so sei das …« Wie hätte er diesen Satz vervollständigt?
12. Wenn dieses Kapitel der einzige Teil der Bibel wäre, den Sie zur Verfügung hätten, was würden Sie ihm in bezug auf die Bedeutung des Todes Jesu entnehmen?
13. Welchen Vers aus diesem Kapitel möchte Gott Ihnen besonders ans Herz legen?

FÜR DAS LEBEN HEUTE

14. Nehmen Sie an, Sie würden sich mit einem ungläubigen Freund unterhalten, der sich mit dem Evangelium auseinandergesetzt hätte und Ihnen sagte: »Aber wie kann ich ganz sicher wissen, daß es ein Leben nach dem Tode gibt? Vielleicht hören wir einfach nur zu existieren auf, wenn unser Herz stehen bleibt.« Wie könnten Sie ihm anhand der Verse 27-28 antworten?

ZUR VERTIEFUNG

In den Versen 12-14 wird gesagt, daß Christus sich selbst Gott als ein Opfer *ohne Fehler* darbrachte. Inwiefern trägt diese Aussage dazu bei, den brennenden Zorn Gottes und seine Trauer über die Handlungsweise der Priesterschaft in Maleachi 1,6-14 zu erklären?

HEBRÄER 10

Einstieg: Können Sie sich an eine Gelegenheit erinnern, wo Sie im Zusammensein mit anderen Gläubigen wirkliche Ermutigung und Gemeinschaft gefunden haben?

WAS STEHT IM TEXT?

1. Welchen Eindruck oder welches Bild hinterläßt dieses Kapitel bei Ihnen?
2. Wie würden Sie den *Vergleich* in den Versen 1-10 zusammenfassen?

3. Lesen Sie die Verse 1-4 und diskutieren Sie die folgende Aussage: Auch im Alten Testament gab Gott die Erlösung nur durch seine Gnade, nicht als Belohnung für Opfer oder gute Taten.

4. AUF JESUS AUSGERICHTET: Denken Sie noch einmal an die Gebote in 3,1 und 12,2. Lesen Sie die Verse 5-10 in diesem Kapitel. Was sagen sie *eigentlich* über Jesus aus, und warum ist diese Botschaft so wichtig?

5. Wie würden Sie die *Warnung* in den Versen 26-31 in eigenen Worten zusammenfassen?

6. Erklären Sie den Vergleich in Vers 34.

7. Welches ist Ihrer Meinung nach die Belohnung, von der der Autor in den Versen 35-36 spricht?

8. KLEIN, ABER WICHTIG: Welchen wichtigen Gegensatz oder Richtungswechsel stellt das kleine Wort *sondern* in Vers 39 heraus?

9. EINZELHEITEN BEACHTEN – *Versuchen Sie, die folgende Frage zu beantworten, ohne in Ihrer Bibel nachzusehen:* Gegen Ende dieses Kapitels spricht Gott von dem Menschen, der ihm nicht gefällt. Was für ein Mensch ist das? (Siehe Vers 38.)

DAS WESENTLICHE ERFASSEN

10. Wenn Sie sich dieses Kapitel als Straßenkarte für das Leben eines Christen vorstellen, welches sind die sicheren »Straßen«, die man nehmen, welches die unsicheren, gefährlichen Straßen, die man lieber meiden sollte?

11. Wie würden Sie die wichtigsten Unterschiede zwischen den Opferungen der alttestamentlichen Priestern und dem Opfer Jesu am Kreuz zusammenfassen?

12. In den Versen 7-10 wird häufig vom *Willen* Gottes gesprochen. Welches ist nach diesem Abschnitt der Wille Gottes in bezug auf Jesus und uns?

13. In Jakobus 1,22 wird uns gesagt, daß wir uns selbst täuschen, wenn wir nur das Wort hören und es nicht in die Tat umsetzen. Welche selbsttäuschenden Entschuldigungen können Christen sehr leicht davon abhalten, tatsächlich in die Tat umzusetzen, was ihnen in den Versen 24-25 gesagt wird?

14. Wie kommen nach dem, was Sie bisher im Hebräerbrief gelesen haben, die *Heiligkeit* Gottes und seine *Liebe* in seinem Wesen zusammen?

FÜR DAS LEBEN HEUTE

15. Wie empfänglich sind Ihrer Meinung nach die Christen heute für das, wovor der Schreiber des Hebräerbriefes in den Versen 26-31 warnt?

16. Lesen Sie in den Versen 25 und 35 noch einmal, was wir *nicht* tun sollen. Inwiefern stehen die Christen heute in der Gefahr, genau das zu tun?

17. Überlegen Sie, wie Sie nach dem, was Sie in diesem Kapitel gelesen haben, den folgenden Satz vervollständigen würden: *Was Gott eigentlich von mir möchte, ist ...*

18. Wenn es stimmt, daß man »*wird* wie man *denkt*«, welche wichtigen Gedanken aus diesem Kapitel würden Sie sich gern aneignen?

19. Wenn Sie gebeten würden, eine Diskussionsfrage zu stellen, die Ihrer Gruppe helfen soll, etwas ganz Bestimmtes in diesem Kapitel zu verstehen, wie würden Sie diese Frage formulieren?

20. Nehmen Sie an, Sie würden eine Stimme aus dem Himmel hören, die Ihnen sagte: »Sei nicht zu ehrgeizig und versuche nicht, zu viele Dinge in diesem Kapitel auf einmal in deinem Leben umzusetzen. Suche dir eine Sache heraus und konzentriere dich darauf.« Was würden Sie wählen?

Zur Vertiefung

Stellen Sie die Verse 23-25 in den Zusammenhang mit der Ermahnung des Paulus in Kolosser 3,15-17. Welche Schlüsselelemente finden sich in beiden Abschnitten?

Hebräer 11

Einstieg: Mit welchen der in diesem Kapitel erwähnten Personen würden Sie sich im Himmel gern unterhalten, und warum?

Was steht im Text?

1. Wie oft kommt das Wort *Glauben* in diesem Kapitel vor?

2. Wie oft finden Sie das Wort *besser* in diesem Kapitel?

3. Gehen Sie die Liste der in diesem Kapitel aufgezählten Personen durch und berichten Sie, was Sie über diese Menschen wissen.

4. Lesen Sie, was in Vers 6 über den Glauben gesagt wird, vor allem über die Belohnung von Gott. Überfliegen Sie die anderen Verse und überlegen Sie, welche Belohnung von Gott die Menschen in diesem Kapitel suchten.

5. Welche *Vergleiche* werden in den Versen 16, 35 und 40 genannt? Fassen Sie sie in eigenen Worten zusammen.

6. Wenn die alttestamentlichen Schriften nicht existieren würden und von daher in diesem Kapitel nicht zitiert werden könnten, welche Verse würden wegfallen?

7. EINZELHEITEN BEACHTEN – *Versuchen Sie, die folgende Frage zu beantworten, ohne in Ihrer Bibel nachzusehen:* Welcher der folgenden *Orte* ist in diesem Kapitel nicht erwähnt: Ägypten, das Rote Meer, Jericho und Jerusalem. (Siehe Verse 22, 29 und 30.)

Das Wesentliche erfassen

8. Auf welche Fragen, Schwierigkeiten oder Zweifel im Alltag eines Christen gibt dieses Kapitel die beste Antwort?

9. Welches ist nach dem, was Sie in diesem Kapitel lesen, der Zusammenhang zwischen dem Glauben des Alten Testaments und unserem Glauben an Jesus Christus heute? Ist es derselbe Glaube? Wenn nicht, wo liegt der Unterschied?

10. Welche Dinge in diesem Kapitel könnten Nichtchristen nur schwer verstehen?

11. Lesen Sie dieses Kapitel laut vor. Die einzelnen Gruppenmitglieder können sich mit dem Lesen abwechseln und jeweils bei den Worten »durch Glauben« an den nächsten weitergeben.

12. Wie würden Sie Vers 6 einem kleinen Kind erklären?

Für das Leben heute

13. Welche in diesem Kapitel genannte Person mögen Sie am meisten?

14. Sehen Sie sich in Vers 1 noch einmal die Definition von Glaube an und denken Sie dabei an die Illustrationen von Glaube, die in diesem Kapitel gegeben werden. Wie groß ist in Ihrer augenblicklichen Situation Ihr Glaube an Gott im Vergleich zu anderen Zeiten in Ihrer Vergangenheit? Schätzen Sie sich auf einer Skala von eins bis zehn ein (eins = sehr viel schwächer als je zuvor, zehn = sehr viel stärker als je zuvor.)

15. Stellen Sie sich noch einmal vor, Sie würden mit einem Teilnehmer Ihrer Bibelgruppe zum Essen gehen. Sie sprechen über das Gruppengespräch über Hebräer 11, und diese Person sagt: »Ich habe die Botschaft durchaus verstanden – Glaube, Glaube, Glaube. Aber ich würde gern wissen, *woran* wir denn *glauben* sollen.« Wie würden Sie antworten?

16. In Philipper 4,8 heißt es: »Übrigens, Brüder, alles, was wahr, alles, was ehrbar, alles, was gerecht, alles, was rein, alles, was liebenswert, alles, was wohllautend ist, wenn es irgendeine Tugend und wenn es irgendein Lob gibt, das erwägt!« Welche Denkanstöße können Sie in diesem Kapitel finden, die Ihnen als *wahr, ehrbar, gerecht, rein, liebenswert*, als *Tugend* und *Lob* ins Auge fallen?

17. Wenn Gott dieses Kapitel nur für Sie geschrieben hätte, welche Wörter oder Ausdrücke hätte er wohl unterstrichen?

ZUR VERTIEFUNG

Sowohl Vers 6 als auch Jakobus 2,18-20 sprechen von einem *aktiven* Glauben an Gott. Was sagt jede der beiden Bibelstellen über die Merkmale dieses aktiven Glaubens aus?

HEBRÄER 12

Einstieg: In welchen Bereichen Ihres Lebens brauchen Sie besonders oft *Ermutigung* oder *Ausdauer*?

WAS STEHT IM TEXT?

1. Welche *Aufforderungen* werden in diesem Kapitel weitergegeben? Zählen Sie sie gemeinsam auf.

2. Stellen Sie sich die Verse 1-2 bildlich vor und beschreiben Sie dieses Bild.

3. Was sollen wir nach dem, was Sie in diesem Kapitel lesen, in bezug auf *Disziplin* vor allem verstehen?

4. Was in diesem Kapitel würde einen neubekehrten Christen, der es zum ersten Mal liest, besonders in Erstaunen versetzen?

5. KLEIN, ABER WICHTIG: Welchen wichtigen Gegensatz oder Richtungswechsel stellt das kleine Wort *sondern* in Vers 22 heraus?

6. Welcher *Vergleich* wird in Vers 24 gemacht? Erklären Sie ihn in eigenen Worten.

7. Wie würden Sie in eigenen Worten die *Warnung* aus Vers 25 zusammenfassen?

8. Welche wichtigen Einzelheiten in diesem Kapitel können sehr leicht übersehen werden?

9. EINZELHEITEN BEACHTEN – *Versuchen Sie, die folgende Frage zu beantworten, ohne in Ihrer Bibel nachzusehen:* Wie beendet der Schreiber des Hebräerbriefes den folgenden Satz: »Denn auch unser Gott ist ...« (Siehe Vers 29.)

DAS WESENTLICHE ERFASSEN

10. Welchen Aufforderungen dieses Kapitels können die meisten Christen ohne Schwierigkeiten Folge leisten? Welche kann man sehr leicht ignorieren?

11. Lesen Sie die Verse 1-2 noch einmal und überlegen Sie, wo wir Ihrer Meinung nach beginnen, diesen Aufforderungen Folge zu leisten – vor allem in unseren *Gedanken*, vor allem in unseren *Gewohnheiten* oder vor allem in unseren *Worten*?

12. Denken Sie noch einmal über Vers 3 nach. Welche schlimme Behandlung erfuhr Jesus von seinen Verfolgern? Wenn Christen dies im Blick behalten, inwiefern kann ihnen dies helfen, den Mut nicht sinken zu lassen?

13. Stellen Sie sich die Verse 22-24 bildlich vor und beschreiben Sie dieses Bild.

14. Was sollen wir nach dem, was Sie in den Versen 22-24 lesen, in bezug auf den Himmel vor allem verstehen?

15. Lesen Sie noch einmal den in den Versen 18-24 beschriebenen Gegensatz. *Warum* möchte Gott uns dies begreiflich machen?

16. Lesen Sie Vers 29 noch einmal. Welchen geistigen Prozeß mußte der Autor dieses Briefes Ihrer Meinung nach durchmachen, um zu dieser Schlußfolgerung zu gelangen?

17. Wenn die ersten elf Kapitel dieses Briefes in der Vergangenheit verloren gegangen wären, welche Auswirkungen hätte dies auf die Bedeutung von Kapitel 12 gehabt?

18. Wenn Sie sich dieses Kapitel als Straßenkarte für das Leben eines Christen vorstellen, welches sind die sicheren »Straßen«, die wir nehmen, welches die unsicheren, gefährlichen Straßen, die wir lieber meiden sollten?

FÜR DAS LEBEN HEUTE

19. Sehr häufig berauben wir uns selbst der Entdeckung tieferer Wahrheiten in der Bibel, weil wir einen Abschnitt lesen und uns sagen: »Das kenne ich schon.« Bei welchen Lehren in diesem Kapitel kann das einem Christen sehr leicht passieren?

20. In Vers 1 spricht der Autor von einem Wettlauf, den wir bestreiten müssen. Wie würden Sie den Wettlauf beschreiben, den *Sie* bestreiten müssen?

21. Inwiefern fällt es Ihnen, je älter Sie werden, leichter, dem, was in den Versen 1-3 gesagt wird, zu gehorchen? Inwiefern fällt es Ihnen schwerer?

22. Was können Sie nach dem, was Sie in diesem Kapitel und an anderer Stelle in der Bibel lesen, im Leben erwarten, wenn Sie dem Gebot in Vers 7 nicht gehorchen?

23. Wie oft können im Alltag die Gebote in den Versen 14-15 hilfreiche Richtlinien für Ihre unmittelbare Situation bieten?
24. Sehen Sie sich die Aufforderung in Vers 28 an. Für welche wichtigen Dinge haben Sie in den vergangenen vierundzwanzig Stunden Gott gedankt?
25. Wie sollten die Verse 28-29 ganz praktisch auf die Anbetung Gottes in Ihrer Gemeinde angewendet werden?
26. Ein Sprichwort lautet: »Das Herz des Menschen verabscheut nichts mehr als die Veränderung.« Welche Erkenntnisse in diesem Kapitel, die einige Veränderungen erforderlich machen könnten, rufen ein gewisses Maß an Zögern und Widerstand bei Ihnen hervor?
27. Stellen Sie sich vor, Sie würden eine Stimme aus dem Himmel hören, die Ihnen sagte: »Sei nicht zu ehrgeizig und versuche nicht, zu viele Dinge auf einmal in deinem Leben umzusetzen. Suche dir eine Sache heraus und konzentriere dich darauf.« Was würden Sie wählen?

ZUR VERTIEFUNG
Was erfahren Sie aus Jesaja 53,10-11 über die »Freude« Christi, von der in Vers 2 gesprochen wird?

HEBRÄER 13

Einstieg: Haben Sie jemals das Gefühl gehabt, daß Gott Sie durch seine Engel bewahrt hat? Wenn das so ist, berichten Sie davon.

WAS STEHT IM TEXT?
1. Zählen Sie gemeinsam alle Gebote auf, die in diesem Kapitel weitergegeben werden.
2. AUF JESUS AUSGERICHTET: Denken Sie noch einmal an die Aufforderungen in 3,1 und 12,2. Lesen Sie Vers 8 in diesem Kapitel. Was wird in diesem Vers *eigentlich* über Jesus gesagt, und warum ist diese Botschaft so wichtig?
3. Wie würden Sie Vers 8 einem kleinen Kind erklären?
4. Welches sind nach dem, was Sie in diesem Kapitel lesen, die wichtigsten moralischen Wertmaßstäbe für Christen?

5. KLEIN, ABER WICHTIG: Welchen wichtigen Gegensatz oder Richtungswechsel stellt das kleine Wort *sondern* in Vers 14 heraus?
6. EINZELHEITEN BEACHTEN – *Versuchen Sie, die folgende Frage zu beantworten, ohne in Ihrer Bibel nachzusehen:* In diesem Kapitel ermahnt der Autor seine Leser, drei bestimmte Kategorien von Menschen in Erinnerung zu behalten. Welche? (Siehe Verse 3 und 7.)

Das Wesentliche erfassen

7. Welchen Aufforderungen in diesem Kapitel können Christen ohne Schwierigkeiten nachkommen? Bei welchen fällt es ihnen schwerer?
8. In Sprüche 13,13 heißt es: »Wer aber das Gebot fürchtet, dem wird vergolten.« Sehen Sie sich das Gebot in Vers 3 an. Welches ist Ihrer Meinung nach vermutlich die *Belohnung* für das Halten dieses Gebotes?
9. Stellen Sie sich zwei Christen vor; der eine hat gelernt, dem Gebot in Vers 5 zu gehorchen, der andere hat dies *nicht* gelernt. Welche praktischen Unterschiede werden Sie im Leben dieser beiden Menschen erkennen?
10. Welche Schlußfolgerungen können Sie nach dem, was Sie in den Versen 7 und 17 lesen, in bezug auf die Aufgabe der Gemeindeführer ziehen?
11. Sehen Sie sich die Verse 7 und 17 noch einmal an und überlegen Sie, ob die Christen heute diesen Lehren gehorchen.
12. In Psalm 119,45 sagt der Psalmist: »Und ich werde wandeln in weitem Raum, denn nach deinen Vorschriften habe ich geforscht.« Denken Sie über die »Vorschrift« oder das Gebot in den Versen 15-16 nach und überlegen Sie, inwiefern es einem Christen wahre Freiheit bietet.

Für das Leben heute

13. Denken Sie an die Ihrer Meinung nach zwei oder drei wichtigsten Pflichten im Leben. Welche Lehren in diesem Kapitel können Ihnen beim Wahrnehmen dieser Pflichten am besten helfen?
14. In Psalm 119,47 sagt der Psalmist zu Gott: »Ich habe meine Lust an deinen Geboten, die ich liebe.« Welche Gebote in diesem Kapitel würden Ihnen in Ihrer gegenwärtigen Lebenssituation am schnellsten Erfüllung und Vergnügen bringen?
15. Stellen Sie sich vor, Sie hätten eine Feuerbotschaft am Himmel gesehen. Sie wäre an Sie adressiert gewesen und hätte folgenden Inhalt gehabt: *So spricht der Herr: »Lies Hebräer 13, denn ich möchte dir damit etwas sagen.«* Auf welche Verse in diesem Kapitel würde Gott sich sehr wahrscheinlich beziehen?

16. Lesen Sie noch einmal Vers 1. Wie stark ist in Ihrer gegenwärtigen Situation im Vergleich zur Vergangenheit Ihre Liebe zu anderen Christen? Schätzen Sie sich auf einer Skala von eins bis zehn ein (eins = sehr viel schwächer als je zuvor, zehn = sehr viel stärker als je zuvor).

17. Lesen Sie noch einmal das, was in Vers 2 in bezug auf Gastfreundschaft Fremden gegenüber gesagt wird. Stellen Sie sich vor, Gott würde Sie auf einer Skala von eins bis zehn bewerten, wobei zehn vollkommener Gehorsam diesem Gebot gegenüber, eins vollkommene Mißachtung dieses Gebotes ist. Wie würde Gott Sie Ihrer Meinung nach einschätzen?

18. Lesen Sie in den Versen 2 und 16 noch einmal, was wir *nicht* tun sollen. Inwiefern stehen Christen heute in der Gefahr, genau das doch zu tun?

19. Lesen Sie das Gebot in Vers 4. Wie sehr halten Sie im Vergleich zu früher die Ehe in Ehren? Schätzen Sie sich auf einer Skala von eins bis zehn ein (eins = sehr viel weniger als früher, zehn = sehr viel mehr als früher).

20. Sehen Sie sich das erste Gebot in Vers 5 an. Wie frei sind Sie in Ihrer gegenwärtigen Situation von der Geldliebe? Schätzen Sie sich auf einer Skala von eins bis zehn ein (eins = sehr viel größer als je zuvor, zehn = sehr viel kleiner als je zuvor).

21. Sehen Sie sich auch das zweite Gebot in Vers 5 an. Wie zufrieden sind Sie in Ihrer gegenwärtigen Situation im Vergleich zu früher? Schätzen Sie sich auf einer Skala von eins bis zehn ein (eins = sehr viel weniger zufrieden als je zuvor, zehn = sehr viel zufriedener als je zuvor).

22. Sehen Sie sich das Gebot in Vers 15 noch einmal an. Wofür haben Sie in den vergangenen vierundzwanzig Stunden Gott gepriesen?

23. Nehmen Sie an, ein neubekehrter Christ würde Sie fragen: »Wie kann ich den Willen Gottes für mein Leben erkennen?« Wie würden sie ihm mit den Versen 15-16 eine hilfreiche Antwort geben?

24. Wie können Sie beginnen, Vers 17 in Ihrem Leben effektiver umzusetzen?

25. Wenn alle Mitglieder Ihrer Gemeinde dieses Kapitel genau verstanden hätten und in ihrem Leben umsetzen wollten, welche praktischen Veränderungen würden sich daraus ergeben?

Zur Vertiefung

Nehmen Sie sich die Zeit, sich mit drei biblischen Gestalten zu beschäftigen, die sich, wie in Vers 2 beschrieben, ohne ihr Wissen mit Engeln unterhalten haben. Lesen Sie 1. Mose 18,1-8; Richter 6,11-23 und Richter 13,2-21.

HEBRÄER: DER GESAMTEINDRUCK

(Sprechen Sie noch einmal über die im »Überblick« angegebenen Fragen und bearbeiten Sie die unten aufgeführten.)

1. Wenn Sie gebeten würden, die wichtigsten »Merkmale christlicher Reife« dieses Briefes aufzuzählen, welches würden Sie als erstes nennen?
2. Wenn Ihnen von der ganzen Bibel nur dieser Brief zur Verfügung stehen würde, wie würden Sie damit die folgende Frage beantworten: *Wie kann ich mein Leben grundlegend und effektiv verändern?*
3. Lesen Sie gemeinsam die folgenden Verse und wählen Sie den SCHLÜSSELVERS für den Hebräerbrief aus – den Vers, der am besten ausdrückt, worum es in diesem Brief geht: 1,3; 4,14-16; 6,1; 11,1; 11,39-40 oder 12,1-2.
4. Denken Sie noch einmal an die Gebote in 3,1 und 12,2 und richten Sie Ihre Gedanken auf Jesus. Nachdem Sie den Hebräerbrief zu Ende gelesen haben, wie stark ist Ihr *Wunsch*, mehr über Jesus nachzudenken? Bewerten Sie sich auf einer Skala von eins bis zehn (eins = sehr viel schwächer als je zuvor, zehn = sehr viel stärker als je zuvor).
5. Fragen Sie sich wieder mit den Geboten in 3,1 und 12,2 im Hinterkopf, wie ausgeprägt im Augenblick Ihre *Fähigkeit* ist, Ihre Gedanken auf Jesus auszurichten. Bewerten Sie sich auf einer Skala von eins bis zehn (eins = sehr viel weniger ausgeprägt als je zuvor, zehn = sehr viel stärker ausgeprägt als je zuvor).
6. In Jakobus 1,23-24 wird uns gesagt: »Denn wenn jemand ein Hörer des Wortes ist und nicht ein Täter, der gleicht einem Menschen, der sein natürliches Angesicht in einem Spiegel betrachtet. Denn er hat sich selbst betrachtet und ist weggegangen, und er hat sogleich vergessen, wie er beschaffen war.« Inwiefern ist der Hebräerbrief ein »Spiegel« für Sie gewesen, der Ihnen gezeigt hat, was Sie tun können und sollten?
7. Vielleicht haben Sie beschlossen, einen Punkt, der Ihnen bei der Bearbeitung dieses Briefes klargeworden ist, in Ihrem Leben umzusetzen. Sind Sie bereit, dies auch den anderen Mitgliedern Ihrer Gruppe mitzuteilen und so verbindlich zu machen?
8. Wie würden Sie den folgenden Satz als Rat an einen Christen, der im Glauben weiterkommen möchte, vervollständigen? *Beschäftige dich mit dem Hebräerbrief, wenn du mehr erfahren willst in bezug auf ...*

JAKOBUS

Überblick

(Besprechen Sie diese Überblicksfragen sowohl zu Beginn Ihrer Bearbeitung des Jakobusbriefes als auch nachdem Sie alle fünf Kapitel durchgenommen haben. Es könnte sein, daß Ihre Antworten vollkommen anders ausfallen, nachdem Sie sich sehr intensiv mit dem ganzen Brief auseinandergesetzt haben.)

Einstieg: Haben Sie in letzter Zeit ein Handbuch gelesen, das erklärt, wie man etwas Bestimmtes machen sollte?

Was steht im Text?

1. Überfliegen Sie den Jakobusbrief, bis Sie an einen Vers kommen, der eine Frage in Ihnen aufwirft. Wie lautet diese Frage?
2. Überfliegen Sie diesen Brief noch einmal, bis Sie an einen Vers kommen, der Sie zum Lächeln bringt oder das Gefühl der Dankbarkeit in Ihnen weckt. Was gefällt Ihnen an diesem bestimmten Vers besonders gut?
3. Sehen Sie sich jeden Satz in diesem Brief an, in dem Jakobus seine Leser mit »Brüder« anspricht. Welchen Ton haben diese Stellen?
4. Jakobus, der jüngere Halbbruder von Jesus, wird von vielen Bibelauslegern für den Autor dieses Buches gehalten. Sehen Sie sich die folgenden Bibelstellen an, wo Sie mehr über diesen Mann erfahren: Matthäus 13,55; Johannes 7,2-5; Apostelgeschichte 1,14; 12,17; 15,13; 21,18; 1. Korinther 15,7; Galater 1,19 und 2,9.
5. Sehen Sie sich auch auf Seite 11 die Liste mit Fragen an, die Sie sich vor der Bearbeitung der einzelnen Bücher stellen sollten.

Das Wesentliche erfassen

6. Welchen Eindruck hatten Sie bisher vom Jakobusbrief in bezug auf a) seinen Inhalt, b) seinen Schwierigkeitsgrad und c) seine Bedeutung?
7. Der Jakobusbrief ist auch »Das Buch des praktischen Christseins«, »Warum der Glaube lebendig und wirksam sein sollte«, »Das Buch der christlichen

Weisheit« überschrieben worden. Welche Antworten, Richtlinien und Lösungen erwarten Sie auf diesem Hintergrund von der Bearbeitung dieses Briefes?

8. Wie würden Sie nach dem, was Sie in diesem Brief lesen, den Ausdruck »starker Glaube« definieren?
9. Wie würden Sie nach dem, was Sie in diesem Kapitel lesen, das Wort *Weisheit* erklären?
10. Der Jakobusbrief wird häufig als »Handbuch« für das Leben als Christ gesehen. Gibt es praktische Bereiche im Leben eines Christen, die in diesem Buch *nicht* angesprochen werden?

FÜR DAS LEBEN HEUTE

11. Wenn Glaube »Abhängigkeit von Gott« bedeutet, kann ein Mensch an Gott glauben und trotzdem ein »unabhängiger« Mensch sein? Warum oder warum nicht?
12. Viele Bibelausleger sind der Meinung, daß es im Jakobusbrief vor allem um den Glauben geht. Wie würden Sie die *Wirklichkeit* Ihres Glaubens auf einer Skala von eins bis zehn einschätzen (eins = gar nicht intensiv, zehn = sehr intensiv)?
13. Wie können Sie sicherstellen, daß Ihre Beschäftigung mit dem Jakobusbrief keine rein theoretische oder intellektuelle Angelegenheit bleibt, sondern praktisch wird und für Sie Konsequenzen hat? Was können Sie tun, damit das Gespräch lebendig und interessant bleibt?

ZUR VERTIEFUNG

Der Jakobusbrief wird manchmal mit dem Buch des Propheten Amos aus dem Alten Testament verglichen. Gehen Sie gemeinsam das Buch Amos durch und suchen Sie nach Themen und Lehren, die mit dem übereinstimmen, was Sie im Jakobusbrief lesen.

Jakobus 1

Einstieg: Sprechen Sie über schwierige Situationen oder Umstände, die Sie im vergangenen Jahr erlebt haben.

Was steht im Text?

1. Welchen Unterschied sehen Sie zwischen den *Versuchungen*, von denen in den Versen 2-3 gesprochen wird und den *Versuchungen* in den Versen 13-14?
2. Welche Charaktereigenschaften Gottes werden in diesem Kapitel besonders hervorgehoben?
3. Lesen Sie die Verse 5-7 und erklären Sie in eigenen Worten die dort genannten *Voraussetzungen* für Gebetserhörungen.
4. Wie würden Sie Vers 12 einem kleinen Kind erklären?
5. Stellen Sie sich Vers 17 bildlich vor und beschreiben Sie dieses Bild.
6. Beachten Sie das Wort *Gottesdienst* in Vers 27. In welchem Sinn gebraucht Jakobus dieses Wort hier?
7. Sehen Sie sich auch auf Seite 10 die Fragen an, die Sie sich während der Bearbeitung der einzelnen Kapitel des Jakobusbriefes stellen sollten.
8. EINZELHEITEN BEACHTEN – *Versuchen Sie, die folgenden Fragen zu beantworten, ohne in Ihrer Bibel nachzusehen:* In diesem Kapitel erwähnt Jakobus etwas ganz Bestimmtes, das wir *nicht* sagen sollten. Was ist das? (Siehe Vers 13.)

Das Wesentliche erfassen

9. Inwiefern gibt Gottes »vollkommenes Gesetz« (Vers 25) uns Freiheit? (Siehe auch 2,12.)
10. Was sollten wir in bezug auf *Anfechtungen* unbedingt wissen? Was sollten wir in bezug auf *Versuchungen* unbedingt wissen?
11. Was in diesem Kapitel könnte auf jemanden, der zum ersten Mal von Gott hört, sehr erfrischend wirken?
12. Welche Gebote in diesem Kapitel können die meisten Christen ohne Schwierigkeiten befolgen? Welche werden sehr leicht *nicht* befolgt?
13. Sehen Sie sich noch einmal an, was Jakobus in Vers 17 über Gott sagt. *Warum* möchte Gott, daß wir das wissen?

14. Welche *Erwartungen* stellt Jakobus nach dem, was Sie in diesem Kapitel lesen, an die Christen, an die er schreibt?
15. Stellen Sie sich den Jakobusbrief als einen schnell fahrenden Zug vor. Kapitel 1 ist die Lokomotive, die anderen Kapitel die nachfolgenden Waggons. Welches ist nach dem, was Sie in Kapitel 1 lesen, die *Energie* der Lokomotive – die Aussage, das Prinzip oder Thema, das den gesamten Zug antreibt?

Für das Leben heute

16. Welche Denkweisen können sehr leicht verhindern, daß die Worte in diesem Kapitel in Ihrem Leben lebendig bleiben?
17. Wie kann ein Mensch nach dem, was Sie in diesem Kapitel lesen, wahre Stabilität im Leben finden?
18. Sehen Sie sich die Verse 9 und 10 noch einmal an. Welcher dieser beiden Verse trifft am ehesten auf Sie zu? Inwiefern passen beide auf Sie?
19. Welches ist Ihre *typische* Reaktion, wenn Sie Anfechtungen von außen ausgesetzt sind, und wie reagieren Sie auf Versuchungen von innen?
20. Lesen Sie Vers 26 noch einmal. Sind Sie der Meinung, daß Sie »Gott dienen«? Wenn ja, wie? Und wenn nicht – wie würden Sie das Wort definieren, damit es auf Sie paßt?
21. Wenn Gott dieses Kapitel nur für Sie geschrieben hätte, welche Wörter oder Ausdrücke hätte er unterstrichen?

Zur Vertiefung

Sehen Sie sich in Vers 27 noch einmal den Gottesdienst an, den Gott als rein und fehlerlos betrachtet. Lesen Sie die folgenden Bibelstellen und überlegen Sie, inwiefern sie diesen Vers stützen: 2. Mose 22,22-24; 5. Mose 10,18; 14,28-29; Psalm 68,5; 146,9; Jesaja 1,17 und 1. Timotheus 5,3-4.

Sehen Sie sich auch Vers 12 an und vergleichen Sie seine Aussage mit anderen »Seligpreisungen« in der Bibel ... wie zum Beispiel Psalm 1,1; 40,4; 94,12; Sprüche 3,11-14 und Matthäus 5,3-12.

Jakobus 2

Einstieg: Wenn Sie einen Fremden kennenlernen, welche Dinge an seinem Verhalten oder seiner Erscheinung vermitteln Ihnen einen günstigen Eindruck?

Was steht im Text?

1. Wie würden Sie das »Ansehen der Person« definieren, von dem Jakobus in den Versen 1-13 spricht?

2. Diskutieren Sie die folgende Aussage: Glaube ohne Werke ist unmöglich.

3. Jakobus richtet unsere Aufmerksamkeit auf Abraham in 1. Mose 15 und 22. Wie zeigte sich der Glaube Abrahams in diesen Abschnitten? (Siehe auch Hebräer 11,17-19.)

4. Jakobus erinnert uns an Rahab. Wie zeigte sich in Josua 2 ihr Glaube? (Siehe auch Hebräer 11,30-31.)

5. EINZELHEITEN BEACHTEN – *Versuchen Sie, die folgende Frage zu beantworten, ohne in Ihrer Bibel nachzusehen:* Zu Beginn dieses Kapitels spricht Jakobus von zwei Männern, die zu einer Versammlung von Christen kommen. Was trägt jeder von ihnen? (Siehe Vers 2.)

Das Wesentliche erfassen

6. Nennen Sie alle *Fragen*, die Jakobus in diesem Kapitel stellt.

7. Inwiefern hat Gott die Armen (Vers 5) erwählt, seinen Segen zu empfangen? (Siehe auch Lukas 6,20 und 1. Korinther 1,26-31.)

8. Denken Sie gemeinsam über die Bedeutung von Vers 10 nach. Wie lautet die Antwort auf das »Warum« hinter diesem Vers? Was an Gott und der Art, wie er uns geschaffen hat, macht diese Aussage wahr?

9. Wie würden Sie in eigenen Worten den letzten Teil von Vers 13 erklären – die Gnade triumphiert über das Gericht?

10. Wie würden Sie nach dem, was Sie in diesem Kapitel gelesen haben, wahren, errettenden Glauben definieren?

11. In Vers 17 sagt Jakobus, daß Glaube ohne Werke tot ist. Überlegen Sie gemeinsam die Antwort auf folgende Frage: Was ist schlimmer, überhaupt keinen Glauben zu haben oder einen toten Glauben zu haben?

12. Überlegen Sie, welche der folgenden Aussagen zutreffend ist: a) Glaube *erfordert* Handeln, b) Glaube *führt zum* Handeln, c) Glaube *sucht* nach Handeln.

13. Wenn Sie nur dieses Kapitel zur Verfügung hätten, wie würden Sie daran einem Menschen erklären, wie Gott ist?
14. Inwiefern spiegelt 1. Johannes 3,17 die Aussage dieses Kapitels wider? Sind *Glaube an Gott* und *Liebe zu Gott* dasselbe?
15. In welchem Zusammenhang steht Jakobus 2,24 zu Epheser 2,8-9?
16. Was halten Sie von der folgenden Aussage: Jakobus ist mehr daran interessiert, wie wir unseren Glauben *definieren* als daran, wie wir unseren Glauben *ausleben*.

Für das Leben heute

17. Wie zeigt sich das Ansehen der Person in unserem Leben und unseren Gemeinden heute vor allem den Reichen gegenüber?
18. Welche Hilfestellung gibt Ihnen dieses Kapitel in bezug auf unsere öffentliche Verantwortung als Christen der Gesellschaft gegenüber?
19. Überdenken Sie die Verse 12-13 noch einmal. Bereitet Ihnen dieser Abschnitt Unbehagen oder macht er Ihnen Mut – oder sogar beides?
20. Sind wir errettet durch den Glauben, durch gute Taten oder durch beides?
21. Sehen Sie sich noch einmal das Beispiel Abrahams (Vers 23) an. Wie würden Sie definieren, was Freundschaft mit Gott heute bedeutet?
22. Welche Dinge in Ihrem Leben wären nicht passiert, wenn Sie nicht an Gott geglaubt hätten?

Zur Vertiefung

Lesen Sie die Verse 14-26 und vergleichen Sie sie mit dem, was Paulus in Römer 3,27-28; 4,9-22 und Galater 2,15-16 sagt. Wie passen diese Bibelstellen zusammen?

Jakobus 3

Einstieg: Gibt es etwas, das Ihnen in Ihrer Kindheit gesagt wurde und bleibenden Einfluß auf Sie gehabt hat – Worte, die Sie nie vergessen haben? (Der Einfluß kann positiv oder negativ gewesen sein – vielleicht sogar beides.)

Was steht im Text?

1. Welche Bilder zeichnet Jakobus uns in diesem Kapitel?
2. Sehen Sie sich jede der Beschreibungen göttlicher Weisheit in Vers 17 an. Inwiefern passen diese Beschreibungen zu der allgemeinen Vorstellung, die die Personen heute von der Weisheit haben? Inwiefern kollidieren sie damit?
3. Wie beschreibt Jakobus einen Friedensstifter (Vers 18)? Was bedeutet diese Beschreibung?
4. EINZELHEITEN BEACHTEN – *Versuchen Sie, die folgende Frage zu beantworten, ohne in Ihrer Bibel nachzusehen:* Welches Merkmal eines vollkommenen Mannes nennt Jakobus in Vers 3?

Das Wesentliche erfassen

5. Wenn der Apostel Jakobus hier in diesem Raum wäre, welche Gedanken und Gefühle sollten wir, wenn es nach ihm ginge, beim Lesen der Verse 1-12 haben?
6. Jesus sagt in Markus 7, daß die Worte aus unserem Mund eigentlich aus dem Herzen kommen (Matthäus 12,34 und 15,18). Was wird in diesem Kapitel über unser Herz gesagt?
7. Warum werden Lehrer Ihrer Meinung nach sehr viel härter gerichtet werden?
8. Wie läßt sich die Aussage dieses Kapitels mit dem vergleichen, was Jesus in Markus 7,14-23 sagt?
9. Welche Erkenntnisse in bezug auf den Glauben vermittelt Ihnen dieses Kapitel, obwohl das Wort *Glaube* nicht verwendet wird?
10. Kapitel 2 spricht von der Beziehung zwischen Glaube und *Werken*. Welches ist nach Kapitel 3 der Zusammenhang zwischen Glaube und *Worten?*
11. Wie würden Sie den Zusammenhang zwischen wahrem Glauben (siehe Kapitel 2) und wahrer Weisheit beschreiben? Ist es möglich, daß ein Mensch einen starken Glauben hat, jedoch nicht weise ist?
12. In Vers 13 spricht Jakobus von der *Demut* oder *Sanftmut*, die mit der Weisheit einhergeht. Wieso kann die Weisheit eine solche Eigenschaft hervorbringen, und wie läßt sich dieser Prozeß beschreiben?
13. Suchen Sie für die Worte, mit denen in Vers 17 die himmlische Weisheit beschrieben wird, so viele Synonyme, Wortbilder oder Beispiele, wie Ihnen einfallen.
14. Was in diesem Kapitel würde einen neubekehrten Christen, der es zum ersten Mal liest, am meisten in Erstaunen versetzen?

Für das Leben heute

15. Da unsere Worte, wie in den Versen 3-12 geschildert, soviel Unheil anrichten können – was können wir dagegen tun?
16. Wenn Sie an sich und die Menschen in Ihrer Umgebung denken, wo werden Friedensstifter heute benötigt?
17. Denken Sie an jemanden, den Sie für weise halten. Wie zeigen sich bei ihm oder ihr die in Vers 17 beschriebenen Eigenschaften?
18. Stellen Sie sich vor, Sie wären fünf Jahre älter und weise in dem Sinne, wie Jakobus es in den Versen 13 und 17 beschreibt. Was würden Sie tun, wie würden Sie sich verhalten?
19. In Philipper 4,8 heißt es: »Übrigens, Brüder, alles, was wahr, alles, was ehrbar, alles, was gerecht, alles, was rein, alles, was liebenswert, alles, was wohllautend ist, wenn es irgendeine Tugend und wenn es irgendein Lob gibt, das erwägt!« Welche Denkanstöße können Sie in diesem Kapitel finden, die Ihnen als *wahr, ehrbar, gerecht, rein, liebenswert,* als *Tugend* und *Lob* ins Auge fallen?

Zur Vertiefung

Suchen Sie in den Sprüchen für jede der Beschreibungen der göttlichen Weisheit in Jakobus 3,17 mindestens einen Vers.

Jakobus 4

Einstieg: Wenn Sie wüßten, daß Sie nur noch einen Monat zu leben hätten, wie würden Sie Ihr Leben in diesem Monat gestalten?

Was steht im Text?

1. Welchen Grund nennt Jakobus für die zwischenmenschlichen Konflikte?
2. Was halten Sie von der folgenden Aussage: Alle zwischenmenschlichen Konflikte werden durch ein falsches Verständnis von Gott hervorgerufen.
3. Wie würden Sie in eigenen Worten beschreiben, was Jakobus in Vers 4 mit Freundschaft mit der Welt und Haß Gott gegenüber meint?
4. Wie würden Sie Vers 7 einem kleinen Kind erklären?

5. Was sagt dieses Kapitel über Gottes Wertmaßstäbe und seinen Charakter aus?
6. Was sagt dieses Kapitel über die Macht des Satans aus?
7. Welches sollte unser Motiv und unsere Motivation sein, über andere nicht herabsetzend zu sprechen?
8. Welche wichtigen Einzelheiten in diesem Kapitel können sehr leicht übersehen werden?
9. Was in diesem Kapitel können Nichtchristen nur sehr schwer verstehen?
10. EINZELHEITEN BEACHTEN – *Versuchen Sie, die folgende Frage zu beantworten, ohne in Ihrer Bibel nachzusehen:* Womit vergleicht Jakobus am Ende des Kapitels das Leben eines jeden Menschen? (Siehe Vers 14.)

Das Wesentliche erfassen

11. Wie würden Sie nach dem, was Sie bisher im Jakobusbrief gelesen haben, das Leben eines Christen einschätzen, schwierig oder leicht? Möchte Gott, daß wir das Leben so sehen?
12. Wenn in Vers 3 gezeigt ist, wie wir *falsch* beten, wie beten wir denn *richtig*?
13. Würden Sie sagen, daß es in den Versen 7-10 eher um *Emotionen*, um *Aktion* oder um etwas vollkommen anderes geht?
14. Stellen Sie sich zwei Christen vor; der eine hat gelernt, den Geboten in den Versen 7-10 zu gehorchen, der andere hat dies *nicht* gelernt. Welche praktischen Unterschiede werden Sie im Leben dieser beiden Menschen erkennen?
15. Auf welche Weise können wir uns von Sünde und Stolz reinigen, wie Jakobus uns in Vers 8 zu tun auffordert?
16. Lesen Sie die Verse 10-11 noch einmal. Wie können wir uns in der Art, wie wir über andere sprechen, demütig Gott unterwerfen?
17. Wie können wir uns in der Art, wie wir unsere Zukunft planen, demütig Gott unterwerfen?
18. Lesen Sie die Verse 13-17 und diskutieren Sie die folgende Aussage: Gott möchte nicht, daß wir unser Vertrauen in unsere Zukunftspläne hier auf der Erde setzen.
19. »Vor dem Verderben kommt Stolz, und Hochmut vor dem Fall«, lesen wir in Sprüche 16,18. Überlegen Sie, was Jakobus von der folgenden Aussage halten würde: Der einzige Weg, den Stolz abzulegen, ist, etwas zu zerstören.
20. Wie würden Sie nach dem, was Sie in diesem Kapitel lesen, das Wort *Demut* definieren?
21. Welche Erkenntnisse in bezug auf den Glauben können Sie in Kapitel 4 gewinnen, obwohl das Wort *Glaube* gar nicht vorkommt?

Für das Leben heute

22. Sehen Sie sich Vers 4 noch einmal an. Inwiefern kann der Glaube uns dazu bewegen, die »Freundschaft mit der Welt« aufzugeben?
23. Was halten Sie von der folgenden Aussage: Ohne Glaube ist es unmöglich, Freundschaft mit Gott zu haben. (Vielleicht lesen Sie dazu Vers 23 in Kapitel 2.)
24. Warum fällt es den meisten Menschen so schwer, sich Gott zu unterwerfen (Vers 7) und sich vor ihm zu demütigen (Vers 10)?
25. Welche Pläne haben Sie für Ihre Zukunft, und inwiefern stimmen sie mit dem überein, was Jakobus in den Versen 13-16 sagt?
26. Suchen Sie sich einen der folgenden Sätze aus und vervollständigen Sie ihn so umfassend wie möglich: *Was ich in diesem Kapitel lese, ist wichtig für mein Leben, weil ...*

    Was ich in diesem Kapitel lese, ist in meiner augenblicklichen Situation NICHT wichtig, weil ...
27. Was halten Sie von der folgenden Aussage: Glaube ist eine Voraussetzung für das Leben als Christ, aber er erschwert die Entscheidungen im Leben.

Zur Vertiefung

Welche Beispiele aus der Bibel können Sie dafür finden, daß Gott den Hochmütigen widersteht? Welche Beispiele dafür, daß er sich der Demütigen erbarmt?

Jakobus 5

Einstieg: Berichten Sie von etwas, worauf Sie lange warten mußten und das Sie ungeduldig erwartet haben.

Was steht im Text?

1. Wie würden Sie in eigenen Worten wiederholen, was Jakobus in den Versen 1-6 den Reichen sagt? Und wie paßt dies zu dem, was Jakobus in 1,10 über die Reichen sagt?
2. Stellen Sie sich Vers 7 bildlich vor und beschreiben Sie dieses Bild.
3. Welchen Grund gibt Jakobus uns in diesem Kapitel dafür, daß wir nicht gegen einen anderen klagen sollten? Wie läßt sich dieser Grund mit dem vergleichen, was Jakobus in 4,11-12 sagt?

4. Jakobus fordert uns auf, uns das geduldige Beispiel der Propheten im Leiden vor Augen zu führen. Welche Beispiele im Alten Testament können Sie hierfür nennen?

5. Wie hat Hiob erduldet? Lesen Sie vor allem Hiob 1,13-22 und 2,7-10.

6. EINZELHEITEN BEACHTEN – *Versuchen Sie, die folgende Frage zu beantworten, ohne in Ihrer Bibel nachzusehen:* Was wird bei dem bevorstehenden Elend der Reichen mit ihrer Kleidung, ihrem Gold und Silber passieren? (Siehe Verse 2-3.)

DAS WESENTLICHE ERFASSEN

7. In Vers 7 fordert Gott uns auf, geduldig zu sein. Warum ist Geduld im Leben eines Christen so wichtig?

8. Was sagt dieses Kapitel über die Wertmaßstäbe Gottes und seinen Charakter aus?

9. Was ist Jakobus nach den letzten beiden Versen dieses Kapitels sehr wichtig ... und Gott?

10. In Kapitel 5 verwendet Jakobus das Wort *Glaube* nur einmal (in Vers 15). Welche Erkenntnisse in bezug auf den Glauben können Sie an anderer Stelle dieses Kapitels finden?

11. Stellen Sie sich vor, Sie würden Jakobus beim Schreiben dieses Kapitels über die Schulter sehen. Welche Gefühle wird er sehr wahrscheinlich durchlebt haben?

FÜR DAS LEBEN HEUTE

12. Warum fällt es uns heute so schwer, auf die Wiederkunft Jesu zu warten?

13. Wie oft denken Sie an die Wiederkunft des Herrn?

14. Was bedeutet der Satz: »Es sei aber euer Ja ein Ja und euer Nein ein Nein« (Vers 12)?

15. Denken Sie über die Verse 13-18 nach. Stellen Sie sich vor, Gott würde Ihr persönliches Gebet und Lob auf einer Skala von eins bis zehn bewerten, wobei zehn vollkommener Gehorsam den Geboten in diesem Abschnitt gegenüber bedeutet und eins vollkommene Mißachtung dieser Gebote. Wie würde Gott Sie einschätzen?

16. Wie können wir die Richtlinien in den Versen 14-16 bei unserer Fürsorge für die Kranken in der Gemeinde umsetzen?

17. Wenn Gott dieses Kapitel nur für Sie geschrieben hätte, welche Wörter oder Ausdrücke hätte er unterstrichen?

18. Wenn alle in Ihrer Gruppe dieses Kapitel verstanden haben und in ihrem Leben umsetzen wollten, welche praktischen Veränderungen würden sich daraus ergeben?

ZUR VERTIEFUNG

Um zu sehen, wie genau das Denken von Jakobus die Lehren Jesu widerspiegelt, vergleichen Sie die folgenden Verse aus dem Jakobusbrief mit den Worten Jesu in der Bergpredigt:

JAKOBUS	MATTHÄUS
1,2	5,11-12
2,5	5,3
2,13	5,7 und 6,14-15
3,10	7,16-20
4,11	7,1-2
5,2	6,19-20

JAKOBUS: DER GESAMTEINDRUCK

(Sprechen Sie noch einmal über die im »Überblick« angegebenen Fragen und bearbeiten Sie die unten aufgeführten.)

1. Stellen Sie sich vor, Sie würden eine Bürgerversammlung besuchen, die von den Schulleitern des Bezirks einberufen worden ist, um die Entfernung aller Bibeln aus den Schulbibliotheken durchzusetzen. Sie machen sich dafür stark, daß die Bibel den Schülern zugänglich bleibt. Ein anderer Bürger erhebt sich und sagt: »Ich sehe keinen Grund, die Bibel zu behalten. Sie ist doch sowieso ein vergessenes Buch. Nicht einmal die Christen wissen so genau, was darin steht. Sagen Sie mir doch zum Beispiel«, fährt er fort und wendet sich an Sie, »worum es im Jakobusbrief geht.« Wie würden Sie in einer solchen Situation antworten?
2. Lesen Sie gemeinsam die folgenden Verse und wählen Sie den SCHLÜSSELVERS für den Jakobusbrief aus – den Vers, der am besten ausdrückt, worum es in diesem Brief geht: 1,19; 1,22; 2,14; 2,17; 2,18 oder 4,17.
3. Welche wichtigen *Verheißungen* gibt uns Gott in diesem Brief des Jakobus?
4. In 1. Johannes 5,4 sagt Johannes: »Dies ist der Sieg, der die Welt überwunden hat: unser Glaube.« Inwiefern zeigt sich diese »siegende Macht« im Jakobusbrief?

Jakobusbrief

5. Konzentriert sich Jakobus mehr darauf, wie sich unser Glaube in den Augen Gottes darstellt oder in den Augen der Menschen? (Erklären Sie Ihre Antwort.)
6. Der Jakobusbrief ist auch »Die Sprüche des Neuen Testaments« überschrieben worden. Welche Gründe können Sie nach dem, was Sie von den Sprüchen und dem Jakobusbrief wissen, für diesen Vergleich nennen?
7. Wenn Sie sich die Lehren des Jakobus in bezug auf den wahren Glauben noch einmal ins Gedächtnis rufen, welche Hinweise gibt es in Ihrem Leben darauf, daß Sie an den Herrn Jesu glauben?
8. Vielleicht haben Sie beschlossen, einen Punkt, der Ihnen bei der Bearbeitung dieses Briefes klargeworden ist, in Ihrem Leben umzusetzen. Sind Sie bereit, dies auch den anderen Mitgliedern Ihrer Gruppe mitzuteilen und so verbindlich zu machen?
9. Wie würden Sie den folgenden Satz als Rat an einen Christen, der im Glauben weiterkommen möchte, vervollständigen? *Beschäftige dich mit dem Jakobusbrief, wenn du mehr erfahren willst in bezug auf ...*

1. PETRUS

ÜBERBLICK

(Besprechen Sie diese Überblicksfragen sowohl zu Beginn Ihrer Bearbeitung des ersten Petrusbriefes als auch nachdem Sie alle fünf Kapitel durchgenommen haben. Es könnte sein, daß Ihre Antworten vollkommen anders ausfallen, nachdem Sie sich sehr intensiv mit dem ganzen Brief auseinandergesetzt haben.)

Einstieg: Was fällt Ihnen ein, wenn Sie an das Wort *Hoffnung* denken?

WAS STEHT IM TEXT?

1. Sehen Sie sich im *zweiten* Petrusbrief die ersten beiden Verse in Kapitel drei an, wo Petrus über die Absicht schreibt, die er mit seinen beiden Briefen verfolgt. Welche Bedeutung mißt Petrus nach dem, was Sie da lesen, unserem *Denken* bei? Welches ist seiner Meinung nach der beste Weg, die Art, wie wir denken, zu *verändern*?
2. Überfliegen Sie den ersten Petrusbrief, bis Sie an einen Vers kommen, der eine Frage in Ihnen aufwirft. Wie lautet diese Frage?
3. Überfliegen Sie den ersten Petrusbrief noch einmal, bis Sie an einen Vers kommen, der Sie zum Lächeln bringt oder das Gefühl der Dankbarkeit oder Freude in Ihnen weckt. Was gefällt Ihnen an diesem bestimmten Vers besonders gut?
4. Welches ist das erste *Gebot*, das Petrus in diesem Brief nennt?
5. Welches ist die erste *Ermutigung,* die er weitergibt?
6. Was wissen Sie darüber, wie die Welt zur Zeit, als dieser Brief geschrieben wurde, aussah? Welches waren wohl die Hoffnungen, Träume und Probleme der Menschen, an die Petrus seinen Brief richtete?
7. Sehen Sie sich auch auf Seite 11 die Liste mit Fragen an, die Sie sich vor der Bearbeitung der einzelnen Bücher stellen sollten.

DAS WESENTLICHE ERFASSEN

8. Welchen Eindruck hatten Sie bisher vom ersten Petrusbrief in bezug auf a) seinen Inhalt, b) seinen Schwierigkeitsgrad und c) seine Bedeutung?
9. Der erste Petrusbrief ist auch »Das Buch von der Disziplin eines Christen«, »Im Angesicht des Leidens treu zu Jesus stehen« und »Leben im Licht der zukünftigen Herrlichkeit« überschrieben worden. Welche Antworten, Richtlinien und Lösungen erwarten Sie auf diesem Hintergrund von der Bearbeitung dieses Briefes?
10. Paulus wurde »der Apostel des Glaubens«, Johannes der »Apostel der Liebe« genannt. Petrus dagegen ist bekannt als der »Apostel der Hoffnung«. An welchen Stellen in diesem Brief wird das Thema *Hoffnung* angesprochen?
11. Fassen Sie zusammen, was Petrus in den folgenden Stellen zu unserer *Berufung als Christen* sagt: 1,15; 2,9; 2,21; 3,9 und 5,10.
12. Stellen Sie sich vor, Sie wären der Überbringer dieses Briefes von Petrus an die in Vers 1 erwähnten Gemeinden. Unterwegs werden Sie von einer Räuberbande überfallen und aller Wertsachen beraubt. Auch dieser Brief wird Ihnen weggenommen. Der Anführer der Räuber kann nicht lesen, und als Sie ihn bitten, Ihnen diesen Brief zurückzugeben, fragt er: »Warum? Was ist daran so wichtig?« Wie würden Sie ihm antworten?

FÜR DAS LEBEN HEUTE

13. Wenn Sie in den Himmel kommen, sich mit dem Apostel Petrus unterhalten und er Sie fragt: »Was hat dir in meinem ersten Brief am meisten geholfen?«, was würden Sie ihm gern antworten?
14. Wie können Sie sicherstellen, daß Ihre Beschäftigung mit dem ersten Petrusbrief keine rein theoretische oder intellektuelle Angelegenheit bleibt, sondern praktisch wird und für Sie Konsequenzen hat? Was können Sie tun, damit das Gespräch lebendig und interessant bleibt?
15. Stellen Sie sich vor, Sie würden eine Stimme aus dem Himmel hören, die Ihnen sagt: »Sei nicht zu ehrgeizig und versuche nicht, zu viele Punkte dieses Briefes auf einmal in deinem Leben umzusetzen. Suche dir eine Sache heraus und konzentriere dich darauf.« Was würden Sie wählen?

ZUR VERTIEFUNG

In den ersten beiden Versen dieses Briefes weist Petrus auf die Dreieinigkeit hin – Gott in drei Personen. Sehen Sie sich die folgenden Bibelstellen an und tragen Sie zusammen, was darin über die Dreieinigkeit gesagt wird: Matthäus 3,16-17; 28,18-19; Johannes 14,15-18; 1. Korinther 12,3-6; 2. Korinther 13,14 und 2. Thessalonicher 2,13-14.

1. PETRUS 1

Einstieg: Welches sind die wichtigsten Lektionen, die Sie in bezug auf das Leiden gelernt haben – entweder in Ihrem Leben oder am Beispiel anderer?

WAS STEHT IM TEXT?

1. Lesen Sie noch einmal 2. Petrus 3,1-2, wo Petrus den Zweck seiner beiden Briefe beschreibt. Wie beginnt er, diese Absicht in Kapitel 1 umzusetzen?
2. Nehmen Sie an, am Ende dieses Kapitels hätte Petrus den folgenden Satz hinzugefügt: »Und wenn dir nur eines aus diesem Kapitel in Erinnerung bleibt, so sei dies ...« Wie würde er den Satz wohl beenden?
3. Sehen Sie sich auch auf Seite 10 die Liste der Fragen an, die Sie sich während der Bearbeitung des ersten Petrusbriefes stellen sollten.
4. EINZELHEITEN BEACHTEN – *Versuchen Sie, die folgende Frage zu beantworten, ohne in Ihrer Bibel nachzusehen:* Welche der folgenden Substanzen sind in diesem Kapitel nicht erwähnt: *Blut, Gold, Gras, Silber* oder *Wasser*? (Siehe Verse 18, 19 und 24.)

DAS WESENTLICHE ERFASSEN

5. In Psalm 119,45 sagt der Psalmist: »Und ich werde wandeln in weitem Raum, denn nach deinen Vorschriften habe ich geforscht.« Denken Sie über die Vorschrift oder das Gebot in Vers 14 nach und überlegen Sie, inwiefern es einem Christen wahre Freiheit bietet.
6. Stellen Sie sich zwei Christen vor, der eine hat gelernt, dem Gebot in Vers 17 zu gehorchen, der andere hat dies nicht gelernt. Welche praktischen Unterschiede erkennen Sie in der Art, wie diese beiden Menschen leben?
7. Wenn Sie nur dieses Kapitel der Bibel zur Verfügung hätten, welche biblische Definition würden Sie für jedes der folgenden Wörter geben: *Heiligkeit, Glaube* und *Hoffnung*?

8. In Johannes 21 sagt der auferstandene Jesus zu Petrus: »Weide meine Schafe.« Wie würden Sie die Nahrung beschreiben, die die Schafe in diesem Kapitel von Petrus bekommen?

9. Welche *Erwartungen* können wir nach dem, was Sie in diesem Kapitel lesen, zu Recht an Gott stellen?

10. Stellen Sie sich den ersten Petrusbrief als einen schnell fahrenden Zug vor. Kapitel 1 ist die Lokomotive, die anderen Kapitel die nachfolgenden Waggons. Welches ist nach dem, was Sie in Kapitel 1 lesen, die *Energie* der Lokomotive – die Aussage, das Prinzip oder Thema, das den ganzen Zug antreibt?

FÜR DAS LEBEN HEUTE

11. Überlegen Sie, wie Sie nach dem, was Sie in diesem Kapitel lesen, den folgenden Satz vervollständigen würden: *Was Gott eigentlich von mir möchte, ist ...*

12. Wenn es stimmt, daß man »*wird* wie man *denkt*«, welche Gedanken aus diesem Kapitel würden Sie sich gern aneignen?

13. Überdenken Sie sorgfältig die wichtigsten Aussagen dieses Kapitels. Was ist Ihrer Meinung nach schwerer für einen Christen: zu verstehen, was in diesem Kapitel gesagt wird, oder es in die Praxis umzusetzen?

14. Überlegen Sie, welches für Sie die zwei oder drei wichtigsten Pflichten im Leben sind. Inwiefern könnte Vers 13 Ihnen helfen, diese Pflichten wahrzunehmen?

15. Beachten Sie in Vers 14, was wir *nicht* tun sollen. Inwiefern stehen die Christen heute in der Gefahr, genau dies zu tun?

16. Lesen Sie noch einmal die Verse 15-17 und rufen Sie sich die Worte Jesu in Johannes 15,5 in Erinnerung: »Denn getrennt von mir könnt ihr nichts tun.« Stellen Sie sich etwas Gutes vor, das in Ihrem Leben als Reaktion auf die Richtlinien und Gebote dieses Abschnitts passieren könnte, das aber nur durch die übernatürliche Kraft Gottes bewirkt werden könnte. Was könnte das sein?

17. Was können Sie nach dem, was Sie in diesem Kapitel und an anderer Stelle in der Bibel lesen, im Leben erwarten, wenn Sie dem Gebot in Vers 22 nicht gehorchen?

18. In Philipper 4,8 heißt es: »Übrigens, Brüder, alles, was wahr, alles, was ehrbar, alles, was gerecht, alles, was rein, alles, was liebenswert, alles, was wohllautend ist, wenn es irgendeine Tugend und wenn es irgendein Lob gibt, das erwägt!« Welche Denkanstöße können Sie in diesem Kapitel finden, die Ihnen als *wahr, ehrbar, gerecht, rein, liebenswert,* als *Tugend* und *Lob* ins Auge fallen?

19. Welcher Vers in diesem Kapitel ist Ihnen in Ihrer gegenwärtigen Situation besonders wichtig geworden? Warum?

Zur Vertiefung

In den Versen 6-7 vergleicht Petrus die Versuchung des Glaubens eines Gläubigen mit der Läuterung eines wertvollen Metalls. In drei alttestamentlichen Büchern – Hiob 23,10; Psalm 66,10-12 und Sprüche 17,3 – wird ebenfalls davon gesprochen. Inwiefern erweitern diese Worte Ihr Verständnis der Botschaft des Petrus an leidende Christen?

1. Petrus 2

Einstieg: Was fällt Ihnen ein, wenn Sie die folgenden Wörter hören: *Ausländer, Fremder, Pilger*?

Was steht im Text?

1. Wenn Sie noch kein Christ wären, welche Aussagen über Christus in diesem Kapitel würden Sie am meisten faszinieren?

2. Wie würden Sie die Verse 4-5 einem kleinen Kind erklären?

3. Sehen Sie sich noch einmal 2. Petrus 3,1-2 an, wo Petrus den Zweck seiner beiden Briefe beschreibt. Wie setzt er diese Absicht im zweiten Kapitel des ersten Petrusbriefes um?

4. Stellen Sie sich vor, der Telegraph sei damals zur Zeit des Neuen Testaments bereits erfunden gewesen, und Petrus hätte beschlossen, vorab ein Telegramm mit den Hauptinhalten dieses Kapitels zu schicken. Um Geld zu sparen, würde er aber nur die drei wichtigsten Verse dieses Kapitels telegraphieren. Welche Verse hätte Petrus Ihrer Meinung nach ausgewählt?

5. EINZELHEITEN BEACHTEN – *Versuchen Sie, die folgende Frage zu beantworten, ohne in Ihrer Bibel nachzusehen:* Im letzten Vers spricht Petrus davon, daß wir wie Schafe sind, die in die Irre gegangen sind, jetzt aber zu Gott zurückgekehrt sind. Welchen Namen gibt Petrus dem Herrn Jesus in diesem Vers?

Das Wesentliche erfassen

6. Welche Gebote in diesem Kapitel können die meisten Christen problemlos befolgen? Und welche werden besonders leicht ignoriert?

7. Wenn Sie sich dieses Kapitel als eine Straßenkarte für das Leben eines Christen vorstellen, welches sind die sicheren »Straßen«, die man nehmen, und welches die unsicheren, gefährlichen Straßen, die man lieber meiden sollte?

8. Lesen Sie Vers 2 noch einmal. Würden Sie sagen, daß Petrus hier eher von einer *Haltung*, einer *Aktion*, einer *Technik* oder allen drei spricht?

9. Sehen Sie sich die Aufforderung in Vers 12 und das Ergebnis an, nach dem wir streben sollten. Da dieses Ergebnis erst in der Zukunft liegt, wie können wir wissen, wie gut wir dieser Aufforderung nachkommen?

10. Sehen Sie sich Vers 13 noch einmal an und überlegen Sie, wieviel Beachtung die Christen heute dieser Aufforderung schenken.

11. Denken Sie noch einmal an die Worte des auferstandenen Jesus in Johannes 21: »Weide meine Schafe«. Wie würden Sie die Nahrung beschreiben, die die Schafe von Petrus in diesem Kapitel bekommen?

Für das Leben heute

12. Wie häufig bietet das Gebot in Vers 1 im Alltag nützliche Hilfe für Ihre unmittelbare Situation?

13. Stellen Sie sich vor, Sie hätten neue Nachbarn bekommen, deren Leben das vollkommene Beispiel für das wäre, wovon Petrus in Vers 12 spricht. Wie würde ihre Beziehung zu Ihnen aussehen? Was würden sie *für* Sie und *mit* Ihnen tun?

14. Beachten Sie in Vers 16, was Petrus uns aufträgt *nicht* zu tun. Inwiefern stehen Christen heute in der Gefahr, dies doch zu tun?

15. Lesen Sie Vers 17. Wie können Sie beginnen, diese Gebote effektiver in Ihrem Leben umzusetzen?

16. Beschreiben Sie die Person, der dieses Kapitel Ihrer Meinung nach besonders viel zu sagen haben wird. Welches müßten ihre Fragen und Probleme sein?

17. Welche Denkweisen können sehr leicht verhindern, daß die Wahrheit dieses Kapitels im Leben der Christen heute lebendig bleibt?

18. In Kolosser 3,1 lesen wir: »Wenn ihr nun mit dem Christus auferweckt worden seid, so sucht, was droben ist, wo der Christus ist, sitzend zur Rechten Gottes.« Was ist Ihnen persönlich in diesem Kapitel an Jesus Christus wichtig geworden, nach dem Sie streben möchten?

19. Welche Verse in diesem Kapitel möchte Gott Ihnen Ihrer Meinung nach besonders ans Herz legen?

Zur Vertiefung

Wie hätte Paulus wohl nach dem, was Sie in Römer 12,1-2 und 13,14 lesen, die Ermahnung des Petrus in Vers 11 erweitert?

1. Petrus 3

Einstieg: Wenn Sie heute auf einmal und dauerhaft irgendeinen Bereich Ihres inneren Lebens – irgendeine Haltung oder ein Gedankenmuster – ändern könnten, was würden Sie ändern?

Was steht im Text?

1. Wenn Sie nur dieses Kapitel aus der Bibel kennen würden, was würden Sie ihm in bezug auf die Ehe entnehmen?

2. Lesen Sie noch einmal in 2. Petrus 3,1-2 die Absichtserklärung des Petrus für seine beiden Briefe. Wie wird diese Absicht in Kapitel 3 umgesetzt?

3. EINZELHEITEN BEACHTEN – *Versuchen Sie, die folgende Frage zu beantworten, ohne in Ihrer Bibel nachzusehen:* Welche der folgenden Personen aus dem Alten Testament ist in diesem Kapitel *nicht* erwähnt: Abraham, Hagar, Noah oder Sarah? (Siehe Verse 6 und 20.)

Das Wesentliche erfassen

4. Sehr oft berauben wir uns selbst der Entdeckung tieferer Wahrheit in der Bibel, weil wir einen Abschnitt ansehen und uns sagen: »Den kenne ich schon.« Bei welcher Aussage in diesem Kapitel kann das sehr leicht passieren?

5. In Sprüche 13,13 heißt es: »Wer aber das Gebot fürchtet, dem wird vergolten.« Sehen Sie sich die Gebote in den Versen 1 und 7 an. Welches ist Ihrer Meinung nach vermutlich die *Belohnung* für das Halten dieser Gebote?

6. In Jakobus 1,22 wird uns gesagt, daß wir uns selbst täuschen, wenn wir das Wort nur hören, ohne es in die Praxis umzusetzen. Welche Art von selbsttäuschenden Entschuldigungen können Christen sehr leicht davon abhalten, das auch tatsächlich zu tun, was uns in Vers 9 gesagt wird?

7. Beachten Sie in Vers 17 die Aussage darüber, welche Art des Leidens *besser* ist. Warum ist nach dem, was Sie in diesem Kapitel und an anderer Stelle in der Bibel lesen, diese Art des Leidens besser?

8. Wenn Satan einige Richtlinien niederschreiben würde, um die Menschen dazu zu bringen, genau das Gegenteil von dem zu tun, was in diesem Kapitel gesagt wird, wie würde er seine Botschaft formulieren?

9. Was wird Gott ganz bestimmt tun, wenn wir ihm gehorchen?

10. Rufen Sie sich die Worte des auferstandenen Jesus zu Petrus in Johannes 21 noch einmal in Erinnerung: »Weide meine Schafe.« Wie würden Sie die Nahrung beschreiben, die die Schafe in diesem Kapitel von Petrus bekommen?

FÜR DAS LEBEN HEUTE

11. Wenn Sie verheiratet sind, denken Sie noch einmal über die Verse 1-7 nach, vor allem über das, was den Frauen in Vers 1 und den Männern in Vers 7 gesagt wird. Stellen Sie sich vor, Gott würde Sie auf einer Skala von eins bis zehn bewerten, wobei zehn vollkommener Gehorsam den auf Sie zutreffenden Geboten dieses Abschnitts gegenüber ist und eins vollkommene Mißachtung dieser Gebote. Wie würde Gott Sie einschätzen?

12. Auf welche Fragen, Schwierigkeiten oder Zweifel im Alltag eines Christen geht dieses Kapitel in erster Linie ein?

13. Wenn alle Mitglieder Ihrer Gemeinde Vers 8 genau verstanden hätten und in ihrem Leben umsetzen wollten, welche praktischen Veränderungen würden daraus entstehen?

14. Was können Sie nach dem, was Sie in diesem Kapitel und an anderer Stelle in der Bibel lesen, im Leben erwarten, wenn Sie das Gebot in Vers 9 *nicht* befolgen?

15. Wenn Gott dieses Kapitel nur für Sie geschrieben hätte, welche Wörter oder Ausdrücke hätte er wohl unterstrichen?

ZUR VERTIEFUNG

Welche Parallelen finden Sie sowohl in der Ermahnung der Ehemänner in Vers 7 als auch in dem, was Jesus in Matthäus 5,23-24 sagt?

1. Petrus 4

Einstieg: Kennen Sie einen besonders gastfreundlichen Menschen?

Was steht im Text?

1. Lesen Sie die Verse 1-2. Wie würden Sie die Bedeutung der Aussage des Petrus in der letzten Hälfte von Vers 1 erklären?

2. Welche wichtigen Einzelheiten in diesem Kapitel können sehr leicht übersehen werden?

3. Stellen Sie sich vor, eine Gruppe bewaffneter Terroristen würde ins Zimmer stürmen und Sie als Geiseln nehmen. Kurz bevor Ihnen Ihre Bibeln fortgenommen werden, gestattet man Ihnen, noch einen Blick auf das aufgeschlagen vor Ihnen liegende Kapitel zu werfen. Welche Verse in 1. Petrus 4 würden Sie sich einprägen, bevor Ihnen Ihre Bibel weggenommen wird? Warum ausgerechnet diesen Vers?

4. Lesen Sie noch einmal die Absichtserklärung des Petrus für seine beiden Briefe in 2. Petrus 3,1-2. Wie setzt er diese Absicht in Kapitel 4 des ersten Petrusbriefes um?

5. EINZELHEITEN BEACHTEN – *Versuchen Sie, die folgende Frage zu beantworten, ohne in Ihrer Bibel nachzusehen:* Womit sollen wir uns bewaffnen? (Siehe Vers 1.)

Das Wesentliche erfassen

6. Welchen Geboten in diesem Kapitel können die meisten Christen problemlos nachkommen? Welche werden sehr leicht ignoriert?

7. Welche Ihrer Fragen in bezug auf die bisher in diesem Brief angesprochenen Themen bleiben unbeantwortet?

8. Rufen Sie sich die Worte des auferstandenen Jesus zu Petrus in Johannes 21 noch einmal in Erinnerung – »Weide meine Schafe«. Wie würden Sie die Nahrung beschreiben, die die Schafe in diesem Kapitel von Petrus bekommen?

Für das Leben heute

9. In Psalm 119,47 heißt es: »Ich habe meine Lust an deinen Geboten, die ich liebe.« Welche Gebote in diesem Kapitel würden Ihnen in Ihrer gegenwärtigen Lebenssituation am schnellsten Erfüllung und Vergnügen bringen?

10. Ein Sprichwort lautet: »Das Herz des Menschen verabscheut nichts so sehr wie Veränderung.« Welche Erkenntnisse aus diesem Kapitel – Erkenntnisse, die einige Veränderungen in Ihrem Leben notwendig machen könnten – rufen ein gewisses Maß an Zögern und Widerstand in Ihnen hervor?

11. Wie genau kann ein Mensch das Gebot in Vers 1 befolgen?

12. Wenn Sie nur die Verse 7 und 8 dieses Kapitels zur Verfügung hätten, welche Schlußfolgerungen würden Sie daraus in bezug auf die Prioritäten in Ihrem Leben ziehen?

13. Lesen Sie Vers 8 noch einmal. Welches ist ganz praktisch die größte Motivation für die Menschen, liebevoller miteinander umzugehen?

14. Lesen Sie noch einmal Vers 9, wo es um die Gastfreundschaft geht. Können Sie ein Beispiel für eine Gelegenheit nennen, wo Sie zwar gastfreundlich gewesen sind, jedoch nicht ganz so, wie es hier beschrieben wird?

15. Welches ist Ihrer Meinung nach ein guter Anfang für eine effektivere Umsetzung des Verses 10 in Ihrem Leben?

16. Lesen Sie die Verse 12-19 sehr aufmerksam, wo Petrus seinen Lesern sagt, in welcher Situation sie sich befinden und was sie dagegen unternehmen können. Bis zu welchem Grad stimmt diese Beschreibung mit Ihrer eigenen Situation überein? Und bis zu welchem Grad könnte eine solche Situation irgendwann in der Zukunft eintreten?

ZUR VERTIEFUNG

Denken Sie an das, was Sie in den Versen 10-11 in bezug auf die geistlichen Gaben gelesen haben. Lesen Sie nun die folgenden Bibelstellen und fassen Sie die wichtigsten biblischen Prinzipien zu diesem Thema zusammen: Römer 12,3-8; 1. Korinther 12,1-31 und Epheser 4,3-13.

1. PETRUS 5

Einstieg: Sind Sie schon einmal in die Nähe eines Löwen gekommen?

WAS STEHT IM TEXT?

1. Wie würden Sie in eigenen Worten die in den Versen 1-3 genannten Richtlinien für Gemeindeführung zusammenfassen?

2. Lesen Sie in Vers 4 die Verheißung für treue Gemeindeführer. Wie würden Sie sie in eigenen Worten erklären?
3. Sehen Sie sich in 2. Petrus 3,1-2 noch einmal die Absichtserklärung des Petrus für seine beiden Briefe an. Wie setzt er diese Absicht in Kapitel 5 seines ersten Briefes um?
4. EINZELHEITEN BEACHTEN – *Versuchen Sie, die folgende Frage zu beantworten, ohne in Ihrer Bibel nachzusehen:* Von welcher Art von *Krone* spricht Petrus in diesem Kapitel? (Siehe Vers 4.)

DAS WESENTLICHE ERFASSEN

5. Welche *Erwartungen* können wir nach dem, was Sie in diesem Kapitel lesen, zu Recht an Gott stellen?
6. Wenn Sie gebeten würden, die wichtigsten »Merkmale christlicher Reife« dieses Kapitels zusammenzufassen, welches würden Sie als erstes nennen?
7. Rufen Sie sich noch einmal die Worte des auferstandenen Jesus an Petrus in Johannes 21 in Erinnerung: »Weide meine Schafe.« Wie würden Sie die Nahrung beschreiben, die Petrus den Schafen in diesem Kapitel gibt?

FÜR DAS LEBEN HEUTE

8. Wie oft bietet Ihnen das Gebot in Vers 7 im Alltag Hilfe für Ihre unmittelbare Situation?
9. Stellen Sie sich vor, Sie hätten eine Feuerbotschaft am Himmel gesehen. Sie wäre an Sie adressiert gewesen und hätte folgenden Inhalt gehabt: *So spricht der Herr:* »*Lies 1. Petrus 5, denn ich möchte dir damit etwas sagen.*« Auf welche Verse in diesem Kapitel würde Gott sich beziehen?
10. Wenn alle Mitglieder Ihrer Gemeinde dieses Kapitel genau verstanden hätten und in ihrem Leben umsetzen wollten, welche praktischen Veränderungen würden sich daraus ergeben?

ZUR VERTIEFUNG

Wenn Sie ein Handbuch zusammenstellen sollten mit dem Titel *Wie widerstehe ich dem Teufel* und die Verse 6-10 und Jakobus 4,6-10 als Grundlage hierfür nehmen wollten, welche Kapitelüberschriften würden Sie wählen?

1. Petrus: Der Gesamteindruck

(Sprechen Sie noch einmal über die im »Überblick« angegebenen Fragen und bearbeiten Sie die unten aufgeführten.)

1. Wenn Sie zu der Urgemeinde gehören würden, an die dieser Brief gerichtet war, und beschlossen hätten, Petrus auf seinen Brief zu antworten, was würden Sie ihm schreiben – welche Fragen, Kommentare, positive Kritik, etc.?

2. Wenn Sie nur dieses eine Kapitel der Bibel zur Verfügung hätten, wie könnten Sie damit die Frage beantworten: *Wie kann ich mein Leben grundlegend und effektiv verbessern?*

3. Lesen Sie gemeinsam die folgenden Verse und wählen Sie den SCHLÜSSELVERS für den ersten Petrusbrief aus – den Vers, der am besten ausdrückt, worum es in diesem Brief geht: 1,6-7; 1,10-11; 4,12 oder 4,13-14.

4. In Jakobus 1,23-24 wird uns gesagt: »Denn wenn jemand ein Hörer des Wortes ist und nicht ein Täter, der gleicht einem Menschen, der sein natürliches Angesicht in einem Spiegel betrachtet. Denn er hat sich selbst betrachtet und ist weggegangen, und er hat sogleich vergessen, wie er beschaffen war.« Inwiefern ist der erste Petrusbrief ein »Spiegel« für Sie gewesen, der Ihnen gezeigt hat, was Sie tun können und sollten?

5. Vielleicht haben Sie beschlossen, einen Punkt, der Ihnen bei der Bearbeitung dieses Briefes klargeworden ist, in Ihrem Leben umzusetzen. Sind Sie bereit, dies auch den anderen Mitgliedern Ihrer Gruppe mitzuteilen und so verbindlich zu machen?

6. Wie würden Sie den folgenden Satz als Rat an einen Christen, der im Glauben weiterkommen möchte, vervollständigen? *Beschäftige dich mit dem ersten Petrusbrief, wenn du mehr erfahren willst in bezug auf…*

2. PETRUS

ÜBERBLICK

(Besprechen Sie diese Überblicksfragen sowohl zu Beginn Ihrer Bearbeitung des Petrusbriefes als auch nachdem Sie alle drei Kapitel durchgenommen haben. Es könnte sein, daß Ihre Antworten vollkommen anders ausfallen, nachdem Sie sich sehr intensiv mit dem ganzen Brief auseinandergesetzt haben.)

Einstieg: Was sagt Ihnen das Wort *Abfall*?

WAS STEHT IM TEXT?

1. Lesen Sie in 2. Petrus 3,1-2 die Absichtserklärung des Petrus für seine beiden Briefe. Welche Themen werden in diesem Brief sehr wahrscheinlich angesprochen werden?
2. Welches ist das erste *Gebot* des Petrus in diesem Brief?
3. Welches ist die erste *Ermutigung* in diesem Brief?
4. Sehen Sie sich auch auf Seite 11 die Liste mit Fragen an, die Sie sich vor der Bearbeitung der einzelnen Bücher stellen sollten.

DAS WESENTLICHE ERFASSEN

5. Welchen Eindruck hatten Sie bisher vom zweiten Petrusbrief in bezug auf a) seinen Inhalt, b) seinen Schwierigkeitsgrad und c) seine Bedeutung?
6. Der zweite Petrusbrief ist auch »Das Buch der christlichen Sorgfalt«, »Wachsen in der Gnade und Kraft des Herrn« und »Vorhersagen des Abfalls« überschrieben worden. Welche Antworten, Richtlinien und Lösungen erwarten Sie auf diesem Hintergrund von der Bearbeitung dieses Briefes?
7. Paulus wurde der »Apostel des Glaubens«, Johannes der »Apostel der Liebe« und Petrus der »Apostel der Hoffnung« genannt. An welchen Stellen in diesem Brief wird das Thema *Hoffnung* angesprochen?

FÜR DAS LEBEN HEUTE

8. Wenn Sie in den Himmel kommen, sich mit dem Apostel Petrus unterhalten und er zu Ihnen sagt: »Was hat dir übrigens in meinem zweiten Brief am meisten geholfen?«, was würden Sie ihm gern antworten?
9. Wie können Sie sicherstellen, daß Ihre Beschäftigung mit dem zweiten Petrusbrief keine rein theoretische oder intellektuelle Angelegenheit bleibt, sondern praktisch wird und für Sie Konsequenzen hat? Was können Sie tun, damit das Gespräch lebendig und interessant bleibt?

ZUR VERTIEFUNG

Lesen Sie die Worte des Petrus in 1,17 und vergleichen Sie diesen Abschnitt mit der in Lukas 9,28-36 berichteten Begebenheit. Welche wichtigen Dinge scheint Petrus durch das Erlebnis der Verklärung Jesu gelernt zu haben?

2. PETRUS 1

Einstieg: Wenn Sie an den Ausdruck *Gottes Verheißungen* denken, welche Verheißungen fallen Ihnen als erstes ein?

WAS STEHT IM TEXT?

1. Wie würden Sie die Verse 3-4 einem kleinen Kind erklären?
2. Wie würden Sie in eigenen Worten den *Prozeß* erklären, von dem Petrus in den Versen 5-8 spricht?
3. KLEIN, ABER WICHTIG: Beachten Sie in Vers 8 die Verwendung des kleinen Wortes *wenn*, das eine Bedingung oder eine Voraussetzung andeutet. Welche wichtige Bedingung stellt es in diesem Vers heraus?
4. Stellen Sie sich die Worte des Verses 11 bildlich vor und beschreiben Sie dieses Bild.
5. Was sollen die Leser in der letzten Hälfte dieses Kapitels in erster Linie in bezug auf Petrus verstehen? Was sollen sie in bezug auf Jesus verstehen?
6. Nehmen Sie an, am Ende dieses Kapitels hätte Petrus den Satz hinzugefügt: »Und wenn dir nur eines aus diesem Kapitel in Erinnerung bleibt, dann sei das …« Wie hätte er den Satz wohl beendet?

7. Sehen Sie sich in 3,1-2 noch einmal die Absichtserklärung des Petrus für seine beiden Briefe an. Wie setzt er diese Absicht in Kapitel 1 um?
8. Sehen Sie sich auch auf Seite 10 die Liste mit Fragen an, die Sie sich während der Bearbeitung der einzelnen Kapitel des zweiten Petrusbriefes stellen sollten.
9. EINZELHEITEN BEACHTEN – *Versuchen Sie, die folgende Frage zu beantworten, ohne in Ihrer Bibel nachzusehen:* Die in den Versen 5-7 aufgelisteten Tugenden beginnen mit dem Glauben und enden mit der Liebe. Dazwischen werden sechs andere genannt. Wie viele davon können Sie aufzählen?

DAS WESENTLICHE ERFASSEN

10. Sehr oft berauben wir uns selbst der Möglichkeit, tiefere Erkenntnisse aus der Bibel zu gewinnen, weil wir einen Abschnitt lesen und uns sagen: »Den kenne ich bereits.« Bei welcher Aussage in diesem Kapitel kann das sehr leicht passieren?
11. In Johannes 21 sagt der auferstandene Jesus zu Petrus: »Weide meine Schafe.« Welche Nahrung bekommen die Schafe in diesem Kapitel von Petrus?
12. Lesen Sie gemeinsam 2. Timotheus 3,16 und vergleichen Sie diese Stelle mit dem, was Sie in den Versen 20-21 lesen. Welche Schlußfolgerungen können Sie aus beiden Stellen in bezug auf die Inspiration der Heiligen Schrift ziehen?
13. Achten Sie darauf, mit welchem Nachdruck Petrus seine Aussage in den Versen 20-21 beginnt. Warum ist es so wichtig, daß wir diese Aussage genau verstehen?
14. Was wird Gott nach dem, was Sie in diesem Kapitel lesen, ganz bestimmt tun, wenn wir ihm gehorchen?
15. Wenn Sie sich dieses Kapitel als Straßenkarte für das Leben eines Christen vorstellen, welches sind die sicheren »Straßen«, die man nehmen, welches die unsicheren, gefährlichen Straßen, die man lieber meiden sollte?

FÜR DAS LEBEN HEUTE

16. Lesen Sie die Verse 5-8 noch einmal. Stellen Sie sich vor, Sie wären fünf Jahre älter und das, was in diesem Abschnitt gesagt wird, träfe genau auf Sie zu. Was würden Sie tun, wie würden Sie sich als ein solcher Mensch verhalten?
17. Wie können Sie beginnen, Vers 10 effektiver in Ihrem Leben umzusetzen?
18. Nehmen Sie an, ein neubekehrter Christ würde Sie fragen: »Wie kann mein Glaube stärker werden, so wie deiner?« Wie könnten Sie ihm anhand dieses Kapitels eine hilfreiche Antwort geben?

19. Wenn es stimmt, daß man »*wird* wie man *denkt*«, welche wichtigen Gedanken aus diesem Kapitel möchten Sie sich gern aneignen?
20. Welcher Vers in diesem Kapitel ist Ihnen in Ihrer gegenwärtigen Situation besonders wichtig geworden? Warum?

Zur Vertiefung

In den Versen 13-15 spricht Petrus von seinem bevorstehenden Tod. Sein »Abschied«, sagt er, sei ihm durch den Herrn Jesus gezeigt worden. Was sagen die Worte Jesu in Johannes 13,36 und 21,18-19 über die Todesart des Petrus aus?

2. Petrus 2

Einstieg: Welchen Eindruck haben Sie vom Charakter der biblischen Gestalten Noah und Lot?

Was steht im Text?

1. Welcher Eindruck und welche Bilder bleiben nach dem Lesen dieses Kapitels bei Ihnen zurück?
2. Was in diesem Kapitel würde einen neubekehrten Christen am meisten in Erstaunen versetzen?
3. Lesen Sie, was Petrus seinen Lesern in den Versen 1-3 in Aussicht stellt. Wenn Sie zu den ursprünglichen Empfängern dieses Briefes gehörten, welche Gedanken oder Gefühle hätten die Worte des Petrus in Ihnen geweckt?
4. Fassen Sie zusammen, was in den Versen 4-9 über den *Charakter* Gottes und seine *Fähigkeiten* gesagt wird.
5. Was möchte Petrus uns in diesem Kapitel in bezug auf falsche Lehrer begreiflich machen?
6. Stellen Sie sich vor, der Telegraph sei damals zur Zeit des Neuen Testaments bereits erfunden gewesen, und Petrus hätte beschlossen, seinen Lesern vorab ein kurzes Telegramm mit dem Inhalt dieses Kapitels zu schicken. Um Geld zu sparen, würde er aber nur die drei wichtigsten Verse heraussuchen. Welche Verse hätte Petrus wohl gewählt?
7. Sehen Sie sich noch einmal 3,1-2 an, wo Petrus über seinen Anlaß zu diesem Brief schreibt. Wie setzt er diese Absicht in Kapitel 2 um?

8. EINZELHEITEN BEACHTEN – *Versuchen Sie, die folgende Frage zu beantworten, ohne in Ihrer Bibel nachzusehen:* In diesem Kapitel werden drei Tiere erwähnt. Welche? (Siehe Verse 16 und 22.)

Das Wesentliche erfassen

9. Würden Sie sagen, daß Sie für die Bearbeitung dieses Kapitels besondere *Geduld* brauchen, um es zu verstehen? Wenn ja, warum?

10. Versuchen Sie »zwischen den Zeilen zu lesen« während Sie über die Worte des Petrus in diesem Kapitel nachdenken. Welche fundamentalen Prinzipien sind Ihrer Meinung nach der Ursprung seiner Lehre hier? Worum macht er sich besondere Gedanken?

11. Rufen Sie sich noch einmal die Worte des auferstandenen Jesus zu Petrus in Johannes 21 in Erinnerung: »Weide meine Schafe.« Welche Nahrung bekommen die Schafe in diesem Kapitel von Petrus?

Für das Leben heute

12. Inwiefern paßt die Beschreibung des Petrus der falschen Lehrer in diesem Kapitel auf einen Menschen, den Sie kennen?

13. Welche Verse in diesem Kapitel möchte Gott Ihnen Ihrer Meinung nach besonders ans Herz legen?

Zur Vertiefung

Die Beschreibung der falschen Lehrer (Verse 1-18), die sich in die Gemeinde eingeschlichen haben, kann mit einer ähnlichen Warnung in Judas 8-16 verglichen werden. Lesen Sie diese beiden Abschnitte und nennen Sie die Bereiche, die diesen beiden Gemeindeführern besondere Sorgen machten.

2. Petrus 3

Einstieg: Wie wird Ihrer Meinung nach die *Zeitrechnung* im Himmel aussehen?

Was steht im Text?

1. Lesen Sie die Verse 1-2 noch einmal. Wie setzt Petrus seine Absicht für diesen Brief in Kapitel 3 um?

2. Lesen Sie in den Versen 3-4 noch einmal, worauf Petrus seine Leser vorbereitet. Stellen Sie sich vor, Sie würden zu den ursprünglichen Empfängern dieses Briefes gehören, welche Gedanken oder Fragen würden die Worte des Petrus in Ihnen wecken?

3. Was sollen wir nach den Versen 10-13 *erwarten,* und worauf sollen wir uns *freuen?*

4. Fassen Sie in eigenen Worten zusammen, was Petrus in den Versen 15-16 über Paulus sagt.

5. Welche wichtigen Einzelheiten in diesem Kapitel können sehr leicht übersehen werden?

6. Stellen Sie sich vor, eine Gruppe bewaffneter Terroristen würde ins Zimmer stürmen und Sie als Geiseln nehmen. Kurz bevor man Ihnen Ihre Bibeln wegnimmt, gestattet man Ihnen, noch einen letzten Blick auf das aufgeschlagen vor Ihnen liegende Kapitel zu werfen. Welche Verse in 2. Petrus 3 würden Sie sich einprägen, bevor man Ihnen Ihre Bibel wegnimmt?

7. EINZELHEITEN BEACHTEN – *Versuchen Sie, die folgende Frage zu beantworten, ohne in Ihrer Bibel nachzusehen:* Wie beschreibt Petrus in diesem Kapitel den Paulus? (Siehe Vers 15.)

DAS WESENTLICHE ERFASSEN

8. Welches sollte nach dem, was Sie in diesem Kapitel lesen, unsere Reaktion sein, wenn wir an die »letzten Tage« und »den Tag des Herrn« denken?

9. Welche *Erwartungen* können wir nach dem, was Sie in diesem Kapitel lesen, zu Recht an Gott stellen?

10. Wie genau kann ein Mensch dem Gebot in Vers 14 Folge leisten?

11. Wenn Satan einige Richtlinien niederschreiben würde, um die Menschen dazu zu bringen, genau das Gegenteil von dem zu tun, was in diesem Kapitel gesagt wird, wie würde er seine Botschaft wohl formuliert haben?

12. Rufen Sie sich noch einmal die Worte des auferstandenen Jesus zu Petrus in Johannes 21 in Erinnerung: »Weide meine Schafe.« Wie würden Sie die Nahrung beschreiben, die die Schafe in diesem Kapitel von Petrus bekommen?

FÜR DAS LEBEN HEUTE

13. In Psalm 119,47 heißt es: »Ich habe meine Lust an deinen Geboten, die ich liebe.« Welche Gebote in diesem Kapitel würden Ihnen in Ihrer gegenwärtigen Lebenssituation am schnellsten Erfüllung und Vergnügen bringen?

14. Welche Denkweisen können sehr leicht verhindern, daß die Aussage dieses Kapitels im Leben der Christen heute lebendig bleibt?
15. Überlegen Sie, wie Sie nach dem, was Sie in diesem Kapitel lesen, den folgenden Satz beenden würden: *Was Gott eigentlich von uns möchte, ist ...*
16. Stellen Sie sich vor, Sie hätten eine Feuerbotschaft am Himmel gesehen. Sie wäre an Sie adressiert gewesen und hätte folgenden Inhalt gehabt: *So spricht der Herr:* »*Lies 2. Petrus 3, denn ich möchte dir damit etwas sagen.*« Auf welche Verse in diesem Kapitel würde er sich sehr wahrscheinlich beziehen?
17. In Philipper 4,8 heißt es: »Übrigens, Brüder, alles, was wahr, alles, was ehrbar, alles, was gerecht, alles, was rein, alles, was liebenswert, alles, was wohllautend ist, wenn es irgendeine Tugend und wenn es irgendein Lob gibt, das erwägt!« Welche Denkanstöße können Sie in diesem Kapitel finden, die Ihnen als *wahr, ehrbar, gerecht, rein, liebenswert,* als *Tugend* und *Lob* ins Auge fallen?
18. Wie können Sie beginnen, Vers 18 effektiver in Ihrem Leben umzusetzen?

ZUR VERTIEFUNG

Petrus vergleicht die Wiederkunft Jesu mit dem Kommen eines Diebes (Vers 10), ein Bild, das in der Bibel mehrmals verwendet wird. Inwiefern tragen die folgenden Bibelstellen zum besseren Verständnis dieses so wichtigen Wortbildes bei: Matthäus 24,43-44; 1. Thessalonicher 5,2.4; Offenbarung 3,3; 16,15?

2. PETRUS: DER GESAMTEINDRUCK

(Sprechen Sie noch einmal über die im »Überblick« angegebenen Fragen und bearbeiten Sie die unten aufgeführten.)

1. Stellen Sie sich vor, Sie wären Mitglied der urchristlichen Gemeinde, an die dieser Brief des Petrus gerichtet war, und hätten beschlossen, Petrus auf seinen Brief zu antworten. Was hätten Sie geschrieben, welche Fragen, Kommentare, positive Kritik, etc.?
2. Wenn Sie nur diesen Brief der Bibel zur Verfügung hätten, wie könnten Sie damit die Frage beantworten: *Wie kann ich mein Leben grundlegend und effektiv verbessern?*
3. Lesen Sie gemeinsam die folgenden Verse und wählen Sie den SCHLÜSSELVERS für den zweiten Petrusbrief aus, den Vers, der am besten ausdrückt, worum es in diesem Brief geht: 1,3; 1,20-21; 3,2 oder 3,9-11.

4. In Jakobus 1,23-24 wird uns gesagt: »Denn wenn jemand ein Hörer des Wortes ist und nicht ein Täter, der gleicht einem Menschen, der sein natürliches Angesicht in einem Spiegel betrachtet. Denn er hat sich selbst betrachtet und ist weggegangen, und er hat sogleich vergessen, wie er beschaffen war.« Inwiefern ist der zweite Petrusbrief ein »Spiegel« für Sie gewesen, der Ihnen gezeigt hat, was Sie tun können und sollten?

5. Vielleicht haben Sie beschlossen, einen Punkt, der Ihnen bei der Bearbeitung dieses Briefes klargeworden ist, in Ihrem Leben umzusetzen. Sind Sie bereit, dies auch den anderen Mitgliedern Ihrer Gruppe mitzuteilen und so verbindlich zu machen?

6. Wie würden Sie den folgenden Satz als Rat an einen Christen, der im Glauben weiterkommen möchte, vervollständigen? *Beschäftige dich mit dem zweiten Petrusbrief, wenn du mehr erfahren willst in bezug auf...*

1. JOHANNES

Überblick

(Besprechen Sie diese Überblicksfragen sowohl zu Beginn Ihrer Bearbeitung des ersten Johannesbriefes als auch nachdem Sie alle fünf Kapitel bearbeitet haben. Es könnte sein, daß Ihre Antworten vollkommen anders ausfallen, nachdem Sie sich sehr intensiv mit dem ganzen Brief auseinandergesetzt haben.)

Einstieg: Diskutieren Sie die folgende Aussage: Alle Kinder Gottes sollen ohne den Hauch eines Zweifels wissen, daß sie nach ihrem Tod in den Himmel kommen.

Was steht im Text?

1. Überfliegen Sie den ersten Johannesbrief, bis Sie an einen Vers kommen, der eine Frage in Ihnen aufwirft. Wie lautet diese Frage?
2. Überfliegen Sie den Brief noch einmal, bis Sie an einen Vers kommen, der Sie zum Lächeln bringt oder das Gefühl der Dankbarkeit oder Freude in Ihnen weckt. Was gefällt Ihnen an diesem bestimmten Vers besonders gut?
3. Wie gebraucht Johannes in seinem Brief das Wort *Gebot*? (Suchen Sie sowohl nach der Singular- als auch nach der Pluralform.)
4. Wie oft spricht Johannes seine Leser in diesem Brief als »Kinder« an?
5. Stellen Sie sich vor, Sie würden eine Bürgerversammlung besuchen, die von den Schulleitern des Bezirks einberufen worden ist, um die Entfernung aller Bibeln aus den Schulbibliotheken durchzusetzen. Sie machen sich dafür stark, daß die Bibel den Schülern zugänglich bleibt. Ein anderer Bürger erhebt sich und sagt: »Ich sehe keinen Grund, die Bibel zu behalten. Sie ist doch sowieso ein vergessenes Buch. Nicht einmal die Christen wissen so genau, was darin steht. Sagen Sie mir doch zum Beispiel«, fährt er fort und wendet sich an Sie, »worum es im ersten Johannesbrief geht.« Wie würden Sie in einer solchen Situation antworten?

6. Warum hat Johannes diesen Brief geschrieben? Lesen Sie, was in den folgenden Versen darüber gesagt wird: 1,4; 2,1; 2,12-14; 2,21 und 5,13. Welcher der hier genannten Gründe war Johannes wohl besonders wichtig?

7. Was wissen Sie über den Apostel Johannes, der diesen Brief geschrieben hat, und über die Umstände, unter denen dieser Brief entstand?

8. Was wissen Sie darüber, wie die Welt zur damaligen Zeit aussah? Welches waren wohl die Hoffnungen, Träume und Probleme der Menschen damals?

9. Sehen Sie sich auch auf Seite 11 die Liste der Fragen an, die Sie sich vor der Bearbeitung der einzelnen Bücher stellen sollten.

Das Wesentliche erfassen

10. Welchen Eindruck hatten Sie bisher vom ersten Johannesbrief in bezug auf a) seinen Inhalt, b) seinen Schwierigkeitsgrad und c) seine Bedeutung?

11. Der erste Johannesbrief ist auch »Der Brief des Wissens und der Gewißheit«, »Die Gemeinschaft des Vaters und seiner Kinder« und »Leben als Kinder Gottes« überschrieben worden. Welche Antworten, Richtlinien und Lösungen erwarten Sie auf diesem Hintergrund von der Bearbeitung dieses Briefes?

12. Paulus wurde der »Apostel des Glaubens«, Petrus der »Apostel der Hoffnung«, Johannes dagegen der »Apostel der Liebe« genannt. In welchen Kapiteln dieses Briefes spricht Johannes von der *Liebe?*

Für das Leben heute

13. Welches ist nach dem, was Sie in diesem Brief und an anderer Stelle in der Bibel lesen, das Wichtigste, das Sie in bezug auf Jesus glauben?

14. Welches ist nach dem, was Sie in diesem Kapitel und an anderer Stelle in der Bibel lesen, die wichtigste Richtlinie für Ihren Umgang mit anderen?

15. Wie können Sie sicherstellen, daß Ihre Beschäftigung mit dem ersten Johannesbrief keine rein theoretische oder intellektuelle Angelegenheit bleibt, sondern praktisch wird und für Sie Konsequenzen hat? Was können Sie tun, damit das Gespräch lebendig und interessant bleibt?

16. Wenn Sie in den Himmel kommen, sich mit dem Apostel Johannes unterhalten und er Sie fragt: »Was hat dir in meinem ersten Brief am meisten geholfen?«, wie würden Sie ihm gern antworten?

ZUR VERTIEFUNG

Johannes ist bekannt als der Apostel der Liebe, aber was für ein Mensch war er in jüngeren Jahren? Lesen Sie dazu die folgenden Bibelstellen: Matthäus 4,21-22; Markus 3,17; 10,35-45; Lukas 9,51-56; Johannes 19-26-27 und 21,20-23.

1. JOHANNES 1

Einstieg: Welches ist der dunkelste Ort, an dem Sie je gewesen sind? Welches ist der hellste Ort?

WAS STEHT IM TEXT?

1. Der Ton dieses Kapitels ist der einer *Proklamation*, einer *Erklärung* oder *Ankündigung*. Fassen Sie in eigenen Worten zusammen, was Johannes proklamiert, erklärt oder ankündigt.

2. KLEIN, ABER WICHTIG: Wie oft wird das kleine Wort *wenn* in diesem Kapitel verwendet, ein Wort, das eine Bedingung oder eine Annahme bezeichnet. Welche wichtige Bedingung oder Annahme stellt es jedesmal heraus?

3. Wie oft finden Sie das Wort *Gemeinschaft* in diesem Kapitel? Und in welchem Sinn verwendet Johannes dieses Wort hier?

4. Lesen Sie Vers 5. In welchem Sinn gebraucht Johannes das Wort *Licht*? Bedeutet es dasselbe wie in Vers 7?

5. Wie wirkt es sich auf unsere Beziehungen aus, wenn wir »im Licht wandeln«? (Vers 7)

6. Was bedeutet das Wort *bekennen* in Vers 9 ganz praktisch?

7. Wenn ein kleines Kind den Vers 9 hören und Sie dann fragen würde: »Wie funktioniert das?«, wie würden Sie antworten?

8. Was sollen wir nach dem, was Johannes in diesem Kapitel sagt, unbedingt in bezug auf uns selbst verstehen, was sollen wir unbedingt in bezug auf Gott verstehen?

9. Blättern Sie vor zu 5,13, wo Johannes den Zweck dieses Briefes nennt. Wie setzt er diese Absicht im ersten Kapitel um?

10. Welche Wörter, Ausdrücke oder Sätze sind für Sie, nachdem Sie dieses Kapitel gelesen haben, besonders schwer zu verstehen?

Erster Johannesbrief

11. Sehen Sie sich auch auf Seite 10 die Liste mit Fragen an, die Sie sich während der Bearbeitung der einzelnen Kapitel des ersten Johannesbriefes stellen sollten.

12. EINZELHEITEN BEACHTEN – *Versuchen Sie, die folgende Frage zu beantworten, ohne in Ihrer Bibel nachzusehen:* Johannes sagt, er schreibe diesen Brief, um etwas vollkommen zu machen. Was? (Siehe Vers 4.)

Das Wesentliche erfassen

13. Sehen Sie sich noch einmal Vers 5 an. *Warum* möchte Gott, daß wir das wissen?

14. Was bedeutet es in Ihren eigenen Worten, »im Licht zu wandeln«, wie Johannes in Vers 7 sagt?

15. Wie schlimm ist nach den Versen 5-10 (lesen Sie auch den ersten Vers im zweiten Kapitel) die Sünde in den Augen Gottes?

16. Stellen Sie sich den ersten Johannesbrief als einen schnell fahrenden Zug vor. Kapitel 1 ist die Lokomotive, die anderen Kapitel die nachfolgenden Waggons. Welches ist nach dem, was Sie in Kapitel 1 lesen, die *Energie* der Lokomotive – die Aussage, das Prinzip oder Thema, das den ganzen Zug antreibt?

Für das Leben heute

17. Denken Sie noch einmal über die Worte in Vers 5 nach – »Gott ist Licht«. Sind Sie in Ihrer gegenwärtigen Situation bereit, Ihre Angewohnheiten, Gedanken, Meinungen und Taten im reinen Licht Gottes überprüfen zu lassen? Schätzen Sie Ihre Bereitschaft auf einer Skala von eins bis zehn ein (eins = sehr viel weniger bereit als je zuvor, zehn = sehr viel bereiter als je zuvor).

18. Inwiefern können Christen heute sehr leicht in Versuchung geraten, »in der Finsternis zu wandeln«, wie Johannes in Vers 6 sagt?

19. Lesen Sie noch einmal die Worte des Johannes in Vers 7, daß wir im Licht wandeln sollen. Welches ist ganz praktisch Ihrer Meinung nach die größte Motivation für die Christen heute, im Licht zu wandeln?

20. Lesen Sie Vers 8. Haben Sie schon jemals behauptet, ohne Sünde zu sein?

21. Wie würden Sie mit Vers 9 einem neubekehrten Christen helfen, der sich schuldbeladen fühlt und der Meinung ist, Gott könne ihn nicht annehmen?

22. In Philipper 4,8 heißt es: »Übrigens, Brüder, alles, was wahr, alles, was ehrbar, alles, was gerecht, alles, was rein, alles, was liebenswert, alles, was wohllautend ist, wenn es irgendeine Tugend und wenn es irgendein Lob gibt, das erwägt!« Welche Denkanstöße können Sie in diesem Kapitel finden, die Ihnen als *wahr, ehrbar, gerecht, rein, liebenswert,* als *Tugend* und *Lob* ins Auge fallen?

23. Welche Verse in diesem Kapitel möchte Gott Ihnen Ihrer Meinung nach besonders ans Herz legen?
24. Wie können Sie *beginnen*, dieses Kapitel effektiver in Ihrem Leben umzusetzen?

Zur Vertiefung

Welche Themen erkennen Sie in den ersten sieben Versen, an die Sie sich auch aus dem Johannesevangelium erinnern? (Vielleicht überfliegen Sie die ersten vierzehn Kapitel des Johannesevangeliums, um sie zu finden.)

1. Johannes 2

Einstieg: Welche wichtigen Eigenschaften sollte ein Vater Ihrer Meinung nach haben?

Was steht im Text?

1. Beachten Sie in Vers 1 die Beschreibung des Dienstes Jesu. Stellen Sie sich diese Worte bildlich vor und beschreiben Sie dieses Bild.
2. Sehen Sie sich auch die Beschreibung seines Dienstes in Vers 2 an. Inwiefern hängen die Verse 1 und 2 zusammen?
3. Wie oft finden Sie das Wort *wissen* in Kapitel 2?
4. Wie oft finden Sie das Wort *Liebe* in Kapitel 2?
5. Wie oft finden Sie das Wort *wahr* oder *Wahrheit* in Kapitel 2?
6. Welches sind die »Gebote«, von denen Johannes in den Versen 3-4 spricht?
7. KLEIN, ABER WICHTIG: Das Wort *aber* signalisiert einen Gegensatz oder Richtungswechsel. Sehen Sie sich die Verse 5, 11 und 20 an, in denen dieses Wort vorkommt. Welchen Gegensatz oder Richtungswechsel stellt dieses Wort jeweils heraus?
8. Als Hintergrundinformation zu dem Gebot, von dem Johannes in den Versen 7-8 spricht, lesen Sie Johannes 13,34-35 und 15,12, und auch Matthäus 22,34-40 und 4. Mose 19,18. Was ist *neu* an diesem Gebot, und was ist daran *alt*?
9. Lesen Sie Vers 9 und diskutieren Sie die folgende Aussage: Jede Beziehung zwischen zwei Gläubigen ist entweder von *Liebe* oder vom *Haß* bestimmt; es gibt keine neutrale Beziehung im Leib Christi.

10. Wenn die Worte des Johannes in den Versen 12-14 unterschiedliche Stufen der geistlichen Reife anzeigen, wie würden Sie jede Ebene beschreiben?
11. Sehen Sie sich die Liebe an, von der Johannes in Vers 15 spricht. Inwiefern gleicht sie anderen Arten der Liebe, inwiefern unterscheidet sie sich von ihnen?
12. Inwiefern ist die Liebe zur Welt, von der in den Versen 15-16 gesprochen wird, eine *innere* Angelegenheit, inwiefern eine *äußere*?
13. Was meint Johannes mit dem Ausdruck »letzte Stunde« in Vers 18?
14. Was meint Johannes mit dem Wort »Salbung« in den Versen 20 und 27? Als Hintergrundinformation lesen Sie Johannes 14,16-17 und Apostelgeschichte 10,38.
15. Vergleichen Sie noch einmal die Verse 20 und 27 miteinander. Wer ist unser Lehrer? Und was lehrt er uns?
16. Welches ist nach dem, was Sie an anderer Stelle in diesem Brief lesen, die »Wahrheit«, von der Johannes in Vers 21 spricht?
17. Lesen Sie noch einmal 5,13, wo Johannes den Zweck für das Schreiben dieses Briefes nennt. Wie trägt er in diesem Kapitel dazu bei, diese Absicht zu verwirklichen?
18. Welche Wörter, Ausdrücke oder Sätze sind, nachdem Sie das Kapitel ganz durchgelesen haben, besonders schwer zu verstehen?
19. EINZELHEITEN BEACHTEN – *Versuchen Sie, die folgende Frage zu beantworten, ohne in Ihrer Bibel nachzusehen:* Zu wem sagt Johannes in diesem Kapitel die Worte: »Ihr seid stark«? (Siehe Vers 14.)

DAS WESENTLICHE ERFASSEN

20. Vergleichen Sie die Verse 1-2 mit Vers 22. *Was* sollen wir in bezug auf Jesus glauben, und *warum* ist es wichtig, daß wir das glauben?
21. Wenn Johannes in den Versen 1-2 vom Dienst Jesu spricht, nennt er Jesus den »Gerechten«. Welches ist in diesem Kontext die Bedeutung dieses Ausdrucks?
22. Lesen Sie die Verse 1-2 und überlegen Sie, welche der folgenden Aussagen den Dienst Jesu in der Gegenwart Gottes am besten beschreiben: a) Jesus steht für *Liebe*, und Gott steht für *Gerechtigkeit;* als unser Beistand bittet Jesus Gott, Erbarmen mit uns zu haben; b) Jesus steht für *Gerechtigkeit*, denn durch seinen eigenen Tod hat er die Strafe für unsere Sünden bezahlt; Gott steht für *Liebe*, die Liebe, die die Menschheit retten will und aus der heraus er seinen Sohn auf die Erde gesandt hat, um dieses Werk zu tun.

23. Will Johannes mit den Versen 3-6 sagen, daß ein Christ niemals sündigt?
24. Was genau ist der »Anfang«, von dem Johannes in Vers 7 spricht?
25. In Vers 10 spricht Johannes wieder von der Liebe. Wie definieren wir diese Liebe? Ordnen Sie die folgenden vier Wörter nach ihrem Stellenwert in der Definition wahrer Liebe: *Tat, Haltung, Entscheidung* und *Gefühl.*
26. Lesen Sie das Gebot in Vers 15 noch einmal. Wenn Sie jemanden *lieben*, wie können Sie diese Liebe aufhalten?
27. Vergleichen Sie die drei, in Vers 16 erwähnten Formen der Weltliebe mit den drei Formen der Versuchung Jesu durch den Satan (Lukas 4,5-12).
28. Vergleichen Sie noch einmal die Verse 20 und 27, vor allem die Aussage des Johannes in Vers 27, seine Leser hätten es nicht nötig, daß jemand sie belehrt. Wie sind diese Worte im Licht so vieler anderer Bibelstellen zu verstehen, die an Lehrer gerichtet sind und davon sprechen, daß die Gemeinde gesunde Lehre braucht?
29. Was sollen wir nach dem, was Johannes in diesem Kapitel sagt, in erster Linie in bezug auf uns selbst verstehen?
30. Welche *Erwartungen* können wir nach dem, was in diesem Kapitel zu lesen ist, zu Recht an Gott stellen?
31. Denken Sie über das nach, was Sie bisher im ersten Johannesbrief gelesen haben, und stellen Sie sich die folgende Frage: Was ist wichtiger im Leben eines Christen – was man *tut* oder was man nicht *tut*? (Erklären Sie Ihre Antwort.)
32. Beantworten Sie auf der Grundlage dessen, was Sie bisher in diesem Brief gelesen haben, die folgende Frage so umfassend wie möglich: Welches sind die wichtigsten »Geburtsmerkmale« eines Menschen, der als Christ wiedergeboren ist? Was kennzeichnet ihn als Kind Gottes?

Für das Leben heute

33. Wenn die Worte des Johannes in den Versen 12-14 unterschiedliche Ebenen geistlicher Reife bezeichnen, welcher Ebene würden Sie sich zugehörig fühlen? Und was läßt sich nach dem, was Johannes hier sagt, über Sie sagen? (Formulieren Sie in eigenen Worten.)
34. In den Versen 13 und 14 spricht Johannes von »Vätern«. Wer sind die »Väter des Glaubens« – die reifen, erprobten Christen – die den größten Einfluß auf Sie ausgeübt haben?
35. Denken Sie an die Worte des Johannes von den Vätern des Glaubens (Verse 13-14) und überlegen Sie, wie Sie älteren, reifen Christen Respekt erweisen und Rücksicht auf sie nehmen können.

36. Vergleichen Sie noch einmal die Verse 20 und 27 miteinander. Welche großen Hindernisse müssen überwunden werden, wenn es darum geht, den Heiligen Geist unseren Lehrer sein zu lassen. Was kann uns am besten *helfen*?

37. Vers 29 gehört zu den vielen Versen in diesem Kapitel, in denen Johannes davon spricht, daß wir etwas »wissen«. Wie gut »wissen« Sie das, wovon Johannes in diesem Vers spricht?

38. *Warum* sollten wir nach dem, was Sie bisher in diesem Brief gelesen haben, nicht sündigen wollen?

39. Wenn ein ungläubiger Freund zu Ihnen sagte: »Wenn ein Mensch aufrichtig an Gott glaubt und nicht unbedingt die Notwendigkeit erkennt, auch an Jesus zu glauben, dann ist es doch nicht zu verstehen, daß Gott diesen Mensch verdammt – da Gott Liebe ist und dieser Mensch es aufrichtig meint.« Wie könnten Sie mit dem, was Sie bisher in diesem Brief gelesen haben, eine Antwort darauf finden?

40. Wie könnten Sie anhand dieses Kapitels einem neubekehrten Christen antworten, der zu Ihnen sagt: »Es gibt ein paar Menschen, die ich einfach nicht lieben kann.«

41. Denken Sie über Ihr größtes Problem im Leben nach – Angst, Enttäuschung, Wut oder was auch immer. Welche Aussage dieses Kapitels steht in direktem Zusammenhang dazu?

42. Nehmen Sie an, Sie würden mit einem ungläubigen Freund über das Evangelium sprechen, und er sagte zu Ihnen: »Was hat Jesus eigentlich damit zu tun? Gibt es keinen anderen Weg zu Gott? Was ist mit den anderen Religionen?« Wie könnten Sie anhand dessen, was Johannes in diesem Kapitel lehrt, eine Antwort finden?

43. In Kolosser 3,1 lesen wir: »Wenn ihr nun mit dem Christus auferweckt worden seid, so sucht, was droben ist, wo der Christus ist, sitzend zur Rechten Gottes.« Was ist Ihnen persönlich in diesem Kapitel an Jesus Christus wichtig geworden, nach dem Sie streben möchten?

44. Nehmen Sie an, Sie würden eine Stimme aus dem Himmel hören, die Ihnen sagte: »Sei nicht zu ehrgeizig und versuche nicht, zu viele Dinge dieses Kapitels auf einmal in deinem Leben umzusetzen. Suche dir eine Sache heraus und konzentriere dich darauf.« Was würden Sie wählen?

ZUR VERTIEFUNG

Johannes verwendet in den Versen 6, 10, 14, 27 und 28 ein Wort, das mit *bleiben* übersetzt wird. Es kommt sehr häufig im Johannesevangelium und auch in seinen Briefen vor. Lesen Sie die folgenden Bibelstellen und überlegen Sie, welche Bedeutung das Bleiben in Jesus für das Leben eines Christen hat: Johannes 5,38; 12,46; 14,16; 15,4-7; 1. Johannes 3,6; 3,24 und 2. Johannes 9.

1. JOHANNES 3

Einstieg: Welche Bilder fallen Ihnen ein, wenn Sie den Ausdruck *Kindlichkeit* hören?

WAS STEHT IM TEXT?

1. Wie oft kommt das Wort *wissen* in Kapitel 3 vor? Nennen Sie alle in diesem Kapitel genannten Dinge, die wir nach Johannes wissen.
2. Welche Rolle spielt nach Vers 24 der Heilige Geist in unserem »Wissen«?
3. Wie oft finden Sie das Wort *Liebe* in diesem Kapitel?
4. Was sagt Vers 2 darüber aus, wie wir später im Himmel sein werden?
5. Lesen Sie Vers 3, wo es um einen Reinigungsprozeß geht. Wie würden Sie diesen Vers einem kleinen Kind erklären?
6. Lesen Sie sehr aufmerksam die Verse 4-10. Wie würden Sie diese Botschaft mit dem Sprichwort vergleichen: »Christen sind nicht vollkommen, ihnen ist nur vergeben worden.«
7. In Vers 8 spricht Johannes von den »Werken des Teufels«. Um welche Werke handelt es sich?
8. Welches ist der Same, von dem Johannes in Vers 9 spricht, und warum ist er in seiner Diskussion um die Sünde in diesem Kapitel so wichtig?
9. Sehen Sie sich die letzte Aussage des Johannes in diesem Kapitel an. In welchem Zusammenhang steht diese Aussage zu dem »Same«, von dem er in Vers 9 spricht?
10. Lesen Sie gemeinsam in 1. Mose 4,1-15 die Geschichte von Kain und Abel. Inwiefern wird die Interpretation des Johannes hier in Vers 12 durch sie gestützt?

11. Sehen Sie sich in Vers 13 und 15 die zwei Arten des »Hasses« an. Wo liegt nach dem, was Sie in diesem Kapitel und an anderer Stelle in der Bibel lesen, der Ursprung für diesen Haß?

12. Als Hintergrundinformation zu Vers 15 lesen Sie die Worte Jesu in Matthäus 5,21-22. Bis zu welchem Maß sagen diese beiden Abschnitte dasselbe aus?

13. Wie würden Sie Vers 16 einem kleinen Kind erklären?

14. Sehen Sie sich in 5,13 noch einmal die Absichtserklärung des Johannes für diesen Brief an. Wie setzt er seine Absicht in Kapitel 3 um?

15. Welche Wörter, Ausdrücke oder Sätze sind, nachdem Sie das ganze Kapitel durchgelesen haben, besonders schwer zu verstehen?

16. EINZELHEITEN BEACHTEN – *Versuchen Sie, die folgende Frage zu beantworten, ohne in Ihrer Bibel nachzusehen:* Johannes sagt, unsere Liebe sollte *nicht* mit Worten noch mit der Zunge sein. Wie denn? (Siehe Vers 18.)

DAS WESENTLICHE ERFASSEN

17. Was wird in den Versen 1-3 über unsere Identität gesagt?

18. Lesen Sie noch einmal den letzten Teil von Vers 1. Welches Licht wirft dies auf unsere Beziehung zu Nichtchristen?

19. Welche Einstellung sollte ein Christ nach den Versen 4-10 zur *Sünde* haben?

20. Wie würden Sie das, was Johannes in Vers 9 sagt, mit dem zusammenbringen, was er im ersten Vers des zweiten Kapitels schrieb?

21. Lesen Sie die Verse 12-16 und diskutieren Sie die folgende Aussage: *Haß* ist eigentlich eine Art Selbstliebe, die einen dazu bringt, andere zu ignorieren, während *Liebe* eigentlich das Hassen (oder Ignorieren) der eigenen Person ist, um sich auf andere zu konzentrieren.

22. Lesen Sie Vers 14 und diskutieren Sie die folgende Aussage: Sie können erst geistlich lebendig sein, wenn Sie sich aufrichtig darum bemühen, andere Menschen zu lieben.

23. Geben Sie auf der Grundlage dessen, was Sie in diesem Kapitel und an anderen Stellen in der Bibel gelesen haben, das Prinzip in Vers 17 in eigenen Worten wieder und erweitern Sie es innerhalb biblisch zulässiger Grenzen.

24. Welche *Erwartungen* können wir nach dem, was Sie in diesem Kapitel lesen, zu Recht an Gott stellen?

Für das Leben heute

25. Ein Sprichwort lautet: »Das Herz des Menschen verabscheut nichts so sehr wie Veränderung.« Welche Aussagen in diesem Kapitel – Aussagen, die Veränderung in Ihrem Leben notwendig machen könnten – rufen ein gewisses Maß an Zögern oder Widerstand in Ihnen hervor?

26. Sehen Sie sich noch einmal Vers 1 an. Was kann uns ganz praktisch helfen, die Liebe Gottes besser zu verstehen und schätzen zu lernen?

27. Sehen Sie sich in Vers 2 noch einmal den Gebrauch des Wortes »wissen« an. Wie gut wissen *Sie*, wovon Johannes hier spricht? Schätzen Sie sich auf einer Skala von eins bis zehn ein (eins = »ich glaube nicht daran«, zehn = »ich weiß es mit vollkommener persönlicher Gewißheit«).

28. Lesen Sie nun in Vers 5, was wir nach Johannes wissen. Führen Sie eine weitere persönliche Einschätzung auf derselben Skala durch.

29. Führen Sie eine weitere persönliche Einschätzung durch mit dem, was Johannes in Vers 14 sagt.

30. In Vers 3 spricht Johannes von der *Hoffnung*. Da diese Hoffnung so mächtig ist, daß sie in unser Leben Reinheit bringt, wie kann man diese Hoffnung Ihrer Meinung nach lebendig und stark erhalten?

31. Wie empfänglich sind Christen heute Ihrer Meinung nach für die Verführungen, vor denen Johannes in den Versen 7-10 warnt?

32. Lesen Sie noch einmal, was Johannes in den Versen 10-14 über die Sünde sagt. Welche wichtigen *Entscheidungen* muß ein Christ treffen, um das zu befolgen, was in diesem Abschnitt gesagt wird?

33. Lesen Sie Vers 13. Wie oft erfahren Sie Haß von der Welt? Versetzt diese Erfahrung Sie in Erstaunen?

34. Wie könnte ein Christ durch das Befolgen der Richtlinien und Gebote in den Versen 21-24 *Frieden, Freiheit* und *Freude* erfahren, obwohl diese Wörter in diesen Versen nicht zu finden sind?

35. Wenn Sie darüber nachdenken, die Ihnen am nächsten stehenden Menschen in Gehorsam dem Gebot Jesu Christi gegenüber zu lieben, welchen Einfluß würde dies wohl auf ihr Selbstwertgefühl haben?

36. Wenn es stimmt, daß man »*wird* wie man *denkt*«, welches sind die wichtigsten Gedanken aus diesem Kapitel, die Sie sich gern aneignen würden?

37. Denken Sie über das nach, was Sie bisher im ersten Johannesbrief gelesen haben, und stellen Sie sich dabei die folgende Frage: Was ist wichtiger im Leben eines Christen – was man *tut* oder was man *nicht* tut? (Erklären Sie Ihre Antwort.)

38. Wenn Gott dieses Kapitel nur für Sie geschrieben hätte, welche Wörter oder Ausdrücke hätte er Ihrer Meinung nach unterstrichen?

ZUR VERTIEFUNG

Inwiefern vermittelt die sehr heftig formulierte Ermahnung des Jakobus in Jakobus 1,22-26 und 2,14-17 Ihnen ein umfassenderes Bild des sanften Mahnens von Johannes in Vers 18?

1. JOHANNES 4

Einstieg: Welche Gedanken oder Bilder fallen Ihnen ein, wenn Sie an den Ausdruck *vollkommene Liebe* denken?

WAS STEHT IM TEXT?

1. Wie oft finden Sie das Wort *wissen* in Kapitel 4?
2. Wie oft finden Sie das Wort *Liebe* in Kapitel 4?
3. Was sollten wir nach dem, was Sie in diesem Kapitel lesen, unbedingt über die *Liebe* wissen?
4. Welches sind die *Geister*, von denen Johannes in den Versen 1-3 spricht? Und warum verwendet Johannes Ihrer Meinung nach diesen Ausdruck?
5. Was qualifiziert einen Christen dazu, die *Prüfung* durchzuführen, zu der wir in Vers 1 aufgerufen werden?
6. Sehen Sie sich noch einmal die Verse 1-3 an. Was soll aus dem »Prüfen der Geister« entstehen?
7. In Vers 18 wird gesagt, was die vollkommene Liebe mit der Furcht tut. Wie würden Sie den Prozeß erklären, durch den dies geschieht?
8. Welche wichtigen Einzelheiten in diesem Kapitel können sehr leicht übersehen werden?
9. Lesen Sie noch einmal, was Johannes in 5,13 zum Zweck dieses Briefes sagt. Wie setzt er seine Absicht in Kapitel 4 um?
10. EINZELHEITEN BEACHTEN – *Versuchen Sie, die folgende Frage zu beantworten, ohne in Ihrer Bibel nachzusehen:* Wie beendet Johannes den Satz: »Furcht ist nicht in …«? (Siehe Vers 18.)

DAS WESENTLICHE ERFASSEN

11. Sehr oft berauben wir uns selbst der Entdeckung tieferer Wahrheiten in der Bibel, weil wir einen Abschnitt sehen und sagen: »Den kenne ich schon.« Bei welchen Aussagen in diesem Kapitel kann das einem Christen sehr leicht passieren?

12. Welches ist nach dem, was Sie in diesem Kapitel lesen, der *Beweis* für die Liebe Gottes, welches ist die *Macht* der Liebe Gottes und welches ist die *Verheißung* der Liebe Gottes?

13. Beantworten Sie die folgende Frage so umfassend wie möglich auf der Grundlage dessen, was Sie in den Versen 12-21 lesen: Wenn Gott wirklich Liebe ist und er die Welt liebt, wie soll die Welt das erfahren?

14. Diskutieren Sie die folgende Aussage auf der Grundlage dessen, was Sie bisher im ersten Johannesbrief gelesen haben: Der einzige Weg zu erkennen, was ein Mensch tatsächlich glaubt, ist zu überprüfen, wie er sich verhält.

15. Welche Fragen bleiben in bezug auf die bisher in diesem Buch angesprochenen Themen unbeantwortet?

FÜR DAS LEBEN HEUTE

16. Lesen Sie in Vers 1, was wir *nicht* tun sollen. Inwiefern stehen Christen heute in der Gefahr, dies doch zu tun?

17. Welche *Zuversicht* gewinnen Sie ganz praktisch aus den Versen 4-6?

18. Nehmen Sie an, ein Freund würde hören, wie Sie den Satz sagen: »Gott ist Liebe« (Vers 8). Er fragt Sie: »Wenn Gott Liebe ist, warum läßt er dann soviel Leid und Unrecht in der Welt zu?« Wie würden Sie anhand anderer Aussagen dieses Kapitels darauf antworten?

19. Sehen Sie sich in Vers 18 noch einmal an, was Johannes über die vollkommene Liebe und die Furcht sagt. Welche allgemeinen Ängste können durch die Liebe ausgetrieben werden?

20. Überdenken Sie, was Sie bisher im ersten Johannesbrief gelesen haben und stellen Sie sich die folgende Frage: Was ist wichtiger im Leben eines Christen, was man *tut* oder was man *nicht* tut? (Erklären Sie Ihre Antwort.)

21. Wenn alle Mitglieder Ihrer Gemeinde dieses Kapitel verstanden hätten und in ihrem Leben umsetzen wollten, welche praktischen Veränderungen würden sich daraus ergeben?

22. Stellen Sie sich vor, Sie hätten eine Feuerbotschaft am Himmel gesehen. Sie wäre an Sie adressiert gewesen und hätte folgenden Inhalt gehabt: *So spricht der Herr: »Lies 1. Johannes 4, denn ich möchte dir damit etwas sagen.«* Auf welche Verse in diesem Kapitel hätte er sich wohl bezogen?

ZUR VERTIEFUNG

In den Versen 1-3 warnt Johannes vor dem »Geist des Antichristen«, der in der Welt aktiv ist. Lesen Sie 2. Thessalonicher 2,3-12 und Offenbarung 13 als Hintergrundinformation zu der Warnung in den Versen 1-3. Was meint er in diesem Absatz mit dem »Geist des Antichristen«?

1. JOHANNES 5

Einstieg: Welche Angewohnheiten in der Art, wie wir die Bibel lesen und studieren, können sehr leicht verhindern, daß dieser erste Johannesbrief in unserem Leben lebendig wird?

WAS STEHT IM TEXT?

1. Wie oft kommen in diesem Kapitel die Wörter *wissen, Liebe, Leben* und *glauben* vor?
2. Wie würden Sie nach dem, was Sie in den ersten drei Versen lesen, das *Motiv* und die *Methode* für die Liebe erklären?
3. Von welchen *Geboten* spricht Johannes in den Versen 2-3?
4. Wie würden Sie Vers 3 einem kleinen Kind erklären?
5. Was meint Johannes in Vers 6, wenn er in Verbindung mit der Wiederkunft von Wasser und Blut spricht? Lesen Sie gemeinsam die folgenden Bibelstellen: Matthäus 3,13-17; 3. Mose 17,11; Hebräer 2,14 und Johannes 19,31-35.
6. In den Versen 7-8 spricht Johannes davon, wie der Heilige Geist von Jesus Zeugnis gibt. Wie tut der Heilige Geist dies, und warum ist es für uns wichtig, dies zu wissen?
7. Sehen Sie sich Vers 13 noch einmal an. Wie setzt Johannes seine Absicht für diesen Brief in diesem Kapitel um?
8. Vergleichen Sie Vers 14 mit dem, was Johannes in 3,21-22 von dem Gebet sagt. Was sollen wir in bezug auf das Gebet unbedingt verstehen?
9. Was meint Johannes in den Versen 16-17, wenn er von Sünden spricht, die zum Tod führen und von Sünden, die nicht zum Tod führen? Lesen Sie gemeinsam die folgenden Bibelstellen für ein besseres Verständnis dieser Verse: Markus 3,28-30; Apostelgeschichte 5,1-11; 1. Korinther 11,27-30 und Hebräer 6,4-6.

10. Was *wissen* wir nach den Versen 18-20? Warum ist nach dem, was Sie an anderer Stelle in diesem Brief gelesen haben, jedes davon so wichtig?
11. Inwiefern gibt Vers 20 dem Vers 21 die richtige Perspektive?
12. EINZELHEITEN BEACHTEN – *Versuchen Sie, die folgende Frage zu beantworten, ohne in Ihrer Bibel nachzusehen:* In diesem Kapitel stellt Johannes nur eine Frage. Welche? (Siehe Vers 5.)

Das Wesentliche erfassen

13. Erklären Sie anhand der Verse 1-5 Ihre Antwort auf die folgende Frage: Kommt die Liebe aus dem Glauben oder kommt der Glaube aus der Liebe?
14. Lesen Sie die Verse 1-5 noch einmal und formulieren Sie eine Zusammenfassung, in der die folgenden vier Wörter enthalten sind: *Liebe, Glaube, Gehorsam* und *Sieg*. Diese Zusammenfassung sollte erklären, inwiefern alle zusammenwirken.
15. Johannes spricht in Vers 4 vom »Überwinden der Welt«. Was bedeutet das, und warum genau ist das notwendig?
16. Sehen Sie sich die Worte Jesu in Johannes 7,17 an. In welchem Zusammenhang stehen diese Worte zu dem, was Sie hier in 1. Johannes 5,10-12 lesen?
17. Sehen Sie sich in Vers 14 die Bedingung an, die an die Verheißung in bezug auf das Gebet geknüpft ist. Wie können wir wissen, ob wir in Übereinstimmung mit dem Willen Gottes beten?

Für das Leben heute

18. Lesen Sie die Verse 1-5 noch einmal und rufen Sie sich die Worte Jesu in Johannes 15,5 in Erinnerung: »Denn getrennt von mir könnt ihr nichts tun.« Stellen Sie sich als Reaktion auf die ersten fünf Verse von 1. Johannes 5 etwas Gutes in Ihrem Leben vor, das nur durch die übernatürliche Kraft Gottes geschehen könnte. Was wäre das?
19. Was können Sie nach dem, was Sie in diesem Kapitel und an anderer Stelle in der Bibel lesen, im Leben erwarten, wenn Sie dem Gebot in Vers 21 *nicht* gehorchen?
20. Wie würden Sie nach dem, was Sie in diesem Kapitel lesen, den folgenden Satz beenden? *Was Gott eigentlich von mir möchte, ist ...*
21. Wenn Sie nur dieses eine Kapitel der Bibel zur Verfügung hätten, wie würden Sie auf dieser Grundlage die Frage beantworten: *Wie kann ich mein Leben grundlegend und effektiv verbessern?*

22. Nehmen Sie an, ein ungläubiger Freund würde Sie fragen: »Kann ein Mensch nicht Christ werden, ohne zu glauben, daß Jesus Gott ist?« Wie könnten Sie ihm auf der Grundlage dieses Kapitels eine hilfreiche Antwort geben?
23. Wenn Sie gebeten würden, eine Diskussionsfrage zu stellen, die Ihrer Gruppe helfen soll, etwas ganz Bestimmtes in diesem Kapitel zu verstehen, wie würden Sie die Frage formulieren?
24. Für welche Erkenntnis von allem, was Sie in diesem Kapitel gelesen haben, sind Sie besonders *dankbar*, weil sie von persönlicher Bedeutung für Sie ist?

1. Johannes: Der Gesamteindruck

(Sprechen Sie noch einmal über die im »Überblick« angegebenen Fragen und bearbeiten Sie die unten aufgeführten.)

1. Stellen Sie sich vor, am Ende dieses Briefes hätte Johannes den Satz hinzugefügt: »Und wenn dir nur eines aus diesem Brief in Erinnerung bleibt, so sei dies …« Wie hätte er den Satz wohl beendet?
2. Wenn Sie zu den ursprünglichen Empfängern dieses Briefes gehörten und beschlossen hätten, Johannes darauf zu antworten, was hätten Sie geschrieben – welche Fragen, Kommentare, positive Kritik, etc.?
3. Lesen Sie gemeinsam die folgenden Verse und wählen Sie den SCHLÜSSELVERS für den ersten Johannesbrief aus – den Vers, der am besten ausdrückt, worum es in diesem Brief geht: 1,3-4; 2,15; 3,16; 4,19-21 oder 5,11-13.
4. In Jakobus 1,23-24 wird uns gesagt: »Denn wenn jemand ein Hörer des Wortes ist und nicht ein Täter, der gleicht einem Menschen, der sein natürliches Angesicht in einem Spiegel betrachtet. Denn er hat sich selbst betrachtet und ist weggegangen, und er hat sogleich vergessen, wie er beschaffen war.« Inwiefern ist der erste Johannesbrief ein »Spiegel« für Sie gewesen, der Ihnen gezeigt hat, was Sie tun können und sollten?
5. Vielleicht haben Sie beschlossen, einen Punkt, der Ihnen bei der Bearbeitung dieses Briefes klargeworden ist, in Ihrem Leben umzusetzen. Sind Sie bereit, dies auch den anderen Mitgliedern Ihrer Gruppe mitzuteilen und so verbindlich zu machen?
6. Wie würden Sie den folgenden Satz als Rat an einen Christen, der im Glauben weiterkommen möchte, vervollständigen? *Beschäftige dich mit dem ersten Johannesbrief, wenn du mehr erfahren willst in bezug auf …*

2. JOHANNES

Einstieg: Was fällt Ihnen bei dem Wort *Antichrist* ein?

WAS STEHT IM TEXT?

1. Wenn Sie nur diesen kleinen Brief der Bibel zur Verfügung hätten, was würden Sie ihm in bezug auf das Leben als Christ entnehmen?
2. Wie oft finden Sie das Wort *Wahrheit* in diesem Brief? Was wird Johannes sich bei dem Gebrauch dieses Wortes hier gedacht haben?
3. Sehen Sie sich auch auf Seite 10 und 11 die Liste mit Fragen an, die Sie sich vor der Bearbeitung der einzelnen Bücher und während der Bearbeitung der einzelnen Kapitel stellen sollten.
4. EINZELHEITEN BEACHTEN – *Versuchen Sie, die folgende Frage zu beantworten, ohne in Ihrer Bibel nachzusehen:* Welche der folgenden Wörter kommen in diesem Brief *nicht* vor: *Glaube, Gnade, Liebe, Barmherzigkeit, Frieden* oder *Wahrheit*? (Siehe Verse 1-3.)

DAS WESENTLICHE ERFASSEN

5. Der zweite Johannesbrief ist auch »Der Brief der Liebe und Wahrheit« und »Vorsicht: Falsche Lehrer« überschrieben worden. Wie passend sind Ihrer Meinung nach diese Überschriften?
6. Stellen Sie sich vor, Sie würden diesen Brief von Johannes der »Herrin und ihren Kindern« überbringen, wie in Vers 1 gesagt wird. Unterwegs werden Sie von einer Räuberbande überfallen, die Ihnen alle Wertsachen, darunter auch diesen Brief wegnimmt. Der Anführer der Räuber kann nicht lesen, und als Sie ihn bitten, Ihnen den Brief zurückzugeben, fragt er: »Warum? Was ist daran so wichtig?« Wie würden Sie ihm antworten?

Für das Leben heute

7. Wenn die Worte des Verses 8 in einem Brief stehen würden, den Gott Ihnen geschickt hätte, wie würden Sie sie interpretieren?
8. Auf welche *Belohnungen* von Gott freuen Sie sich? (Vers 8.)
9. Wie würden Sie Vers 10 als praktische Richtlinie für Ihr Leben umformulieren?
10. Wie würden Sie den folgenden Satz als Rat an einen Christen, der im Glauben weiterkommen möchte, vervollständigen? *Beschäftige dich mit dem zweiten Johannesbrief, wenn du mehr erfahren willst in bezug auf …*

Zur Vertiefung

In den Versen 7-8 warnt Johannes die Gläubigen vor »Verführern«. Was erfahren Sie in 1. Timotheus 4,1-2 und 2. Petrus 2,1-3 über diese Verführer?

3. JOHANNES

Einstieg: Was fällt Ihnen ein, wenn Sie an das Wort *Gastfreundschaft* denken?

Was steht im Text?

1. Zählen sie alles auf, was Sie in diesem kurzen Brief über den Charakter dieser vier Männer erfahren: Gajus, Diotrephes, Demetrius und Johannes.
2. Wie oft finden Sie das Wort *Wahrheit* in diesem Brief? Was hat sich Johannes bei dem Gebrauch dieses Wortes wohl gedacht?
3. Sehen Sie sich auch auf Seite 10 und 11 die Listen der Fragen an, die Sie sich vor der Bearbeitung der einzelnen Bücher und während der Bearbeitung der einzelnen Kapitel stellen sollten.
4. EINZELHEITEN BEACHTEN – *Versuchen Sie, die folgende Frage zu beantworten, ohne in Ihrer Bibel nachzusehen:* Welcher der folgenden Begriffe ist in diesem Brief nicht zu finden: *Gnade, Liebe, Freude, Frieden* oder *Wahrheit*? (Siehe Verse 1-3 und 14.)

Das Wesentliche erfassen

5. Der dritte Johannesbrief ist auch »Der Brief der christlichen Gastfreundschaft« und »Denen helfen, die die Wahrheit lehren« überschrieben worden. Wie gut passen diese Überschriften?
6. Stellen Sie sich vor, Sie wären der Überbringer dieses Briefes von Johannes an seinen Freund Gajus. Unterwegs werden Sie von einer Räuberbande überfallen und aller Wertsachen beraubt. Auch dieser Brief wird Ihnen weggenommen. Der Anführer der Räuber kann nicht lesen, und als Sie ihn bitten, Ihnen diesen Brief zurückzugeben, fragt er: »Warum? Was ist daran so wichtig?« Wie würden Sie ihm antworten?

Für das Leben heute

7. Wenn Gott diesen Brief nur für *Sie* geschrieben hätte, welche Wörter oder Ausdrücke hätte er unterstrichen?

8. Wie würden Sie den folgenden Satz als Rat an einen Christen, der im Glauben weiterkommen möchte, vervollständigen? *Beschäftige dich mit dem dritten Johannesbrief, wenn du mehr erfahren willst in bezug auf...*

Zur Vertiefung

Was könnte Diotrephes (Verse 9-11) lernen, wenn er sich Zeit genommen hätte, Philliper 2,1-8 zu studieren?

JUDAS

Einstieg: Wenn jemand als »geistlich fit« beschrieben würde, wie müßte er sein?

Was steht im Text?

1. Was sagen die Verse 3-4 über die Dringlichkeit dieses Briefes aus?
2. Was möchte Judas uns in bezug auf das Gericht Gottes über die Sünde in seinem Brief unbedingt begreiflich machen?
3. Was sollen wir in bezug auf Gottes Liebe und sein Erbarmen verstehen?
4. Wie sollen wir nach Vers 20 beten?
5. Welche Verse machen den stärksten Eindruck auf Sie?
6. Sehen Sie sich auch auf Seite 10 und 11 die Liste mit Fragen an, die Sie sich vor der Bearbeitung der einzelnen Bücher und während der Bearbeitung der einzelnen Kapitel stellen sollten.
7. EINZELHEITEN BEACHTEN – *Versuchen Sie, die folgende Frage zu beantworten, ohne in Ihrer Bibel nachzusehen:* Welche der folgenden Personen sind in diesem Brief *nicht* erwähnt: Adam, Bileam, Kain, Henoch, Jakob, Korah, Michael oder Mose? (Siehe Verse 9, 11 und 14.)

Das Wesentliche erfassen

8. Der Judasbrief ist auch »Das Heilmittel gegen den Abfall«, »Kämpfen für den Glauben« und »Dem Glauben treu bleiben« überschrieben worden. Welche Antworten, Richtlinien und Lösungen erwarten Sie auf diesem Hintergrund von der Bearbeitung dieses Briefes?
9. Würden Sie sagen, daß Sie besondere Geduld brauchen, um diesen Brief zu verstehen? Wenn ja, warum?
10. Sehen Sie sich in den Versen 22-23 die unterschiedlichen Reaktionen an. Wie kann ein Christ nach dem, was Sie in diesem Brief und an anderer Stelle in der Bibel lesen, entscheiden, welches Verhalten welchen Personen gegenüber zu welchem Zeitpunkt richtig ist?

11. Wenn Sie von der ganzen Bibel nur diesen kleinen Brief zur Verfügung hätten, welche Schlußfolgerungen könnten Sie daraus in bezug darauf ziehen, wie man als Christ leben sollte?
12. Wenn Judas über das Thema hätte schreiben können, das er eigentlich hatte bearbeiten wollen (wie in Vers 3 angedeutet), was hätte er wohl geschrieben?

FÜR DAS LEBEN HEUTE

13. Wenn es stimmt, daß man »*wird* wie man *denkt*«, welche wichtigen Gedanken aus diesem Brief würden Sie sich gern aneignen?
14. Stellen Sie sich vor, Sie hätten eine Feuerbotschaft am Himmel gesehen. Sie wäre an Sie adressiert gewesen und hätte folgenden Inhalt gehabt: *So spricht der Herr:* »*Lies den Judasbrief, denn ich möchte dir damit etwas sagen.*« Welche Verse in diesem Brief hätte Gott wohl gemeint?
15. Denken Sie über die Gebote in den Versen 20-21 nach. Stellen Sie sich vor, Gott würde Sie in den folgenden drei Bereichen beurteilen: a) *geistliche Fitneß*, b) *geistliches Gebet*, c) *Beziehung zu Gott*. Wie würde diese Beurteilung auf einer Skala von eins bis zehn, wobei zehn die höchstmögliche Punktzahl ist, in jedem der drei Bereiche wohl ausfallen?
16. Wie würden Sie den folgenden Satz als Rat an einen Christen, der im Glauben weiterkommen möchte, vervollständigen? *Beschäftige dich mit dem Judasbrief, wenn du mehr erfahren willst in bezug auf ...*

ZUR VERTIEFUNG

Über welches Thema spricht Judas in der Einführung (Verse 1-2) und am Schluß (24-25)?

OFFENBARUNG

ÜBERBLICK

(Besprechen Sie diese Überblicksfragen sowohl zu Beginn Ihrer Bearbeitung der Offenbarung als auch nachdem Sie alle zweiundzwanzig Kapitel durchgenommen haben. Es könnte sein, daß Ihre Antworten vollkommen anders ausfallen, nachdem Sie sich sehr intensiv mit dem ganzen Buch auseinandergesetzt haben.)

Einstieg: Welche Rolle hat dieses Buch bisher bei Ihrem persönlichen Bibelstudium gespielt?

WAS STEHT IM TEXT?

1. Überfliegen Sie gemeinsam die Offenbarung und stellen Sie fest, wie oft das Wort *Macht* darin vorkommt. (Vielleicht teilen Sie sich in zwei Gruppen auf, die eine beginnt vorne, die andere hinten.)

2. Wenn die Offenbarung in der Bibel nicht enthalten wäre, was würde im Gesamtbild der biblischen Botschaft fehlen?

3. Stellen Sie sich vor, Sie würden eine Bürgerversammlung besuchen, die von den Schulleitern des Bezirks einberufen worden ist, um die Entfernung aller Bibeln aus den Schulbibliotheken durchzusetzen. Sie machen sich dafür stark, daß die Bibel den Schülern zugänglich bleibt. Ein anderer Bürger erhebt sich und sagt: »Ich sehe keinen Grund, die Bibel zu behalten. Sie ist doch sowieso ein vergessenes Buch. Nicht einmal die Christen wissen so genau, was darin steht. Sagen Sie mir doch zum Beispiel«, fährt er fort und wendet sich an Sie, »worum es in der Offenbarung geht.« Wie würden Sie in einer solchen Situation antworten?

4. Sehen Sie sich auch auf Seite 11 die Liste mit Fragen an, die Sie sich vor der Bearbeitung der einzelnen Bücher stellen sollten.

5. Was wissen Sie von den verschiedenen Interpretationsansätzen der Bibelausleger für die Offenbarung?

DAS WESENTLICHE ERFASSEN

6. Welchen Eindruck hatten Sie bisher von der Offenbarung in bezug auf a) ihren Inhalt, b) ihren Schwierigkeitsgrad und c) ihre Bedeutung?

7. Die Offenbarung ist auch »Das Buch der letzten Vollendung«, »Das kommende Reich«, »Das große Finale der Bibel« und »Wie wir schon jetzt am großen Sieg teilhaben« überschrieben worden. Welche Antworten, Richtlinien und Lösungen erwarten Sie auf diesem Hintergrund von der Bearbeitung dieses Buches?

8. Welche Gemeinsamkeiten haben die Offenbarung und das erste Buch Mose? Welche Gemeinsamkeiten hat die Offenbarung mit dem Buch Daniel? Mit dem Johannesevangelium? Und mit der Apostelgeschichte?

9. Wenn Sie *nur eines* der folgenden Dinge haben können, was würden Sie wählen und warum? a) Einen detaillierten Bericht der Weltereignisse, die zur Wiederkunft Christi führen, einschließlich des genauen Zeitpunktes, b) die persönliche Botschaft des Heiligen Geistes an Sie in bezug auf die Macht und Herrlichkeit Christi plus eine persönliche Garantie, daß seine Macht und Herrlichkeit zu einem unbestimmten Zeitpunkt für die ganze Welt sichtbar sein wird.

FÜR DAS LEBEN HEUTE

10. Wenn Sie in den Himmel kommen, sich mit dem Apostel Johannes unterhalten und er Sie fragt: »Was hat dir in der Offenbarung am meisten weitergeholfen?« Was würden Sie ihm gern antworten?

11. Wie können Sie sicherstellen, daß Ihre Beschäftigung mit der Offenbarung keine rein theoretische oder intellektuelle Angelegenheit bleibt, sondern praktisch wird und für Sie Konsequenzen hat? Was können Sie tun, damit das Gespräch lebendig und interessant bleibt?

ZUR VERTIEFUNG

EIN VERHEISSENER SEGEN: Lesen Sie die Verheißung in Vers 3 des ersten Kapitels. Schlagen Sie nun gemeinsam die folgenden Bibelstellen auf, um eine Definition des hier verwendeten Wortes *glückselig* zusammenzustellen: Psalm 94,12-13; 112,1-3; 128,1-4; 144,12-15; Jeremia 17,7-8; Jakobus 1,12; Offenbarung 19,9; 20,6 und 22,14.

OFFENBARUNG 1

Einstieg: Wie viele unterschiedliche Bedeutungen können Sie für das Wort *Vision* nennen?

Was steht im Text?

1. Sehen Sie sich Vers 1 genau an. An wen ist dieses Buch gerichtet?
2. Wie oft finden Sie in diesem Kapitel das Wort *sieben*?
3. Welche sehr eindrücklichen Bilder enthält dieses Kapitel? Welche wurden auch schon an anderer Stelle in der Bibel verwendet?
4. EINZELHEITEN BEACHTEN – *Versuchen Sie, die folgende Frage zu beantworten, ohne in Ihrer Bibel nachzusehen:* Welche *Schlüssel* hat Jesus? (Siehe Vers 18.)
5. Sehen Sie sich auch auf Seite 10 die Liste mit Fragen an, die Sie sich während der Bearbeitung der einzelnen Kapitel der Offenbarung stellen sollten.
6. Stellen Sie sich vor, Sie würden die Offenbarung verfilmen. Welche Szenen, Spezialeffekte, Kulissen, Hintergrundmusik, Lichteffekte, etc. würden Sie wählen, um die zentrale Aussage und das, was im ersten Kapitel geschieht, hervorzuheben?

Das Wesentliche erfassen

7. Denken Sie noch einmal an den vollständigen Titel, der diesem Buch im ersten Vers gegeben wird: »Offenbarung Jesu Christi«. Was offenbart dieses erste Kapitel in bezug auf Jesus Christus?

Für das Leben heute

8. Sehen Sie sich noch einmal Vers 1 an, wo gesagt wird, an wen dieses Buch gerichtet ist. Sind Sie sicher, daß Sie zu den Knechten Gottes gehören? Wenn ja, was gibt Ihnen diese Gewißheit? Wenn Sie diese Gewißheit *nicht* haben, warum lesen Sie dieses Buch?
9. Lesen Sie noch einmal Vers 3. Was können Sie tun, um die Botschaft dieses Kapitels zu »bewahren«?
10. Wie spiegelt sich die Wahrheit unserer Berufung in Vers 6 ganz praktisch in unserem Leben?

Zur Vertiefung

Die Vision des Johannes von dem verherrlichten Jesus in den Versen 12-17 gleicht einer früheren Erfahrung in Matthäus 17,1-7. Welches sind die Ähnlichkeiten, welches die Unterschiede dieser erstaunlichen Erfahrungen im Leben des Johannes?

ZUSATZFRAGE: Die Offenbarung enthält sehr viel mehr Bildersprache als jedes andere neutestamentliche Buch. Stellen Sie sich vor, Sie würden in Ihren Film einige »Rückblenden« mit hineinnehmen, in denen Begebenheiten aus früheren Büchern der Bibel verfilmt werden, die die Ereignisse dieses Kapitels der Offenbarung ergänzen. Welche Szenen würden Sie wählen?

Offenbarung 2

Einstieg: Wie würden Sie Ihre »erste Liebe« für den Herrn Jesus unmittelbar nach Ihrer Bekehrung beschreiben?

Was steht im Text?

1. Wie oft finden Sie das Wort *überwinden* in diesem Kapitel? In welchem Sinne ist es hier gebraucht?

2. Welche Hinweise können Sie in diesem Kapitel darauf finden, daß diese Worte an bestimmte Gemeinden für alle Gläubigen bestimmt sind?

3. Welche *Warnungen* und *Tadel* werden in diesem Kapitel ausgesprochen, und wie sollten Sie und Ihre Gemeinde darauf reagieren?

4. Welche *Versprechen* gibt Jesus in diesem Kapitel, und wie sollten Sie und Ihre Gemeinde darauf reagieren?

5. Welche einprägsamen Bilder finden Sie in diesem Kapitel? Welche davon sind Ihnen auch an anderer Stelle in der Bibel bereits begegnet?

6. EINZELHEITEN BEACHTEN – *Versuchen Sie, die folgende Frage zu beantworten, ohne in Ihrer Bibel nachzusehen:* Wo steht der Baum des Lebens? (Siehe Vers 7.)

DAS WESENTLICHE ERFASSEN

7. Sehen Sie sich in 1,1 noch einmal die volle Überschrift dieses Buches an: »Offenbarung Jesu Christi.« Was offenbart Kapitel 2 in bezug auf Jesus Christus?
8. Warum räumt Jesus Ihrer Meinung nach in dieser Vision des Johannes über das Ende dieses Zeitalters und den letzten Triumph über das Böse dieser eindringlichen Überprüfung der Gemeinde einen so herausragenden Platz ein?
9. Was bedeutet es nach dem, was Sie in diesem Kapitel lesen, *Jesus nachzufolgen*?
10. Welche *Erwartungen* stellt Jesus an uns und welche *Wünsche* hat er für uns?

FÜR DAS LEBEN HEUTE

11. Stellen Sie sich vor, Sie hätten eine Feuerbotschaft am Himmel gesehen. Sie wäre an Sie adressiert gewesen und hätte folgenden Inhalt gehabt: *So spricht der Herr:* »*Lies Offenbarung 2, denn ich möchte dir damit etwas sagen.*« Auf welche Verse in diesem Kapitel hätte Gott sich sehr wahrscheinlich bezogen?
12. Sehen Sie sich noch einmal 1,3 an. Welche Aussage dieses Kapitels können Sie »bewahren«?
13. Welche Wörter in diesem Kapitel wären sehr passend für Ihre Gemeinde?
14. Wenn alle Mitglieder Ihrer Gruppe dieses Kapitel genau verstanden hätten und in ihrem Leben umsetzen wollten, welche praktischen Veränderungen würden sich daraus ergeben?

ZUR VERTIEFUNG

Das Versprechen des Herrn in bezug auf das »verborgene Manna« in Vers 17 ruft uns das erste Manna in 2. Mose 16,13-18 in Erinnerung, sowie die Worte Jesu in Johannes 6,48-51, wo er vom Manna spricht. Inwiefern tragen diese beiden Bibelstellen zum Verständnis dessen bei, was Jesus in diesem Abschnitt sagt?

OFFENBARUNG 3

Einstieg: Wie reagieren Sie auf eine Arbeitsbeurteilung oder eine ähnliche Art der Bewertung? Ist dies für Sie eine willkommene Gelegenheit oder haben Sie Angst davor?

WAS STEHT IM TEXT?

1. Wie oft finden Sie in diesem Kapitel das Wort *überwinden*?
2. Welche *Warnungen* und *Tadel* werden in diesem Kapitel ausgesprochen, und wie sollten Sie und Ihre Gemeinde darauf reagieren?
3. Welche *Versprechen* gibt Jesus in diesem Kapitel, und wie sollten Sie und Ihre Gemeinde darauf reagieren?
4. Welche einprägsamen Bilder finden Sie in diesem Kapitel? Welche davon sind Ihnen auch an anderer Stelle der Bibel bereits begegnet?
5. Stellen Sie sich vor, Sie würden die Offenbarung verfilmen. Welche Szenen, Spezialeffekte, Kulissen, Hintergrundmusik, Lichteffekte, etc. würden Sie wählen, um die zentrale Aussage und das, was im zweiten und dritten Kapitel geschieht, hervorzuheben?
6. EINZELHEITEN BEACHTEN – *Versuchen Sie, die folgende Frage zu beantworten, ohne in Ihrer Bibel nachzusehen:* Auf die Säulen im Tempel Gottes wird Jesus drei Namen schreiben. Welche Namen? (Siehe Vers 12.)

DAS WESENTLICHE ERFASSEN

7. Denken Sie noch einmal an den vollständigen Titel, der diesem Buch in 1,1 gegeben wird: »Offenbarung Jesu Christi«. Was offenbart dieses dritte Kapitel in bezug auf Jesus Christus?
8. Was bedeutet es nach dem, was Sie in diesem Kapitel lesen, *Jesus nachzufolgen*?
9. Welche *Erwartungen* stellt Jesus nach dem, was Sie in diesem Kapitel lesen, an uns und welche *Wünsche* hat er für uns?
10. Denken Sie an das, was Sie bisher in diesem Buch gelesen haben und diskutieren Sie die folgende Aussage: »Wenn diese Bearbeitung der Offenbarung mein Wissen über die bevorstehende Endzeit erweitert, meinen Glauben aber nicht vertieft, mir keine größere Hoffnung und keine selbstlosere Liebe gibt, habe ich die eigentliche Bedeutung dieses Buches nicht verstanden.«

Für das Leben heute

11. Welche Denkweisen können sehr leicht verhindern, daß die Worte in diesem Kapitel im Leben der Christen heute lebendig bleiben?
12. Wenn Gott dieses Kapitel nur für *Sie* geschrieben hätte, welche Wörter oder Ausdrücke hätte er unterstrichen?
13. Denken Sie noch einmal an die Worte in 1,3. Was können Sie tun, um die Botschaft dieses Kapitels zu »bewahren«?
14. Welche Wörter in diesem Kapitel wären passend, wenn dies ein Brief an *Ihre* Gemeinde wäre?

Zur Vertiefung

Allein in Vers 14 sind drei Namen für den Sohn Gottes enthalten. Blättern Sie die Offenbarung durch und suchen Sie die vielen anderen Namen für ihn heraus: 1,8; 1,13; 1,18; 2,18; 4,11; 5,5-6; 7,17; 12,10; 19,11-13; 19,16 und 22,16.

ZUSATZFRAGE: Stellen Sie sich vor, Sie würden in Ihren Film »Rückblenden« einfügen, in denen einige Begebenheiten aus früheren Büchern der Bibel verfilmt werden, die die Ereignisse dieses Kapitels der Offenbarung ergänzen. Welche Szenen würden Sie dafür auswählen?

Offenbarung 4

Einstieg: Wie stellen Sie sich den Himmel vor?

Was steht im Text?

1. Fassen Sie die Ereignisse der ersten vier Kapitel zusammen, um die *Bewegung* in diesem Buch zu erfassen.
2. Welche einprägsamen Bilder finden Sie in diesem Kapitel? Welche davon sind Ihnen bereits an anderer Stelle in der Bibel begegnet?
3. EINZELHEITEN BEACHTEN – *Versuchen Sie, die folgende Frage zu beantworten, ohne in Ihrer Bibel nachzusehen:* In diesem Kapitel wird von einem Regenbogen wie ein Smaragd gesprochen. Was umgibt er? (Siehe Vers 3.)

4. Stellen Sie sich vor, Sie würden die Offenbarung verfilmen. Welche Szenen, Spezialeffekte, Kulissen, Hintergrundmusik, Lichteffekte, etc. würden Sie wählen, um die zentrale Aussage und das, was in diesem Kapitel geschieht, hervorzuheben?

Das Wesentliche erfassen

5. Welche Wörter oder Ausdrücke in diesem Kapitel sagen etwas über das Wesen Gottes aus?
6. Welche Wörter oder Ausdrücke in diesem Kapitel sagen etwas über den *Zweck* und *Plan* Gottes für sein Volk aus?
7. Welche Erkenntnisse in bezug auf die richtige Anbetung Gottes vermittelt Ihnen dieses Kapitel?

Für das Leben heute

8. In Jakobus 1,23-24 wird uns gesagt: »Denn wenn jemand ein Hörer des Wortes ist und nicht ein Täter, der gleicht einem Menschen, der sein natürliches Angesicht in einem Spiegel betrachtet. Denn er hat sich selbst betrachtet und ist weggegangen, und er hat sogleich vergessen, wie er beschaffen war.« Inwiefern ist die Offenbarung ein »Spiegel« für Sie gewesen, der Ihnen gezeigt hat, was Sie tun können und sollten?
9. Denken Sie an 1,3. Was können Sie tun, um die Botschaft dieses Kapitels zu »bewahren«?
10. Welchen Vers in diesem Kapitel möchte Gott Ihnen besonders ans Herz legen?

Zur Vertiefung

Johannes wird ein großes Vorrecht zuteil – er kann einen Blick in den Thronsaal des Himmels werfen (Verse 2-11). Was berichten Johannes und der Prophet Hesekiel, der ebenfalls den Thron Gottes sehen durfte, übereinstimmend über ihre Visionen (Hesekiel 1,4-28)?

ZUSATZFRAGE: Stellen Sie sich vor, Sie würden in Ihren Film »Rückblenden« einfügen, in denen einige Begebenheiten aus früheren Büchern der Bibel verfilmt werden, die die Ereignisse dieses Kapitels der Offenbarung ergänzen. Welche Szenen würden Sie dafür auswählen?

OFFENBARUNG 5

Einstieg: Welches Bild von Christus – Lamm oder Löwe – verdeutlicht Ihnen am besten das Wesen Christi?

Was steht im Text?

1. Fassen Sie die Ereignisse dieses Kapitels zusammen, um die *Bewegung* dieses Buches zu erfassen.

2. EINZELHEITEN BEACHTEN – *Versuchen Sie, die folgende Frage zu beantworten, ohne in Ihrer Bibel nachzusehen:* Welche Frage stellt der starke Engel? (Siehe Vers 2.)

3. Stellen Sie sich vor, Sie würden die Offenbarung verfilmen. Welche Szenen, Spezialeffekte, Kulissen, Hintergrundmusik, Lichteffekte, etc. würden Sie wählen, um die zentrale Aussage und das, was in diesem Kapitel geschieht, hervorzuheben?

Das Wesentliche erfassen

4. Erinnern Sie sich noch einmal an den ausführlichen Titel dieses Buches in 1,1. Was offenbart uns Kapitel 5 über Jesus Christus?

5. Welche Worte oder Sätze in diesem Kapitel sprechen am meisten über Gottes Ziel und Plan für sein Volk?

Für das Leben heute

6. Welche Denkweisen können sehr leicht verhindern, daß die Worte in diesem Kapitel im Leben der Christen heute lebendig bleiben?

7. Denken Sie an die Worte in 1,3. Was können Sie tun, um die Botschaft dieses Kapitels zu »bewahren«?

Zur Vertiefung

Lesen Sie Vers 8 und in Kapitel 8 die Verse 3 und 4 im Zusammenhang mit 2. Mose 30,1-8 und Psalm 141,2. Inwiefern helfen Ihnen diese Stellen den Begriff des Gebets im Glauben als duftendes Räucherwerk zu verstehen?

ZUSATZFRAGE: Stellen Sie sich vor, Sie würden in Ihren Film Rückblenden einfügen, in denen einige Begebenheiten aus früheren Büchern der Bibel verfilmt werden, die die Ereignisse dieses Kapitels der Offenbarung ergänzen. Welche Szenen würden Sie dafür auswählen?

OFFENBARUNG 6

Einstieg (für die »Sieben-Siegel-Kapitel 6 – 7): Haben Sie schon einmal schreckliche Angst gehabt?

WAS STEHT IM TEXT?

1. Fassen Sie die Ereignisse in diesem Kapitel zusammen, um die *Bewegung* dieses Buches zu erfassen.
2. Lesen Sie die Verse 15-17. *Warum* gibt es diese Angst, und warum hat Gott uns Ihrer Meinung nach davon in Kenntnis gesetzt?
3. Welche einprägsamen Bilder finden Sie in diesem Kapitel? Welche davon sind Ihnen auch an anderer Stelle in der Bibel bereits begegnet?
4. Stellen Sie sich vor, Sie würden die Offenbarung verfilmen. Welche Szenen, Spezialeffekte, Kulissen, Hintergrundmusik, Lichteffekte, etc. würden Sie wählen, um die zentrale Aussage und das, was in diesem Kapitel geschieht, hervorzuheben?

DAS WESENTLICHE ERFASSEN

5. Welche wichtigen Fragen haben Sie bei der Interpretation dieses Kapitels?
6. Welche Wörter oder Ausdrücke in diesem Kapitel sagen viel über das *Wesen* Gottes aus?
7. Welche Wörter oder Ausdrücke in diesem Kapitel sagen etwas über Gottes *Plan* für sein Volk aus?

FÜR DAS LEBEN HEUTE

8. Lesen Sie sehr sorgfältig die Verse 9-11. Welches ist die richtige Ausgewogenheit zwischen unserem Wunsch nach Gerechtigkeit und unserer Geduld, bis Gott Gerechtigkeit übt? Was brauchen wir, um diese Ausgewogenheit zu behalten – einen stärkeren Durst nach Gerechtigkeit oder größere Geduld und die Bereitschaft, auf den richtigen Zeitpunkt Gottes zu warten?

Zur Vertiefung

In den Versen 15-17 wird der unausweichliche Tag des Zorns Gottes beschrieben. Davon wird auch an anderer Stelle gesprochen, zum Beispiel in Zephanja 1,14-18 und 1. Thessalonicher 5,1-3. Suchen Sie aus diesen Bibelstellen fünf Wörter heraus, die diese schreckliche Epoche in der Menschheitsgeschichte am besten beschreiben.

ZUSATZFRAGE: Stellen Sie sich vor, Sie würden in Ihren Film Rückblenden einfügen, in denen einige Begebenheiten aus früheren Büchern der Bibel verfilmt werden, die die Ereignisse dieses Kapitels der Offenbarung ergänzen. Welche Szenen würden Sie auswählen?

Offenbarung 7

Was steht im Text?

1. Fassen Sie die Ereignisse der ersten sieben Kapitel der Offenbarung zusammen, um die *Bewegung* dieses Buches zu erfassen.
2. EINZELHEITEN BEACHTEN – *Versuchen Sie, die folgende Frage zu beantworten, ohne in Ihrer Bibel nachzusehen:* Was passierte bei dem Erdbeben mit der Sonne, dem Mond und den Sternen? (Siehe 6,12-13.)
3. Überdenken Sie die letzten Kapitel noch einmal. Was passierte, seit in 6,1 das erste Siegel geöffnet wurde?
4. Stellen Sie sich vor, Sie würden die Offenbarung verfilmen. Welche Szenen, Spezialeffekte, Kulissen, Hintergrundmusik, Lichteffekte, etc. würden Sie wählen, um die zentrale Aussage und das, was diesem Kapitel geschieht, hervorzuheben?

Das Wesentliche erfassen

5. Wenn *Hoffnung* definiert wird als »ungeduldige und zuversichtliche Erwartung dessen, was Gott versprochen hat«, was erwarten Sie in diesem Kapitel ungeduldig und zuversichtlich von Gott?
6. Denken Sie noch einmal an den vollständigen Titel, der diesem Buch im ersten Vers des ersten Kapitels gegeben wird: »Offenbarung Jesu Christi«. Was wird in diesem ersten Kapitel in bezug auf Jesus Christus geoffenbart?

7. Was scheint bei der Interpretation dieses Kapitels sehr leicht zu verstehen zu sein, was sehr schwer?
8. Welche Wörter oder Ausdrücke in diesem Kapitel beschäftigen sich mit dem *Wesen* Gottes?
9. Welche Wörter oder Ausdrücke in diesem Kapitel beschäftigen sich mit dem *Plan* Gottes für sein Volk?

Für das Leben heute

10. Was können wir aus diesem Kapitel in bezug auf die richtige Anbetung Gottes lernen?
11. In Philipper 4,8 heißt es: »Übrigens, Brüder, alles, was wahr, alles, was ehrbar, alles, was gerecht, alles, was rein, alles, was liebenswert, alles, was wohllautend ist, wenn es irgendeine Tugend und wenn es irgendein Lob gibt, das erwägt!« Welche Denkanstöße können Sie in diesem Kapitel finden, die Ihnen als *wahr, ehrbar, gerecht, rein, liebenswert,* als *Tugend* und *Lob* ins Auge fallen?
12. Wenn Gott dieses Kapitel nur für Sie geschrieben hätte, welche Wörter oder Ausdrücke hätte er unterstrichen?
13. Lesen Sie noch einmal 1,3. Was können Sie tun, um die Botschaft dieses Kapitels zu »bewahren«?

Zur Vertiefung

Erscheint Ihnen die Vorstellung, daß Blut (Verse 13-14) ein Kleidungsstück weiß und rein waschen kann, nicht abwegig? Lesen Sie zu dieser Aussage Römer 3,21-26, 5,9-10; 1. Korinther 6,11; Epheser 1,7; Kolosser 1,19-20 und Hebräer 9,11-13.

ZUSATZFRAGE: Stellen Sie sich vor, Sie würden in Ihren Film Rückblenden einfügen, in denen einige Begebenheiten aus früheren Büchern der Bibel verfilmt werden, die die Ereignisse dieses Kapitels der Offenbarung ergänzen. Welche Szenen würden Sie auswählen?

Offenbarung 8

Einstieg (für die Kapitel 8 – 11 von den sieben Posaunen): Was fällt Ihnen ein, wenn Sie an das Wort *Gericht* denken?

Was steht im Text?

1. Fassen Sie die Ereignisse dieses Kapitels zusammen, um die *Bewegung* der Offenbarung zu erfassen.
2. Stellen Sie sich vor, Sie würden die Offenbarung verfilmen. Welche Szenen, Spezialeffekte, Kulissen, Hintergrundmusik, Lichteffekte, etc. würden Sie wählen, um die zentrale Aussage und das, was in diesem Kapitel geschieht, hervorzuheben?

Das Wesentliche erfassen

3. Welchem *Zweck* dienen die Posaunenstöße nach dem, was Sie in diesem Kapitel lesen?
4. Was sagen die Verse 3-4 darüber aus, was Gott von unseren Gebeten hält?

Für das Leben heute

5. Sehen Sie sich die Verse 3-4 noch einmal an. Wie viele dieser Gebete werden von *Ihnen* sein?

Zur Vertiefung

Zu den sieben Posaunenstößen in diesem Kapitel (und in den Kapiteln 9 und 11) kommen zwei hoffnungsvolle Endzeit-Posaunenklänge. Beschreiben Sie, was der Klang der Posaune Gottes in 1. Korinther 15,50-52 und 1. Thessalonicher 4,16-17 für die Gläubigen bedeuten wird.

ZUSATZFRAGE: Stellen Sie sich vor, Sie würden in Ihren Film Rückblenden einfügen, in denen einige Begebenheiten aus früheren Büchern der Bibel verfilmt werden, die die Ereignisse dieses Kapitels der Offenbarung ergänzen. Welche Szenen würden Sie dafür auswählen?

OFFENBARUNG 9

Was steht im Text?

1. Fassen Sie die Ereignisse dieses Kapitels zusammen, um die *Bewegung* der Offenbarung zu erfassen.
2. Stellen Sie sich vor, Sie würden die Offenbarung verfilmen. Welche Szenen, Spezialeffekte, Kulissen, Hintergrundmusik, Lichteffekte, etc. würden Sie wählen, um die zentrale Aussage und das, was in diesem Kapitel geschieht, hervorzuheben?

Das Wesentliche erfassen

3. Welche wichtigen Fragen haben Sie bei der Auslegung dieses Kapitels?
4. Sehen Sie sich die Verse 20-21 an. Was sagen sie über das Wesen des Menschen aus?
5. Warum hat Gott uns Ihrer Meinung nach eine Vorschau auf diese Gerichte über die Gottlosen gegeben?

Für das Leben heute

6. Hätte es möglich sein können, daß Sie zu der in den Versen 20-21 erwähnten Menge gehört hätten?

Zur Vertiefung

Die in diesem Kapitel beschriebenen »Wehe« vor der Wiederkunft Jesu sind die schlimmsten, die die Menschheit je erlebt hat. Auch der Herr Jesus spricht »Wehe« über die, die ihn während seines Lebens hier auf der Erde nicht als Messias anerkannt haben. Allein im Matthäusevangelium spricht er dieses »Wehe« zwölfmal aus. Sehen Sie sich einige dieser Stellen an: Matthäus 11,21; 23,13-16 und 23,23-29.

ZUSATZFRAGE: Stellen Sie sich vor, Sie würden in Ihren Film Rückblenden einfügen, in denen einige Begebenheiten aus früheren Büchern der Bibel verfilmt werden, die die Ereignisse dieses Kapitels der Offenbarung ergänzen. Welche Szenen würden Sie dafür auswählen?

Offenbarung 10

Was steht im Text?

1. Fassen Sie die Ereignisse dieses Kapitels zusammen, um die *Bewegung* der Offenbarung zu erfassen.
2. Was erfahren Sie in diesem Kapitel über Johannes?
3. Stellen Sie sich vor, Sie würden die Offenbarung verfilmen. Welche Szenen, Spezialeffekte, Kulissen, Hintergrundmusik, Lichteffekte, etc. würden Sie wählen, um die zentrale Aussage und das, was in diesem Kapitel geschieht, hervorzuheben?
4. Welche Dinge hat Johannes wohl in Vers 4 gemeint, die nicht niedergeschrieben werden sollen? Was mögen die sieben Donner wohl gesagt haben?

Das Wesentliche erfassen

5. Welche Wörter oder Ausdrücke in diesem Kapitel beschäftigen sich mit dem *Wesen* Gottes?
6. Welche Wörter oder Ausdrücke in diesem Kapitel beschäftigen sich mit dem *Plan* Gottes für sein Volk?

Für das Leben heute

7. Sehen Sie sich die Verse 8-9 noch einmal an. Inwiefern hat Gott *Sie* gebeten, sein Wort zu »essen«?

Zur Vertiefung

Der Prophet Hesekiel hat eine ähnliche Erfahrung wie Johannes in den Versen 8-10 gemacht. In Hesekiel 3,1-3 hat der Prophet eine honigsüße Schriftrolle verspeist (ohne anschließendes Magendrücken). Beide Schriftrollen schienen jedoch demselben Zweck zu dienen. Vergleichen Sie, was jeweils in den Versen danach steht: Offenbarung 10,11 und Hesekiel 3,4-9.

ZUSATZFRAGE: Stellen Sie sich vor, Sie würden in Ihren Film Rückblenden einfügen, in denen einige Begebenheiten aus früheren Büchern der Bibel verfilmt werden, die die Ereignisse dieses Kapitels der Offenbarung ergänzen. Welche Szenen würden Sie dafür auswählen?

OFFENBARUNG 11

WAS STEHT IM TEXT?

1. Fassen Sie die Ereignisse dieses Kapitels zusammen, um die *Bewegung* in der Offenbarung zu erfassen.

2. EINZELHEITEN BEACHTEN – *Daraus, was sie in dem »Sieben-Posaunen« Teil von diesem Buch (Kapitel 8-11) gesehen haben, versuchen Sie, die folgende Frage zu beantworten, ohne in Ihrer Bibel nachzusehen:* Für den Dämonenführer, der »Engel des Abgrunds« genannt wird, ist sowohl ein griechischer als auch ein hebräischer Name angegeben. Wie lauten diese Namen? (Siehe 9,11.)

3. Überdenken Sie die letzten Kapitel. Was hat sich ereignet, seit in 8,7 die erste Posaune erklang?

4. Stellen Sie sich vor, Sie würden die Offenbarung verfilmen. Welche Szenen, Spezialeffekte, Kulissen, Hintergrundmusik, Lichteffekte, etc. würden Sie wählen, um die zentrale Aussage und das, was in diesem Kapitel geschieht, hervorzuheben?

DAS WESENTLICHE ERFASSEN

5. Denken Sie an den vollständigen Titel, der im ersten Vers des ersten Kapitels gegeben wird. Was wird in diesem Kapitel in bezug auf Jesus Christus geoffenbart?

6. Was ist in diesem Kapitel leicht zu verstehen, was ist schwer verständlich?

7. Welche Wörter oder Ausdrücke in diesem Kapitel beschäftigen sich mit dem *Wesen* Gottes?

8. Welche Wörter oder Ausdrücke in diesem Kapitel beschäftigen sich mit dem *Plan* Gottes für sein Volk?

9. Welche Verse in diesem Kapitel möchte Gott Ihnen besonders ans Herz legen?

10. Denken Sie an 1,3. Was können Sie tun, um die Botschaft dieses Kapitels »zu bewahren«?

Zur Vertiefung

Die Verse 15-18 sprechen von dem Ereignis, auf das die ganze Geschichte sich zubewegt: die endgültige Herrschaft Gottes über die rebellische Schöpfung. In Psalm 2 sieht David auch in die Zukunft, um einen Blick der endgültigen Herrschaft Gottes und seines Messias über alle Könige der Erde zu erhaschen. Welche Ähnlichkeiten fallen Ihnen in diesen beiden Bibelstellen auf?

ZUSATZFRAGE: Stellen Sie sich vor, Sie würden in Ihren Film Rückblenden einfügen, in denen einige Begebenheiten aus früheren Büchern der Bibel verfilmt werden, die die Ereignisse dieses Kapitels der Offenbarung ergänzen. Welche Szenen würden Sie dafür auswählen?

Offenbarung 12

Einstieg (für die Kapitel 12-14): Sehen Sie sich die Beschreibung des Drachen in Vers 3 dieses Kapitels an. Wie stellen Sie sich den Drachen vor?

Was steht im Text?

1. Fassen Sie die Ereignisse dieses Kapitels zusammen, um die *Bewegung* in der Offenbarung zu erfassen.
2. Stellen Sie sich vor, Sie würden die Offenbarung verfilmen. Welche Szenen, Spezialeffekte, Kulissen, Hintergrundmusik, Lichteffekte, etc. würden Sie wählen, um die zentrale Aussage und das, was in diesem Kapitel geschieht, hervorzuheben?

Das Wesentliche erfassen

3. Was an diesem Kapitel ist leicht zu verstehen, was ist schwer verständlich?
4. Welche Wörter oder Ausdrücke in diesem Kapitel beschäftigen sich mit dem *Wesen* Gottes?
5. Welche Wörter oder Ausdrücke in diesem Kapitel beschäftigen sich mit dem *Plan* Gottes für seinem Volk?

Für das Leben heute

6. Wenn es stimmt, daß man »*wird* wie man *denkt*«, welche wichtigen Gedanken aus diesem Kapitel möchten Sie sich gern aneignen?
7. Denken Sie an 1,3. Was können Sie tun, um die Botschaft dieses Kapitels zu »bewahren«?

Zur Vertiefung

Michael, ein sehr mächtiger Engel, führt in den Versen 7-9 eine kosmische Schlacht gegen Satan und seine Dämonen. Was sonst erfahren Sie in den folgenden Bibelstellen über Michael: Daniel 10,4-14; 12,1 und Judas 9?

ZUSATZFRAGE: Stellen Sie sich vor, Sie würden in Ihren Film Rückblenden einfügen, in denen einige Begebenheiten aus früheren Büchern der Bibel verfilmt werden, die die Ereignisse dieses Kapitels der Offenbarung ergänzen. Welche Szenen würden Sie dafür auswählen?

Offenbarung 13

Was steht im Text?

1. Fassen Sie die Ereignisse dieses Kapitels zusammen, um die *Bewegung* in der Offenbarung zu erfassen
2. Sehen Sie sich die Aussage im letzten Teil von Vers 10 an. Wie würden Sie in eigenen Worten diese »Geduld« oder das »Ausharren«, sowie den »Glauben« oder die »Treue« beschreiben? Warum ist jedes dieser Elemente so wichtig?

Das Wesentliche erfassen

3. Welche wichtigen Fragen drängen sich Ihnen bei der Auslegung dieses Kapitels auf?
4. Stellen Sie sich vor, Sie würden die Offenbarung verfilmen. Welche Szenen, Spezialeffekte, Kulissen, Hintergrundmusik, Lichteffekte, etc. würden Sie wählen, um die zentrale Aussage und das, was im ersten Kapitel geschieht, hervorzuheben?

Für das Leben heute

5. Sehen Sie sich Vers 9 genau an. Wie empfindlich ist Ihr geistliches Gehör? Welche wichtigen Dinge sagt Ihnen Gott durch die Offenbarung?

Zur Vertiefung

In Vers 10 verwendet Johannes eines der aussagestärksten Wörter in der neutestamentlichen Sprache, um zu beschreiben, wie Gläubige Versuchungen jeglicher Art ertragen sollten – sogar die unglaublichen Ereignisse der großen Trübsal. Das Wort, das hier mit »Ausharren« oder »Geduld« übersetzt wird, findet sich an vielen Stellen des Neuen Testaments. Nehmen Sie sich ein wenig Zeit, um einige dieser Stellen zu lesen: Lukas 8,15; 21,19; Römer 5,3-4; 8,25; 15,4-5; 2. Korinther 6,4; 12,12; Kolosser 1,11; 1. Thessalonicher 1,3; 2. Thessalonicher 1,4; 1. Timotheus 6,11; 2. Timotheus 3,10; Titus 2,2; Hebräer 10,36; 12,1; Jakobus 1,3-4; 5,11; 2. Petrus 1,6; Offenbarung 1,9; 2,2; 2,3; 2,19; 3,10 und 14,12.

ZUSATZFRAGE: Stellen Sie sich vor, Sie würden in Ihren Film Rückblenden einfügen, in denen einige Begebenheiten aus früheren Büchern der Bibel verfilmt werden, die die Ereignisse dieses Kapitels der Offenbarung ergänzen. Welche Szenen würden Sie dafür auswählen?

Offenbarung 14

Was steht im Text?

1. Fassen Sie die Ereignisse dieses Kapitels zusammen, um die *Bewegung* in der Offenbarung zu erfassen.
2. Wie würden Sie das »Ausharren« in Vers 12 erklären, und *warum* ist es so wichtig?
3. EINZELHEITEN BEACHTEN – *Daraus, was Sie in dem mittleren Teil dieses Kapitels gesehen haben (12-14), versuchen Sie, die folgende Frage zu beantworten, ohne in Ihrer Bibel nachzusehen:* In seiner Vision sieht Johannes die Einhundertvierundvierzigtausend mit dem Lamm auf dem Berg Zion stehen. Was steht auf ihrer Stirn geschrieben? (Siehe 14,1.)
4. Überdenken Sie die letzten Kapitel. Was ist geschehen, seit in 12,1 das große Zeichen am Himmel erschienen ist?

5. Stellen Sie sich vor, Sie würden die Offenbarung verfilmen. Welche Szenen, Spezialeffekte, Kulissen, Hintergrundmusik, Lichteffekte, etc. würden Sie wählen, um die zentrale Aussage und das, was in diesem Kapitel geschieht, hervorzuheben?

DAS WESENTLICHE ERFASSEN

6. Denken Sie an den vollständigen Titel, der diesem Buch im ersten Vers des ersten Kapitels gegeben wird. Was wird in Kapitel 14 in bezug auf Jesus geoffenbart?
7. Was in diesem Kapitel ist leicht zu verstehen, was ist schwer verständlich?
8. Welche Wörter oder Ausdrücke in diesem Kapitel beschäftigen sich in erster Linie mit dem *Wesen* Gottes?

FÜR DAS LEBEN HEUTE

9. Denken Sie an 1,3. Was können Sie tun, um die Botschaft dieses Kapitels zu »bewahren«?

ZUR VERTIEFUNG

Zu der anschaulichen Darstellung der Kelter des Grimmes Gottes in den Versen 18-20 finden sich Parallelen im Alten Testament, zum Beispiel Jesaja 63,3-6; Klagelieder 1,15 und Joel 3,11-13. Welche Bilder finden Sie in allen vier Beschreibungen?

ZUSATZFRAGE: Stellen Sie sich vor, Sie würden in Ihren Film Rückblenden einfügen, in denen einige Begebenheiten aus früheren Büchern der Bibel verfilmt werden, die die Ereignisse dieses Kapitels der Offenbarung ergänzen. Welche Szenen würden Sie dafür auswählen?

OFFENBARUNG 15

Einstieg (für die »Sieben-Schalen-Kapitel« 15-16): Haben Sie schon einmal schlimme Schmerzen erlebt?

WAS STEHT IM TEXT?

1. Wie umfassend können Sie die Bedeutung der Botschaft in Vers 1 erklären?
2. Fassen Sie die Ereignisse der ersten fünfzehn Kapitel zusammen, um die *Bewegung* in der Offenbarung zu erfassen.
3. Stellen Sie sich vor, Sie würden die Offenbarung verfilmen. Welche Szenen, Spezialeffekte, Kulissen, Hintergrundmusik, Lichteffekte, etc. würden Sie wählen, um die zentrale Aussage und das, was in diesem Kapitel geschieht, hervorzuheben?

DAS WESENTLICHE ERFASSEN

4. Welche Wörter oder Ausdrücke in diesem Kapitel beschäftigen sich mit dem *Wesen* Gottes?
5. Welche Wörter oder Ausdrücke in diesem Kapitel beschäftigen sich in erster Linie mit dem *Plan* Gottes für sein Volk?

FÜR DAS LEBEN HEUTE

6. Denken Sie an 1,3. Was können Sie tun, um die Botschaft dieses Kapitels zu »bewahren«?

ZUR VERTIEFUNG

In den Versen 3-4 wird von einem himmlischen Chor berichtet, der sowohl »das Lied Moses« als auch das »Lied des Lammes« sang. Welches Ereignis wird im Lied Moses in 2. Mose 15,1-19 gefeiert? Welches Ereignis wird durch das Lied in diesem Kapitel gefeiert?

ZUSATZFRAGE: Stellen Sie sich vor, Sie würden in Ihren Film Rückblenden einfügen, in denen einige Begebenheiten aus früheren Büchern der Bibel verfilmt werden, die die Ereignisse dieses Kapitels der Offenbarung ergänzen. Welche Szenen würden Sie dafür auswählen?

OFFENBARUNG 16

WAS STEHT IM TEXT?

1. Fassen Sie die Ereignisse dieses Kapitels zusammen, um die *Bewegung* in der Offenbarung zu erfassen.

2. Vergleichen Sie die Schalen-Gerichte dieses Kapitels mit den Posaunen-Gerichten in 8,2 – 11,19. Welche Gemeinsamkeiten haben sie, worin unterscheiden sie sich?

3. Welche wichtigen Fragen haben Sie bei der Auslegung dieses Kapitels?

4. EINZELHEITEN BEACHTEN – *Daraus, was Sie in dem Teil »Sieben Zornschalen« dieses Kapitels gesehen haben, versuchen Sie, die folgende Frage zu beantworten, ohne in Ihrer Bibel nachzusehen:* Welche Kleidung trugen die sieben Engel mit den Plagen, die aus dem Tempel kamen? (Siehe 15,6.)

5. Überdenken Sie die letzten beiden Kapitel. Was ist passiert, seit in 15,1 die sieben Engel mit den sieben Plagen erschienen?

6. Stellen Sie sich vor, Sie würden die Offenbarung verfilmen. Welche Szenen, Spezialeffekte, Kulissen, Hintergrundmusik, Lichteffekte, etc. würden Sie wählen, um die zentrale Aussage und das, was in diesem Kapitel geschieht, hervorzuheben?

DAS WESENTLICHE ERFASSEN

7. Welche Wörter oder Ausdrücke in diesem Kapitel beschäftigen sich in erster Linie mit dem *Wesen* Gottes?

8. Welche Wörter oder Ausdrücke in diesem Kapitel beschäftigen sich in erster Linie mit dem *Plan* Gottes für sein Volk?

9. Warum hat Gott Ihrer Meinung nach beschlossen, uns einen Einblick auf diese bevorstehende Zeit der Zerstörung zu gewähren?

FÜR DAS LEBEN HEUTE

10. Denken Sie an 1,3. Was können Sie tun, um die Botschaft dieses Kapitels zu »bewahren«?

Zur Vertiefung

In Vers 7 erhebt der Altar seine Stimme, um Gott zu loben. Vergleichen Sie diese schöne Bibelstelle mit den Worten Jesu in Lukas 19,37-40 bei seinem Einzug in Jerusalem. Warum haben wohl diese beiden Ereignisse leblose Objekte wie einen Altar und einen Stein zur Anbetung gebracht?

ZUSATZFRAGE: Stellen Sie sich vor, Sie würden in Ihren Film Rückblenden einfügen, in denen einige Begebenheiten aus früheren Büchern der Bibel verfilmt werden, die die Ereignisse dieses Kapitels der Offenbarung ergänzen. Welche Szenen würden Sie dafür auswählen?

Offenbarung 17

Einstieg (für die »Babylon-Kapitel« 17 – 18): Welche Bilder fallen Ihnen ein, wenn Sie an das Wort *Babylon* denken?

Was steht im Text?

1. Fassen Sie die Ereignisse dieses Kapitels zusammen, um die *Bewegung* in diesem Kapitel zu erfassen.
2. Wie würden Sie in eigenen Worten den »Verstand, der Weisheit nötig hat« in Vers 9 beschreiben, und warum ist er notwendig?
3. Stellen Sie sich vor, Sie würden die Offenbarung verfilmen. Welche Szenen, Spezialeffekte, Kulissen, Hintergrundmusik, Lichteffekte, etc. würden Sie wählen, um die zentrale Aussage und das, was in diesem Kapitel geschieht, hervorzuheben?

Das Wesentliche erfassen

4. Welche sind Ihrer Meinung nach die schwierigsten und dann die einfachsten Dinge beim Auslegen von diesem Kapitel?
5. Welche Wörter oder Ausdrücke in diesem Kapitel beschäftigen sich in erster Linie mit dem *Wesen* Gottes?
6. Welche Wörter oder Ausdrücke in diesem Kapitel beschäftigen sich in erster Linie mit dem *Plan* Gottes für sein Volk?

Für das Leben heute

7. Lesen Sie noch einmal Vers 14 und vergleichen Sie ihn mit Johannes 12,26. Wo ist Jesus in diesem Moment? Und wo sind Sie?

Zur Vertiefung

In Vers 8 spricht Johannes vom »Buch des Lebens«. Was sagt diese Stelle über jenes Buch aus? Welche zusätzlichen Informationen liefern Ihnen die folgenden Stellen in der Offenbarung 3,1; 13,8 und 20,11-15?

ZUSATZFRAGE: Stellen Sie sich vor, Sie würden in Ihren Film Rückblenden einfügen, in denen einige Begebenheiten aus früheren Büchern der Bibel verfilmt werden, die die Ereignisse dieses Kapitels der Offenbarung ergänzen. Welche Szenen würden Sie dafür auswählen?

Offenbarung 18

Was steht im Text?

1. Fassen Sie die Ereignisse dieses Kapitels zusammen, um die *Bewegung* in der Offenbarung zu erfassen.
2. Welche wichtigen Fragen haben Sie bei der Auslegung dieses Kapitels?
3. Welche einprägsamen Bilder erkennen Sie in diesem Kapitel? Welche haben Sie bereits an anderer Stelle gesehen?
4. EINZELHEITEN BEACHTEN – *Daraus, was Sie in dem »Babylon«-Teil dieses Buches (Kapitel 17–18) gesehen haben, versuchen Sie, die folgende Frage zu beantworten, ohne in Ihrer Bibel nachzusehen:* Was stand auf der Stirn der Frau geschrieben, die vom Blut der Heiligen trunken war? (Siehe 17,5-6.)
5. Stellen Sie sich vor, Sie würden die Offenbarung verfilmen. Welche Szenen, Spezialeffekte, Kulissen, Hintergrundmusik, Lichteffekte, etc. würden Sie wählen, um die zentrale Aussage und das, was im ersten Kapitel geschieht, hervorzuheben?

Das Wesentliche erfassen

6. Inwiefern gleicht dieses Babylon, so wie es hier beschrieben wird, unserer Welt heute?
7. Welche Wörter oder Ausdrücke in diesem Kapitel beschäftigen sich mit dem *Wesen* Gottes?

Für das Leben heute

8. Welchen Vers in diesem Kapitel möchte Gott Ihnen besonders ans Herz legen?

Zur Vertiefung

Der göttliche Ruf in den Versen 4-5 wird auch an anderen Stellen der Bibel beschrieben. Lesen Sie 1. Mose 19,12-13; Jesaja 52,11 und 2. Korinther 6,17. Was steckt hinter jeder dieser »geht hinaus« Anweisung?

ZUSATZFRAGE: Stellen Sie sich vor, Sie würden in Ihren Film Rückblenden einfügen, in denen einige Begebenheiten aus früheren Büchern der Bibel verfilmt werden, die die Ereignisse dieses Kapitels der Offenbarung ergänzen. Welche Szenen würden Sie dafür auswählen?

Offenbarung 19

Einstieg: Welche wichtige Lektion haben Sie in Ihrem Leben als Christ in bezug auf das *Lob* gelernt?

Was steht im Text?

1. Fassen Sie die Ereignisse dieses Kapitels zusammen, um die *Bewegung* in der Offenbarung zu erfassen.

2. EINZELHEITEN BEACHTEN – *Versuchen Sie, die folgende Frage anhand dessen, was Ihnen aus dem zweiten Kapitel noch in Erinnerung geblieben ist, zu beantworten, ohne in Ihrer Bibel nachzusehen:* Welche Namen werden Jesus in diesem Kapitel gegeben? (Siehe Vers 11, 13 und 16.)

3. Stellen Sie sich vor, Sie würden die Offenbarung verfilmen. Welche Szenen, Spezialeffekte, Kulissen, Hintergrundmusik, Lichteffekte, etc. würden Sie wählen, um die zentrale Aussage und das, was in diesem Kapitel geschieht, hervorzuheben?

Das Wesentliche erfassen

4. Denken Sie an die Überschrift, die diesem Buch in 1,1 gegeben wird. Was wird in Kapitel 19 in bezug auf Jesus Christus geoffenbart?

5. Welche Wörter oder Ausdrücke in diesem Kapitel beschäftigen sich mit dem *Wesen* Gottes?

6. Welche Wörter oder Ausdrücke in diesem Kapitel beschäftigen sich mit dem *Plan* Gottes für sein Volk?

Für das Leben heute

7. Sehen Sie sich das Gebot in Vers 5 an. Was sagt dieses Kapitel darüber aus, *wie* Sie Gott anbeten sollten?

8. Wie sieht es mit Ihrer Hoffnung aus, wenn *Hoffnung* als »zuversichtliche Erwartung dessen, was Gott versprochen hat« definiert wird? Was können Sie nach diesem Kapitel zuversichtlich von Gott erwarten?

9. Denken Sie an 1,3. Was können Sie tun, um die Botschaft dieses Kapitels zu »bewahren«?

10. Wenn es stimmt, daß man »*wird* wie man *denkt*«, welche wichtigen Gedanken aus diesem Kapitel würden Sie sich gern aneignen?

11. Welches ist *Ihre* Rolle bei dem Sieg, von dem in diesem Buch gesprochen wird? Beschreiben Sie es in eigenen Worten.

Zur Vertiefung

Sprechen Sie über Ähnlichkeiten zwischen dem Hochzeitsfest in den Versen 6-9 und dem Gleichnis, das Jesus in Matthäus 22,1-14 erzählt.

ZUSATZFRAGE: Stellen Sie sich vor, Sie würden in Ihren Film Rückblenden einfügen, in denen einige Begebenheiten aus früheren Büchern der Bibel verfilmt werden, die die Szenen dieses Kapitels der Offenbarung ergänzen. Welche Szenen würden Sie dafür auswählen?

Offenbarung 20

Einstieg: Wenn Sie früher schon einmal über die große Schlacht zwischen dem Heer Gottes und den Streitkräften des Satans nachgedacht haben, wie haben Sie sie sich vorgestellt?

Was steht im Text?

1. Fassen Sie die Ereignisse dieses Kapitels zusammen, um die *Bewegung* in der Offenbarung zu erfassen.

2. EINZELHEITEN BEACHTEN – *Daraus, woran Sie sich aus dem Kapitel 20 erinnern, versuchen Sie, die folgende Frage zu beantworten, ohne in Ihrer Bibel nachzusehen:* Was hält der Engel, der zu Beginn dieses Kapitels vom Himmel herabsteigt, in der Hand? (Siehe Vers 1.)

3. Stellen Sie sich vor, Sie würden die Offenbarung verfilmen. Welche Szenen, Spezialeffekte, Kulissen, Hintergrundmusik, Lichteffekte etc. würden Sie wählen, um die zentrale Aussage und das, was in diesem Kapitel geschieht, hervorzuheben?

Das Wesentliche erfassen

4. Welche Dinge werden in diesem Kapitel genannt, die wir ganz sicher *wissen*?
5. Welche Wörter oder Ausdrücke in diesem Kapitel beschäftigen sich mit dem *Wesen* Gottes?
6. Welche Wörter oder Ausdrücke in diesem Kapitel beschäftigen sich mit dem *Plan* Gottes für sein Volk?

Für das Leben heute

7. Welchen Vers in diesem Kapitel möchte Gott Ihnen besonders ans Herz legen?
8. Wo liegt Ihre Hoffnung, wenn *Hoffnung* definiert wird als »zuversichtliche Erwartung dessen, was Gott verheißen hat«? Was in diesem Kapitel können Sie zuversichtlich von Gott erwarten?

Zur Vertiefung

Vers 10 beschreibt das unbeschreibliche Schicksal Satans. Zwei Stellen aus dem Alten Testament berichten über seine Herkunft und seinen ersten großen Fall. Lesen Sie Jesaja 14,12-15 und Hesekiel 28,11-19 als Beginn der Geschichte, deren Ende in Vers 10 beschrieben wird.

ZUSATZFRAGE: Stellen Sie sich vor, Sie würden in Ihren Film Rückblenden einfügen, in denen einige Begebenheiten aus früheren Büchern der Bibel verfilmt werden, die die Ereignisse dieses Kapitels der Offenbarung ergänzen. Welche Szenen würden Sie dafür auswählen?

Offenbarung

OFFENBARUNG 21

Einstieg: Wann haben Sie zum ersten Mal vom Himmel gehört?

WAS STEHT IM TEXT?

1. Welche sehr einprägsamen Bilder finden Sie in diesem Kapitel? Welche sind Ihnen bereits an anderer Stelle in der Bibel begegnet?
2. Fassen Sie die Ereignisse dieses Kapitels zusammen, um die *Bewegung* in der Offenbarung zu erfassen.
3. EINZELHEITEN BEACHTEN – *Daraus, woran Sie sich aus dem Kapitel 21 erinnern, versuchen Sie, die folgende Frage zu beantworten, ohne in Ihrer Bibel nachzusehen:* Was steht auf den zwölf Toren des neuen Jerusalem, was auf den zwölf Grundsteinen? (Siehe Verse 12-14.)
4. Stellen Sie sich vor, Sie würden die Offenbarung verfilmen. Welche Szenen, Spezialeffekte, Kulissen, Hintergrundmusik, Lichteffekte, etc. würden Sie wählen, um die zentrale Aussage und das, was in diesem Kapitel geschieht, hervorzuheben?

DAS WESENTLICHE ERFASSEN

5. Denken Sie an die Überschrift dieses Buches in 1,1. Was wird in Kapitel 21 in bezug auf *Jesus Christus* geoffenbart?
6. Wenn ein neubekehrter Christ Sie fragen würde: »Wie wird die Ewigkeit sein?«, wie könnten Sie ihm anhand dieses Kapitels eine hilfreiche Antwort geben?

FÜR DAS LEBEN HEUTE

7. Denken Sie an 1,3. Was können Sie tun, um die Botschaft dieses Kapitels zu »bewahren«?
8. Wo liegt Ihre Hoffnung, wenn *Hoffnung* als »zuversichtliche Erwartung dessen, was Gott verheißen hat« definiert wird? Was in diesem Kapitel können Sie zuversichtlich von Gott erwarten?
9. Sehen Sie sich in Vers 7 an, was Gott zum *Überwinden* sagt. Was müssen Sie in Ihrer gegenwärtigen Lebenssituation überwinden?
10. Welche Denkweisen können sehr leicht verhindern, daß die Worte dieses Kapitels im Leben der Christen heute lebendig bleiben?

Zur Vertiefung

Vergleichen Sie die ersten Verse dieses Kapitels mit dem Wortbild in Hebräer 1,10-12. Welche Bilder fallen Ihnen beim Lesen der Verse über den alten Himmel und der alten Erde und dem bevorstehenden neuen ein?

OFFENBARUNG 22

Einstieg: Was möchten Sie in dieser Zeit, die Ihnen noch auf der Erde bleibt, wichtiges tun?

WAS STEHT IM TEXT?

1. Welche wichtigen Einzelheiten in diesem Kapitel können sehr leicht übersehen werden?
2. Welche einprägsamen Bilder finden Sie in diesem Kapitel? Welche sind Ihnen bereits an anderer Stelle in der Bibel begegnet?
3. Fassen Sie die Ereignisse dieses Kapitels zusammen, um die *Bewegung* in der Offenbarung zu erfassen.
4. Welche wichtigen *Veränderungen* werden in der Offenbarung beschrieben?
5. EINZELHEITEN BEACHTEN – *Daraus, woran Sie sich aus dem Kapitel 22 erinnern, versuchen Sie, die folgende Frage zu beantworten, ohne in Ihrer Bibel nachzusehen:* Welches Wort wird vom »Geist und der Braut« ausgesprochen? (Siehe Vers 17.)
6. Stellen Sie sich vor, Sie würden die Offenbarung verfilmen. Welche Szenen, Spezialeffekte, Kulissen, Hintergrundmusik, Lichteffekte, etc. würden Sie wählen, um die zentrale Aussage und das, was in diesem Kapitel geschieht, hervorzuheben?

DAS WESENTLICHE ERFASSEN

7. Denken Sie noch einmal an die Überschrift, die diesem Buch in 1,1 gegeben wird: »Offenbarung Jesu Christi«. Was wird in dem letzten Kapitel der Bibel in bezug auf Jesus Christus geoffenbart?
8. Wie genau vervollständigen diese letzten Kapitel der Offenbarung die unterschiedlichen Aspekte der zentralen Botschaft der Bibel?

Für das Leben heute

9. In Philipper 4,8 heißt es: »Übrigens, Brüder, alles, was wahr, alles, was ehrbar, alles, was gerecht, alles, was rein, alles, was liebenswert, alles, was wohllautend ist, wenn es irgendeine Tugend und wenn es irgendein Lob gibt, das erwägt!« Welche Denkanstöße können Sie in diesem Kapitel finden, die Ihnen als *wahr, ehrbar, gerecht, rein, liebenswert,* als *Tugend* und *Lob* ins Auge fallen?

10. Denken Sie noch einmal an 1,3. Was können Sie tun, um die Botschaft dieses Kapitels zu »bewahren«?

11. Wo ist *Ihre* Hoffnung, wenn Hoffnung als unsere »zuversichtliche Erwartung dessen, was Gott verheißen hat«, definiert wird? Was in diesem Kapitel können Sie zuversichtlich von Gott erwarten?

12. Für welche Aussage in diesem Kapitel sind Sie besonders dankbar, weil sie von persönlicher Bedeutung für Sie ist?

Zur Vertiefung

Stellen Sie den Befehl des Engels an Johannes in den Versen 10-11 dem Befehl des Engels an den Propheten Daniel in Daniel 12,4 und 12,8-10 gegenüber. Warum sind wohl die Anweisungen an jeden dieser Diener des Herrn so unterschiedlich?

ZUSATZFRAGE: Stellen Sie sich vor, Sie würden in Ihren Film Rückblenden einfügen, in denen einige Begebenheiten aus früheren Büchern der Bibel verfilmt werden, die die Ereignisse dieses Kapitels der Offenbarung ergänzen. Welche Szenen würden Sie dafür auswählen?

Offenbarung: Der Gesamteindruck

(Sprechen Sie noch einmal über die im »Überblick« angegebenen Fragen und bearbeiten Sie die unten aufgeführten.)

1. Lesen Sie gemeinsam die folgenden Verse und wählen Sie den SCHLÜSSELVERS für die Offenbarung aus – den Vers, der am besten ausdrückt, worum es in diesem Buch geht: 1,3; 1,19 oder 19,11-16.

2. Wenn alle Mitglieder Ihrer Gemeinde dieses Buch genau verstanden hätten und in ihrem Leben umsetzen wollten, welche praktischen Veränderungen würden sich daraus ergeben?

3. Vielleicht haben Sie beschlossen, einen Punkt, der Ihnen bei der Bearbeitung dieses Buches klargeworden ist, in Ihrem Leben umzusetzen. Sind Sie bereit, dies auch den anderen Mitgliedern Ihrer Gruppe mitzuteilen, und so verbindlich zu machen?
4. Wie würden Sie den folgenden Satz als Rat an einen Christen, der im Glauben weiterkommen möchte, vervollständigen? *Beschäftige dich mit der Offenbarung, wenn du mehr erfahren willst in bezug auf ...*

EMPFEHLUNGEN FÜR GRÖSSERE EFFEKTIVITÄT DES GESPRÄCHS IN IHRER BIBELGRUPPE

- *Beten Sie*, sowohl während der Vorbereitung als auch später in der Gruppe, wenn Sie über das angegebene Kapitel sprechen. Sie sind wirklich darauf angewiesen, daß der Heilige Geist Gottes das Wort in Ihrem Herzen lebendig macht, darum bitten Sie Gott um Fülle des Geistes. Er *ist* Ihr Lehrer, und er wird Sie in die Wahrheit führen. (Beten Sie auch füreinander. Der geistliche Kampf tobt, und das Leben eines jeden Christen ist das Schlachtfeld.)

- *Halten Sie sich im Gespräch zurück*. Wenn nötig, stellen Sie sich selbst die folgende Frage, und geben Sie sich eine ehrliche Antwort: *Was möchte ich – meine eigenen Gedanken darlegen oder die anderen dazu bringen, zu entdecken und über das zu sprechen, was in der Bibel steht?*

- *Bleiben Sie immer nah am Bibeltext*. Wenn Sie wirklich etwas entdecken wollen, werden sich die Schätze der Bibel niemals erschöpfen. Es ist ganz natürlich, daß das Gespräch einer Gruppe manchmal eine andere Richtung nimmt. Machen Sie sich das bewußt, und schreiten Sie ein, wenn das passiert, um das Interesse der Gruppe wieder auf die zu behandelnde Bibelstelle zu lenken. Sie werden oft erstaunt sein, wie schnell die Bibel bei Abweichungen des Gesprächs in eine andere Richtung die richtige Perspektive wiedergeben kann.

- Sehen Sie sich vor, daß Sie sich nicht zu sehr auf die *Interpretation* einer Bibelstelle konzentrieren und dabei zwei weitere wichtige Aspekte des Bibelstudiums übersehen: *1) einfach zu sehen, was die betreffende Stelle zu sagen hat,* und *2) wie Sie die Botschaft in Ihrem Leben umsetzen können*. Nichts ist einem effektiven Gruppengespräch abträglicher, als diese beiden Ziele aus den Augen zu verlieren.

- *Ermutigen Sie sich gegenseitig*. Zeigen Sie aufrichtige Freude, wenn andere von ihren Entdeckungen im Wort Gottes berichten. Reagieren Sie so, wie Jesus reagiert hätte, wenn er in Person an Ihrem Gespräch teilnehmen würde – denn dies sind die Stimmen seiner Kinder, die sich mit der Bibel, seinem Wort beschäftigen.

EMPFOHLENER ZEITPLAN

- Matthäus: *30 Wochen* – eine für den Überblick, eine für jedes Kapitel und eine weitere für die Zusammenfassung »Der Gesamteindruck«.
- Markus: *18 Wochen* – eine für den Überblick, eine für jedes Kapitel und eine weitere für die Zusammenfassung.
- Lukas: *26 Wochen* – eine für den Überblick, eine für jedes Kapitel und eine für die Zusammenfassung.
- Johannes: *23 Wochen* – eine für den Überblick, eine für jedes Kapitel und eine für die Zusammenfassung.
- Apostelgeschichte: *24 Wochen* – eine für den Überblick. Die einzelnen Kapitel können Sie zum Teil zusammenfassen: 1, 2, 3, 4, 5, 6-7, 8, 9, 10-11, 12, 13, 14, 15, 16, 17, 18, 19, 20, 21-22, 23-24, 25-25, 27-28 und eine letzte Woche für die Zusammenfassung.
- Römer: *17 Wochen* – eine für den Überblick, eine für jedes Kapitel von 1-15, eine für Kapitel 16 und die Zusammenfassung.
- 1. Korinther: *17 Wochen* – eine für den Überblick, eine für die Kapitel 1-15 und eine für Kapitel 16 und die Zusammenfassung.
- 2. Korinther: *14 Wochen* – eine für den Überblick, eine für die Kapitel 1-12 und eine für Kapitel 13 und die Zusammenfassung.
- Galater: *8 Wochen* – eine für den Überblick, eine für jedes Kapitel und eine für die Zusammenfassung.
- Epheser: *8 Wochen* – eine für den Überblick, eine für jedes Kapitel und eine für die Zusammenfassung.
- Philipper: *6 Wochen* – eine für den Überblick, eine für jedes Kapitel und eine für die Zusammenfassung.
- Kolosser: *6 Wochen* – eine für den Überblick, eine für jedes Kapitel und eine für die Zusammenfassung.
- 1. Thessalonicher: *7 Wochen* – eine für den Überblick, eine für jedes Kapitel und eine für die Zusammenfassung.
- 2. Thessalonicher: *5 Wochen* – eine für den Überblick, eine für jedes Kapitel und eine für die Zusammenfassung.
- 1. Timotheus: *8 Wochen* – eine für den Überblick, eine für jedes Kapitel und eine für die Zusammenfassung.
- 2. Timotheus: *6 Wochen* – eine für den Überblick, eine für jedes Kapitel und eine für die Zusammenfassung.

- Titus: *5 Wochen* – eine für den Überblick, eine für jedes Kapitel und eine für die Zusammenfassung.
- Philemon: *1 Woche*.
- Hebräer: *15 Wochen* – eine für den Überblick, eine für jedes Kapitel und eine für die Zusammenfassung.
- Jakobus: *7 Wochen* – eine für den Überblick, eine für jedes Kapitel und eine für die Zusammenfassung.
- 1. Petrus: *7 Wochen* – eine für den Überblick, eine für jedes Kapitel und eine für die Zusammenfassung.
- 2. Petrus: *5 Wochen* – eine für den Überblick, eine für jedes Kapitel und eine für die Zusammenfassung.
- 1. Johannes: *7 Wochen* – eine für den Überblick, eine für jedes Kapitel und eine für die Zusammenfassung.
- 2. Johannes: *1 Woche*.
- 3. Johannes: *1 Woche*.
- Judas: *1 Woche*.
- Offenbarung: *16 Wochen* – eine für den Überblick. Die einzelnen Kapitel können Sie zum Teil auch zusammenfassen: 1, 2, 3, 4, 5, 6-7 (die sieben Siegel), 8-11 (die sieben Posaunen), 12-14 (die zentralen Kapitel), 15-16 (die sieben Schalen), 17-18 (Babylon), 19, 20, 21, 22 und eine letzte Woche für die Zusammenfassung.
- das gesamte Neue Testament: *289 Wochen*.

Gebete und Verheissungen aus der Bibel als Hilfe und Ermutigung für Ihre Gruppenarbeit und Ihr persönliches Bibelstudium

- Denn das Wort Gottes ist lebendig und wirksam und schärfer als jedes zweischneidige Schwert und durchdringend bis zur Scheidung von Seele und Geist, sowohl der Gelenke als auch des Marks, und ein Richter der Gedanken und Gesinnungen des Herzens (Hebräer 4,12).
- Die Worte, die ich zu euch geredet habe, sind Geist und sind Leben (Johannes 6,63).
- Das Wort des Christus wohne reichlich in euch; in aller Weisheit lehrt und ermahnt euch gegenseitig (Kolosser 3,16).
- Nehmt das eingepflanzte Wort mit Sanftmut auf, das eure Seelen zu erretten vermag (Jakobus 1,21).
- Strebe danach, dich Gott bewährt zur Verfügung zu stellen als einen Arbeiter, der sich nicht zu schämen hat, der das Wort der Wahrheit in gerader Richtung schneidet (2. Timotheus 2,15).
- Jeder nun, der diese meine Worte hört und sie tut, den werde ich einem klugen Mann vergleichen, der sein Haus auf den Felsen baute, und der Platzregen fiel hernieder, und die Stürme kamen, und die Winde wehten und stürmten gegen jenes Haus; und es fiel nicht, denn es war auf den Felsen gegründet (Matthäus 7,24-25).
- Ihr seid schon rein um des Wortes willen, das ich zu euch geredet habe (Johannes 15,3).
- Das in der guten Erde aber sind die, welche in einem redlichen und guten Herzen das Wort, nachdem sie es gehört haben, bewahren und Frucht bringen mit Ausharren (Lukas 8,15).
- Glückselig, die das Wort Gottes hören und befolgen (Lukas 11,28).